suhrkamp taschenbuch
wissenschaft 403

Die in diesem Band enthaltenen Beiträge repräsentieren die in den beiden letzten Jahrzehnten gewachsenen Bemühungen und Aktivitäten zur Erforschung der Freimaurerei und Geheimbünde seit dem 18. Jahrhundert. Autoren der unter den drei Titeln »Probleme und Einzelaspekte«, »Entstehung und historische Entwicklung« sowie »Erscheinungsformen und Richtungen« angeordneten Studien sind Historiker und Soziologen. Die Originalstudien enthalten neue Forschungsergebnisse, die bereits früher erschienenen Fassungen wurden für den Wiederabdruck überarbeitet und durch neue Literatur ergänzt, so daß der Band den gegenwärtigen Stand der Forschung widerspiegelt.

# Freimaurer und Geheimbünde im 18. Jahrhundert in Mitteleuropa

Herausgegeben von Helmut Reinalter

Suhrkamp

suhrkamp taschenbuch wissenschaft 403
Erste Auflage 1983

Satz und Druck: Georg Wagner, Nördlingen
Printed in Germany
Umschlag nach Entwürfen von
Willy Fleckhaus und Rolf Staudt

1 2 3 4 5 6 – 88 87 86 85 84 83

# *Inhalt*

# Vorbemerkung

Die im vorliegenden Sammelband abgedruckten Beiträge sollen die in den beiden letzten Jahrzehnten zunehmenden Bemühungen und Aktivitäten zur Erforschung der Freimaurerei und Geheimbünde im 18. Jahrhundert in Mitteleuropa verdeutlichen. Die einzelnen 1982 redaktionell abgeschlossenen Aufsätze wurden nach drei inhaltlichen Schwerpunkten geordnet: Der erste Abschnitt ist einigen wichtigen Forschungsproblemen und Einzelaspekten gewidmet, wie der besonders in jüngster Zeit vielfach diskutierten Frage nach dem Verhältnis zwischen Freimaurerei und Jakobinismus in Mitteleuropa, nach der gesellschaftlichen und politischen Rolle der Freimaurerei im aufgeklärten Absolutismus und der im ausgehenden 18. Jahrhundert entstandenen »Verschwörungstheorie«, die später durch die ideologische Propaganda des Nationalsozialismus wieder an Aktualität gewann. Der zweite Teil befaßt sich mit den Anfängen und der historischen Entwicklung der Freimaurerei und Geheimbünde im 18. Jahrhundert in Deutschland und Österreich. Der dritte und letzte Teil enthält vier Aufsätze, die den wichtigsten Geheimbünden des 18. Jahrhunderts gewidmet sind und die deren Zielsetzung, Struktur und Wirkung analysieren. Der thematische Bogen spannt sich dabei von den Rosenkreuzern über die »Asiatischen Brüder« und Illuminaten bis zur »Deutschen Union.«

Die einzelnen Beiträge wurden von Historikern und Soziologen verfaßt. Die Originalstudien enthalten neue Forschungsergebnisse, die bereits vorher erschienenen Untersuchungen wurden für den Wiederabdruck überarbeitet und durch neue Literatur ergänzt, so daß der Band den gegenwärtigen Stand der Forschung widerspiegelt. Aus Umfanggründen konnten nicht alle ursprünglich vorgesehenen Aufsätze aufgenommen werden, da sie den vorgegebenen Rahmen gesprengt hätten. So war ich letztlich auf eine repräsentative Auswahl jener Beiträge angewiesen, die für den Wiederabdruck in Frage kamen.

Für Hinweise und Anregungen bin ich Richard van Dülmen (München), Eberhard Weis (München), Reinhart Koselleck (Bielefeld), Hans-Ulrich Wehler (Bielefeld), Ernest Krivanec † (Wien) und Ferdinand de Cles † (Hall) zu Dank verpflichtet. Mein besonderer Dank gilt den Autoren für die Bereitstellung und Überarbeitung ihrer Beiträge und Gerda Lechner (Innsbruck) für die Mitarbeit an der Bibliographie, die nach verschiedenen systematischen Gesichtspunkten geordnet ist und Auswahlcharakter hat.

Innsbruck, im Mai 1983 H. R.

Helmut Reinalter

# Einleitung

## *Zur Aufgabenstellung der gegenwärtigen Freimaurerforschung*

Das Interesse der Fachwissenschaft am Thema der Freimaurerei, das in den letzten Jahrzehnten stark zugenommen hat, zeigt sich nicht nur in der ansteigenden Zahl von Veröffentlichungen über Geheimbünde[1], sondern auch darin, daß allein im Jahre 1976 drei internationale wissenschaftliche Tagungen über Freimaurerei und Geheimgesellschaften in Europa stattgefunden haben: an der Freien Universität Brüssel, in der Lessing-Akademie zu Wolfenbüttel und in Lüneburg im Rahmen eines Kolloquiums des Studienkreises für Kulturbeziehungen in Mittel- und Osteuropa.[2]

### I.

Aus den neueren Untersuchungen, die teilweise auch von Nicht-Freimaurern verfaßt wurden, geht eindeutig hervor, daß die Freimaurerei bei der Verbreitung der Aufklärung und im geistigen Entwicklungsprozeß seit dem 18. Jahrhundert eine wichtige Rolle gespielt hat. Auch die sich neben der Freimaurerei entfaltenden Geheimgesellschaften, die auf vielschichtigen esoterischen Geistestraditionen aufbauen, sind durch neue Forschungen in vielen Details verständlicher geworden. Zwar wurde von der älteren Historiographie freimaurerische Geschichtsforschung oft unkritisch und dilettantisch betrieben, doch dürfen dabei die wirklich fundierteren Arbeiten im 19. Jahrhundert und am Anfang des 20. Jahrhunderts nicht übersehen werden. Genannt seien hier vor allem Gustav Adolf Schiffmann, Wilhelm Begemann, Ludwig Keller, Friedrich Kneisner, Reinhold Taute und August Wolfstieg, um die bedeutendsten Freimaurerforscher aufzuzählen.

Wichtig war neben verschiedenen Privatinitiativen im ausgehenden 19. Jahrhundert der Zusammenschluß freimaurerischer Historiker zur Forschungsloge »Quatuor Coronati« in London

(1884), die seit 1886 die Zeitschrift *Ars Quatuor Coronatorum* herausbringt und bisher kein gleichwertiges Pendant gefunden hat.[3] Thematisch ist diese Zeitschrift nicht allein auf die britischen Inseln beschränkt, sondern bezieht auch die Geschichte der Freimaurerei im übrigen Europa und in Übersee mit ein.

In Deutschland und Österreich, wo gleichfalls Forschungslogen gegründet wurden (in Wien erst im Jahre 1974), mußte die freimaurerische Geschichtsschreibung 1945 von Neuem beginnen, während sie in Frankreich nach 1933 eine besondere Blüte erlangte.[4] Schon vor dem Ersten Weltkrieg hatte sie an Bedeutung zugenommen und lief dann der deutschsprachigen maurerischen Forschung den Rang ab. Aber auch die nach dem Zweiten Weltkrieg in England, Deutschland und Österreich erschienenen Studien weisen auf eine respektable Leistung hin und bilden wertvolle Grundlagen für eine noch zu schreibende moderne Geschichte der europäischen Freimaurerei.[5] Darüber hinaus hat sich die Freimaurerforschung auch in anderen europäischen Ländern in den letzten Jahrzehnten positiv entwickelt, wie zum Beispiel in Belgien, in den Niederlanden, Spanien, Italien, Ungarn, Polen und in Rußland[6], so daß man heute bereits von einer überregionalen, europäischen Freimaurerhistoriographie sprechen kann.

Daß gerade die französische Freimaurerforschung nach 1933 so stark an Bedeutung zunahm, liegt neben der Tatsache, daß in Frankreich auch Nicht-Freimaurer sich mit der kontroversen Problematik »Freimaurerei und Revolution« auseinandersetzten, im Umstand, daß dort ideale Bedingungen zur Ausschöpfung der Quellen herrschen, zumal die Archive des Grand Orient und der Grande Loge in der Bibliothèque Nationale in Paris und darüber hinaus zahlreiche Logenarchive der Forschung ohne Einschränkungen zugänglich sind. Die neuere französische Historiographie befaßt sich heute vor allem mit dem Thema »Freimaurerei und Geheimgesellschaften« aus der Sicht der Religionswissenschaft, der Geistes- und Ideengeschichte, der Sozialwissenschaft und Sozialgeschichte und zieht auch deren Fragestellungen und Methoden heran.[7]

In England besteht dagegen immer noch eine gewisse Distanz zwischen Fachhistorie und freimaurerischer Geschichtsforschung, die jedoch sehr aktiv ist und trotz starker Autarkie nach 1945 eine Reihe von grundlegenden Arbeiten herausbrachte, wobei in letzter Zeit vor allem Untersuchungen über Symbolik, Rituale und enzyklopädische Bemühungen im Vordergrund stehen. In der schon erwähnten Zeitschrift *Ars Quatuor Coronatorum* wurden jüngst neben regionalen und nationalen Logenarbeiten auch allgemeinhistorische Fragen, Quellenprobleme sowie Fragen der Historiographie und Methoden angeschnitten.[8]

Die deutsche und österreichische Freimaurerforschung erfuhr starke Impulse und Anregungen von den älteren maurerischen Standardwerken, wie Kloß, Taute, Nettelbladt, Wolfstieg, Lennhoff-Posner u. a., die zum Teil unverändert nachgedruckt wurden.[9] Dabei spielten auch die deutschen Übersetzungen der grundlegenden Werke von Knoop-Jones und Dierickx[10] eine wichtige Rolle, da sie günstige Voraussetzungen für eine weiterführende Forschung boten. Standen in Deutschland zuerst noch para- und pseudomaurerische Geheimbünde und der Illuminatenorden im Mittelpunkt des vorwiegend fachhistorischen Interesses[11], so wendet sich die Historiographie nun stärker den Aufklärungsgesellschaften, dem Verhältnis von Aufklärung, aufgeklärtem Absolutismus und Freimaurerei und der Verschwörungstheorie zu.[12] Auch regionale Studien, die in letzter Zeit stark zugenommen haben, bilden eine wichtige Voraussetzung für eine Gesamtgeschichte der Freimaurerei in Deutschland.[13]

In der DDR beginnt sich langsam die Erkenntnis durchzusetzen, daß Freimaurerei und Geheimbünde nicht nur im Zusammenhang mit der radikalen Aufklärung, Französischen Revolution und dem mitteleuropäischen Jakobinismus bedeutsam sind, sondern auch als wichtige Kommunikationszentren gesehen werden müssen. Erst jüngst hat Walter Markov hervorgehoben, daß die Logen der achtziger Jahre (des 18. Jahrhunderts – Anm. d. Verf.) weder Nester der Konspiration noch ideologische Kommissionen und schon gar nicht Generalstäbe des Umsturzes waren, »sondern vor allem Treffpunkte: Orte des persönlichen Kontaktes von Reformern und Revolutionären in spe, Umschlagplätze für Ideen und begehrte Bücher; Empfangsstationen und Transmissionen für das Gedankengut der französischen Sturmvögel wie der zahmeren italienischen und deutschen Klassiker unter den Lumières; Leitstellen zu Lesekabinetten, Gelehrten, Gesellschaften und Redaktionen.«[14]

In Österreich hat die kritische Freimaurerforschung, die mit den mythischen Erzählungen aufräumte, erst in unserem Jahrhundert eingesetzt. Zwar enthält das unvollendet gebliebene Werk von

Ludwig Abafi (Aigner), das wahrscheinlich Gustav Brabbée verfaßt hat, sehr viel Quellenmaterial (ihm war noch das Freimaurerarchiv des Grafen Festetics in Dégh zugänglich), doch enthält dieser umfangreiche Torso auch spekulative Überlegungen und Irrtümer aus der älteren Literatur.[15] Erst die Arbeiten von Lennhoff, Posner, Kuéss und Scheichelbauer[16] können zum Teil den Anspruch auf wissenschaftliche Genauigkeit erheben und als Vorstufen zu einer Gesamtgeschichte der Freimaurerei in Österreich angesehen werden.

## II.

In der jüngsten freimaurerischen Geschichtsschreibung hat sich allgemein herausgestellt, daß die ideologiekritische Analyse der Sozialstruktur von Gruppen und Bünden, die Suche nach empirisch belegten Einzelfakten und die vielfältigen Aspekte des determinierten Lebens zu den wichtigsten Aufgabenbereichen zählen. Eine Strukturanalyse differenzierter sozialer Gruppen ist in der Lage, soziale Ungleichheit und Heterogenität in der Gesellschaft besser aufzuzeigen und zu erfassen. Daher sind neuere Untersuchungen nicht zuletzt unter dem Wandel der Geschichtswissenschaft von einer verstehenden Geisteswissenschaft zu einer historischen Sozialwissenschaft stärker den theoretischen Bestimmungen politischer Geheimbünde zugewandt, ohne jedoch die empirische Aufarbeitung des Quellenmaterials zu vernachlässigen.[17] Eberhard Schmitt hat in seinem theoretischen Bestimmungsversuch politischer Geheimbünde im 18. Jahrhundert herausgefunden, daß durch das unterschiedliche Entwicklungstempo in Wirtschaft und Gesellschaft auf der einen und in Staat und Politik auf der anderen Seite (der soziale Wandel ist in West- und Mitteleuropa in der zweiten Hälfte des 18. Jahrhunderts rascher vor sich gegangen als die Entwicklung in Staat und Politik) Spannungen erzeugt wurden, die die Bildung von Geheimgesellschaften gefördert haben.[18] Peter Christian Ludz betonte im Zusammenhang mit den Möglichkeiten, die Fragestellungen der soziologischen Makro- und Mikrotheorie bei der Auswertung der Quellen und der Sekundärliteratur anzuwenden, besonders die Methodenvielfalt und interdisziplinäre Ausrichtung der heutigen Forschung.[19]

Dazu zählt selbstverständlich auch die Öffnung der genuin freimaurerischen Historiker und die engere Zusammenarbeit mit der nichtfreimaurerischen Fachwissenschaft. Die lange vorherrschende Distanz beider Gruppen hat sich erfreulicherweise im letzten Jahrzehnt stark verringert. Dies beweisen einerseits wichtige Standardwerke der Geschichtswissenschaft[20], andererseits diskutiert der Freimaurer Fritz Bolle im Sammelband »Geheime Gesellschaften« ganz offen das Verhältnis von Forscher und Freimaurer und zeigt dabei Möglichkeiten einer sinnvollen Kooperation von Wissenschaft und Freimaurerei auf.[21] Heinrich Solf stellt im gleichen Band die Frage nach der Funktion der Geheimhaltung in der Freimaurerei und der Art des sogenannten »Geheimnisses«. Er verweist dabei auf das Erleben der »Initiation« und auf die für die Freimaurer sprichwörtliche Diskretion des »Schweigen-Könnens«, wobei der Kern, das eigentliche Geheimnis der Freimaurerei, kaum zu beschreiben ist.[22] Durch diese Einstellung der Freimaurer und die aufgeschlossenere Haltung der »Historikerzunft« konnten über die bisherige Forschung hinausgehende Erkenntnisse über Ursprung, Vorformen und Expansion der Geheimgesellschaften, über ihre historische Entwicklung im 18. und 19. Jahrhundert bis zum Nationalsozialismus gewonnen werden. Heute stehen die Problembereiche Freimaurerei, Geheimbünde, Ideologie und Politik, soziale Schichtung und gesellschaftliche Wirkung sowie Aufklärung, Freimaurerei, Kultur- und Geistesleben im Vordergrund des wissenschaftlichen Interesses.

Was den ersten Problembereich betrifft, stand bereits in England zu Beginn des 18. Jahrhunderts die maurerische Expansion in einer engen und komplizierten Verflechtung mit der europäischen Politik. Im Jahre 1717 wurde die Londoner Großloge gegründet, sechs Jahre später erschienen die Andersonschen Konstitutionen, womit der Übergang von der Werkmaurerei oder operativen zur spekulativen Maurerei vollzogen war.[23] Die Freimaurerei war zu Beginn des 18. Jahrhunderts in England in das Spannungsfeld von Jakobiten und Anhängern der neuen Hannoveraner Monarchie eingebettet und damit auch im Wirkungskreis britischer Europa- und besonders Frankreichpolitik.[24] Jakobiten waren es auch, die die Freimaurerei von Großbritannien nach Spanien, Italien, Frankreich und vielleicht sogar bis nach Rußland brachten. Politische Motive zeigt auch die Trennung nationaler Logen von der Londoner Großloge während verschiedener kriegerischer Auseinandersetzungen und die enge Verflechtung von Logen und Geheimgesellschaften in spätere nationale Unabhängigkeitsbewegungen, wie zum Beispiel in Irland seit den sechziger Jahren des 18. Jahrhunderts und während der Ständerevolution in den österreichischen Niederlanden 1787/88, in Ungarn, Polen und in den Satellitenstaaten Napoleons. Erwähnt werden muß in diesem Zusammenhang auch die umstrittene Thematik »Freimaurerei und Französische Revolution«, wenngleich die Logen keinen direkten Einfluß auf das Revolutionsgeschehen nahmen. Wohl aber waren einzelne Mitglieder an der Vorbereitung und am Verlauf der Revolution aktiv beteiligt.[25] Die Freimaurerei stellte in Frankreich vor der Revolution nur eines jener Medien neben Lesezirkeln, Salons und Gesprächsrunden dar, durch die die Ideen der Philosophen, wie Freiheit, Rechtsgleichheit, Toleranz und Achtung der menschlichen Person unter den Intellektuellen Verbreitung fanden.

In Österreich unterstützten die Freimaurer die Reformpolitik Maria Theresias und Josephs II. Carlo Francovich sprach in diesem Zusammenhang sogar davon, daß Kaiser Joseph II. in der Verwendung des Bundes für seine politischen Ziele und Absichten als Vorläufer Napoleons bezeichnet werden könne. Leopold II. faßte zur Realisierung seiner Politik die Gründung einer »geheimen Assoziation« ins Auge.[26] Daß auch enge Beziehungen zwischen Freimaurern und Jakobinern in Mitteleuropa nach 1792 bestanden, liegt aufgrund des vorhandenen Quellenmaterials und der ersten Forschungsergebnisse gleichfalls auf der Hand.[27] Daß dabei jedoch nicht alle Geheimgesellschaften mit der Freimaurerei identifiziert werden dürfen, ist in neueren Darstellungen klar herausgearbeitet worden. Künftig muß daher genau unterschieden werden zwischen regulärer Freimaurerei und den zahlreichen para- und pseudomaurerischen bzw. politischen Geheimbünden, wie zum Beispiel die Bruderschaft der Gold- und Rosenkreuzer, der Illuminatenorden, die Asiatischen Brüder, der Evergetenbund, der Geheimbund der Carbonari und die deutsche Union.[28]

Neuere Untersuchungen über politische Aktivitäten verschiedener Logenmitglieder führten zu interessanten Ergebnissen hinsichtlich der sozialen Schichtung und gesellschaftlichen Wirkung von Freimaurerei und Geheimbünden. Zahlreiche regionale und lokale Arbeiten analysierten die Sozialstruktur der Logen, insbesondere in Frankreich.[29] Die Sozialstruktur der Logen in den österreichischen Niederlanden und im Fürststift Lüttich hat H. de Schampheleire untersucht, der zu dem Ergebnis kommt, daß sowohl »noblesse« als auch »moyen bourgeoisie« in der Regel stärker vertreten waren als die »grande bourgeoisie«, während die »petite bourgeoisie« kaum und die »classes populaires« überhaupt nicht nachzuweisen sind.[30] Dies deutet darauf hin, daß eine grobe Unterscheidung zwischen Adel und Bürgertum heute nicht mehr ausreicht, da bei beiden Gruppen nach Herkunft, Besitz und sozialer Stellung weiter zu differenzieren ist. Die Bürger müssen zum Beispiel nach Unternehmern, Bankiers, Kaufleuten, Ärzten, Apothekern, Gelehrten, Lehrern, kleinen Gewerbetreibenden und Handwerksmeistern unterschieden und auch die bürgerliche Intelligenz und der Klerus auf ihre Unterschiede innerhalb des Standes weiter untersucht werden. Dazu kommen noch Gruppen mit starker Mobilität, wie adelige Offiziere, die in zivilen Logen und in eigenen Militärlogen wirkten, Handels- und Kaufleute, Seefahrer und Gelehrte, Hofmeister, Schauspieler und Künstler sowie religiöse Minderheiten in den Logen, wie Katholiken, Hugenotten und Juden.[31] Schichtenspezifische Studien versuchen Typologien von Logen zu entwickeln, wie zum Beispiel Alain Bihan, der die französischen Logen in hauptstädtische, Provinz-, Militär-, Marine- und Koloniallogen eingeteilt hat.[32]

In letzter Zeit befassen sich Arbeiten stärker mit den engen Verbindungen zwischen Freimaurern und anderen Assoziationen, von denen besonders Lesegesellschaften, Klubs, gelehrte, ökonomische und patriotische Sozietäten und Akademien zu nennen sind.[33] Daß eine starke Beziehung der Freimaurerei zu gelehrten Sozietäten schon in der maurerischen Frühgeschichte vorhanden war und sich dann im 18. Jahrhundert fortsetzte, beweisen einige Quellenhinweise und später im Zeitalter der Aufklärung die rege Tätigkeit von Logenmitgliedern in den verschiedenen gelehrten Gesellschaften.[34] In diesem Zusammenhang hat Richard van Dülmen auf den wichtigen Gesichtspunkt der Bestimmung von Struktur und Funktion der Aufklärungsgesellschaften aufmerksam gemacht[35], wobei er in chronologischer Reihenfolge die gelehrten Gesellschaften, den Geheimbund der Illuminaten, die Lesegesellschaften, literarischen Sozietäten und die Volksgesellschaften am Ende des 18. Jahrhunderts berücksichtigt. Die Hauptthese van Dülmens geht davon aus, daß sich die Entwicklung der Aufklärung in Deutschland in drei Phasen vollzog: in einer gelehrt-wissenschaftlichen, in einer staatlich-praktischen und literarisch-öffentlichen Phase. Die Freimaurerei ordnet er der zweiten zu, da sich die Mitglieder in ihren Logen einen Raum schufen, »in dem sie ohne Einflußnahme des Staates ein Reich der Aufklärung und Tugend errichten konnten ...«[36]

Auch zum dritten Bereich »Aufklärung, Freimaurerei, Kultur- und Geistesleben« sind in den letzten Jahrzehnten wichtige Studien veröffentlicht worden, die sich besonders auf die Probleme freimaurerischer Ideologie und Praxis konzentrieren und die Widersprüche, die in der Forderung nach Gleichheit enthalten sind, verdeutlichen. Darauf haben vor allem Reinhart Koselleck und Ludwig Hammermayer hingewiesen: »Gewiß haben die Logen innerhalb bestimmter mehr oder weniger begrenzter adlig-bürgerlicher Schichten ›Gleichheit‹ praktiziert, ohne Zweifel ein bedeutendes Verdienst. Doch konnte diese Gleichheit unter den Bedingungen der postfeudalen Gesellschafts- und absolutistischen Herrschaftsordnung nur eben im ›Arcanum‹, im geheimnisgeschützten ›Logenraum‹ realisiert werden, um den Preis einer exklusiv-elitären Absonderung von der profanen Welt.«[37] Das maurerische Geheimnis führt nach Auffassung Kosellecks mitten in das Zentrum der Dialektik von Moral und Politik und »verdeckt ... in ambivalenter Weise die politische Kehrseite der Aufklärung«. In den Logen versuchten jedoch die Freimaurer, das Gleichheitspostulat zumindest ansatzweise zu verwirklichen, auch wenn durch verschiedene Grade ein hierarchisches System geschaffen wurde.

Darüber hinaus gab es noch mit anderen Grundsätzen der Aufklärung eine weitgehende Übereinstimmung, wie in der Forderung nach Toleranz, Humanität, Moral und der Wertschätzung der Erziehung. Freimaurer waren auch maßgeblich an den aufgeklärten Reformen Maria Theresias und Josephs II. beteiligt. Claus Werner hat darauf hingewiesen, daß das Programm der frühen französischen Freimaurerei mit den Grundanliegen der Aufklärung ganz im Einklang stand.[38] Ein wesentlicher Unterschied lag aber darin, daß die Aufklärung – im Gegensatz zu den Freimaurerlogen – ihre Polemik und Diskussionen öffentlich austrug, während die Geheimbünde dieses Prinzip nicht praktizieren konnten.[39] Schließlich muß hier auch noch auf die Tatsache hingewiesen werden, daß ein nicht unbeträchtlicher Teil der Logen und Geheimgesellschaften auf vielschichtigen, sehr komplexen esoterischen Geistestraditionen aufbauten und keinesfalls als rationalistische Bewegung bezeichnet werden konnten.[40]

Die kulturelle Bedeutung der Freimaurerei lag in erster Linie in dem Bestreben, möglichst alle Glaubensbekenntnisse und die verschiedenen gesellschaftlich-politischen Auffassungen in toleranter Form zu vereinigen, in der Pflege sowie Weiterentwicklung der Symbolik und in den Reden, Liedern, Dichtungen, Bildern, Medaillen und Kupferstichen, die zum Teil von namhaften freimaurerischen Schriftstellern und Künstlern geschaffen wurden.[41] In diesem Zusammenhang müssen hier auch die zahlreichen wissenschaftlichen Initiativen und Aktivitäten von Freimaurern in gelehrten Gesellschaften erwähnt werden, wie zum Beispiel in der Royal Society in London, in der Académie des Sciences in Paris und in verschiedenen französischen Provinzialakademien, die Enzyklopädie und die Freimaurer, die Illuminaten in der Bayerischen Akademie der Wissenschaften in München und die italienischen Akademien, die Eliteloge »Aux Neufs Soeurs« in Paris, die 1776 gegründet wurde und zahlreiche Gelehrte sowie Künstler in ihren Reihen hatte, die politische und kulturelle Tätigkeit Joseph von Sonnenfels' und Ignaz von Borns, der in Wien den Plan einer freimaurerischen Akademie der Wissenschaften ins Auge faßte, wobei besonders die Wiener Loge »Zur wahren Eintracht« zu einem geistigen und kulturellen Zentrum wurde.[42] Als hervorstechende kulturelle Anliegen lassen sich hier vor allem das Interesse für die exakten Wissenschaften, das Streben nach Toleranz gegenüber den verschiedenen christlichen Konfessionen und später auch anderen monotheistischen Religionen sowie die Forderung nach Gleichheit der Menschen erkennen, die sich im Abbau der ständischen Privilegien innerhalb der Logen trotz des vorhandenen Gradsystems manifestierte.

## III.

Obwohl die neuere freimaurerische Historiographie, wie dieser einleitende problemorientierte Überblick verdeutlichen sollte, auf eine beachtliche Leistung zurückblicken kann, sind heute noch zahlreiche Forschungslücken zu schließen. Dabei müßte sich die gegenwärtige Geschichtsschreibung vor allem auf folgende Themen- und Aufgabenbereiche konzentrieren: die Frage nach der Herkunft der Freimaurerei, die Klärung der verschiedenen Traditionen und Einflüsse im Zusammenhang mit den Frühformen der Freimaurerei (Übergang von der Werkmaurerei zur spekulativen Freimaurerei), wie Bauhütten, Templer, Akademiebewegungen und aufgeklärte Sozietäten, die Wurzeln und Entstehung der Hochgrade und die Aufspaltung der Freimaurerei in verschiedene Richtungen, der aufklärerische Rationalismus und der mystische Irrationalismus der Geheimgesellschaften, die hermetischen, gnostischen, rosenkreuzerischen, alchimistischen, pansophischen und christlich-kabbalistischen Elemente alter Rituale und ihre Deutung, die Differenzierung zwischen regulärer Freimaurerei und den para- und pseudomaurerischen Geheimbünden, wie zum Beispiel die Bruderschaft der Gold- und Rosenkreuzer und der Orden der Illuminaten, der Einfluß der Freimaurerei auf die Französische Revolution, d. h. das Verhältnis von grundsätzlich unpolitischer Freimaurerei und der politischen Tätigkeit einzelner Logenmitglieder[43], die Entmythologisierung der »Verschwörungstheorie«, der Konvent von Wilhelmsbad 1782, der die »Strikte Observanz« zu Grabe trug und deshalb einen Wendepunkt in der freimaurerischen Geschichte darstellt[44], die historische Entwicklung der skandinavischen Freimaurerei[45], die Frage nach der gesellschaftlichen Wirkung der Freimaurerei, ihre soziale Schichtung und Mobilität, die Typologie der Logen, die Rolle religiöser Minderheiten in den Logen[46] und die Tätigkeit der Freimaurer in ähnlichen Assoziationen.[47]

Neben Problemen der freimaurerischen Systeme, Symbole und Rituale, wo die Forschung auf eine enge Zusammenarbeit mit Freimaurern angewiesen ist, müßte sich die künftige Historiographie ganz allgemein auch mit der Verbindung der Geheimgesellschaften zur politisch-sozialen Welt und zu den geistig-religiösen Kräften auseinandersetzen und zugleich die enge Verflechtung der Freimaurerei mit der sich entwickelnden bürgerlichen Gesellschaft und ihrer staatlichen Herrschaftsordnung aufzeigen. Dazu könnte eine kritischere Beurteilung der bisherigen Literatur wertvolle Vorarbeiten leisten.[48]

Was speziell Frankreich, England und Deutschland betrifft, so fehlen bis heute fundierte Arbeiten über Verbindungen von Logen untereinander (über die einzelnen Grenzen hinweg) und über regionale Unterschiede. Auch die Erforschung der Sozialstruktur der deutschen und österreichischen Freimaurerei ist noch ein Desiderat, ganz abgesehen davon, daß noch quellenfundierte, moderne Gesamtdarstellungen über die Entwicklung der Freimaurerei in einzelnen europäischen Ländern geschrieben werden müssen, die auch die Zeit des Nationalsozialismus und Faschismus miteinbeziehen.[49]

In Österreich hat sich die Forschungsloge »Quatuor Coronati« bereits große Verdienste um die Gewinnung neuer Erkenntnisse über die Anfänge der Freimaurerei erworben und konnte Behauptungen korrigieren, wie zum Beispiel die frühe Prager Logengründung des Grafen Sporck.[50] Dies gilt auch für die zweite Hälfte des 18. Jahrhunderts, wo sich zahlreiche Freimaurer sehr aktiv an den theresianischen und josephinischen Reformen beteiligt haben. In Ungarn wurde gleichfalls in dieser Zeit die spätere Blüte der Freimaurerei vorbereitet.[51] Über das Ende der vom Staat geduldeten Freimaurerei während der Französischen Revolution liegen auch bereits neuere Studien vor, die vor allem das Verhältnis von Freimaurerei und Jakobinismus untersuchen und dabei zu wichtigen Ergebnissen gelangen. Noch genauer müßte – was das 18. Jahrhundert betrifft – der Unterschied zwischen den verschiedenen voneinander abweichenden Systemen und Richtungen untersucht werden, wie zum Beispiel die tatsächliche Unterwanderung der Freimaurerlogen durch Illuminaten, das Hochgradsystem der Asiatischen Brüder und die Rosenkreuzer. Ebenso fehlen noch Arbeiten über die Zeit der französischen Okkupation am Beginn des 19. Jahrhunderts und die in den Jahren 1808 bis 1813 zu Frankreich gehörenden illyrischen Provinzen sowie die Beziehungen der österreichischen Logen zum Königreich Italien. Kaum behandelt wurden bisher auch die Grenzlogen nach 1870, während über 1848/49 bereits einige Untersuchungen vorliegen.[52] Größte Lücken sind noch für die Zeit der Ersten Republik vorhanden, da die wichtigsten Akten rechtzeitig vor der Ankunft der Nationalsozialisten vernichtet wurden.[53] Das von den Nationalsozialisten in Deutschland beschlagnahmte Material liegt heute im Zentralen Staatsarchiv Potsdam und ist der Forschung leider nicht zugänglich. Die Freimaurerakten im Zentralen Staatsarchiv Merseburg werden gegenwärtig gesichtet und aufgearbeitet. Darüber hinaus müssen schließlich auch noch fundierte Biographien über bedeutsame Freimaurer und Freimaurerforscher geschrieben werden.[54]

In methodischer Hinsicht sollte die künftige Freimaurerforschung viel stärker als bisher multiperspektivische Ansätze berücksichtigen und interdisziplinär auf internationaler Basis arbeiten. Unter multiperspektivisch ist hier die Einbeziehung sozialgeschichtlicher, religionswissenschaftlicher, soziologischer, politikwissenschaftlicher, literaturwissenschaftlicher, kunsthistorischer und linguistischer Fragestellungen bzw. Begriffsinstrumentarien gemeint. Dabei müssen auch ideologiekritische Analysen verwendet werden, um sozioökonomische Interessenhintergründe, Interessenverflechtungen und Verschleierungsmechanismen besser aufzeigen und bedenken zu können.[55]

In diesem Zusammenhang ist allerdings abschließend darauf hinzuweisen, daß sich Freimaurerei und Geheimbünde nur bis zu einem gewissen Grad mit zweckrationalen Erklärungsmustern fassen und interpretieren lassen.[56] Da Freimaurerei und Geheimbünde ein weltweites Phänomen darstellen, muß die Freimaurerforschung im Hinblick auf die Klärung des Stellenwertes dieser Geheimgesellschaften im Geistesleben der Neuzeit und Gegenwart internationale Formen der Kooperation finden, zumal nur auf internationaler Forschungsgrundlage neben regionalen ideologischen und institutionellen Unterschieden auch starke Gemeinsamkeiten aufgezeigt werden können.

Die im vorliegenden Sammelband abgedruckten Beiträge wurden bereits nach diesen methodischen Gesichtspunkten ausgewählt. Sie verdeutlichen in summa die Rolle der Freimaurerei und Geheimbünde im geistigen und politischen Entwicklungsprozeß und im sozialen Leben seit des 18. Jahrhunderts. Ihr wissenschaftlich bedeutsamer Rang in der heutigen Forschung steht daher außer Zweifel.

## *Anmerkungen*

1 Vgl. dazu die umfangreichen Forschungsberichte von Ludwig Hammermayer, »Zur Geschichte der europäischen Freimaurerei und der Geheimgesellschaften im 18. Jahrhundert. Genese-Historiographie-Forschungsprobleme«, in: *Beförderer der Aufklärung in Mittel- und Osteuropa. Freimaurer, Gesellschaften, Clubs,* hrsg. von Éva H. Ba-

lázs, Ludwig Hammermayer, Hans Wagner und Jerzy Wojtowicz (Studien zur Geschichte der Kulturbeziehungen in Mittel- und Osteuropa 5), Berlin 1979, S. 9 ff., und Helmut Reinalter, »Geheimgesellschaften und Freimaurerei im 18. Jahrhundert«, in: *Aufklärung-Vormärz-Revolution* 2 (1982), S. 27 ff. (dort auch die neueste Literatur).

2 Die einzelnen Beiträge aller drei Tagungen sind in folgenden Sammelbänden abgedruckt: »Klasse en ideologie in de vrijmetselarij – Classes et ideologies dans la Franc-Maçonnerie«, in: *Tijdschrift voor de studie van de verlichting* 4, Brüssel 1976, 2. T., ebd., 5, Brüssel 1977; Peter Christian Ludz (Hrsg.), *Geheime Gesellschaften* (Wolfenbütteler Studien zur Aufklärung V/1), Heidelberg 1979; Beförderer der Aufklärung in Mittel- und Osteuropa (wie Anm. 1).

3 Die Vor- und Frühgeschichte der englischen Forschungsloge »Quatuor Coronati« müßte noch untersucht werden. – Wichtig waren in den siebziger und beginnenden achtziger Jahren für die Gründung der Forschungsloge die publizistischen Aktivitäten des Theologen A. F. A. Woodford, *The Freemasons* 1873/85, und *Masonic Magazine* 1873/84 (beides Zeitschriften) und die Arbeiten von W. J. Hughan, *History of Freemasonry in York*, London 1871; ders., *Memorials of the Masonic Union of 1813*, London 1874; über die Namensgebung vgl. Karl Demeter, *Die Legende von den »Vier Gekrönten« (Quatuor Coronati)*, Hamburg 1961; vgl. auch Hammermayer (wie Anm. 1), S. 20 f.

4 Hammermayer (wie Anm. 1), S. 17 ff. – Die Quatuor-Coronati-Hefte, die gemeinsamen Veröffentlichungen der freimaurerischen Forschungsgesellschaft e. V. und der Forschungsloge der Vereinigten Großlogen von Deutschland, Bruderschaft der deutschen Freimaurer Quatuor Coronati in Bayreuth (1963 ff.) erscheinen seit 1975 unter dem Titel *Quatuor Coronati Jahrbuch*.

5 Vgl. die Literaturhinweise in der Auswahlbibliographie und Hammermayer (wie Anm. 1), S. 18 ff., 20 ff., 23 ff.

6 Ebd., S. 24 ff.

7 Ebd., S. 19. – Zu erwähnen wären hier vor allem Paul Naudon, Jean Palou, Serge Hutin, J. A. Faucher, Alain Guichard, Christian Jacq, Armand Tourret und Daniel Ligou.

8 *Ars Quatuor Coronatorum*, being the Transactions of the Quatuor Coronati Lodge Nr. 2076, London 1886 ff. Vollständige Ausgaben befinden sich im British Museum und in der Pariser Nationalbibliothek (vgl. auch Hammermayer, S. 21 f.).

9 Georg Kloß, *Bibliographie der Freimaurerei und der mit ihr in Verbindung gesetzten geheimen Gesellschaften*, Frankfurt/M. 1844 (Nachdruck Graz 1970); ders., *Die Freimaurerei in ihrer wahren Bedeutung, aus den alten und ächten Urkunden der Steinmetzen, Ma-*

*sonen und Freimaurer nachgewiesen*, Frankfurt/M. 1845 (Nachdruck Graz 1970); ders., *Geschichte der Freimaurerei in England, Irland und Schottland aus ächten Urkunden dargestellt (1685 bis 1784)*, Leipzig 1848 (Nachdruck Graz 1971); ders., *Geschichte der Freimaurerei in Frankreich aus ächten Urkunden dargestellt (1725-1830)*, 2 Bde., Darmstadt 1852-53 (Nachdruck Graz 1971). – Über den Nachlaß Kloß s. Handschriften der Klossianischen Bibliothek, in: *Beschrijving der Verzamelinger van het Groot-Oosten der Nederlanden*, s'Gravenhage 1880; Hinweise auf Kloß auch bei Gustav R. Kuéss, *Die großen deutschen Historiker der Freimaurerei* (Blaue Hefte 7), Hamburg 1956; Reinhold Taute, *Maurerische Bücherkunde. Ein Wegweiser durch die Literatur der Freimaurerei mit literarisch-kritischen Notizen und zugleich ein Supplement zu Kloß' Bibliographie*, Leipzig 1866 (Nachdruck Graz 1971); ders., *Ordens- und Bundesromane. Ein Beitrag zur Bibliographie der Freimaurerei*, Berlin 1917 (Nachdruck Graz 1977); über Nettelbladt vgl. Richard Horn, *Zur freimaurerischen Historiographie des frühen 18. Jahrhunderts: C. C. F. W. Nettelbladt.* Maschingeschr. Magisterarbeit, München 1978; ders., *Studien zur deutschen freimaurerischen Historiographie des 19. Jahrhunderts: F. L. U. Schröder, K. C. F. Krause, C. C. F. W. Frhr. von Nettelbladt und J. G. B. F. Kloß*, Maschingeschr. Diss. München 1980; Ludwig Hammermayer, »Zur Geschichte und Historiographie der deutschen Freimaurerei vom 18. bis 20. Jahrhundert«, in: *Kulturbeziehungen in Mittel- und Osteuropa im 18. und 19. Jahrhundert, Festschrift für Heinz Ischreyt* zum 65. Geb. (Studien zur Geschichte der Kulturbeziehungen in Mittel- und Osteuropa 9), Berlin 1982, S. 81 ff. C. C. F. W. Nettelbladt, *Geschichte der freimaurerischen Systeme in England, Frankreich und Deutschland*, Berlin 1879; August Wolfstieg, *Bibliographie der freimaurerischen Literatur*, 3 Bde., Burg-Leipzig 1911-1913 (Nachdruck Hildesheim 1964); Eugen Lennhoff – Oskar Posner, *Internationales Freimaurerlexikon*, Wien-München 1932 (Nachdruck Graz 1965).

10 Douglas Knoop – G. P. Jones, *The Genesis of Freemasonry* (Publications of the University of Manchester 299), Manchester $^{2}$1949, dt. Übersetzung von Fritz Blum und Dieter Möller: *Die Genesis der Freimaurerei* (Veröffentlichungen der Freimaurerischen Forschungsgesellschaft Quatuor Coronati e. V. Bayreuth), Bayreuth 1968; Michel Dierickx, *Freimaurerei – die große Unbekannte*, Hamburg $^{3}$1975 (niederl. Original, Antwerpen 1967).

11 Leopold Engel, *Geschichte des Illuminaten-Orden. Ein Beitrag zur Geschichte Bayerns*, Berlin 1906; Bernhard Beyer, *Das Lehrsystem der Gold- und Rosenkreuzer* (Freimaurermuseum 1), Leipzig-Berlin 1925; Adolf Marx, *Die Gold- und Rosenkreuzer. Ein Mysterienbund des ausgehenden 18. Jahrhunderts in Deutschland* (Freimaurermu-

seum 5), Zeulenroda-Leipzig 1929; H. Jennings, *Die Rosenkreuzer. Ihre Gebräuche und Mysterien*, Berlin 1912 (Nachdruck Schwarzenburg 1979).

12 Z. B. die Untersuchungen von Reinhart Koselleck, *Kritik und Krise. Eine Studie zur Pathogenese der bürgerlichen Welt* (suhrkamp taschenbuch wissenschaft 36), Frankfurt/M. 1973; Fritz Valjavec, *Die Entstehung der politischen Strömungen in Deutschland 1770-1815* (Athenäum/Droste Taschenbücher Geschichte 7212), Kronberg/Ts.-Düsseldorf 1978 (unver. Nachdruck der Ausgabe 1951); Klaus Epstein, *Die Ursprünge des Konservativismus in Deutschland. Der Ausgangspunkt: Die Herausforderung durch die französische Revolution 1770-1806*, Frankfurt/M.-Berlin-Wien 1973, S. 105 ff., S. 583 ff.; Horst Möller, *Aufklärung in Preußen. Der Verleger, Publizist und Geschichtsschreiber Friedrich Nicolai* (Einzelveröffentlichungen der Historischen Kommission zu Berlin 15), Berlin 1974, bes. S. 238 ff.; Gerhard Krüger, *... gründeten auch unsere Freiheit. Spätaufklärung, Freimaurerei, preußisch-deutsche Reform. Der Kampf Theodor v. Schöns gegen die Reaktion*, Hamburg 1978; Rudolf Vierhaus, »Aufklärung und Freimaurerei in Deutschland«, in: *Das Vergangene und die Geschichte. Festschrift für Reinhard Wittram zum 70. Geb.*, hrsg. von R. von Thadden, G. von Pistohlkors u. H. Weiss, Göttingen 1973, S. 23 ff. (dieser Beitrag ist in überarbeiteter Form im vorliegenden Band abgedruckt); Hans Graßl, *Aufbruch zur Romantik. Bayerns Beitrag zur deutschen Geistesgeschichte 1765-1785*, München 1968, S. 3 ff.; Richard van Dülmen, *Der Geheimbund der Illuminaten. Darstellung-Analyse-Dokumentation,* Stuttgart-Bad Cannstatt 1975; Michael W. Fischer, Die Aufklärung und ihr Gegenteil. Die Rolle der Geheimbünde in Wissenschaft und Politik (Schriften zur Rechtstheorie 97), Berlin 1982; Walter Grab, *Demokratische Strömungen in Hamburg und Schleswig-Holstein zur Zeit der ersten französischen Republik* (Veröffentlichungen des Vereins für Hamburgische Geschichte 21), Hamburg 1966, S. 95 ff.; Ludwig Hammermayer, »Der Geheimbund der Illuminaten und Regensburg«, in: *Verhandlungen des Historischen Vereins für Oberpfalz und Regensburg* 110, (1970), S. 69 ff.; Horst Möller, »Die Gold- und Rosenkreuzer. Struktur, Zielsetzung und Wirkung einer antiaufklärerischen Geheimgesellschaft«, in: *Geheime Gesellschaften* (wie Anm. 1), S. 153 ff. (im vorliegenden Band S. 199); Norbert Schindler, Aufklärung und Geheimnis im Illuminatenorden, ebd., S. 203 ff.; Helmut Reinalter, »Das Weltall als Wirkung einer ›höchsten Ursache‹. Zur Geschichtsphilosophie und Struktur des Illuminatenordens«, in: *Tradition und Entwicklung. Festschrift Eugen Thurnher zum 60. Geb.* (Innsbrucker Beiträge zur Kulturwissenschaft 14), Innsbruck 1982, S. 291 ff.; Ludwig Hammermayer, »Illuminaten in Bayern. Zu Ge-

schichte, Fortwirken und Legende des Geheimbundes«, in: *Krone und Verfassung. König Max I. Joseph und der neue Staat. Beiträge zur Bayerischen Geschichte und Kunst 1799-1825*, hrsg. von Hubert Glaser (Wittelsbach und Bayern III/1), München-Zürich 1980, S. 146 ff.; zur Verschwörungstheorie vgl. die Arbeiten von Johannes Rogalla von Bieberstein, *Die These von der Verschwörung 1776-1945. Philosophen, Freimaurer, Juden, Liberale und Sozialisten als Verschwörer gegen die Sozialordnung* (Europäische Hochschulschriften III/63), Bern-Frankfurt/M. 1976 ($^2$1978); ders., »Die These von der jüdisch-freimaurerischen Weltverschwörung 1776 bis 1945«, in: *Aus Politik und Zeitgeschichte*. Beilage zur Wochenzeitung *Das Parlament* 1977, S. 25 ff.; ders., »Aufklärung, Freimaurerei, Menschenrechte und Judenemanzipation in der Sicht des Nationalsozialismus«, in: *Jahrbuch des Instituts für Deutsche Geschichte an der Universität Tel Aviv* 7, (1978), S. 339 ff.

13 Winfried Dotzauer, *Freimaurergesellschaften am Rhein. Aufgeklärte Sozietäten auf dem linken Rheinufer vom Ausgang des Ancien Régime bis zum Ende der Napoleonischen Herrschaft* (Geschichtliche Landeskunde 16), Wiesbaden 1977; vgl. von Dotzauer auch die zahlreichen Lokaluntersuchungen in der Auswahlbibliographie; Karl Demeter, *Die Frankfurter Loge zur Einigkeit 1742-1966*, Frankfurt/M. 1967; A. Kallweit, *Die Freimaurerei in Hessen-Kassel*, Baden-Baden 1966; Heinrich Hermann Leonhardt, *Die Großloge von Hannover und ihr Großmeister König Georg V. Ein Beitrag zur Geschichte der Freimaurerei in Niedersachsen*, Hannover 1964; Erich Hubbertz, *Zwei Jahrhunderte Freimaurerei am Niederrhein. Geschichte der Freimaurerloge Pax Inimica Malis in Emmerich* (Emmericher Forschungen 1), Kleve 1979; Bernhard Beyer, *Geschichte der Großloge »Zur Sonne« in Bayreuth*, 3 Bde., Frankfurt/M. 1954-55; ders., *Geschichte der Münchener Freimaurerei des 18. Jahrhunderts*, Frankfurt/M. 1973. – Manfred Steffens, *Freimaurer in Deutschland. Bilanz eines Vierteljahrtausends*, Frankfurt 1966, ist zwar der erste, aber unkritische Versuch einer neueren Gesamtdarstellung der deutschen Freimaurerei.

14 Walter Markov auf dem 12. Kolloquium in Mátrafüred, in: Eduard Bene, Ilona Kovács (Hrsg.), *Les Lumières en Hongrie, en Europe centrale et en Europe orientale. Actes du Deuxième Colloque de Mátrafüred 2-5 octobre 1972*, Budapest 1975, S. 46. – Zur neueren DDR-Forschung s. die Literaturhinweise in der Auswahlbibliographie (bes. die Arbeiten von Günter Mühlpfordt).

15 Ludwig Abafi (Aigner), *Geschichte der Freimaurerei in Österreich-Ungarn*, 5 Bde., Budapest 1890 ff.

16 Eugen Lennhoff, *Die Freimaurer. Geschichte, Wesen, Wirken und Geheimnis der Königlichen Kunst*, Zürich-Leipzig-Wien 1932; Lenn-

hoff-Posner (wie Anm. 9); Gustav Kuéss – Bernhard Scheichelbauer, *200 Jahre Freimaurerei in Österreich*, Wien 1959; Bernhard Scheichelbauer, *Die Johannisfreimaurerei*, Wien 1953.

17 Vgl. dazu bes. die Beiträge im 2. T. des Sammelbandes von Ludz (wie Anm. 2), S. 65 ff.

18 Eberhard Schmitt, Elemente einer Theorie der politischen Konspiration im 18. Jahrhundert. Einige typologische Bemerkungen, in: Ludz (wie Anm. 2), S. 65 ff.

19 Peter Christian Ludz, »Überlegungen zu einer soziologischen Analyse geheimer Gesellschaften des späten 18. und frühen 19. Jahrhunderts«, in: ders. (wie Anm. 2), S. 89 ff.

20 Fritz Wagner, »Europa im Zeitalter des Absolutismus und der Aufklärung. Die Einheit der Epoche«, in: *Handbuch der europäischen Geschichte* Bd. 4, hrsg. von Theodor Schieder, Stuttgart 1968, S. 122 ff.; Ludwig Hammermayer, »Das Ende des Alten Bayern 1745-1799«, in: *Handbuch der bayerischen Geschichte* Bd. 2, hrsg. von Max Spindler, München 1969, S. 1027 ff.; Eberhard Weis, »Der Durchbruch des Bürgertums 1776-1847«, in: *Propyläen Geschichte Europas* Bd. 4, Frankfurt/M.–Berlin–Wien 1978, S. 19, 40, 56, 63, 91 f., 274, 383, 386.

21 Fritz Bolle, »Forscher und Freimaurer. Über die Möglichkeiten der Zusammenarbeit von Wissenschaft und Freimaurerei«, in: Ludz (wie Anm. 2), S. 25 ff.

22 Heinrich Solf, »Die Funktion der Geheimhaltung in der Freimaurerei«, in: Ludz (wie Anm. 2), S. 43 ff.

23 Über die Anfänge der Freimaurerei vgl. Knoop – Jones (wie Anm. 10); vgl. auch Bernhard Wein, *Die Bauhütten und ihre Entwicklung zur Freimaurerei*, Hamburg 1977 (nur auf Sekundärliteratur aufgebaut); Die Entwicklung der Freimaurerei. Vorläufer und Gründung (Die »Blaue Reihe« 23), Hamburg 1974; Gustav R. Kuéss, *Die Vorgeschichte der Freimaurerei im Lichte der englischen Forschung* (Die »Blaue Reihe« 11), Hamburg o. J.

24 Hammermayer (wie Anm. 1), S. 29.

25 Vgl. dazu Albert Soboul, »La franc-maçonnerie et la Révolution française«, in: *Annales historiques de la Révolution française* 215, (1974), S. 78 ff.; Eberhard Weis, »Frankreich von 1661 bis 1789«, in: *Handbuch der europäischen Geschichte* Bd. 4, hrsg. von Theodor Schieder, Stuttgart 1968, S. 292 ff.; J. M. Roberts, *The Mythology of the Secret Societies*, London 1972; ders., »The Origins of a Mythology: Freemasons, Protestants and the French Revolution«, in: *Bulletin of the Institute of Historical Research* 44, London 1971, S. 78 ff.; Jürgen Sandweg, *Rationales Naturrecht als revolutionäre Praxis* (Historische Forschungen 6), Berlin 1972, bes. S. 52 ff.; Helmut Reinalter, »Freimaurerei und Jakobinismus im Einflußfeld der Französi-

schen Revolution in Österreich«, in: *Studi Tedeschi* 21/3, (1978), S. 125 ff. – Aus antifreimaurerischer Sicht s. zu dieser Problematik Bernard Fay, *La révolution intellectuelle de XVIII*[e] *siècle*, Paris [3]1961; ders., *La franc-maçonnerie et la révolution intellectuelle du XVIII*[e] *siècle*, Paris 1961; vgl. auch Hammermayer (wie Anm. 1), S. 56 (Anm. 185).

26 Helmut Reinalter, »Freimaurerische Reformprojekte unter Kaiser Leopold II«., in: *Quatuor-Coronati-Berichte* 9, (1982/83), S. 8 ff.; Carlo Francovich, *Storia della Massoneria in Italia*, Firenze [2]1975, S. 355 f., S. 362; Hans Wagner, »Die politische und kulturelle Bedeutung der Freimaurer im 18. Jahrhundert«, in: *Beförderer der Aufklärung in Mittel- und Osteuropa* (wie Anm. 1), S. 78 f.; ders., »Die Lombardei und das Freimaurerpatent Josephs II. von 1785«, in: *MÖStA* 31, (1978), S. 136 ff.; ders., »Die Freimaurer und die Reformen Kaiser Josephs II.«, in: *Quatuor Coronati Jahrbuch* 14, (1977), S. 55 ff.

27 Vgl. dazu Helmut Reinalter, »Aufklärung, Freimaurerei und Jakobinertum in der Habsburger-Monarchie«, in: *Jakobiner in Mitteleuropa*, hrsg. von H. Reinalter, Innsbruck 1977, S. 243 ff.; ders., »Freimaurerei und Jakobinismus« (wie Anm. 25); ders., *Aufgeklärter Absolutismus und Revolution. Zur Geschichte des Jakobinertums und der frühdemokratischen Bestrebungen in der Habsburgermonarchie* (Veröffentlichungen der Kommission für Neuere Geschichte Österreichs 68), Wien 1980; ders., *Der Jakobinismus in Mitteleuropa* (Urban 326), Stuttgart-Berlin-Köln-Mainz 1981, S. 41 ff.; Helmut Reinalter, *Geheimbünde in Tirol. Von der Aufklärung bis zur Französischen Revolution* (Schriftenreihe des Südtiroler Kulturinstitutes 9), Bozen 1982; Walter Grab, *Leben und Werke norddeutscher Jakobiner* (Deutsche revolutionäre Demokraten 5), Stuttgart 1973, S. 37 ff., ders., *Demokratische Strömungen* (wie Anm. 12); vgl. weiters auch die Studie von Helmut Reinalter im ersten Teil dieses Bandes.

28 Karl R. H. Frick, *Die Erleuchteten. Gnostisch-theosophische und alchemistisch-rosenkreuzerische Geheimgesellschaften bis zum Ende des 18. Jahrhunderts – ein Beitrag zur Geistesgeschichte der Neuzeit*, Graz 1973; ders., *Licht und Finsternis. Gnostisch-theosophische und freimaurerisch-okkulte Geheimgesellschaften bis an die Wende zum 20. Jahrhundert*, 2 Teile, Graz 1975-78; Eugen Lennhoff, *Politische Geheimbünde*, München-Wien 1968; Norman MacKenzie (Hrsg.), *Geheimgesellschaften*, Genf 1969; über den Geheimbund der Carbonari s. D. R. Rath, »The Carbonari. Their Origins«, in: *Annales historiques de la Révolution française* 69, (1964), S. 174 ff.; Geheimgesellschaften und Geheimbünde (Moderne Universalgeschichte der Geheimwissenschaften 3), Düsseldorf-Wien 1979. Peter F. Barton, Ignatius Aurelius Feßler. *Vom Barockkatholizismus zur Erweckungs-*

*bewegung*, Wien-Köln-Graz 1969, S. 223 ff.; ders., *Erzieher, Erzähler, Evergeten. Ein Beitrag zur politischen Geschichte, Geistes- und Kirchengeschichte Schlesiens und Preußens 1786/88 bis 1796, Fessler in Schlesien* (Studien und Texte zur Kirchengeschichte und Geschichte 2/V/1), Wien-Köln-Graz 1980 (Evergetenbund). – Vgl. auch die Beiträge im dritten Teil des vorliegenden Bandes.

29 Hammermayer (wie Anm. 1), S. 30.

30 H. de Schampheleire, »L'égalitarisme maçonnique et la hiérarchie sociale dans les Pays-Bas autrichiens«, in: *Klasse en ideologie in de vrijmetselarij* (wie Anm. 2), 1. T., 433 ff.

31 Hammermayer (wie Anm. 1), S. 30 f.

32 Alain de Bihan, *Francs-maçons Parisiens et la Grande Loge de France au XVIIIe siècle*, Paris 1966; ders., *Loges et chapitres de la Grande Loge et du Grand Orient de France, 1750-1800*, Paris 1967; ders., »Personalité et milieux sociaux des maîtres de la Grande Loge de France«, in: *Annales historiques de la Révolution française* 196, (1969), S. 415 ff.; ders., *Francs-maçons et ateliers Parisiens de la Grande Loge de France au XVIIIe siècle 1760-1795*, Paris 1973; ders., »La franc-maçonnerie dans les colonies françaises du XVIIIe siècle«, in: *Annales historiques de la Révolution française* 195, (1974), S. 39 ff.

33 Vgl. dazu Richard van Dülmen, »Die Aufklärungsgesellschaften in Deutschland als Forschungsproblem«, in: *Francia* 5, (1977), S. 251 ff.; Ludwig Hammermayer, »Akademiebewegung und Wissenschaftsorganisation während der zweiten Hälfte des 18. Jahrhunderts: Formen, Tendenzen, Wandel«, in: *Wissenschaftspolitik in Mittel- und Osteuropa. Akademien und Hochschulen im 18. und beginnenden 19. Jahrhundert*, hrsg. von E. Amburger, M. Cieśla u. L. Sziklay (Studien zur Geschichte der Kulturbeziehungen in Mittel- und Osteuropa 3), Berlin 1976, S. 1 ff.; *Der Akademiegedanke im 17. und 18. Jahrhundert*, hrsg. von Fritz Hartmann und Rudolf Vierhaus (Wolfenbütteler Forschungen 3), Bremen-Wolfenbüttel 1977. – Zu diesem Themenbereich s. auch das ältere Werk von Ludwig Keller, *Die italienischen Akademien des 17. Jahrhunderts und die Anfänge des Maurerbundes in den romanischen und nordischen Ländern*, Berlin 1906, mit dessen Thesen sich noch eine Arbeit kritisch auseinandersetzen müßte.

34 Hammermayer (wie Anm. 1), S. 31 f. (Literaturhinweise ebd., S. 59 f., Anm. 196-198); nun auch Jürgen Voss, »Eine deutsche Lesebibliothek im Paris des späten 18. Jahrhunderts. Neue Beobachtungen und methodische Überlegungen zur Erforschung der deutschen Lesegesellschaften«, in: *Zeitschrift für historische Forschung* 6/4, (1979), S. 461 ff.; Klaus Gerteis, »Bildung und Revolution. Die deutschen Lesegesellschaften am Ende des 18. Jahrhunderts«, in: *Archiv*

*für Kulturgeschichte* 53, (1971), S. 127 ff.; Marlies Prüsener, »Lesegesellschaften im 18. Jahrhundert. Ein Beitrag zur Lesegeschichte«, in: *Börsenblatt für den deutschen Buchhandel* 28/10, (1972), S. 189 ff.; Rolf Engelsing, *Der Bürger als Leser. Lesergeschichte in Deutschland 1500-1800*, Stuttgart 1974; ders., *Analphabetentum und Lektüre. Zur Sozialgeschichte des Lesens in Deutschland zwischen feudaler und industrieller Gesellschaft*, Stuttgart 1973; Ulrich Herrmann, »Lesegesellschaften an der Wende des 18. Jahrhunderts«, in: *Archiv für Kulturgeschichte* 57, (1975), S. 475 ff.; Inge Stephan, *Literarischer Jakobinismus in Deutschland (1789-1806)* (Sammlung Metzler 150), Stuttgart 1976, S. 57 ff. – Vgl. nun auch die Sammelbände: *Deutsche patriotische und gemeinnützige Gesellschaften*, hrsg. von Rudolf Vierhaus (Wolfenbütteler Forschungen 8), München 1980, und Otto Dann (Hrsg.), *Lesegesellschaften und bürgerliche Emanzipation. Ein europäischer Vergleich*, München 1981.

35 Van Dülmen (wie Anm. 32).

36 Ebd., S. 257.

37 Hammermayer (wie Anm. 1), S. 32 (Literaturhinweise ebd., S. 63, Anm. 210); Koselleck (wie Anm. 12), S. 55 ff. – Über Geheimhaltung und Geheimnis s. die Arbeiten von G. Simmel, *Soziologie. Untersuchungen über die Formen der Vergesellschaftung*, München-Leipzig [2]1922, S. 257 ff.; B. Sievers, *Geheimnis und Geheimhaltung in sozialen Systemen*, Opladen 1974; Lucian Hölscher, *Öffentlichkeit und Geheimnis* (Sprache und Geschichte 4), Stuttgart 1979; Schindler (wie Anm. 12); wichtige Hinweise auch bei Ernst Manheim, *Aufklärung und öffentliche Meinung. Studien zur Soziologie der Öffentlichkeit im 18. Jahrhundert*, hrsg. von N. Schindler (Kultur und Gesellschaft 4), Stuttgart-Bad Cannstatt 1979.

38 Claus Werner, *Die französische und deutsche Freimaurerei des 18. Jahrhunderts und ihr Verhältnis zur Aufklärung*, Maschingeschr. Diss., Berlin/DDR 1966, S. 29; vgl. weiters Hans Wagner, »Die Freimaurer und die Reformen Kaiser Josephs II.«, in: *Quatuor Coronati Jahrbuch* 14, (1977), S. 55 ff.; ders., »Die Lombardei und das Freimaurerpatent Josephs II. von 1785« (wie Anm. 26); Helmut Reinalter, »Joseph II. und die Freimaurerei im Lichte zeitgenössischer Broschüren«, in: *Unsere Heimat* 51/3, (1980), S. 193 ff.; vgl. auch den Beitrag von Helmut Reinalter im ersten Teil des Sammelbandes.

39 Vierhaus (wie Anm. 12); Hammermayer (wie Anm. 1), S. 32 f.

40 Vgl. die Literaturhinweise in Anm. 28; Hammermeyer (wie Anm. 1), S. 33.

41 Zur Symbolik Jules Boucher, *La symbolique maçonnique ou l'art royal remis en lumière et restitué selon les règles de la symbolique ésoterique et traditionelle*, Paris [3]1974; Jean-Pierre Bayard, *Thesaurus Latomorum*, 2 Bde., Paris 1974-75; Franz Carl Endres, *Die Symbole*

*der Freimaurerei,* Hamburg [2]1977; Erich J. Lindner, *Königliche Kunst im Bild. Beiträge zur Ikonographie der Freimaurerei,* Graz 1976; Hammermayer (wie Anm. 1), S. 62 f. (Anm. 207-209, weitere Literatur).

42 Über Born vgl. Edith Rosenstrauch-Königsberg, *Freimaurerei im josephinischen Wien* (Wiener Arbeiten zur deutschen Literatur 6), Wien 1975, S. 48 ff.; J. Haubelt, »Studi o Ignaci Bornovi«, in: *Acta Universitatis Carlinae Philosophica et Historica* 39, Prag 1971; Heinz Stănescu, »Ignaz von Born«, in: *Österreich in Geschichte und Literatur* 14/7, (1970), S. 369 ff.; Mikulaš Teich, »Ignaz von Born als Organisator wissenschaftlicher Bestrebungen in der Habsburger Monarchie«, in: *Wissenschaftspolitik in Mittel- und Osteuropa* (wie Anm. 33), S. 195 ff.; Jaroslav Vávra, »Ignaz von Born als führende Persönlichkeit der Aufklärungsepoche in Böhmen«, in: *Beförderer der Aufklärung* (wie Anm. 1), S. 141 ff.; Hans Wagner, *Freimaurerei um Joseph II. Die Loge zur wahren Eintracht, Katalog der Sonderausstellung im Freimaurermuseum Schloß Rosenau,* Rosenau 1980; Edith Rosenstrauch-Königsberg, »Eine freimaurerische Akademie der Wissenschaften in Wien«, in: *Revolution und Demokratie in Geschichte und Literatur. Zum 60. Geb. von Walter Grab* (Duisburger Hochschulbeiträge 12), Duisburg 1979, S. 151 ff.; über Sonnenfels s. Helmut Reinalter, »Joseph von Sonnenfels und die Französische Revolution«, in: *Innsbrucker Historische Studien* 1, (1978), S. 77 ff.; Karl-Heinz Osterloh, *Joseph von Sonnenfels und die österreichische Reformbewegung im Zeitalter des aufgeklärten Absolutismus* (Historische Studien 409), Lübeck- Hamburg 1970; Grete Klingenstein, »Akademikerüberschuß als soziales Problem im aufgeklärten Absolutismus. Bemerkungen über eine Rede Joseph von Sonnenfels' aus dem Jahre 1771«, in: *Bildung, Politik und Gesellschaft* (Wiener Beiträge zur Geschichte der Neuzeit 5), Wien 1978, S. 165 ff.; Robert A. Kann, *Kanzel und Katheder. Studien zur österreichischen Geistesgeschichte vom Spätbarock zur Frühromantik,* Wien-Freiburg-Basel 1962, S. 149 ff. – Über die Eliteloge »Les Neuf Soeurs« in Paris s. Louis Amiable, *La R. Loge Les Neuf Soeurs,* Paris 1897; C. N. Batham, »A famous French Lodge: Les Neuf Soeurs«, in: *AQC* 86, (1973), S. 312 ff. Über den Akademiegedanken im allgemeinen vgl. die Hinweise in Anm. 33 und Hans Wagner, »Die politische und kulturelle Bedeutung der Freimaurer« (wie Anm. 26), S. 33.

43 Hammermayer (wie Anm. 1), S. 9 ff.; Bolle (wie Anm. 21), S. 35; vgl. auch die Literaturhinweise in den Anm. 25-28.

44 Zur Verschwörungstheorie s. die Arbeiten Rogalla von Biebersteins in Anm. 12; vgl. auch vom selben Autor den Beitrag im vorliegenden Sammelband; über den Konvent von Wilhelmsbad Reinhold Taute, *Der Wilhelmsbader Konvent und der Zusammenbruch der Strikten*

*Observanz* (Bücherei für Freimaurer 18/19), Berlin 1909; Wilhelm Mensing, *Der Freimaurer-Konvent von Wilhelmsbad*, Bayreuth 1974; Ludwig Hammermayer, *Der Wilhelmsbader Freimaurer-Konvent von 1782. Ein Höhe- und Wendepunkt in der Geschichte der deutschen und europäischen Geheimgesellschaften* (Wolfenbütteler Studien zur Aufklärung V/2), Heidelberg 1980.

45 Hammermayer (wie Anm. 1), S. 27 f.; vgl auch die spärlichen Hinweise in der Auswahlbibliographie.

46 Hammermayer (wie Anm. 1), S. 31.

47 Vgl. dazu van Dülmen (wie Anm. 33) und die Literaturhinweise in Anm. 34.

48 Dazu die kritischen Rezensionen von Heinz Schlaffer in: *Göttingische Gelehrte Anzeigen* 229 , (1977), S. 139 ff., und Ernst-Otto Fehn, »Zur Wiederentdeckung des Illuminatenordens. Ergänzende Bemerkungen zu Richard van Dülmens Buch«, in: *Geheime Gesellschaften* (wie Anm. 2), 231 ff.

49 Die Freimaurerforschung ist hier noch immer auf ältere, z. T. überholte Gesamtdarstellungen angewiesen: z. B. J. G. Findel, *Geschichte der Freimaurerei*, Leipzig [7]1900; F. Runkel, *Geschichte der Freimaurerei in Deutschland*, 3 Bde., Berlin 1931-32; Abafi (wie Anm. 15); an neueren allgemeinen Darstellungen s. R. F. Gould, *History of Freemasonry*, 4 Bde., London-Chicago [3]1968; Paul Naudon, *La franc-maçonnerie*, Paris [2]1971; ders., *Geschichte der Freimaurerei*. Aus dem Französ. übers. und bearb. von Hans-Heinrich Solf, Frankfurt/M.-Berlin-Wien 1982; Charles von Bokor, *Winkelmaß und Zirkel. Die Geschichte der Freimaurer*, Wien 1980; Jean Palou, *La franc-maçonnerie*, Paris 1964. – Für Deutschland Steffens (wie Anm. 13).

50 Vgl. dazu den Beitrag von Ernest Krivanec im vorliegenden Sammelband und Hans Wagner, »Aufgaben der freimaurerischen Forschung in Österreich« in: *Quatuor-Coronati-Berichte* 1, Wien 1974, S. 5 ff.; ders., »Die politische und kulturelle Bedeutung der Freimaurer« (wie Anm. 26), S. 73. Zur neueren österreichischen Forschung vgl. den Bericht von Reinalter (wie Anm. 1) S. 37 f.

51 Hans Wagner, »Die ungarische Freimaurerei der Freiheit«, in: *Festschrift »Zehn Jahre Libertas«*, Wien 1969, S. 41 ff.; Éva H. Balázs, »Freimaurer, Reformpolitiker, Girondisten«, in: *Beförderer der Aufklärung in Mittel- und Osteuropa* (wie Anm. 1), S. 127 ff.

52 Wagner (wie Anm. 50), S. 12; Ernst Schönmann, 1848, in: *Quatuor-Coronati-Berichte* 1, (1974), S. 17 ff.

53 Wagner (wie Anm. 50), S. 13. – Über das Quellenmaterial in Potsdam vgl. nun die grundlegende Arbeit von Helmut Neuberger, *Freimaurerei und Nationalsozialismus*, 2 Bde, Hamburg 1980.

54 Kuéss, *Die großen deutschen Historiker der Freimaurerei* (wie Anm. 9); verdienstvoll auch Horn (wie Anm. 9); ders., »Georg Kloß

als Schotte«, in: *Eleusis* 6 (1980), S. 466 ff.; ders., »Georg Kloß als Grand-Profes-Ritter«, in: *Eleusis* 2 (1981), S. 147 ff.; ders., »Karl Christian Friedrich Krause«, in: *Eleusis* 3 (1981), S. 218 ff., ebd., 4 (1981), S. 331 ff., ebd., 5 (1981), S. 396 ff. und ebd., 6 (1981), S. 464 ff.

55 Vgl. dazu Hammermayer (wie Anm. 1), S. 33 f.; Ludz (wie Anm. 19); ders., »Ideologieforschung«, in: *Kölner Zeitschrift für Soziologie und Sozialpsychologie* 29, (1976), S. 1 ff.; ders., »Ideologie, Intelligenz und Organisation«, in: *Ideologiebegriff und marxistische Theorie*, Opladen 1976, S. 123 ff.; J. M. Roberts, »Freemasonry: possibilities of a neglected topic«, in: *The English Historical Review* 84, (1969), S. 323 ff.

56 Über das Wesen der Freimaurerei s. auswahlweise: August F. Fleck, *Das Freimaurertum. Sein Wesen – seine Geschichte*, Hamburg 1950, Erg.-Bd. 1971; Lennhoff (wie Anm. 16); August Wolfstieg, *Die Philosophie der Freimaurerei*, 2 Bde., Berlin 1922; D. Knoop – G. P. Jones, *An Introduction to Freemasonry*, Manchester 1937; Daniel Ligou, »La Franc-Maçonnerie française au XVIIIe siècle. Position des problèmes et état des questions«, in: *L'information historique*, Paris 1964, S. 98 ff.; Hammermayer (wie Anm. 1), S. 33 f.; vgl. weiters Gerhard Wehr, *Esoterisches Christentum: Aspekte, Impulse, Konsequenzen*, Stuttgart 1976.

# Erster Teil

# Probleme und Einzelaspekte

Helmut Reinalter

# Die Freimaurerei zwischen Josephinismus und frühfranziszeischer Reaktion

## *Zur gesellschaftlichen Rolle und indirekt politischen Macht der Geheimbünde im 18. Jahrhundert*

Die Jakobinerbewegung in Wien und Ungarn von 1794/95 wird in der neueren Forschung als wichtiges Beispiel frühdemokratischer Bestrebungen vorwiegend sozialer Mittel- und Unterschichten in der Habsburger-Monarchie gewertet, die jedoch nicht nur auf Wien und Ungarn allein beschränkt blieben, sondern sich auch in Kärnten und Krain, in der Steiermark, in Oberösterreich, in Tirol und in Vorarlberg zeigten.[1] Diese Entwicklung zum Jakobinertum wurde dabei vor allem durch die Wandlungen in Staat und Gesellschaft um die Mitte des 18. Jahrhunderts, durch den Josephinismus, die konstitutionellen Ansätze und den geheimen Mitarbeiterkreis Leopolds II. und nicht zuletzt auch durch die Freimaurerei begünstigt, da fast alle späteren uns namentlich bekannten Jakobiner Mitglieder von Logen waren und die Freimaurerei in der Tat mit ihrem elitären Humanismus und ihrem das im realpolitischen Raum herrschende Ständewesen überwindenden Prinzip der égalité eine große Faszination auf das Bürgertum und die philosophische Intelligenz ausübte, so daß sie mit Recht als ideologische und institutionelle Voraussetzung für den Jakobinismus bezeichnet werden konnte.[2]

Als unter Polizeiminister Graf Pergen die Kontrolle der öffentlichen Meinung nach der neuerrichteten Polizeihofstelle schärfere Ausmaße annahm, wies er im Zuge seiner Maßnahmen zur Unterdrückung jeglicher oppositioneller Regungen auch auf die Gefahr der Geheimgesellschaften hin. Die Freimaurerlogen hätten, so führte er in einer Denkschrift unter Leopold II. aus, bedenkliche Revolutionspropaganda betrieben: »Es gab zu allen Zeiten geheime Gesellschaften, deren Mitglieder sich durch Bande der Bruderschaft verknüpften, auf einen gewissen Zweck gemeinschaftlich arbeiteten, und über ihre Ansichten so wohl, als die

Mittel solche zu erhalten, den Schleyer des tiefsten Geheimnisses zogen. Aber nie war die Wuth solche geheime und zweydeutige Verbindungen zu errichten stärker als in unsern Tagen, man weiß es als Thatsache, daß mehrere dieser geheimen Gesellschaften, die unter verschiedenen Namen bekannt sind, nicht wie sie vorgeben, blos vernünftige Aufklärung und thätige Menschenliebe zum Zwecke haben, sondern daß ihre Ansicht auf nichts weniger gehe, als das Ansehn, und die Macht der Monarchen nach und nach zu untergraben, Freyheitssinn bey den Nazionen aufzuregen, die Denkungsart des Volkes umzustimmen, und solches durch eine geheime Oberherrschaft nach ihren Absichten zu lenken. Der Abfall der engländischen Kolonien in America ist die erste Operation dieser geheimen Oberherrschaft, von da suchte sie sich weiter auszubreiten, und es ist unbezweyfelt, daß der Umsturz der Französischen Monarchie das Werk einer solchen geheimen Gesellschaft sey. Daß diese hiebey es nicht zu bewenden Sinnes ist, beweisen die ausgeschickten Emissäre in allen Reichen, und die Aufforderungsschreiben, welche sie in andern Ländern in Umgang zu bringen weiß; besonders suchen die französischen Freymaurerlogen ähnliche Gesinnungen bey ihren Mitbrüdern in andern Staaten hervorzubringen. Auffallend ist die Stelle eines solchen Schreibens der Loge von Bordeaux, wo gesagt wird: Die weisen Grundsätze der neuen französischen Verfassung stehen mit den maurerischen Grundbegriffen der Freiheit, Gleichheit, Gerechtigkeit, Toleranz, Philosophie, Wohltätigkeit und Ordnung in so enger Beziehung, daß sie die schönsten Erfolge versprechen – in der That ist in Zukunft jeder gute französische Bürger wert, Maurer zu seyn, weil er frey ist . . .«[3]

Der Polizeiminister, selbst nicht Mitglied einer Loge, hatte mit seinen Befürchtungen insofern recht, als die Freimaurerei in der Habsburger-Monarchie ein wichtiger Mittelpunkt der Aufklärung gewesen ist, deren Prinzipien zwar eine auf das Individuum bezogene Gesellschaftsstruktur erforderten, doch waren die Aufklärer andererseits von dem menschlichen Bedürfnis nach einer Gesellschaft und nach Zugehörigkeit zu entsprechend organisierten Einrichtungen durchaus überzeugt, was vor allem durch die Entstehung der Freimaurerei, die als organisierte Bewegung zur Förderung und Verbreitung aufklärerischer Ideen bezeichnet werden kann, sehr gut veranschaulicht wird. Klaus Epstein betont in diesem Zusammenhang, daß »die Freimaurerei dem beständigen Bedürfnis der Menschen nach Solidarität, gegenseitiger Hilfe und gemeinsamem Engagement für eine Sache (entgegenkam); ihr geheimer Charakter und ihre Riten füllten das psychologische Vakuum, das durch den Verlust an religiösen Wundern, Mysterien und an Autorität entstanden war. In der Freimaurerei fand die Aufklärung einen institutionellen Ausdruck, der ihr weder in den Zeitschriften noch im aufgeklärten Despotismus möglich war.«[4] Ihr Ziel war in erster Linie die Verbreitung der Aufklärung gegen die bestehenden Formen der sozialen Hierarchie, der politischen Autorität und der traditionellen Auffassung von Religiosität. Die Bedeutung der österreichischen Logen lag im Prozeß der Überwindung alter feudaler Standesvorurteile und in der frühbürgerlich-emanzipatorischen Bewußtseinsbildung im österreichischen Beamtentum und in der Intelligenz.[5]

Die durch die Freimaurerei entstandene Organisationsform der Aufklärung hatte auf konservativer Seite starke Abwehrreaktionen hervorgerufen, die den Glauben an eine Verschwörung noch stärkten – eine Theorie, die den Ausbruch der Französischen Revolution und die Verbreitung ihrer Ideen als das Werk eines weitverbreiteten Netzes radikaler Wühlarbeit zu erklären sucht. Heute wissen wir jedoch aufgrund neuerer Forschungen, daß zwar die Freimaurerei eine wesentliche Rolle als Wegbereiterin der Aufklärung spielte und daß ihre Mitglieder unter Maria Theresia, Joseph II., Leopold II. und Franz II. wichtige politische Ämter innehatten, doch kann man diese gesellschaftspolitisch wirksame Stellung nicht mit der erwähnten Konspirationstheorie in Verbindung bringen, die die Französische Revolution als Freimaurerkomplott auffaßt und die auf eine nachträgliche Interpretation des französischen Jesuiten und Emigranten Abbé Augustin Barruel zurückgeht[6], der drei aufeinander folgende Phasen einer weltweiten Verschwörung beschreibt, deren Abschluß und Gipfel die Französische Revolution gewesen sei: Die erste Phase war bestimmt durch die französischen Aufklärungsdenker, die das Christentum bekämpften, die zweite wurde von den Freimaurern beherrscht, die sich darüber hinaus noch gegen die Monarchie wandten, während die Illuminaten, die in der dritten Phase dominierten, jede Religion und jede Art von Regierung sowie jede gesellschaftliche Ordnung angegriffen haben.[7] Die jüngsten Forschungen konnten beweisen, daß die Freimaurerei nicht mit dem bayerischen Illuminatenorden gleichgesetzt werden darf. Sie war neben Lesezirkeln, Salons und Gesprächsrunden nur eines jener Medien, durch welche die Ideen der Philosophen, wie Freiheit, Rechtsgleichheit, Toleranz und Achtung der menschlichen Person, unter den Intellektuellen Verbreitung fanden, ohne die Rolle revolutionärer Klubs zu spielen.[8]

Über die Ursprünge und Entstehung der Freimaurerei haben sich im Laufe der Zeit verschiedene Theorien herausentwickelt, wie zum Beispiel die auf der »Dombauhüttentradition« basierende Überlieferung, »deren Zunftbräuche das Ritual der Freimaurerlogen mit entsprechender symbolischer Bedeutung bildeten.«[9] Eine ähnliche Auffassung über die Entstehungsgeschichte der Freimaurerei vertritt auch Michel Dierickx, der die ältesten Spuren auf die westeuropäischen Gilden, Maurer- und Steinmetzzünfte sowie Kathedralen-Bauer zurückführt[10], deren Tätigkeit aber später durch den Hundertjährigen Krieg und durch die protestantische Reformation auf dem Gebiete des Kirchenbaus und der Kunst der Steinplastik fast zum Stillstand gekommen war. So traten die Bauzünfte dann vor allem in England und Schottland stärker in Erscheinung, wo es im 17. Jahrhundert zu einem grundlegenden Wandel von den Maurern und Steinmetzen, die mit Zirkel und Kelle, Hammer und Meißel arbeiteten, zu den heutigen Freimaurern gekommen war.[11] Neben der Auffassung ihrer langsamen Entwicklung aus der alten Werkmaurerei, die sich heute allgemein durchzusetzen beginnt, findet man in der Literatur auch noch Hinweise auf die bloße Neuform des theosophischen Rosenkreuzertums, eine Bewegung, deren Ziele ursprünglich nicht politisch waren, da ihre Anhänger vor allem der Förderung religiöser Pietät und der Herstellung von Gold durch angewandte Alchemie nachgingen.[12] In den Wiener Logen des 18. Jahrhunderts war vor allem die Templerlegende sehr stark verbreitet, die die Ursprünge der Freimaurerei auf die Ordensritter zurückführte und in ihnen Kämpfer für Gerechtigkeit und Wahrheit erblickte. Der österreichische Freimaurer und Schriftsteller Aloys Blumauer, der später in die Wiener Jakobinerverschwörung verwickelt war, hat sich z. B. in seiner Arbeit »Versuch einer Geschichte der alten Ritterschaft, in Bezug auf die Freymaurerey« theoretisch mit der Templertradition beschäftigt und den Ursprung von den Ordensrittern auch häufig in seine Freimaurergedichte eingebaut, »in denen er Bayard, den Ritter ohne Furcht und Tadel, und die Artusrunde als Ahnen der Freimaurerei verherrlichte«.[13]

1717 ist die Freimaurerei dann in England als ein zunächst noch einfaches System von Logen gegründet worden und begann sich in den darauffolgenden zwei Jahrzehnten auch auf dem Kontinent zu verbreiten. Im Zuge dieser Entwicklung bildete sich eine sehr komplexe Organisation mit dem Ziel und Wunsch nach Reformen der Gesellschaft heraus.[14] Dierickx hebt die Bedeutung dieses Ereignisses für die weitere Entwicklung der Freimaurerei hervor, als am St.-Johannis-Tag oder 24. Juni 1717 die vier Logen von London und Westminster zusammentraten und die erste Großloge ins Leben riefen: »Obgleich die spekulativen Logen erst ab etwa 1730 in dieser Form als Großloge zusammenarbeiten – was diesem Datum seine große Bedeutung gibt – müssen wir doch 1717 als das wichtigste Datum betrachten, weil es am Anfang einer die Welt umspannenden einflußreichen bruderschaftlichen Bewegung steht.«[15] Der Freimaurerbund breitete sich zunächst im britischen Inselreich aus, ehe er dann auch auf dem Festland, in Frankreich, in den Niederlanden und in Deutschland sowie Österreich Fuß zu fassen begann, wo wahrscheinlich die erste Loge in Prag und dann 1742 in Wien errichtet wurde,[16] nachdem bereits Franz Stephan von Lothringen 1731 von einer nach dem Kontinent entsandten Deputation der englischen Großloge im Haag in den Freimaurerbund aufgenommen worden war.[17]

Die erste Wiener Loge erhielt bei ihrer Gründung im Jahre 1742 den Namen »Aux trois canons« (Loge zu den drei Kanonen) und bestand nur relativ kurze Zeit, obwohl die bereits 1738 von Papst Clemens XII. gegen die Freimaurerei erlassene Bannbulle dank der Intervention Franz Stephans in Österreich nicht publiziert wurde, wie auch die zweite Bulle, die 1751 von Papst Benedikt XIV. erlassen worden war, in Österreich keine Anerkennung gefunden hatte. Im Jahre 1764 kam allerdings plötzlich eine Verordnung heraus, die über den Freimaurerorden in den österreichischen Staaten ein Verbot verhängte.[18] Ab diesem Zeitpunkt waren die Logen gezwungen, im Geheimen zu wirken, was zur Folge hatte, daß sie sich vor allem in den letzten zehn Regierungsjahren Maria Theresias stark entwickelten und nach dem Tod der Kaiserin im Jahre 1780 – wie uns Franz Gräffer berichtet – zu fieberhafter Tätigkeit übergingen: »So wie Maria Theresia die Augen geschlossen hatte, kroch ein Völkchen aus allen Winkeln und Nebenwegen hervor, das sich zeither gar nicht blicken hatte lassen, es nennt sich Freimaurer und Rosenkreutzer und war bekannt genug.«[19] Hatten 1780 in Wien sechs Freimaurerlogen mit ungefähr 200 Mitgliedern bestanden[20], so nahm die Zahl der Brüder nicht zuletzt aufgrund der regen Werbetätigkeit der Logen sehr rasch zu, auch wenn man bei der Aufnahme neuer Mitglieder zunächst noch behutsam nach der allgemeinen Ordensmaxime vorging: »Es ist besser mehrere Würdige abzuweisen, als einen einzigen Unwürdigen aufzunehmen.«[21]

Am 12. März 1781 wurde die Loge »Zur wahren Eintracht«, ursprünglich eine Abspaltung der Loge »Zur gekrönten Hoffnung«, gegründet, die für die weitere Entwicklung der Freimaurerei in Wien größte Bedeutung erlangen sollte.[22] Der deputierte Provinzial-Großmeister, der Herzoglich Sachsen-Weimarische Resident am Wiener Hofe, Christian Bernhard von Isenflamm, der wegen seiner Stellung keine Funktion innerhalb dieser Loge innehatte, faßte die Bildung einer »Eliteloge« ins Auge.[23] Hatte zunächst die nominelle Leitung der Hofchirurg Ignaz Fischer übernommen und standen von Anbeginn an vor allem Männer der Wissenschaft an der Spitze der Loge, so kam später Hofrat Ignaz von Born mit seinem Kreis dazu, der bald als Meister vom Stuhl die Loge zu einem elitären Bund mit literarisch-wissenschaftlicher Tendenz machte.[24] Born wurde im Jahre 1776 nach Wien berufen, betätigte sich aber bis zum Jahre 1781 nicht in der Freimaurerei, obwohl er in Prag Logenmitglied gewesen war. Dort trat er allerdings aus der Loge aus, weil die Loge »Zu den drei gekrönten Säulen« nicht in seinem Sinne reaktiviert wurde. Warum er dann plötzlich 1781 in Wien doch der Freimaurerei beigetreten war, führt Paul Hofer darauf zurück, daß er vermutlich vorher zu wenig Einfluß gewonnen hatte und mit seinen Anschauungen nicht durchgedrungen war.[25] Born wollte in Wien unter seiner Hammerführung die Aufgaben einer Loge mit jenen einer Gesellschaft der Wissenschaften – bekanntlich hatte er ja schon vorher in Prag die »Böhmische Gelehrte Privatgesellschaft« gegründet – vereinen, was uns auch Ludwig Abafi bestätigt: »Von Anfang an war Born von dem Wunsch geleitet, ähnlich wie in Prag, eine Gesellschaft der Wissenschaften zu gründen und seiner Loge das Ansehen einer Akademie in nuce zu verleihen, wie denn die Mitglieder derselben, größtentheils hervorragende Männer, zu den ersten Capacitäten der Wissenschaft und Kunst zählten. Der ausgesprochene Zweck seiner Loge aber war, zur Beförderung der nunmehr von der Regierung begünstigten Gewissens- und Denkfreiheit zu wirken und den Aberglauben und die Schwärmerei, mithin also auch die Hauptstütze von Beiden, das Mönchswesen zu bekämpfen.«[26] Für die Erreichung dieses Zieles war natürlich die am 12. März 1781 gegründete Loge »Zur wahren Eintracht« sehr wichtig, da diese aus fünfzehn Brüdern, die aus der Loge »Zur gekrönten Hoffnung« ausgetreten waren, neu errichtet, innerlich noch nicht so gefestigt erschien und erst im Ausbau begriffen war. Die Loge ist unter Born – wie wir aus den alljährlich den Bruderlogen übersandten Listen wissen – rasch angewachsen, und am 12. März 1783 hatte sie bereits 83 Mitglieder sowie 8 dienende Brüder[27], darunter den k. k. Bücherzensor Aloys Blumauer, den Dichter Joseph Franz Ratschky, den k. k. Hofrat und Professor der Polizei- und Kameralwissenschaft an der Universität Wien, Joseph von Sonnenfels, den ersten Kanzler Leopold Graf Kollowrat-Krakowsky, den k. k. Kammerherrn Fürst Wenzel Paar, Joseph Graf Palffy, k. k. Kammerherrn sowie Kreiskommissär Leopold Graf Palffy, um nur die wichtigsten zu nennen.[28] Ab 1785 scheinen als neue Mitglieder auch die Dichter und Philosophen Johann Baptist Alxinger, Martin Joseph Prandstetter, Georg Forster und Karl Leonhard Reinhold neben einer nicht unbedeutenden Zahl katholischer und protestantischer Prediger auf.[29]

Besonders hervorstechend war die einheitliche Linie in der Tätigkeit und die Konzentrierung der Kräfte in den Logen, die sich vor allem in der Personalpolitik der Freimaurerei zeigte.[30] Die Schriftsteller, die sich in starker Zahl nach und nach in der Loge »Zur wahren Eintracht« einfanden, faßten die Zugehörigkeit als Ehre auf, wie z. B. dem Aufnahmeansuchen Johann Pezzls vom 31. Dezember 1783 entnommen werden kann, wo es u. a. heißt: »Dürfte ich mir schmeicheln, für würdig erkannt zu werden, daß Sie mich in Ihren Kreis aufnähmen: so würde einer meiner heißesten Wünsche in Erfüllung gehen.«[31] So dürfte die in der Freimaurerliteratur vertretene Auffassung tatsächlich zutreffen, daß die Loge »Zur wahren Eintracht« eine Art Ersatz für die lange angestrebte Deutsche Akademie der Wissenschaften und Künste sein sollte, wobei der elitäre Charakter der Loge dieser Zielsetzung stark entgegenkam, da sie als Geheimbund die Möglichkeit besaß, »durch ihre Mitglieder in der Öffentlichkeit zu wirken und junge Talente zu fördern . . .«[32] Selbstverständlich konnte die Loge eine Akademie nicht vollkommen ersetzen, doch war sie durchaus in der Lage, manche ihrer Funktionen zu übernehmen, wie z. B. die

Erweckung neuer geistiger Kräfte und deren Förderung sowie Entwicklung durch verschiedene Publikationen. In dieser Hinsicht tat sich besonders Aloys Blumauer als Hauptförderer junger Talente und als Organisator, Herausgeber sowie Redakteur des Freimaurerjournals hervor.[33] Das »Journal für Freymaurer«, wie es offiziell hieß, wurde allen Schwesterlogen angekündigt und in einer Vorerinnerung im Zweck wie folgt festgelegt: »Den für die Maurerey so traurigen Folgen der Gleichgiltigkeit ihrer oft schätzbarsten Glieder vorzubeugen, dem maurerischen Publicum unsern Orden in seiner eigenthümlichsten, schönsten und seiner würdigsten Gestalt darzustellen, den forschbegierigen Geist ihrer Glieder nur auf fruchtbare und zu dem Wohle der Menschheit gleichlaufenden Wege zu leiten, kurz, der Maurerey wahrhaftthätige Mitarbeiter zu geben: ist der Zweck unseres Maurerjournals.«[34] Der Inhalt des Journals wurde nach einem Fünf-Punkte-Schema gegliedert: 1. Wissenschaftliche Abhandlungen und Untersuchungen über die Vorgeschichte des Freimaurerordens, 2. Logenreden mit belehrendem und unterrichtendem Inhalt, 3. Gedichte, 4. Ankündigungen und Nachrichten über die Freimaurerei und 5. Allgemeine Übersicht über alle im Inland erschienenen Freimaurerschriften.[35] Daneben gab Blumauer mit seinem Logenbruder Ratschky auch den Wiener Musenalmanach heraus und war von 1782 bis 1784 auch Redakteur der »Realzeitung«[36], wo er poetische Erstlinge vieler junger Talente publizieren und auf die Werke anderer hinweisen konnte.[37] In dieser letztgenannten Zeitung hatte schon im Jahre 1777 Joseph von Sonnenfels eine rege journalistische Tätigkeit entfaltet, und auch Ignaz von Born war zur selben Zeit mit ihr in Kontakt getreten.

Für die schon erwähnte Erweckung geistiger Kräfte in der Habsburger-Monarchie spielte auch die Korrespondenz der Loge »Zur wahren Eintracht« mit verschiedenen anderen, befreundeten Logen neben dem Umstand eine wichtige Rolle, daß die Mitglieder in allen Teilen der Monarchie als Professoren, Lehrer und Staatsbeamte wirkten und daher nicht selten auch als Initiatoren lokaler Bünde in Erscheinung traten.[38] In erster Linie waren es durch eine bestimmte politische bzw. weltanschauliche Orientierung geprägte Intellektuelle, die den Kern der Loge »Zur wahren Eintracht« bildeten, Anhänger der Aufklärung, die in die Loge aufgenommen wurden, eine Einengung, die in einer Akademie sicher nicht möglich gewesen wäre. Es spricht daher vieles für sich, wenn zwar der Loge »Zur wahren Eintracht« in der neueren Literatur die Erfüllung mancher Funktionen einer Akademie der Wissenschaften zugesprochen, gleichzeitig aber einschränkend festgestellt wird, daß ihr Wirkungskreis doch aufgrund ihrer aufklärerischen Ausrichtung stark beschränkt war, weshalb die Forschung auch die Bezeichnung der Loge als »freimaurerische Akademie der Wissenschaften und Künste« einführte, um diesen Sachverhalt zu umschreiben.[39]

Alle diese Bestrebungen der Loge »Zur wahren Eintracht« müssen auch im Zusammenhang mit dem 1776 in Bayern von Adam Weishaupt gegründeten Illuminaten-Orden gesehen werden.[40] Die Verbindung zwischen Freimaurerlogen und Illuminaten wurde durch Freiherrn Adolph von Knigge hergestellt, der diesem Orden beigetreten war, der sich aber von der Freimaurerei wesentlich unterschied. Während diese mehr eine Art »innere Emigration« darstellte, »eine Oase, in die man vor den Vorurteilen der Gesellschaft flüchten konnte, wollten die Illuminaten ihre moralischen Prinzipien in die Gesellschaft projizieren und diese dadurch verändern. Am Ende steht für die Illuminaten die allgemeine, allumfassende Bruderschaft der Menschheit, die sich über alle bestehenden religiösen, sozialen und nationalen Gegensätze hinwegsetzt«.[41] Zweck des nach dem Vorbild des Jesuitenordens straff organisierten Illuminatenbundes war die allgemeine Aufklärung, die nicht einzelnen vorbehalten bleiben, sondern Gemeingut der ganzen Menschheit werden sollte, und so sahen die Illuminaten ihre Aufgabe in erster Linie darin, »Kritik am Bestehenden zu üben, Interessen an wirtschaftlichen und sozialen Fragen zu fördern und Einfluß auf die Staatsführung zu gewinnen«.[42]

Auch Richard van Dülmen schreibt dem Orden eine große Bedeutung für die Bewußtseinsbildung der Aufklärer vor der Französischen Revolution zu und weist mit starker Akzentuierung darauf hin, daß das Beispiel des Ordens deutlich die emanzipatorisch-politische Dimension der Spätaufklärung und die Grenzen radikaler Opposition gegen ein von der Gesellschaft noch weitgehend anerkanntes Herrschaftssystem aufzeige: »Der Geheimbund der Illuminaten stellt sowohl in seiner äußeren Geschichte wie in seiner geistigen Struktur ein höchst komplexes geistig-soziales Gebilde dar. Betrachtet man die Ordenwirklichkeit, verfolgt man die Verbreitungsgeschichte des Bundes und untersucht die Erwartungen, die seine Mitglieder zum Eintritt führten, so vermutet man weniger einen politischen Geheimbund als eine aufklärerische Gesellschaft ähnlich dem Freimaurerorden oder den Lesegesellschaften. Analysiert man hingegen das System des Illuminatenbundes in seiner Zielsetzung und Programmatik und untersucht die Funktion des Gradsystems, die Politik der Unterwanderung sowohl der Freimaurerlogen und Lesezirkel wie staatlichen Ämter und Schulen, dann stellt der Illuminatenorden entschieden mehr dar als eine unpolitische Lesegesellschaft, als eine attraktivere Form des Freimaurertums, nämlich einen Geheimbund mit letztlich politischen Zielen, dessen Aktionsprogramm auf Umänderung der gesellschaftlichen Ordnung gerichtet ist.«[43] Hinsichtlich der Zielsetzung des Ordens muß auf das geschichtsphilosophische Konzept der Geheimbünde als Mittel der Emanzipation der menschlichen Gesellschaft hingewiesen werden: »Gott und die Natur, welche alle Dinge der Welt, die größten so gut, wie die kleinsten zur rechten Zeit und am gehörigen Ort geordnet haben, bedienen sich solcher als Mittel, um ungeheure sonst nicht erreichbare Endzwecke zu erreichen.«[44] Mit ihrer Hilfe kann der die menschliche Natur depravierende Despotismus überwunden und ein kosmopolitischer Republikanismus errichtet werden, »in dem die aufgeklärte Vernunft den Naturzustand des Menschen von Gleichheit und Freiheit wiederherstellt«.[45] Trotz dieser Zielsetzung kann man jedoch die Illuminaten – auch wenn sie einen kosmopolitischen Republikanismus ins Auge faßten[46] – nicht als Urheber der Jakobinerherrschaft in Frankreich bezeichnen, wie dies der schon erwähnte Abbé Barruel durch seine Anschuldigung getan und damit wesentlich zu der wissenschaftlich unhaltbaren Theorie einer freimaurerischen Weltverschwörung beigetragen hat.[47]

Die Illuminaten fanden auch in der Habsburger-Monarchie starke Resonanz, da sie durch ihre Ziele den Absichten der josephinischen Aufklärer sehr nahekamen und außerdem einen wirksamen Gegenpol zu den in Österreich weit verbreiteten Rosenkreuzern bildeten. So gehörten u. a. zu ihren starken Befürwortern Persönlichkeiten wie Joseph von Sonnenfels und Ignaz Edler von Born[48], und es kann sogar angenommen werden, daß beide schon zu jenem Zeitpunkt, als sie in der Loge »Zur wahren Eintracht« aktiv geworden waren, mit den Illuminaten in Verbindung standen, um deren Ideen in der Loge zu verbreiten. Was die tatsächlichen Mitglieder des Ordens in Österreich betrifft, so ist bis heute noch vieles in Dunkel gehüllt, da wir darüber zu wenig Aufzeichnungen besitzen. Richard van Dülmen hat aufgrund ungedruckten und gedruckten Quellenmaterials eine Mitgliederliste erstellt, aus der die Namen der österreichischen Illuminaten ersichtlich sind, doch dürfte auch diese Liste, was die österreichischen Mitglieder betrifft, nicht vollständig sein.[49] Das von Knigge ausgefertigte und von van Dülmen ergänzte »Illuminaten-Ordens-Directions-System« umfaßte u. a. auch Österreich (Ägypten) mit Wien (Rom), der Provinz Tirol (Peleponnes) und der Direktion Innsbruck (Samos).[50] In den Vertraulichen Akten des Haus-, Hof- und Staatsarchivs Wien befinden sich dazu wichtige Quellen, darunter zahlreiche Denunziationen, die verschiedenen Geheimnamen der Ordensmitglieder, geheime Bezeichnungen von Städten und Ländern und der besondere Kalender der Illuminaten, alles Aufzeichnungen, die uns zwar in der Frage einer Klärung des Verhältnisses von Freimaurerei und Illuminatentum weiterhelfen, die aber keine weiteren Aufschlüsse über die Ziele des Ordens in Österreich zulassen.[51] Auch die Liste Leopold Alois Hoffmanns, die fälschlich alle Freimaurer mit Illuminaten gleichsetzt, befindet sich im erwähnten Bestand der Vertraulichen Akten.[52] Zumindest konnte aber bisher der handschriftliche Aufsatz Blumauers »Welche sind die Mittel der Lauigkeit der Mitglieder in Ordensgeschäften zu verhindern«[53] mehr Licht in dieses Dunkel bringen, womit gleichzeitig auch die Beziehung Blumauers zum Illuminatenorden in den Bereich der Wahrscheinlichkeit rückt.[54] Rosenstrauch-Königsberg vertritt in diesem Zusammenhang die Auffassung, daß es sich hier offenbar um eine Aufgabe handelte, die allen Personen, die in den Illuminatenorden aufgenommen werden wollten, gestellt wurde, und verweist dabei auf einige Formulierungen Blumauers[55], der zwar Redakteur des »Journals für Freymaurer« gewesen war, aber keine offizielle Funktion in der Loge »Zur wahren Eintracht« bekleidete, was – nach ihrer Meinung – ebenfalls darauf hindeute, daß Blumauer »eine führende Stellung bei den Illuminaten einnahm«.[56] Demnach bestand also auch von der Zielsetzung und Methode her zwischen Illuminaten und Freimaurern ein Unterschied, auch wenn dieser von zeitgenössischen Schriftstellern manchmal nicht erkannt wurde: »Illuminaten sind ... Menschen, welche unter dem Gewande der Freymaurerey erscheinen, keinem den Zutritt zu ihrer Gesellschaft verstatten, wenn er nicht schon die drei ersten symbolischen Grade der Freymaurerey erhalten hat, aus der Freymaurerey aber am liebsten wißbegierige, denkende Männer, reiche, gutherzige, verschlagene, angesehene Leute, Staatsbeamte und gelehrige Männer aller Arten, Archivarien, Bibliothecairs und Gastwirthe in ihre Verbindung ziehen, bey alledem hingegen doch für nichts weniger als währe, würdige Freymaurer erkannt werden können.«[57] Diese undifferenzierte Betrachtungsweise geht auch aus verschiedenen Hinweisen in den Vertraulichen Akten, wie zum Beispiel der Beschreibung von Grundsätzen aller Illuminaten in Wien vom Juli 1790, hervor.[58]

In scharfem Gegensatz zu den Illuminaten standen der Bund der »Asiatischen Brüder« und die Rosenkreuzer. Der Orden der Ritter und Brüder in Asien, der um das Jahr 1780 in Berlin von Hans Heinrich Freiherr Ecker von Eckhoffen gegründet wurde, fand auch in die Wiener Loge »Zur gekrönten Hoffnung« Eingang.[59] Ihr Gründer trat in seiner Schrift »Werden und können Israeliten zu Freimaurern aufgenommen werden« für die Gleichberechtigung der Juden ein.[60] Sie waren aus machtpolitischen Gründen die erbittertsten Gegner der Illuminaten und trugen wesentlich zur Spaltung der Wiener Freimaurer bei. Ihr Hauptvertreter in Wien war Graf Wenzel Sinzendorf.[61] Ihr Wesen wurde – nicht ganz frei von Kritik – in der freimaurerischen Zeitschrift »Latomia« beschrieben: »Hier handelt es sich um eine geheime Verbindung, die es sich angelegen sein ließ, ihre Existenz der Außenwelt im allgemeinen, dem forschenden Auge der Behörden aber insbesondere zu verhehlen, und die ihr zweideutiges Wesen nur deshalb unter maurerische Formen verbergen will, weil dadurch wenigstens theilweise eine Überwachung von Seite der Regierungsorgane zu umgehen war.«[62] Verschiedene Hinweise deuteten darauf hin, daß »in den Versammlungen dieses Bundes der Stein der Weisen gesucht wurde und Gold auf synthetische Weise hergestellt werden sollte«[63], während die Rosenkreuzer sich stärker mit Alchemie, Chemie, Physik, Theosophie, Magie und der jüdischen Geheimlehre der Kabbala beschäftigten und gleichfalls den Stein der Weisen suchten. Exponent dieser Richtung der »Asiatischen Brüder« war Otto von Gemmingen, Hauptvertreter der rosenkreuzerischen Tradition Christian Thomas Bacciochi, ein Mitglied der Loge »Zur gekrönten Hoffnung«.[54] Diese verschiedenen Richtungen führten dann ziemlich rasch zu einer Spaltung der österreichischen Freimaurerei, deren Ursache natürlich darüber hinaus auch in den verschiedenen Systemen lag.

Dazu kam noch ein organisatorisches Problem, weil die österreichischen Logen den deutschen unterstanden und ihr Zentrum in Berlin hatten, weshalb die Bestrebungen der österreichischen Freimaurer darauf ausgerichtet waren, eine möglichst rasche Unabhängigkeit vom Ausland zu erreichen. Dies muß auch im engen Zusammenhang mit dem Bayerischen Erbfolgekrieg gesehen werden, da durch ihn die Verbindung der Großen Landesloge von Deutschland in Berlin mit der österreichischen Provinzialloge unterbrochen wurde. »Die großen Zahlungen an Berlin – ein Drittel der damals hohen Gebühren für Aufnahme, Beförderung und Erhebung und ein Anteil an den gesammelten Almosen – konnten zwei Jahre nicht geleistet werden.«[64a] So entstand der Plan, für die Habsburger-Monarchie eine eigene, unabhängige Großloge zu gründen. Über diese Aktivitäten berichtete Blumauer in einem Brief an Johann Graf Fekete: ». . . Die mir eingeschikte Nachricht aus der Triesterzeitung werden Sie bereits im Wienerdiarium eingerükt gefunden haben. Da wir den Pränumerationstermin auf unser Journal bis Ende Junius ohnehin offen lassen, so hat es damit keine Eile. Der 2[te] Band, der bis Ende April erscheint, wird die Hauptgrundsätze und Vereinigungspunkte enthalten, unter welchen endlich – dank sey es der großen Göttinn Concordia! – das Vereinigungswerk aller österreichischen Maurerprovinzen, Systeme und Logen nun glüklich zustande gekommen ist. Man hat für die Maurerey in den österreichs Staaten ein Skelet entworfen, das auf alle Systeme vollkommen paßt, und worein sich alle ohne die mindeste Beeinträchtigung ihrer Freyheit ganz gemächlich vereinigen können. Der Code des loix bleibt, wie billig, ein Non Ens. Das erste, woran man izt arbeitet, ist eine National od Landesloge, deren Haupt vermuthlich der itzige Provinzialgroßmeister werden wird. Ich werde sehen, daß ich Ihnen einen Extrakt der Vereinigungspunkte schicken kann . . .«[65] Am 15. März setzten die letzten Verhandlungen zur Bildung der österreichischen Nationalloge ein, die dann am 24. April 1784 mit der endgültigen Formulierung der Provinziallogen und der Landesloge ihren Abschluß fanden, wobei sich in den letzten Beratungen besonders der Einfluß der Loge »Zur wahren Eintracht« bemerkbar machte.[66] Die gesamten Erblande wurden nun in sieben Provinziallogen-Distrikte mit je einem Provinzial-Großmeister an der Spitze eingeteilt, worunter sich die Provinzialloge von Österreich mit den Logen in Wien, Freiburg im Breisgau, Görz, Graz, Klagenfurt, Innsbruck, Linz, Passau und Triest, die Provinzialloge von Böhmen, von Galizien, der österreichischen Lombardei, von Siebenbürgen und Ungarn befanden, während sich die Provinzialloge der österreichischen Niederlande nicht der großen Landesloge von Österreich angeschlossen hatte.[67]

Gerade zu diesem Zeitpunkt der organisatorischen Einigung traf nun die österreichische Freimaurerei das Patent Josephs II. vom 11. Dezember 1785[68], das Gudrun Junaschek auf die schon erwähnte Uneinigkeit der Freimaurerlogen in der Habsburger-Monarchie zurückführt.[69] Wenn man den Inhalt des Patents genau analysiert und dabei die Politik Josephs II. miteinbezieht, scheinen die Gründe im Gegensatz zu Junaschek in der josephinischen Auffassung vom aufgeklärten Absolutismus und in der politischen Entwicklung zu liegen, denn bei aller Aufgeklärtheit konnte Joseph II. im Sinne seiner Staatsauffassung eine geheime Tätigkeit von Gesellschaften in Österreich nicht erlauben, da dies doch in einem Gegensatz zu den Grundsätzen des Absolutismus stand.[70] Dazu kam sicher auch noch der Plan des Kaisers, das österreichische Belgien gegen Bayern einzutauschen, den er mit Unterstützung der Illuminaten verwirklichen wollte.[71] Da aber dieses Projekt letztlich gescheitert war und sich die Konspiration der Geheimgesellschaft im Vergleich zum Spitzeldienst Friedrichs II. von Preußen als unzureichend herausgestellt hatte, war für Joseph kein Grund mehr vorhanden, das Wirken und die Aktivitäten der Freimaurerlogen in der Monarchie weiter ohne staatliche Kontrolle zu erlauben.[72] In bezug auf Preußen befürchtete der Kaiser, daß Friedrich II. sich der Freimaurer und Illuminaten bedienen könnte, ein politisches Problem, auf das später unter Leopold II. auch der ehemalige Gubernialsekretär aus Galizien, Feldhofer, und Graf Pergen in seinem »Bericht an Seine Majestät die Illuminaten und andere geheime Gesellschaften betreffend und die Art ihnen vorzubeugen« hingewiesen haben, wobei es hier vor allem um die Einflußnahme des preußischen Königs auf österreichische Angelegenheiten auf dem Umweg über die Logen ging.[73] Demnach waren also letztlich doch politische Erwägungen entscheidend, weshalb Joseph II. sich veranlaßt sah, die Tätigkeit der Freimaurer, an deren Systemen und Innenleben er wenig Interesse zeigte, unter die Kontrolle des Staates zu stellen. Neben diesen politischen Gründen dürfte aber auch die wachsende Opposition innerhalb der Freimaurerei als Folge der Zerstörung des individuellen Lebens der einzelnen Logen durch die josephinischen Reformen den Kaiser zur raschen Abfassung des Handbilletts gedrängt haben. Die jüngste Forschung neigt dazu, die Hauptgründe im »Widerstand gegen die von oben verordnete Reform«, in der Beseitigung der Hochgrade und in der mächtigen Stellung der Großen Landesloge des Ignaz von Born und seiner Gesinnungsfreunde zu sehen.[73a]

Die Reaktion auf dieses einschneidende Patent blieb natürlich nicht aus: Die Enttäuschung der Freimaurer war groß, auch wenn sie nicht offen gezeigt wurde, denn die von Joseph II. verfügten Maßnahmen mußten zwangsläufig den Niedergang der Logen einleiten. Das Patent ordnete an, daß nurmehr je eine Loge in den Landeshauptstädten bestehen dürfe, mit Ausnahme Wiens, Prags und Pests, wo noch drei Logen genehmigt wurden, die allerdings – dies galt auch für die übrigen – ihre Mitgliederlisten regelmäßig der Behörde übersenden und auch ihre Zusammenkünfte melden mußten, was einer Polizeiaufsicht gleichkam.[74] Der Grund, weshalb die Freimaurer zunächst ihre Enttäuschung über dieses Patent nicht offen zum Ausdruck brachten, lag darin, daß sie aus taktischen Überlegungen durch ein Lob des Gesetzes noch einige Privilegien zu erreichen hofften, wie zum Beispiel durch Blumauers Gedicht »Joseph der Zweyte, Beschützer des Freymaurerordens«[75], das mehr als »formale Verbeugung vor dem Kaiser« denn als Panegyrik auf Joseph II. interpretiert werden muß.[76] Ähnlich zu verstehen ist auch Prandstetters Gedicht »Maurerfreude«, in dem er eine Stellungnahme zur kaiserlichen Verfügung über die Freimaurerei in Form einer leidenschaftlichen Bejahung der kaiserlichen Maßnahmen abgibt und den Monarchen in höchsten Tönen lobt.[77] Besondere Erregung rief jedoch in Freimaurerkreisen Josephs Feststellung hervor, daß er zwar nichts über das Geheimnis der Freimaurerei wisse – er war selbst nicht Mitglied –, aber gleichzeitig ihr Wirken als »Gaukeley« bezeichnet hatte.[78]

Kurz nach Erlaß dieses Patents zogen sich nicht wenige Brüder freiwillig aus den Logen zurück, weil sie in den Listen, die bei den politischen Stellen aufliegen mußten, nicht aufscheinen wollten, oder weil sie sich mit der neuen Situation nicht abfinden konnten. Leopold Alois Hoffmann, selbst langjähriger Freimaurer, machte sich als »Abtrünniger« über das Logenwesen lustig und kritisierte 1786 in einer Broschüre »Kaiser Josephs Reformation der Freymaurer« die Vereinigung: Aufklärung und Philosophie werden von ihm als das »ewige Da capo« der Maurerpredigten ironisiert, ebenso wie das Bestreben der Freimaurerei, alles zu reformieren, vom »Monarchen bis zum Kapuziner, von Leibnitz bis zum Bänkelsänger«, während die Kritik an ihren schwachen Seiten als Hochverrat ausgelegt werde. So gebe es nach seiner Auffassung kaum ein Gremium, in dem so viel Intoleranz und Fanatismus wie in der Freimaurerei geboten werde, und Zank, Hader, »komische Freigeisterei« und der »Logenschnack« hätten ihn so verärgert, daß er es vorzöge, sich ganz zurückzuziehen.[79] Auch über den Dünkel der Wiener Freimaurer machte er sich lustig, wenn er in einem Brief feststellt: »In Summa, liebster Freund, von 20 Bbr, die hier aufgenommen werden, lassen sich kaum drei zählen, die echte Absichten und Liebe zum Bau des menschlichen Wohls unserm Orden zugeführt haben.«[80] Und an anderer Stelle: »Junge Schriftsteller halten den Orden für ein vortreffliches Vehiculum, ihren Werken ... häufige Abnehmer zu verschaffen ...«[81] »Die aber nicht Eigennutz zum Orden führet, werden durch Eitelkeit dazu angereizt.«[82] »Bei anderen ist es Neugierde, das Geheimnis zu erfahren. Und einer Reihe geht es um die Gesellschaft, Maurer aus Langeweile – dazu gehören vorzüglich die jungen Kavaliere.«[83] Fortan empfahl er den Freimaurern, sich von allen Mysterien, Zeremonien und geheimen Symbolen zu trennen, die Betätigung auf alchemistischen, politischen und anderen Gebieten einzustellen, die Trennung zwischen Eingeweihten und Profanen aufzuheben, vernünftige Statuten und Namen zu schaffen und vor allem ihre Tugenden und seelischen Vorzüge in den Vordergrund zu rücken.

So begann der Einfluß der Freimaurerei, der in den ersten fünf Jahren der Alleinregierung Josephs II. noch sehr stark gewesen war, nun langsam zu schwinden – eine Entwicklung, die von der Mehrzahl der Logenbrüder mit Bedauern zur Kenntnis genommen wurde. Am 16. August 1786 schrieb zum Beispiel Gottlieb Senn an seinen Freund Karl Leonhard Reinhold: »Die Freymaurerey betreffend steht Dir zur Nachricht, daß unsere Brüderschaft nun so gut als eine Null ist. Sie soll es auch will's Gott! – da sie ohnehin das, was sie war nicht wieder werden kann, bleiben ... So geht denn nun das schöne, zur Aufnahme der Aufklärung und Wissenschaften in unserem Bezirke errichtete Gebäude zu Trümmern, ohne eigentlich den wesentlichen Plan seiner Existenz ganz errichtet zu haben«[84], und brachte damit zum Ausdruck, was viele Logenbrüder bedrückte. In den enttäuschten Freimaurerkreisen wurde der Kaiser nun sogar als Verräter bezeichnet: »Hatte man ihn bisher als einen aufgeklärten Fürsten gepriesen, so scheute man sich nunmehr nicht, ihn als einen Reaktionär zu verdammen.«[85]

Nach und nach stellten nun die Logen ihre Tätigkeit ein und begannen sich mit anderen zu fusionieren. Die Loge »Zur wahren Eintracht« löste sich am 24. Dezember 1785 auf und schloß sich vier Tage später mit den Logen »Zu den drey Adlern« und »Zum Palmbaum« »Zur Wahrheit« zusammen. Die diesbezügliche Ankündigung an die Logen in Deutschland und im Auslande erfolgte mittels Zirkularschreibens vom 11. Februar 1786. Der Verfall setzte aber trotz dieses Zusammenschlusses sehr rasch ein und war kaum mehr aufzuhalten. Viele bekannte Mitglieder und Persönlichkeiten verließen aus den schon erwähnten Gründen die Loge, wie Alxinger, Born und Sonnenfels. Nicht wenige von ihnen schützten ›profane Geschäfte‹ vor, die sie hinderten, weiter an den Arbeiten der Loge teilzunehmen, andere bekannten sich dazu, daß sie gegen ein Aufscheinen ihres Namens in den Listen waren und daher »deckten«.[86] Mit diesen zahlreichen Austritten waren natürlich auch finanzielle Probleme verbunden, die von eigens gewählten Deputationen gelöst werden sollten, denen auch Blumauer, der bis zuletzt in seiner Loge »Zur Wahrheit« verblieb, angehörte, die aber bis zu ihrer einstimmig beschlossenen Auflösung im Jahre 1789 nicht mehr tagte.[87] Im Schlußprotokoll heißt es u. a.: »... Da die Ursachen, aus welchen der Orden in die damalige Lage in den hiesigen Staaten getreten ist, ebenso bekannt sind als die Hindernisse, welche noch täglich selbst von unseren Brüdern unseren Arbeiten gemacht werden, so begnügt sich die Deputation, bloß die Aufhebung der Loge der brüderlichen Entscheidung anheim zu stellen.«[88] Ob die Loge in der alten Zusammensetzung im geheimen weiterbestand, läßt sich aufgrund des vorhandenen Quellenmaterials nicht mit Sicherheit feststellen, doch blieb der Kontakt der Brüder untereinander – wie die späteren Jakobinerzirkel zeigen – auch nach 1789 aufrecht. Otto Schott nennt drei Logen, die im Jahre 1790 in Wien bestanden, »›die neugekrönte Hoffnung‹, die im Jahre 1785 aus aufgelösten Logen neu gegründet worden war; die St. Josefs Loge, die 1786 gedeckt hatte und neuerlich aktiv geworden war. Dazu kam noch eine völlig neue Loge ›Zur Liebe und Wahrheit‹, die kaisertreu war und die die Freimaurerei in den Dienst des Monarchen stellen wollte«.[89]

Aus den Vertraulichen Akten des Haus-, Hof- und Staatsarchives Wien wissen wir nun, daß 1790 in Wien tatsächlich eine neue Loge gegründet wurde, die den Namen »Zur Liebe und Wahrheit« annahm, aus Mitgliedern einer 1785 aufgelösten Loge bestand und sich das Streben nach dem »ächten Geist« der Maurerei zum Ziel setzte.[90] Sie unterwarf sich dem Kaiser und wollte sich für den Staat einsetzen, den Illuminatismus bekämpfen und auf seine Gefährlichkeit für die Monarchie mit allem Nachdruck hinweisen.[91] Leider haben wir von dieser Loge nur mehr eine Liste vom Dezember 1790, ohne nähere Hinweise auf ihre Tätigkeit, und das Grundgesetz, in dem es einleitend u. a. heißt: »Liebe ist das einzige Band das Menschen an Menschen und Menschen an Gott hängt; Ihre Schwester ist Wahrheit unzertrennlich mit ihr. Liebe und Wahrheit ist also auch das große unendliche Grundgesetz unseres Ordens. Seine Weisheit führt zum Innern des Ordens als nur Liebe und Wahrheit. Dadurch wird der einzige Nerven im Menschen aufgespannet ohne den alles Leben, Freude und Seeligkeit erschlaft. Jede Kraft die der Orden von Seinen Mitgliedern fordert, jede Verleugnung die er befiehlt, und die tägliche Vervollkommnung so er zum Zwecke hat, sind Liebe und Wahrheit zu erringen ...«[92] Der Zweck des Ordens wird in diesem Grundgesetz als Hauptzweck der Freimaurerei überhaupt bezeichnet und umfaßt die Vervollkommnung des Menschen, sich zu seiner ursprünglichen Würde zu erheben und der Weisheit nachzuforschen, »die ihre wahren Verehrer durch die endlose Liebe der Geschöpfe bis zu dem Throne ihres Schöpfers erhebet, die ihn bis zu seinem göttlichen Urheber durch alle Sphären der Schöpfung leitet, und ihm sehen läßt, wie er von diesem Allerhöchsten Wesen ausging, und wie er wieder dahin zurückkehren soll, und mit ihm als dem Mittelpunkt sich vereinigen muß«[93], sowie die Wohltätigkeit, verbunden mit einem weiten Verstandeshorizont, der alle Übel der Menschheit vermindern sollte.[94] Außer dem Grundgesetz, das sich die erwähnte Loge am 24. Juni 1790 gab, haben wir aus diesem Jahr nur mehr eine Widerlegung der Illuminatengrundsätze im Zusammenhang mit den Prinzipien der Loge »Zur Liebe und Wahrheit« überliefert, die jedoch keine weiteren Rückschlüsse zuläßt.[95]

Leopold II., der aufgrund seiner aufgeklärten toskanischen Regierung bei vielen Freimaurern starke Hoffnungen geweckt hatte, ging als Kaiser nicht direkt durch Verbote gegen die Freimaurerei vor, wenngleich ihm mögliche Umtriebe geheimer Gesellschaften große Sorge bereiteten.[96] Von den Verfolgungsideen und Verschwörungstheorien, die in seiner Umgebung verbreitet und entwickelt wurden, ließ er sich – er selbst hatte sich schon in Florenz sehr intensiv mit Geheimwissenschaften beschäftigt – kaum beeinflussen.[97] Hier tat sich besonders Leopold Alois Hoffmann, der schon im Juni 1790 mit Leopold II. im Zusammenhang mit seiner Anstellung als Professor an der Wiener Universität bekannt geworden war, hervor und gründete mit anderen in dessen Auftrag die »Wiener Zeitschrift« zur »Verbannung der schlechten Aufklärung und des Revolutionsschwindels in allen Ländern«[98], mit der »Pionierarbeit zur Verbreitung des Konservativismus« geleistet wurde.[99] Die von der antifreimaurerischen Propaganda meistens als Illuminaten denunzierten Männer blieben jedoch größtenteils unter dem Nachfolger Josephs II. weiterhin in Amt und Würden. Das Gerücht, das Karl Graf Zinzendorf in seinen Tagebüchern aufzeichnete und auf das auch Silagi verweist, wonach Leopold II. dem Orden der Rosenkreuzer angehört hätte, ist jedoch – trotz der nicht ausgesprochen feindlichen Einstellung gegen die Freimaurerei – bis heute von den Quellen her nicht bestätigt worden.[100] Daß er selbst Logenbruder gewesen ist – auch Gustav Brabbée hat dies 1875 in einer Freimaurerzeitung noch mit Bestimmtheit behauptet –, läßt sich aufgrund des vorhandenen und einsehbaren Aktenmaterials nicht nachweisen und erscheint, wie Adam Wandruszka meint, »trotz seines Interesses für die in den Logen besonders gepflegten chemischen Experimente eher unwahrscheinlich. Allerdings dürfte in Maurerkreisen das Gerücht verbreitet gewesen sein, der Großherzog von Toskana sei selbst Freimaurer«.[101] In diesem Zusammenhang weist Wandruszka auch auf eine spöttische Bemerkung Leopolds hin, die dieser während einer Reise durch die Lombardei aufzeichnete und in der er die Logen als ausschließlichen Männerbund nicht übermäßig schätzte.[102] Seine Kritik an dieser Eigenart der Freimaurerei führte allerdings nicht so weit, daß er die Französische Revolution – wie die Anhänger der »Verschwörungstheorie« – als Teufelswerk der Freimaurer bezeichnete. Die Logen waren letztlich für ihn »gesellschaftliche Verbindungen und Cliquen zur gegenseitigen Unterstützung und als solche, wie andere Vereinigungen, Stammtische und Lesezirkel, ... hervorragendes Mittel zur Verbreitung ›guter‹ wie ›schlechter‹ Ideen, Ansichten und Gerüchte, die daher, wie Café und Wirtshäuser und andere Orte und Institutionen zur Pflege menschlicher Geselligkeit, von der Regierung aufmerksam beobachtet werden mußten«.[103]

Wandruszka führt als Beweis dieser leopoldinischen Einstellung die Charakterisierung der verschiedenen »Parteien« in der Lombardei an, wie die Adelspartei der Dekurionen, die Partei seines Bruders Ferdinand und jene des bevollmächtigten Ministers Grafen Johann Joseph Wilczek, »die jene der Freimaurer ist, einer von ihnen ist der Graf selbst, aber er ist ein ehrenwerter Mann, zuverlässig, aber verhaßt, weil von zu schroffem Wesen ...«[104] Leopold II. unterschied also demnach in der Praxis zwischen sogenannten »guten« und »schlechten« Freimaurern, wobei er unter den letztgenannten jene Kräfte meinte, die der Regierung feindlich gegenüberstanden und einen revolutionären Umsturz der politischen Verhältnisse in Betracht zogen. Der Kaiser wollte daher die Freimaurerei seinen eigenen politischen Zwecken dienstbar machen, um auf diese Weise zu verhindern, daß sie in oppositionelle Haltung zur Regierung geriet. Diese Absicht geht auch aus einer Schilderung Hoffmanns von 1793 in einem für Franz II. bestimmten »Privat-Promemoria« hervor, wo es u. a. heißt, daß Leopold wünschte, »die geheimen Orden ... nach und nach auf andere Zwecke zu leiten, und die brauchbarsten Subjekte für das Interesse der Regierung zu gewinnen«.[105]

Eine weitere Bestätigung dieser Politik Leopolds scheint auch in den verschiedenen Aktivitäten hinsichtlich einer Reform der Freimaurerei zu liegen. So wurden dem Kaiser nach und nach mehrere Projekte, darunter auch einige aus Freimaurerkreisen, vorgelegt, wobei sich die Logenmitglieder hier wohl in erster Linie aus der Überlegung hervortaten, sich vom Verdacht revolutionärer Pläne zu reinigen, und in der Tat hatte dann Leopold mehrere Personen mit dem Aufbau solcher »patriotischer Logen« und, wie schon früher ausgeführt, mit der Organisation einer die gesamte Monarchie umfassenden geheimen »Assoziation« beauftragt.[106] Major Joseph von Schlieben unterbreitete zum Beispiel dem Kaiser Vorschläge, »wie der Fr. Mr. Orden in Euer Majestät Staaten nicht nur nützlich, sondern auch zugleich allen anderen Sistemen, welche sich unter den erborgten Namen der Maurerey eingeschlichen haben, Einhalt gemacht werden dürfte«.[107] Seinen Vorstellungen entsprechend sollte für alle Königreiche und Länder Leopolds eine zentrale Landesloge mit dem Kaiser als Großmeister an der Spitze errichtet werden.[108] Ähnliche Gedanken enthielt auch die »Instanz der Prager Freimaurer, des Gr. von Künigl, ihres Vorstehers, an Seiner Majestät den Kaiser, damit Allerhöchst Derselbe Chef und Vorsteher aller Freimaurer werde, eingereicht den 10. Jänner 1791«.[109] Darin gab Graf Künigl offen zu, daß sich Freimaurer unter dem Deckmantel der Logen für die Schaffung von willkürlichen Systemen ausgesprochen hätten, um den Staat zu schädigen. Unabhängig davon entwickelte auch Baron Linden ein »Projekt zu einer Maurerverbindung«, das u. a. folgendes vorsah: »... Um nun aber auch Eurer Majestät noch vorläufige Rechenschaft zu geben, wie das Innere dieses Gebäudes soll nach meinen Plan beschaffen sein, so merke ich nur hier überhaupt zuerst an: daß die mächtigsten und wirksamsten Triebräder der Illuminaten und Rosenkreutzer sollen wider sie als Gegenrevoluzion in thätige Bewegung gesetzt, jede ihrer Handlungen ausgespähet, und die Mitglieder dieser Verbindung in ihre geheimsten Klubs hineindringen, ihre Grundsätze entkräften, ihre Wirkungen aufhalten, das Volk von dem Druke des Aristokratismus, so wie von den Zerstörungen, die die anarchischen Demokraten verüben unterrichten, und die Vorzüglichkeiten die die monarchische Verfassung den Ländern Österreichs schon seit so vielen Jahrhunderten gewähret hat ins Licht zu setzen sich vor Augen halten ...«[110] Eine weitere anonyme Eingabe an den Kaiser »Unmaßgeblich-Unterthäniger Vorschlag, wie der Gefährlichkeit des französischen Systems in den Freymaurer Logen entgegengearbeitet werden könnte« schlägt für die Durchführung dieses Projekts die Mitarbeit von drei namentlich genannten Bürgern aus Pest vor[111], den Plan eines »Bürgerbundes«, für den der Name »Leopold-Orden« vorgesehen war und der sich – wäre er verwirklicht worden – die Erziehung seiner Mitglieder zum »Bürgerstolz« und den Kampf gegen die Übermacht des Adels zum Ziel gesetzt hätte.[112]

Auch der Gubernialsekretär a. D. Anton Feldhofer machte am 15. August 1790 eine Eingabe über den Freimaurerbund, in der der Verfasser den Nachweis zu erbringen versucht, daß »das Rad der gegenwärtigen Irrungen und Revolutionen Europens von der Bruderschaft der Freymaurer getrieben werde«, und unterbreitete gleichzeitig auch einige Vorschläge, wie man diesen Bund unter Kontrolle halten könnte: »Nicht zwar diese Gesellschaft schon izo gänzlich aufzuheben: aber ihr inzwischen solche Schranken zu sezen, damit dieselbe Euer Majestät, dem Staat und allen Unterthanen, soviel es immer möglich, unschädlich bleibe.«[113] Das Freimaurerpatent Josephs II. sei in seinen Augen nicht ausreichend gewesen, um dies zu erreichen, weshalb er sich in seiner Eingabe für eine sorgfältige und laufende Ausforschung der Logenmitglieder und ihres Wirkens aussprach.[114] Einen ähnlichen Vorschlag enthielt auch eine anonyme Denkschrift »Über geheime Gesellschaften im Staate« aus den Jahren 1791/92, wo ebenfalls auf die Notwendigkeit einer sorgfältigen Auskundschaftung geheimer Logen und ihrer Träger hingewiesen wird. Eine zu schaffende »Patriotische Gesellschaft« sollte durch Flugblätter in einem revolutionsfeindlichen Sinne wirksam werden.[115] Der Vorschlag des Freimaurers Freiherrn von Lid zielte darauf ab, das Logenwesen in der Monarchie in eine andere Form zu bringen[116], und enthielt die dazugehörigen Artikel einer Reform. Daneben gab es dann auch noch ausgesprochen antifreimaurerische Bestrebungen, wie zum Beispiel die Rede von Leon gegen die Illuminaten vom 4. Jänner 1792[117], in der darauf hingewiesen wird, daß das »Gift« der Illuminatengrundsätze nicht nur in Bayern, Frankreich und in den Niederlanden, sondern auch in Ungarn und anderen Teilen der Monarchie Verbreitung gefunden habe und den Kaiser bedrohe. Die Professoren Martini und Watteroth arbeiteten im kaiserlichen Auftrag Verordnungsentwürfe aus, die die Aufhebung der geheimen Gesellschaften zum Inhalt hatten[118], und der Reichskammergerichts-Assessor von Kronegg, selbst Freimaurer, verfaßte am 8. Juli 1791 eine Schrift gegen die Französische Revolution, die Freimaurer und Illuminaten.[119]

Schließlich griff auch Polizeiminister Pergen mit der bereits erwähnten Denkschrift vom 4. Jänner 1791 über geheime Gesellschaften in die Diskussion ein.[120] Pergen hatte darin, wie schon ausgeführt, auf die große Gefahr der Freimaurerlogen und Emissäre für die Monarchie hingewiesen und ähnliche Bedenken wie Hoffmann geäußert: »Allergnädigster Herr! Ich habe Eurer Majestät letzhin schon meine Gesinnungen allerunterthänigst gemeldet, daß ich alle derley geheime Verbindungen und Verbrüderungen, wie sie Namen haben mögen, da sie alle Sprößlinge der Freymaurerey sind, in einem Staate für gefährlich hielte, mir aber noch weit gefährlicher schiene, durch einen öffentlichen Schritt dermal, da sie schon so tiefe Wurzel gefaßt, und auf eine unglaubliche Art in allen Staaten ausgebreitet sind, sie vertilgen zu wollen. Ich glaube vielmehr, daß man sich alles Fleisses bemühen soll: Erstens, den Schaden, welcher daraus erwachsen könnte, durch Gegenbearbeitung abzuwenden. Zweytens, die von dem Staate geduldete Freymaurer Logen bestmöglichst zu benützen.«[121] Für Hoffmann war der Jakobinerklub in Paris nichts anderes als das geheime System des Illuminatenordens, und Emissäre wirkten nach seiner Auffassung bereits in allen Ländern, um den Boden für einen Umsturz vorzubereiten.[122] Der Illuminatenorden war für ihn der »wahre Antichrist der Menschheit« und die »Werkstätte der Propagandistenkniffe«, seine Statuten bezeichnete er als Kodex einer »fein studierten Galgenpolitik«, »das Brevier der französischen Jakobiner«, und ein Jakobiner war letztlich für ihn »nichts mehr und nichts weniger als ein praktischer Illuminat.«[123] Schon in seiner anonymen Flugschrift »Kaiser Josephs Reformation der Freimaurer« aus dem Jahre 1786 hatte er zum Ausdruck gebracht, daß die Maurerei zwar im eigentlichen Sinne nicht schädlich sei, daß aber einzelne Komplotte für den Staat doch eine Gefahr darstellen könnten, wobei er hier vor allem die »geheimschleichende Sekte«, die Illuminaten, und nicht so sehr die Freimaurerei selbst meinte, vor deren »grauenerweckendem System« er warnte.[124] Auch in seinen zahlreichen Berichten, von denen bereits kurz die Rede war, griff er die Freimaurerei frontal an und machte auf die Gefahren der Logen aufmerksam, doch bleiben seine Hinweise als Quelle problematisch. Wichtiger sind zum Teil die Verhörsprotokolle der Jakobinerprozesse, wo besonders Martinovics über die Illuminaten, die Union in Wien und Pest informiert, und die Tagebuchaufzeichnungen sowie Briefe von Friedrich Münter, der in seinem Tagebuch alle auf Freimaurer und Illuminaten bezugnehmenden Stellen chiffrierte.[125] Sehr viele Dokumente über die »Deutsche Union« hat Karl Friedrich Bahrdt in seiner »Geschichte und Tagebuch meines Gefängnisses nebst geheimen Urkunden und Aufschlüssen über Deutsche Union«[126] abgedruckt, die dann von Hoffman fast wörtlich übernommen und mit gehässigen Kommentaren versehen wurden.[127]

Leopold II. hatte es sicher nicht einfach, aus der Summe dieser zahlreichen Eingaben, Projekte und Vorschläge eine Auswahl zu treffen. Da er sich aber mit rein theoretischen Konzepten nicht zufrieden gab, mußte er natürlich einen Entschluß fassen und sich für eine Lösung der Freimaurerfrage aussprechen, wobei er sich der Hilfe des Hauptmanns Xaver von Aigner bediente, der vom Kaiser den Befehl bekam, »um die kaiserliche Genehmigung einer Neugestaltung der Freimaurerei im Königreich Ungarn nachzusuchen.«[128] So legte dann auch Aigner Leopold II. am 15. Dezember 1791 die erste diesbezügliche Eingabe auf kaiserliche Weisung vor, die von Leopold noch im selben Monat genehmigt wurde.[129] In seinem Gesuch vom 1. Juli 1795 an Kaiser Franz II. erfahren wir darüber Näheres: »Die legal constituirte deutsche Freymaurerloge zum sieben Sternen und Vereinigung – und eine im hoheren Grad – Franz zum wachenden Löwen genannt, ist im Jänner 1792, auf Befehl Eurer Majestät Vorfahrers, und Höchstseligen Römischen Kaisers Leopold des Zweyten eröfnet worden.«[130]

Durch Denis Silagis Forschungen wissen wir darüber hinaus, daß Hauptmann Aigner, der zu den Prager Freimaurern enge Beziehungen hatte, die unter Führung madjarischer Aristokraten und Adeligen wirkende Prager Loge »Zur Großmut« spaltete, indem er die eifrigsten bürgerlichen Mitglieder – unter ihnen den Leiter der Universitätsbibliothek, Gabelhofer, den Kaufmann Liedemann, den griechisch-katholischen Pfarrer Milivoju, den evangelischen Pfarrer Molnár, den Arzt Szombathy – zum Austritt und zur Errichtung einer neuen deutschen Loge »Zu den 7 Sternen« bewog.[131] Am 27. Februar 1792 berichtete Aigner dem Kaiser über die Gründung dieser Loge: »Ew. Mayestät! Wir haben in Erfahrung gebracht, daß Ew. May. die Errichtung einer verschwisterten deutschen Loge nicht mißbilligen würden, Endesgenannte BB[b] Freymaurer sind daher in einer gerechten Loge unter den Nahmen und Schild: zu den sieben Sternen in Pest; dem alten System der vereinigten Logen Deutschlands unter dem Großmeisterthum des Durchlauchtigsten Herzogs u. Br[d] Ferdinand von Braunschweig beygetreten; und erkennen das in denen K. K. Staaten befindliche Directorial Capitel, unter deßen Leitung das Taubstummen Institut, u. das Waysenhauß zu Prag bestehet, für unsern Ordensobern. Wir halten es uns zur Pflicht, Ew. May. zum unterthänigsten Zeichen unserer Landestreue u. Ergebenheit, von dieser unserer Zusammentretung die schuldige Anzeuge zu machen. Wir erflehen uns aber auch zugleich Ew. May. Allerhöchsten Schuz, da wir zwar nur gemeinnüzige und wohltätige Anstalten in unsern Vaterlande befördern wollen, aber diesen

Zweck beßer in geheim als öffentlich zu erreichen hoffen ...«[132] Nach dem Tode Leopolds II. fungierte dessen Nachfolger als Schutzherr dieser neuen Pester Loge. Auch darüber informiert uns Aigner in einem Gesuch vom 1. Juli 1795: »Sie gnädigster Kaiser geruhten dieser Loge (am) sechzehnten Tag Ihrer Regierung, unter d(er) (Voraus)setzung zu bestättigen: daß sie auf (die Treue), welche die Mitglieder der Loge dem Monarchen sch(uldig) sind, sicher baueten.«[133] Der Hauptmann hatte nämlich nach dem 17. März 1792 mit ausdrücklicher Bewilligung Franz II. im Sinne der schon unter Leopold entwickelten Konzeption weitergearbeitet und je zwei der vier Ofen-Pester Logen wieder zusammengeführt, so daß nun in jeder der neuen Logen die bürgerliche Komponente überwog. Nachdem sich als Reaktion auf diese Aktivität die meisten Magnaten und Adeligen zurückgezogen hatten, vereinigte Aigner schließlich auch diese beiden Logen im Mai 1794 zu einer einzigen Loge mit dem Namen »Zum sieben Sternen und Vereinigung.«[134]

Diese Initiativen Aigners waren natürlich auf eindeutige Richtlinien Leopolds II. aufgebaut, die in einer Eingabe des Hauptmanns, der sich häufig »Ritter von Pannonien« nannte,[135] vom Juni 1792 an Franz II. erwähnt werden. Darin wird u. a. betont, daß der Sinn dieser leopoldinischen Weisungen darin lag, »die Freimaurerei in Ofen-Pest und die im Königreich zerstreut lebenden zahlreichen Freimaurer unter eine dem Monarchen ergebene einheitliche Leitung zu bringen und den leopoldinischen Zielen dienstbar zu machen«, und darüber hinaus »etwaige Umtriebe geheimer Gesellschaften innerhalb der Freimaurerei aus nächster Nähe zu beobachten.«[136] Aigner interpretiert die Weisung Leopolds II. in dieser Eingabe hinsichtlich des Auftrages der Pester Loge in dem Sinne, daß sie »im Verborgenen (al)lenthalben das Gute zu wirken« habe, »und das Böse zu weh(ren), besonders aber den in diesem Königreich durch (un)befugte Meisters aufgenommenen überal (zer)streuten Brüdern die gehörige Richtung, und (zur) rechten Zeit eine zweckmäßige Warnung g(egen) feingelegte Schlingen zu geben, damit (den) großen Gefahren, welche der Mißverstand (der) in gewissem Grade gelegten Begriffe, und Z(wecke, – die) da eine sehr mögliche und uneigentliche (Wen)dung derselben, zum größten Nachtheil der M(onarchen), der Staaten und der Menschheit über kurz od(er lang) veranlassen würden – soviel wie nur möglich vo(rgebeugt) werde; die geheimen Gesellschaften, die d(urch ein Verbot?) nur behutsamer gemacht, aber nich(t zerstört?) werden können, nie aus den Augen zu l(assen).«[137] Diese Darstellung der leopoldinischen Intentionen entspricht auch weitgehend dem schon erwähnten »Privat-Promemoria« Hoffmanns in bezug auf die Absichten Leopolds II., die Orden unter Kontrolle zu halten. Die Bemühungen Aigners blieben jedoch erfolglos, und auch die letzte Loge konnte sich unter Franz II. nicht mehr lange am Leben erhalten, da die franziszeische Reaktion als Folge der Französischen Revolution und der österreichischen sowie ungarischen Jakobinerverschwörung von 1794/95 zu harten Maßnahmen griff.

Über das Wirken der Logen unter Franz II. gibt es leider außer den bereits erwähnten Hinweisen kaum weitere Anhaltspunkte. Von den Logen »Zum hl. Joseph« und »Zur gekrönten Hoffnung« haben wir lediglich die Mitgliederlisten aus dem Jahre 1790[138], von letzterer Loge auch ein Mitgliedsverzeichnis aus dem Jahre 1793.[139] Die bis 1790 nicht aufgelösten Logen setzten ihre Tätigkeit im stillen fort, da sie genau wußten, daß sie der Kaiser beobachten ließ. Nach 1794 – so vermutet Schwarz – haben sie wahrscheinlich aufgrund der zu starken Einengung ihres Wirkungsbereiches und des wachsenden Mißtrauens Franz II. ihre Aktivitäten ganz eingestellt.[140] Diese Vermutung wird durch einen Hinweis von Lewis auf zwei Schreiben vom 15. Jänner 1794 bestätigt, in denen zwei Logen dem Kaiser die Einstellung ihrer Tätigkeit mitteilten.[141] In der Literatur finden sich ohne Beleg vereinzelt auch Aussagen, wonach die Loge »Zur gekrönten Hoffnung« und fast alle übrigen Logen schon im Jahre 1793 geschlossen wurden, eine Feststellung, die von den Quellen her – wir werden später noch darauf zurückkommen – eindeutig geklärt werden kann.[142] Sicher wissen wir auch, daß die Loge »Zur Liebe und Wahrheit«, die vom Kaiser wegen ihrer rosenkreuzerischen Ausrichtung kurze Zeit gefördert wurde, bis in die ersten Regierungsmonate Franz II. bestand, 1792 oder 1793 aber ihre Tätigkeit einstellte.[143] In einem beschlagnahmten Taschenbuch für Freimaurer von einer Loge in Hildesheim aus dem Jahre 1796, das ein Verzeichnis seit 1794 enthielt, erfahren wir, daß die beiden Wiener Bauhütten »Zur gekrönten Hoffnung« und »Zum hl. Joseph« nicht mehr arbeiteten.[144] Man wird daher wohl mit Sicherheit annehmen können, daß in Wien seit 1794 keine Logensitzungen mehr stattfanden und daß auch das in der älteren Literatur behauptete kaiserliche Verbot der Freimaurerei durch Regierungserlaß vom Jahre 1794 durch Quellen nicht belegt werden kann. Die Logen wurden in Österreich rechtzeitig von den Freimaurern selbst aufgelöst, da die Auffassungen Franz II. über Geheimgesellschaften in ihren Kreisen bekannt waren.[145] Schwarz verweist in ihrer Darstellung weiters auch auf eine Anzeige, die 1793 aus der Steiermark erstattet wurde, wonach mehrere kroatische Edelleute sich nach Graz begeben und dort die Freimaurerloge besucht hätten. In ihre Heimat zurückgekehrt, verbreiteten sie angeblich das Gerücht, daß ein guter Teil der Stände Steiermarks einer föderierten Provinz in Ungarn im Falle einer Lossagung Ungarns von Österreich beitreten würden.[146] Aber auch die Tätigkeit der Grazer Loge dürfte, wie die Aktivitäten der übrigen Logen in den Ländern der Monarchie, in den Jahren 1793/94 endgültig eingestellt worden sein.[147]

Im Zusammenhang mit der Jakobinerverschwörung in Wien und Budapest 1794/95 und den verschiedenen Jakobinerbewegungen in den Ländern der Habsburger-Monarchie, erhebt sich nun die Frage, inwieweit tatsächlich von einem Einfluß der Freimaurerei auf diese jakobinischen Bestrebungen gesprochen werden kann, ohne dabei von einer »Verschwörungs- oder Komplott-Theorie« auszugehen, wie sie u. a. Hoffmann und Pergen vertreten haben? Fest steht jedenfalls, daß sich unter dem Einfluß der Aufklärung bereits um die Mitte des 18. Jahrhunderts in Österreich eine freiere Anschauung verbreitet hatte, die dann durch die Reformen Josephs II. noch an Intensität gewann, und daß durch die publizistische Tätigkeit der Freimaurer unter Joseph II. die Aufklärung größere Verbreitung fand. In den Logen versuchten die Anhänger der Aufklärung die gesellschaftliche Gleichheit zu verwirklichen, da innerhalb eines Maurerbundes der Bürger kein Untertan der Staatsgewalt war, sondern Mensch unter Menschen, und die Idee des Humanitätsideals und der moralischen Vervollkommnung zu pflegen.[148] Insofern war die Freimaurerei von ihrer Zielsetzung her, zumal in den Logen jede Rücksichtnahme auf Standesvorrechte wegfiel, auch für die spätere Jakobinerbewegung bedeutsam und geriet mit ihrer Befürwortung der Toleranz gegenüber dem forschenden Geist und seiner Freiheit sowie mit dem Bestreben nach Hebung der allgemeinen Bildung, Abbau der Standesvorrechte und Beseitigung der Ungerechtigkeiten stark in die Nähe der Frühphase der Französischen Revolution.

Ihre Bedeutung für die Aufklärung in Österreich hat jüngst Hermann Haberzettl prägnant hervorgehoben: »Die Ziele der Freimaurerei waren die Ziele der Aufklärung auf humaner Basis: Hebung der allgemeinen Bildung, religiöse Toleranz, Linderung der Not. Was den ersten und letzten Punkt anbelangt, so war dies schon unter Maria Theresia auch Ziel der Regierung. Die humanitären Intentionen wurden unter Joseph II. noch stark erweitert. Die religiöse Toleranz allerdings steigerte sich über religiöse Gleichgültigkeit zu einem kampflustigen Antiklerikalismus unter Joseph II. Auf Grund ihrer Einstellung waren die Freimaurer für Österreich wenigstens für kurze Zeit von größter Bedeutung, weil sie die Reformen der Regierung voll unterstützten.«[149] Kálmán Benda bezeichnete die Freimaurerei als »inoffizielle Organisation« der josephinischen Intelligenz, wobei die Effizienz der Logen darin lag, daß sie Anhänger der Aufklärung zusammenfaßte und auf diese Weise die bereits vorhandenen Tendenzen und Strömungen zum Ausdruck brachte. Das Prinzp der »Gleichheit der Gesellschaft«, zu dem sich das Freimaurertum in der Habsburger-Monarchie bekannte, war bereits, wie Benda weiters hervorhebt, 1775 in Ungarn bei der Draskovich-Observanz vorhanden: »Es ist unwidersprechlich wahr, daß wir durch die Natur alle einander gleich sind.«[150]

Reinhart Koselleck hat in einer aufschlußreichen Studie die These vertreten, daß zwar die Freimaurerei – aus europäischer Sicht – die einzige Institution der Bürger gewesen sei, die dem absolutistischen Herrschaftsanspruch Rechnung trug, gleichzeitig aber bemüht war, ihm dennoch zu entgehen: »Die Logen der Maurer sind für das neue Bürgertum typische Bildung einer indirekten Gewalt im absolutistischen Staat ... In die Logen, zunächst eine rein bürgerliche Schöpfung, verstehen es die Bürger, den sozial zwar anerkannten, aber politisch ebenfalls entrechteten Adel hineinzuziehen und so auf der Basis sozialer Gleichberechtigung mit ihm zu verkehren ..., Noblemen, gentlemen and Working men fanden hier Zutritt, und der Bürger gewann somit eine Plattform, auf der alle ständischen Unterschiede eingeebnet wurden. Mit dieser Tätigkeit richteten sich die Maurer zwar gegen das bestehende Sozialgefüge, standen aber noch nicht in unabweisbarem Widerspruch zu dem absolutistischen Staat. Die politische Gleichheit der Untertanen führte zur sozialen Angleichung ständischer Unterschiede: dieses durchführen hieß noch nicht das politische System des absolutistischen Staates selber sprengen. Aber gerade dort, wo die soziale Einebnung der ständischen Hierarchie am stärksten angestrebt und zum Organisationsprinzip gezählt wurde, in den Logen, war die soziale Gleichheit eine Gleichheit außerhalb des Staates.«[151] Was in diesem Zusammenhang Österreich betrifft, so hat Fritz Valjavec – von der Rolle der Gruppenbildungen ausgehend – mit Nachdruck darauf hingewiesen, daß ein grundsätzlicher Unterschied zwischen dem Freimaurerbund, der kulturelle und weltanschauliche Anliegen vertrat, und den späteren geheimen Gesellschaften bestand, die vor allem politische Ziele zu verwirklichen versuchten.[152] Nach und nach sind allerdings auch politisch aktive Kräfte in die Logen eingedrungen, was aber von den Gegnern in Form antifreimaurerischer Propaganda aufgebauscht und bewußt überbewertet wurde.

Geht man von den Zielen der Freimaurerei und ihren gesellschaftspolitischen Bestrebungen aus, so kann speziell in der Habsburger-Monarchie doch eine direkte Verbindung zwischen Freimaurern und späteren liberalen Spätaufklärern sowie radikalen Demokraten festgestellt werden, die quellenmäßig noch eine zusätzliche Bestätigung darin findet, daß fast alle Jakobiner, die uns namentlich bekannt sind, in den Mitgliedslisten der Freimaurerlogen aufscheinen. »Die Selbstauflösung der Freimaurerei in der Donaumonarchie war um so angezeigter, als hier die Freimaurerei innerlich eine Krise durchmachte, wie der ›zur Förderung des Geistes‹ 1791 unternommene Versuch eines Anschlusses der Logen Ungarns an die deutschen Logen. Das bedeutete aber keineswegs, daß die Logenbrüder nicht auch nach der Auflösung miteinander Verbindung gehalten hätten. Gerade unter den ehemaligen Freimaurern entwickelten sich, wie bei Blumauer, die ersten Anfänge des Frühliberalismus. Sie standen allen Bestrebungen nach einer Konstitution und nach bürgerlich-politischer Emanzipation freundlich gegenüber ...«[153] Die Auffassung Walter Grabs, die für Deutschland zutreffen mag, daß durch das Wesen der Geheimbünde, der beschränkten Zahl ihrer Mitglieder, ihr Einfluß auf die breite Bevölkerung unterer Schichten gering geblieben sei, kann – wie Junaschek nachwies – auf Österreich nicht übertragen werden.[154] Für nicht wenige Freimaurer und Anhänger der Aufklärung war die Anfangsphase der Französischen Revolution die politische Verwirklichung ihrer artikulierten Ziele gewesen, auch wenn sich dann viele von ihnen von den späteren Ereignissen der

Revolution in Frankreich zu distanzieren begannen, darunter auch etliche aus sozialen Mittel- und Unterschichten, wie wir aus den Verhörsprotokollen der österreichischen Jakobiner wissen. Die Freimaurer lehnten selbst, wie wir verschiedenen Schriften entnehmen können, den Verdacht ab, den ihre Gegner in Umlauf setzten, daß sie den Jakobinern in Frankreich gleich die Absichten der Revolution auch in Deutschland und Österreich durchsetzen wollten.[155]

Wenn wir die uns zur Verfügung stehenden Quellen zur Beurteilung dieser sicher nicht einfach zu klärenden Frage heranziehen, so kann wohl mit Gewißheit gesagt werden, daß die politische Bedeutung und der Einfluß der Freimaurerei überschätzt werden, wenn wir in der Literatur häufig erwähnt finden, daß sie letztlich die Urheberin jeder Unruhe und Verschwörung in der Habsburger-Monarchie gewesen sei. Sicher haben die Freimaurer den Krieg gegen Frankreich abgelehnt und in Kaufläden und Kaffeehäusern im Kreise Gleichgesinnter die Ereignisse in Frankreich und die Regierungsmaßnahmen Österreichs diskutiert, wie zum Beispiel der Zensor Retzer, die Dichter Ratschky, Haschka, Alxinger und Rautenstrauch, und nicht selten wurde dabei auch die Politik der österreichischen Regierung einer harten Kritik unterzogen.[156] Ihr Bestreben, der öffentlichen Meinung klarzumachen, daß der Krieg gegen Frankreich sinnlos sei, und ihr Versuch, die Soldaten vom Kampf abzureden und für die »Konstitution« zu gewinnen, kann letztlich wie der Vorwurf der geheimen Anzeigen, daß dies über Feldprediger in der Ohrenbeichte geschehen sei, nicht mit Sicherheit angenommen werden, da dafür zu wenig eindeutige Quellenaussagen vorhanden sind.[157] Mehr wissen wir allerdings von zahlreichen Verbindungen der Freimaurer mit dem Ausland, von Broschüren, Schriften und Liedern zur Verbreitung ihrer Ansichten[158] und von verschiedenen Zusammenkünften in Wien und in den Ländern der Monarchie, aus denen dann teilweise Jakobinerklubs, eine Art »Logenersatz«, wie Baron Andreas Riedel vorschlug, eine Gesellschaft Gleichgesinnter mit Freimaurerzeichen und vereinzelt beachtlichen Organisationsformen wurden,[159] wobei diesen Klubs sicher die schon vorher bestehenden Freimaurerorganisationen im Aufbau zugute kamen.

Wie schon kurz erwähnt, waren die wichtigsten Persönlichkeiten der österreichischen Jakobinerbewegung auch Freimaurer: Baron Andreas Riedel scheint als Mitglied der Logen »Zu den drey gekrönten Sternen und Redlichkeit im Orient von Prag« und »Zur gekrönten Hoffnung« auf[160], Platzoberleutnant Franz Hebenstreit von Streitenfeld als Mitglied der Loge »Zu den drey Adlern«[161], Martin Joseph Prandstetter war Mitglied der Loge »Zum hl. Joseph«, trat aber später zu Born über und wurde dann Mitglied der Loge »Zur wahren Eintracht« bzw. später »Zur Wahrheit«.[162] Er kehrte der Freimaurerei aber wahrscheinlich mit dem Abschied Borns 1786 den Rücken, da er zwar im Verzeichnis der Brüder und Mitglieder für das Jahr 1786 noch namentlich aufscheint, doch nachträglich durchgestrichen wurde.[163] Jakob Ignaz Jutz war Mitglied der Loge »Zum Palmbaum« und scheint 1787 auch als Mitglied der Loge »Zur Wahrheit« auf[164], weiters auch Franz Xaver Troll[165] und Johann Hackel[166], Aloys Blumauer[167], Abbé Strattmann[168], Johann Gottlieb Wolstein und Franz Xaver Neupauer[169], den man im Zusammenhang mit der Wiener Jakobinerverschwörung ebenfalls verhört hatte. Auch das Haupt der ungarischen Verschwörung, Ignaz von Martinovics, scheint wie der Spitzel der Wiener Jakobinerbewegung, Degen, in den Illuminatenlisten auf[170], was – wir haben hier nur eine Auswahl getroffen – eindeutig beweist, daß fast alle Jakobiner – auch der Kärntner Baron Herbert, der Krainer Freiherr von Taufferer und der Führer des Innsbrucker Jakobinerzirkels, der gebürtige Italiener Johann Ferrari[171] – Mitglieder von Logen gewesen sind. Dabei müssen natürlich die Freimaurer von den Illuminaten unterschieden werden, da sich das Ziel des Illuminatenordens von jenem der Freimaurerlogen insofern unterschied, als dieser politisch-konspirativ tätig war.[172] Ähnlich wie in München die Loge »Theodor zum guten Rat« als Pflanzschule des Illuminatenordens fungierte, war in Wien vor allem die Loge »Zur wahren Eintracht« ein Zentrum dieser Richtung, von wo aus dann auch andere Logen systematisch unterwandert wurden. Die Wiener Illuminaten entfalteten bald ein gewisses Eigenleben und bildeten nach der Verfolgung in Bayern ein eigenes Zentrum. So gibt zum Beispiel Innsbruck seine Verbindung mit München auf und unterstellt sich Wien, wie wir aus einem Brief des Grafen Trapp vom August 1784 wissen.[173] Trapp, der den Ordensnamen »Titus Aemilius« erhielt, wurde als Illuminatus superior die Leitung der Provinz »Pelepones« (Tirol) mit der Hauptstadt »Samos« (Innsbruck) übertragen.[174]

Daneben gab es auch einflußreiche Freimaurer in politisch wichtigen Stellungen und in der nächsten Umgebung Franz II., die nach wie vor die Ideen der Aufklärung vertraten und als »liberal« bezeichnet werden konnten. Die konservativen Kräfte, wie Johann Baptist Schloißnigg, der der Loge »Zur neugekrönten Hoffnung« angehörte[175] oder Graf Ludwig Cobenzl[176], Baron Franz Thugut[177], Graf Leopold Kollowrat[178], Karl Graf Zinzendorf[179], Johann Anton Edler von Vogl[180] und Baron Spielmann[181], die auch alle Freimaurer bzw. Illuminaten gewesen sind, gewannen jedoch letztlich die Oberhand und bestimmten die Regierungslinie nach 1792. Von Joseph von Sonnenfels[182] war bereits die Rede, und auch Franz Freiherr von Kressel, der böhmischer Hofkanzler war, und Hofkammerpräsident Rudolf von Chotek gehörten der Freimaurerei bzw. dem Illuminatenorden an.[183] Die Mitglieder des Illuminatenordens trugen eigene Geheimnamen, die wir teilweise aus Münters Tagebuch und Briefen entnehmen können, wie zum Beispiel Freiherr Otto von Gemmingen, der Antonius hieß, Prof. Anton Scharf, der den Ordensnamen Appius Claudius trug, Born war Furius Camillus, Reinhold Decius und Sonnenfels Numa.[184]

Interessanterweise finden sich auch bei den Polizeistellen zahlreiche Mitglieder von Freimaurerlogen, wie zum Beispiel Graf Franz Saurau, der, wie schon früher erwähnt, die rechte Hand des Polizeiministers Pergen gewesen ist[185], und Friedrich Schilling, der später bei den Verhören der Jakobiner in Erscheinung trat und schon vorher als Mitarbeiter Sauers und Pergens eine wesentliche Rolle spielte.[186] Auch Sauer war Mitglied der Loge »Zur Wahren Eintracht«[187], während Pergen in keiner Liste aufschien. Graf Sauer hatte noch als Stellvertreter des Polizeiministers am 11. Mai 1793 dem Kaiser eine »Allerunterthänigste Note« vorgelegt, in der auf die Gefährlichkeit der Logen hingewiesen wird: »Der Polizeyminister Graf Pergen hat mir bey seiner Abreise den bestimmten Auftrag gemacht: Eurer Majestät ehrerbietigst vorzustellen, daß die gegenwärtigen Zeitumstände eine unausgesetzte Wachsamkeit auf geheime Zusammenkünfte, besonders in den Provinzen, erfordern, und durch den Umstand sehr erschwert wird, daß sich übelgesinnte Personen unter der Gestalt der Freymaurerey in den Zirkeln bedeutender Personen einschleichen oder unbefangene Leute unter diesem Vorwande mit sich in Verbindung bringen und zu ihren Absichten umstimmen. Es scheine ihm daher eine wesentlich nöthige Anstalt zu seyn, von allen Ländern Chefs gleich jetzt eine Liste aller Logen und Mitglieder abzufordern mit dem Auftrage, auch den Zuwachs und Abgang alle Vierteljahre an die Polizeyhofstelle einzusenden. Dabey würde man, wie Graf Pergen sich geäußert hat, sich es zur Regel machen, und auch gleich den Ländern Chefs mitgeben, die Namen der Mitglieder des Militärs den kommandierenden Generalen und jene des geistlichen Standes den betreffenden Bischöfen insgeheim mitzuteilen. Darüber erbitte ich mir in tiefster Ehrfurcht Eurer Majestät allerhöchste Entschließung.«[188]

Infolge dieses Dokuments, das vom Kaiser genehmigt wurde, erging am 13. Mai 1793 an alle Landeschefs von Österreich ob der Enns, Böhmen, Mähren, Galizien, Kärnten, Krain, Tirol, Görz, Triest, Vorderösterreich und Innerösterreich eine Verordnung, in der darauf hingewiesen wurde, daß der Kaiser befohlen habe, eine Liste aller Freimaurerlogen mit den Mitgliedern an die Polizeihofstelle einzusenden, den Abgang und Zuwachs vierteljährlich nachzutragen und die Namen der Mitglieder des Militärs den kommandierenden Generalen sowie jene des geistlichen Standes den betreffenden Bischöfen mitzuteilen.[189] Insgesamt reagierten neun Logen auf diesen Befehl und sandten ihre Mitgliedslisten ein, aus denen wir ersehen können, daß die Freimaurerei zu diesem Zeitpunkt noch einen Stand von 611 Mitgliedern aufwies.[190] Nicht zuletzt aus diesem Grund überreichten am 8. Dezember 1793 die Stuhlmeister der Loge »Zum hl. Joseph«, k. k. Rat Johann Michael Thomann, und der Loge »Zur gekrönten Hoffnung«, Offizial beim niederländischen Departement Josef von Metz, dem Kaiser in einer geheimen Audienz eine Denkschrift, in der die Einstellung der Tätigkeit beider Logen bekanntgegeben wird. Die Denkschrift ist datiert mit 2. Dezember 1793.[191]

Wie Sauer hatte sich auch Hoffmann später von der Freimaurerei losgesagt, obwohl er Mitglied der Wiener Logen »Zur Wohltätigkeit«, »Zur wahren Eintracht« und »Zur neugekrönten Hoffnung« war.[192] Als er in Pest eine neue Aufgabe fand – er wurde dort 1785 Professor für deutsche Sprache – reichte er den Abschied von der letzten Wiener Loge ein und engagierte sich künftig in der 1786 gegründeten Loge »Zur Großmut« in Pest.[193] Als diese, die vorwiegend aus Aristokraten bestand, sich später stärker der politischen Agitation zuzuwenden begann, verließ Hoffmann die Loge und kritisierte künftig die Auswüchse des Freimaurerwesens, wobei sich seine Polemik vor allem gegen den

Illuminatenorden richtete.[194] Seine scharfe Kritik am Illuminatenorden resultierte wahrscheinlich, da er die Entwicklung der Geheimgesellschaften kannte, aus der Tatsache, daß zwischen Freimaurern und Illuminaten von der Aufgabenstellung her ein wesentlicher Unterschied bestand: Während die Freimaurerei zur Verbreitung der Aufklärung beitrug, entwickelte der bedeutend radikalere Illuminatenorden Organisationsformen für konspirative Tätigkeit, wozu die Freimaurerlogen kaum ausreichten. Über die streng konspirative Organisation der Illuminaten bzw. der Union gibt uns vor allem Martinovics Aufschluß, der mit viel Geschick zu den Versammlungen Zutritt erlangte.[195] In seinen Berichten an Kaiser Leopold II. bezeichnete er diese Richtung als »Französisch-Deutsch-Amerikanische Union«, wobei diese Union als Kniggesche Ausprägung des Illuminatismus bezeichnet werden muß, obwohl Knigge selbst nicht ihr Gründer war. Kniggges Richtung, die sich von jener Adam Weishaupts absetzte, fand vor allem in der Habsburger-Monarchie starken Anklang, und Hoffmann sah in ihrem Schöpfer den »Kopf« der Deutschen Union, wenn er in seinem Kommentar betont: »Schon oben ist überzeugend genug dargethan worden, daß der Illuminatismus, und vorzüglich dessen Reformator und Provinzial, Knigge, der eigentliche Stifter der deutschen Union gewesen sei.«[196]

Unter Franz II. trat Hoffmann erneut für ein energisches Vorgehen gegen die Logenbrüder ein, in denen er eine große Gefahr für den Staat erblickte, nachdem er bereits unter Leopold II. eine Liste verdächtiger Freimaurer und Illuminaten zusammengestellt und dem Kaiser erfolglos geraten hatte, diese verdächtigen Männer für Zurechtweisungen, Degradierungen oder Entlassungen vorzumerken. In Überspitzung seines Hasses gegen die Geheimgesellschaften gelangte er schließlich zur Überzeugung, daß in Wien eine gefährliche, radikale Partei, deren Träger enge Beziehungen zu den Pariser Jakobinern unterhielten, eine Verschwörung vorbereitete – eine Vermutung, die sich im März 1791 – also noch unter Leopold II. – zu bestätigen schien, als einige an sieben Wiener Radikale adressierte französische Propagandainstruktionen abgefangen werden konnten.[197] 1790 wurde dann Hoffmann vom Kaiser zum Professor für deutsche Sprache, praktische Rhetorik und Geschäftsstil an der Universität Wien ernannt und übernahm kurz darauf auch den Auftrag, Pläne für eine konservativ ausgerichtete Geheimgesellschaft zu konzipieren, um auf diese

Weise die Jakobiner auf ihrem eigenen Feld zu bekämpfen. Dieser Auftrag wurde aber unter Franz II. stillschweigend zurückgenommen. In seiner 1796 erschienenen Druckschrift »Die zwo Schwestern P... und W... oder neu entdecktes Freymaurer- und Revolutionssystem ...« betonte er noch, als er längst keinen Einfluß mehr besaß, daß sich die Freimaurer in der ganzen Welt verbunden hätten und deshalb für den Staat »furchtbarlich« wären, ihr Tempelbau in lauter vorgeblichen Mysterien bestehe, letztlich aber darauf hinauslaufe, den Untergang der Religionen und aller Großen zu bewirken. Ihre Wohltätigkeit sei in Wirklichkeit nichts anderes als Schwindel und Deckmantel für staatsgefährliches Treiben, und aus den Grundsätzen der Wiener Loge »Zur wahren Eintracht« hätte man ersehen können, daß Wien »die echte Schwester« des revolutionären Paris sei, weshalb auch in Österreich ein revolutionärer Umsturz der Staatsverfassung und Königsmorde in den Bereich der Möglichkeit rücken könnten.[198]

Auch bei den Gerichten standen an maßgeblicher Stelle zahlreiche Freimaurer, wie etwa Franz Wenzel Graf von Sinzendorf, der Präsident des Appellationsgerichtes war, und Franz Grimmwalder[199], um nur zwei zu nennen, und nicht minder war auch der Anteil der Universitäten, deren Professoren häufig in den Listen der Freimaurerlogen oder des Illuminatenordens aufschienen.[200] Die Zugehörigkeit der Geistlichkeit hat schließlich Franz Wehrl in einer instruktiven Untersuchung über die Geistesrichtungen des Klerus in Wien von 1750 bis 1790 aufgezeigt.[201]

Die uns erhaltenen Mitgliedslisten und die hier ausgewählten Beispiele zeigen bereits, daß die Freimaurerei im politischen Leben und in der Umgebung des Kaisers stark verankert war. Franz II. ließ sich jedoch davon kaum beeinflussen, da sehr viele seiner engsten Mitarbeiter als ehemalige Logenmitglieder der Freimaurerei ohnedies innerlich den Rücken gekehrt hatten, und hegte von Beginn seiner Regierung an starkes Mißtrauen gegen sie. Auf dem Regensburger Reichstag 1794 hatte er sogar durch seinen Gesandten die Unterdrückung aller Geheimgesellschaften beantragen lassen, kam aber mit seinem Vorhaben nicht durch.[202] In den Ländern der Habsburger-Monarchie ging er – wie schon kurz angedeutet – zu Beginn seiner Regierung nicht ausgesprochen feindlich gegen sie vor, ließ sie aber dafür sehr genau beobachten.[203] Erst im Jahre 1794 sah er sich dann doch veranlaßt, gegen die Flut der Freimaurerliteratur vorzugehen, wobei es in der Begründung u. a. hieß, daß man »bisher gegen die Freimaurerschriften nichts unternommen habe, (weil) sie den allgemeinen Zensurvorschriften entsprochen hätten, da sich aber nun in Rücksicht auf den Freimaurerorden die Umstände sehr geändert hätten, sei dieses Verbot geschehen«.[204] Die Jakobinerverschwörung von 1794/95 führt schließlich zur Einführung der Todesstrafe für jene, die »sich in geheime Gesellschaften« eingelassen, »die auf Zerrüttung bürgerlicher Ordnung oder Aufhebung des Unterschiedes der verschiedenen Stände zu wirken sich verbunden« haben.[205] Die Passage »oder Aufhebung des Unterschiedes« wurde im Zuge der Beratungen später durch den Einfluß Sonnenfels' gestrichen, der den Gesetzesentwurf stilistisch zu überarbeiten hatte.[206] Das Kriminalpatent von 1795 verfügte schließlich, daß »derjenige das Kriminalverbrechen des Hochverrats begehe, der die persönliche Sicherheit des Oberhauptes des Staates verletzet« und »der etwas unternimmt, was auf eine gewaltsame Umstaltung der Staatsverfassung, oder auf Zuziehung oder Vergrösserung einer Gefahr von aussen gegen den Staat angelegt wäre; es geschehe nun öffentlich, oder in geheimen Gesellschaften, oder auch von einzelnen Personen, durch Anspinnung, Rath, oder eigene That, mit, oder ohne Ergreifung der Waffen, durch mitgetheilte zu solchem Zwecke leitende Geheimnisse oder Anschläge, durch Aufhetzung, Anwerbung, Ausspähung, Verbindung, Unterstützung, oder was immer für eine andere dahin abzielende Handlung«.[207]

Durch diese Verschärfung erschwerte sich natürlich die indirekte Tätigkeit der Freimaurer bei ihren geheimen Zusammenkünften nach 1794 beträchtlich, zumal der Kaiser sich wohl unter dem Eindruck der Französischen Revolution der Auffassung anschloß, daß die Jakobinerverschwörung von den Freimaurern und geheimen Gesellschaften vorbereitet und getragen wurde.[208] Daß jedoch ein Zusammenhang zwischen Freimaurern und Jakobinern in der Habsburger-Monarchie bestand, liegt aufgrund des vorhandenen Aktenmaterials klar auf der Hand, da fast alle später verhafteten und angeklagten Jakobiner Mitglieder von Freimaurerlogen oder des Illuminatenordens gewesen sind, und alle jene Kreise, in denen diese Jakobiner zusammenkamen, teilweise nach 1790 als Fortsetzung der Freimaurerlogen ohne Zeremoniell und Ritual gesehen werden müssen.

Vom Innsbrucker Jakobinerklub wissen wir zum Beispiel, daß

der Aufbau und die innere Struktur der Freimaurerloge auf das Klubsystem übertragen wurden. Trotzdem kann man jedoch nicht von einer Verschwörung der Freimaurerei sprechen, da die Logen in Österreich ursprünglich nicht als politische Gemeinschaft mit dem Ziel der Vorbereitung einer Revolution und eines gesellschaftlichen Umsturzes gegründet worden waren, auch wenn sie sich später immer stärker mit politischen Fragen zu beschäftigen begannen[209] – eine Tendenz, die von allem Anfang an vor allem dem Illuminatenorden eigen gewesen ist. Daß die Freimaurerei als Mitträgerin der Aufklärung in Österreich jedoch einen starken Einfluß auf die josephinischen Reformen hatte, braucht hier wohl nach dem Aufgezeigten kaum mehr erwähnt zu werden, wie auch die Zusammenhänge zwischen Freimaurern und Jakobinern für die Entstehungsgeschichte der frühdemokratischen Bestrebungen und die Herausbildung eines bürgerlichen Bewußtseins von Bedeutung waren. Ein überzeugendes Beispiel für die Verbindung zwischen Freimaurerei und Jakobinertum bietet eine Aussage Riedels, die hier abschließend erwähnt sei, der im Falle einer Revolution in Österreich eigentlich nur zwei Männer seines Kreises für »Akteure« hielt: Hebenstreit und Prandstetter. Während er bei Hebenstreit vor allem dessen natürliche Stärke, Gesundheit, Fertigkeit im Begreifen und Entschließen und dessen Gleichgültigkeit gegenüber allen Bequemlichkeiten des Lebens, wie Nahrung, Beschwerlichkeiten usw., hervorhob, erwähnte er bei Prandstetter die zahlreichen wichtigen Verbindungen, die dieser durch die Freimaurerei besaß.[210] Gerade dieser letzte Hinweis deutet doch mit einiger Gewißheit darauf hin, daß in der Habsburger-Monarchie ein direkter Zusammenhang zwischen Freimaurern, Illuminaten und Jakobinern bestand, auch wenn im Vergleich zu den zahlreichen Logenmitgliedern nur ein relativ geringer Teil sich dann der späteren Jakobinerbewegung angeschlossen hat.[211]

## *Anmerkungen*

1 Vgl. dazu auswahlweise: Denis Silagi, *Jakobiner in der Habsburger-Monarchie* (Wiener Historische Studien 6), Wien-München 1962; Ernst Wangermann, *Von Joseph II. zu den Jakobinerprozessen*, Wien

1966; Alfred Körner (Hrsg.), *Die Wiener Jakobiner* (Deutsche revolutionäre Demokraten 3), Stuttgart 1972; Helmut Reinalter, *Aufgeklärter Absolutismus und Revolution. Zur Geschichte des Jakobinertums und der frühdemokratischen Bestrebungen in der Habsburger-Monarchie*. Maschingeschr. Habilitationsschrift, Innsbruck 1977 (erscheint demnächst im Druck); ders., »Die gesellschaftspolitischen Vorstellungen der österreichischen Jakobiner«, in: *Jahrbuch des Instituts für Deutsche Geschichte an der Universität Tel Aviv* 6, (1977), S. 41 ff.; ders., »Aufklärung, Freimaurerei und Jakobinertum in der Habsburger-Monarchie«, in: *Jakobiner in Mitteleuropa*, hrsg. von Helmut Reinalter, Innsbruck 1977, S. 243 ff.; über Ungarn s. Kálmán Benda (Hrsg.), *A Magyar Jakobinusok Iratai*, 3 Bde., Budapest 1952-1957; ders., »Die ungarischen Jakobiner«, in: *Maximilien Robespierre 1758-1794* hrsg. von Walter Markov, Berlin/DDR 1961, S. 401 ff.; zu den Jakobinerbewegungen in den Ländern der Habsburger-Monarchie vgl. Reinalter, *Aufgeklärter Absolutismus und Revolution*, a.a.O., S. 436 ff.; Elisabeth Führer, *Jakobiner in der Steiermark*. Maschingeschr. Diss., Wien 1965; Helmut Reinalter, *Aufklärung-Absolutismus-Reaktion*, Wien 1974; Dana Zwitter-Tehovnik, *Wirkungen der Französischen Revolution in Krain* (Veröffentlichungen des Historischen Instituts der Universität Salzburg 12), Wien–Salzburg 1975.

2 Inge Stephan, *Literarischer Jakobinismus in Deutschland (1789-1806)* (Sammlung Metzler 150), Stuttgart 1976, S. 60.

3 *HHStA*, VA 41, fol. 48 ff.; Auszüge auch bei Adolf Roßberg, *Freimaurerei und Politik im Zeitalter der Französischen Revolution* (Quellen und Darstellungen zur Freimaurerfrage 2), Berlin 1942, S. 172 f.

4 Klaus Epstein, *Die Ursprünge des Konservativismus in Deutschland. Der Ausgangspunkt: Die Herausforderung durch die Französische Revolution 1770-1806*, Frankfurt/M. – Berlin 1973, S. 105.

5 Peter F. Barton, *Ignatius Aurelius Feßler*, Wien–Köln–Graz 1969, S. 138 f.

6 Augustin Barruel, *Mémoires pour servir à l'histoire du jacobinisme*, 3 Bde., Hamburg 1798-1799; ders., *Denkwürdigkeiten zur Geschichte des Jakobinismus*, 4 Bde., Münster und Leipzig 1801-1803; vgl. dazu auch Johannes Rogalla von Bieberstein, *Die These von der Verschwörung 1776-1945. Philosophen, Freimaurer, Juden, Liberale und Sozialisten als Verschwörer gegen die Sozialordnung* (Europäische Hochschulschriften 3/63), Bern–Frankfurt/M. 1976, bes. S. 37 ff.

7 Epstein, *Die Ursprünge des Konservativismus in Deutschland*, a.a.O., S. 585. Zur Verschwörungstheorie vgl. nun auch Eberhard Schmitt, »Elemente einer Theorie der politischen Konspiration im 18. Jahrhundert«, in: *Geheime Gesellschaften*, hrsg. von Peter Christian

Ludz (Wolfenbütteler Studien zur Aufklärung V/1), Heidelberg 1979, 65 ff.

8 Vgl. dazu Eberhard Weis, »Frankreich von 1661 bis 1789«, in: *Handbuch der europäischen Geschichte* 4, hrsg. von Theodor Schieder, Stuttgart 1968, S. 293 f.; Bernhard Fay, La franc-maçonnerie et la révolution intellectuelle du XVIII siècle, Paris 1961.

9 Edith Rosenstrauch-Königsberg, *Freimaurerei im josephinischen Wien* (Wiener Arbeiten zur deutschen Literatur 6), Wien 1975, S. 48: vgl. auch Alec Mellor, *Unsere getrennten Brüder – die Freimaurer*, Graz 1964, S. 18 ff.

10 Michel Dierickx, *Freimaurerei – die große Unbekannte*, Frankfurt-Hamburg 1968, S. 17 ff.

11 Ebd., S. 21 ff.

12 Über Rosenkreuzer vgl. Ferdinand Joseph Schneider, *Die Freimaurerei und ihr Einfluß auf die geistige Kultur in Deutschland am Ende des 18. Jahrhunderts*, Prag 1909, S. 35, 86 ff.; Will-Erich Peuckert, *Das Rosenkreutz*, Berlin 1973; Richard van Dülmen, *Die Utopie einer christlichen Gesellschaft. Johann Valentin Andreae (1586-1654)*, Teil I (Kultur und Gesellschaft 2,1), Stuttgart-Bad Cannstatt 1978; nun auch Horst Möller, »Die Gold- und Rosenkreuzer. Struktur, Zielsetzung und Wirkung einer antiaufklärerischen Geheimgesellschaft«, in: *Geheime Gesellschaften*, a.a.O., S. 153 ff.

13 Rosenstrauch-Königsberg, a.a.O., S. 49.

14 Epstein, a.a.O., S. 105; Dierickx, a.a.O., S. 31 ff.

15 Dierickx, a.a.O., S. 31.

16 Edith Schwarz, *Die Freimaurer in Österreich, vor allem in Wien, unter Kaiser Franz II. 1792-1809*. Maschingeschr. Diss., Wien 1940, S. 22; Gudrun Junaschek, *Die publizistische Tätigkeit der Freimaurer zur Zeit Josef II. in Wien*. Maschingeschr. Diss., Wien 1964, S. 10; Otto Schott, *Die Geschichte der Freimaurer in Wien von den Anfängen bis zur Gegenwart*. Maschingeschr. Diss., Wien 1939, S. 16 ff.; Ludwig Abafi, *Geschichte der Freimaurerei in Österreich-Ungarn*, 1, Budapest 1890, S. 72 (insgesamt 5 Bde., 1890 ff.).

17 Silagi, a.a.O., S. 31; vgl. auch Hans Riegelmann, Die europäischen Dynastien in ihrem Verhältnis zur Freimaurerei (Quellen und Darstellungen zur Freimaurerfrage 4), Berlin 1943, S. 96 f.

18 Junaschek, a.a.O., S. 13 f.; Schott, a.a.O., S. 20.

19 Franz Gräffer, *Josefinische Curiosa*, 1, Wien 1848, S. 110; zit. auch bei Junaschek, a.a.O., S. 14.

20 Vgl. dazu die Logenlisten im *HHStA*, VA 63, 66, 98, 104, 114, 115, 122, 133, 135; Schott, a.a.O., S. 32.

21 *HHStA*, VA 63, fol. 392.

22 Vgl. die Originaldokumente und Akten der Loge »Zur wahren Eintracht«, in: *HHStA*, VA 66 (alt 104), fol. 303-306, fol. 335-403; Abafi,

a.a.O., 4, S. 278 ff.; Rosenstrauch-Königsberg, a.a.O., S. 50 ff.

23 Rosenstrauch-Königsberg, a.a.O., S. 50; Abafi, a.a.O., S. 4, 281.

24 Über Born vgl. Paul Hofer, *Ignaz von Born*. Maschingeschr. Diss., Wien 1955; Edwin Zellweker, *Ignaz von Born*, Bad Kissingen 1956; Heinz Stănescu, »Ignaz von Born«, in: *Österreich in Geschichte und Literatur* 14/7, (1970), 369 ff. Vgl. nun auch den Ausstellungskatalog: *Freimaurerei um Joseph II. Die Loge zur wahren Eintracht*, bearb. von Hans Wagner, Wien 1980.

25 Hofer, a.a.O., S. 129.

26 Abafi, a.a.O., 4, S. 283.

27 *HHStA*, VA 66, fol. 375; vgl auch Junaschek, a.a.O., S. 15 ff., und Ludwig Lewis, *Geschichte der Freimaurerei in Österreich im allgemeinen und der Wiener Loge zu St. Joseph insbesondere*, Wien 1861, S. 27 ff.

28 Ebd., vgl. auch Rosenstrauch-Königsberg, a.a.O., S. 52 f.

29 Ebd., S. 53.

30 Schott, a.a.O., S. 69 ff.

31 *HHStA*, VA 65 (alt 103), fol. 8.

32 Rosenstrauch-Königsberg, a.a.O., S. 53; *Journal für Freymaurer* 3. Jhg./1, (1786), S. 135 ff. – Das Journal wurde als Manuskript für Brüder und Meister des Ordens gedruckt und von Brüdern der Loge zur wahren Eintracht in 6 Bänden 1784-86 herausgegeben.

33 Rosenstrauch-Königsberg, a.a.O., S. 54 f.; dies., »Aloys Blumauer – Jesuit, Freimaurer, Jakobiner«, in: *Jahrbuch des Instituts für Deutsche Geschichte an der Universität Tel Aviv* 2, (1973), S. 145 ff.

34 Junaschek, a.a.O., S. 45.

35 Ebd., S. 45 f.; *Journal für Freymaurer*. Als Manuskript gedruckt für Brüder und Meister des Ordens, hrsg. von Brüdern der Loge zur wahren Eintracht, 6 Bände, Wien 1784-1786. Über die Bedeutung des »Journals« vgl. nun auch Edith Rosenstrauch-Königsberg, Ausstrahlungen des »Journals für Freimaurer«, in: *Beförderer der Aufklärung in Mittel- und Osteuropa. Freimaurer, Gesellschaften, Clubs*, hrsg. von Eva H. Balázs, Ludwig Hammermayer, Hans Wagner und Jerzy Wojtowicz (Studien zur Geschichte der Kulturbeziehungen in Mittel- und Osteuropa 5), Berlin 1979, S. 103 ff.

36 Lucia Franc, *Die Wiener Realzeitung. Ein Beitrag zur Publizistik der theresianisch-josefinischen Epoche*. Maschingeschr. Diss., Wien 1952.

37 Junaschek, a.a.O., kann nachweisen, daß die meisten Zeitungen der damaligen Zeit von Freimaurern beherrscht waren.

38 Vgl. das Briefregister der Loge »Zur wahren Eintracht«, in: *HHStA*, VA 95.

39 G. Kuéss – B. Scheichelbauer, 200 Jahre Freimaurerei in Österreich, Wien 1959, S. 46.

40 Rosenstrauch-Königsberg, a.a.O., S. 56 ff.; grundlegend nun auch die Arbeit von Richard van Dülmen, *Der Geheimbund der Illuminaten. Darstellung-Analyse-Dokumentation*, Stuttgart-Bad-Cannstatt 1975; ders., »Der Geheimbund der Illuminaten«, in: *Zeitschrift für bayerische Landesgeschichte 36/3*, (1973), 793 ff. Vgl. weiters Norbert Schindler, »Aufklärung und Geheimnis im Illuminatenorden«, in: *Geheime Gesellschaften*, a.a.O., S. 203 ff.; Helmut Reinalter, »Das Weltall als Wirkung einer höchsten Ursache«. Zur Geschichtsphilosophie und Struktur des Illuminatenordens«; noch immer grundlegend Wolfgang Hofter, *Das System des Illuminatenordens und seine soziologische Bedeutung*. Maschingeschr. Diss., Heidelberg 1956.

41 Rosenstrauch-Königsberg, a.a.O., S. 56; Ernst Wangermann, *The Austrian Achievement 1700-1800*, London 1973, S. 150 f.

42 Walter Grab, *Norddeutsche Jakobiner* (Hamburger Studien zur neueren Geschichte 8), Hamburg 1967, S. 15.

43 Vgl. van Dülmen, a.a.O., S. 133.

44 Ebd., S. 107.

45 Ebd. Zur Geschichtsphilosophie des Ordens vgl. Helmut Reinalter, »Das Weltall als Wirkung einer »höchsten Ursache«. Zur Geschichtsphilosophie und Struktur des Illuminatenordens«, in: *Tradition und Entwicklung. Festschrift Eugen Thurnher zum 60. Geb.* (Innsbrucker Beiträge zur Kulturwissenschaft 14), Innsbruck 1982, S. 291 ff.

46 Hans Graßl, *Aufbruch zur Romantik*, München 1968, S. 232.

47 Eugen Lennhoff – Oskar Posner, *Internationales Freimaurerlexikon*, Graz 1965 (Nachdruck), Sp. 123-124; Walter Grab, *Demokratische Strömungen in Hamburg und Schleswig-Holstein zur Zeit der Ersten Französischen Republik* (Veröffentlichungen des Vereins für Hamburgische Geschichte 21), Hamburg 1966, S. 124.

48 Eugen Lennhoff, *Politische Geheimbünde*, München–Wien 1968, S. 11 ff.; Silagi, a.a.O., S. 87 ff.

49 Vgl. van Dülmen, a.a.O., S. 439 ff.

50 Ebd., S. 51; vgl. auch Ernest Krivanec, »200 Jahre Freimaurerei in Tirol«, in: *Quatuor-Coronati-Berichte* 5, Wien 1977, S. 33 ff. Vgl. nun auch Helmut Reinalter, *Geheimbünde in Tirol.* Von der Aufklärung bis zur Französischen Revolution, Bozen 1982, S. 145 ff.

51 *HHStA*, VA 40, 41; Rosenstrauch-Königsberg, a.a.O., S. 58.

52 Ebd.

53 ÖNB, Handschriftensammlung 8/5, 3; abgedruckt bei Rosenstrauch-Königsberg, a.a.O., Anhang B, S. 265 ff.

54 Vgl. van Dülmen, a.a.O., S. 440.

55 Rosenstrauch-Königsberg, a.a.O., S. 59.

56 Ebd.; s. auch Junaschek, a.a.O., S. 16. Vgl. auch die vorsichtige Stellungnahme von Hans Wagner im Ausstellungskatalog *Freimaurerei*

*um Joseph II. Die Loge zur wahren Eintracht*, a.a.O., S. 15.

57 *Neues alphabetisches Verzeichnis unter gesetzmäßiger Arbeit bekannt gewordener stehender und nicht mehr stehender Freymaurerlogen*, Leipzig 1790, S. 162; Junaschek, a.a.O., S. 17.

58 *HHStA*, VA 40, fol. 287 ff.

59 Junaschek, a.a.O., S. 18. Vgl. auch Jacob Katz, *Jews and Freemasons in Europe*, 1723-1939, Cambridge/Mass. 1970, S. 26 ff.

60 Schwarz, a.a.O., S. 16; Schott, a.a.O., S. 97.

61 HHStA, VA 66, f. 8; Schott, a.a.O.

62 *Latomia*, Freimaurerische Vierteljahrsschrift 22, Leipzig 1863, S. 20; zit. auch bei Junaschek, a.a.O., S. 18.

63 Junaschek, a.a.O.

64 Vgl. dazu *Latomia* 22, (1863), S. 20 f.; Junaschek, a.a.O., S. 18 f.; Abafi, a.a.O., 2, S. 210.

64a Wagner, *Die Loge zur wahren Eintracht*, a.a.O., S. 7.

65 Brief Blumauers an Johann Graf Fekete, 31. März 1784 (s. Anhang bei Rosenstrauch-Königsberg, a.a.O., 248 f.; S. 60).

66 Schott, a.a.O., S. 49 ff.; Abafi, a.a.O., 4, S. 135 ff.; Kuéss-Scheichelbauer, a.a.O., S. 57 ff.

67 Ebd.

68 Silagi, a.a.O., S. 45 ff.; Rosenstrauch-Königsberg, a.a.O., S. 60 f.; Abafi, a.a.O., 4, S. 143 ff. (bes. S. 146 f.). Schott, a.a.O., S. 104 ff.; Bertha Einleger, *Die Freimaurerei als Faktor der Aufklärung in Österreich von Maria Theresia bis Franz II.* Maschingeschr. Diss., Wien 1930; O. E. Deutsch, »Joseph II. und die Freimaurer«, in: *Wiener Geschichtsblätter* 80, (1965), S. 488 ff.

69 Junaschek, a.a.O., S. 19. Vgl. Auch Helmut Reinalter, »Josef II. und die Freimaurerei im Lichte zeitgenössischer Broschüren«, in: *Unsere Heimat* 51/3 (1980), S. 193 ff.; ders., *Geheimbünde in Tirol. Von der Aufklärung bis zur Französischen Revolution*, Bozen 1982, S. 166 ff.

70 Rosenstrauch-Königsberg, a.a.O., S. 60.

71 Vgl. dazu Paul Peter Bernard, *Joseph II. and Bavaria*, Den Haag 1965; Graßl, Aufbruch, a.a.O., S. 25 f.; Karl O. Freiherr von Aretin, *Bayerns Weg zum souveränen Staat*, München 1976, S. 64 ff.

72 Abafi, a.a.O., 4, S. 147; Rosenstrauch-Königsberg, a.a.O., S. 62, (Anm. 43).

73 *HHStA*, VA 41.

73a Vgl. dazu Hans Wagner, »Die Lombardei und das Freimaurerpatent Josephs II. von 1785«, in: *MÖStA* 31, (1978), S. 136 ff.; ders., »Die Freimaurer und die Reformen Kaiser Josephs II.«, in: *Quatuor Coronati Jahrbuch* 14, (1977), S. 55 ff.; nun auch Reinalter, *Joseph II. und die Freimaurerei im Lichte zeitgenössischer Broschüren* (im Druck), der die politischen Gründe des Patents stärker betont.

74 Rosenstrauch-Königsberg, a.a.O., S. 61; Junaschek, a.a.O., S. 20 f.; Abafi, a.a.O., 4, S. 148.

75 Aloys Blumauer, *Joseph der Zweyte, Beschützer des Freymaurerordens*, Wien 1786.

76 Rosenstrauch-Königsberg, a.a.O., S. 62.

77 Prandstetters projosephinisches Gedicht »Maurerfreude« wurde im *Journal für Freymaurer* 3, (1786), Nr. 1, S. 153 ff. abgedruckt; vgl. dazu auch Franz Haderer, *Martin Joseph Prandstetter (1760-1798). Magistratsrat, Freimaurer, Dichter und Jakobiner.* Maschingeschr. Diss., Wien 1968, S. 51 f.

78 (Anonym), *Was ist Gaukeley? oder vielmehr Was ist nicht Gaukeley? Eine Gelegenheitsschrift, da ein k. k. Patent den 17. Dez. 1785 die Freymaurer betreffend zum Vorschein kam*, Wien 1786; vgl. auch Leopold Alois Hoffmann, *Kaiser Josephs Reformation der Freymaurer. Eine Denkschrift fürs achtzehnte Jahrhundert*, 2 Teile, Deutschland 1786. Zur Broschürenflut, die nach dem Patent erschien, vgl. Reinalter, *Joseph II. und die Freimaurerei*, a.a.O.

79 Ernst Tomek, *Kirchengeschichte Österreichs*, 1, Innsbruck-Wien-München 1959, S. 368 f.

80 Leopold Alois Hoffmann, *Briefe eines Biedermanns an einen Biedermann über die Freymäurer in Wien*, München 1786, Brief XIV; vgl. auch Franz Wehrl, »Der ›Neue Geist‹. Eine Untersuchung der Geistesrichtungen des Klerus in Wien von 1750-1790«, in: *MÖStA* 20, (1967), 75.

81 Hoffmann, a.a.O.; Wehrl, a.a.O.

82 Hoffmann, a.a.O.; Wehrl, a.a.O.

83 Ebd.

84 Zit. nach Junascheck, a.a.O., S. 22.

85 Friedrich Engel-Janosi, »Josephs II. Tod im Urteil der Zeitgenossen«, in: *MÖStA* 44, (1930), S. 330 f.; Hans Riegelmann, *Die europäischen Dynastien in ihrem Verhältnis zur Freimaurerei* (Quellen und Darstellungen zur Freimaurerfrage 4), Berlin 1943, S. 105.

86 Vgl. über den Niedergang der Logen das Briefregister der Loge »Zur wahren Eintracht«, in: *HHStA*, VA 65 (alt 103), fol. 122 ff.; s. weiters auch Rosentstrauch-Königsberg, a.a.O., S. 63.

87 *HHStA*, VA 65; fol. 174; Schwarz, a.a.O., S. 37.

88 Schott, a.a.O., S. 115.

89 Ebd., S. 118.

90 *HHStA*, VA 41 (alt 63), fol. 89; Schwarz, a.a.O., S. 37.

91 *HHStA*, VA 40 (alt 62), fol. 289; Schwarz, a.a.O., S. 38.

92 *HHStA*, VA 40, fol. 279 ff.

93 Ebd.

94 Ebd.

95 Ebd., fol. 287 ff.

96 Denis Silagi, *Ungarn und der geheime Mitarbeiterkreis Kaiser Leopolds II.* (Südosteuropäische Arbeiten 57), München 1961, S. 101.

97 Ebd.

98 Vgl. dazu Friedrich Sommer, *Die Wiener Zeitschrift (1792-1793). Die Geschichte eines antirevolutionären Journals* (Das Freimaurermuseum 7), Zeulenroda–Leipzig 1932, S. 9 ff.

99 Vgl. bes. *HHStA*, VA 38 (alt 58), fol. 1-363 (Schriften Hoffmanns); Ingrid Fuchs, *Leopold Alois Hoffmann 1760-1806. Seine Ideen und seine Bedeutung als Konfident Leopold II.* Maschingeschr. Diss., Wien 1963, S. 176 ff.

100 Eintragung vom 19. Juni 1792, *HHStA*, Nachlaß Zinzendorf III.; vgl. auch Silagi, *Mitarbeiterkreis*, a.a.O., S. 101 (Anm. 307).

101 Adam Wandruszka, *Leopold II.*, 2, Wien-München 1965, S. 378; Riegelmann, a.a.O., S. 108; Gustav Brabbée, »War Kaiser Leopold II. Freimaurer?«, in: *Allgemeine österreichische Freimaurerzeitung* 2, (1875), S. 101 ff.

102 Wandruszka, a.a.O., S. 378.

103 Ebd., S. 378 f.

104 Ebd., S. 379; *HHStA*, Sammelbände 21, Relazione di Sua Maestà L'Imperatore sulla Lombardia.

105 Silagi, a.a.O., S. 101 f.; Sebastian Brunner, *Die Mysterien der Aufklärung in Österreich 1770-1800*, Mainz 1869, S. 520.

106 Wandruszka, a.a.O. S. 379; Silagi, a.a.O., S. 102 ff., 105 ff.; über diese verschiedenen Projekte vgl. vor allem HHStA, VA 41, fol. 1-319.

107 *HHStA*, VA 41, fol. 136 ff.; Silagi, a.a.O., S. 102.

108 Ebd.

109 *HHStA*, VA 41, fol. 115 ff.; Silagi, a.a.O.

110 *HHStA*, VA 41, fol. 291 ff.; Silagi, a.a.O.

111 *HHStA*, VA 38 (geheime Schriften Gotthardis); Silagi, a.a.O.

112 Silagi, a.a.O.; vgl. auch Elemér Mályusz, »A magyarországi polgárság a francia forradalom korában«, in: *Jahrbuch des Wiener Ungarischen Historischen Instituts* 1, (1931), S. 275 ff.; vgl. auch Gotthardi an Leopold II., 2. Mai 1791, abgedruckt bei Kálmán Benda, *A Magyar Jakobinusok Iratai*, 1, a.a.O., S. 540; s. weiters Fritz Valjavec, *Die Entstehung der politischen Strömungen in Deutschland 1770-1815*, München 1951, S. 515 f., 522.

113 *HHStA*, VA 41, fol. 205 ff.; 206 ff.; Valjavec, a.a.O., S. 515.

114 Ebd.; vor allem sollten nach seiner Auffassung die Kontrollorgane keine Freimaurer sein.

115 *HHStA*, VA 41, fol. 48 ff.; Valjavec, a.a.O., S. 522; diese Denkschrift ist mit »S« gezeichnet, was auf Johann August Starck hindeuten könnte.

116 *HHStA*, VA 41, fol. 248 ff.
117 Ebd., fol. 302 ff.
118 Ebd., VA 40, fol. 470, fol. 466 ff. (Entwürfe), fol. 473 ff.
119 Ebd., VA 41, fol. 191 ff.
120 Ebd., VA 41, fol. 60 ff.; Silagi, a.a.O., S. 102 (Anm. 214).
121 *HHStA*, VA 41, fol. 66 ff.
122 Fuchs, *Hoffmann*, a.a.O., S. 199 f.
123 Ebd., S. 200; Sommer, a.a.O., S. 42 ff.
124 Sommer, a.a.O., S. 42.
125 Vgl. die Berichte Martinovics an den ehemaligen Vertrauten Kaiser Leopolds II., Franz Gotthardi, abgedruckt bei Benda, a.a.O., 1, S. 440-713; Øjvind Andreasen, *Aus den Tagebüchern Friedrich Münters, Wander- und Lehrjahre eines dänischen Gelehrten* (Frederik Münter, Et Mindeskrift II-VI), København og Leipzig 1937, 2 u. 3.
126 Karl Friedrich Bahrdt, *Geschichte und Tagebuch meines Gefängnisses nebst geheimen Urkunden und Aufschlüssen über Deutsche Union*, Berlin-Frankfurt/M.-Wien 1790.
127 Leopold Alois Hoffmann, *Aktenmäßige Darstellung der Deutschen Union und ihrer Verbindung mit dem Illuminaten-, Freimaurer- und Rosenkreutzerorden*, Wien 1796. – Vgl. nun auch Helmut Reinalter, »Freimaurerische Reformprojekte unter Kaiser Leopold II.«, in: *Quatuor-Coronati-Berichte* 9 (1982/83), S. 8 ff.
128 Silagi, a.a.O., S. 103.
129 Silagi, a.a.O.
130 AVA, Pergen-Akten X/A 3; Silagi, a.a.O.
131 Silagi, a.a.O., S. 103 (bes. Anm. 317).
132 *HHStA*, VA 37; Silagi, a.a.O., Anhang VII, S. 145 f.
133 zit. nach Silagi, a.a.O., S. 103.
134 Silagi, a.a.O., S. 130 f.; Mályusz, a.a.O., S. 130 ff.
135 *HHStA*, VA 60, fol. 1-195.
136 Silagi, a.a.O., S. 104.
137 AVA, Pergen-Akten X/A 3; Silagi, a.a.O.; Aigner an Franz II., 1. Juli 1795.
138 *HHStA*, VA 60 (alt 98) und 72 (alt 114); Schwarz, a.a.O., S. 44 f.
139 AVA, Polizeihofstelle 1793/855.
140 Schwarz, a.a.O., S. 45; Eduard Winter, *Romantismus, Restauration und Frühliberalismus im österreichischen Vormärz*, Wien 1968, 15.
141 Lewis, a.a.O., S. 50.
142 Schwarz, a.a.O., S. 45; J. Reiss, *Die österreichischen Freimaurer*, Wien–Leipzig (1932), S. 55; Lennhoff-Posner, a.a.O., Sp. 1171/72; Kuéss-Scheichelbauer, a.a.O., S. 81 ff.
143 Schwarz, a.a.O., S. 46; Reiss, a.a.O., S. 56; Lennhoff-Posner, a.a.O., S. 1171.

144 Schwarz, a.a.O., S. 46; über die Loge »Zum hl. Joseph« vgl. Lewis, a.a.O., S. 47 ff.

145 Schwarz, a.a.O.; Lewis, a.a.O., S. 42; Lennhoff-Posner, a.a.O., S. 515.

146 Vgl. Schwarz, a.a.O., S. 47.

147 Über die Grazer Loge »Zu den vereinigten Herzen« vgl. auch *HHStA* 72 (alt 114), fol. 1-48 (Steyermark, Tirol, Görz, Vorderösterreich); Schwarz, a.a.O., S. 48.

148 Über die Ziele der Freimaurerei vgl. Reinhart Koselleck, *Kritik und Krise*, Frankfurt/M. 1973, S. 49 ff.; Dierickx, a.a.O., S. 142 ff.; über Freimaurerei und Aufklärung vgl. die Einleitung von Franklin Kopitzsch in: ders. (Hrsg.), *Aufklärung, Absolutismus und Bürgertum in Deutschland* (nymphenburger texte zur wissenschaft 24), München 1976, 67 f.; Rudolf Vierhaus, »Aufklärung und Freimaurerei in Deutschland«, in: *Das Vergangene und die Geschichte. Festschrift für R. Wittram*, Göttingen 1973, S. 23 ff.; vgl. auch die ältere Arbeit von J. G. Findel, *Geschichte der Freimaurerei von der Zeit ihres Entstehens bis auf die Gegenwart*, Leipzig [7]1900. Zum Verhältnis zwischen Aufklärung und Freimaurerei vgl. nun auch Hans Wagner, »Die politische und kulturelle Bedeutung der Freimaurer im 18. Jahrhundert«, in: *Beförderer der Aufklärung in Mittel- und Osteuropa*, a.a.O., S. 69 ff.; Reinalter, *Aufklärung, Freimaurerei und Jakobinertum*, a.a.O.

149 Hermann Haberzettl, *Die Stellung der Exjesuiten in Politik und Kulturleben Österreichs zu Ende des 18. Jahrhunderts* (Dissertationen der Univ. Wien 94), Wien 1973, S. 48.

150 Kálmán Benda, »Probleme des Josephinismus und des Jakobinertums in der Habsburgischen Monarchie«, in: *Südostforschungen* 25, (1966), S. 46 f.; Ludwig Abafi, *A szabadkömüvesség története Magyarországon*, Budapest 1905, S. 80; vgl. auch Walter Markov, »I giacobini dei paesi absburgici«, in: *Studi Storici* 3, (1962), S. 499 f. Über die Draskovich-Observanz s. Abafi, a.a.O., 2, S. 284 ff.

151 Kosselleck, a.a.O., S. 57 f.

152 Valjavec, a.a.O., S. 229 ff.

153 Winter, *Romantismus*, a.a.O., S. 15 f.

154 Walter Grab, »Die deutschen Jakobiner«, Einleitung zu Hans Werner Engels (Hrsg.), *Gedichte und Lieder deutscher Jakobiner* (Deutsche revolutionäre Demokraten 1), Stuttgart 1971, XXVIII; ders. (Hrsg.), Leben und Werke norddeutscher Jakobiner (Deutsche revolutionäre Demokraten 5), Stuttgart 1973, S. 21; Junaschek, a.a.O.

155 Vgl. den Hinweis bei Schwarz, a.a.O., S. 55, auf die beiden Broschüren »Freimaurer sind keine Jakobiner« und »Die abgezogene Larve«.

156 Franz Gräffer, *Kleine Wiener Memoiren und Wiener Dosenstücke*,

hrsg. von Anton Schlossar und Gustav Gugitz, München 1922, S. 342 ff.; Schwarz, a.a.O., S. 56.

157 *HHStA*, VA 38 (alt 57), fol. 87, 127; Schwarz a.a.O., S. 56.

158 Schwarz, a.a.O., S. 61 ff., 63 ff.; bes. *HHStA*, VA 38, fol. 61; 170, 203.

159 Ebd., S. 72-73; *HHStA*, VA 3, fol. 973; vgl. auch Alfred Körner (Hrsg.), *Die Wiener Jakobiner*, a.a.O., S. 47.

160 *HHStA*, VA 72, fol. 4; VA 63, fol. 77; VA 9, fol. 406 (Hinweise auf die Beschäftigung Riedels mit der jüdischen Geheimlehre der Kabbala); vgl. auch Alfred Körner, *Andreas Riedel. Ein politisches Schicksal im Zeitalter der Französischen Revolution*, phil. Diss., Köln 1969, S. 103; Helmut Reinalter, »Baron Andreas Riedel als Staatsgefangener in Kufstein«, in: *Veröffentlichungen des Landesmuseum Ferdinandeum* 56, (1976), S. 117 ff.

161 *HHStA*, VA 72; Schwarz, a.a.O., S. 69; weitere Hinweise in: *Beiträge zu einer Geschichte der Freimaurerei in Österreich*, Regensburg 1868, S. 90; Franz Gräffer, *Francisceische Curiosa oder ganz besondere Denkwürdigkeiten aus der Lebens- und Regierungs-Periode des Kaisers Franz II.* (I.), Wien 1849, S. 28. In den Logenlisten konnte ich leider keinen Hinweis auf eine Mitgliedschaft Hebenstreits finden. Eine Stelle im »Homo hominibus« (V. 531) legt eine Mitgliedschaft nahe (vgl. auch Franzjosef Schuh, *Franz Hebenstreit 1747-1795. Mensch unter Menschen* (Schriften aus dem Karl-Marx-Haus 11), Trier 1974, S. 46 f.

162 *HHStA*, VA 69, fol. 68; VA 95, fol. 1; Haderer, a.a.O., S. 36 ff., 45 ff.; s. weiters auch VA 69, fol. 64; VA 89, fol. 199; Haderer, a.a.O., S. 52 ff.

163 *HHStA*, VA 73, fol. 251; Haderer, a.a.O., S. 54. – Ob Prandstetter auch Illuminat gewesen ist, kann von den Quellen her nicht mit Sicherheit gesagt werden, doch weisen verschiedene Tatsachen, wie z. B. die enge Verbindung der Loge »Zur wahren Eintracht« mit dem Orden und die Aussage Hoffmanns, darauf hin, daß er doch der Illuminatenrichtung innerhalb der Freimaurerei angehörte (vgl. Leopold Alois Hoffmann, *Höchst wichtige Erinnerungen zur rechten Zeit über einige der allerernsthaftesten Angelegenheiten dieses Zeitalters*, 2 Theile, Wien 1795, 2, XVI).

164 *HHStA*, VA 72, fol. 137-142, 147-150, 151-153; Schwarz, a.a.O., S. 74; Schott, a.a.O., S. 23; Jutz war auch Mitglied der Loge »Zu den drey Adlern«.

165 HHStA, VA 72, fol. 14-15 (Galizien); Schwarz, a.a.O., S. 75.

166 Hackel war Mitglied der Loge »Zu den drey Adlern« (vgl. *HHStA*, VA 72, fol. 144).

167 *HHStA*, VA 95 (alt 139) fol. 12; Rosenstrauch-Königsberg, a.a.O., S. 48 ff.; VA 72, fol. 16-31, 32-39. – Über Blumauers Beziehungen

zum Illuminatenorden vgl. Rosenstrauch-Königsberg, a.a.O., S. 58 f.

168 *HHStA*, VA 38 (alt 57), fol. 2 (Bericht Gotthardis); ebd., fol. 61; Schwarz, a.a.O., S. 79.

169 Schwarz, a.a.O., S. 80; Neupauer war Mitglied der Grazer Loge »Zu den vereinigten Herzen« (vgl. VA 2, fol. 36; VA 72, fol. 1-48; Andreas Posch, *Die kirchliche Aufklärung an der Universität Graz*, Graz 1946, S. 34-35).

170 *HHStA*, VA 72, fol. 9-11, 14-15 (Martinovics scheint in den Listen als Mitglied der Loge »Phoenix zur runden Tafel im Orient von Lemberg« auf); Schwarz, a.a.O., S. 62, 76 f.

171 Vgl. Helmut Reinalter, *Aufklärung*, a.a.O., S. 212 ff.; über die Innsbrucker St. Johannesloge zu den drei Bergen und die Loge in Bozen vgl. ders., »Freimaurer in Tirol«, in: *Das Fenster* 12, (1973), S. 1169 ff.; ders., Aufklärung, a.a.O., S. 196 f.; ders., »Franz von Gumer – Ein Tiroler Freimaurer«, in: *Alpenregion und Österreich. Festgabe für Hans Kramer,* Innsbruck 1976, S. 117 ff. – Der Kärntner Jakobiner Baron Franz de Paula Herbert war Mitglied der Klagenfurter Loge »Zur wohltätigen Marianna«, die 1783 gegründet wurde (vgl. dazu Erich Nußbaumer, Geistiges Kärnten, Klagenfurt 1956, S. 259 ff.; 274 ff.; Rudolf Cefarin, *Kärnten und die Freimaurerei*, Wien 1932, S. 103 ff.), und der Loge »Zur Wahrheit« (vgl. VA 72, fol. 16-31). Über Taufferer als Freimaurer vgl. Zwitter-Tehovnik, *Wirkungen der Französischen Revolution in Krain*, a.a.O., S. 156 f.

172 Vgl. dazu van Dülmen, a.a.O., S. 115 ff.; Ludwig Hammermayer, »Der Geheimbund der Illuminaten und Regensburg«, in: *Verhandlungen des Historischen Vereins für Oberpfalz und Regensburg* 110, (1970), S. 67.

173 S. van Dülmen, a.a.O., S. 286 ff.; Krivanec, a.a.O., S. 33 ff.

174 Ebd.; vgl. auch R. le Forestier, *Les Illuminés de Bavière et la Franc Maçonnerie Allemande*, Paris 1915, S. 346.

175 *HHStA*, VA 38 (alt 58), fol. 34; VA 72, fol. 239-272; Schwarz, a.a.O., S. 40, 84.

176 Abafi, a.a.O., 4, S. 131; Schwarz, a.a.O., S. 84.

177 *HHStA*, VA 38 (alt 57), fol. 62; Schwarz, a.a.O., 85 f.

178 Abafi, a.a.O., 4, S. 312, 131; Schwarz, a.a.O., S. 86.

179 Schwarz, a.a.O., S. 87. – Ob Zinzendorf, der die Freimaurerei vor Angriffen in Schutz nahm, selbst Logenmitglied war, konnte ich nicht mit Sicherheit nachweisen, da er in den Listen VA 72 nicht namentlich aufscheint.

180 Er war Mitglied der Loge »Zum hl. Joseph« (VA 72, fol. 169); vgl. auch Schwarz, a.a.O., S. 87.

181 Abafi, a.a.O., 4, S. 317; Schwarz, a.a.O., S. 49 f., 87.

182 Über Sonnenfels vgl. Anm. 209.

183 *HHStA*, VA 38, fol. 60; VA 72, fol. 114-129; Schwarz, a.a.O., S. 87 f.; vgl. auch VA 72, fol. 32-39.
184 Andreasen, 2, a.a.O.; vgl. dazu auch Rosenstrauch-Königsberg, *Radikal aufklärerische Geheimbünde in der Habsburger Monarchie zur Zeit der Französischen Revolution (1785-1795).* Ungedr. Manuskript, S. 4.
185 *HHStA*, VA 72, fol. 62; Schwarz, a.a.O., S. 89.
186 *HHStA*, VA 38, fol. 60; Schilling war Illuminat; Schwarz, a.a.O., S. 89.
187 *HHStA*, VA 72, fol. 114-129; Lewis, a.a.O., S. 29. – Sauer scheint auch in der Liste der Loge »Zur neugekrönten Hoffnung« auf.
188 Zit. nach Kuéss-Scheichelbauer, a.a.O., S. 79.
189 Ebd., S. 80.
190 Lewis, a.a.O., S. 142 ff.; Wehrl, a.a.O., S. 58 ff.
191 Kuéss-Scheichelbauer, a.a.O., S. 81 ff.
192 Sommer, a.a.O., S. 6 f.; Fuchs, Hoffmann, a.a.O., S. 88; vgl. die Hinweise in Anm. 187.
193 Fuchs, a.a.O., S. 88.
194 Ebd., S. 88 ff.
195 Vgl. die Hinweise in Anm. 125; vgl weiters Benda, *A Magyar Jakobinusok Iratai*, 1, a.a.O., S. 452; Rosenstrauch-Königsberg, Aloys Blumauer, a.a.O., S. 165.
196 Leopold Alois Hoffmann, Aktenmäßige Darstellung, a.a.O., S. 147; über Knigge und Bahrdt vgl. Wolf Kaiser: »›Welcher Art von Revolutionen in den Staats-Verfassungen zu erwarten, zu befürchten, oder zu hoffen sei?‹ Zur politischen Publizistik Adolphs Freiherrn Knigge«, in: *Demokratisch-revolutionäre Literatur in Deutschland: Jakobinismus*, hrsg. von G. Mattenklott und K. Scherpe, Kronberg 1975, S. 205 ff.; Joseph Popp, *Weltanschauung und Hauptwerke des Freiherrn Adolph von Knigge*, Diss., München 1931: Karl Spengler, *Die publizistische Tätigkeit des Freiherrn Adolph von Knigge während der Französischen Revolution*, Diss., Bonn 1931; B. Schyra, *Carl Friedrich Bahrdt. Sein Leben und Werk, seine Bedeutung*, Maschingeschr. Diss., Leipzig 1962; S. G. Flygt, *The Notorious Doctor Bahrdt*, Nashville 1963; A. Kobuch, »Die Deutsche Union, Radikale Spätaufklärung, Freimaurerei und Illuminatismus am Vorabend der Französischen Revolution«, in: *Beiträge zur Archivwissenschaft und Geschichtsforschung*, Weimar 1977; Günter Mühlpfordt, »Karl Friedrich Bahrdt und die radikale Aufklärung«, in: *Jahrbuch des Instituts für Deutsche Geschichte an der Universität Tel Aviv* 5 (1976), S. 49 ff. Über Knigge vgl. nun auch Ernst-Otto Fehn, »Knigges ›Manifest‹. Geheimbundpläne im Zeichen der Französischen Revolution«, in: *Geheime Gesellschaften*, a.a.O., S. 369 ff.
197 Leopold Alois Hoffmann, *Höchst wichtige Erinnerungen zur rechten*

*Zeit über einige der allerernsthaftesten Angelegenheiten dieses Zeitalters*, 1, Wien 1795, S. 300 f.; Epstein, a.a.O., S. 604 ff.

198 Leopold Alois Hoffmann, *Die zwo Schwestern P ... und W ... oder neu entdecktes Freymaurer- und Revolutionssystem. Ganz Deutschland, besonders aber Oesterreich, aus Originalfreimaurerschriften vorgelegt*, Wien 1796; Tomek, a.a.O., 3, S. 518 f.

199 *HHStA*, VA 38, fol. 534; VA 72, fol. 239; Schwarz, a.a.O., S. 89.

200 Wehrl, a.a.O., S. 58 ff.; Schwarz, a.a.O., S. 93.

201 Wehrl, a.a.O., S. 36 ff.

202 Schwarz, a.a.O., S. 94; Lennhoff-Posner, a.a.O., S. 515; vgl. weiters Ferdinand von Buquoy, »Von Kaiser Franz Logenverbot bis 1848«, in: *Die Freimaurerei Österreich-Ungarns*, Wien 1897, S. 234 ff. (hier 250).

203 Vgl. dazu Schwarz, a.a.O., S. 94 f.

204 *HHStA*, Staatsrat Nr. 3186 1794; Schwarz, a.a.O., S. 95.

205 *HHStA*, Staatsrat Nr. 435 1794; Schwarz, a.a.O,. S. 96 f.

206 Vgl. dazu Schwarz, a.a.O., S. 97.

207 *HHStA*, Staatsrat Nr. 356 1795; abgedruckt auch bei Reinalter, *Aufklärung*, a.a.O., S. 326 ff. (Anhang XIX).

208 Für die Behauptung in der älteren Literatur, daß mit Regierungserlaß im Jahre 1794 die Freimaurerei in allen österreichischen Provinzen unterdrückt worden sei, liegt kein Quellenbeleg vor (vgl. Lewis, a.a.O., S. 42; Lennhoff-Posner, a.a.O., S. 1176, sprechen davon, daß Kaiser Franz II. 1794 mit seinem Verbot für Österreich der Freimaurerei den Todesstoß versetzt habe).

209 Joseph von Sonnenfels, der der Illuminatenrichtung innerhalb der österreichischen Freimaurerei angehörte, publizierte z. B. im *Journal für Freymaurer* 1, (1784), eine Abhandlung über den Einfluß der Maurerei auf die bürgerliche Gesellschaft. Vgl. dazu Helmut Reinalter, »Joseph von Sonnenfels und die Französische Revolution«, in: *Innsbrucker Historische Studien* 1, (1978), S. 77 ff. – Über Sonnenfels vgl. Robert A. Kann, *Kanzel und Katheder*, Wien 1962, S. 149 ff.; Karl-Heinz Osterloh, *Joseph von Sonnenfels und die österreichische Reformbewegung im Zeitalter des aufgeklärten Absolutismus* (Historische Studien 409), Lübeck und Hamburg 1970; Eduard Winter, »Josef von Sonnenfels«, in: *Tausend Jahre Österreich*, 1, Wien–München 1973, S. 300 ff.

210 *HHStA*, VA 9, fol. 245.

211 Vgl. dazu Helmut Reinalter, »Freimaurerei und Jakobinismus im Einflußfeld der Französischen Revolution in Österreich«, in: *Studi Tedeschi* 21/3, (1978), S. 125 ff. – Zur neueren Literatur vgl. den Forschungsbericht von Helmut Reinalter, Geheimgesellschaften und Freimaurerei im 18. Jahrhundert, in: *Aufklärung-Vormärz-Revolution* 2 (1982), S. 27 ff.

Johannes Rogalla von Bieberstein

# Die These von der freimaurerischen Verschwörung

Eine Beschäftigung mit der noch heute von rechtsradikalen sowie antimodernistisch-klerikalen Kreisen propagierten Verschwörungsthese[1] hat ihren Ausgang von der Feststellung zu nehmen, daß die vorrevolutionär-antiaufklärerischen Verschwörungstheoreme den Boden dafür bereitet haben, daß ein Wiener Gubernialsekretär im August 1790 in einer Eingabe an den Kaiser nachweisen zu können glaubte, daß »das Rad der gegenwärtigen Irrungen und Revolutionen Europens von der Bruderschaft der Freymaurer getrieben« werde[2]. Die Basis für einen solchen, wahnhafte Züge tragenden Verschwörungsglauben ist 1791 von einem Augsburger Jesuiten so formuliert worden: »Eine Bruderschaft, die unter Personen von verschiedenen Ständen eingegangen wird, hat kein Verhältnis zu der Verschiedenheit der hierarchischen Ordnung, welche Gott zur guten Leitung der Welt eingesetzt hat, daraus folgt unnachläßlich der Umsturz des geistlichen und weltlichen Systemes«.[3]

Die Tatsache, daß die Verschwörungsthese von einem ständisch-hierarchischen Standpunkt aus Fundamentalkritik am Gleichheitsprinzip übt, erklärt den Sachverhalt, daß sie sowohl von Repräsentanten des vordemokratischen Ancien Régime, als auch von antiliberalen Vertretern des laizistischen Rechtsradikalismus in Anspruch genommen werden konnte. Somit konstituiert die Verschwörungsthese ein antimodernistisches Feindbild, welches dabei half, »in feindlicher Nähe«[4] zueinander stehende Konservative und Nationalsozialisten in gemeinsamer Frontstellung gegen Laizismus, Liberalismus und Sozialismus miteinander zu verbinden.

So hat Kaiser Wilhelm II, welchem sein früherer – inzwischen mit Hitler verbündeter – Feldherr Ludendorff seine antifreimaurerischen Pamphlete ins holländische Exil nachschickte, 1924 behauptet, die Schuld an der Revolution von 1918 »trifft in erster Linie die Freimaurer«[5]. Dabei ging er davon aus, daß die Freimaurer der Mittelmächte mit den Entente-Freimaurern unter einer

Decke gesteckt hätten. Den Hintergrund für diese abwegige Annahme bildet jene deutsche Kriegsideologie, nach der es »um den Sieg des demokratisch-nationalen Prinzips über das theokratisch-autokratische, monarchisch-feudale, militaristisch-imperialistische« ging. Dies hatte der Jesuit Hermann Gruber in seiner 1917 publizierten Schrift *Freimaurerei, Weltkrieg und Weltfriede* behauptet.[6] Ganz ähnlich hat der langjährige alldeutsche Präsident des Flottenvereins Fürst Otto zu Salm-Horstmar am 9. Juli 1918 in einer Herrenhaus-Rede argumentiert. Darin behauptete er unter Nennung der radikalaufklärerischen bayerischen Illuminaten, alle Revolutionen der Neuzeit wären von Freimaurern »in Szene« gesetzt worden. Im übrigen stellte er die »jüdisch-demokratische« der »deutsch-aristokratischen Weltanschauung« gegenüber und warnte vor der »jüdisch-freimaurerischen« Sozialistischen Internationale.

Nicht zuletzt ist es Adolf Hitler gewesen, der die von einer diabolischen freimaurerisch-jüdischen Weltverschwörung handelnden »Protokolle der Weisen von Zion« als politische Offenbarung begriffen hat. Dabei suchte er bezeichnenderweise die vermeintlichen Verschwörer nachzuahmen und tat somit das, was er und seinesgleichen in wahnhafter Weise anderen unterstellte.[7] Dies bestätigte der Gauleiter Erich Koch dem Danziger Völkerbundskommissar indem er bemerkte: »Hitler ist überzeugt, daß eine jüdisch-freimaurerische Verschwörung vorhanden ist, die den englischen Absichten dient; Ich weiß, daß Ihnen all das etwas primitiv vorkommt, aber ... jetzt sind es die großen Prinzipien, die uns leiten und wir fühlen uns wohl dabei«[8]. Die Tatsache, daß die von der NS-Propaganda verbreiteten und von der zaristischen Geheimpolizei unter Rückgriff auf ältere antifreimaurerische und antisemitische Pamphletliteratur fabrizierten »Protokolle der Weisen von Zion« von dem Judenreferenten des SD, SS-Unterführer Edler von Mildenstern intern als »Quatsch«[9] charakterisiert worden sind, verweist auf einen für die Bewertung der Verschwörungsthese ganz entscheidenden Sachverhalt: Bereits zum Zeitpunkt der Entstehung der Verschwörungsthese lassen sich neben naiven und fanatischen Gläubigen, welche sich von verführerischen »einfachen Prinzipien« leiten ließen, solche Machttechniker ausmachen, die zwar über eine vereinfachend manichäische Weltsicht spotten, welche jedoch in zynischer Weise die Ressentiments und Ängste der durch krisenhafte Entwicklungen zutiefst

Verunsicherten und Gläubigen mit nicht geringem Erfolg zu manipulieren suchten.

Was die Verschwörungsthese anbelangt, von der hier nur ihre antiaufklärerische, konterrevolutionäre und antimodernistische Ausprägung thematisiert wird, so ist für sie das Folgende konstitutiv: Die Verschwörungsthese hat ihren Nährboden in Zeiten grundlegender ideologischer und politisch-ökonomischer Verunsicherung. Diese ist durch die radikale Infragestellung alter und das gleichzeitige Propagieren neuer Werte im Sinne von einen anderen gesellschaftlichen Grundkonsens stiftenden Legitimitätsgrundlagen gekennzeichnet.[10] Die »idée de complot«, welche François Furet kürzlich als »notion centrale et polymorphe« gekennzeichnet hat[11], erfüllt dabei eine rationalisierende Funktion, indem sie vorgibt, für alle existentielle Ängste hervorrufenden gesellschaftlichen Ereignisse eine einfache und griffige Erklärung bereit zu haben. Sie ist durch eine interessengeleitete und damit nicht-rationale Denkstruktur gekennzeichnet, welche dualistisch-manichäistische Züge trägt. Damit entspringt sie einem Bedürfnis nach Reduktion der komplexen Realität und vermag eine – wegen ihrer Wahnhaftigkeit – gefährliche Orientierungsfunktion wahrzunehmen. Denn bei der Verschwörungsthese handelt es sich – überwiegend zugestandenermaßen – nicht um ein distanziertes und unparteiisches Erkenntnisinstrument, sondern vielmehr um eine der Feindbestimmung und damit der Feindbekämpfung dienende ideologisch-politische Waffe. Da die Verschwörungsthese nämlich beinhaltet, daß kleine Minderheiten[12] den Geschichtsprozeß in entscheidender Weise – und zwar illegitim – beeinflussen können, müssen diesen Minderheiten zwangsläufig dämonisch-übermenschliche Kräfte zugeschrieben werden. Gleichzeitig wird unter Herabsetzung moralischer Hemmschwellen die Hoffnung erweckt, daß durch die Ausschaltung der wenigen, die Gesellschaft vergiftenden Bösen, der soziale Organismus geheilt werden könne.

Bevor nun die Entstehung, die unterschiedlichen Ausprägungen sowie die geschichtliche Relevanz der antifreimaurerischen Verschwörungsthese im Einzelnen dargelegt wird, ist darauf hinzuweisen, daß der Verschwörungsthese erst in jüngster Zeit ernsthafte wissenschaftliche Beachtung geschenkt wird. Wenn man sie früher als ein »Schauermärchen«[13] abtat, so wohl deshalb, weil man die Bedeutung der Angst und damit sozialpsychologischer

Mechanismen in der Politik verkannte[14] und weil man darüber hinaus vielfach davor zurückschreckte, in einer Art Vergangenheitsbewältigung peinliche Kapitel, insbesondere auch der neueren Kirchengeschichte, aufzudecken.[15]

Wie bereits festgestellt wurde, beruht die Verschwörungsthese auf einem antiaufklärerisch-antirevolutionären, integral-christlichen Weltbild. Der Abbé und Exjesuit Augustin Barruel, der sie unter Rückgriff speziell auch auf deutsche Pamphletliteratur in seinen erstmals 1797/98 in London publizierten und in neun europäische Sprachen übersetzten und geschichtsmächtig gewordenen[16] »Mémoires pour servir à l'histoire du Jacobinisme«[17] zu einem eingängigen System verarbeitet hat, behauptete nicht zufällig, daß die aus Philosophen (Freidenkern), Freimaurern, Physiokraten, Juden, Jakobinern und Republikanern gebildete »Sekte« sich »in Amerika mit den ersten Grundlagen des Codex der Gleichheit, der Freiheit und des Souveränen-Volkes« ankündigte[18]. Für ihn wie für viele andere Repräsentanten des durch die Symbiose von »Thron und Altar« gekennzeichneten Ancien Régime stellten die Aktivitäten der »Sekte« – speziell aber der Freimaurer – eine Revolte gegen den göttlichen Herrn dar. Denn: »Der Gott, der die Menschen für die bürgerliche Gesellschaft geschaffen hat, hat ihnen die vorgeblichen Rechte der Gleichheit und Freiheit, die Grundlagen der Unordnung und der Anarchie, nicht beigelegt ... Der Gott, der uns die Herrschaft und die Aufrechterhaltung der Gesetze nur in der Subordination der Staatsbürger unter die Obrigkeiten und Regenten, wahrnehmen lässet und zeiget, hat nicht jeden einzelnen Staats-Bürger zum Regenten und zur Obrigkeit gemacht.«[19]

Die Verschwörungsthese präsentiert sich also als aggressiver Ausdruck jener politischen Theologie, welche durch die Gleichung Demokratie = Atheismus gekennzeichnet ist.[20] Sie muß demzufolge im Zusammenhang mit der vornehmlich in Frankreich geführten Diskussion über die »Dechristianisierung« gesehen werden.[21] Hierbei ist zu beachten, daß für die Traditionalisten die Devise »une foi, une loi, un roi« maßgeblich war und daß der in der vorjakobinischen Phase der Französischen Revolution unternommene Versuch, eine »démocratie chrétienne« zu begründen[22], als blasphemisch verworfen wurde.

Die Tatsache, daß die Verschwörungsthese eine hervorragende Bedeutung erlangen und bis in die Gegenwart fortwirken konnte, erklärt sich wie folgt: In der Freimaurerei als dem Subjekt der Verschwörungsthese sind die aufklärerischen Ideale von religiöser und konfessioneller Toleranz, kosmopolitischer Orientierung, Humanität und Brüderlichkeit verkörpert. Insbesondere deshalb, weil der aufklärerische Fortschrittsglaube diesen Idealen ein optimistisch-vorwärtsdrängendes Moment verlieh, konnte die im Arkanraum der Loge praktizierte Freimaurerei als eine private und konkrete Vorwegnahme auf eine ideale Wert- und Sozialordnung erfahren werden. Eine Wiener Freimaurerschrift von 1786, welche den bezeichnenden Titel *Schatten und Licht* trägt, macht dies deutlich: »Die Maurerei ... vereinigt Leute aus allen Nationen, von allen Religionen, von allen Ständen: der Mexikaner, der Sibirier, der Deutsche und der Japaner, der Christ und der Muselmann, und der Jude, der Minister, der Kapuziner und der Feldmarschall umarmen einander in der Loge: die Meinungen der Sekten werden wechselseitig geduldet.«[23] Die moderne »spekulative« Freimaurerei hat wegen ihrer in orthodoxen Kreisen als indifferentistisch abgelehnten Toleranzidee schon früh den Argwohn der katholischen Kirche erweckt und wurde daher 1738 durch eine erst 1974 erheblich abgeschwächte[24] päpstliche Bulle verdammt.

Nachdem die Freimaurer bereits 1746 vom Abbé Gaultier bezichtigt worden waren, eine »conspiration génerale contre la religion« zu organisieren[25], veröffentlichte der Abbé Larudan 1747 in Amsterdam die Broschüre »Les francs-maçons écrasés«. Darin warnte er – konkreter Anlaß war der englisch-französische Krieg – vor einer großen antikatholischen, protestantisch-freimaurerischen Verschwörung. Die Freimaurer machten »die vollkommene Freiheit und Gleichheit, so uns von allen Arten der Obrigkeit losmacht ... einem jeden beliebt und anständig«.[26] Cromwell habe den Freimaurerorden gegründet, um »das menschliche Geschlecht zu bessern und Könige und Potentaten, deren Geißel er war, auszurotten«.[27]

In der Schrift »Centinella contra Francs Masones« thematisierte der spanische Dominikaner und Mitglied der Inquisition Joseph Torrubia das zum Aufhänger für Verschwörungs-Unterstellungen gewordene freimaurerische Toleranzprinzip wie folgt: »Der Katholik ist hier (in der Loge) der Bruder des Lutheraners, des Kalvinisten, des Zwinglianers, des Schismatikers und wer weiß, ob nicht des Mohammedaners und Juden.«[28] Nachdem der Fortschritt der vielfach antiklerikale Akzente tragenden Aufklärungsbewegung die Befürchtungen der christlichen Orthodoxie noch gesteigert hatte, diffamierte der Aachener Dominikaner Greinemann 1778 die Freimaurer von der Kanzel wie folgt: »Die Juden, die den Heiland kreuzigten, waren Freimaurer, Pilatus und Herodes die Vorsteher einer Loge. Judas hatte sich, bevor er Jesus verriet, in einer Loge zum Maurer machen lassen.«[29] Mit diesen – Ausschreitungen gegen Aachener Bürger und damit einen politischen Skandal hervorrufenden[30] – Worten stellte sich Greinemann in die Tradition des christlichen Antisemitismus. Zugleich aber brachte er erstmals die Juden und die Freimaurer in einen konspiratorischen Zusammenhang, der dann bis ins zwanzigste Jahrhundert hinein immer wieder konstruiert und darüber hinaus zum Anlaß für konkrete, ja tödliche Verfolgungen gemacht worden ist.

Bei einer Bewertung der antiaufklärerischen und antifreimaurerischen kirchlichen Polemik hat man zwar davon auszugehen, daß antifreimaurerische Verschwörungsvorwürfe etwa im Zusammenhang mit der gelegentlichen – und auch in den Logen vor und nach 1789 keineswegs unumstrittenen – Aufnahme von Juden in Freimaurerlogen[31] oder auch der amerikanischen Revolution zwar abwegig sind; andererseits ist jedoch nicht zu bestreiten, daß die Freimaurerei einen Beitrag auch zur Emanzipation des Judentums geleistet hat und daß es eine Affinität zwischen freimaurerischen Idealen und der amerikanischen Declaration of Independance von 1776 gibt. So ist es gewiß kein Zufall, daß in den freimaurerischen Gesprächen »Ernst und Falk« des Freimaurers Lessing von einem Freimaurer die Rede ist, der zu denjenigen gehöre, die »in Europa für die Amerikaner fechten«. Er habe die Grille – so heißt es dort weiter –, »daß der Congreß eine Loge ist, daß da endlich die Freimaurer ihr Reich mit gewaffneter Hand gründen«.[32]

Wie auch die antifreimaurerischen Attacken der Dominikaner Torrubia und Greinemann zeigen, hat die aufklärerische Bedrohung der kirchlichen Orthodoxie, welche sich etwa in dem nicht ganz freiwilligen päpstlichen Verbot des Jesuitenordens von 1773 widerspiegelt, die Folge gehabt, daß kirchlicherseits Urängste und mittelalterliche Vorstellungen reaktiviert worden sind. Dies bezieht sich sowohl auf die Freimaurer als auch auf die – in der kirchlichen Tradition vielfach mit dem Antichristen in Verbindung gebrachten und dämonisierten – Juden[33], auf welche neben

Elementen des Satansglaubens auch solche des Hexenglaubens[34] übertragen worden sind. Hiervon zeugt etwa die erstmals 1761 in London publizierte und anschließend – 1768 und 1769 – auch ins Deutsche und Französische übersetzte Schrift: *Freemasonry, the highway to hell, a sermon, wherein is clearly proved, both from reason and scripture, that all who possess these mysteries are in a state of eternal damnation.*[35]

Eine Analyse der jeweils unterschiedliche Aktualisierungsformen annehmenden Verschwörungsthese zeitigt das Ergebnis, daß ihr Realitäts- bzw. Wahngehalt große Schwankungen aufweist. Der Abbé Barruel selbst spricht von einer »dreyfachen Verschwörung ... in welcher, lange vor der Revolution, der Ruin der Kirche, der Ruin des Thrones, und endlich der Ruin der ganzen bürgerlichen Gesellschaft geschmiedet wurde, und noch geschmiedet wird«.[36] Träger dieser Verschwörungen seien die jeweils mit der Freimaurerei assoziierten Philosophen (»Sophisten des Unglaubens«), bürgerlich-konstitutionalistischen Revolutionäre (»Sophisten des Aufruhrs«) von 1789 und endlich die Jakobiner (»Sophisten der Anarchie«).[37]

Die erste dieser Verschwörungen, nämlich der Glaube an eine »philosophische Conspiration«[38], nimmt sich im Vergleich mit den anderen noch vergleichsweise realitätsnah und darum wenig wahnhaft aus. Sie beruht nämlich gewissermaßen auf einem ideologisch-geisteswissenschaftlichen Politikverständnis, nach dem aufklärerische und damit auch freimaurerische Ideen auf eine recht direkte Weise zu politischen Gestaltungsprinzipien umgemodelt worden seien. So wird den Freimaurern in der von Augsburger Exjesuiten herausgegebenen »Neuesten Sammlung«, welche die Geistlichen bezeichnenderweise als die »treuesten Untertanen der Fürsten« pries, die den »freimaurerischen Anschlägen gegen Thron und Altar hauptsächlich noch im Wege« ständen[39], im Zusammenhang mit Warnungen vor dem quasifreimaurerischen radikalaufklärerischen Illuminatenorden nachgesagt: »Was soll man denken von einem Haufen Leute, die nichts als Freiheit atmen, die nichts schreiben, werden sie nicht auch frei handeln wollen?«[40]

Die nicht zuletzt im Kampf gegen den 1785 verbotenen Illuminatenorden, bzw. den Illuminatismus, zu beobachtende gegenaufklärerische Reaktion, welche in dem preußischen Religionsedikt von 1788 einen Höhepunkt fand, trug bereits einen präventivkonterrevolutionären Charakter und hat die später zu einem System ausgearbeitete Verschwörungsthese in hohem Maße präformiert. So hat Ernst August von Goechhausen (1740-1824) in seinem 1786 anonym erschienenen Buch *Enthüllung des Systems der Weltbürger-Republik* unter Hinweis auf die Illuminaten behauptet, daß die Menschheit »mit blinden Augen« dem Abgrund zutaumele. Darüber hinaus prognostizierte er: »Revolutionen, die unausbleiblich sind, die ich erwarte und vorhersehe«.[41] Und der Pietist Jung-Stilling warnte 1788 in seinem »Lehrbuch der Staats-Polizey-Wissenschaft« vor der Freimaurerei, da er herausgefunden habe, daß »die Logen Schulen des Naturalismus, des Deismus, Verschwörungen gegen die heiligste Grundfeste unserer Staatsverfassung, die wahre christliche Religion und wahre Geheimnisse der Bosheit« enthielten.[42]

Die noch näher zu beleuchtende Biographie Goechhausens sowie auch diejenige des Ingolstädter Exjesuiten und Theologieprofessors Benedikt Stattler, welcher 1787 mit der Entlarvungsschrift »Das Geheimnis der Bosheit des Stifters des Illuminatenordens« hervortrat, 1788 einen dreibändigen »Anti-Kant« publizierte, 1790 zum geistlichen und Zensur-Rat in München ernannt wurde und endlich 1791 das Pamphlet »Unsinn der französischen Freyheitsphilosophie im Entwurf ihrer neuen Konstitution zur Warnung und Belehrung deutscher französelnder Philosophen ins helle Licht gerückt« veröffentlichte, illustriert den engen Konnex von deutscher Gegenaufklärung und Konterrevolution. Tatsächlich ist die Revolution 1789 nicht in Deutschland, wo sie Freimaurern und Illuminaten bereits vor dem Bastille-Sturm in freilich recht vager Weise als finstere Absicht unterstellt wurde, sondern vielmehr in Frankreich ausgebrochen.

Als sich dort der später zum Cheftheoretiker der Verschwörungsthese gewordene Abbé Barruel 1789 darum bemühte, in seiner Schrift »Le patriote véridique« die »vraies causes de la révolution actuelle« zu ergründen, erwähnte er bezeichnenderweise die Freimaurer noch mit keinem Wort! Auch der Comte de Ferrand, der 1790 die Enthüllungsschrift »Les conspirateurs demasqués« publizierte, wußte noch nichts von einer Verschwörung im spezifischen Sinn und schon gar nichts von einer freimaurerischen. Vielmehr beschränkte er sich darauf, Männer wie den Herzog von Orléans, Lafayette, Necker und den Abbé Siéyés als Konspiratoren zu denunzieren.

Die 1789 zu Paris erfolgte Publikation des »Essai sur la secte des Illuminés« durch den Marquis de Luchet, den Bibliothekar und Günstling des Landgrafen von Hessen-Kassel, hat also ganz offensichtlich bis zu diesem Zeitpunkt in Frankreich niemanden veranlaßt, den Ausbruch der Französischen Revolution in einen Kausalzusammenhang mit den deutschen Illuminaten zu bringen. Immerhin hatte Luchet in seinem Essai dem Illuminatenorden nachgesagt: »Cette société a le but de gouverner le monde, de s'approprier l'autorité des Souverains, d'usurper leur place en ne leur laissant que le stérile honneur de porter la Couronne«.[43]

Die in Frankreich durch Luchet bekannt gewordene Tatsache, daß »Germanien ... in seinem Schoße eine ansehnliche Sekte, die unter dem Namen Illuminaten bekannt ist«[44] berge, hat allerdings dank der Sympathien insbesondere vieler deutscher Gebildeter für die Französische Revolution bei den deutschen Repräsentanten des Ancien Régime sehr bald die Befürchtung wachgerufen, daß es zu einem Zusammenspiel französischer Revolutionäre mit ihren radikalaufklärerisch-illuminatischen deutschen Sympathisanten kommen könne. So hat der preußische Gesandte in Paris am 22. Januar 1790 die Vermutung ausgesprochen, daß die revolutionäre französische Propaganda im Ausland durch die Freimaurer begünstigt werde.[45] Wenig später beschäftigte sich die antirevolutionäre deutsche Publizistik intensiv mit der angeblich aus Paris stammenden, tatsächlich jedoch von einem emigrierten französischen Grafen fabrizierten[46] und anonym veröffentlichten Schrift: »Dénonciation à toutes les puissance de l'Europe d'un plan de conjuration contre la tranquillité générale, suivie d'un discours prononcé au Club de Propagande«. Diese wurde erstmals in der Juli-Ausgabe 1790 des Fuldaer *Journal von und für Deutschland*[47] unter dem Titel »Bekanntmachung eines Verschwörungsplanes gegen die allgemeine Ruhe in Europa« auf deutsch publiziert.

In der Oktoberausgabe 1790 des in engen Beziehungen zu französischen Emigranten stehenden Hamburger »Politischen Journals« heißt es über den ominösen, nichtexistenten »Club de Propagande«, er komme »alle Wochen zweimal nach Art und Weise der Freimaurer zusammen ... Das Innere ist mit einem freimaurerischen Schleier bedeckt. Die Absicht ist bekannt; sie ist, die Revolution nach und nach durch ganz Europa zu verbreiten«.[48] In der Beilage zu den Neuwieder *Politischen Gesprächen der Todten* vom 24. 9. 1790 wurde ein »Schreiben aus Paris vom 18. 7. 1790« mit korrespondierendem Inhalt publiziert: »Es ist eine Gesellschaft hier, die aus 600 Personen besteht, und die alle Woche zweymal nach Illuminatenart heimlich zusammenkommt. Diese Gesellschaft nennt sich Propaganda ... Ihr Endtzweck ist keine Friedenspropaganda wie zu Rom, sondern eine Revolutio propaganda. Sie hält in allen Ländern ihre Korrespondenten und Emissarien ...«

Ende 1789 wurde Alexander Graf Cagliostro, alias Giuseppe Balsamo, von der päpstlichen Inquisition festgenommen. Die Verhaftung dieses u. a. auch als Gründer einer »ägyptischen Freimaurerei« hervorgetretenen notorischen Abenteurers ist insbesondere von kirchlichen Kreisen benutzt worden, um Verschwörungstheoreme glaubwürdig zu machen.[49] So berichtete der französische Gesandte an der Kurie am 6. Januar 1790: »On arrête Cagliostro; on recherche s'il n'est pas le chef de cette secte d'Illuminés qui commence ici à inquiéter de gouvernement. Cette même secte fait grand progrès en Allemagne ... sème universellement l'esprit d'insurrection et de révolte contre l'ancienne autorité des gouvernements«.[50] Dieses kurz darauf auch in der europäischen Presse verbreitete Gerücht hat ein polnischer Rosenkreutzer am 12. Januar 1790 in einem Brief an den Exjesuiten und Sekretär des polnischen Königs Abbé Albertrandi in der Weise weiter ausgesponnen, daß er behauptete, laut den Aussagen Cagliostros hätten die französischen Freimaurer unter Führung ihres Großmeisters, des Herzogs von Orléans, den Sturm auf die Bastille organisiert und ausgeführt.[51] Darüber hinaus unterstellte das *Politische Journal* wenig später: »Man will wissen, er (Cagliostro) sey das geheime Oberhaupt der Illuminaten-Sekte. Er und diese Sekte haben an vielen Dingen in Frankreich, und anderen, die so in anderen Ländern vorgehen, Schuld«.[52]

In seiner 1790 in Gotha anonym publizierten Schrift: »Ist Cagliostro der Chef der Illuminaten« setzte sich der Freimaurer und Illuminat Johann Bode mit derartig absurden Behauptungen sarkastisch auseinander. Tatsächlich hat sich die Kurie von den von Cagliostro in Todesnot abgegebenen und überdies noch frisierten Geständnissen Einiges versprochen. Denn ihnen wurde durch die 1791 von der päpstlichen Kammerdruckerei veranstaltete und anschließend aus dem Italienischen ins Deutsche, Französische, Englische und Polnische übersetzte Publikation: »Leben und

Thaten des Joseph Balsamo, sogenannten Grafen Cagliostro ... Aus den Akten des 1790 in Rom wider ihn geführten Prozesses gehoben« eine europäische Publizität zuteil. Im Vorwort zu der in Zürich veranstalteten deutschen Ausgabe wird den »Freymaurerrotten« vorgeworfen, sie suchten das »Joch der Subordination und des Gehorsams« abzuschütteln und die »ganze Welt in Aufruhr und Tumult« zu setzen. Die Freimaurer, die »schallende Töne von Menschheit, Ökonomie, bürgerlicher Freiheit, gereinigter Moral« im Münde führten, würden Verbrechen rechtfertigen, Bürgerblut vergießen, durch Vernichtung der Eigenthumsrechte zu stehlen und endlich die »Ordnung der Stände ... vernichten, welche das festeste Band der Gesellschaft ist«.[53]

Nachdem die Burkeschen *Reflections on the Revolution in France* die Warnungen vor einem Erdbeben, welches ganz Europa bedrohe, 1790 mit einem Hinweis auf die 1787 publizierten »Originalschriften des Illuminatenordens« untermauert hatten, veröffentlichte der Abbé Le Franc 1791 seine anschließend auch ins Englische, Italienische und Portugiesische übersetzte Schrift: *Le voile levé pour les curieux ou le secret de la révolution relévé à l'aide de la franc-maçonnerie*. Darin heißt es apodiktisch: »La franc-maçonnerie veut renverser le Trône comme elle a renversé l'Autel«, wobei dem revolutionären Regime nachgesagt wird: »Le régime même de l'assemblée est tout-à-fait maçonnique.«[54] Im übrigen erging sich der Abbé Le Franc in geschichtsphilosophischen bzw. -theologischen Betrachtungen, in denen ein direkter Zusammenhang von moderner Philosophie, häretischem Protestantismus und Freimaurerei postuliert wird.

Wie hier nicht in extenso expliziert werden kann, spielte die antifreimaurerische Verschwörungsthese seit 1791 in Deutschland sowohl im diplomatischen Schriftverkehr als auch in der konterrevolutionären Publizistik eine wichtige Rolle. Bei ihrer Propagierung hat sich besonders der Wiener Professor und Publizist Leopold Alois Hoffmann, der sich dabei der von ihm herausgegebenen *Wiener Zeitschrift* (1792-1793) bediente[55], hervorgetan. Die Tatsache, daß Hoffmann – wie übrigens auch der Abbé Barruel – vor 1789 selbst Freimaurer gewesen ist, verweist dabei auf einen oft übersehenen und für die Beurteilung der Freimaurerei und auch der Verschwörungsthese grundlegenden Sachverhalt: Die Freimaurer des 18. Jahrhunderts sowie auch die Illuminaten – man denke nur an den Illuminaten Maximilian Graf Montgelas –

waren in ihrer überwältigenden Mehrheit keine Republikaner und somit revolutionäre Feinde von »Thron und Altar«. Vielmehr waren sie meist – besonders in katholischen Ländern – antiklerikal orientierte Anhänger des aufgeklärten Absolutismus. Folglich läßt sich das Wort Holldacks über die Physiokraten, welche gleichfalls der verschwörerischen »Sekte« zugerechnet werden, tendenziell auch auf sie anwenden: »Die Physiokraten predigten nicht die Revolution gegen die absolute Monarchie, sondern die Revolution durch die absolute Monarchie«.[56]

Bei der Agitation der *Wiener Zeitschrift* gegen die Freimaurer, welche von dem Wiener *Magazin für Kunst und Literatur* (1793-1797) in moderaterer Form fortgesetzt wurde, fällt auf, daß die Verschwörungstheoreme ihrer ursprünglich christlichen Vorzeichen weitgehend entkleidet und zu einem politisch-innerweltlichen Kampfinstrument transformiert werden. Zu diesem Zwecke wurde zwischen der evidentermaßen harmlosen »blauen« Loge, d. h. der nach dem ursprünglichen englischen System arbeitenden und lediglich den Lehrlings-, Gesellen- und Meistergrad kennenden Johannismaurerei, und der staatsfeindlichen »roten« Loge unterschieden. Diese würden sich verschwören »zur Vertilgung aller Könige, zur Herstellung der Gleichheit der Stände und sogar der Gesellschaft der Güter«.[57] Ganz offenbar wird damit an die Interessen des (Besitz-)Bürgertums appelliert, welches an sich nicht unbedingt auf »Thron und Altar« bzw. Klerus und Adel fixiert war.[58] Dies ist auch daraus zu schließen, daß der Illuminatismus als »leiblicher Bruder des Jakobinismus« denunziert wurde[59] und die *Wiener Zeitschrift* gar behauptet hat: »Ein Jakobiner ist nicht mehr und nicht weniger als ein praktischer Illuminat nach dem im Baierlande gebohrenen, und dort und anderwärts großgezogenen Weishaupt-Kniggeschen Illuminaten-Sistem«.[60] Das Bindeglied zwischen Illuminaten und Französischer Revolution stellte nach ihr die Paris-Reise der Illuminaten Johann Bode und Wilhelm von dem Busche von 1787 dar. Diese hätten die französischen Logen »mit dem Illuminatismus imprägniert« und »ohne diesen letzten und kräftigsten Stoß« wäre die Revolution schwerlich ausgebrochen. Zusammenfassend heißt es dann pathetisch: »Nicht die Franzosen sind die Erfinder dieses großen Entwurfes, die Welt umzukehren; diese Ehre kommt den Deutschen zu. Den Franzosen gebührt die Ehre, daß sie mit der Ausführung den Anfang gemacht ... Aus dem in Deutschland entstandenen, und noch ganz und gar nicht verloschenen, sondern nur verborgen und desto gefährlicher sein Wesen treibenden Illuminatismus, sind diese Comités politiques entstanden, die dem Jakobinerclub sein Dasein gegeben«.[61]

Diese spezifisch deutsche Version der Verschwörerthese, welche in eine Vielzahl von Flugschriften Eingang gehalten hat, ist von der konspirativ arbeitenden »Gesellschaft patriotischer Gelehrter« propagiert worden, der fast alle namhaften antirevolutionären deutschen Publizisten wie besonders Adolf Christian von Grolmann, Ernst August von Goechhausen, Heinrich Koester und H. O. Reichhard angehörten und die vom Landgrafen von Hessen-Kassel und vom Markgrafen Karl Friedrich von Baden protegiert wurde.[62] Dank der finanziellen Zuwendungen dieser beiden Fürsten konnte die *Eudämonia oder deutsches Volksglück. Ein Jornal für Freunde der Wahrheit und des Rechts* von 1795 bis 1798 – anonym! – erscheinen. Dieses Blatt suchte der »jakobinisierten Stimmung der öffentlichen Meinung« entgegenzutreten und verkündete: Die Stifter des Illuminatenordens seien es gewesen, welche »das Ungeheuer der Französischen Revolution zur Welt gebracht, auferzogen, genährt und stark gemacht haben, daß es eine große Menge von Menschen in seine Klauen fassen und den übrigen fürchterlich werden konnte«.[63]

Die beiden letzten der vier Bände der Barruelschen *Denkwürdigkeiten zur Geschichte des Jakobinismus* gehen ganz entscheidend auf die Aktivitäten der »Eudämonisten« zurück. Dem im englischen Exil von Edmund Burke protegierten Abbé Barruel, welcher sich nach dem Verbot des Jesuitenordens lange in Böhmen und Wien aufgehalten und dort deutsch gelernt hat, ist nämlich nach Erscheinen des Frankreich gewidmeten ersten Bandes der *Denkwürdigkeiten* von den deutschen Eudämonisten Johann August Starck und Adolf Christian von Grolmann (von denen der erstere ein hessischer Konsistorialdirektor und der zweite Darmstädter Oberhofprediger und Generalsuperintendent war), eine Kollektion einschlägiger deutscher antiilluminatischer und antirevolutionär-antifreimaurerischer Pamphletliteratur übersandt worden.[64] Dieser Vorgang erklärt die bemerkenswerte Tatsache, daß die beiden letzten Bände des Barruelschen Werkes praktisch eine um umfangreiche Warnungen und Kommentare angereicherte Kompilation sowohl der Schriften der Illuminaten als auch ihrer Gegner darstellen, die sich bei ihrer Bekämpfung von Illuminatismus und Jakobinismus gern antifreimaurerischer Verschwörungstheoreme bedienten.

Eine weitere Synthese hat die Verschwörungsthese 1797 in dem Buch *Proofs of a conspiracy against all the religions and governments of Europe, carried on in the secret meetings of free masons, illuminati und reading societies* des Edinburgher Professors John Robison gefunden. Es ist ins Französische, Deutsche und Niederländische übersetzt worden und verrät eine intime Kenntnis insbesondere auch der deutschen antifreimaurerischen Pamphletliteratur. Inhaltlich verfügt diese Schrift über keine sonderliche Originalität, von der Barruelschen unterscheidet sie sich dadurch, daß sie von einem dezidiert protestantischen Standpunkt aus verfaßt ist und somit die katholischen Prämissen des Exjesuiten nicht teilt.

Als Ergebnis einer Analyse der Entstehungsgeschichte der Verschwörungsthese ist festzustellen, daß sie zwar überwiegend in Deutschland entwickelt worden ist, ja dort bereits vor 1789 präformiert wurde, daß jedoch ihre synthetische Zusammenfassung und weltweite Verbreitung durch einen Franzosen und einen Briten bewerkstelligt wurde. Im übrigen ist hier nachzutragen, daß Johann August Starck die Verschwörungsthese in seinem erstmals 1803 publizierten *Triumph der Philosophie im Achtzehnten Jahrhundert* auf eine zwar effektvolle, jedoch nicht originelle Weise, und zwar unter Verzicht auf Drahtziehertheorien im engeren Sinne, neu formuliert hat. Immerhin war auch Starck der Meinung, die deutschen Illuminaten hätten die französischen Logen »zu Verschwörungsspelunken gegen Thron und Altar umgeschaffen«.[65] Weiter ist hier darauf zu verweisen, daß Karl Ludwig von Haller, einstmals Mitarbeiter der *Wiener Zeitschrift*, 1820 in seiner *Restauration der Staats-Wissenschaft* der Verschwörungsthese eine zentrale Rolle zuweist. So behauptet er eingangs unter Berufung auf hier behandelte Schriften, das Studium »des Getriebes der geheimen Gesellschaften« habe ihm Aufschluß über die planmäßige Verbreitung und den unglaublichen Einfluß der herrschenden irreligiösen und revolutionären Prinzipien« erteilt. Gleichzeitig distanzierte er sich freilich von einer Drahtziehertheorie im engeren Sinne, Schriftsteller wie der von ihm sonst hochgelobte Barruel oder auch Starck würden nämlich dem »bösen Willen . . . zu viel, dem Irrtum zu wenig zuschreiben«.[66]

Die in direkter Reaktion auf die Französische Revolution voll ausgebildete und zu einem geschichtsphilosophischen System überhöhte Verschwörerthese ist im 19. und 20. Jahrhundert keineswegs nur von politischen Sektierern, sondern vielmehr auch von gesellschaftlich relevanten Gruppen intensiv als politisch-ideologisches Kampf- und Propagandainstrument eingesetzt worden. Zu diesem Zweck mußte sie jeweils an die veränderten Konstellationen adaptiert werden. Diese ständig notwendige Aktualisierung hat nicht zuletzt auch eine Säkularisierung der Verschwörerthese bedingt; denn ohne ihre Verweltlichung hätte sie keine Propagandawaffe des modernen Rechtsradikalismus bzw. Faschismus werden können.[67]

Dieser klerikale Ursprung der Verschwörungsthese ist wohl nicht ganz zufällig derart unbeachtet geblieben, daß die bemerkenswerte Tatsache nicht aufgedeckt wurde, daß Alfred Rosenberg 1922 in seinem Pamphlet *Das Verbrechen der Freimaurerei* zustimmend ganze Passagen aus der hier behandelten kirchlichen Pamphletliteratur – angefangen bei dem seinerseits auf seinem Ordensbruder Barruel fußenden Jesuitenpater Pachtler – abgedruckt hat![68] So sehr man sich auch im Positiven, d. h. den Zielvorstellungen, voneinander unterscheiden mochte, so hatte man doch unter gemeinsamen antimodernistischen Vorzeichen sowie dem Zwang Bundesgenossen zu finden, die gleichen Gegner: Philosophen (Aufklärer), Freimaurer, Juden, Republikaner, Liberale, Sozialisten sowie schließlich Kommunisten und Bolschewisten.

In diesem Zusammenhang fällt auf, daß die französische Direktorialregierung bereits 1798 die Verschwörerthese für sich einzusetzen suchte,[69] und daß der den revolutionären Idealen abtrünnig gewordene und daher von den Republikanern bekämpfte Napoleon nach Abschluß seines Konkordates mit der Kurie vom 16. Juli 1801 dem im englischen Exil lebendenden Abbé Barruel die Rückkehr nach Frankreich erlaubte, wo er zum Kanonikus an der Notre Dame ernannt wurde. Hier konnte er 1802 erstmals in Frankreich seine *Mémoires pour servir à l'histoire du Jacobinisme* veröffentlichen. Wenngleich also der 1804 in der Notre Dame zum Kaiser der Franzosen gekrönte Napoleon einen »antiilluminatischen« Kurs steuerte und sowohl mit der Kirche als auch dem alten Adel Frieden zu schließen suchte, so hinderte dies selbstverständlich deutsche Traditionalisten nicht daran, die von Napoleon durchgeführte revolutionäre Beseitigung des »Heiligen Römischen Reiches Deutscher Nation« als Konsequenz des »lang entworfenen Plans des Illuminatismus« zu interpretieren.[70]

Besondere Beachtung verdient ein von antinapoleonischen Kräften in der politischen Polizei unter Fouché fabriziertes und anschließend in ganz Europa verbreitetes Schriftstück, welches durch die emanzipatorische Judenpolitik Bonapartes provoziert worden ist. Sein anonymer Verfasser »Simonini« beglückwünschte zunächst Barruel zu seinen *Mémoires* und bemängelte anschließend, daß er bei der Entlarvung der »Sekten« die jüdische nicht berücksichtigt habe. Sie bilde nämlich zusammen mit den Freimaurern, Illuminaten und Jakobinern eine »puissance formidable«, deren Ziel die Auslöschung des Christentums und die Errichtung einer jüdischen Weltherrschaft sei. Tatsächlich seien sowohl die Freimaurerei als auch der Illuminatenorden durch »zwei Juden« begründet worden.[71]

Der deutsche Herausgeber der Barruelschen *Denkwürdigkeiten* hat 1800 bereits vom »Judentum der Maurer oder der Freimaurerei der Juden«[72] gesprochen und damit gleich dem mysteriösen Simonini das spätere Axiom der Nationalsozialisten vorbereitet, welches der Gestapo-Chef Heydrich so formuliert hat: »Die Freimaurer sind das Instrument der jüdischen Rache«.[73] Institutionellen Niederschlag hat dieser Wahn in der Abteilung »Weltanschauliche Gegnerbekämpfung« des Reichssicherheitshauptamtes gefunden, welches speziell für Judentum und Freimaurerei zuständig gewesen ist. Ihr Chef war der nationalsozialistische Freimaurerexperte Prof. Dr. Franz Six. Dieser SS-Standartenführer und Befürworter der »Endlösung der Judenfrage« war zeitweise Vorgesetzter von Adolf Eichmann, der selbst im Freimaurerreferat der Sicherheitsdienste (SD) der SS tätig gewesen ist.[74]

Die Tatsache, daß Freimaurer und Juden bereits am Ende des 18. Jahrhunderts in einen später tödlich gewordenen Zusammenhang gebracht worden sind, findet ihre Erklärung darin, daß das Toleranzprinzip praktizierende liberale Logen nicht unwesentlich dazu beigetragen haben, einzelne Juden – hierbei handelte es sich um finanziell gutgestellte und zugleich aufgeklärt-nichtorthodoxe und somit eine kleine Minderheit – in die nicht mehr primär kirchlich geprägte postständische bürgerliche Gesellschaft zu integrieren.[75] Hier liegt die Wurzel der Diffamierung der Freimaurerei als »hocherwünschte Operationsbasis« für das »Christus hassende Judentum« durch den Jesuitenpater Pachtler von 1876.[76] Auch in der 1816 zu Frankfurt/M. publizierten Schrift *Das Juden-*

*thum in der M-y (Maurerey), eine Warnung an alle deutschen Logen*[77], in der das Gespenst einer mit dem verbannten Napoleon im Bunde stehenden freimaurerisch-jüdischen Weltverschwörung an die Wand gemalt wurde, sind derartige Argumentationen vorweggenommen worden.

Das dann im europäischen Krisenjahr 1819 auch von Pater Grivel, einem Vertrauten Barruels, erneut bemühte Verschwörungsgespenst ist im 19. und 20. Jahrhundert speziell von integralistischen Geistlichen, antiliberalen Royalisten und schließlich von den ihnen vielfach zumindest aus taktisch-bündnispolitischen Gründen nicht sehr entfernt stehenden Trommlern des modernen Rechtsradikalismus systematisch eingesetzt worden. Von der überwiegend auf Barruel fußenden und kaum übersehbaren Pamphletliteratur, die schließlich in den im russischen Revolutionsjahr 1905 unter aktiver Mithilfe der zaristischen Geheimpolizei fabrizierten *Protokolle der Weisen von Zion*[78] kulminiert, seien hier drei besonders umfangreiche und ausnahmslos von Jesuiten verfaßte Elaborate erwähnt. Dies sind: Die 1874-76 erschienenen und 1881 bereits in vierter Auflage vorliegenden *Les sociétés secrètes ou la philosophie de l'histoire contemporaine* des Paters Nicolas Deschamps, das Buch *La Franc-Maçonnerie, Synagogue de Satan* des Erzbischofs Léon Meurin von 1893 sowie der *Stille Krieg gegen Thron und Altar oder das Negative der Freimaurerei* Michael Pachtlers von 1876.

Weiter ist hier darauf zu verweisen, daß Edouard Drumont 1885 in seinem Machwerk *La France Juive* Adam Weishaupt für einen Juden und die Freimaurerei als Institut der Juden ausgegeben hat[79] und endlich der Abbé Isidore Bertrand die Freimaurerei 1903 als »secte juive« denunzierte.[80] Eine Analyse dieser Schriften, neben denen noch das 1897 erschienene antikapitalistisch akzentuierte Buch *Le péril judeo-maçonnique* des Monsignore Anselme Tilloy genannt werden muß, zeitigt das Ergebnis, daß die geschichtstheologischen Elemente der Verschwörungsthese mehr und mehr zugunsten einer weltlich-politischen Agitation zurücktraten. So hat z. B. der Prager Advokat Eduart Emil Eckert 1852 die absurde Behauptung aufgestellt, die deutsche Reichsverfassung von 1848/49 sei »vom engeren Maurerbunde den reinen Social-Demokraten« dekretiert worden.[81] Diese neue antisozialistische Komponente der Verschwörungsthese ist von dem Jesuitenpater Pachtler nach dem deutsch-französischen Krieg von 1870/71 ausgesponnen worden. Pachtler erklärte damals, der von dem »Juden« Karl Marx[82] gegründete Sozialistenbund stelle die »furchtbarste politische und religiöse Verschwörung in der ganzen Weltgeschichte« dar.[83] Dabei ging er davon aus, daß der »gefürchtete Arbeiterbund« nach den »Grundsätzen der Loge« aufgebaut und eine Konsequenz des verderblichen Liberalismus sei.[84] Pachtler teilte die Meinung des Bischofs von Ketteler, der den Liberalismus als »jüdisch-freimaurerisch« und als »vom Haß gegen das Christentum erfüllt« ansah.[85]

Da die Anfälligkeit für Verschwörungstheoreme jeweils in Krisenzeiten geradezu sprunghaft zunahm, ist es verständlich, daß in Deutschland nach Niederlage und Revolution von 1918 sowie in Reaktion auf das Versailler Diktat die Virulenz der Verschwörerthese eine neue Qualität zu erhalten vermochte. In seinem erstmals im März 1919 publizierten und 1923 bereits in 6. Auflage, d. h. 54 000 Exemplaren, vorliegendem Buch *Weltfreimaurerei, Weltrevolution, Weltrepublik* unternahm der Völkische Friedrich Wichtl eine Situationsanalyse nach dem Muster der Verschwörerthese. Nach der Lektüre dieses Pamphlets machte der neunzehnjährige Heinrich Himmler, welcher 1937 gegen den »internationalen jüdisch-freimaurerisch geführten Bolschewismus«[86] polemisierte, den folgenden Eintrag in sein Tagebuch: »Ein Buch, das über alles aufklärt und uns sagt, gegen wen wir zu kämpfen haben«.[87] In seiner zweiten Schrift von 1921 *Freimaurerei, Zionismus, Kommunismus, Spartakismus, Bolschewismus* stellt sich Wichtls Feindbild so dar: Freimaurer und Juden hätten sich gegen Deutschland verschworen, den Weltkrieg angezettelt und Deutschland mittels eines freimaurerischen Diktatfriedens-Programms ruiniert. Dabei ließ es sich Wichtl nicht nehmen, eine direkte Verbindung zwischen Adam Weishaupt, der den illuminatischen Ordensnamen »Spartacus« führte, und den Spartakisten Karl Liebknecht, Rosa Luxemburg und dem »Juden« Axelrod zu konstruieren.[88]

Von besonderem Interesse für die Resonanz solcher Theoreme sowie für die Bündnispolitik der Völkischen gegenüber christlich-konservativen Kreisen ist das erstmals 1919 und 1920 in erweiterter Form (neu-) aufgelegte Buch *Entente-Freimaurerei und Weltkrieg* des theosophisch-okkultistisch orientierten Schweizers Dr. Karl Heise. Auch er rekurrierte auf die »Illuminaten-Verschwörung« des 18. Jahrhunderts und konstatierte einen »inneren Zusammenhang von Loge, Großkapitalismus und Bolschewismus«.[89] Diesem Pamphlet, welches der wenig später in *Völkischer Beobachter* umbenannte *Münchener Beobachter* am 6. August 1919 positiv rezensierte, ist am 20. Juli 1919 vom *Evangelischen Kirchenblatt für Schlesien* nachgesagt worden, es sei »in hohem Maße geeignet, vieles sonst Unbegreifliche aufzuklären«. Dabei enthält es z. B. eine Darstellung, auf der Christus auf ein Hakenkreuz genagelt ist![90]

Ihre Bündelung haben derartige bei aller Abstrusität doch ohne Mühe auf einen politischen Kern reduzierbare Vorstellungen in den bereits mehrfach genannten *Protokollen der Weisen von Zion* gefunden, welche von einer weltumspannenden jüdisch-freimaurerischen Verschwörung handeln. Zu denjenigen, die in den Machenschaften der *Weisen von Zion* »plötzlich die Deutung vieler sonst unerklärlicher Erscheinungen der Gegenwart«[91] erkennen zu können glaubten – wie es im Vorwort der 1923 von Alfred Rosenberg veranstalteten Ausgabe der Protokolle heißt – gehörte neben dem Zaren und einigen Mitgliedern der Hohenzollernfamilie auch Adolf Hitler. Er bekannte: »Ich habe mit wahrer Erschütterung die *Protokolle der Weisen von Zion* gelesen. Die gefährliche Verborgenheit des Feindes, seine Allgegenwärtigkeit«. Auf die Rückfrage, ob er sich von den *Protokollen* zu seinem Kampf habe anregen lassen, antwortete Hitler: »Bis ins Detail hinein, jawohl. Ich habe aus den *Protokollen* enorm gelernt. Ich habe immer sehr viel von meinen Gegnern gelernt«.[92]

So richtig Rauschnings Bemerkung gewißlich ist, daß die »Walze Jude und Freimaurer« den Nationalsozialisten dazu diente, die Masse von Problemen abzulenken und den Kampfwillen der Anhänger wachzuhalten[93], so wird mit dieser Funktionsbestimmung der politisch-psychologische Wirkungsmechanismus der Verschwörungsthese nicht zureichend aufgedeckt. Wenngleich hier keine auf die politische Psychologie und die Anthropologie verweisende Grundlagenforschung betrieben werden kann, welche selbstverständlich auch vergleichbare »linke« Verschwörungstheoreme zu berücksichtigen hätte[94], so muß doch konstatiert werden, daß sowohl der Charakter der Freimaurerei als eines leicht mystifizierbaren Geheimbundes als auch das »Körnchen Wahrheit«, welches den Verschwörungstheoremen vielfach – wenngleich auch in versteckter, verzerrter und maßlos übersteigerter Form – anhaftet[95], konstitutive Elemente für das Entstehen und für die Wirksamkeit der Verschwörerthese sind. So kann ja z. B. nicht geleugnet werden, daß die Freimaurerei bei der Emanzipation der Juden eine Rolle gespielt hat und daß es zwischen Freimaurerei und Liberalismus – besonders auch in katholischen Ländern – intensive Querverbindungen gegeben hat. Somit konnte den Freimaurern von den in der »ersten Linie des Kampfes gegen das demokratische Prinzip« stehenden Christlich-Konservativen[96] vorgeworfen werden, daß sie den Heiland verleugneten, »um mit Juden und Türken fraternisieren« zu können.[97]

Grundvoraussetzung des ideologisch akzentuierten Verschwörungsdenkens ist also die moralische Verabsolutierung einer gegebenen konkreten Sozialordnung und damit ein vor- oder antiliberales Weltbild, das den sozialen Wandel dieser Ordnung und damit die Infragestellung überkommener Erwartungshaltungen als das illegitime und böswillige Werk dämonisierter Minderheiten diffamiert. Hierbei kommen Urängste ins Spiel, wie ja überhaupt die vermeintliche Verschwörung durch einen Zeit und Raum übergreifenden, vorrationalen Charakter gekennzeichnet ist.[98]

Aufschlußreich in diesem Zusammenhang ist die bereits erwähnte Tatsache, daß in die antifreimaurerischen Vorstellungen Elemente des mittelalterlichen Hexen- und Satansglaubens eingeflossen sind, mit welchen Mächten die Juden ja ohnehin von der christlichen Polemik in Verbindung gebracht worden sind. Ein polnischer Historiker hat daher die Verschwörungsthese als »res gestae Sathanae per muratores«[99] charakterisieren können. In Anlehnung an ein Wort von Benjamin Disraeli, der als Jude für die hier aufgezeigten Zusammenhänge besonders sensibel gewesen ist, könnte man sich fragen, ob die in Reaktion auf die Infragestellung von »Thron und Altar« entwickelte Verschwörungsthese nicht als »Rache der erzürnten Tradition« verstanden werden muß, »die der Zerstörung der traditionellen Einflüsse« folge.[100]

Die durch gemeinsame Ablehnung einer offenen und liberalen Gesellschaft konstitutierte »feindliche Nähe« von Repräsentanten von »Thron und Altar« und modernen Rechtsradikalen manifestiert sich dabei in Biographien wie derjenigen des Generals Ludendorff oder des im russischen Bürgerkrieg als Propagandist für die »Weißen« tätigen Gregor Schwartz-Bostunitsch. Dieser Jurist, welcher Sowjet-Rußland für eine »jüdisch-freimaurerische Erfindung«[101] erklärte, wurde später von Heinrich Himmler zum Leiter des SS-Freimaurermuseums ernannt. Ebenfalls von den

Nazis gefördert wurde der einstmals von Zar Nikolaus protegierte einstige Präsident des rechtsradikalen »Bundes des russischen Volkes«, Nikolaus Markow.[102] Er veröffentlichte 1935 in Erfurt das Pamphlet *Der Kampf der dunklen Mächte*, worin er die gesamte antifreimaurerische Literatur – angefangen vom Abbé Barruel – auswertete, Marx als »Jude-Freimaurer« bezeichnete, und u. a. behauptete, der Weltkrieg sei vom »Juden-Freimaurertum« entfesselt worden, um die Macht der christlichen Völker zu brechen. In dieser Tradition steht der antifreimaurerisch-traditionalistische Erzbischof Lefebvre und auch der 1975 mit dem antisemitischen Pamphlet *Die antichristliche Religion der Freimaurerei* hervorgetretene und deshalb aus dem Schuldienst entfernte süddeutsche Ordenspriester Manfred Adler.

In solchen Traditionen und Personen manifestiert sich der von Lessing 1778 so formulierte und das Freimaurerische im spezifischen Sinn transzendierende Charakter der Maurerei: »Die Freymaurerey ist nichts entbehrliches, sondern etwas notwendiges, das in dem Wesen des Menschen und der bürgerlichen Gesellschaft gegründet ist«.[103] Darauf, daß das Freimaurerische in der antifreimaurerischen Agitation weithin als Chiffre für eine globale »antimodernistische« Ablehnung der ideologischen und politisch-sozialökonomischen Entwicklungen gedient hat, verweist im übrigen auch dieser Sachverhalt: Barruel hat im metaphorischen Sinn von »Lastträger- und Schuhputzer-Freymaurern« gesprochen und revolutionäre Clubs »Logen« genannt.[104] Der spanische Pater Torrubia hatte die modernen wissenschaftlichen Akademien, die insbesondere den Naturwissenschaften eine Heimstatt gaben und – anders als die alten Universitäten – nicht der ideologischen Kontrolle der Theologen unterstanden, bezeichnenderweise bereits 1752 als »verkappte Freimaurerlogen«[105] diffamiert. Daß das Wort »Freimaurer« gleich dem Wort »Jude« zu einer Fundamentalkritik artikulierenden Schimpfbezeichnung geworden ist, läßt sich auch wie folgt belegen: In der hier untersuchten Polemik werden Nichtfreimaurer wie Marx und Lenin vielfach als Freimaurer[106] und Nichtjuden wie Adam Weishaupt nicht selten als Juden bezeichnet, um diese Personen zu stigmatisieren. In wie unspezifischem Sinn der Terminus »Freimaurer« schon seit langem verwandt worden ist, zeigt im übrigen ein Agentenbericht, demzufolge ein Sekretär des Kardinals Consalvi den Fürsten Metternich 1815 als Freimaurer verflucht hat, weil dieser den Kardinal von

Beratungen des Wiener Kongresses ausgeschlossen hat.[107]

Wenngleich abschließend festzustellen ist, daß die Verschwörungsthese nicht nur Verdächtigungen, sondern – besonders unter den Nationalsozialisten – Verfolgungen der schlimmsten Art begünstigt hat, so ist andererseits doch dies einzuräumen: Unter ihren Propagatoren und Anhängern haben sich neben zynischen Machttechnikern auch solche befunden, welche in freilich dunkler und verzerrter Form subjektiv ehrliche Sorgen formuliert haben. Dies ist umso mehr einzuräumen, als kritische Vertreter des Modernismus zubilligen, daß der Fortschritt bzw. der soziale Wandel nicht selten von gefährlichen Verirrungen begleitet wurde. All dies hatte freilich mit Freimaurern oder gar einer freimaurerischen bzw. freimaurerisch-jüdischen Verschwörung wenig zu tun. Demzufolge sind auch die Freimaurer mit der folgenden Äußerung der *Allgemeinen Zeitung des Judentums* über die christlichen Antisemiten des letzten Jahrhundert angesprochen: »Indem sie auf die Juden losschlagen, glauben sie, den ganzen modernen Staat, die ganze liberale Tendenz der Gesellschaft zu treffen«.[108]

## *Anmerkungen*

Einzelne Passagen dieses Aufsatzes sind identisch mit solchen aus des Vfs. *Die These von der Verschwörung 1776-1945. Philosophen, Freimaurer, Juden, Liberale und Sozialisten als Verschwörer gegen die Sozialordnung*, 2. verb. Aufl., Frankfurt a. M.–Bern 1978 (Europäische Hochschulschriften III, 63), sowie »Die These von der jüdisch-freimaurerischen Weltverschwörung 1776-1945«, in: *Aus Politik und Zeitgeschichte* B 25, 1977, S. 30-46.

1 Vgl. Wolfgang Bittner, »Die freimaurerische Antithese heute«, in: *Humanität. Das deutsche Freimaurer-Magazin* Nr. 2, 1979, S. 21-23. Ferner: Manfred Adler, *Die antichristliche Religion der Freimaurerei*. 2. verb. Aufl., Jestetten 1975; Juan Maler, *Der Sieg der Vernunft. Das Weltmodell der Freimaurerei*, Buenos Aires 1978.

2 Zit. nach Fritz Valjavec, *Die Entstehung der politischen Strömungen in Deutschland*, München 1951, S. 515.

3 *Projekte der Ungläubigen*, o. O. (Augsburg), 1791, S. 5.

4 Ernst Nolte, *Theorien über den Faschismus*, 4. Aufl., Köln 1976, S. 60.

5 Sigurd von Ilsemann, *Der Kaiser in Holland II*, München 1968, S. 11.
6 2. Aufl., Leipzig 1917, S. 41.
7 Vgl. Hermann Rauschning, *Gespräche mit Hitler*, Zürich 1940, S. 224 f.
8 Carl J. Burckhardt, *Meine Danziger Mission* 1937-1939, München 1960, S. 314.
9 Heinz Höhne, *Der Orden unter dem Totenkopf. Die Geschichte der SS*, Güterloh 1976, S. 302.
10 Vgl. Seymor Lipset u. Earl Raab, *The Politics of Unreason. Right-wing extremism in America*, New York 1970, S. 13.
11 François Furet, *Penser la Révolution Française*, Paris 1978, S. 78.
12 Vgl. Henri Sée, *Science et philosophie de l'histoire*, Paris 1928, S. 350.
13 Karl Theodor Heigel, *Deutsche Geschichte vom Tode Friedrichs des Großen bis zur Auflösung des alten Reiches*, Bd. 1, Stuttgart-Berlin 1899, S. 318.
14 Vgl. Franz L. Neumann, *Angst und Politik*, Tübingen 1954, S. 7, wo die Angst als »zentrales Problem der Wissenschaft« gekennzeichnet wird.
15 Vgl. hierzu das einen Durchbruch darstellende Buch des belgischen Jesuiten Michael Dierickx, *Freimaurerei die große Unbekannte*, Frankfurt a. M. – Hamburg 1968. Hier sei angemerkt, daß des Verfs. »These von der Verschwörung« nicht in den »Studien zur modernen Geschichte« erscheinen konnte, weil zwei nicht einschlägig kompetente Herausgeber Vorbehalte gegen sein Schlußkapitel: »Die Verwendung der Verschwörungsthese durch Katholizismus und Rechtsradikalismus« hatten. Dies hat Norman Cohn am 17. 7. 1977 in seiner Rezension in *Times Literary Supplement* »disturbing and surprising« genannt.
16 Vgl. Dierickx 1968 (s. Anm. 15), S. 12: »Sein Werk inspirierte Generationen hindurch, bewußt oder unbewußt, zahllose antifreimaurerische Schriftsteller«.
17 Vgl. die Übersicht über die Barruel-Ausgaben auf S. 234 der *These von der Verschwörung*.
18 Augustin Barruel, *Denkwürdigkeiten zur Geschichte des Jakobinismus*, Münster-Leipzig Th. 4 (1804), S. 599.
19 Ebd., Th. 4, S. 613.
20 Vgl. Bernard Plongeron, *Théologie et politique au siècle des lumières (1770-1820)*, Genf 1973, S. 11.
21 Hierzu Moritz Csâky, »Dechristianisation«, in: *Formen der europäischen Aufklärung*, hrsg. v. Friedrich Engel-Janosi, München 1976, S. 13-19.
22 So Lamourette, der konstitutionelle Bischof von Lyon, am

21. 11. 1791. Zit. nach Hans Maier, *Revolution und Kirche*, 2. Aufl., Freiburg/Br. 1965, S. 119.

23 S. 30.

24 Hierzu Herder-Korrespondenz 1974, H. 11, S. 599 f.

25 Zit. nach Albert Monod, *De Pascal à Chateaubriand*, Paris 1916, S. 302.

26 (Larudan,) *Allerneueste Geheimnisse der Freimaurer*, Th. 1., o. O., 1780, S. 108.

27 Ebd., Th. 2 (1780), S. 39.

28 Zit. nach Reinhold Taute, *Die katholische Geistlichkeit und die Freimaurerei*, 3. Aufl., Berlin 1903, S. 142.

29 Zit. nach Arthur Singer, *Der Kampf Roms gegen die Freimaurerei*, Leipzig 1925, S. 37.

30 Vgl. Ferdinand Runkel, *Geschichte der Freimaurerei in Deutschland*, Bd. 2., Berlin 1932, S. 210 ff.

31 Hierzu Jacob Katz, *Jews and Freemasons in Europe 1723-1939*, Cambridge/Mass. 1970.

32 G. E. Lessing, *Sämtl. Werke* (ed. F. Muncker), Bd. XIII, Leipzig 1897, S. 344.

33 Hierzu Norman Cohn, *Die Protokolle der Weisen von Zion. Der Mythos von der jüdischen Weltverschwörung*, Köln–Berlin 1969, S. 19 ff.

34 Vgl. neben der *These von der Verschwörung*, Karl Olbrich, *Die Freimaurer im deutschen Volksglauben*, Breslau 1930.

35 Vgl. August Wolfstieg, *Bibliographie der freimaurerischen Literatur*, Hildesheim 1964 (Reprint), Nr. 3598.

36 A. Barruel, Bd. 1, 1800 (s. Anm. 18), S. 14.

37 Ebd., Bd. 1 (1800), S. 14-16.

38 Hierzu Kap. 2.4: »Die These von der ›philosophischen Conjuration‹« der *These von der Verschwörung*.

39 Zit. nach Hans Graßl, *Aufbruch zur Romantik. Bayerns Beitrag zur deutschen Geistesgeschichte 1756-1785*, München 1968, S. 264.

40 Ebd., zit. 264.

41 Rom (= Leipzig) 1786, S. 431 und S. VII.

42 Zit. nach Max Geiger, *Aufklärung und Erweckung*, 1963, S. 233.

43 S. 46.

44 So das vom Hamburger *Politischen Journal* kolportierte Pariser *Journal de physique* 1790. Zit. nach Karl Spengler, *Die publizistische Tätigkeit des Freiherrn Adolf von Knigge während der französischen Revolution*, Diss., Bonn 1931, S. 90.

45 Vgl. Adolf Rossberg, *Freimaurer und Politik im Zeitalter der Französischen Revolution*,, Berlin 1942, Anm. 497.

46 Vgl. Josef Feldmann, *Propaganda und Demokratie*, Zürich 1957, S. 52-56.

47 Bd. VII (1790), S. 3 ff.

48 Zit. nach Joseph Hansen, *Quellen zur Geschichte des Rheinlandes im Zeitalter der Französischen Revolution,* Bd. 1., Bonn 1931, S. 643.

49 Näheres hierzu in Kap. 3.2 »Cagliostro als ›Chef der Illuminaten‹« der *These von der Verschwörung* des Verfs.

50 Zit. nach Roger Priouret, *La Franc-Maçonnerie sous les Lys,* Paris 1953, S. 191.

51 Zit. nach Jean Fabre, *Stanislaus-Auguste Poniatowski et l'Europe des Lumières,* Paris 1952, S. 500.

52 Zit. nach Johann Bode, *Ist Cagliostro der Chef der Illuminaten?* Gotha 1790, S. 217.

53 *Leben und Thaten des Joseph Balsamo, sogenannten Grafen Cagliostro ... Aus den Acten des 1790 in Rom wider ihn geführten Prozesses gehoben.* Zürich 1791, S. VII.

54 O. O. S. 62.

55 Vgl. Friedrich Sommer, *Die Wiener Zeitschrift (1792-1793),* Zeulenroda–Leipzig 1932.

56 Zit. nach Karl Otmar von Aretin (Hrsg.), *Der aufgeklärte Absolutismus,* Köln 1974, S. 21.

57 *Wiener Zeitschrift* II (1792), S. 338.

58 Vgl. Jürgen Schlumbohm, *Freiheit. Die Anfänge der bürgerlichen Emanzipationsbewegung in Deutschland im Spiegel ihres Leitwortes,* Düsseldorf 1975, S. 127-132 (»Die Tendenz zum Bündnis des ›Dritten Standes‹ mit dem Absolutismus«).

59 *Magazin für Kunst und Literatur* III (1793), S. 327.

60 *Wiener Zeitschrift* IV (1792), S. 141.

61 Ebd., 1793 H. 2., S. 156.

62 Vgl. hierzu Gustav Krüger, »Die Eudämonisten«, in: *HZ* 143 (1931), S. 467-500; ferner: Klaus Epstein, *Die Ursprünge des Konservativismus in Deutschland,* Frankfurt/M.–Berlin 1973, S. 620 ff.

63 *Eudämonia* II (1796), S. 9.

64 R. Le Forestier, *Les Illuminés de Bavière et la Franc-Maçonnerie allemande,* Paris 1914, S. 691.

65 *Germantown* (= Frankfurt), Th. 2 (1803), S. 361.

66 2. Aufl., Winterthur, Bd. 1, S. XVIII und 142, Anm. 82.

67 Wie Lipset und Raab in ihrer in Anm. 10 aufgeführten Untersuchung nachgewiesen haben, wirkt die antifreimaurerische Verschwörungsthese auch in den USA bis in die Gegenwart hinein.

68 Vgl. die *These der Verschwörung,* S. 221 f.

69 Vgl. ebd., S. 127 f.

70 So Friedrich Leopold von Stolberg, ein einstiger Eudämonist, im Dezember 1805. Zit. nach Rossberg (Anm. 45), S. 232.

71 Zit. nach *Die These von der Verschwörung,* S. 161 f.; Vgl. Cohn 1969 (s. Anm. 33), S. 34 f. und Léon Poliakov; *Histoire de l'antisemitisme.*

*De Voltaire à Wagner*, Paris 1968, S. 295 f.
72 A. Barruel (s. Anm. 18), Bd. 1, S. 349.
73 Zit. nach C. J. Burckhard 1960 (s. Anm. 8), S. 55.
74 Zu Six s. *Die These von der Verschwörung*, besonders S. 215 f.
75 Hierzu J. Katz 1970 (s. Anm. 31).
76 Michael Pachtler, *Der stille Krieg gegen Thron und Altar oder das Negative in der Freimaurerei*, 2. verm. Aufl., Amberg 1876, S. 23.
77 Ihr – anonymer – Verfasser ist Johann Christian Ehrmann.
78 Hierzu außer der in Anm. 33 aufgeführten Arbeit von Cohn, s. Léon Poliakov, Histoire de l'Antisemitisme t. IV (L'Europe suicidaire), Paris 1977, Kap. »La France« sowie Walter Laqueur, *Deutschland und Rußland*, Berlin 1966, besonders Kap. 4 und 5.
79 Bd. 1 (Paris 1885), S. 260.
80 In seinem 1903 in Paris erschienenen Buch, *La Franc-Maçonnerie. Secte Juive.*
81 In: *Der Freimaurer-Orden in seiner wahren Bedeutung*, Dresden 1852, S. 367.
82 M. Pachtler, *Die internationale Arbeiterverbindung*, Essen 1871, S. 6.
83 Ebd., S. 77 f.
84 Ebd., S. 106.
85 So in einem Brief an Kaiser Franz Josef vom 28. 8. 1866. Zit. nach Fritz Vigener, *Ketteler*, München 1924, S. 493. Vgl. Walter Friedberger, *Die Geschichte der Sozialismuskritik im katholischen Deutschland zwischen 1830 und 1914*, Frankfurt/M-Bern 1978.
86 Heinrich Himmler, »Wesen und Aufgabe der SS und der Polizei«, in: *Der Prozeß gegen die Kriegsverbrecher vor dem internationalen Militärgerichtshof*, Bd. 29 (Nürnberg 1948), S. 229.
87 Zit. nach Josef Ackermann, *Heinrich Himmler als Ideologe*, Göttingen 1970, S. 25.
88 Hamburg 1921, S. 15.
89 Hamburg 1920, S. 253.
90 Ebd., S. 399.
91 Alfred Rosenberg, *Die Protokolle der Weisen von Zion und die jüdische Weltpolitik*, München 1923, S. 5.
92 Zit. nach Rauschning 1940 (s. Anm. 7), S. 224 f.
93 Ebd.
94 Vgl. die Rezension von *These von der Verschwörung* durch Laurent Theis, in: *Annales. Economies, Sociétés, Civilisations*, 33° Année, No. 4, S. 754-56.
95 Vgl. Neumann 1954 (s. Anm. 14).
96 Heinrich von Sybel, *Kleine Historische Schriften*, Bd. I., 3. Aufl., Stuttgart 1880, S. 365.
97 So in dem Artikel, »Die Freimaurerei und das evangelische Pfarr-

amt«, in: *Evang. Kirchenzeitung* Nr. 20 (Berlin 11. 3. 1854), S. 213.

98 Vgl. Lipset/Raab 1970 (s. Anm. 10), S. 13.

99 Wladislaw Konopczynski, »Wolnomularstwo a rozbior Polski«, in: *Kwartalnik Historyczny* 1936, S. 678.

100 Zit. nach Klemens von Klemperer, *Konservative Bewegungen zwischen Kaiserreich und Nationalsozialismus,* München, Wien 1962, S. 14.

101 Gregor Schwartz-Bostunitsch, *Jüdischer Imperialismus*, 3. Aufl., Leipzig 1937, S. 226.

102 Zu Markow s. Laqueur 1966 (s. Anm. 78), S. 134 f.

103 G. E. Lessing, Bd 13, 1897 (s. Anm. 32), S. 344.

104 A. Barruel, Bd. IV, 1803 (s. Anm. 18), S. 385. Zu der Bedeutung freimaurerischer Organisationsformen für politische Gruppierungen s. J. Rogalla v. Bieberstein, »Geheime Gesellschaften als Vorläufer politischer Parteien«, in: *Geheime Gesellschaften* (Wolfenbütteler Studien zur Aufklärung Bd. 5), Heidelberg 1979.

105 Joseph Torrubia, *Gegen das verabscheuungswürdige Institut der Freymaurer,* Würzburg 1786, S. 9.

106 Vgl. das offiziöse *ABC des Nationalsozialismus* von Curt Rosten (5. Aufl. Berlin 1933), in dem es auf S. 240 heißt: »Der geistige Schöpfer des Kommunismus ist der Jude und Freimaurer Karl Marx-Mardochay. In seinem Werk ›Das Kapital‹, das er im Auftrage der internationalen jüdischen Freimaurerloge vor hundert Jahren anfertigte, hat er die geistige Basis für den Kommunismus geschaffen«.

107 Vgl. August Fournier, *Die Geheimpolizei auf dem Wiener Kongreß,* Wien-Leipzig 1913, S. 396.

108 Zit. nach Jacob Toury, *Die politische Orientierung der Juden in Deutschland,* Tübingen 1966, S. 271.

# Zweiter Teil
# Entstehung und historische Entwicklung

# Rudolf Vierhaus

# Aufklärung und Freimaurerei in Deutschland

## I

In einer 1795 erschienenen Schrift »Nachrichten von einem großen, aber unsichtbaren Bunde gegen die christliche Religion und die monarchischen Staaten« heißt es u. a.: »Unmöglich kann diese Übereinstimmung so vieler Menschen, Schriftsteller, Journalisten, Rezensenten und Buchhändler aus so manchen Provinzen von Deutschland durch die Jahre her ein bloßes Ungefähr sein.« Der anonyme Verfasser wird dann genauer: »Es ist hier die Rede nicht, weder von allen Illuminaten noch von den Illuminaten allein, obgleich der vor ihnen schon vorhandene Bund beträchtlich durch sie verstärkt worden ist. Es ist die Rede vom Aufklärerbund überhaupt.«[1]

Schon 1791 hatte der ehemalige Illuminat Karl v. Eckartshausen eine Schrift veröffentlicht unter dem Titel »Über die Gefahr, die den Thronen, den Staaten, und dem Christenthume den gänzlich Verfall droht, durch das System der heutigen Aufklärung und die Anmaßungen sogenannter Philosophen, geheimer Gesellschaften und Sekten«. In der »Wiener Zeitschrift« las man im folgenden Jahr: »Ein Jakobiner ist nichts mehr und nichts weniger als ein praktischer Illuminat.«[2] Und Leopold Aloys Hoffmann setzte 1796 nicht nur den Illuminatenorden, sondern die ganze Freimaurerei mit der Revolution in Verbindung: »Die Freymaurerei ist der Grund aller Revolutionen, die bisher vorgegangen sind und noch bevorstehen.«[3]

Es geht hier nicht um die These von einer Verschwörung der Illuminaten oder der Freimaurerei insgesamt als Ursache der Französischen Revolution, also um die Auffassung, daß die Revolution von einer Minderheit im Untergrund von langer Hand und mit dem Ziel des Umsturzes der bestehenden staatlichen und kirchlichen Verhältnisse vorbereitet worden sei.[4] Diese antirevolutionär-konservative These – sie lebt bis heute in Nachklängen und sublimiert fort – hatte nicht nur den Zweck, eine Erklärung für das in vieler Hinsicht inkommensurable Ereignis der Revolution zu liefern und einen Sündenbock zu bestimmen, sondern auch eine geschichtliche Notwendigkeit der Revolution hinwegzudiskutieren und damit das vorher bestehende System zu entlasten und Restauration zu legitimieren. Hier soll vielmehr der Frage nachgegangen werden, was als Anlaß für die häufige Identifizierung von Freimaurern und Aufklärern gelten kann.

Ist diese Gleichsetzung erst unter dem Eindruck der Französischen Revolution erfolgt und nur von seiten der Gegner vorgenommen worden? Oder hat sie Grundlagen auch in den eigenen Ansprüchen und dem artikulierten Selbstverständnis beider Gruppen? Bezieht sie sich auf feststellbare und damals schon bekannte personelle Identitäten und auf eine Parallelität der sozialen Funktion von Aufklärung und Freimaurerei? Ist also mit jener Gleichsetzung – auch wenn sie von der Gegenseite in polemischer Absicht, ja direkt mit dem Zweck der Verketzerung des Feindes vorgebracht wurde – ein an sich richtiger Tatbestand angesprochen worden: daß nämlich Aufklärung und Freimaurerei in mehr als bloß zufälliger und äußerlicher Weise zusammengehören?

## II

Die Geschichte der Freimaurerei in Deutschland begann 1737 mit der Loge »Absalon« in Hamburg.[5] Es war eine Gründung auf englische Anregung hin und nach englischem Vorbild, nicht zufällig in einer Stadt mit engen Beziehungen nach England und mit einem wohlhabenden, selbstbewußten protestantischen Bürgertum. Oft haben Handelsbeziehungen, Reiseerfahrungen, Besuche von Ortsfremden, gelegentlich auch die Anwesenheit von Besatzungstruppen Veranlassung für die Gründung von Logen gegeben. 1740 wurde in Berlin die Loge »Zu den drei Weltkugeln« gegründet, die 1744 zur Großloge erhoben wurde. Standen die Anfänge im Zeichen des relativ einfachen englischen Systems mit den drei Graden des Lehrlings, Gesellen und Meisters, so drangen um die Mitte des 18. Jahrhunderts von Frankreich her kompliziertere Formen mit ausgedehnten Ritualen und zahlreichen Hochgraden ein, überdies kam eine konstruierte und mystifizierte Tempelritterorden-Tradition zur Wirkung. Die sog. »strikte Observanz« wurde 1761 unter dem Herzog Ferdinand von Braunschweig als Hochmeister überregional »ordensmäßig« zusammengefaßt. Der für die deutsche Freimaurerei zentral wichtige Ordenskonvent von 1782 in Wilhelmsbad bezeichnet das Ende der Vorherrschaft der strikten Observanz. Im folgenden Jahre bildete sich in Frankfurt und Wetzlar der »Eklektische Bund«, der die Hochgrade und »unbekannten Oberen« abschaffte, zu den drei einfachen Graden zurückkehrte, Mysterien und Esoterik abbaute. Viele der westdeutschen Logen schlossen sich dem Bund an, der sich seinerseits an die Großloge in London anlehnte.

Daneben sind zwei weitere Erscheinungen, sozusagen auf beiden Flügeln der Gesamtbewegung, zu nennen. Einmal der 1776 in Ingolstadt von dem Professor der Rechte Adam Weishaupt begründete Illuminatenorden: ein zunächst unter Studierenden und Professoren im katholischen Bayern sich ausdehnender Zusammenschluß, dem die Absicht zugrunde lag, den auch nach seiner offiziellen Aufhebung einflußreichen und noch immer für mächtig gehaltenen Jesuitenorden zu bekämpfen.[6] Mit der Freimaurerei in Verbindung gebracht wurde der Illuminatenorden durch den aus der zerfallenden strikten Observanz herkommenden Adolph Freiherrn von Knigge. Er war es auch, der dem Orden Verbreitung in Norddeutschland verschaffte. 1785 wurde der Orden vom Kurfürsten Karl Theodor in Bayern zugleich mit der gesamten Freimaurerei verboten und mit allen Mitteln, die dem Staat und der Kirche zu Gebote standen, unterdrückt; 1792 folgte das Verbot in Österreich. – Auf dem anderen Flügel stand der »Rosenkreuzerorden«. Mit seinen Hochgraden und den geheimnisvollen Oberen der strikten Observanz verwandt, aber nicht an die Tempelrittertradition, sondern an naturphilosophische, pansophische und mystische Überlieferungen des 17. Jahrhunderts anknüpfend, verbreitete sich dieser zwischen Pseudoreligiosität, Spiritismus und Kabbalistik changierende Orden vor allem im protestantischen Deutschland, wo er in Berlin zur Regierungszeit Friedrich Wilhelms II. zu politischem Einfluß gelangte.[7] Er wurde 1793 in Österreich, 1800 in Preußen verboten.

So wenig dieser knappe Überblick einen Eindruck von der tatsächlichen Vielfalt der Freimaurerei im Deutschland des 18. Jahrhunderts zu geben vermag, so schließt er doch die beiden Annahmen aus, die Freimaurerei sei eine eindeutige Erscheinung und sie sei eine quantité négligeable gewesen. Es sei nur darauf hingewiesen, daß die Logen über Nations- und Staatsgrenzen, sogar über Konfessionsgrenzen hinweg in enger Verbindung standen. Die beiden päpstlichen Bullen von 1738 und von 1751, die sich allgemein gegen die Freimaurerei wandten, haben deren Ausgreifen ins katholische Deutschland nicht verhindern können.[8] Auch hier entstanden Logen, und unter ihren Mitgliedern befanden sich nicht wenige Geistliche. Im protestantischen Deutschland machten Pfarrer und Theologen ohnehin einen nicht unbeträchtlichen Prozentsatz der Mitglieder aus. – Die Freimaurerei überschritt schließlich auch Standesgrenzen. Bekannt ist, daß der preußische Kronprinz Friedrich sich ihr schon 1738 anschloß; es folgten zahlreiche andere deutsche Fürsten. Adelige und Bürgerliche trafen sich in den Logen, wobei unter den Bürgerlichen die Gebildeten die wichtigste Gruppe ausmachten. Es hing jedoch vom sozialen Gefüge einer Stadt ab, in welchem Verhältnis Beamte, Offiziere, Gelehrte, Juristen, Kaufleute in den Logen vertreten waren.

Dieses Überschreiten von territorialen, konfessionellen und sozialen Grenzen stellte ein entscheidendes Element des humanitären und gesellschaftlichen Selbstverständnisses der Freimaurerei dar. Am 15. Januar 1787 hieß es in der »Freimaurerzeitung«, die in Neuwied, einem Zentrum des Illuminatismus und der Freimaurerei, erschien: »1) Wie empörend für das Herz des Menschenfreundes ist es nicht, zu sehen, wie ganze Nationen einander hassen ... Gesegnet sei der Orden, der seinen Schüler lehrt, das Wohlwollen seines Herzens nicht auf die Grenzen seines Landes einzuschränken, sondern in jedem menschlichen Geschöpfe Gottes, lebte es auch im fernsten Winkel der Erde, seinen Nächsten, seinen Blutsverwandten, den geliebten Sohn des liebevollsten Schöpfers zu erblicken! 2) Das Herz des Menschenfreundes blutet, wenn er überdenkt, wie die Religion ..., deren Wesen Liebe ist, unter den betörten Menschenkindern gegenseitiges Mißtrauen und einen Haß erzeugen konnte, der die entsetzlichsten Auftritte veranlaßt hat ... Heil also dem Orden, der diesen Feind aller menschlichen Glückseligkeit (den Religionshaß) zu vertilgen sucht, der das Wesen der Religion nicht in gewisse theoretische Lehrsätze setzt ..., sondern darin, daß wir bei aller Verschiedenheit unserer Meinungen den Erhabenen und alle seine Geschöpfe lieben und ihnen ein heiliges, für Tugend allein warmes Herz zum Opfer bringen! ... 3) So notwendig und unvermeidlich die Verschiedenheit der Stände bei der Einrichtung unserer Erde ist, so ist es doch ein trauriger Anblick, wenn man sieht, welchen schändlichen Mißbrauch viele von den so äußerst zufälligen Vorzügen ihrer Geburt und ihres Standes machen, mit welch unverschämter Verachtung sie auf diejenigen herabsehen, die das Schicksal ihnen untergeordnet hat, mit wie unmenschlicher Härte der edle aber arme Tugendhafte von dem glänzenden Bösewicht leider nur allzu oft mißhandelt wird ... Gepriesen sei also ein Orden, welcher den wahren Wert des Menschen nach seinem inneren Adel abmißt, dessen Gebräuche und Gesetze dem Mächtigen täglich die so heilsame Wahrheit predigen, daß wir alle Brüder sind, daß in den Augen unsers Schöpfers nur derjenige ein König ist, der ein höheres Maß von Weisheit und Tugend besitzt, und der ein niedriger Sklave, der sich von verächtlichen Leidenschaften beherrschen läßt.«[9]

Genau so wie diese Äußerungen als programmatisch für die Freimaurerei verstanden werden muß, kann sie auch als typische Manifestation aufgeklärten Denkens gelesen werden. Ablehnung der exklusiven Inanspruchnahme des Menschen für eine Nation, einen Staat, eine Religion und einen Stand; Betonung der prinzipiellen Überlegenheit der moralischen Persönlichkeit über die Zugehörigkeit zu Staat, Konfession, Stand; Glaube an ein Gemeinsames aller Menschen vor ihrer Partikularisierung im praktischen Leben; Aufruf zur Menschenfreundlichkeit, zur Achtung der Tugend, zur religiösen Toleranz: das gehörte zum Programm auch der Aufklärung und ist in zahllosen Variationen immer wieder vorgetragen worden, und nicht selten waren es dieselben Personen, die als Aufklärer und als Freimaurer sprachen. Sie richteten sich weitgehend an dasselbe Publikum, und sie meinten, dieselben Gegner zu haben. »Freiheit zu denken und nach seiner besten Überzeugung zu glauben, ist der Geist unserer königlichen Kunst; und sie haßt allen Zwang in Sachen des Kopfes und des Herzens, verabscheut die Intrigen, wodurch man uns das edelste Vorrecht der Menschheit rauben will, und verschließt den Feinden gesunder Vernunft und wahrer Aufklärung ihr Heiligtum.«[10]

Der Consensus von Anschauungen, den man als europäische Aufklärung bezeichnen kann[11] und dessen Träger sich als Aufklärer verstanden und dazu mit hohem Anspruch selber ernannt haben, war in seinen Ansätzen älter, und er war breiter als die Freimaurerei. Er führte nicht notwendig zur Begründung von Freimaurerlogen wie umgekehrt diese durch ganz unaufklärerisch esoterische Tendenzen oder Vereinsmeierei bedroht gewesen sind. Aufklärung war die – weniger auf gemeinsamen philosophischen Grundlagen als auf einer gewissen Einheitlichkeit der intellektuellen Haltung beruhende – Antwort auf ein Zeitalter religiöser Bürgerkriege und konfessioneller Orthodoxie, übersteigerter monarchischer Gewalt und einseitig herrschender Adelskultur; und sie war Artikulation des Selbstbewußtseins von sozialen Kräften, die durch den Anstieg von Wohlstand und Bildung ein zunehmendes Gefühl von Selbständigkeit entwickelten und einen wachsenden Anspruch auf intellektuelle Selbstbestimmung, auf »Selbstdenken« und auch auf Mitwirkung im öffentlichen Leben erhoben.

Dieser Anspruch richtete sich zunächst gegen die das gesamte Erziehungs-, Moral- und Wertesystem prägende und mit den herrschenden politisch-gesellschaftlichen Kräften aufs engste verknüpfte ausschließliche Lehrautorität der Kirchen. Allein mittels des ihr innewohnenden lumen naturale erkenne die Vernunft die Wahrheit Gottes, der Welt und des Menschen; sie bedürfe dazu weder der kirchlichen Verkündigung noch der Vermittlung der Theologie und der Priester. Mit erheblichen Unterschieden im einzelnen konstituierte sich aufgeklärtes Denken als Religionskritik und Absage an das Lehrmonopol der Kirchen und als Autonomie der Vernunft, die vor allem in der naturwissenschaftlichen Erkenntnis sich bestätigt fand. Das freigesetzte rationale Denken ordnete das Wissen systematisch als Wissenschaft neu und entwickelte eine rationale Lehre der Lebensführung, der Gesellschaft und der Politik.

Dieser grundlegende Wandel des Denkens oder richtiger: des Bewußtseins der Menschen, der am Beginn der Ausbildung der sogenannten »modernen Welt« steht, läßt sich in seinen Anfängen weit zurückverfolgen; er kam bei Descartes, Hobbes, Newton, Bayle im 17. Jahrhundert zu entscheidenden Durchbrüchen und entfaltete sich voll im 18. Jahrhundert in einer breiten populärwissenschaftlichen und moralisch-politischen Literatur, zeigte aber auch schon die beiden Entartungen aufgeklärten Denkens: Intoleranz und Vulgarität. Im 18. Jahrhundert entstand eine Schicht der Schreibenden und Lesenden, bestehend aus den »Schriftstellern« und ihrem »Publikum«, in der jener erwähnte Consensus aufgeklärter Vorstellungen, Meinungen, Urteile sich ausbildete, eine Schicht – kein Stand, keine Klassen –, die Adelige und Bürgerliche umfaßte, allerdings den Ungebildeten – und das hieß faktisch die sozialen Unterschichten – ausschloß.

Es war dies eine Entwicklung, die sich, zumal auf dem Kontinent, noch im äußeren Rahmen der ständischen Gesellschaftsordnung und der mehr oder weniger absoluten Monarchie vollzog. Nicht schon eine tatsächliche Veränderung der Welt fand statt, sondern ihre neue Interpretation, die als solche jedoch bewußte Kritik am Bestehenden war und auf praktische Veränderung, auf Reform an Haupt und Gliedern drängte. Gewiß – diese Kritik war, »friderizianisch« formuliert, das Raisonnement derjenigen, die dennoch parierten. Aber sie war doch auch mehr, insofern sie die Regierenden unter Meinungsdruck setzte und den Regierten ein Bewußtsein von Wichtigkeit, von Teilhabe am öffentlichen Wesen – und sei es auch nur in der Diskussion darüber – vermittelte. Es hieße überdies, die soziale Wirklichkeit Deutschlands im 18. Jahrhundert verfehlen, sähe man nicht zwei aufeinander bezogene Sachverhalte.[12] Auf der einen Seite den, aufs Ganze gesehen, relativ unentwickelten Zustand der wirtschaftlichen Kräfte! Nach dem Niedergang des Fernhandels und Geldgeschäfts, die im frühen 16. Jahrhundert in deutschen Städten ihre Blüte erreicht hatten, und nach den schweren Bevölkerungsverlusten und Zerstörungen des Dreißigjährigen Krieges gab es mit Ausnahme einiger See- und Messestädte kein materiell potentes Bürgertum; in den Städten verhinderten Zunftschranken und die scharfe rechtliche Scheidung vom Land den breiten Übergang zu gewerblicher Großproduktion. Der Adel war, als Rentenadel, oft nicht wohlhabend genug und durch Tradition und rechtliche Barrieren daran gehindert, in Handel und Gewerbe einzutreten, und der selbstwirtschaftende ostdeutsche Gutsadel lebte oft in noch beengteren Verhältnissen. So war das Interesse großer Teile des Adels auf die Behauptung ihrer materiellen, sozialen und politischen Besitzstände gerichtet. Von ihnen ging ebenso wenig wirtschaftliche und soziale Dynamik aus wie von der Mehrheit des Stadtbürgertums, vor allem von dessen rechtlich privilegierten Teilen.

Dynamisches und aktives Element in der deutschen sozialen Welt des späteren 18. Jahrhunderts – und damit ist der zweite hier wichtige Sachverhalt angesprochen! – waren die adelig-bürgerlichen Gruppen, die im weiteren Sinne als »Aufklärungsgesellschaft« bezeichnet werden können – also die Träger und Mitträger des ideellen Konzeptes der Aufklärung. Es waren das in Deutschland vor allem solche Personen, die in öffentlichen, d. h. landesherrlichen, landständischen, grundherrlichen, kirchlichen, städtischen Ämtern standen – also Juristen, Verwaltungsbeamte, Pfarrer, Professoren usw.: Männer, die sehr oft nicht den Gruppen der von Geburt an Privilegierten angehörten. Sozial befriedigende Positionen sahen sie für sich und ihre Kinder fast ausschließlich in Ämtern, d. h. in abhängigen, aber mit öffentlichen Funktionen ausgestatteten Stellen. Da jedoch in Deutschland im späteren 18. Jahrhundert eine nicht unbeträchtliche Zahl von Fürsten, Ministern und Räten Aufklärungsgedanken aufgenommen hatten und Reformen in der inneren Verwaltung, im Finanzwesen, im Rechtswesen, im Strafvollzug einleiteten, die Wirtschaft im merkantilistischen Sinne förderten, den Landesausbau vorantrieben, Bauernschutzmaßnahmen durchführten, das Armen- und Bildungswesen förderten, kurzum: an vielen Stellen, wenn auch oft nur mit sehr begrenztem Erfolg, Maßnahmen der Modernisierung in Gang brachten, fand sich die Annahme bestätigt, die auf Grund der allgemeinen ökonomischen, sozialen und politischen Lage gleichsam nahelag, daß nämlich Reform und Fortschritt »von oben«, durch die Regierenden, bewirkt werden müsse und auch könne. Anders gesagt: Der aufgeklärte Absolutismus und das soziale Interesse derjenigen Gruppe, die man als »Gebildete« bezeichnen kann, wirkten dahin zusammen, daß die potentiell mobile, für die politisch-soziale Bewußtseinsentwicklung in Deutschland wichtigste Gruppe sich nicht gegen die Regierungen stellte, sondern mit ihren Reformvorstellungen in den Staat, in seine Ämter eintreten wollte, um in ihnen zu wirken und von dorther, nicht gegen, sondern mit den Regierenden die gesellschaftliche und staatliche Ordnung weiterzuentwickeln. Als wichtigste Mittel dazu galten ihnen: Pressefreiheit, Erziehung, Entwicklung einer öffentlichen Meinung und eines überlokalen politischen Interesses, aufgeklärt-humanitäre Gesetzgebung, soziale und erzieherische Verwaltung, Rechtsgleichheit. Und die an vielen Stellen zu beobachtende Aktivität aufgeklärter Regierungen, oder auch nur ihre Absichtserklärungen, schienen die Erwartung der Gebildeten zu rechtfertigen, daß auf diesem Wege voranzukommen sei.

Die Realität sah allerdings noch immer erheblich anders aus. Nach wie vor waren konfessionelle und soziale Schranken im öffentlichen Leben wirksam. Auch im offiziell toleranten friderizianischen Preußen standen die Chancen der Katholiken im öffentlichen Leben weit hinter denen der Protestanten zurück, und wenn die Berliner Juden im späten 18. Jahrhundert wirtschaftliche Förderung erfuhren und mit Moses Mendelssohn in die Gelehrtenrepublik vorstießen, so blieben sie doch als Schutzjuden außerhalb der Gesellschaft. Zwar fand Joseph II., der Revolutionär auf dem Thron, mit seinem Toleranzpatent enthusiastische Zustimmung des aufgeklärten Publikums in Deutschland und Europa; faktisch aber war damit in den habsburgischen Ländern noch längst keine Gleichstellung der Protestanten erreicht. Und in der Reichsstadt Köln verhinderten die Zünfte trotz kaiserlicher Intervention noch 1789, daß der kleinen protestantischen Minderheit, die freilich die wohlhabendsten Bürger umfaßte, ein stilles Bethaus (ohne Glocken und ohne Eingang zur Straße) zugestanden wurde! Vor der Umwälzung der deutschen Staatenwelt und der Zerschlagung des sie umgreifenden Reiches durch Napoleon verschwand keine Territorialgrenze. Die Deutschen lebten in einer Unzahl mittlerer, kleinerer und kleinster Staaten oder staatlicher Gebilde. Für die große Mehrzahl der Menschen vollzog sich das Leben in engen lokalen und regionalen Räumen und dem sozialen Stand, in den sie hineingeboren waren. Sozialer Aufstieg, auch Nobilitierung, kam zwar stets vor, blieb jedoch Ausnahme.

Über dieses Gefüge ständisch-regionaler Begrenzungen und Unterschiede griff die aufgeklärte Bildung hinaus und negierte es, weil es sich nicht als vernünftig und natürlich rechtfertigen ließ. Ohne egalitär zu sein, verkündete sie die Anerkennung jedes Menschen als moralische Persönlichkeit und den Vorrang der Leistung vor der Geburt. Sie griff nach den Bildungsgütern der ganzen Menschheit, übersprang dabei die Schranken der kirchlichen und staatlichen Bücherzensur, unterwarf Gesetze, Gebote, Lehrinhalte, Traditionen, Moralkodices, Meinungen einer umfassenden rationalen Kritik. So entstand ein Zusammenhang der Diskussion, in die auch die gesellschaftliche und staatliche Ordnung hineingezogen wurde.[13]

Geführt wurde diese Diskussion in Zeitschriften und Büchern, in ausgedehnten Briefwechseln und in einem breit entfalteten Rezensionswesen. Ihren imaginären sozialen Rahmen stellte die république des lettres dar, in der – wie der Begriff der Republik signalisiert – die Unterschiede der Geburt und des Glaubens keine

Geltung mehr hatten. Daneben suchten die vom Geist der Aufklärung Erfaßten nach anderen konkret-personellen Möglichkeiten des Gespräches, der Meinungsbildung und der Meinungsbeeinflussung und fanden sie in kleineren »Gesellschaften«, d. h. in Clubs, Salons, in Lesekabinetts und Lesegesellschaften, in sogenannten »patriotischen«, gemeinnützigen Gesellschaften und in Freimaurerlogen.[14]

Es ist schwer zu unterscheiden, was im konkreten Fall zeitlich und sachlich das Frühere war: das Kontaktinteresse aufgeklärter Gebildeter, die sich zu einer Loge zusammenschlossen, oder das Vorhandensein einer Loge als Ort der Zusammenkunft gleichgesinnter Männer, in die dann das Aufklärungsdenken seinen Einzug hielt. Zu einer Identität von Freimaurern und aufgeklärtem Publikum ist es dabei nicht gekommen. Die Logenmitgliedschaft konnte sozial breiter gestreut sein und auch solche Personen umfassen, die nicht im beruflichen Sinne zu den »Gebildeten« zählten. Und wenn sie in der Regel durch den Geist der Ablehnung kirchlicher Orthodoxie, durch allgemeine Menschenfreundlichkeit und starkes Interesse an moralischen Fragen gekennzeichnet war, so brauchte das noch keineswegs Zustimmung zum Programm der Aufklärung, vor allem zu ihrem durchgehenden kritischen Habitus und ihren politischen Vorstellungen zu bedeuten. Sehr viel stärker als im Aufklärungsdenken, das das öffentliche Leben einbezog, wurde von den Freimaurern der Rückzug aus der Öffentlichkeit in einen Freiraum betont, der nach außen durch besondere Aufnahmebedingungen, durch eine hierarchische Binnenorganisation und durch das Logengeheimnis abgeschlossen war. Dieser Rückzug wurde unterstrichen durch die stets wiederholte Versicherung, daß man nicht gegen die bestehenden Religionen, Staaten, Stände arbeite, sondern sie nur intern aufhebe, und daß man sich überhaupt nicht mit politischen, sondern mit moralischen Fragen beschäftige.

In der Tat wollten die allermeisten Freimaurer des 18. Jahrhunderts nichts anderes als musterhafte Bürger sein; die Loge bedeutete für sie ein Element der Geselligkeit und der moralischen Selbstbestätigung. Im Bewußtsein der Mitwirkung an der stillen Veredelung der Menschheit und der Zugehörigkeit zu einem freundschaftlichen Bunde fanden sie sich hier über die eigene Partikularität zeitweilig hinausgehoben und konnten diese deshalb gelassener ertragen. Man kultivierte eine humanitäre Moral, die zwar den einzelnen auch im öffentlichen Leben bestimmen, hier aber nicht primär als kritisches Element, sondern als moralischer Sauerteig wirken sollte. Dieser äußere Quietismus verstärkte sich dort, wo pseudoreligiös-sektenhafte Elemente Raum gewannen und man in der Entgegensetzung zum Rationalismus der Aufklärung dem Glauben an übernatürliche Einsicht durch schrittweise Einweihung in ein Mysterium verfiel. In dieser Erscheinung wie in dem Hochgradsystem kamen zweifellos Spieltrieb und verbandsinternes Prestigebedürfnis zur Geltung, aber doch auch unerfüllte religiöse und soziale Bedürfnisse. Gewisse Erscheinungen der strikten Observanz und des Rosenkreuzertums sind dann, verbunden mit dem Martinismus, mit neoplatonischen Ideen, mit Auswirkungen des französischen Quietismus des frühen 18. Jahrhunderts und des deutschen Pietismus in die Kulturwende von der Aufklärung zur Romantik eingemündet.

Schon angesichts dieses Sachverhaltes wird man sicher nicht davon sprechen können, daß die Abkehr von der Aufklärung eo ipso auch eine Wendung gegen die Freimaurerei gewesen sei. Im 19. Jahrhundert und 20. Jahrhundert hat sich die Freimaurerei dann als eine soziale Erscheinung erwiesen, die prinzipiell an keine bestimmte Gesellschafts- und Staatsform gebunden ist. Wohl aber scheint sie unvereinbar zu sein mit einem System, in dem politische und weltanschauliche Totalitätsansprüche erhoben und mit Machtmitteln durchgesetzt werden, praktisch unvereinbarer als die Aufklärung, der eine Neigung zur Erziehungsdiktatur und zum Totalanspruch der »Vernunft« innewohnte.

## III

Die Frage nach den sozialen Ursachen für die Affinität von Aufklärung und Freimaurerei muß über die bisher gemachten Andeutungen hinaus weitergeführt werden. Beide sind zeitlich und räumlich gemeinsam mit der modernen »bürgerlichen Gesellschaft« entstanden – und haben deren Krisen geteilt. Ihrer Idee nach war diese eine soziale Ordnung auf der Basis des vertragsartigen Consensus. In ihr wird politische Herrschaft als Funktion der Gesellschaft ausgeübt, bleiben den Menschen bestimmte unveräußerliche Grundrechte erhalten und kommen ihnen als Bürgern bestimmte, prinzipiell gleiche Rechte zu. Standesunterschiede können sich nur aus den verschiedenen gesellschaftlichen Funktionen der Bürger legitimieren. Als Gegenbild gegen die feudal-ständische Gesellschaft und die divine-right-Monarchie entwickelt, ging diese Auffassung auch in das Konzept der aufgeklärten Monarchie ein, die, durchaus mit den Mitteln des Absolutismus, den Versuch unternahm, die ständische Gesellschaft in eine staatsbürgerliche umzuwandeln.[15]

Das emanzipatorische Selbstverständnis aufgeklärter bürgerlicher Schriftsteller und das Bild des aufgeklärten Absolutismus vom Untertanen-Bürger waren weit davon entfernt, kongruent zu sein. Sie deckten sich jedoch, wenigstens anscheinend, insofern, als dem Bürger im Staat Wichtigkeit zukommen sollte, weil der Staat um seiner Bürger willen existiere. So diffus im einzelnen die Vorstellungen von einer »bürgerlichen Gesellschaft« und gar die Erscheinungen ihrer Wirklichkeit waren, immer gehörte – als Voraussetzung wie als Ergebnis – dazu eine größere Selbständigkeit der mittleren, gebildeten und gewerblichen »bürgerlichen« Schichten, die sich selber als Träger einer nichtständischen, menschheitlichen Kulturentwicklung verstanden.

Gleichsam ein Modell bürgerlicher Gesellschaft, und zwar ein solches, das die Privatheit des geselligen Lebens betonte, war die Freimaurerei. Sie war als private Vereinigung organisiert, die die Kollision mit dem Staat zu vermeiden suchte, und dazu sollten das Geheimnis und die Geheimhaltung als Mittel dienen. In dieser so abgesetzten, exklusiven Gesellschaft sollte die Lehre bürgerlicher Moral verwirklicht werden, und zwar gerade deshalb, weil die politischen Verhältnisse es öffentlich noch nicht zuließen. Dieser Rückzug ist dennoch so »unpolitisch« nicht gewesen, wie er von manchen gemeint und gegen Angriffe behauptet worden ist. Die Trennung von Moral und Politik[16] war tatsächlich nur eine Fiktion um der moralischen Selbstvergewisserung willen. Sie eröffnete die Möglichkeit, über Fragen der zwischenmenschlichen Ordnung zu sprechen, Grundsätze dessen zu formulieren, was sein sollte, und dadurch zugleich die Mängel der Wirklichkeit zu zeigen und die gegenwärtigen gesellschaftlichen und staatlichen Verhältnisse moralisch zu verurteilen. Das aber war indirekt eminent politisch. Bedeutete es doch eine – nur angeblich bloß private – Infragestellung des Bestehenden von einer Position aus, die mit starkem Selbstbewußtsein und elitärem Anspruch überlegener Humanität eingenommen wurde. Dabei konnte in einem Prozeß der Selbstmystifikation der Glaube an eine überlegene, mächtige Herrschaft jenseits der Staaten entstehen – ein Glaube, der mit der Verbreitung der Freimaurerei wuchs und ihrer Verdächtigung und Verleumdung kräftig Vorschub leistete.

Hier ist auf einen anscheinend evidenten Widerspruch zwischen Freimaurerei und Aufklärung hinzuweisen. Die Aufklärer vertraten die gleiche bürgerliche Morallehre, und die Gelehrtenrepublik war in gewisser Weise auch ein Orden, eine große Loge, aber ohne Geheimnis und Geheimhaltung, vielmehr mit dem Willen, in der Öffentlichkeit für alle zu wirken. Deshalb die immer wieder vorgebrachte und ganz in den Vordergrund gestellte Forderung allgemeiner »Publizität«! In der Praxis ist dieser Widerspruch allerdings vielfach verwischt worden – sei es durch die Dienste, die die Freimaurerlogen als soziale Institute für die Verbreitung aufgeklärter Vorstellungen leisteten, sei es durch die Zugehörigkeit vieler Aufklärer zur Freimaurerei, sei es aber auch, von der anderen Seite her, durch Unterdrückungsmaßnahmen wie das Verbot des Illuminatenordens, das eindeutig auf die radikale Aufklärung zielte, die zwar keineswegs mit dem Illuminatismus gleichgesetzt werden darf, aber doch in diesem Orden einen Agitationsraum gefunden hat, wobei ihr der scharfe, hysterische Züge tragende Antijesuitismus der Illuminaten entgegenkam. Konsequente Aufklärung im katholischen Raum tendierte durch die ihr entgegenstehenden Widerstände in besonderer Weise zur Radikalität![17]

Im übrigen läßt sich trotz mancher Gegensätze nicht nur auf Berührungen und Überschneidungen, sondern auch auf Parallelen hinweisen. Obwohl auf die Entstehung von Öffentlichkeit und öffentliche Meinungsbildung hinarbeitend, verstanden sich die Aufklärer durchaus als die kleine Gruppe der Wissenden. Man kann behaupten, daß es bei ihnen das Bewußtsein gab, gleichsam der unsichtbaren Loge der Wohlmeinenden und der vernünftig denkenden Bürger und wahren Patrioten anzugehören, die zwar stets in der Minderheit, aber doch vollkommen überzeugt ist, die sanior pars zu sein, über die rechte Einsicht zu verfügen, das Arkanum der Politik zu kennen, das für sie seiner Natur nach nichts Geheimnisvolles, sondern etwas prinzipiell Allgemeines, aber eben deshalb nur den Gebildeten zugänglich und begreifbar war.

Zugehörigkeitsbewußtsein hier wie dort also auf der Grundlage gemeinsamer Überzeugungen, Verhaltensregeln und auch Praxisorientierung! Während Aufklärung jedoch als intellektuelle Mentalitätsstruktur, als bestimmte Sicht der Welt, als praktische Philosophie existierte, waren die Freimaurerlogen gesellschaftliche Einrichtungen, organisierte Gruppen. Freimaurer war man nur als Angehöriger einer solchen Gruppe, Aufklärer konnte man dagegen ohne derartige Mitgliedschaft, nämlich in der virtuellen Solidarität Gleichgesinnter sein. Das bedeutet, daß Aufklärer die Freimaurerlogen als Möglichkeit des lokalen Zusammenkommens nutzen konnten, daß umgekehrt aber die Logen nicht auf die Aufklärung als Inhalt angewiesen waren. So sind denn auch ganz andere als Aufklärungsgedanken in sie eingeströmt, auch direkt antiaufklärerische.[18] Begünstigt wurde dieser Einstrom durch diejenige Tendenz der Freimaurerei, die neben dem Versinken in bloße Honoratiorengeselligkeit ihre größte Gefahr ausmacht: die Anfälligkeit für Esoterik, Pseudomystik und Geheimnistuerei als Ausdruck einer selbst beigelegten, nach außen nicht rechtfertigungsbedürftigen Bedeutsamkeit. Man kann diese Erscheinung in Parallele zur Degradation der Aufklärung zur banalen Besserwisserei und vulgären Pietätlosigkeit »verständiger Männer« sehen. Begibt man sich jedoch nicht in solche Niederungen, so bleibt ein Bestand von Grundauffassungen bei den Aufklärern und Freimaurern, der ebenso auf die Gemeinsamkeit der zeitlichen und sozialen Ursprungssituation verweist wie auf gemeinsame Erfahrungen und Ziele, die man am allgemeinsten mit den Begriffen Humanität, Toleranz und Bürgermoral umschreiben kann. »Es mögen immer Grade im Orden bleiben«, kritisierte der hochangesehene Hamburger Bürger und Freimaurer Georg Heinrich Sieveking 1787 die mystisch-hierarchischen Auswüchse des Ordens; »der höchste Grad sei Bund der Aufgeklärten.«[19]

## IV

Wurde von Freimaurern selber die enge Verbundenheit zwischen ihnen und der Aufklärung betont, so kann es nicht verwundern, daß von ihren Gegnern beide in eine gemeinsame Front gerückt und gleichzeitig beschuldigt und diffamiert wurden. Das geschah, als die Radikalisierung der Revolution in Frankreich die Suche nach Ursachen und Verursachern entfesselte. Für den eingangs erwähnten Eckartshausen stand fest, es müsse eine »philosophische Conjuration« geben, die auch in den »geheimen Gesellschaften« am Werke sei. Und daß Illuminaten und Jakobiner in einen Topf gehörten, galt vielen Gegnern der Revolution als ausgemacht. In Wirklichkeit ist weder die Aufklärung noch die Freimaurerei in Deutschland, abgesehen von einzelnen ihrer Vertreter, politisch radikal gewesen; selbst von den Illuminaten wird man das nicht pauschal behaupten können. Was die Aufklärer, manchmal mit verbalem Radikalismus, anstrebten, war die Befreiung des Denkens und Fühlens von überkommenen Schranken, war das Mündigwerden des Menschen: eine Revolution im Geiste«[20], die – ob sie nun, wie die allermeisten erwarteten, eine Revolution der Tat überflüssig machte oder sie, wie andere hofften, vorbereitete – ihnen in jedem Falle das Wichtigere war. Denn daß eine Revolutionierung des Bewußtseins der Menschen auch zu Auswirkungen in der Praxis führen müsse, und daß, wenn die Regierenden, ihre Helfer und das an der Öffentlichkeit interessierte Publikum, wenn Lehrer, Beamte, Pfarrer von den Ideen der Aufklärung, der Humanität und der Reform erfaßt seien, die Reform auch von Gesellschaft und Staat nicht ausbleiben könne, das war feste Überzeugung der Aufklärer. Deshalb galt ihnen die Erhellung des Bewußtseins der Menschen von ihrer Würde, ihren natürlichen Rechten, der Kraft ihrer Vernunft als entscheidendes politisches Tun und als Ausdruck bürgerlicher Tugend. Wollten die Aufklärer dies vor allem durch das geschriebene Wort und die Erziehung öffentlich und für alle praktizieren, so gingen die Freimaurer den Weg über die selbstbestätigende private Gruppenbildung.

Von denjenigen, die dazugehörten, wurde solcher Gruppenbildung eine für die Gesamtgesellschaft wesentliche Funktion zugeschrieben, so auch von Lessing, in dem die deutsche Aufklärung ihre feinste Ausprägung erreichte und der der Auffassung von dem, was Freimaurerei sei, souveränen Ausdruck gab. Dieser freieste Kopf, der je in Deutschland geschrieben hat, bekämpfte nicht nur kirchliche Orthodoxie und staatlichen Absolutismus, sondern auch Harmonisierungen und Anpassungen, Trivialisierungen und intolerante Besserwissereien, die sich mit dem Anspruch der Verständigkeit auf dem Markt literarischer Eitelkeit als »Aufklärung« anboten. Selber auf kritische Überprüfung alles dessen eingestellt, was Autorität beanspruchte, verachtete er die Kritik der flachen Köpfe, die das, was sie kritisierten, nicht einmal genau kannten, geschweige denn seine geschichtliche Bedeutung zu würdigen verstanden, und sich in risikolosem Raisonnement fortschrittlich vorkamen. Von der »Berlinischen Freiheit zu denken und zu schreiben« hielt er längst nicht so viel wie ihre selbstbewußten Protagonisten, die durchaus zu seinem näheren Bekanntenkreis gehörten. Denn diese Freiheit reduziere sich »einzig und allein auf die Freiheit, gegen die Religion so viel Sottisen zu Markte zu bringen, als man will«. Wer dagegen dem »Hofpöbel« die Wahrheit zu sagen beabsichtige oder für die Rechte der Untertanen »gegen Aussaugung und Despotismus« eintreten wolle, der werde schnell erfahren, »welches Land bis auf den heutigen Tag das sklavischste Land von Europa ist«.[21] Die Abhängigkeit des Schriftstellers in fürstlichen Diensten, auch wenn diese so liberal gehandhabt wurden, wie Lessing es in Braunschweig erlebte, die Distanz zwischen seiner und der Welt des Hofes, die materielle Enge der äußeren Verhältnisse, auch wenn sie für den Bibliothekar in Wolfenbüttel vergleichsweise nicht schlecht waren, erfuhr er durchaus, und er war viel zu wenig ein weltfremder, versponnener Gelehrter oder Musensohn, um sich nicht daran zu stoßen. Die selbstgerechte enge Welt des Kleinbürgertums widerstrebte ihm ebenso wie die des Hofes; in beiden fand er die Menschlichkeit verkümmert, um deren Erhaltung und Einsetzung in ihr Prioritätsrecht es ihm bei allem ging, was er schrieb.[22] Zur Menschlichkeit aber gehörte für ihn die Einhaltung des Maßes: in der Herrschaft wie im Gehorsam, im Anspruch auf Wahrheit wie in der wahrheitssuchenden Kritik. »Denn nicht der Irrthum, sondern der sektirische Irrthum, ja sogar die sektirische Wahrheit, machen das Unglück der Menschen; oder würden es machen, wenn die Wahrheit eine Sekte stiften wollte.«[23]

Obwohl diese Worte nicht speziell auf die Freimaurerei gemünzt waren, kann man sie mit Recht auf diese beziehen. Dazu bieten die Aussagen des Freimaurers Lessing über die Freimaurerei die Möglichkeit. In »Ernst und Falk«, den »Gesprächen für Freimäurer«, die 1778 als eines der letzten seiner Werke erschienen, werden Geheimniskrämerei, Hochgradwesen, Tempelherrentradition als im Grunde unwichtige Begleiterscheinungen beiseite getan und die Freimaurerei als notwendig zur »bürgerlichen Gesellschaft« gehörende Verbindung der wohlmeinenden, um die Humanität besorgten Menschen dargestellt. »Auf dem gemeinschaftlichen Gefühl sympathisierender Geister«[24], also eben nicht wesentlich auf äußerlichen Formen der Verbindung beruhend, aber durchaus unter den Bedingungen der jeweiligen Gestalt der »bürgerlichen Gesellschaft« stehend und sich an sie anpassend, hat die Freimaurerei die Aufgabe, »jene Trennungen, wodurch die Menschen einander so fremd werden, so eng wie möglich wieder zusammenzuziehen«.[25] Wer für die Überwindung dieser in der »bürgerlichen Gesellschaft« notwendig bestehenden, sie eigentlich ausmachenden Trennungen in verschiedene Völker, Religionen und Stände eintrete, brauche nicht Freimaurer zu heißen; er sei es auch ohne Ordenszugehörigkeit! In diesem Sinne habe es die Freimaurerei immer gegeben. »Grundsatz« der Freimaurer, aus dem sie nie ein Geheimnis gemacht haben, sei es, »jeden würdigen Mann von gehöriger Anlage, ohne Unterschied des Vaterlandes, ohne Unterschied der Religion, ohne Unterschied seines bürgerlichen Standes, in ihren Orden aufzunehmen«.[26]

Soziale und konfessionelle Unvoreingenommenheit im Interesse des Engagements für die Menschheit und die Menschlichkeit und Vertrauen in eine höhere Solidarität, die gleichwohl die konkreten Loyalitäten des einzelnen nicht außer Kraft setzt, sondern sie übergreift und läutert, gehörten zum Selbstverständnis auch der Aufklärer. Auch sie nahmen wie selbstverständlich an, was Lessing über die Freimaurer gesagt hatte: daß ihr humanitäres und kosmopolitisches Denken und Tun »ohne Nachteil« für den Staat sei.[27] In der »Berlinischen Monatsschrift« klang es 1787, obwohl der Verfasser sich streckenweise fast wörtlich an Lessing anschloß, anders, positiver und auch beflissener: »Wer dem Staat und dem König nicht treu und redlich dient, wer die heiligsten Pflichten als Mensch, als Bürger, als Gatte, als Vater, mit Füßen tritt ..., ist ein unwürdiger Maurer.«[28] Das war, in einer »Maurerrede« vorgebracht, nicht bloß eine Schutzbehauptung, sondern Ausdruck einer Überzeugung, die auch bei vielen Aufklärern galt. Sie glaubten oder wollten glauben, daß ihre wohlmeinende Kritik den Intentionen vernünftiger Politik gar nicht entgegenstehen könne, und in den Reformen wie dem intellektuellen Habitus aufgeklärter Fürsten, Minister und Räte sahen sie sich bestätigt. Da nicht wenige der als »aufgeklärt« geltenden Fürsten und Minister auch Freimaurer waren, schien Aufklärern wie Freimaurern die Hoffnung auf eine Politik berechtigt, die ihren Ideen entsprach. Damit aber konnten sie sich auch selber in die Verursachung solcher Politik einbeziehen; sie konnten zu dem Glauben kommen, die bessere Zukunft werde durch ihr Wirken, also durch das Wirken einer kleinen Gruppe von Männern zustande kommen, die sich zum gemeinsamen Werk der Menschheitsverbesserung vereinigt hatten und deren lautere Absichten nur von Bösewichten oder Dummköpfen verkannt werden konnten.

Es ist leicht, den Anteil von Naivität und Arroganz in solchen Vorstellungen aufzuweisen; damit aber träfe man nicht das Wesentliche: den Prozeß des wachsenden Selbstbewußtseins und der sich ausbildenden »öffentlichen Meinung« in einem wichtigen Teil der »bürgerlichen Gesellschaft«. Seine Auswirkung am Maßstab der Französischen Revolution zu messen, so als könne man ihm nur dann Bedeutung zugestehen, wenn sich Analogien zur Entwicklung in Frankreich feststellen lassen, ist schon deshalb ungerechtfertigt, weil auch die Revolution sich nicht als Folge einer bürgerlichen, vorwiegend intellektuellen Emanzipationsbewegung hinreichend erklären läßt – von Unterschieden in den sozialen und staatlichen Verhältnissen beider Länder ganz zu schweigen. Eben diese Verhältnisse sind es gewesen, nicht die Motive und Leitideen dieses Prozesses, die die Grenzen seiner Auswirkungen bestimmt haben. Mehr als vieles andere können die vielfach zu beobachtende Degeneration der Aufklärung zur Platitude und das Absinken der Freimaurerei in Mystizismus den Entwicklungsstand des öffentlichen Lebens, d. h. die noch immer geringe Selbständigkeit der Gesellschaft in Deutschland, demonstrieren. Hier hatte die »Weltentfremdung des modernen Individuums« (Hannah Arendt) einerseits besonders enge Züge angenommen, andererseits war hier, vor allem im Bereich des Protestantismus, die Tendenz zur Verlegung auch der sozialen und politischen Probleme in die Innerlichkeit, in die Veränderung des Bewußtseins des Menschen stark ausgeprägt.

Um diese Verhältnisse nicht radikal umzuwälzen, sondern sie aufzulockern und auf lange Sicht zu verwandeln, suchten Aufklärer und Freimaurer das Gespräch und die Freundschaft. Während jene das Gespräch öffentlich, d. h. literarisch und daneben in Korrespondenzen (die damals selber zur literarischen Gattung wurden), führten, insitutionalisierten diese es in der Bruderschaft der Loge. Über die Bindekräfte des Dialogs und der menschlichen Geselligkeit hinaus wurden sie durch das Logengeheimnis zusammengehalten – durch ein Element, das nach Lessings Meinung nur dann einen Sinn hatte, wenn es von höchster Allgemeinheit, also eben kein Geheimnis war. Freimaurer, wie er sie sich vorstellte, waren eben keine Geheimbündler und Konventikler, sondern Weltbürger und Menschenfreunde, die praktisch und mit Augenmaß für die Menschlichkeit eintraten. Dieses Bild war freilich auch als Gegenbild zur freimaurerlichen Wirklichkeit gemeint, die davon weit abstach. Für den »Selbstdenker« Lessing waren wohl die wahren Freimaurer, nicht aber die Erscheinungen der organisierten Freimaurerei eine notwendige soziale Bedingung für den Prozeß der Aufklärung, wie er ihn verstand. Hinter diesem Verständnis blieben allerdings auch die meisten »Aufklärer« zurück!

## V

Es kann nicht darauf verzichtet werden, abschließend das Verhältnis zwischen Aufklärern und Freimaurerei auf ihren jeweiligen »linken« Flügeln noch etwas näher zu betrachten, zumal die Äußerungen von politischem und sozialem Radikalismus im Deutschland des späten 18. Jahrhunderts in der Forschung zunehmende Aufmerksamkeit finden.[29] In der Tat gibt es kaum eine kritische Position, keine reformistische oder revolutionäre politische Forderung in der europäischen Diskussion dieser Zeit, die nicht auch in Deutschland bekannt gewesen und vertreten worden ist. Über ihre Häufigkeit lassen sich heute noch keine sicheren Aussagen machen; man darf jedoch vermuten, daß sie nicht gering war. Das anscheinend Gleiche ist unter anderen Bedingungen dennoch nicht das Gleiche. Deshalb ist es auch nur dann sinnvoll, von deutschen »Jakobinern« zu sprechen, wenn über Selbst- und Fremdbenennung hinaus entweder eine direkte Übernahme des Programms der französischen jacobins und ihrer Aktionsformen festgestellt oder nachgewiesen werden kann, daß auf der deutschen politischen Skala eine analoge, also demokratisch-republikanische Position eingenommen wurde.

Unter denen, die zu Recht oder Unrecht »deutsche Jakobiner« genannt worden sind, gehörten etliche vorher dem Illuminatenorden an. Dieser individuell nachweisbare Zusammenhang erlaubt nicht, von einer generellen Fortsetzung des Illuminatismus im »Jakobinismus« zu sprechen. Und selbst bei einzelnen Personen darf durchaus nicht immer eine kontinuierliche Entwicklung angenommen werden. Der Illuminatenorden war trotz seines strikten organisatorischen Aufbaus keineswegs eine revolutionäre Kadertruppe oder auch nur eine einheitlich denkende Gruppe mit festen Operationszielen. Wohl verfolgte er, in Nachahmung des Jesuitenordens, eine bewußte Personalpolitik, um Ordensmitglieder in politisch einflußreiche Stellen zu bringen. Im Grunde sind erst durch das Verbot und den Zerfall des Ordens – einen Vorgang, der eine Flut von publizistischen Anklagen, Anschwärzungen, Lügen und Rechtfertigungen auslöste! – radikale Tendenzen freigesetzt worden. Und auch dann nicht in einheitlicher Richtung, sondern vollkommen disparat – einerseits zu Reaktion, Rosenkreuzertum, Romantik, andererseits zu demokratischen Forderungen und zur Bejahung der jakobinischen Eskalation in Frankreich.[30]

Deutsche »Jakobiner« mußten natürlich keineswegs Illuminaten gewesen sein, wie z. B. einige Mainzer »Klubisten«;[31] Verfechter der Ideen emanzipatorischer Aufklärung, die in das öffentliche Leben hinein und auf die Regierung wirken sollte, waren sie jedoch alle, sofern uns Zeugnisse ihrer Ansichten bekannt sind. In der Regel kamen sie erst dann zu radikalen Forderungen, wenn sie auf keinen fortschreitenden Prozeß der Befreiung und Demokratisierung mehr hofften, statt dessen Zeichen der Reaktion an vielen Stellen beobachteten. Das war nicht erst nach 1789 der Fall, sondern bereits früher – in Preußen eindeutig seit dem Woellnerschen Religionsedikt von 1788.[32] Unter solchen Eindrücken gewannen die vielen Erscheinungen der Unwandelbarkeit der Verhältnisse oder der Stagnation nach unzulänglichen Reformansätzen, die im staatlich zersplitterten Deutschland anzutreffen waren, verstärktes Gewicht. Daß zwischen Reformankündigungen und beengter Praxis ein sich kaum verringernder Abstand klaffte, den die kritisierenden Intellektuellen nicht zu überbrükken vermochten, aber im Unterschied zu den meisten anderen ihrer Zeitgenossen betroffen und empört empfanden, ließ viele von ihnen an der Möglichkeit und den Chancen reformierender Verbesserungen zweifeln. Sie verspürten das volle Gewicht der Diskrepanz zwischen dem Fortschritt der intellektuellen und literarischen Entwicklung, die in der zweiten Hälfte des 18. Jahrhunderts ein für Deutschland seit mindestens zweieinhalb Jahrhunderten ungewohntes Tempo angenommen hatte, und dem nur langsamen und offenbar nur oberflächlichen Wandel des gesellschaftlichen und staatlichen Lebens. Darum hofften sie, auch wenn sie an keine einfache Nachahmung dachten, daß von der Französischen Revolution ein vorantreibender Impuls ausgehen werde. Je mehr dieser in demokratische Richtung gehen sollte – und nur, wo dies gewollt wurde, läßt sich von politischem Radikalismus sprechen –, um so weiter entfernte sich diese Erwartung von Freimaurergesinnung, die bei allem Glauben an die Einheit der Menschlichkeit und an eine Menschheitsreligion doch exklusiv blieb. Radikale Aufklärung konnte unter der Drohung der Verfolgung zur revolutionären Parteigängerschaft und in politische Geheimbünde hinein führen; Freimaurer dagegen insistierten auf der Exklusivität und der Esoterik eines Bundes, der grundsätzlich nicht »parteiisch« sein sollte und zumal seit Illuminatenverbot, Revolution und Verschwörungsvorwurf auch nicht »politisch« sein wollte.

In Verbindung mit der Aufklärung ist die deutsche Freimaurerei ein politischer Faktor gewesen wie nachher nicht wieder. Die Funktion der Logen, Vereinigungsort Gleichgesinnter jenseits von Stand, Konfession und Staatsangehörigkeit zu sein, verlor jedoch im selben Maße an Bedeutung wie die Gesellschaftsstruktur sich wandelte, der bürgerliche Emanzipationsprozeß voranging, schließlich politische Vereine und Parteien sich bildeten. Freimaurerei wurde damit erst recht Privatsache, während die Aufklärung in Deutschland einerseits mit dem Liberalismus verflachte, andererseits der intellektuellen Diskriminierung oder Verharmlosung verfiel.

## *Anmerkungen*

Aus: *Das Vergangene und die Geschichte. Festschrift für Reinhard Wittram zum 70. Geb.*, hrsg. von Rudolf von Thadden, Gert von Pistohlkors und Hellmuth Weiss, Göttingen 1973. – Beim Wiederabdruck durchgesehen und in den Literaturangaben ergänzt. Mit freundlicher Genehmigung des Verfassers.

1 Erschienen in Marburg, Zitat S. 100.

2 *Wiener Zeitschrift*, Bd. IV (1792).

3 *Die zwei Schwestern P ... [Paris] und W ... [Wien] oder neu entdeckter Freymaurer- und Revolutionsplan.* Die Schrift erschien anonym.

4 Dazu Johannes Rogalla von Bieberstein, *Die These von der Verschwörung 1776-1945. Philosophen, Freimaurer, Juden, Liberale und Sozialisten als Verschwörer gegen die Sozialordnung,* (Europ. Hochschulschr. III, 63) Bern-Frankfurt/M. 1976.

5 Zur Geschichte der Freimaurerei in Deutschland: D. Bischoff, *Die deutsche Freimaurerei,* Leipzig 1919; A. Wolfstieg, *Ursprung und Entwicklung der Freimaurerei,* 3 Bde., ²Berlin 1923; E. Lennhoff, *Die Freimaurerei,* Wien 1929; F. Runkel, *Geschichte der Freimaurerei in Deutschland,* 3 Bde., Berlin 1931; F. J. Schneider, *Die Freimaurerei und ihr Einfluß auf die geistige Kultur in Deutschland am Ende des 18. Jahrhunderts,* Prag 1908; Winfried Dotzauer, *Freimaurergesellschaften am Rhein. Aufgeklärte Sozietäten auf dem linken Rheinufer vom Ausgang des Ancien Régime bis zum Ende der napoleonischen Herrschaft,* (Geschichtl. Landeskde. 16), Wiesbaden 1977; *Geheime Gesellschaften,* hrsg, von Christan Peter Ludz (Wolfenbütteler Studien z. Aufklärung V, 1) Heidelberg 1979.

6 Vgl. dazu neuerdings: H. Grassl, *Aufbruch zur Romantik, Bayerns Beitrag zur deutschen Geistesgeschichte 1765-1785,* München 1968, S. 173 ff. Noch immer nützlich: L. Engel, *Geschichte des Illuminatenordens,* Berlin 1906; mit Vorsicht zu verwenden: Le-Forestier, *Les Illuminés de Bavière et la Franc-Maçonnerie allemande,* Paris 1914. Für das Rheinland s. *Quellen zur Geschichte des Rheinlandes im Zeitalter der Französischen Revolution 1780-1801,* hrsg. von J. Hansen, Bd. I, Bonn 1931, vor allem S. 41 ff., mit umfangreichen Anmerkungen des Herausgebers. – Mit allgemein gehaltener Einleitung: E. Zellwecker, *Das Urbild des Sarastro. Ignaz v. Born,* Wien 1953. Neuerdings: Richard van Dülmen, *Der Geheimbund der Illuminaten. Darstellung, Analyse, Dokumentation,* Stuttgart 1975.

7 Vgl. dazu ebenfalls Grassl, *Aufbruch zur Romantik,* S. 96 ff.; ferner: A. Marx, *Die Gold- und Rosenkreuzer. Ein Mysterienbund des ausgehenden 18. Jahrhunderts in Deutschland* (Freimaurermuseum V), Leipzig 1930; G. Krüger, *Die Rosenkreuzer,* Berlin 1932.

8 Die Bullen sind von Reichs wegen nicht amtlich publiziert worden.

9 Zitiert nach *Quellen ...,* hrsg. v. J. Hansen, Bd. I, S. 55 f.

10 »Brüderlicher Zuruf an die Oberen der bekannten Freimaurer-Systeme«; in: *Berlinische Monatsschrift,* Bd. VIII (1786), S. 148.

11 Zum Problem der Aufklärung sei hier nur auf einige neuere Titel verwiesen: M. Horkheimer/Th. W. Adorno, *Dialektik der Aufklärung,* Amsterdam 1947; H. M. Wolff, *Die Weltanschauung der deutschen Aufklärung in geschichtlicher Entwicklung,* Bern 1951; F. Valjavec, *Geschichte der abendländischen Aufklärung,* Wien 1961; W. Krauss, *Perspektiven und Probleme. Zur französischen und deutschen Aufklärung und andere Aufsätze,* Neuwied/Berlin 1965; P. Gay, *The*

*Enlightenment, An Interpretation,* Bd. II: »The Science of Freedom«, New York 1969; W. Oelmüller, *Die unbefriedigte Aufklärung. Beiträge zu einer Theorie der Moderne von Lessing, Kant und Hegel,* Frankfurt/M. 1969. Ferner: R. Koselleck, *Kritik und Krise. Ein Beitrag zur Pathogenese der bürgerlichen Welt,* Freiburg/München 1959; Jürgen Mittelstrass, *Neuzeit und Aufklärung. Studien zur Entstehung der neuzeitlichen Wissenschaft und Philosophie,* Berlin 1970; Werner Schneiders, *Die wahre Aufklärung. Zum Selbstverständnis der deutschen Aufklärung,* Freiburg und München 1974; Gerhard Sauder, »›Verhältnismäßige Aufklärung‹. Zur bürgerlichen Ideologie am Ende des 18. Jahrhunderts«, in: *Jahrbuch der Jean-Paul-Gesellschaft* 9, 1974, S. 102 ff.; Peter Pütz, *Die deutsche Aufklärung,* Darmstadt 1978; Rudolf Vierhaus, »Zur historischen Deutung der Aufklärung: Probleme und Perspektiven«, in: *Judentum und Aufklärung* (Wolfenbütteler Studien z. Aufklärung IV) 1977, S. 39 ff.

12 Vgl. auch R. Vierhaus, »Deutschland im 18. Jahrhundert: soziales Gefüge, politische Verfassung, geistige Bewegung«, in: *Lessing und die Zeit der Aufklärung. Vorträge gehalten auf der Tagung der Joachim-Jungius-Gesellschaft der Wissenschaften Hamburg am 10. und 11. Oktober 1967,* Göttingen 1968, S. 12 ff. Ders., »Politisches Bewußtsein in Deutschland vor 1789«, in: *Der Staat* VI, (1967), S. 175 ff.

13 Zu dem hier angesprochenen Problemkomplex vgl. auch: J. Habermas, *Strukturwandel der Öffentlichkeit. Untersuchungen zu einer Kategorie der bürgerlichen Gesellschaft* (Politica 4), Neuwied 1962; F. Schneider, *Pressefreiheit und politische Öffentlichkeit. Studien zur politischen Geschichte Deutschlands bis 1848* (Politica 24), Neuwied/Berlin 1966; Ernst Manheim, *Aufklärung und öffentliche Meinung. Studien zur Soziologie der Öffentlichkeit im 18. Jahrhundert* (1933), neu hrsg. von Norbert Schindler (Kultur und Gesellschaft) Stuttgart 1979.

14 Dazu u. a.: H. Hubrig, *Die patriotischen Gesellschaften des 18. Jahrhunderts* (Gött. Stud. z. Päd. 36), Weinheim 1952; Für die Lesegesellschaften des Rheinlandes s. *Quellen* . . ., hrsg. v. J. Hansen, Bd. I (Quellen und informativer Kommentar), bes. S. 16 f., 35 ff.

15 Vgl. R. Vierhaus, Art. »Absolutismus«, in: *Sowjetsystem und demokratische Gesellschaft. Eine vergleichende Enzyklopädie,* Bd. I, Freiburg 1966, Sp. 17 ff.; dort weitere Literatur.

16 Dazu auch R. Koselleck, *Kritik und Krise,* S. 81 ff.

17 Grassls Gleichsetzung von »Höhepunkt der Aufklärung« (a.a.O.) und »Illuminatenorden« erscheint trotzdem, auch für die bayerische Situation, problematisch, wird damit doch der Orden zu einseitig in einer die Vorstellung folgerichtiger Entwicklung provozierenden Weise in den Prozeß der Aufklärung eingebunden. – Ein zeitgenös-

sisches, sehr hochmütiges Urteil aus protestantischem Bereich über die Bedingungen für Aufklärung in katholischen Gebieten, das zugleich den Illuminatenorden wegen seiner Übertreibungen scharf kritisiert: »Katholische Länder taugen schlechterdings für ein Institut nicht, welches als Organ der Denkfreiheit und Aufklärung den im Finstern so thätigen Organen der Verdummung und Geistessklaverey entgegen arbeiten soll. Der gewöhnliche Gipfel katholischer Aufklärung ist Atheismus, oder durchgängiger Skepticismus, der selbst die Moralität für eine bloße Folge der Erziehung und Gewohnheit hält. Die Armen haben, wenn sie mit dem Einreißen ihrer Verschanzungen gegen die Vernunft fertig sind, keine Kraft mehr, ein neues Gebäude aufzuführen.« (Reinhold an Halem; in: *G. A. v. Halems Selbstbiographie*, bearb. von L. W. Chr. v. Halem, hrsg. von C. F. Strackerjan, Oldenburg 1840, Briefe, S. 61.)

18 Zu den irritierendsten Erscheinungen der deutschen Freimaurerei im ausgehenden 18. Jahrhundert gehören die Richtungsstreitigkeiten und Zugehörigkeitswechsel, die darauf schließen lassen, daß mancherlei Erwartungen geweckt und enttäuscht wurden und daß es einen gewissen »Bedarf« an Gruppenbildung gab. Ein Beispiel dafür ist Knigge. Nach dem Verbot des Ordens hat ein Teil seiner Mitglieder, vor allem außerhalb Bayerns, in Lesegesellschaften oder in ganz lokkerer Form als Freundeskreise Kontakt behalten – so z. B. in Bonn. (Vgl. M. Braubach, *Beethovens Abschied von Bonn*, Rhein.-Westf. Ak. d. Wiss., Geisteswiss., Vorträge G 166, Köln/Opladen 1970, S. 22 f.)

19 Zit. nach H. Sieveking, *G. H. Sieveking, Lebensbild eines Hamburgischen Kaufmannes aus dem Zeitalter der französischen Revolution*, Berlin 1913, S. 26.

20 Für viele andere nur dieses Beispiel: »Teuschland ist unter allen übrigen europäischen Staaten am meisten zu Revolutionen des Geistes, am wenigsten zu politischen aufgelegt.« (C. L. Reinhold, *Briefe über die kantische Philosophie* I, Leipzig 1790, S. 16).

21 Lessing an F. Nicolai, 25. 8. 1769; in: *Sämtl. Schriften*, hrsg. von K. Lachmann, 3. Aufl., bearb. von F. Muncker, Bd. 17, Leipzig/Stuttgart 1904, S. 298.

22 Dazu Hannah Ahrendt, *Von der Menschlichkeit in finsteren Zeiten. Rede über Lessing*, München 1960.

23 *Sämtl. Schriften*, hrsg. v. K. Lachmann/Muncker, Bd. 18, S. 109. – Auch zitiert in der tiefschürfenden Studie von Ingrid Strohschneider-Kohrs, *Vom Prinzip des Maßes in Lessings Kritik* (Dichtung und Erkenntnis 7), Stuttgart 1969, S. 10.

24 Hier zitiert nach: *Lessings Werke*,, hrsg. von J. Petersen (Bongs Klassiker), Bd. 6, bearb. v. W. v. Olshausen, Berlin O. J., S. 54.

25 Ebd., S. 37.

26 Ebd., S. 41.
27 Ebd.
28 G ..., »Zwei Maurerreden«, in: *Berlinische Monatsschrift*, Bd. VII, (1786), S. 176.
29 Dazu: Hedwig Voegt, *Die deutsche jakobinische Literatur und Publizistik 1789 bis 1800*, Berlin (Ost) 1955; P. Stulz und A. Opitz, *Volksbewegungen in Kursachsen zur Zeit der Französischen Revolution*, Berlin (Ost) 1956; H. Scheel, *Süddeutsche Jakobiner. Klassenkämpfe und republikanische Bestrebungen im deutschen Süden Ende des 18. Jahrhunderts* (Dt. Ak. d. Wiss. zu Berlin; Schr. d. Inst. f. Gesch., R. 1, Bd. 13) Berlin (Ost) 1962; W. Grab, *Demokratische Strömungen in Hamburg und Schleswig-Holstein zur Zeit der ersten französischen Republik* (Veröff. d. Ver. f. Hamburg. Gesch. 21), Hamburg 1966; Walter Grab, *Norddeutsche Jakobiner. Demokratische Bestrebungen zur Zeit der Französischen Revolution* (Hamburger Studien z. neueren Gesch. 8), Frankfurt/M. 1967; Axel Kuhn, *Jakobiner im Rheinland. Der Kölner konstitutionelle Zirkel von 1789* (Stuttg. Beitr. z. Gesch. u. Pol. 10), Stuttgart 1978. – Allgemein: F. Valjavec, *Die Entstehung der politischen Strömungen in Deutschland 1770-1815*, München 1951. Noch immer nützlich: W. Wenck, *Deutschland vor hundert Jahren*, 2 Bde., Leipzig 1887 u. 1890.
30 Vgl. H. Grassl, *Aufbruch zur Romantik*, S. 275 f.
31 Dazu: *Mainz zwischen Rot und Schwarz. Die Mainzer Revolution 1792-1793 in Schriften, Reden und Briefen*, hrsg. von C. Träger, Berlin (Ost) 1963; F. G. Dreyfus, *Sociétés et mentalités à Mayence dans la seconde moitié du XVIIIe siècle*, Paris 1968; Heinrich Scheel (Hrsg.), *Die Mainzer Republik I: Protokolle des Jakobinerklubs*, Berlin 1975.
32 Vgl. F. Valjavec, »Das Woellnersche Religionsedikt und seine geschichtliche Bedeutung«, in: *Hist. Jahrbuch* 72, (1953), S. 386 ff.

Winfried Dotzauer

# Freimaurergesellschaften im Rheingebiet

## *Die Anfänge der Freimaurerei im Westen des Alten Reiches*

Die Freimaurerei stellt die älteste, typischste und wesentlichste sozietäre Erscheinung der Aufklärung dar, die gleichermaßen rationale wie okkulte Interessen, Adel und Bürgertum, gebildete und Randschichten dieses Bürgertums umfassen konnte. In Deutschland bestanden bis 1789 rund 250 Freimaurerlogen, eine Mitgliederzahl von ungefähr 6000 könnte angenommen werden. Viele bedeutende Persönlichkeiten des späteren 18. Jahrhunderts sind in irgendeiner Phase ihres Lebens mit der Freimaurerei konfrontiert worden.[1]

Abgesehen davon, daß eine neuere, detailbezogene Darstellung der deutschen Freimaurerei für das 18. Jahrhundert noch immer fehlt und es ratsamer erscheint, wenigstens für einen größeren Teilraum den Anfang zu machen[2], statt die Gesamtaufgabe einer weiteren Zukunft zu überlassen, bietet sich der ausgewählte westliche geographische Ausschnitt auch von der institutionellen und organisatorischen Entwicklung der deutschen Freimaurerei an, die in ihren ersten Anfängen zeitgleich mit der norddeutschen Entwicklung ihre Impulse stärker von Frankreich her bezogen hat, während im Norden die englischen insularen Bezüge über Hamburg überwiegen. Erst mit der Entwicklung der sog. strikten Observanz werden ost-, mittel- und norddeutsche Organisations- und Indoktrinationseinflüsse in den rheinischen Raum und darüber hinaus in den Westen spürbar. Während in der von landesherrlichen Zwängen freien Stadt Hamburg die englische Freimaurerei in ihrer bürgerlich-emanzipatorischen Variante bei den entsprechenden Trägerschichten der Aufklärung leicht Fuß fassen konnte, eröffnete das Rheingebiet bevorzugt solchen Freimaurerideologien Möglichkeiten, die eine Chance der Integration in die höfische Adelskultur bereithielten.

Erste Nachrichten über freimaurerische Aktivitäten werden in der pfalz-wittelsbachischen Residenz Mannheim um 1737, dem Gründungsjahr der ersten Hamburger Loge, greifbar. In den Gasthäusern der Stadt hielten sich Freimaurer auf, deren Ausweisung im November 1737 verfügt wurde. Kurfürst Karl Philipp (1716-1742) aus der Neuburger Linie der Pfälzer erließ in seinen letzten Regierungsjahren Verfügungen gegen sich in der Pfalz aufhaltende Freimaurer. Beamten und Militärs, die »in die sogenannte bruder- oder gesellschaft der francs maçons eintreten«, drohte die Dienstentsetzung.[3] Sozial- und Berufsstatus sowie die Mobilität der frühen erfolgreichen Propagatoren der freimaurerischen Ideen ließen diese auf die urbanen Zentren angewiesen sein, größeren Freiraum als die katholische Residenz bot in dieser Beziehung die Reichsstadt. So fallen die Anfänge der Frankfurter »Loge zur Einigkeit« in die Märztage des Jahres 1742, anläßlich der Kaiserkrönung Karls VII. Allerdings hatte auch hier der Adel in der Zusammensetzung der Loge gegenüber dem später tragenden Großbürgertum anfänglich noch ein zahlenmäßiges Übergewicht.[4] Es ist zu vermuten, daß von Frankfurt aus weitere Ausbreitungsversuche unternommen worden sind, die auch das erzstiftisch mainzische Aschaffenburg erreicht haben dürften, denn im Februar 1745 zeigte man sich in Mainz darüber beunruhigt, daß »die sogenannte Freymaurerei zu nicht geringem Scandal des publici undt samblicher daßiger (d. h. in Aschaffenburg) Einwohneren eine zeithero einzureißen beginnt, auch würklich daselbst einige Conventicula oder sogenannte Loges gehalten worden«.[5] Inzwischen war am 28. 4. 1738 die erste Papstbulle »In eminenti apostolatus specula« gegen die Freimaurer mit der Strafe des Kirchenbannes erlassen worden, die in den geistlichen Staaten ihre Auswirkung hatte, auch wenn diese dort teilweise erst später publiziert wurde. So sind auch die Anfänge der Trierer Freimaurerei in der Zeit des Kurfürsten Franz Georg von Schönborn (1729-1756) von Verboten beeinträchtigt. In Trier bestand 1746 bzw. schon einige Zeit früher eine akademische Loge. Juristen hielten in einem gemieteten Kultraum »Conventicula deren Frey-Maurer« ab, wobei sie symbolische Gegenstände, Bilder und Ringe mit der Devise C. F. S. (constantia, fides, silentium) benutzten. Äußerungen in einem Universitätskolleg hatten die Aufmerksamkeit der kurfürstlichen Behörde erregt, die zum Eingreifen des geistlichen Prokanzlers der Universität führten.[6] Noch einige weitere frühe Ansatzpunkte freimaurerischer Aktivität sind für das

Rheingebiet zu erwähnen, so Zweibrücken, Pirmasens, Frankenthal und Neuwied.

Nicht die rationalen Tendenzen verschriebene demokratisierende englische Johannisgrad-Freimaurerei, sondern die aus Frankreich bezogenen Hochgradsysteme, die ständisch-aristokratischem Denken und okkultistischen Neigungen mit auch pseudokatholischen Tendenzen entgegenkamen, haben im Rheingebiet der Freimaurerei zu einer weiteren Verbreitung verholfen.

Der Engländer Michel Ramsey (1686-1743) brachte den Gedanken der institutionellen Rückführung der Freimaurerei auf den Tempelherrenorden ein, jener sollte in Schottland die Zeiten seit seiner Vernichtung in Frankreich und Mitteleuropa überdauert haben. Die sich in Frankreich danach entwickelnde *schottische Maurerei* bildete ein *Hochgradsystem* aus, das über die 3 Johannisgrade Lehrling, Geselle und Meister z. T. weit hinausführte. In Deutschland gründete ein in der Schlacht bei Roßbach (1757) gefangengenommener französischer Offizier namens Gabriel Tilly de Lernais in der Berliner Loge »Trois Globes« ein den Adeligen vorbehaltenes Kapitel von *Clermont*, benannt nach dem französischen Großmeister gleichen Namens. Das System von Clermont verfügte über 4 Hochgrade: maître écossais, maître élu (chevalier de l'aigle), chevalier illustre (chevalier du Saint-Sépulcre), chevalier sublime (chevalier de Dieu). Insbesondere als reformiertes System von Clermont, verbunden mit dem Namen Rosa (Clermont-Rosa), fand diese freimaurerische Lehrart in Deutschland Verbreitung. Als Georg Friedrich von Johnson a Fünen (Johann Samuel Leucht) 1764 in Altenberge bei Gotha mit eigenen Gründungsambitionen einen Freimaurerkonvent zusammenrief, der große Resonanz fand, griff der Freiherr Karl Gotthelf von Hund und Altengrotkau (1722-1776) mit seinen Vorstellungen ein, die sich durchsetzen konnten. Hund propagierte erfolgreich ein eigenes schottisches System, die *strikte Observanz*. Auf die drei einfachen Grade folgten noch 3 Templergrade: maître écossais, Novize und Tempelherr (armiger, socius und eques). Die Hochgradritter wurden als die rechtmäßigen Nachfolger der Tempelherren angesehen. Sie erhielten lateinische Ordensnamen, Devisen und Wappenschilde. Den unbekannten Ordensoberen, unter denen nach Hunds Auffassung die Stuarts zu vermuten waren, wurde unbedingter Gehorsam gelobt. Europa wurde in neun Provinzen eingeteilt (diese wieder in Diözesen, Subpriorate usw.). Hund erklärte sich zum Großmeister der VII. Provinz Obersachsen und Niedersachsen und die skandinavischen Länder umfassend.

Vielleicht noch deutlicher an katholischen Kultformen orientiert war das System Johann August *Starcks* (1741-1816), der mit seinen ausgesprochen mystifizierenden Gedankengängen eine theoretische Subordination der Freimaurerei wie der Hundschen Rittergrade angelegt hatte. Hinter der Freimaurerei verbirgt sich der Orden der Templer, zu dem 7 Stufen führen (7 Jahre Noviziat). Noviziat, Ritter und Klerikat bilden die 3 Hochgrade; insbesondere das Klerikat war von katholischem Ritual geprägt. Eine weitere erfolgreiche Systemgründung ging von dem preußischen Militärarzt Johann Wilhelm Ellenberger, gen. Kellner von Zinnendorf (1753-1782) aus. Zinnendorf war aus der strikten Observanz ausgeschlossen worden und ein Gegner Hunds. Sein *schwedisches System* hatte er 1766 von dem schwedischen Kanzleirat Eckleff übernommen. Im schwedischen System, einer gnostisch-christosophischen Lehre, war Christus selbst unsichtbarer Obermeister für seinen christlichen Ritterorden. Die Geheimnisse der Tempelherren waren über die Auvergne und Schottland nach Schweden gelangt. Ein großes Kapitel mit 10 Graden verfügte darüber. Oberste maurerische Instanz des zinnendorfschen Systems wurde eine große Nationalloge der Freimaurer für Deutschland, die von der Londoner Großloge anerkannt wurde. Für die Annahme des Großmeistertitels wurde Landgraf Ludwig Georg Karl von Hessen-Darmstadt (1749-1823) gewonnen. Die Konkurrenz des schwedischen Systems ließ Hund und Starck in Verhandlungen zu Wismar (1768) und Kohlo (1772) zusammenrücken. Die Ordenspriore Herzog Ferdinand von Braunschweig (Germania inferior und Großmeister aller vereinigter Schottenlogen), Karl von Sachsen, Herzog von Kurland (Hannover und Mecklenburg) und Friedrich August von Braunschweig (Preußen) übernahmen neben Hund die Ordensführung, der auf dem Konvent von Braunschweig (1775) weiter an Prestige verlor. Letzterer erwies sich insbesondere nicht in der Lage, zu dem Postulat der unbekannten Ordensoberen zufriedenstellende Auskünfte zu erteilen, die strikte Observanz geriet darüber in eine ideologische und organisatorische Krisis. Die angestrebte Union mit dem schwedischen System erfolgte nicht, Starck wurde mit seinem Orden des Klerikats schließlich zur offenen Feindschaft gegenüber der strikten Observanz bestimmt.

Wenn wir uns nach diesen zur Information über die allgemeine Situation der Organisation der Hochgrad-Freimaurerei in Deutschland notwendigen Sätzen[7] wieder dem Rheingebiet zuwenden, so ist es tunlich, das chronologische Gliederungsprinzip zugunsten des geographischen aufzugeben, denn die einzelnen rheinischen Landschaften weisen hinsichtlich Logengründung, Organisation, Personenbestand und Zielen eine Reihe von Gemeinsamkeiten auf.

In Basel[8] gründeten 1765 deutsche Freimaurer die Loge »Modestia« im System der strikten Observanz. Für einige Jahre blieb dort der Sitz des deutschen Direktoriums des schottischen bzw. seit dem Lyoner Kongreß der strikten Observanz (1778) des rektifizierten schottischen Systems in der Provinz Burgund. Basel gehörte diesem System mit der Loge »Vollkommene Freundschaft« (1778) und später der Loge »Freundschaft und Beständigkeit« noch in der napoleonischen Zeit an.

Im Elsaß sind die zahlreichen Straßburger Logen recht bedeutend. Sie schufen freimaurerische Traditionen, die sich mit einem landschaftsgebundenen bürgerlichen Lebensstil verbanden. Die 1757 gegründete Loge »St. Jean d'Heredom, sous le signe de Sainte Geneviève« hat elsässische, deutsche und schweizerische Kaufleute, Ausländer – Russen und Polen – aufgenommen. Für den linksseitigen Oberrhein charakteristisch ist die Aktivität des Lyoner Seidenhändlers Jean Baptiste Willermoz (1730-1824) gewesen, der in seiner Heimatstadt die Begründung mehrerer Logen einleitete und durch die enge Verbindung von Beruf und Freimaurerei einen Kreis von Beziehungen bis zum Oberrhein schuf. Wesentlich geprägt wurden die Auffassungen von Willermoz und seinem Lyoner Kreis durch die Lehre Jacques de Pasqually's (1727-1774), das System der Chevaliers Elus Coëns de l'Univers, ein Hochgradsystem, das gnostische, manichäische und katharische Züge mit der Tradition der hermetischen und christlich-jüdischen Esoterik verband. Pasqually hatte eine Wissenschaft von den Geistern (Pneumatologie) entwickelt. Von Lyon aus unterhielt man eine lebhafte Korrespondenz mit der Straßburger Loge »La Candeur«, die 1763 von dem Stuhlmeister der Dresdener Loge »Saint-Jean des Voyageurs« (Aux Vrais Amis), dem Grafen Friedrich Aloys von Brühl gegründet worden war. In

Straßburg war durch den Grafen Anton Joseph von Lützelburg das von Dresden mitgebrachte System der strikten Observanz eingeführt worden. Willermoz, Kanzler der Großloge von Lyon, glaubte zeitweilig, in dieser deutschen Freimaurerei ein verborgenes Wissen entdecken zu können. Ein Gründungsmitglied der Dresdener Loge «Aux Vrais Amis«, der Freiherr Georg August von Weiler (1726-1775), organisierte für die strikte Observanz die V. Provinz Burgund (Burgund, Schweiz, Elsaß, Lothringen, Luxemburg, Brabant, Flandern, Artois und einen Teil von Zeeland umfassend). Straßburg wurde Sitz der Provinzialregierung (1773). Im Sommer 1774 hielt sich von Weiler in Lyon auf, um die Rektifikation im Sinn der strikten Observanz durchzuführen. Die erwarteten größeren Erfolge stellten sich allerdings nicht ein; auf dem im Spätjahr 1778 veranstalteten Konvent (des Gaules) in Lyon wurde die Bezeichnung Tempelherren zugunsten des Namens »Chevaliers de la Cité Sainte« (CBCS) aufgegegeben. In Lyon und Straßburg unterwarf man die Lehren Pasquallys und die Theosophie seines Schülers Claude de Saint Martin zusammen mit den Vorstellungen der strikten Observanz einem neuerlichen Klärungsprozeß. Die Würdenträger in der Loge »La Candeur« saßen zugleich im Directoire Ecossais de Bourgogne. Straßburg band in seiner geistigen Mittlerfunktion zwischen Frankreich und den südlichen Ländern des deutschen Reichsgebiets insbesondere den im Elsaß territorial ansässigen und interessierten Adel des deutschen Südwestens zu einer Kultur- und Wohngemeinschaft. Angehörige der Häuser Zweibrücken und Hessen-Darmstadt hatten hohe Logenfunktionen inne. Die deutschen Prinzen befanden sich dabei in der Gesellschaft der Honoratioren Straßburgs, der von Türckheim und anderer, die z. T. in den biographischen Lebenskreis des jungen Goethe hineinragen. Während sich die zivilen Logen (»La Candeur« und »Ferdinand aux Neuf Etoiles«) in Straßburg den mystischen Strömungen aus Frankreich und Deutschland öffneten, man unterhielt Kontakte mit Lavater, Saint Martin, dem Abbé Gregoire, dem Prinzen Emil von Hessen-Darmstadt, der Baronin von Krüdener, Jung-Stilling und anderen, folgten die im Elsaß und in den Vogesen besonders verbreiteten französischen Militärlogen, die in Straßburg ein akzentuiertes Eigenleben führten, eher den rationalistischen Strömungen der französischen Philosophie. Die Loge »La Concorde« in Colmar erhielt durch die Mitgliedschaft von Angehörigen des elsässischen

Gerichtshofs einen besonderen Akzent. Nur kurzen Bestand hatte die elsässische Adels- und Beamtenloge »La triple Union« in Weißenburg (1787 gegr.).

Auf dem rechten Rheinufer wurde 1784 in Freiburg im österreichischen Breisgau die Freimaurerloge »Zur edlen Aussicht« von der österreichischen Provinzialloge eröffnet. Relativ viele profilierte Persönlichkeiten von Stadt und insbesondere Hochschule gehörten der numerisch kleinen Loge an. Erster Meister vom Stuhl war der markgräflich-hochbergische Oberamtmann zu Emmendingen, Johann Georg Schlosser, Goethes Schwager. Die Freiburger Freimaurer waren begeisterte Verehrer Josephs II. Auf dessen einschränkenden Erlaß vom 14. 12. 1785 hin, der Logen nur am Ort von österreichischen Landesregierungen erlaubte, traten eine Reihe beamteter Mitglieder aus.

Im Württemberg des Herzogs Karl Eugen (1737/44-1793) vereinigte sich die Stuttgarter Loge »Zu den drei Cedern« 1768 für kurze Zeit mit der Ludwigsburger Loge »Zur vollkommenen Einigkeit«, konstituierte sich 1774 als Loge der strikten Observanz neu und löste sich am 25. Mai 1784, kurz vor dem Verbot der Freimaurerei auf württembergischem Gebiet am 7. 7. 1784, auf. Nach den Mitgliederverzeichnissen der Jahre 1778 und 1779 gehörten der Loge »Zu den drei Cedern« 126 Personen aus Hof- (8) und Landesverwaltung (20), Juristen (21), Militärs (17) und Kaufleute (10) an. Persönlichkeiten aus dem nächsten Umkreis des Herzogs zählten dazu. Personelle Abhängigkeiten bestanden zu der 1770 mit der Hohen Karlsschule vereinigten »Académie des Arts« und zu der Karlsschule selbst, einem Zentrum des Illuminatismus. Kanzler des Hochgradkapitels der Loge war der württembergische Diplomat Karl Eberhard von Wächter (1746-1825), eine bedeutende freimaurerische Persönlichkeit.

Die ersten deutlichen organisatorischen Ansätze freimaurerischer Zusammenschlüsse in der Kurpfalz fallen in die Regierungsjahre des Kurfürsten Karl Theodor (1742-1799) aus der Sulzbacher Linie. In Frankenthal gründete 1752 der Grand Orient de France eine Loge,[9] über die allerdings nichts weiter bekannt ist. Sie ist die älteste organisierte Loge im kurpfälzischen Raum. Zweifelsohne französischen Einflüssen ist auch die vermutlich vor Ausbruch des 7jährigen Krieges erfolgte Gründung der Mannheimer Loge »St. Charles de l'Union« zuzuschreiben. Kreise des kurfürstlichen Hofs: Verwaltung, Militär und Ballett, stellten die wenigen bekannten Mitglieder. Die Loge, deren Existenz um 1766 durch die Auseinandersetzung mit dem in Mannheim aktiven Jesuitenorden noch registrierbar ist, löste sich 1774 auf. Zwei Jahre später, im August 1776, versuchte der pfälzische Geheime Rat Wolfgang Heribert von Dalberg (1750-1806), der jüngere Bruder Karl Theodors, mit Hilfe des deputierten Meisters vom Stuhl der Wetzlarer Loge, Friedrich Jakob von Bostel, in Mannheim eine Loge der strikten Observanz zu gründen. Als Kurfürst Karl Theodor die Einwilligung verweigerte, beteiligten sich Mannheimer und Heidelberger Freimaurer unter Führung von Dalberg und des Heidelberger Professors Karl Kasimir Wundt an der Gründung der Logen »Johannes zur brüderlichen Liebe« in Worms (1781) und »Karl zum Reichsapfel« in Heidelberg (1782). Heribert von Dalberg wurde in Worms und später in Heidelberg Meister vom Stuhl. Heidelberger Redner wurde der Freiherr von Knigge. Insgesamt begegnen in den Logen von Mannheim, Worms und Heidelberg immer wieder eine Anzahl derselben Namen. Bald nach dem Wegzug Karl Theodors in die bayerische Residenz München – Ende 1777 war Kurfürst Maximilian von Bayern gestorben, und der pfälzische Kurfürst war den Erbverträgen entsprechend künftig auch Landesherr in Bayern –, wurde eine neue Loge »St. Charles de l'Union« (14. 3. 1778) in Mannheim eingerichtet. Während die mit dem Hof nach München übersiedelnden Mannheimer Freimaurer Anteil an der Gründung der Loge »St. Theodor zum guten Rat« (1779) in München nahmen, bemühten sich die in der verwaisten Residenz zurückgebliebenen Logenmitglieder mit einer intensiveren Einbeziehung von Wissenschaften und Künsten den Substanzverlust auszugleichen. Von den 57 bekannten Mitgliedern der Loge »St. Charles de l'Union« in den Jahren 1778-1784 waren 22 höhere Militärs, je 6 Schauspieler und Tänzer, 3 Musiker, 2 bildende Künstler; nur je 2 Advokaten, Kaufleute und Handwerker sind festzustellen. Mit dem Eintritt des Präsidenten des Kriegsrates Johann Marquard Grafen von Kreith, der ein alchemistisches »System der unbekannten Philosophen« (St. Martin) propagierte, neigte sich die Mannheimer Loge der Beschäftigung mit den okkulten Wissenschaften zu. Da die neue Loge »St. Charles de l'Union« nicht dem System der strikten Observanz angehörte, sondern der Berliner Großloge »Royal-York de l'Amitié« unterstellt war, erfolgte im Zeichen der Konkurrenz der verschiedenen Systeme die Genehmigung zur Bildung eines Mannheimer »Pfalzdirektoriums«, mit dem Recht, Logengründungen in der Pfalz, den Herzogtümern Zweibrücken, Berg und Jülich sowie in Kurmainz und Kurtrier vorzunehmen. Vom Pfalzdirektorium aus wurde am 1. 10. 1782 die Loge »Karl August zu den drei flammenden Herzen« in Kaiserslautern gegründet, die bis 1785 bestand. Der Großloge Royal-York unterstellt wurde auch die Loge »L'Union franche aux trois Colombes«, die am Johannisfest 1784 im dalbergischen Essingen[10] bei Landau auf dem Schloß des fürstbischöflich speyerischen Geheimen Rats Gottleb Amand Leopold von Dalberg (1739-1800) aus der älteren Dalberger Speziallinie gegründet wurde (1788 nach dem badischen Roth unter Rietberg in der linksrheinischen Nachbarschaft verlegt). Bei dieser, wie bei der 1788 von Royal-York gegründeten Loge »Hermes trismegistre de l'Amitié« im damals französischen Landau[11] ist der Bezug zu Mannheim allerdings nicht zu ermitteln. Unmittelbar vor der Auflösung der Mannheimer Loge wurde am 18. 7. 1785 in der markgräflich-badischen Residenz Karlsruhe die Loge »Karl zur Einigkeit« begründet, die bereits dem eklektischen System angehörte. Von Karlsruhe bestanden enge personelle Beziehungen zu Freimaurergruppen in Straßburg. Die pfälzischen freimaurerischen Aktivitäten wurden durch die 1784 einsetzende bayerische Illuminatenverfolgung spätestens in den beginnenden 90er Jahren zum Erlöschen gebracht.

In der Residenz des Herzogtums Pfalz-Zweibrücken, Zweibrücken, bestand 1763 die Loge »St. Jean« als Produkt des aufgeklärten Klimas des Pfalzgrafen Christian IV. (1722-1775), das durch einen Teil der fürstlichen Beamtenschaft, Diplomaten, Künstler, Professoren und Kaufleute genährt werden konnte.[12] Christians Bruder, Friedrich Michael von Zweibrücken (1724-1764), ist Protektor und Großmeister der Mannheimer Loge »Charles de l'Union« gewesen. Friedrich Michaels Sohn, Maximilian Joseph, war in Straßburg Logenmitglied. In Zweibrücken liefen in Erwartung der wittelsbachischen Erbschaft in München und Mannheim politische Interessenstränge aus Frankreich und dem Reich, dabei besonders aus Bayern und Preußen zusammen, die insbesondere von den Illuminaten ausgenützt wurden.[13] Im Januar 1780 wurde Maximilian Joseph von Zweibrücken, der spätere erste König von Bayern (1756-1825) als Bruder Visiteur in die Loge Saint Théodore in München aufgenommen. Mit Zweibrükken ist weiterhin der Name der Militärloge »L'Union militaire du Régiment Royal Deux-Ponts« verknüpft, die 1762 gestiftet und in die Frankfurter Loge »De l'Union« aufgenommen wurde. Das Militärregiment Royal Deux-Ponts stand in einem Patronatsverhältnis zu den zweibrückischen Herrschern. Die Loge hat ein späteres Pendant in den »Dragons unis Orient du Régiment de Deux-Ponts Dragons« (1782 erwähnt).

Die Kleinstaaten des westlichen Grenzsaums haben sich im allgemeinen unter ihren protestantischen Herrschern der Freimaurerei aufgeschlossen gezeigt und deren Möglichkeiten in den Dienst des partikularistischen Herrschaftsgedankens einzubringen versucht. Das gilt insbesondere auch für die nassau-saarbrükkischen Lande[14] unter dem Fürsten Ludwig (1768-1794), der von seiner Mutter, einer geistig aufgeschlossenen Gräfin von Erbach, Freundin der großen Landgräfin Henriette Caroline von Hessen-Darmstadt, der Schwester des Herzogs Christian IV. von Pfalz-Zweibrücken, erzogen, in seiner Jugend bereits der Straßburger Loge »La Candeur« beigetreten war. Auf seine Initiative hin wurden um 1768 die Loge »La juste et parfaite Loge de S. Louis des braves Maçons«, 1779 die Logen »Des braves Maçons de St. Henry« und »Ste. Maximilienne« in Harskirchen und St. Johann errichtet. Die Ludwigs- und Heinrichsloge wurden dem Directoire Ecossais de Bourgogne in Straßburg unterstellt. Am 1. 7. 1781 wurde eine »Schottische Großloge der strikten Observanz der Grafschaft Saarbrücken« unter Führung des Fürsten errichtet. Den Saarbrücker Logen gehörten einflußreiche Beamte der fürstlichen Umgebung und Mitglieder bedeutender Industriellenfamilien an.

Von den leiningischen Residenzstädten in der Pfalz sind nur wenige Nachrichten über freimaurerische Aktivitäten im 18. Jahrhundert bisher zugänglich geworden, obwohl sich die Umgebung einiger aufgeklärter Regentengestalten in dieser Hinsicht durchaus eignete. Eine Ausnahme bildete allerdings Grünstadt. Unter den Auspizien des Grafen Christian Carl von Leiningen-Westerburg-Altleinigen (1757-1812) wurde 1789 die Loge »Caroline zum gekrönten weißen Löwen« gegründet. Bereits 1784 war aus Neuwied der Goldmacher Johann Wilhelm von Assum († 1787), ein ehemaliger preußischer Offizier, Schüler von Zinnendorfs, nach Grünstadt gekommen, wo er unter dem Ordensnamen »Philadelphus ab Aquila viridi laureata« eine dem Illuminatismus nahestehende Loge »Zur schottischen Beständigkeit« gründete. Der den »Asiatischen Brüdern«, einem weiteren System, das auf Alchemie, Magie und Theosophie aufbaute, verbundene von Assum schuf das sogenannte Grünstädter System der »Ritter vom Kreuz der Dreieinigkeit« mit dem Prinzen Ludwig Georg Karl von Hessen-Darmstadt (1749-1823) als Großmeister. Nach dieser Auffassung entstand der Freimaurerorden im ersten Zeitalter der Welt. Die Erkenntnisstufen, die den drei Johannisgraden nachfolgten, umfaßen die vier höheren Grade des Jung- und Altschotten, des Provinzialkapitulars vom roten Kreuz und den des Ritters der Klarheit und des Lichts. Die Mitglieder des Ordens nannten sich Equites a Cruce Trinitatis. Das »Grünstädter System« wies als Hochgradsystem alchemistisch-theosophische Züge auf.

Die rheinische Freimaurerei hat um die Wende des 18. Jahrhunderts bedeutende Impulse von den Söhnen des bischöflich Wormser Statthalters Franz Heinrich Freiherrn von Dalberg erfahren. Der älteste Sohn, der Mainzer Koadjutor Karl Theodor Anton Maria (1744-1817) hat in der mainzischen Exklave Erfurt die 1787 von J. J. Chr. Bode gegründete Loge »Karl zu den drei Rädern« protegiert und stand wie sein Erfurter Vorgänger in Beziehungen zu der Weimarer Loge »Amalia«, dem zeitweiligen Mittelpunkt des geistigen und gesellschaftlichen Lebens in der Residenz des Herzogs Karl August. Der Staatsminister und großherzoglich badische Großhofmeister Wolfgang Heribert (1750-1806), der jüngere Bruder Karl Theodors, hat bei den Gründungsverhandlungen der Loge in der freien Reichsstadt Worms eine bedeutende Rolle gespielt. Der jüngste der Brüder, der Domherr in Trier, Worms und Speyer, Johann Friedrich Hugo Nepomuk Eckenbrecht (1752-1812), ist ebenfalls Mitglied der Loge in Worms gewesen. Im Zusammenhang mit den Überlegungen um frühe freimaurerische Aktivitäten in Worms ist auch das Gerücht um Goethes angebliche Aufnahme in die Freimaurerei in Worms im Oktober 1769 zu bewerten. Treibende Kraft der ersten bekannten Wormser Logengründung[15] ist der Wormser Ratsherr Christoph Heinrich Clausius gewesen. Clausius hatte in Wetzlar Aufnahme in die Provinzialloge »Joseph zum Reichsadler« gefunden. Er kam der Absicht des Reichskammergerichts-Assessors von Ditfurth entgegen, der Präfektur Wetzlar Logen der strikten Observanz in den südlichen Gebieten des Rheinlandes zu eröffnen. Als Clausius den Präsidenten der kurpfälzischen Hofkammer in Mannheim,

Wolfgang Heribert von Dalberg gewinnen konnte, wurde am 23. 4. 1781 die Konstitutionsurkunde für die Loge »Johannes zur brüderlichen Liebe« in Worms ausgestellt. W. H. von Dalberg wurde in der Stiftungsurkunde zum Meister vom Stuhl ernannt. Das Mitgliederverzeichnis nennt 19 Namen, darunter mehrere kurpfälzische Beamte und Geistliche sowie Offiziere, Wormser Kaufleute, je einen Arzt und Advokaten.

Die Anfänge der Freimaurerei in Hessen sind eng mit den Regentenfamilien in Darmstadt und Kassel verknüpft. Von den Landgrafen von Hessen-Darmstadt haben bereits Ludwig VIII. (1691-1768) und seine Söhne Ludwig IX. (1719-1790) und Georg Wilhelm (1722-1782) der Freimaurerei angehört. Die erste mit Darmstadt in Verbindung stehende Loge, von der wir ausführlicher hören, ist die Loge »Zu den drei Disteln« im Jagdschloß Wolfsgarten gewesen, eine ausgesprochene Fürstenloge, die in einem Patronats- und Nachfolgeverhältnis zur gleichnamigen Mainzer Loge stand, die 1767 nach Frankfurt verlegt worden war. 1768 hat Ludwig VIII., vermutlich Meister vom Stuhl, seinen Enkel, den Prinzen Ludwig Georg Karl, in die Distelloge aufgenommen. Die erste freimaurerische Aktivität des Landgrafenhauses ging möglicherweise von den im Erbgang an die Landgrafen gelangten hanau-lichtenbergischen Gebieten im Elsaß und im Westrich aus. Unter dem Eindruck der Erfolge Friedrichs des Großen richtete Ludwig IX. in der Pirmasenser Residenz, die zum lichtenbergischen Amt Lemberg gehörte, seine bekannte Garnison ein, die die finanziellen Kräfte seiner Länder aufzehrte. Von der in den 60er Jahren des 18. Jahrhunderts in Pirmasens errichteten Militärloge »Zur brennenden Granate« sind bisher noch keine näheren Einzelheiten ermittelt worden. Während Ludwig IX. in Pirmasens seinen Liebhabereien nachging, hat seine Frau Henriette Karoline zusammen mit dem landgräflichen Minister Friedrich Karl von Moser in Darmstadt das Land verwaltet. Von Bedeutung war in dieser Zeit insbesondere der Kreis der »Empfindsamen« in Darmstadt, der unter aufklärerischen und pietistischen Einflüssen einem Freundschaftskultus in lockeren Formen einer ordensähnlichen Vereinigung huldigte. Es steht zu vermuten, daß damals mehrere logenähnliche Sozietäten in der Residenz bestanden. Von der wohl bürgerlichen Freimaurerloge in Darmstadt »Zur weißen Taube«, die wenigstens zeitweilig zwischen 1764 und 1791 bestand, sind keine Nachrichten überkommen, sie wird nicht sehr bedeutend gewesen sein. Bis in die Generation der Enkel Ludwigs VIII. ist der Schwerpunkt der freimaurerischen Aktivität in Darmstadt noch in den Adelslogen zu suchen. Prinz Ludwig Georg Karl von Hessen-Darmstadt, Sohn des ebenfalls nichtregierenden Landgrafen Georg Wilhelm, trat mit 15 Jahren in die »Arkadische Gesellschaft zu Phylandria« ein, diese ein 1759 auf dem Neuhof bei Offenbach am Main begründetes Jugendkränzchen, das sich bald in einen Schäferorden und dann in eine Freimaurerloge umwandelte. Bekanntlich hat Goethe vergeblich versucht, Zugang zu der Arkadischen Gesellschaft zu finden. Aus dem Landgrafenhaus traten weiter der Erbprinz Ludwig und Landgraf Ludwig VIII. bei, Mitglieder der Hofgesellschaft und des Darmstädter Bürgertums ließen sich aufnehmen. Im August 1768 übernahm Ludwig Georg Karl die Vorherrschaft (Argonat) von Ludwig Ysenburg von Buri (1746-1806). Die Darmstädter Vereinigung nahm den Namen »Große Loge des heiligen Ludwig« an. Mit der ebenfalls 1768 erfolgenden Aufnahme in die Distelloge gehörte Prinz Ludwig Georg Karl als »Ludovicus a Leone aureo coronato« der strikten Observanz der eigentlichen Freimaurerei an. 1773 hat er für kurze Zeit das Amt eines Großmeisters der englischen und schwedischen Konstitution unter der Großen Landesloge von Berlin eingenommen, der sog. Zinnendorfschen Großen Landesloge von Deutschland. Eine neue entscheidende Phase begann mit der Bekanntschaft Ludwig Georg Karls und seines jüngeren Bruders Georg mit dem badischen Geheimen Rat Freiherrn Gottlieb von Gugomos (1742-1806) aus Rastatt. In Begleitung des von Gugomos unternahmen die beiden Prinzen eine vielerwähnte Ordensreise über Südfrankreich nach Italien, um das Geheimnis der unbekannten Ordensoberen aufzuklären. Die mittels nächtlicher Geisterdemonstration von deren Existenz schließlich überzeugten beiden Prinzen wurden im Januar 1776 von dem badischen Freiherrn in den von ihm neu konzipierten Tempelorden aufgenommen. Vom 15. August bis 5. September 1776 fand auf Einladung des von Gugomos ein Konvent in Wiesbaden statt, dem das in Italien entdeckte Geheimnis der Kontinuität zu den Tempelherren des Mittelalters zur Grundlage dienen sollte. Die 24 Mitglieder umfassende Liste des Ordens erfaßte eine hessen-darmstädtische Gruppe neben Namen aus unterschiedlichen deutschen Landschaften. Nicht nur ein streng christlicher Tugendkatalog, sondern auch die Erfordernis der lateinischen Sprache bei allen Ordenshandlungen und die Einrichtung von Ordensfesten rückten das System in die Nähe des katholischen Ritus. Die Hochgrade bis zum Tempelritter, über den Novizen und den Armiger sollten auf den Freimaurergraden aufbauen. Den Keim der Krisis, der das System bald anheimfiel, bildeten die spekulativen Hinweise des Stifters auf einen heiligen Stuhl des Ordens in Zypern. Während sich die Unlauterkeit des von Gugomos nach schweren Enttäuschungen der Ordensmitglieder nicht mehr leugnen ließ, verbanden sich die drei hessendarmstädtischen Prinzen Ludwig Georg Karl, Georg Karl und Erbprinz Ludwig mit den Herzögen Karl und Georg von Mecklenburg-Strelitz im März 1777 in einem »Vereinigungs-Act«, der trotz alledem gemeinschaftliche Maßregeln zur Erreichung des Ordenszwecks vorsah. Die dafür notwendigen ständigen Korrespondenzen sollten über Darmstadt als Mittelplatz laufen. Die Maßnahme bildete den Ausgangspunkt für die Templerverbindung der »Sieben Verbündeten«, zu denen auch Fürst Karl Wilhelm von Nassau-Usingen gehörte.

Auf Theosophie, Alchemie und Magie lief der tempelherrische Versuch Johann August von Starcks (1741-1816), »Eques ab Aquila Fulva« bzw. in seinem Klerikat »Archimedes«, hinaus, der durch seine »Apologie des Freimaurerordens« bekannt geworden war, 1781 in Darmstadt die Stelle eines Oberhofpredigers erhielt und sich – mystisch-reunistischen Tendenzen bis zuletzt huldigend – im publizistischen Streit mit den Berliner Aufklärern behauptete. Die »Sieben Verbündeten« und speziell auch Landgraf Ludwig Georg Karl (»19 Fragen rosenkreuzerischen Geistes«) haben mit ihm in den Jahren 1778/79 korrespondiert. Starck erweist sich mit seiner Propagierung des Klerikats, des geistlichen Zweigs der Tempelherren, ähnlich wie von Gugomos von systematischem Einfluß auf die freimaurerische Konzeption des Landgrafenhauses. In Darmstadt fanden insbesondere das Grünstädter System von Assums, das Clermont-Rosasche System, die Theosophien von Saint Martin, Willermoz und Swedenborg sowie der Illuminatismus weiter Beachtung. Seit dem Berliner Konvent vom Oktober 1773 und dem Wiesbadener Konvent vom Spätsommer 1776 unterhielten die Landgrafen enge Kontakte mit den Berliner Rosenkreuzern Johann Christoph Wöllner und Johann Rudolf von Bischoffwerder, die sich in der engsten Umgebung des preußischen Kronprinzen Friedrich Wilhelm bewegten. Von Einfluß auf die rosenkreuzerischen Spekulationen der Landgrafen waren die Ideen des Bayern Karl von Eckartshausen (1752-1803). Im Zusammenhang mit der »göttlichen Sophie oder Magia« in rosenkreuzerischer Tradition unter Beobachtung der Ideen des Freiherrn von Gugomos steht die weitere Tätigkeit des Prinzen Ludwig Georg Karl, der seit 1776 seinen Wohnsitz in der Reichsstadt Heilbronn nahm, deren Bürgermeister Georg Heinrich von Roßkampff zu seinen Anhängern zählte. Nach experimenteller alchemistischer Tätigkeit mit dem aus Italien mitgebrachten Peter Christian Tayssen beschäftigte sich Ludwig Georg Karl mit einem neuen Ordensprojekt im Zusammenhang mit einem Grafen von Tourouvre, den ein anfangs 1778 nach Heilbronn einberufener Freimaurerkongreß als Betrüger entlarvte. Der Prinz huldigte demokratisierenden Tendenzen; die Basis der jetzt vorherrschenden bürgerlichen Mitgliederschaft in Heilbronn wurde erheblich verbreitert, das württembergische Freimaurerverbot löste einen gewissen Zuzug auch aus den Nachbargebieten aus.

Der jüngere Vetter Ludwig Georg Karls, Landgraf Christian Ludwig (1763-1830), hat sich bereits in seiner Jugend mit besonderem Eifer der Freimaurerei zugewendet, wo er im Elsaß Aktivität entwickelte (Straßburger Kapitel der strikten Observanz »Eclairé« 1780, Protektor und Ehrenvénérable in Buchsweiler 1781). Als sich die Freimaurer Wilhelm von dem Busche und Johann Joachim Christoph Bode im Sommer 1787 auf dem Konvent der Pariser Philaleten aufhielten, auf dem die wichtige Frage des Wertes der Allegorien, Symbole und Hieroglyphen für die freimaurerische Substanz diskutiert wurde, standen sie mit dem hessischen Landgrafen in brieflicher Verbindung. Prinz Christian zeigte sich durchaus in der Tradition der »Sieben Verbündeten«, als er im Sommer 1786 in Verbindung mit dem Mainzer Freiherrn von Haupt und einem Hauptmann Vries zu Löwenburg in Wetzlar eine Reise nach Köln plante, um dort eine übernatürliche Demonstration auf ihren Wahrheitsgehalt zu überprüfen. Die frühe freimaurerische Betätigung des Erbprinzen Ludwig X. (1753-1830) ist weniger deutlich. Ludwig wurde im März 1777 mit dem Prinzen Georg von Mecklenburg in eine vielleicht von dem landgräflichen Sekretär Losse provozierte Episode um eine Susanna Wilhelmina Render aus Darmstadt einbezogen, deren Träume und Erscheinungen damit interpretiert wurden, daß sich die unbekannten Väter des Templerordens zu erkennen gegeben hätten.

Wie sehr die strikte Observanz und das Templersystem durch die Anfälligkeit gegenüber Mißbräuchen in ihrem dogmatischen und organisatorischen Bestand hinfällig geworden waren, zeigte der von dem Großmeister aller vereinigten Schottenlogen Herzog Ferdinand von Braunschweig (1721-1792) einberufene Freimaurerkonvent in dem kleinen Ort Wilhelmsbad bei Hanau im Sommer 1782, wo am 29. August der Entschluß gefaßt wurde, die strikte Observanz endgültig aufzuheben. Aber nicht das neue System der »Ritter der Wohltätigkeit« unter dem Herzog Ferdinand von Braunschweig als Generalgroßmeister, das keine durchgreifende Reform ermöglichte, wurde erfolgreich, sondern der *eklektische Bund* des in Wilhelmsbad unterlegenen Reichskammergerichts-Assessors Franz Dietrich von Ditfurth (1738-1813), mit dem Ziel der Zurückführung der strikten Observanz auf die Johannis-Grade und der Ablehnung der »Ritterspielerei«. In Wilhelmsbad weilte auch Willermoz. Die französischen Ordensritter hatten dort die Gruppe der »Mystiker« repräsentiert, unterstützt von Ferdinand von Braunschweig und Karl von Hessen-Kassel, die »Rationalisten« waren von dem Hofrat J. J. Chr. Bode (1730-1793) und eben von Franz Dietrich von Ditfurth geführt worden. Der Zerfall der strikten Observanz kam zu einem guten Teil dem Illuminatenorden zugute. Eine ganze Reihe von Logen der strikten Observanz vollzog im Rheingebiet seit 1783 den Übergang zum eklektischen Bund.

Im April 1778 wurde in Anwesenheit des Reichskammergerichts-Advokaten Friedrich Jakob Dietrich von Bostell, Obermeisters und Mitglieds der Loge »Joseph zu den drei Helmen« in Wetzlar, in der hessen-darmstädtischen Universitätsstadt Gießen die Loge »Ludwig zu den drei goldenen Löwen« eingerichtet, die erste Bürgerloge in der Landgrafschaft, die effektiven Bestand hatte. Meister vom Stuhl wurde der landgräfliche Regierungsrat Ludwig Adolph Christian von Grolmann, ein Freund Starcks. Beamte: Juristen, Kameralisten, Militärs und Gelehrte, zum Teil solmsische Bedienstete aus Butzbach, bildeten die kleine Gruppe von 15 Mitgliedern.

Wesentliche freimaurerische Impulse sind von den Reichsstädten im hessischen Raum ausgegangen. Die bedeutende Frankfurter Einigkeitsloge erhielt 1766 den Status einer englischen Provinzialloge, die sich nicht der strikten Observanz unterordnete, sondern sich 1782 unter der Führung des Frankfurter Bürgers

Passavant, als dessen Bestätigung seitens der englischen Großloge ausblieb, zur selbständigen Provinzialloge erklärte. Die Frankfurter Loge verfügte schon über die Tochterlogen »Zu den drei Löwen« in Marburg (1745) und »Joseph zur Einigkeit« in Nürnberg (1761). Tragende Schicht der Frankfurter Loge wurde das Großbürgertum, wozu eine Gruppe von höheren Beamten trat. Auch die strikte Observanz hatte in Frankfurt einen Stützpunkt, als nach der erwähnten Verlegung der Mainzer Distelloge nach Frankfurt (1767) die Loge »Wilhelm zu den drei Rosen« gegründet wurde. In diese Maßnahmen eingeschlossen war die Verlegung der Mainzer Präfektur der strikten Observanz Rittersfelde nach Frankfurt. Seit 1776 führte das Frankfurter Kapitel den Namen Großkomturei Creuznach. Als Kapitel Alt-Creuznach wurde es im März 1777 nach Wetzlar verlegt, während in Frankfurt durch Vermittlung des Prinzen Karl von Hessen-Kassel ein unabhängiges Kapitel Neu-Creuznach errichtet wurde.

In der Reichsstadt Wetzlar hatte seit 1693 das Reichskammergericht seinen Sitz, das in der zweiten Hälfte des 18. Jahrhunderts etwa 170 Beamte und deren Angehörige umfaßte. An der Spitze der Freimaurerloge »Joseph zu den drei Helmen«, einer ehemaligen Filialloge der Mainz-Frankfurter Distelloge, stand der Reichskammergerichts-Assessor Franz Dietrich von Ditfurth, der auch Meister vom Stuhl der 1772 gegründeten späteren großen Direktorialloge »Joseph zum Reichsadler« wurde. Nach der Verlegung des Ordenskapitels aus Frankfurt nach Wetzlar setzte, anfangs noch in Konkurrenz zu der Kasseler Ordenspräfektur »Templar«, eine lebhafte Aktivität ein, die sich in Logengründungen in Biebrich, Aachen, Köln, Münster i. W., Worms und Heidelberg äußerte. Ein Ergebnis der auf dem Wilhelmsbader Konvent erfolgten Annäherung zwischen dem ehemaligen Anhänger des Illuminaten von Knigge, von Ditfurth, und der Frankfurter Provinzialloge war die Vereinbarung einer gemeinsamen Direktorialloge der Frankfurter und Wetzlarer Provinziallogen, die 1783 erfolgte. Die Loge »Joseph zu den drei Helmen« erfaßte um 1776/77 102 Mitglieder (61 Lutheraner, 8 Reformierte und 33 Katholiken), fast ausschließlich Juristen. Fast 50% der Mitglieder waren Angehörige des Adels. Von den Praktikanten am Reichskammergericht fand beispielsweise der Reichsfreiherr vom Stein Zugang zur Loge (1777).[16] Goethe, der zuvor in gleicher Eigenschaft in Wetzlar weilte (1772), wurde damals kein Logenmitglied, obwohl er mit von Bostell entfernt verwandt war. Er trat vielmehr in einen lokalen Ritterorden ein, dessen Ritual im wesentlichen dem Tempelherren-Hochgrad der Logen der strikten Observanz entnommen war. Eine Gründung von Ditfurths ist die Friedberger Loge »Rudolf zu den drei Schwanen« (1777), die knapp 20 Mitglieder, Angehörige der Burgfriedberger Ritterschaft und der Stadt sowie Auswärtige umfaßte.[17]

Von Wetzlar aus wurde am 10. 8. 1778 durch den Reichskammergerichts-Assessor Johann Christian Joseph von Waldenfels und den Kammergerichts-Advokaten F. J. D. von Bostell als Bevollmächtigtem der großen schottischen Direktorialloge »Joseph zum Reichsadler« in Biebrich die Loge »Zur beständigen Einigkeit« gegründet. Der regierende Fürst Karl Wilhelm von Nassau-Usingen (1775-1803) war bereits zuvor zum Meister vom Stuhl der Biebricher Loge ernannt worden. Die Biebricher Loge zählte 1779 43 Mitglieder: Angehörige des nassau-usingischen und des Mainzer Hofes und Offiziere aus Wiesbaden und Mainz. Neben dem kurmainzischen Hofrat Freiherrn Anselm Franz von Bentzel-Sternau, dem späteren Kurator der Mainzer Universität, finden sich unter anderem die Namen des nassau-usingischen Regierungspräsidenten von Kruse, des Militärs Drais von Sauerbronn und des nassau-weilburgischen Regierungspräsidenten in Kirchheimbolanden, von Botzheim. Im Sommer 1779 wurde die Loge aus dem Biebricher Schloß nach Wiesbaden verlegt. Mit Erlaubnis des Wetzlarer Präfekturkapitels war 1778 ein Präpositurkapitel Alt-Weilnau errichtet worden, das Fürst Karl Wilhelm von Nassau-Usingen leitete. Die 75 Mitglieder des Jahres 1778, fast ausschließlich Juristen aus dem Umkreis der nassauischen Regierung und des Reichskammergerichts, Vertreter der Territorialstaaten, der Reichsstädte und der Ritterschaft in Wetzlar, gehörten großenteils auch den Logen »Joseph zu den drei Helmen« in Wetzlar und »Zur beständigen Einigkeit« in Biebrich an. Erwähnt seien jedoch noch als Mitglieder der spätere hessen-kasselsche Staatsminister von Fleckenbühl, gen. Bürgel und der Mozartverehrer Graf August Clemens von Hatzfeld, Domherr zu Eichstätt.

Landesherrlichen Einfluß haben wir auch bei der Gründung der Loge »Zum Palmbaum« im isenburgischen Offenbach (1760) zu vermuten, die ohne große Resonanz blieb, da die Einwohner die Frankfurter Einigkeitsloge bevorzugten. Die Loge »Wilhelmine Karoline« in der Hauptstadt der unmittelbaren Grafschaft Hanau, eine Gründung der späten 70er Jahre, weist auf die Kasseler Linie des hessischen Landgrafenhauses. Erbprinz Wilhelm, der erste Kurfürst von Hessen-Kassel, an dessen Hof sich 1777 von Knigge aufgehalten hat, benützte Hanau zeitweilig als Residenz. Beamte des Fürstentums Fulda bildeten im wesentlichen den Bestand der in der Residenz der Herren von Ebersberg-Weihers, Gersfeld, im September 1777 vom Fränkischen Direktorium gegründeten Loge »Wilhelmine zu den drei Buchen«, deren erster Meister vom Stuhl der in Mainz residierende kaiserliche Kammerherr Amand Philipp Ernst von Ebersberg, gen. von Weihers, Illuminat und Mitglied der Wiesbaden-Biebricher Loge, wurde.

In der Landgrafschaft Hessen-Kassel[18] erfolgte unter dem aufklärerischen Friedrich II. (1720-1785) im April 1743 durch die Frankfurter Provinzialloge »Zur Einigkeit« die Gründung der Loge »Zu den drei Löwen« in Marburg. Im März 1777 schritten adlige Beamte, Offiziere, Professoren und Mediziner und deren Frauen in Marburg zu dem Versuch der Gründung eines Ritterordens, einer »Société jointe«, wobei man sich nach Hessen-Darmstadt um Protektion wandte. Von der aktiven Marburger Löwenloge aus erfolgte 1766 die Errichtung der Loge »Zum Thale Josaphat« in der Residenz Kassel. Wesentlich bedeutender war in Kassel die Aktivität der strikten Observanz. Die 1771 gegründete Templerloge »Zum gekrönten Löwen«, die Braunschweig unterstellt wurde, stieg in der Hierarchie der Schottenlogen von der Komturei über die Präpositur zur Präfektur »Templar in Castello Cattorum« auf. Der Kasseler Schottenloge »Zum gekrönten Löwen«, deren Logentableau vom Erbprinzen Ludwig von Hessen-Darmstadt angeführt wurde (1778), gehörten Militärs, Kameralisten, Juristen, Mediziner, Künstler und Diplomaten an. Auch vier Kölner Kanoniker bzw. Beamte befanden sich in der Mitgliederschaft. Bekannte Persönlichkeiten gehörten in den Logenkreis: die Maler Johann Heinrich und Johann Friedrich August Tischbein, der Freiherr von Knigge, der Finanzwissenschaftler von Dohm und der Naturwissenschaftler und Schriftsteller Georg Forster. Die Mehrzahl von ihnen lehrte an dem bedeutenden Collegium Carolinum in Kassel oder an der aus diesem 1777 hervorgegangenen Kunstakademie. Nach dem Konvent von Wilhelmsbad sonderte sich 1784 die Loge »Zum Tempel der wahren Eintracht«, die dem eklektischen Bund beitrat, von der Schottenloge »Zum gekrönten Löwen« ab. Ungefähr gleichzeitig wurde die eklektische Loge »Constantin zu den drei Kränzen« in Rothenburg an der Fulda errichtet, der Residenz der Nebenlinie Hessen-Rotenburg. Bereits im Februar 1773 hatte die Berliner Großloge »Royal York zur Freundschaft« in Kassel mit der Loge »Friedrich von der Freundschaft« eine weitere Schottenloge errichtet. Landgraf Wilhelm IX. (1785-1821), ein ausgesprochener Gegner der Freimaurerei, hat am 8. November 1793 im ganzen Hessen-Kasseler Gebiet die freimaurerische Betätigung unter Verbot gestellt. In der norddeutschen und skandinavischen Freimaurerei gelangte Landgraf Karl (1744-1836), Bruder Wilhelms IX., zu führenden Positionen. Karl, Freund des dänischen Ministers von Bernstorff, war mit Prinzessin Louise von Dänemark verheiratet und residierte nach einer Offizierskarriere als Statthalter der Herzogtümer Schleswig und Holstein auf Schloß Gottorf in Schleswig. Nach seiner Aufnahme in die Freimaurerei (1776 in Schleswig) wurde Landgraf Karl bald Koadjutor der Heermeister der VII. und VIII. Ordensprovinz und 1782 Provinzialgroßmeister dieser Provinzen, die nach der Ordenskonzeption u. a. neben Skandinavien auch Rußland erfassen sollten. Nach dem Wiener Kongreß hat Karl als General-Großmeister des altschottischen Systems von Gottorf aus über die Frankfurter altschottische Direktorialloge großen Einfluß auf die Freimaurerei des Rhein-Main-Gebiets ausgeübt.[19]

Die geistlichen Stifte am Rhein verhielten sich hinsichtlich der Tolerierung der Geheimgesellschaften mangels dynastischer Kontinuität uneinheitlich, jedoch insgesamt weniger freundlich als die protestantischen Regierungen. In der geistlichen Residenzstadt Mainz[20] lösten die militärischen Bewegungen während des 7jährigen Krieges erste Impulse zur Gründung freimaurerischer Vereinigungen aus. Hier bestand damals eine Feldloge »De la Vertu«, deren Mitglieder der französischen Armee angehört haben dürften. Bald nach dem Regierungsantritt des Kurfürsten Emmerich Joseph von Breitbach-Bürresheim (1763-1774) wurde am 23. 9. 1765 die Loge »Zu den drei Disteln« gegründet, die sich der strikten Observanz anschloß. Mainz wurde Sitz der Ordenspräfektur »Rittersfelde«, der Philipp Freiherr von Zobel, ein Domherr, vorstand. Der Logensaal befand sich im Haus des kurmainzischen Kammerherrn Specht von Bubenheim. Die Loge umfaßte 1766 29 Mitglieder, im folgenden Jahr bereits 44. Außer von Zobel befanden sich unter den Mitgliedern noch weitere Dom- und

Stiftsherrn, deren numerischer Anteil allerdings nicht ins Gewicht fällt, sowie zahlreiche Beamte und Offiziere. Eine Äußerung des Mitarbeiters des Großmeisters der VII. Provinz von Hund, des Johann Christian Schubart, Edlen vom Kleefeld (1734-1787), der in Mainz und Wiesbaden der strikten Observanz zum Eingang verholfen hatte, er könne ein Ordensmitglied auf den vakanten Mainzer Erzstuhl bringen, löste eine Aktion der geistlichen Behörden aus. Das Domkapitel nahm bereits 1767 eine Ausschlußklausel hinsichtlich der Freimaurer in die Eidesformel der Kapitulare, Domizellare und Vikare auf. Kurfürst Emmerich Joseph forderte die Schließung der Mainzer Loge, die im Februar 1767 nach Frankfurt verlegt wurde. Die Mainzer Freimaurer haben sich in den nächsten Jahren der Loge in Wiesbaden-Biebrich angeschlossen (1783 unter 50 Freimaurern 24 Mainzer). Ein beträchtlicher Teil der Mainzer Illuminaten findet sich in den Freimaurerlisten der Loge »Zur beständigen Einigkeit« von Wiesbaden und Biebrich der Jahre 1779 und 1783. In Mainz hielt sich eine gewisse okkultistische Templertradition. Der ehemalige Meister vom Stuhl der Distelloge, Major von Kottulinsky, und der Geheime Rat von Keller waren Mitglieder des Tempelherrenordens auch in der neuen Form von 1776 (Wiesbadener Konvent). Im Winter 1776/77 hielt von Gugomos in einem Mainzer Gasthof eine große Loge ab. Ohne jegliche Bedeutung war wohl die 1765 genannte Loge »Du Cygne« in Mainz-Kastel. An der Mainzer Universität bestand bis 1781 eine Loge des mit freimaurerischem Ritual arbeitenden Studentenordens der Amicisten, der 1777 in Jena begründet worden ist. Am 2. Mai 1789 wurde dann die Freimaurerloge »Friedrich Karl Joseph zum goldenen Rad« in Mainz von einem Repräsentanten der Londoner Großloge installiert. Sie folgte allerdings dem System des eklektischen Bundes. Eine Mitgliederliste der Loge, die etwa 70 Personen zählte, liegt nicht mehr vor.[21] Als im November 1792 der französische General Custine im Namen der Revolution von Mainz Besitz nahm, verlegten die im Gefolge des Kurfürsten nach Aschaffenburg flüchtenden Mitglieder die Loge an den Main, wo die Tätigkeit am 25. 7. 1804 wieder aufgenommen wurde.

Im Erzstift Trier[22] publizierte Kurfürst Johann Philipp von Walderdorff (1756-1768) am 25. 4. 1762 die päpstlichen Exkommunikationsbullen der Jahre 1738 und 1751 (»Providas«). Einige Tage später erließ er unter Berufung auf die Papstbullen ein Verbot der Freimaurer, »die in der Residenzstadt Koblenz mehrere Zusammenkünfte abzuhalten sich erfrechten«. Ein Schreiben des Kurfürsten, ebenfalls vom April des Jahres an seinen gelehrten Weihbischof von Hontheim (1700-1730), der wohl damals gerade an seinem »Febronius« arbeitete, hinsichtlich der Gefahren der Freimaurerei und der Entlassung des Hoftanzmeisters, der im Verdacht stand, einen der kurfürstlichen Pagen in die geheime Kunst eingeführt zu haben, bezog sich wohl auf die Koblenzer Vorgänge. Als Ausweichloge kam für Koblenz-Ehrenbreitstein in erster Linie Neuwied in Betracht, wo auch der kaiserliche Gesandte Franz Georg von Metternich-Winneburg und sein Kanzleidirektor Ignaz von Hertwich 1785 Logenmitglieder sind.[23] Im Jahr 1776 plante die strikte Observanz von Wetzlar aus erfolglos die Gründung einer Loge in Koblenz oder Neuwied. In Trier selbst scheiterten sehr viel weiter reichende Projekte der Illuminaten an dem Zusammenbruch des Ordens im Gefolge der Verbotsaktion.

In der Grafschaft Wied hat der protestantisch und preußisch eingestellte Landesherr Johann Friedrich Alexander von Wied (1706-1791), der vermutlich bereits 1735 in Paris in den Freimaurerorden aufgenommen worden war, am 28. 11. 1752 die Neuwieder Freimaurerloge »Karoline zu den drei Pfauen« genehmigt, benannt nach dem Vornamen seiner Gemahlin. Die Loge schloß sich keiner Großloge an und orientierte sich an dem sog. neuenglischen System. Erst 1779 erhielt Neuwied mit der Landes- und Mutterloge »Zur wahren Hoffnung« eine Loge der strikten Observanz, die von Johann Wilhelm von Assum geleitet wurde. Im Jahre 1780 wurde das Schloß Friedrichstein als Ordenshaus erworben; das »Neuwieder Lotto« sollte ähnlich wie eine Grünstädter Lotterie den Brüdern zu Friedrichstein den Ankauf des Schlosses finanzieren und weitere Projekte, wie Witwenkasse und Waisenerziehungsanstalt ermöglichen, wurde aber schließlich auf Einspruch des französischen Groß-Orients, dem sich die Loge 1780 angeschlossen hatte, ausgesetzt. In der Neuwieder Karolinenloge ist das protestantische geistliche Element besonders stark vertreten gewesen, es hat sich jedoch den von den Landesherrn seit der Gründung der Stadt gepflegten Prinzipien der Toleranz nicht verschlossen. Von 60 bekannten Freimaurern (20 Lutheraner, 19 Reformierte und 6 Katholiken lassen sich dabei ermitteln) waren 11 Offiziere, 9 Kaufleute, je 7 Beamte und evangelische

Geistliche, 4 Handwerker, je 3 Juristen und Mediziner. Im Herbst 1781 nahm die Neuwieder Loge Fühlung mit der Wetzlarer Direktorialloge auf, und bereits im folgenden Frühjahr wurden die Ditfurthschen Reformpläne durchgeführt. Die meisten Neuwieder Freimaurer traten in die im Juni 1782 gegründete Illuminatenloge ein. Der Schwager des Reichsgrafen von Wied, Graf Johann Martin zu Stolberg-Rossla, neben Ludwig Ysenburg von Buri wohl der bedeutendste Neuwieder Freimaurer und Illuminat, Meister vom Stuhl der Karolinenloge in den Jahren 1784 und 1786, leitete als »Campanella« die zweite deutsche Inspektion der Illuminaten in Westfalen und die ober- und niederrheinischen Kreise, bevor er, seit 1784 an der Spitze der gesamten deutschen Illuminatenprovinzen, Ende April 1785 die Einstellung der Ordenstätigkeit anordnete. Neuwied beherbergte ein unerschrockenes Buchverlegertum und eine aktive Presse, die insbesondere in den Tagen der Revolution auf die Gebiete der geistlichen Kurfürsten auf dem linken Rheinufer wirkten. Die Neuwieder Freimaurer gaben zusammen mit von Ditfurth seit Dezember 1786 die »Freymaurerzeitung« heraus, die vor allem ordensgeschichtliche Aufsätze und Abhandlungen brachte. Trenck von der Tonder, der Redakteur der »Politischen Gespräche im Reiche der Toten«, hat die Verfasser als Schreiberlinge angegriffen, die »Kickelkakel, Gekribeskrabes und Schnickschnack« trieben. Friedrich Karl von Wied hat in seiner im August 1793 dem Regensburger Reichstag unterbreiteten Rekursschrift die Neuwieder Freimaurer der Verschwörung mit der Fürstin von Wied und der Mitbeteiligung an dem Zustandekommen des ihn betreffenden Vormundschaftsbeschlusses bezichtigt. Die Neuwieder Karolinenloge hat kurz vorher im Frühjahr 1793 ihre Tätigkeit eingestellt.

Im Erzstift Köln wurde erst in den letzten Regierungsjahren des Kurfürsten Max Friedrich von Königsegg (1761-1784) im Jahre 1776 in Bonn[24] eine Freimaurerloge gegründet. Der Kurfürst soll ein besonderer Gönner der Bonner Loge gewesen sein, die der strikten Observanz angeschlossen war. Die Mitglieder kamen z. T. aus der nächsten Umgebung des Kurfürsten: Oberstallmeister von Forstmeister, Oberst von Kleist, Geheimrat von Leerodt, Hofratspräsident von Gymnich, die Grafen von Taxis und von Königsegg. Da in Köln Versuche hinsichtlich einer Logengründung scheiterten, schlossen sich eine Reihe von Adligen aus der Reichsstadt an, darunter mit dem Domkapitular von Königsegg ein Verwandter des Kurfürsten. Meister vom Stuhl und Initiator der Gründung war der erst 24 jährige Freiherr Franz Wilhelm von Spiegel zum Diesenberg (1752-1815). Wie der Freiherr vom Stein war Spiegel bereits in der Göttinger Studienzeit mit der Freimaurerei in Berührung gekommen, und der jugendliche Westfale hat sich auch der Göttinger Loge der strikten Observanz »Augusta zu den drei Flammen« angeschlossen. Von der Präfektur Kassel war Spiegel 1775 mit der Erstellung von Lageberichten über die Situation am Niederrhein im Blick auf anzustrebende Logengründungen beauftragt worden, wobei man bei der eventuellen Neugründung Unterstützung anbot. Zusammen mit den Kölnern von Beyweg, von Francken-Sierstorff (Kanonikus) und Kanonikus von Hilgers führte Spiegel im Oktober 1775 eine »Maurerreise« nach Kassel durch. Die damit verknüpften Pläne ließen sich durch das Zurückweichen der Kölner nicht im erhofften Ausmaß verwirklichen. Möglicherweise verlief sich auch die Bonner Loge, als von Spiegel 1776 nach Rom reiste, wo er sich im Bann der Templertheorie mit der Errichtung einer römischen Hochgradloge beschäftigt hat. Spiegel ist auch nach seiner Romreise Freimaurer geblieben und war wohl Mitglied der Hildesheimer Loge der strikten Observanz »Ferdinand zur gekrönten Säule«, nicht aber der Loge »Zu den drei Balken« in Münster, die 1778 als Loge der strikten Observanz begründet, eine stattliche Reihe von Domherrn der Stifte Münster, Osnabrück, Paderborn und Halberstadt erfaßte, darunter Angehörige der Geschlechter Boenen, Boeselager, Droste-Vischering, Elverfeld, Galen, Ketteler, Korff und Plettenberg. Die Münsterer Loge, deren Name auf das Wappen der Familie von Fürstenberg hinzielt, hat sich bis 1780 wohl der Förderung von Spiegels Gegner, dem kurkölnischen Minister Franz von Fürstenberg, erfreut. Die Domherrn um Spiegel und Fürstenberg haben, den irenischen Grundtendenzen der strikten Observanz getreu, an eine innere Umformung, nicht an einen Umsturz der römischen Kirche gedacht. Das Fazit, das der gealterte Spiegel aus seinen Freimaurerjahren zieht, ist typisch in seiner Art: »Ich machte die Bekanntschaft einiger edelen Menschen wie z. B. Professor Kulenkamp, welche Freimaurer waren. Dies verleitete mich, es zu werden. Es hat den Nutzen nicht, welchen man in der Jugend erwartet; ich bereue es nicht, weil es mir mehr Menschenkenntnisse gewährt hatte, aber ich kann auch niemand dazu raten, weil es auch ihn zu Unwürdigen führen kann, und die

Geheimnisse, welche er erfährt, sind nicht von der Wichtigkeit, um sich in solche enge Verbindung mit Menschen, die man vorher nicht kennt, einzulassen«.[25] Zwischen jener ersten Gründungsphase einer Bonner Freimaurerloge und den späteren öffentlichen und geheimen aufgeklärten Gesellschaften der Stadt bestehen ideengeschichtliche, aber keine personellen Verbindungen. Diese setzen erst mit der 1781 erfolgten Gründung der Bonner Illuminatenniederlassung »Stagira« ein. Ein repräsentativer Teil ihrer Mitglieder findet sich in der Lesegesellschaft, der bürgerliche Bestandteil auch in der napoleonischen Freimaurerloge wieder. Persönlichkeiten des kurfürstlichen Bonn sind auch anderenorts Logenmitglieder geworden. Der Minister Johann Christian Joseph Freiherr von Waldenfels ist als Reichskammergerichts-Assessor in Wetzlar in die Freimaurerloge »Joseph zu den drei Helmen« eingetreten und hat sich auch als Rosenkreuzer betätigt. Der Professor Eulogius Schneider wurde am 12. Februar 1791 Mitglied der Krefelder Loge »Zur vollkommenen Gleichheit«, der er bis Februar 1794 angehörte. Er stand mit Engelbert vom Bruck in Verbindung, der 1786 in Neuwied Freimaurer geworden war, eine der führenden Persönlichkeiten der Krefelder Loge. In den Jahren nach der Aufhebung der Illuminatenniederlassung läßt sich bis in die Anfangszeit des neuen Jahrhunderts keine Existenz einer offiziellen Loge in Bonn nachweisen, obwohl sich Gerüchte noch im Jahre 1786 mit einem »neuen Tempelorden« beschäftigen. Kurfürst Max Franz von Habsburg-Lothringen (1784-1801) hat zwar die geheimen Gesellschaften geduldet und mit Spiegel und Waldenfels zwei Freimaurer als Minister in seiner Nähe, aber er ließ es, ähnlich wie seine geistlichen Kurkollegen am Rhein, zu keiner Diskussion seiner persönlichen Teilnahme kommen. Im Oktober 1784 hat Franz Georg von Metternich vergeblich versucht, den Kurfürsten persönlich für den Illuminatenorden zu gewinnen. Bekannt ist Max Franzens Schreiben an den Deutsch-Ordens-Komtur Belderbusch vom 30. 5. 1786, das sein Verhältnis zu den Freimaurern und anderen Geheimgesellschaften klar umreißt.

In der Reichsstadt Köln[26] soll die Freimaurerei gerüchtweise schon recht früh Eingang gefunden haben. Aber diese unbefangenen Versuche des 19. Jahrhunderts, Gründungsmythologien in der frühen Neuzeit anzusiedeln, sind doch infolge der Aktenfreudigkeit des 17. und 18. Jahrhunderts einfach zu spät gewesen, man müßte schon in das unhistorische Denken mittelalterlicher Urkundenfälscher und ihrer Adepten verfallen. Sicherer wird der Boden erst für das Jahr 1751, für das die Existenz einer Loge »De la Fidelité« in Köln zu belegen ist. Um 1770, vielleicht schon einige Jahre früher, bestand die Loge »Le Secret des trois Rois« (Du Secret des trois Rois), die sich der französischen Sprache bediente. Möglicherweise ist die Anregung zu dem Gesuch an den französischen Groß-Orient um die Konstitution (23. 2. 1775 ausgestellt) von Mitgliedern des Kölner Domkapitels ausgegangen, die zugleich Dompfründen in Straßburg besaßen. Auch zu der Brüsseler Loge »St. Jean dite Charles d'Hérédon« bestanden enge Verbindungen, die anläßlich des Aufnahmegesuchs aktiviert wurden. Die Absicht der Kasseler Präfektur Templar, durch Franz Wilhelm von Spiegel als ihren Beauftragten in Köln eine Loge der strikten Observanz anlegen zu lassen, scheiterte wie angedeutet. Ebenso mißlang auch der Versuch des Meisters vom Stuhl Peter Joseph von Buschmann, Herrn von Arfft und Asperschlag, im September 1776 die Dreikönigsloge an die strikte Observanz anzuschließen. Zwei Jahre später schied von Buschmann mit seinem Anhang aus der Dreikönigsloge aus und gründete am 22. 9. 1778 mit von Bostell von der Wetzlarer Direktorialloge die Kölner Loge der strikten Observanz »Maximilian zu den drei Lilien«. Der neuen Loge gehörten vornehmlich Adelige an. Im Oktober 1786 wurde der spätere Mainzer Klubist Georg Christian Wedekind, damals Arzt in Mülheim a. Rh. in die Loge aufgenommen. Der kurkölnische Rat von Buschmann ist um 1780 Vorsteher des Kölner Rosenkreuzerzirkels, weiter wird ihm noch die Gründung einer Loge »Aux trois Globes« zugeschrieben. Eine bürgerliche Logengründung unternahm weiter der kurkölnische Amtmann, Hofrat Johann Stephan Sandt, ehemaliges Mitglied der Loge »Secret des trois Rois«. Seine Winkelloge stand wahrscheinlich in Verbindung mit der 1782/83 nachgewiesenen Kölner Schottenloge »Zu den drei Weisen aus Orient«, die dem System der strikten Observanz folgte.

Die Dreikönigsloge war in den Jahren von 1778 bis 1815 zeitweilig inaktiv. 1785 übernahm der ehemalige französische Offizier Jean Paul de Lavalette St. George das Amt des Vénérable. Unter seiner Führung wurde die Loge zu einem Instrument innerer Auseinandersetzungen. Der Kölner Toleranzstreit, in dem sich einige Logenmitglieder engagierten, und ein Zerwürfnis der Loge mit ihrem Vénérable führten zu einer Unterbrechung der

Logentätigkeit für etwa zwei Jahre. Neuer Meister vom Stuhl wurde der Professor für französische Sprache am Laurentiuskollegium, Dominikus Oestges aus Luxemburg. Die Loge bestand auch nach der französischen Besetzung Kölns mit teilweise verändertem Personenbestand fort. Die Kölner Dreikönigsloge hatte vor dem Einzug der Franzosen in die Reichsstadt durch die Mitgliedschaft von Angehörigen des Domkapitels und der kurfürstlichen Dikasterien einen deutlichen aristokratischen Akzent. Insbesondere der Neffe des Kölner Kurfürsten, Karl Meinrad Eusebius von Königsegg-Aulendorff und Chorbischof Ernst Adrian von Königsegg-Rothenfels sind in diesem Zusammenhang zu nennen. Weitere Logenmitglieder besaßen Kapitelspfründen und Kanonikate. Befand sich auch die kurfürstliche Residenz in Bonn, so wurden Adel und Angehörige einflußreicher Familien durch Domkapitel und eine Reihe von Behörden in die Stadt gezogen. Eine ganze Reihe von Angehörigen dieser Gruppe mit vornehmlichem Betätigungsakzent auf landesherrlichen Aufgabenstellungen gehörte der Dreikönigs- und später der Lilienloge an: die Kammerherrn von Hatzfeld und von Vrints, die nobilitierten Hofräte Leerod, Franz, Buschmann, Meex und Nuß, der Hofkammerrat Aldenbrück, der Hofgerichtsschöffe Delsence und der Stadtgerichtsschöffe Fuchs. Mit Franz Jakob von Hilgers und Rainer Joseph Anton von Klespe haben zwei Kölner Ratsbürgermeister der Kölner Loge angehört. Die Tätigkeit des Ratsherrn Johann Nikolaus Dumont (1743-1816) ist von Bedeutung für die Entwicklung des Kölner Stadtregiments am Ende des 18. Jahrhunderts. 1770 wurde Dumont Rats-, 1773 Gebrechsherr, 1794 Bürgermeister als Nachfolger von v. Herresdorf. Hier erwies er sich als ein Verfechter der Aufrechterhaltung der alten, demokratisch verstandenen Stadtverfassung noch in einer Zeit, als am Untergang des Ancien Régime westlich des Rheins kaum noch Zweifel bestehen konnten. Auch die Vertreter der kaiserlichen Gewalt fehlten in der Reichsstadt Köln nicht. Der kaiserliche Resident F. J. von Bossart gehörte der Lilienloge an, der kaiserliche Kammerherr Graf von Thurn und Taxis war Mitglied der Dreikönigsloge, später der Loge »Max zu den drei Lilien«. Groß- und Kleinhandel, Unternehmertum und Bankenwesen stellten einen beträchtlichen Teil der Logenmitgliedschaft vor und nach 1789, insgesamt ungefähr 150 Personen, die teilweise aktiven Anteil am repräsentativen öffentlichen und gesellschaftlichen Leben der Stadt nahmen und im Stadtregiment z. T. in führenden Positionen tätig gewesen sind. Insbesondere in der Dreikönigsloge fällt zudem die häufige Beachtung des Prinzips familiärer Abhängigkeiten unter den Logenmitgliedern auf. Eine ganze Reihe der logenangehörigen Kaufleute und Kleinfabrikanten hatte sich spezialisiert: Engels (Bijouterien), H. J. Foveaux (Tabak), L. Foveaux (Arrak, Kolonialwaren), Haentjens (Eisenwaren), Herstatt (Kölnisch Wasser), Schophoven (Zimmeröfen), Schülgen (Material- und Farbwaren) und Ülpenich (Wein, Seidenband und Seidenstoff). Nicht wenige der Kaufleute zeichneten politisches Engagement und Bildungsstreben aus: W. G. A. Peill, J. W. Brewer und der Ratsherr J. H. J. Wolff sind zu nennen, dessen »Stadtkölnischer Kurier« 1794 (24. 8.) versichert, daß »der Orden der echten Freimaurer zuverlässig weder mit der französischen Revolution noch mit der berüchtigten Propaganda oder mit dem System der Illuminaten in der mindesten Verbindung steht; echte Freimaurerei hat mit öffentlichen und politischen Gegenständen keinen Zusammenhang und kann also für keine Staatsverfassung gefährlich sein«.[27] Allein sieben Mitglieder der Familie Herstatt sind in der Kölner Dreikönigsloge (bis 1813) vertreten. Johann David (1740-1809) verband mit der Seidenfabrikation ein Wechselgeschäft, das immer mehr an Bedeutung gewann. Er und sein Bruder Johann Jakob heirateten Töchter des Krefelder Nähseide- und Sayettfabrikanten Peter von der Leyen, der am Aufbau des Krefelder Seidengewerbes in der Art eines Familienmonopols hervorragenden Anteil hatte und Mitglied der Krefelder Freimaurerloge gewesen ist. Als weitere Berufsgruppen zeichnen sich ab: Militärs, insbesondere österreichische Offiziere, da der Kaiser einen Teil der Kölner Garnisonstruppen stellte, dann Mediziner und Apotheker, vor 1797 in Verbindung mit der Kölner Universität stehend, Advokaten und Schiffskapitäne. An Künstlern erfaßte die Loge die Musiker Bernhard Joseph Mäurer, Peter Klein und Johann Wilhelm Lévêque, dazu den Miniaturenmaler I. Valaperta. Die Kölner Logen waren weder nur Adels-, noch ausschließlich Offiziers- oder Kaufmannslogen. Viele der Persönlichkeiten haben durch Amt, Wohlstand, Organisationstalent und berufliche Qualitäten weit in die Stadt und nicht selten darüber hinaus gewirkt.

In der Düsseldorfer Residenz[28] der wittelsbachischen Gebiete am Niederrhein waren die Logen »La Parfaite Amitié« (1765-

1769) und »La Paix du Bas-Rhin« (1767-1772), die während der aufgeklärten Statthalterschaft des Grafen Johann Ludwig Franz von Goltstein (1768-1776) aktiv waren, bereits in den 70er Jahren des 18. Jahrhunderts erloschen. Insbesondere der Adelsloge »Parfaite Amitié« haben bedeutende Mitglieder, wie der spätere Minister und Kanzler von Jülich-Berg, Freiherr von Hompesch, der schon genannte Statthalter von Goltstein und als einziger vollberechtigter Bürgerlicher der Geheime Rat Friedrich Heinrich Jacobi, der Freund Goethes und Herders, angehört. Jacobi ist später Mitglied des Illuminatenordens geworden, der in allen pfalzbayerischen Landen seit 1784 von Verboten betroffen wurde.

In den preußischen Gebieten am Niederrhein wirkte sich die Begünstigung durch Friedrich den Großen vorteilhaft auf Logengründungen in Wesel (1744 »Aux trois Colonnes d'Airain«, 1775 »Zum goldenen Schwert«), Kleve (1775 »Zur Hoffnung«), Duisburg (1784 »Zur Hoffnung«, 1786 »Zu den zwei Zahlen«), Emmerich (»s' Heerenberg«, 1779 »Pax inimica malis«) und Krefeld (1788/89 »Zur vollkommenen Gleichheit«) aus. In Duisburg wies Friedrich der Große im August 1784 den Protest des Universitätssenats gegen eine Logengründung zurück. In Krefeld, das mit seiner Seidenindustrie in der Hand der Familie von der Leyen eine Sonderstellung im wirtschaftlichen Leben des Niederrheins einnahm, wurde der Burscheider Kaufmann Peter von Loewenich, Mitglied der Aachener Illuminatenniederlassung, der 1786 die Fabrikantentochter Susanne von der Leyen geheiratet hatte, erster Vorsteher der Loge »Zur vollkommenen Gleichheit«. Ein Amt, das der Seidenfabrikant, der inzwischen auch in die Aachener Loge »Constance« aufgenommen worden war, bei der Neukonstituierung der »Parfaite Egalité« im Jahre 1801 wieder versah.

Die Entwicklung der Freimaurerei in der Reichsstadt Aachen[29] haben Handel, Badeverkehr und die Grenzlage der Stadt im Westen des Reichs gefördert. Anfänglich schlossen sich die einheimischen Kaufleute und adeligen Reisenden Logen in Hamburg, Braunschweig, Frankfurt, Köln, Düsseldorf, Maastricht, Brüssel und Genf an. Insbesondere die Maastrichter Loge wurde seit 1760 von Bewohnern des Aachener Gebiets besucht. Im Zeitraum von 1764 bis 1767/68 sind die ersten Logengründungen in Aachen erfolgt, möglicherweise Vorläuferinstitutionen der Loge »De l'Union et de l'Amitié«, die bis 1774 bestanden hat. Aus dieser, und durch die Verlegung der Metzer Loge »La Constance« nach

Aachen, entstand am 1. 11. 1774 die Aachener Loge »La Constance«, die älteste ununterbrochen bestehende Loge im Rheinland. Das durch das französische System bewirkte konfessionelle Übergewicht der Katholiken wich mit dem Erstarken der »deutschen Partei« unter Baron de Witte, die 1778 nach Verhandlungen von Bostells in Aachen den Übergang zur strikten Observanz bewirkte, einer bedeutenden Gruppe von protestantischen Kaufleuten und Fabrikanten, denen unter dem Regiment des »Aachener Reichs« die konfessionelle Gleichstellung noch versagt war. Kampfpredigten des Dominikaners Greinemann und des Kapuziners Schuff im Frühjahr 1779, die feindliche Stellungnahme des Aachener Magistrats und eine Belästigung des Freimaurers Richter in der Öffentlichkeit im Sommer des Jahres erzeugten ein von aufklärerischen Übertreibungen nicht ganz freies Bedürfnis, die Aufmerksamkeit auf die Aachener Freimaurerverfolgung zu lenken und publizistische Märtyrer für die gute Sache zu schaffen. Von den deutschen Fürsten war Friedrich der Große zwar vergeblich angesprochen worden, aber Herzog Ferdinand von Braunschweig, die Herzöge Karl von Sachsen-Coburg-Meiningen und Adolph Friedrich IV. von Mecklenburg-Strelitz, Fürst Karl Wilhelm von Nassau-Usingen und Erbprinz Ludwig von Hessen-Darmstadt haben zugunsten der Aachener Loge Stellung bezogen, während auf der Gegenseite der Nuntius Bellisomi in seinen diplomatischen Möglichkeiten durch das kluge Taktieren des Lütticher Fürstbischofs von Velbrück als dem Aachener Sprengelherrn eingeengt wurde. Die Freude der Zeit an der Legendenbildung im Dienste der Humanität und das Echo der Vorgänge in der Presse wirkten sich gegen den Aachener Magistrat aus, der letztlich zusammen mit den klerikalen Instanzen toleranter operiert hat als die Freimaurerloge selbst. Ein Kuraufenthalt des schwedischen Königs Gustav III. in Aachen bewirkte die Rückführung der Loge aus ihrem Ausweichquartier in Vaals. Ende 1782 hat sie sich einem französischen Hochgradsystem unterstellt, am 24. 6. 1783 trat die Loge dem eklektischen Bund bei. Versuche des aktiven de Witte, dieses System in den Österreichischen Niederlanden zu verbreiten, scheiterten an der Freimaurerpolitik Josephs II. Ende November 1784 wurde ein »Freimaurer-Cloup« in Verbindung mit einer Bibliothek in Aachen eingerichtet, der auch Nichtfreimaurern zugänglich gewesen ist und sich mit den weiteren Leseinstituten der Stadt in die Funktion einer

Lesegesellschaft teilte. Die letzte Aufzeichnung der Aachener Loge aus reichsstädtischer Zeit ist vom 28. 8. 1794. Neben der Loge »Zur Beständigkeit« war in Aachen in den 70er Jahren vermutlich eine Niederlassung des 1759 in Hamburg gegründeten Concordienordens vorhanden. Die meisten Illuminaten der zahlenmäßig nicht sehr bedeutenden Aachener Minervalkirche (Gaza) gehörten gleichzeitig der Freimaurerloge an. Im Umkreis von de Witte bestanden 1782 Bestrebungen, die Freimaurerloge in ihrer Gesamtheit dem Illuminatismus zuzuführen.

In dem zum Reich gehörenden Hochstift Lüttich hat der »Ami de l'Humanité« Fürstbischof Franz Graf von Velbrück (1772–1782) Lüttich ein goldenes Zeitalter der Philosophie beschert. In der Lütticher Freimaurerloge »La Parfaite Intelligence« befanden sich Mitglieder des Domkapitels und zahlreiche weitere Geistliche. Auch von Velbrück ist aller Wahrscheinlichkeit nach Freimaurer gewesen, wenn ihn auch die Listen der Lütticher Loge nach seiner Wahl zum Fürstbischof verschweigen. Im Aachener Freimaurerstreit hat der Fürstbischof als Aachener Sprengelhirte deutliches Wohlwollen für die Aachener Freimaurer gezeigt.

In den Österreichischen Niederlanden kam es bereits im dritten Jahrzehnt des 18. Jahrhunderts zur Gründung von Logen in Mons, Gent und Tournai sowie Alost. 1748 richtete Duc Louis de Bourbon-Condé die Loge »La Vraye et Parfaite Harmonie« in Mons als große französische Provinzialloge ein; die französische Abhängigkeit wurde 1769/70 durch die englische abgelöst. Wie in Lüttich wurden in Mons (Amis Thérésiens) und Löwen Logen mit ausgesprochen klerikalem Akzent geschaffen. In Luxemburg befanden sich seit 1763 in wechselnder Folge mehrere österreichische Militärlogen. Erst 1770 gründete der Marquis de Gages dort die reguläre Zivilloge »La Parfaite Union«, die 1776 in die englische Provinzialloge der Niederlande aufgenommen wurde. 1778 folgte die Gründung der »Frères réunis« (später »La Constance«) in Marche-en Fammene. Verbote gegen die Freimaurerei waren in den Österreichischen Niederlanden 1738 durch Kaiser Karl VI. und 1764 durch Maria Theresia erlassen worden. Unter Karl von Lothringen, der die Niederlande von 1748 bis 1780 regierte, nahm die Freimaurerei insbesondere am Brüsseler Hof eine günstige Entwicklung. Karl von Lothringen war selbst Freimaurer, ebenso wie sein Bruder Franz I., der am 15. 4. 1731 in La Haye in eine Loge aufgenommen worden ist. Karl gründete die

Logen »St. Charles« in Brüssel und »L'Unanimité« in Tournai. 1783/84 mußte die niederländische große Provinzialloge infolge einer Verordnung Josephs II. die nationale Großloge in Wien anerkennen. Kaiserliche Edikte vom 11.12.1785 und 15.5.1786 schränkten die Zahl der niederländischen Logen bis auf drei Logen in Brüssel ein. Ein Comité Central Maçonnique unter dem Präsidenten von Seckendorf löste die große Provinzialloge ab. Die Luxemburger »Parfaite Union« bestand gegen das Verbot weiter.

Versuchen wir abschließend einige Strukturen zu erkennen, so zeigt sich, daß die organisatorische und ideologische freimaurerische Entwicklung im Westen und Südwesten des Alten Reichs bei aller scheinbaren Undurchsichtigkeit in ein sozietäres Kräftespiel führte, das in vielfach gegenläufigen Bewegungen geradezu fieberhaft – häufig kurzlebige – Neugründungen hervorbrachte, gegen die Tendenz und den bewußten Willen des Zeitverständnisses der Aufklärung deutlich okkultistische Strömungen stärkend, wie sie die schottischen Hochgradsysteme unterstützten. Damit unterscheidet sich ein gewichtiger freimaurerischer Strang innerhalb dieser Phase im deutschen Bereich von den weiterhin vorhandenen Repräsentanten der rationalen Johannisgrad-Freimaurerei nicht nur englischer Genesis, sondern insbesondere dann auch der Freimaurerei der nachfolgenden napoleonischen Zeit. Eine für die neuere Forschung wesentliche Fragestellung ist die nach der soziologischen Brauchbarkeit der Freimaurerei für die Verbürgerlichung der Aufklärung. Die Formel von der ausschließlichen Bürgerlichkeit der Aufklärung wird durch den bedeutenden Anteil der Mitglieder der landesherrlichen Dynastien und des Adels insgesamt an der Freimaurerei in Frage gestellt. Die Logen des 18. Jahrhunderts weisen insbesondere im Rheingebiet eine Präponderanz von Adel und Regent auf, die dem Bürgertum auch ansonsten allenthalben in den Städten in wohnlicher Nachbarschaft begegnen. Im Gegensatz zu den Verboten erfolgten die Begünstigungen häufig durch Regenten, die selbst der Freimaurerei angehörten. Dazu zählen Dynasten der Häuser Hessen-Darmstadt und Hessen-Kassel, Nassau-Saarbrücken, Wied-Neuwied, Pfalz-Zweibrücken und Habsburg-Lothringen. Die adelige Mitgliederschaft bildete das Rückgrat der früheren Logen in Köln, Bonn, Mainz und Worms, bedingt durch Bischofssitz, Domkapitel oder Residenz, aber auch in dem durch geistliche Immunitätsrechte weniger oder wenig beeinträchtigten reichsstädtischen Typus: Frankfurt (Auswirkungen der Kaiserkrönungen), Wetzlar (Legationen am Reichskammergericht). Ausgeprägte Aristokratenlogen bestanden in Straßburg und Düsseldorf. Residenzcharakter läßt der Bestand der älteren Logen in Stuttgart, Karlsruhe, Mannheim, Grünstadt, Saarbrücken, Darmstadt, Mainz, Wiesbaden-Biebrich, Neuwied, Bonn, Düsseldorf, Münster in Westfalen und Köln erkennen. Adelskanonikat und heimliche Logenzugehörigkeit haben sich im Ancien Régime nicht ausgeschlossen, das zeigt das Vorhandensein des geistlich-aristokratischen Elements in den Logen am Rhein, in Westfalen und in Belgien. In den Gebieten mit vorwiegend evangelischer Bevölkerung konnten sich Kirchentreue und Konservatismus auch in den Freimaurerlogen halten, die keineswegs freigeistige und revolutionäre Kader darstellten. Obwohl wir von den älteren Logen weniger wissen, werden doch die Ziele dieser Vereinigungen den aristokratischen Vorstellungen insofern angemessen gewesen sein, als sich die freimaurerische Artikulation im residenznahen Klima, geprägt von Interesse an Hof, Diplomatie, Philosophie und Pädagogik, allgemein geistigen und musischen Bestrebungen und Genüssen, Festen und Jagdvergnügen bewegte, – die große Bürgerloge blieb doch noch Ausnahmeerscheinung. Das paßt wenig in das von der Frankfurter Schule her geprägte soziologische Schema. Kammerherrn, Geheime Räte, Hofmeister, Militärs, Verwaltungsbeamte, Juristen, Kanzlisten, Postmeister, Ratsschöffen, Schreiber, Domherrn, Pfarrer, Pädagogen, Mediziner, Studenten, Schauspieler, Tänzer, Musiker, Maler, Handelsleute, Fabrikanten, Diener, Pagen, – keine Bauern –: die Aufzählung zeigt zwar die verbreiterte Palette der aktivierbaren bürgerlichen Intelligenzschichten auf, aber die gemutmaßte Dynamik bürgerlichen Emanzipationsstrebens war doch vielfach gegenläufig gebrochen, kanalisiert in sich widersprechende Abhängigkeiten von Residenz, Universität, gemeinsamer Handelsbasis usw. Zudem standen die aufklärerischen Neigungen im einzelnen Menschen im Widerstreit mit Fürstentreue und Untertanensinn, Partikularbewußtsein, politischem Quietismus und Friedenssehnsucht. Die Endgültigkeit vieler Vorgänge im Prozeß gesellschaftlicher Umschichtung war lange Zeit nicht zu erkennen; erst die gewissermaßen anmaßende Retrospektive der soziologischen Geschichtsforschung wertete dabei eine Teilkomponente zur alleinverbindlichen auf. Die Rückführung der Ordensgründung über Steinmetzzünfte und Tempelritter in mittelalterliche und weiter antike Gründungsmythologien machte die Freimaurerlogen gegenüber rationalen Argumentationen mindestens ebenso anfällig wie die christlichen Religionen. Gerade die sicher nicht untypische Geschichtsfremdheit des 18. Jahrhunderts hat dabei der Freimaurerei gewissermaßen ein Bleigewicht angehängt. Rationalismus, Skeptizismus und Fortschrittsglaube waren mit einem strapazierenden Ritual im Zeichen der Brüderlichkeit vielleicht eben noch, mit Mythenbildung aber auf die Dauer nicht vereinbar. Die aufgeklärte Ideologie war auch mit dem Prinzip der sogenannten unsichtbaren Oberen, das die Exzesse des fürstlichen Absolutismus in der Impertinenz seiner Ansprüchlichkeit noch bei weitem in den Schatten stellte, nicht in Deckungsgleichheit zu bringen. Die Möglichkeit des Typus Geheimgesellschaft, sich infolge der unentwegt weiter bestehenden Kluft zwischen aufgeklärten Zielsetzungen und fehlgeschlagener staatlicher Reformpolitik, in Bereitschaft zu politischem Engagement positiv mit Revolutionstendenzen auseinanderzusetzen, stieß bei den Freimaurern im Gegensatz zu Illuminaten und Jakobinern, die daher bereits vor 1789 das Rennen machten, auf innere Widerstände. So ist es eigenartig festzustellen, daß die deutschen Freimaurerlogen mit ihrem Zögern, die Programmatik an die gewandelte Realität anzupassen, eine Stunde der Regeneration verpaßten.

### *Anmerkungen*

1 Vgl. dazu den in der Mainzer Reihe *Geschichtliche Landeskunde* 21, (1980), S. 260-274 erschienenen Beitrag des Verfassers: »Aufklärung und Sozietäten im 18. Jahrhundert«.

2 Der Verfasser verweist dabei auf seine Habilitationsschrift: *Freimaurergesellschaften am Rhein. Aufgeklärte Sozietäten auf dem linken Rheinufer vom Ausgang des Ancien Régime bis zum Ende der napoleonischen Herrschaft.* (Geschichtliche Landeskunde Bd. 16). Wiesbaden 1977. Die folgenden Ausführungen beruhen großenteils auf Ergebnissen dieser Arbeit, so daß im Blick auf zu erwartende umfängliche Literatur- und Archivalbelege entlastend auf diese verwiesen werden kann. Erst nach Abschluß des Manuskripts wurde dem

Vf. der Sammelband: *Geheime Gesellschaften*, hrsg. von Peter Christian Ludz, Heidelberg 1979 (Wolfenbütteler Studien zur Aufklärung V/1), zugänglich, der die Dringlichkeit der vorliegenden Ausführungen bekräftigt, die unter soziologischem Gesichtspunkt auch als Beitrag zur Erarbeitung der »empirisch-historisch nachweisbaren Einzelfakten und Aspekte des historisch determinierten sozialen Lebens« verstanden werden dürfen. Vgl. P. Chr. Ludz, »Überlegungen zu einer soziologischen Analyse geheimer Gesellschaften des späten 18. und frühen 19. Jahrhunderts«, ebd., S. 89-119, hier S. 89.

3 Dotzauer, *Freimaurergesellschaften*, S. 40.

4 Karl Demeter, *Die Frankfurter Loge zur Einigkeit 1742-1966. Ein Beitrag zur deutschen Geistes- und Sozialgeschichte*, Frankfurt 1967, S. 29 ff.

5 Dotzauer, *Freimaurergesellschaften*, S. 70.

6 Ebd., S. 79 ff.

7 Dazu ausführlich Karl R. H. Frick, *Die Erleuchteten. Gnostisch-theosophische und alchemistisch-rosenkreuzerische Geheimgesellschaften bis zum Ende des 18. Jahrhunderts – ein Beitrag zur Geistesgeschichte der Neuzeit*, Graz 1973; René Le Forestier, *La Franc-Maçonnerie templière et occultiste aux dix-huitième et dix-neuvième siècles* (publ. par Antoine Faivre), Louvain 1970.

8 Die erste Baseler Loge bestand bereits 1744. Es kann im folgenden nicht Ehrgeiz dieses Beitrags sein, insbesondere für die größeren Städte alle Logen zu benennen, obwohl natürlich die wichtigsten und weitere darüber hinaus Erwähnung finden.

9 Ludwig Türck, »Freimaurerei in der Pfalz«, in: *Quatuor-Coronati* Heft Nr. 2, Juni 1965, S. 5-10 (Text), hier S. 6.

10 Ebd.

11 Ebd., S. 7.

12 Dotzauer, »Die Städte Landau, Zweibrücken und Speyer und ihre aufgeklärten Gesellschaften vom Ende des Ancien régime bis zum Ende des napoleonischen Zeitalters unter besonderer Berücksichtigung der Freimaurerlogen«, in: ZGO NF 81, (1972), S. 303-351, hier S. 320 ff.

13 Das wird deutlich bei Eberhard Weis, *Montgelas 1759-1799. Zwischen Revolution und Reform*, München 1971.

14 Walther Teufel, *Geschichte der Freimaurerei im Saarland und in den angrenzenden Gebieten*, Baden-Baden o. J.

15 Dotzauer, »Worms und seine Freimaurerlogen bis zum Ende der napoleonischen Zeit«, in: *Archiv für hessische Geschichte und Altertumskunde* NF 33, (1975), S. 137-166.

16 Freiherr vom Stein, *Briefe und amtliche Schriften*, bearb. von Erich Botzenhart, neu hrsg. von Walther Hubatsch, Bd. 1, Stuttgart 1963, S. 112, Nr. 78.

17 Fritz H. Herrmann, »Die Mitglieder der ältesten Friedberger Loge »Rudolph zu den drei Schwanen« (1777-1794)«, in: *Wetterauer Geschichtsblätter* 9, (1961), S. 111-113.

18 Adolf Kallweit, *Die Freimaurerei in Hessen-Kassel. Königliche Kunst durch zwei Jahrhunderte von 1743-1965*, Baden-Baden 1966.

19 Dotzauer, »Zur Freimaurerei im Großherzogtum Hessen-Darmstadt 1815-1830«, in: *Archiv für hessische Geschichte und Altertumskunde* NF 36, (1978), S. 301-328, hier S. 315 ff.

20 Ders., »Mainzer Illuminaten und Freimaurer vom Ende der kurfürstlichen Zeit bis zu den Freiheitskriegen«, in: *Nassauische Annalen* 83, (1972), S. 120-146.

21 Die noch von Josef Hansen, *Quellen zur Geschichte des Rheinlandes*, Bd. 1, Bonn 1931 (Publikationen der Gesellschaft für rheinische Geschichtskunde XLII), S. 71 Anm. 4, durch Vermittlung des wohl bedeutendsten deutschen Freimaurerforschers August Pauls benützten Mainzer Logenlisten aus dem Archiv der Loge »Carl zur gekrönten Säule« in Braunschweig sind laut Auskunft des dortigen zug. Logenarchivars nicht mehr vorhanden.

22 Dotzauer, »Das aufgeklärte Trier. Freimaurerlogen und Lesegesellschaften«, in: *Geschichtliche Landeskunde* 9, (1973), S. 214-277. – Guido Groß, *Trierer Geistesleben unter dem Einfluß von Aufklärung und Romantik (1750-1850)*, Trier 1956, (Veröffentlichungen der Gesellschaft für nützliche Forschungen zu Trier).

23 Helmut Mathy, *Franz Georg von Metternich, der Vater des Staatskanzlers*, Meisenheim a. Gl. 1969 (Mainzer Abhandlungen zur mittleren und neueren Geschichte Bd. 8), S. 13.

24 Dotzauer, »Bonner aufgeklärte Gesellschaften und geheime Sozietäten bis zum Jahre 1815 unter besonderer Berücksichtigung des Mitgliederbestands der Freimaurerloge »Frères courageux« in der napoleonischen Zeit«, in: *Bonner Geschichtsblätter* 24, (1972), S. 78-142.

25 Max Braubach, *Die Lebenschronik des Freiherrn Franz Wilhelm von Spiegel zum Diesenberg*, Münster i. W. 1952 (Veröffentlichungen der Historischen Kommission des Provinzialinstituts für westfälische Landes- und Volkskunde XIX. Westfälische Briefwechsel und Denkwürdigkeiten Bd. IV), S. 171.

26 Dotzauer, »Die Mitglieder der Kölner Freimaurerlogen, insbesondere der Loge »Le Secret des trois Rois«, vom Ende des Alten Reiches bis zu den Freiheitskriegen«, in: *Jahrbuch des Kölnischen Geschichtsvereins* 44, (1973), S. 123-231.

27 J. Hansen, *Quellen zur Geschichte des Rheinlandes*, Bd. 3, S. 20, 268 f. Anm. 5.

28 August Pauls, *Düsseldorfer Freimaurerei im 18. Jahrhundert*, 1. Lieferung, Leipzig 1928.

29 Ders., *Geschichte der Aachener Freimaurerei*, Bd. 1, »Die Aachener

Freimaurerei in der reichsstädtischen Zeit«, Clausthal-Zellerfeld 1928; Ders., *Annalen der Aachener Freimaurerei*, Veröffentlichungen der deutschen Freimaurerakademie in Frankfurt a. M., Festschrift zum 175. Stiftungsfest der Aachener Johannisloge »Zur Beständigkeit und Eintracht«, Frankfurt a. M. 1949.

# Ernest Krivanec (†)

# Die Anfänge der Freimaurerei in Österreich

Wie im gesamten übrigen Europa war auch im Habsburgerstaat die mit Abstand wichtigste Geheimgesellschaft im Zeitalter der Aufklärung die Freimaurerbruderschaft. Keine andere Organisation hat wie sie das geistige und politische Leben beeinflußt und verändert. Die Logen vereinten vielfach die Elite des Siècle des Lumières; sie waren mit Erfolg bestrebt, kirchlichen Obskurantismus, inhumane Gesetze und insgesamt Aberglauben und Unwissenheit zu bekämpfen und unter dem Kampfruf des »sapere aude!« die Welt den Menschen lebenswerter zu machen und mit den großen Prinzipien der Freimaurerbruderschaft, Humanität und Toleranz, über Nationen und Religionsrichtungen hinweg, den Menschen des 18. Jhdts. ein weltbürgerliches Ideal anzubieten.

Wenn auch diese geistige Richtung besonders prägnant Ende der 70er und Anfangs der 90er Jahre des 18. Jhdts. zum Tragen gekommen ist, so mag es nicht uninteressant sein, die Frühzeit der Freimaurerei in den österreichischen Ländern zu verfolgen, die erste Phase einer Entwicklung, an deren Ende der aufgeklärte kosmopolitische Bürger gestanden ist, ein Prozeß, den auch die Verbote und Verfolgungen des geistlosen Unterdrückerstaates des Franziszeismus nicht mehr ungeschehen machen konnten. So soll hier der Versuch unternommen werden, die allererste Periode der Freimaurerei in den österreichischen Ländern darzustellen, in der das Fundament für die Entwicklung des modernen Humanitätsgedankens mitgeschaffen wurde.

## Franz Stefan von Lothringen und die Freimaurerbruderschaft

Im Jahre 1729 wurde in Sevilla ein Friedensvertrag zwischen Frankreich und Spanien abgeschlossen, dem England und später auch Holland beigetreten ist. Dieser Vertrag, der die Gefahr einer Isolierung des Reiches zur Folge hatte, führte zu intensiven Aktionen der Diplomaten des Habsburgerstaates. Angesichts der steigenden politischen Einflußmöglichkeiten Frankreichs war England bemüht, sich trotz seiner Teilnahme an den spanisch-französischen Verhandlungen einen Rückhalt in Österreich zu schaffen. Sir Robert Walpole (1676-1745), damals Leiter der britischen Außenpolitik, erteilte dem in Wien residierenden englischen Gesandten Th. Robinson die Vollmacht, einen Subsidienvertrag mit Österreich abzuschließen. Bei diesen Verhandlungen spielte der englische Gesandte in Holland, Philipp Dormer Stanhope, eine nicht unbedeutende Rolle[1].

1731 trat Franz Stefan eine Reise an, die ihn in die Österreichischen Niederlande, nach Holland und England führte. Zweifellos handelte es sich dabei nicht um eine der üblichen »Kavalierstouren«, wie sie bei den Adeligen jener Zeit zur Usance gehörten, sondern viel eher um die Besiegelung der freundschaftlichen Beziehungen zu England, das nicht nur die Pragmatische Sanktion anerkannt hatte, sondern auch, wie erwähnt, seinerseits bereit war, Österreich durch Subsidien zu unterstützen. Mit allergrößter Wahrscheinlichkeit ist die Aufnahme Franz Stefans in den Bund der Freimaurer unter diesem Aspekt zu sehen. F. L. Schröder (1744-1816), einer der frühen freimaurerischen Historiker, zitiert folgenden Bericht der englischen Großloge:

»Unter diesem Großmeister (Lord Lovel, d. V.) wurde Franz, Herzog von Lothringen, nachher Großherzog von Toskana und römischer Kaiser, zum Lehrling und Gesellen in Haag aufgenommen. Er deputierte dazu den Br. Desaguliers als Meister; John Stanhope Esqu. und John Holzendorf Esqu. als Aufseher. Zugegen waren noch die Brüder Philipp Stanhope, Graf von Chesterfield, Großbrit. Gesandter; Jeremiah Strickland, des Bischofs von Namur Vetter; Benjamin Hadley und ein holländischer Bruder. Als Franz in demselben Jahr nach London kam, versammelte der Großmeister eine Loge auf Sir Walpoles Landhaus und nahm ihn und den Herzog von Newcastle zu Meistern auf.«[2]

Das Aufgebot von einflußreichen Persönlichkeiten der Politik und Freimaurerei unterstreicht die Wichtigkeit, die man der Aufnahme Franz Stefans in die Freimaurerbruderschaft beilegte. John Theophile Desaguliers war der bedeutendste Großmeister der Frühzeit der englischen Maurerei und amtierte von 1719-1722. Daß Franz Stefan der künftige Kaiser sein würde, war schon damals zu vermuten, und so war es nicht erstaunlich, daß London die nicht unbeträchtlichen Kosten einer Deputationsloge auf sich nahm, die am Kontinent, in den Haag, die Aufnahme einer so illustren Persönlichkeit bewerkstelligen sollte. Der englischen Freimaurerei jener Zeit gehörten zahlreiche Hochadelige an; neben der politischen Motivation war auch die Absicht maßgebend, brüderliche Verbindungen mit einflußreichen Männern herzustellen, die für beide Teile wichtig werden mochten. Der genaue Tag der Aufnahme läßt sich heute nicht mehr rekonstruieren; er lag jedenfalls zwischen dem 14. 5. 1731 und dem 24. 6. 1731.

Am 13. 10. 1731 traf Franz Stefan, der unter dem Inkognitonamen »Graf Blamont« reiste, in der österreichischen Gesandtschaft in London ein. Neben vielen anderen gesellschaftlichen Verpflichtungen nahm er auch eine Einladung des Premierministers Sir Robert Walpole auf dessen Landsitz in Norfolk an. Hier fanden nun mehrere rituelle freimaurerische Zusammenkünfte statt, die auf Anordnung des Großmeisters von der Loge in der Taverne »Maids Head« in der Magdalen-Street in Norwich organisiert wurden. Das genaue Datum der Einweihung Franz Stefans in den Meistergrad ist unbekannt; die »Norwich Gazette« berichtete jedenfalls am 27. 11. 1731:

»Wir hören, daß während des Aufenthaltes des Herzogs von Lothringen zu Houghton in Norfolk vor dem Großmeister Lord Lovell eine Loge der Freien und Angenommenen Maurer gehalten wurde, in welcher Sir Robert Walpole und Graf Kinsky als Brüder aufgenommen wurden.«[3]

Bei dem erwähnten »Graf Kinsky« handelt es sich um Philipp Joseph Graf Kinsky, damals österreichischer Gesandter in England. Ohne Zweifel war es eben diese Loge, die die Erhebung Franz Stefans in den Meistergrad vorgenommen hat. Eine weitere Angabe über die freimaurerischen Aktivitäten Franz Stefans finden sich in der Londoner »Daily Post« vom 4. 12. 1731:

»Gestern Abend waren seine Königliche Hoheit, der Herzog von Lothringen, der Prinz von Wales und mehrere Personen von Adel in einer Freimaurerloge in der Devils Taverne near Temple-Bar, wo sie von den Brüdern in schönster Weise bewirtet wurden.«[4]

Damit ist die aktive freimaurerische Tätigkeit Franz Stefans zu Ende; er hat sich in Wien niemals am Logenleben beteiligt. Er hat sich jedoch einige Male für verfolgte Freimaurer eingesetzt und hat insbesondere für die Brüder der aufgehobenen Loge »Aux Trois Canons« interveniert. Die alchymistischen Interessen des späteren Kaisers stehen jedenfalls in keiner Beziehung zur Freimaurerei.

## Die Loge »Aux Trois Canons« in Wien (1742-1743)

Die erste, auf dem Gebiet der Habsburgermonarchie tätige Loge war jene zu den »Aux Trois Canons«. Selbstverständlich hat sich die freimaurerische Geschichtsforschung schon frühzeitig mit dieser Bauhütte beschäftigt.[5] Die wichtigste moderne Arbeit stammt von dem Historiker Hans Wagner.[6] Die Auffindung der Protokolle dieser Loge in der Bibliotheca Klossiana des Großostens der Niederlande haben 1975 eine genaue Rekonstruktion der Tätigkeit dieser Loge ermöglicht.[7]

Die Freimaurerei gelangte über mehrere Zwischenstationen nach Wien. 1737 erfolgte mit einem Patent der englischen Großloge die Gründung der »Loge d'Hambourg«. 1738 wurde durch eine Deputationsloge dieser Bauhütte der spätere Preußenkönig Friedrich II. als Kronprinz in Braunschweig aufgenommen. Unter seinem Protektorat stand die 1741 gegründete Loge »Aux Trois Globes«, die spätere Großloge »Zu den Drei Weltkugeln«. Von Berlin aus wurde im gleichen Jahr die Loge »Aux Trois Squelettes« in Breslau eingesetzt, deren Meister der spätere Fürstbischof Philipp Gotthard Graf Schaffgotsch gewesen ist; ein Bruder dieser Bauhütte, der Reichsgraf Albrecht Joseph v. Hoditz, reiste im September 1742 nach Wien und nahm die reguläre Gründung der »Trois Canons« vor. Der Logenname ist mit ziemlicher Sicherheit eine Anspielung auf die drei »Canones«, das Lehrsystem der drei »symbolischen« Grade des Lehrlings, Gesellen und Meisters.

Die ersten Mitglieder der »Trois Canons« waren Männer, die schon früher außerhalb Österreichs ihren Weg in die Freimaurerbruderschaft gefunden hatten; so Jacob Dunin, Angehöriger der polnischen Vertretung in Wien, der russische Botschaftssekretär Czernichew, der französische Diplomat Blair und andere.[8] Überhaupt befanden sich in den »Trois Canons« eine Anzahl von Brüdern, die dem Diplomatenstande angehörten; so der englische Botschaftssekretär Jean de Vigneau und der schwedische Botschafter in Wien, Nils van der Rööck. Hohe Beamte waren der siebenbürgische Hofkanzler Gabriel Graf Bethlen, der Reichshofrat Johann Quintin Graf Jörger und der spätere Siebenbürgische

Landesgouverneur Samuel v. Brukenthal, sowie Ludwig Graf Zinzendorf, nachmals Präsident der Hofrechenkammer.

Besonders hervorzuheben ist die Aufnahme des Juweliers Jacques Pallard aus Genf; sie stellt den Brüdern der »Trois Canons« hinsichtlich religiöser Toleranz ein besonders gutes Zeugnis aus; Pallard war Jude, und es war in jener Zeit keineswegs selbstverständlich, daß Angehörige dieser Minderheit in den Logen Aufnahme fanden und wie Pallard gleichberechtigt mit Hocharistokraten wie dem Erbreichspostmeister Johann Josef Graf Paar oder dem Prinzen Constantin v. Hessen-Rheinfels-Rothenburg in der Loge mitarbeiteten. Auch ein Angehöriger aus dem Geistlichen Stande war Mitglied der Loge, nämlich der spätere Weihbischof Sigismond Conte Gondola.

Obwohl der Loge »Aux Trois Canons« nur eine kurze Lebensdauer beschieden war, arbeitete sie mit beinahe unglaublicher Intensität. Es wurden nicht weniger als 49 Aufnahmen vorgenommen; 19 Lehrlingen wurde der Gesellengrad und 15 Gesellen der Meistergrad erteilt. Die Zusammenkunft der Loge am 7. 3. 1743 wurde gewaltsam unterbrochen. Fürst Johann Joseph Khevenhüller-Metsch notierte unter diesem Datum in sein Geheimtagebuch:

»Dem 7. März wurde auf königliche Verordnung durch die Sicherheitswache eine Compagnie Freimaurer, als solche eben in ihrer sogenannten Loge, wozu sie einige chambres garnies auf der hohen Brucken gemiethet hatte, versammlet und einen jungen Graffen von Trauttmannstarff zu Gratz mit ihren gewöhnlichen aberglaubischen Zeremonien aufzuschwören beschäftiget ware, gälings überfallen und aufgehoben. Es befanden sich unter denselben nebst einigen niederen Standes ein Legations-Sekretarius eines auswärtigen Hoffs, ein Geistlicher und verschiedene Cavalliers, ja sogar kaiserliche und königliche Cammerherren, deren Namen ich aus christlicher Lieb und schuldiger Discretion verschweige. Ersterer wurde seines caracters publici halber sogleich entlassen, den zweiten übergabe man denen geistlichen Censoren, letztere aber wurden mit Hauß-Arrest und theils Geldstraff belegt, auch einigen der Hoff auf einige Zeit verbotten; ja es fählte gar nicht vill, daß denen Cammerherrn auch der Schlüssel weggenohmen worden wäre. Alle aber musten sich von dem Cardinalen ab excommunicatione, worein sie tenore decreti pontifici superrime lati ipso facto verfallen, iuxta ritum ecclesiae absolviren. Diese Begebenheit machte anfänglich vill Aufsehens, und die Inquisiti, welche zwar bestmögliche Contenance hielten, musten noch lange nachher zum Gespött dienen.«[9]

Die Brüder der »Trois Canons« setzten ihre Tätigkeit jedoch in aller Heimlichkeit fort; Protokolle aus dieser Epoche sind freilich nicht erhalten. Aus den Aufzeichnungen anderer Logen läßt sich jedoch nachweisen, daß die »Trois Canons« bis in die 50er Jahre des 18. Jhdts. aktiv gewesen ist, wie aus dem Logenprotokoll der Loge »Aux Trois Coeurs« vom 6. 7. 1754 hervorgeht.[10]

## Die Loge »Aux Trois Coeurs« in Wien 1754

Bei der zweiten Loge in Wien handelte es sich um eine Deputationsloge der Loge »Friedrich« in Hannover. Ihre Tätigkeit währte vom 21. 6. bis zum 29. 12. 1754. Auch die Protokolle dieser Bauhütte wurden in der Bibliotheca Klossiana des Großostens der Niederlande aufgefunden und ermöglichen eine genaue Rekonstruktion ihrer Tätigkeit.[11] Spiritus rector der Gründung war der dänische Kammerjunker Raban v. Spörcke, der aus einer hannoveranischen Diplomatenfamilie stammte. Er gehörte selbst der Loge »Friedrich« in Hannover an. Um 1754 befand sich eine größere Anzahl von hannoveranischen Diplomaten in Wien, die angesichts der sich zuspitzenden Gegensätze zwischen Preußen und Österreich an Verhandlungen zwischen Großbritannien und Österreich in Wien weilten.[12]

Auf Ersuchen Raban v. Spörckes sandte die Loge »Friedrich« aus Hannover die nötigen Unterlagen, Ritualien und das Patent zur Gründung einer Deputationsloge mit dem Namen »Aux Trois Coeurs« (auch »Zu den drei Hertzen« genannt) nach Wien. Die erste Logenarbeit fand am 21. 6. 1754 statt. An ihr nahmen unter anderen John Hobart, Esqu., Diplomat in englischen Diensten, ein Sohn des Lord Buckingham und die beiden Hannoveraner Campe und Jolive teil. Weitere Logenangehörige waren Heinrich Balduin Frh. Schenck v. Neudeck, kurfürstlich-sächsischer Diplomat, der Vertreter der Markgrafschaft Baden-Baden, Johann Ferdinand v. Nagel, weiters der kgl. britannische und churfürstlich braunschweigische Legationssekretär Christian Friedrich Hinüber und Graf Johann Josef Kinsky, Sohn des österreichischen Gesandten in England, Philipp Josef Graf Kinsky.

Zu nennen sind noch der mailändische Gardekapitän und k.k. Kämmerer Albert de Belgiojoso und der Sohn des österreichischen Gesandten am portugiesischen Hof, Leutnant Karl v. Albbrecht.[13]

Am 29. 12. 1754 fand die letzte Zusammenkunft der Loge statt; Logenkassa und Regalien wurden nach Hannover zurückgebracht und die von den »Trois Coeurs« aufgenommenen Brüder in die Matrikel der Loge »Friedrich« in Hannover eingetragen.

## Das Clermont-System in Österreich

In den 50er und 60er Jahren des 18. Jhdts. gelangte das freimaurerische Hochgradwesen nach Österreich und war hier durch das sogenannte »Clermont-System« vertreten. Die Herkunft ist durch Mangel an Primärquellen bisher noch wenig erforscht. Ob diese freimaurerische Organisation sich von der »Jacobitenlegende«[14] herleitet, oder ob sie Chevalier de Bonneville ihre Gründung verdankt,[15] ist umstritten. Fest steht hingegen, daß die Clermont-Grade erstmals um 1757 in Berlin kultiviert worden sind.[16] Der preußische Kriegsgerichtsrat Wilhelm Frh. v. Printzen (1718-1773) sorgte für die Verbreitung dieses Systems.[17]

Im Clermont-System folgten auf die drei »symbolischen Grade« des Lehrlings, Gesellen und Meisters ursprünglich 2 Hochgrade, nämlich der des »Chevalier de Saint André du Chardon« (»Ritter des heiligen Andreas von der Distel« und der des »Chevalier du Dieu« – (»Gottesritter«). Im letzteren Grad wird erstmals die »Templerlegende« angesprochen, nämlich die Hypothese, daß zwischen dem 1314 untergegangenen Templerorden und der Freimaurerei eine direkte Kontinuität bestünde. Diese Konzeption hat in der Freimaurerei des 18. Jhdts. viel Verwirrung gestiftet, bis sie am Konvent zu Wilhelmsbad 1782 ad acta gelegt worden ist. Die ersten beiden Hochgrade wurden später auf 4 vermehrt, wobei alchimistisches und rosenkreuzisches Lehngut in das Clermont-System einflossen.

Die Clermont-Grade kamen über die beiden Magdeburger Kriegsgefangenenlogen »La Constance« und »Parfaite Union«, die sich aus österreichischen und württembergischen Offizieren zusammensetzten, nach Österreich, wobei der spätere Feldmarschalleutnant Reinhart Frh. Gemmingen zu Hornberg u. Treschklingen eine wichtige Rolle spielte.

In Wien war das Clermont-System durch die Loge »Die Freigebigen« repräsentiert. Leider sind weder das Gründungsdatum, noch jene freimaurerische Instanz bekannt, die die Gründung patentiert hat. 1763 bestand besagte Loge bereits. Außer den erwähnten Hochgraden wurde noch eine Reihe anderer bearbeitet, die der Meister der Loge, Ferdinand Johann Graf Kueffstein direkt aus Frankreich nach Wien gebracht hat. Er war ein typischer Vertreter der mystischen Richtung der Freimaurerei, wie man sie in manchen Logen jener Periode bisweilen antreffen konnte.[18] Ein gleichgesinnter Logenbruder war der dem »tierischen Magnetismus« ergebene Franz Joseph Graf Thun (1734-1801). Aber auch bedeutende Aufklärer fanden sich unter den Brüdern der »Freigebigen«, wie Anton Stephan Ritter v. Riegger (1742-1796). Um 1770 stellten die »Freigebigen« ihre Tätigkeit ein. Die Zeit der alchimistischen und kabbalistischen Spekulationen fanden in den Reihen der österreichischen Freimaurer keinen Widerhall mehr.

## Das System der »Strikten Observanz« in Österreich

Auf das Clermont-System folgt, aus Frankreich kommend, das der »Strikten Observanz«, das alsbald fast alle deutschen und österreichischen Logen in einem einheitlichen und abgeschlossenen Gradsystem vereinigte. Es beruhte ebenfalls auf der Templertradition; sein Name erinnerte an die besondere Gehorsamsverpflichtung der Tempelritter gegenüber ihren Ordensoberen. Die Strikte Observanz bearbeitete 7 Stufen; auf die drei symbolischen Grade schloß sich der des »Schottischen Meisters«, auf ihn folgten die Grade des »Novizen«, des »Tempelherren« und schließlich der des »Eques Professus«. Ihre Rituale waren durch besonderen Pomp gekennzeichnet, vor allem das des »Eques Professus«.[19]

Doch setzte sich schon bald die Auffassung durch, daß die Rittergrade der Strikten Observanz symbolisch aufzufassen, und daß sie als Ausdruck der ethischen Verpflichtung zur Ritterlichkeit und Humanität zu verstehen seien.

Am Konvent zu Altenberge 1764[20] traten die böhmischen Logen, die bisher dem Clermont-System angehörten, zur Strikten Observanz über. Prag führte nun den Ordensnamen »Praefektur Rodomskoy«. Ihr erster Dignitär war der k.k. Oberst Leopold v. Pracht (geb. 1712)[21], der den Ritternamen »Eques a Pegaso« angenommen hatte; diejenigen Brüder, die in die Rittergrade aufgenommen worden waren, hatten nämlich das Recht, lateinische Ordensnamen zu führen. Für die Strikte Observanz in Prag war auch der k.k. Oberstleutnant Karl Frh. v. Schmidburg (1722 bis 1780) von Bedeutung, der später für die Verbreitung der Freimaurerei in Siebenbürgen Entscheidendes geleistet hat.[22]

Die erste Loge der Strikten Observanz in Böhmen war die der »Drei Gekrönten Sterne« in Prag. Trotz großer Widerstände, die vor allem von den um die Rekatholisierung der Protestanten und Sektenangehörigen bemühten Jesuiten ausgingen[23], florierte das maurerische Leben in Prag. Wir finden unter den Brüdern Träger berühmter Namen, wie Franz Graf Martinitz (1730-1789), Johann Graf Nugent und den Hofrat bei der böhmischen Hofkanzlei Franz Karl Frh. Kressel v. Gualtenberg (1720-1801). Auch international gesehen genoß die Freimaurerei in Prag bedeutendes Ansehen, das in der Ernennung Prachts zum Praefekten von Droysig (Dresden) kulminierte. Zu den wichtigsten Freimaurerischen Persönlichkeiten Prags ist auch Franz Josef Graf Kinigl (1726-1783) zu zählen.

Der durch die desolaten wirtschaftlichen Verhältnisse, die Massenarmut und die dadurch vor allem in den 60er Jahren des 18. Jhdts. verbreitete Kinderkriminalität und Kinderprostitution hervorgerufenen hoffnungslosen Situation der zahlreichen Waisen versuchten die Prager Freimaurer mit Erfolg durch die Einrichtung des berühmten Freimaurerwaisenhauses entgegenzuwirken. Bemerkenswert sind die Worte, mit denen Pracht den Antrag auf die Errichtung dieses Institutes begründete:

»Wir Freimaurer kennen uns in der unter uns eingeführten Gleichheit als Kinder eines gemeinsamen Vaters Adam, welche die Vorsehung in die Welt gesetzt, um gleiches Recht und gleichen Besitzantheil an diesem vergänglichen Erdball in dem gesellschaftlichen Leben zu genießen. Wir statuieren daher keinem Bruder einiges Vorrecht der Geburt oder des Vermögens, und wenn einer oder der andere mit Überfluhs umgeben ist, so muß er glauben, daß er vielen Elenden und notleidenden Brüdern ihre theile usurpiere, anfolgsam in so ferne immer zu derlei mitleidigen Werken bewogen wird, so muß er glauben, daß er nur dasjenige zum Theil zurückstelle, welches er zu unrechter Weise besessen.«[24]

Das Prager Freimaurerwaisenhaus wurde in den folgenden Jahren zu einer vorbildlichen Einrichtung, das alsbald mehrere hundert Kinder beherbergte und ihnen eine gute Berufsausbildung zukommen ließ. Zu den Förderern gehörte auch Kaiserin Maria Theresia.[25]

Unter zwei Faktoren hatte die Prager Freimaurerei in jener

Periode besonders zu leiden, einerseits unter der Feindschaft der katholischen Kirche und des reaktonären Erzbischofs von Prag, Graf Prichovsky, andererseits unter den Umtrieben der in Prag besonders stark vertretenen »Gold und Rosenkreutzer«, deren Tätigkeit immer wieder auch zur Verfolgung der Freimaurerlogen führte.[26] 1774 besserte sich die Stellung der Prager Freimaurer fast schlagartig, als Albrecht Casimir v. Sachsen-Teschen das Protektorat über die böhmischen Logen übernahm. Der Herzog war 1764 in der Dresdener Loge »Zu den Drei Schwertern« in den Bund aufgenommen worden.

Inzwischen war auch die zweite in Prag tätige Loge, die den Namen »Zu den Drei Gekrönten Säulen« führte, der Strikten Observanz beigetreten; sie ist aufs engste verknüpft mit dem Namen des wohl bedeutendsten Freimaurers des 18. Jhdts. in Österreich, mit Ignaz v. Born.

Das System der Strikten Observanz fand in Wien via Prag Eingang; 1770 wurde von Prag aus das Patent für die Loge »Zu den Drei Adlern« ausgefertigt.[27] Von ihren Mitgliedern sind k.k. Generalmajor Herzog Georg August v. Mecklenburg-Strelitz (1748-1785), Reichshofrat Konrad Friedrich v. Pufendorf und der kursächsische Kammerherr Friedrich Karl Graf Bose zu nennen. In ihren Anfangsjahren war auch diese Bauhütte in Gefahr, Opfer polizeilicher Verfolgung zu werden; eine Audienz des Frhn. v. Schmidburg am Wiener Hofe konnte diese jedoch verhindern. Die Loge wuchs rasch. Ihre Mitglieder resultierten zum größten Teil aus dem Offiziersstand, wie der Generalmajor Dietrich Alexander v. Miltitz, Oberst Karl v. Clement, der k.k. Major und kaiserliche Kämmerer Wilhelm Graf Auersperg, der Generalfeldzeugmeister Adam Fürst Batthyány-Strattmann etc. Beamte waren der Kaiserliche Rat Johann Bapzist v. Piller, Franz Graf Gyulay, der k.k. Kämmerer und Regierungsrat Franz Gundacker Graf Starhemberg, der Regierungsrat Johann Wenzel Graf Ugarte, sowie Niclas Graf Forgách, k.k. Kämmerer und Wirklicher Geheimer Rat.

Zwei Jahre nach der Logengründung wurde auch ein Hochgradkapitel eingerichtet, das den Ordensnamen »Großkomthurei St. Pölten« führte, wodurch die Unterstellung unter Prag hinfällig wurde. Auch für diese Gründung übernahm Herzog Albrecht-Casimir das Protektorat.

Rascher Mitgliederzuwachs brachte die Teilung der Loge mit

sich; die neuentstandene Loge führte den Namen »Zum Palmbaum«. Prominente Mitglieder dieser Bauhütte waren der Maler Heinrich Friedrich Füger und der Servitenmönch Karl Frh. v. Güntherode.

## Die Anfänge der Freimaurerei in Ungarn

Die ersten Logengründungen in Ungarn erfolgten von drei Seiten her; von Wien (Preßburg und Temesvar); aus Polen (Eperjes) und schließlich aus Ungarn selbst durch die autochthone Gründung der »Draskovich-Observanz«.[28]

Über die allererste Phase der ungarischen Freimaurerei ist wenig Quellenmaterial erhalten. In Preßburg war die Loge »Zur Verschwiegenheit« (»Ad Taciturnitatis«) jedenfalls in der Mitte der 70er Jahre bereits in Tätigkeit. Ihr gehörten u. a. der spätere Theresienritter und k.k. Generalmajor Johann v. Kempel, Graf Alexander v. Einsiedel und der Vorkämpfer für eine ungarische Literatursprache, Georg Bessenyeiv Bessenye, an.

Die Loge »Zum Tugendhaften Reisenden« in Eperjes wurde 1769 durch die Großloge von Polen konstituiert. Ihre ersten Mitglieder waren polnische Emigranten, die nach dem russisch-polnischen Krieg nach Nordungarn geflüchtet waren. Gründungsmeister war der Hofmeister Isaac Bernardi, der einer Loge in Warschau angehört hatte. 1770 nahm die Bauhütte »Zum Tugendhaften Reisenden« das System der Strikten Observanz an. In der Eperjeser Loge war der Einfluß der »Gold- und Rosenkreuzer« und mystisch-alchimistischer Ideen besonders stark, dementsprechend betrieb die Loge auch ein alchimistisches Laboratorium. Von ihren Mitgliedern seien erwähnt: der Geheime Rat und Präsident der Septemviraltafel Hoseph Graf Török v. Szendrö sowie Ludwig Graf Török v. Szendrö, der sich mit »Alchimistischer Medizin« beschäftigt hat.[29] Auch die Logen in Schemnitz (»Zum Tugendhaften Menschenfreunde) und die »Gekrönte Hoffnung« in Neusohl verfolgten eine ähnliche Richtung.

Die »Draskovich-Observanz« war ein in Ungarn entstandenes und nur dort kultiviertes maurerisches System. Seine Initiatoren waren der k.k. Kämmerer Stefan Graf Niczky (1747-1777) und der k.k. Oberst Graf Johann Draskovich v. Trakostyán (1740–1787).[28] Niczky war in Frankreich in den Freimaurerbund aufgenommen worden, Draskovich in Ungarn. Das Draskovich-System bildete sich aus zwei Logengruppen, der »Militärischen Union« mit Logen in Glina und Agram, und der »Freien Union« mit Logen in Warasdin und Kreutz. Am 22. 10. 1775 vereinigten sich beide Gruppierungen zur »Freimaurerei der Freiheit« (»Latomia liberatatis sub corona Hungariae in Provinciam redactae«).

Hauptmerkmal dieser »Freimaurerei der Freiheit« war das Bestreben, die einzelnen Logen und Brüder von hierarchischer Ordnung zu lösen und den Gleichheitsgrundsatz in den Mittelpunkt der geistigen Arbeit zu stellen. Das Programm, das sich die Brüder gaben, war fortschrittlich und in erstaunlichem Maße modern. So hieß es in den Anmerkungen zum Punkt 2 der Logengesetze:

»Was das Menschengeschlecht anbelangt, so wird der Meister in den allgemeinen Versammlungen die Drangsale, mit welchen es behaftet ist, den Brüdern vor Augen legen, und sie zugleich überzeugen, durch welch traurige Wirkung die Tyrannei, die unumschränkte Macht durch Unterdrückung, Verfolgung und tausend andere Arten des Elends hervorgebracht habe ...«[29]

und in den Anmerkungen zum dritten Punkt:

»Den 3. Platz unserer Bestrebungen nimmt die Liebe für die zu erlangende Gleichheit ein. Es ist unwidersprechlich wahr, daß wir durch die Natur alle untereinander gleich sind, und daß all das, was unter den Menschen Ungleichheit hervorbringt, ein Werk der menschlichen Kunstgriffe und Ehrsucht ist, und daß daraus der Reichtum und die Macht eines kleinen Theiles, so wie das Elend und die Verfolgung der größeren Menge entstanden ist. Man würde sich irren, wenn man den Gedanken hegte, daß durch die Kraft der Gesetze gegen die Unterdrückung des Schwächeren hinlänglich gesorgt sei.

Wir hingegen, die wir für eine allgemeine Gückseligkeit des größeren Teiles wachen, müssen und durch strenge Prüfung der Gesetze uns überzeigt halten, daß eben diese Gesetze, indem sie durch Mächtigere gemacht worden, noch immerhin zu Werkzeugen der Unterdrückung, und um so viel gefährlicher angewendet werden, da sie zugleich das Gepräge des Heiligtums an ihrer Stirn tragen. Wir dürfen nur unsern aufmerksamen Blick auf das Schicksal unserer contribuierenden Untertanen wenden, und wir werden sogleich ersehen, daß dieselben unter der ihnen aufgebürdeten Last fast erliegen.

Das Bild dieses Elends, nach der Wahrheit entworfen kann nur Abscheu erwecken, und weil dasselbe in jedes rechtschaffenen Menschen Herz einen Widerwillen erwecket; so muß man sorgfältig auf Mittel bedacht sein, welche diesem Unfuge steuern können.«

Anfang der 80er Jahre des 18. Jhdts. gehörten der Draskovich-Observanz die Logen »Zur Freiheit« in Warasdin, »Zur Klugheit« in Agram, »Zur Kriegsfreundschaft« in Glina, »L'Invincible aux bras armes (Militärloge des Likaner Grenzregimentes), »Zur Großmuth« in Pesth, »Zur Wachsamkeit« in Esseg, »Zur Verschwiegenheit« in Preßburg, »Zu den Drei Weißen Lilien« in Temesvar und »Zum Grünen Löwen« in Prag an.

## Die Anfänge der Freimaurerei in Siebenbürgen

Zentrum der Freimaurerei in Siebenbürgen war Hermannstadt. Schon 1767 nahm hier die erste Freimaurerloge ihre Tätigkeit auf, die den Namen »Zu den Drei Seeblättern« – eine Allusion auf das Stadtwappen von Hermannstadt – führte. Initiator der Gründung war der Senator in Hermannstadt, Simon Friedrich Edler v. Bauszern, der in Dresden in den Bund aufgenommen worden war. Aus seiner Prager Zeit rührte die Freundschaft mit dem erwähnten Präfekten von Rodomskoy, Karl Friedrich Frh. v. Schmidburg. Dieser war es, der der jungen Loge ein ordnungsgemäßes Konstitutionspatent verschaffte. Bauszern versammelte um sich einen kleinen Kreis von Männern, die im Ausland Aufnahme in den Freimaurerbund gefunden hatten, unter denen sich der berühmte Arzt und Naturwissenschaftler Dr. med. Michael Neustädter, Protomedikus von Siebenbürgen (1736-1806), befand, der zu den Pionieren der Pockenimpfung und der Seuchenbekämpfung in Österreich gehörte.[30] Während mehrerer Jahre arbeitete die Seeblätterloge in größter Heimlichkeit, erst ab 1776 wurde sie auf eine breitere Basis gestellt, und von da an datiert die imponierende Blüte der Freimaurerei in Hermannstadt, die die dortige Bauhütte zu einer der wichtigsten und einflußreichsten im Habsburgerreich werden ließ. Angeführt seien unter ihren Mitgliedern Johann Gottlieb Soterius (1742-1794), Wirklicher Gubernialrat und enger Mitarbeiter des späteren Landesguberneurs und Freimaurers Georg Graf Bánffy; der Aufklärer Thomas Flitsch (1753-?) etc. Samuel v. Brukenthal hat sich als Landesguberneur von Siebenbürgen nicht unmittelbar freimaurerisch betätigt, hat jedoch die Tätigkeit der Logen in jeder Hinsicht unterstützt.[31]

## Die Anfänge der Freimaurerei in Galizien

Die in der einschlägigen Literatur enthaltenen Angaben über die ersten Logengründungen in Galizien (Logengründung in Dukla 1739 und in Lemberg 1747)[32] sind äußerst fragwürdig. Erst ab 1774, dem Gründungsjahr der Loge »Zu den Drei Standarten« in Lemberg, liegt Aktenmaterial vor. Die Mitglieder jener Loge waren zum allergrößten Teil Offiziere, die in anderen Ländern der Monarchie oder im Ausland in die Freimaurerbruderschaft gefunden hatten. Die Logen in Wien waren jedenfalls bestrebt, der Freimaurerei in Galizien jede nur mögliche Förderung zukommen zu lassen. Ein Beispiel ist der spätere Guberneur von Galizien, Josef Graf Brigido, der Ende 1784 in die Loge »Zur Wahren Eintracht« aufgenommen worden war und am selben Tage alle drei Grade erhielt. Eigentlicher Wegbereiter der galizischen Freimaurerei war der 1740 in Luxemburg geborene Martin Johann v. Clemens, Oberleutnant im Regt. Ferraris.[33] Aus personellen Gründen waren die »Drei Standarten« Ende der 70er Jahre des 18. Jhdts. gezwungen sich aufzulösen. 1780 gingen aus ihr die Logen »Zur Vollkommenen Freundschaft« und »Phönix Zur Runden Tafel« hervor, in letzterer wurde am 1. 5. 1783 Ignaz Aurelius Fessler (1756-1839) aufgenommen; auch einer der führenden ungarischen Jakobiner, Ignaz v. Martinovics, gehörte der Phönix-Loge an. Außerhalb Lembergs gab es in den 70er und 80er Jahren eine Anzahl von Bauhütten, zumeist Militärlogen, denen aber allenfalls lokale Bedeutung zukam.

## Die Freimaurerei in den österreichischen Niederlanden

Die Freimaurerei in den österreichischen Niederlanden stand nur in sehr losem Kontakt mit den übrigen Bauhütten der Habsburgermonarchie und führte ein eher eigenständiges Leben. Es handelte sich um eine Gründung aus England, die am 22. 1. 1770 die Provinzialgroßloge der Österreichischen Niederlande eingesetzt hat.[32] So standen fast alle Logen dieser Provinz unter englischer Jurisdiktion; einige wenige hatten sich dem Grand Orient de France angeschlossen, und Versuche der Strikten Observanz dort Logen zu gründen, sind fehlgeschlagen.

Das Gründungsdatum der ersten Loge in den österreichischen Niederlanden ist nicht mehr mit Sicherheit festzustellen, und die

Behauptung, daß es bereits 1721 in Mons eine Loge gegeben habe, ist wohl nicht aufrechtzuerhalten.[33] Die ersten Logen befanden sich in Gent, Brügge und Tournai. 1764 wurde die »Discrète Impériale« in Aalst gegründet. Die Freimaurerei verbreitete sich außerordentlich rasch; schon in den 70er Jahren des 18. Jhdts. waren in jeder Stadt eine oder mehrere Logen vorhanden. Von besonderer Bedeutung wurde die »Vraie et Parfaite Union« in Mons, die die Agenden der Provinzialgroßloge der österreichischen Niederlande wahrnahm. Neben den zivilen Logen arbeiteten eine ganze Anzahl Militärlogen. Insgesamt gab es in den österreichischen Niederlanden nicht weniger als 53 Logen. Den stärksten Anteil an Logenangehörigen hatten die Militärs, ihnen folgten Beamte, Advokaten und Kaufleute. Doch auch viele Ärzte und selbst Geistliche gehörten den Logen an.

In den österreichischen Niederlanden stand die katholische Kirche in besonders heftiger Opposition gegen die Freimaurer, da jedoch die Landesgouverneure Karl v. Lothringen und sein Nachfolger Albert Casimir v. Sachsen-Teschen und die Bevollmächtigten Minister Karl Philipp Graf Cobenzl (1712-1770) und Georg Adam Fürst Starhemberg (1724-1807) dem Freimaurerbunde angehörten, konnten Verfolgungen der Freimaurer in den österreichischen Niederlanden verhindert werden. Provinzialgroßmeister war François-Bonaventure-Joseph-Du Mont, Marquis de Gages (1739-1791), eine bedeutende Persönlichkeit, die es verstand, die Freimaurerlogen in den österreichischen Niederlanden zielstrebig zu führen. Erwähnt sei auch ein liebenswürdiger Adnex der sonst den Männern vorbehaltenen Loge, – nämlich die weibliche Freimaurerei, die in sogenannten »Adoptionslogen« arbeitete, und die sich gerade in den Österreichischen Niederlanden größter Beliebtheit erfreute.[34]

Auch Hochgrade wurden in den österreichischen Niederlanden kultiviert; vertreten war vor allem der »Rite français« mit den vier Hochgraden des »Maître élu« (»Auserwählter Meister«), »Maître écossais« (»Schottischer Meister«), »Chevalier d'Orient« (»Ritter vom Osten«) und dem »Chevalier Rose-Croix« (»Ritter vom Rosenkreuz«), wobei jedoch bei letzterem eine Verbindung zu den »Gold-und-Rosenkreuzern« des 18. Jhdts. nicht bestanden hat. Nach dem »Freimaurerpatent« vom 11. 12. 1785 hat sich die Provinzialgroßloge der österreichischen Niederlande der »Großen Landesloge von Österreich« unterstellt.

## Die Provinzialloge von Österreich

Neben der Strikten Observanz und dem Draskovich-System gelangte in den 70er Jahren des 18. Jhdts. eine aus Berlin stammende freimaurerische Lehrart nach Österreich, das »Zinnendorf-System«, benannt nach dem Generalstabsmedicus Johann Wilhelm v. Zinnendorf (1743-1815), der die in den skandinavischen Staaten bearbeitete »Schwedische Lehrart« nach Mitteleuropa verpflanzte. Auch diese war ein Hochgradsystem, das nach den drei Symbolischen Graden auch eine Anzahl Hochgrade bearbeitete. Das Zinnendorf-System war ausgesprochen christlich orientiert und betonte in seiner Ordenslehre den Charakter eines christlichen Ritterordens. Der dänische Rittmeister Franz Heinrich August v. Sudthausen (gest. 1802)[35] unternahm es, in Wien 1776 eine Provinzialloge dieses Systems zu begründen. Sudthausen führte in dieser Zeit die bekannten Gespräche mit Joseph II., um den Fürsten für die Freimaurerei zu gewinnen[36], was aber Joseph, wohl angesichts der Unübersichtlichkeit und Uneinheitlichkeit der verschiedenen, einander konkurrenzierenden maurerischen Systeme ablehnte. Hingegen gelang es Sudthausen, als Provinzialgroßmeister Johann v. Dietrichstein-Proskau, einen engen Vertrauten des Kaisers heranzuziehen.

In Wien schlossen sich der Provinzialloge die Logen »Zur Gekrönten Hoffnung« und »Zum Heiligen Joseph« an. Erstere wurde am 8. 2. 1776 feierlich eröffnet, in ihr war hauptsächlich Hochadel und Diplomatie vertreten. Auch Dietrichstein war Mitglied der »Gekrönten Hoffnung«. Diplomaten waren Christian Bernhard v. Isenflamm, brandenburgisch-bayreuthischer Resident, Friedrich Constantin v. Jacobi, preußischer Gesandter in Wien, und der herzoglich-gothaische Legationsrat Christian Friedrich Petersen, sowie Johann Karl v. Benette, kgl. sächsischer Legationssekretär, und Bernhard Samuel v. Matolay, sächsisch-meiningischer Legationsrat. Dem Hochadel gehörten Johann Graf Eszterházy, Franz Graf Montecuccoli und Franz Graf Saint-Julien an.

Die Loge »Zum Heiligen Joseph« war 1777 gegründet worden; ihre Mitglieder entstammten dem Bürger- und mittleren Beamtentum. So war beispielsweise der Gründungsmeister der Opernsänger Karl Ludwig Schmidt, dem der Kaufmann Sebastian Siegert im Amte nachfolgte. Eine nicht unbeträchtliche Gruppe der

Loge verfolgte alchimistische Interessen, so Johann Christian Thomas Bacciochi, Frh. v. Linden etc., deren Treiben von Franz Gräffer[37] beschrieben worden ist. Unter den Brüdern, die der kleinen Bauhütte angehörten, sei der Dichter Johann Baptist Alxinger (1755-1797) erwähnt, der in seinen Schriften stets die Sache der Freimaurer vertreten hat und mit allem Nachdruck gegen den freimaurerischen Renegaten Leopold Aloys Hoffmann (1748-1806) gekämpft hat.[38]

Weitere Logen, die sich der Provinzialloge von Österreich angeschlossen haben, waren die Logen »Zum Goldenen Rad« in Eberau, »Zur Freundschaft« in Warasdin, »Zu den Drei Bergen« in Innsbruck, »St. Paul Celesta« in Cremona und »Zur Sicherheit« in Preßburg.

## *Anmerkungen*

1 Oskar Posner, »Franz Stephan von Lothringen, der erste kaiserliche Freimaurer«, in: *Die drei Ringe – Monatsblätter für Freimaurerei und verwandte Gebiete,* hrsg. von der Freimaurerloge »Latomia« in Reichenberg in Böhmen, 5. Jg., 1929, S. 121 f.

2 Friedrich Ludwig Schröder, *Materialien zur Geschichte der Freimaurerei,* Erster Theil. Geheimdruck, Rastatt um 1810, S. 33.

3 John Stokes, *Life of John Desaguliers,* Margate 1927.

4 A. F. Calvert, *Old engraved Lists of masonic Lodges,* London 1920, S. 16.

5 Theodor Merzdorf, »Die Loge Aux Trois Canons in Wien«, in: *Der Freimaurer,* 1. Jg., Wien 1876; Friedrich Voigts, »Die Loge Aux Trois Canons in Wien«, in: *Freimaurerzeitung,* Jg. 3, 1849.

6 Hans Wagner, »Die erste Wiener Loge 1742/43«, in: *Festschrift 5 Jahre Loge Libertas,* Wien 1960.

7 Ernest Krivanec, »Die Loge Aux Trois Canons in Wien (1742-1743)«, in: *Quatuor Coronati Jahrbuch* Nr. 12, Bayreuth 1975.

8 Erstes Logenprotokoll vom 17. 9. 1742.

9 *Aus der Zeit Maria Theresias. Tagebuch des Fürsten Johann Josef Khevenhüller-Metsch 1742-1776,* I. Band, Wien 1907.

10 Ernest Krivanec, »Die Loge Aux Trois Coeurs in Wien 1754«, in: *Quatuor Coronati,* Jahrbuch Nr. 13, Bayreuth 1976.

11 Protokollbuch der Loge »Aux Trois Coeurs« in Wien, S. 7.

12 *Aus der Zeit Maria Theresias,* a.a.O., Bd. 2, 1759-1755, Wien 1910.

13 F. Hausmann (Hrsg.), *Repertorium der diplomatischen Vertreter aller Länder seit dem Westfälischen Frieden,* II. Band, Zürich 1950, S. 363.
14 Heinrich Lachmann, *Geschichte und Gebräuche der mr. Hochgrade und Hochgradsysteme,* Braunschweig 1866, S. 10 ff.
15 Gustav Bord, *La Franc-Maçonnerie en France, des Origines à 1815,* Paris 1808, Tome 1, S. 242 ff.
16 René le Forestier, *La Franc-Maçonnerie templière et ocultiste aux XVIIIe et XIXe Siècles,* Paris-Louvain 1970, S. 86 ff.
17 *Allgemeines Handbuch der Freimaurerei,* III. Auflage, Leipzig, Bd. 2, S. 202.
18 Armin Ackermann und Ernest Krivanec, »Die Loge »Die Freigebigen« in Wien«, in: *Quatuor Coronati Berichte* 4, Wien 1976, S. 30 ff.
19 C. C. F. W. Frh. v. Nettelbladt, *Geschichte Freimaurerischer Systeme in England, Frankreich und Deutschland,* Berlin 1879.
20 Ernest Krivanec, »Das Clermont-System in Österreich«, in: *Quatuor Coronati Berichte* 4, Wien 1976, S. 25 f.
21 *Allgemeines Handbuch der Freimaurerei,* a.a.O., Bd. 2, S. 179.
22 Ernest Krivanec, *Die Freimaurerei in Siebenbürgen im 18. Jhdt.,* Wien 1978, S. 46 f.
23 Robert Joseph Kerner, *Bohemia in the eighteenth Century,* New York 1932, S. 309-311.
24 Ludwig Abafi, *Geschichte der Freimaurerei in Österreich-Ungarn,* Bd. 1, Pest 1890, S. 308.
25 Eduard Winter, *Der Josephinismus und seine Geschichte,* München und Wien 1943, S. 220 f.
26 Dekret vom 9. 11. 1776, zitiert bei Ludwig Rapp, *Freimaurer in Tirol,* Innsbruck 1867, S. 112.
27 Abafi, a.a.O., Bd. 2, S. 141-192.
28 Hans Wagner, »Die ungarische Freimaurerei der Freiheit«, in: *10 Jahre Libertas,* Wien 1969, und Abafi, a.a.O., Bd. 2, S. 284 f.
29 Zitiert bei Abafi, a.a.O., Bd. 2, S. 323.
30 Ernest Krivanec, *Die Freimaurerei in Siebenbürgen,* a.a.O., S. 53.
31 Ernest Krivanec, *Die Freimaurerei in Siebenbürgen,* a.a.O., S. 39; Georg Adolf Schuler, *Samuel v. Brukenthal,* München 1967, 2 Bde., Bd. 2, S. 283 f.
32 Paul Duchaine, *La Franc-Maçonnerie belge aux XVIII Siècle,* Bruxelles 1911, S. 35 ff.
33 Ernest Krivanec, »Geschichte der Freimaurerei in den österreichischen Niederlanden, in: *Quatuor Coronati Berichte* 4, Wien 1976, S. 48 f.
34 Bertrand van Schelden, *La Franc-Maçonnerie Belge sous le Régime Autrichien (1721-1794),* Louvain 1923, S. 60 f.

35 *Allgemeines Handbuch der Freimaurerei*, a.a.O., Bd. 2, S. 442.
36 Abafi, a.a.O., Bd. 3, S. 291 f.
37 Franz Gräffer, *Kleine Wiener Memoiren und Dosenstücke*, München 1922, Bd. 1, S. 226 f.
38 Leslie Bodi, *Tauwetter in Wien*, Frankfurt/M. 1977, S. 405 f.; Helmut Reinalter, *Aufgeklärter Absolutismus und Revolution*, Wien 1980, S. 186 ff.

# Dritter Teil

# Erscheinungsformen und Richtungen

Horst Möller

# Die Bruderschaft der Gold- und Rosenkreuzer

## *Struktur, Zielsetzung und Wirkung einer anti-aufklärerischen Geheimgesellschaft**

Der in der zweiten Hälfte des 18. Jahrhunderts in Deutschland weitverbreitete Orden der Gold- und Rosenkreuzer ist für den Historiker nicht aufgrund einer originellen Lehre und einer damit verbundenen geistesgeschichtlichen Bedeutung von Interesse. Die Gründe, die eine Beschäftigung mit diesem Orden verlohnen, liegen vielmehr in der Rolle, die dieser in einem größeren politischen, sozialen und geistigen Zusammenhang, einer tiefgehenden Krise der Aufklärung, gespielt hat. Die historische Relevanz des Ordens hat folgende Aspekte:

1. Der Orden trug zum Niedergang der durch eine enge Verbindung mit der Aufklärung charakterisierten Freimaurerei bei.

2. Die Gold- und Rosenkreuzer waren Symptom und Medium einer zunehmenden Verbreitung von Mystizismus, Wunderglauben, Geheimniskrämerei, kurz des Irrationalismus, im Zeitalter der Aufklärung.

3. Innerhalb einer kurzen Zeitspanne, in den achtziger und neunziger Jahren des 18. Jahrhunderts, errang der Orden, bzw. einige seiner führenden Vertreter, außerordentlichen politischen Einfluß. Dies gilt vor allem für Preußen, in geringerem Maße aber auch für Bayern. Diese Machtstellung nutzten die politisch aktiven Rosenkreuzer im Sinne einer politisch-religiösen Reaktion gegen die Aufklärung. Doch beweist dies m. E. noch nicht, daß der Orden Teil des zu dieser Zeit entstehenden politischen Konservativismus gewesen ist, wenn er ihn auch zweifellos begünstigt hat.

4. Die unter anderem durch die rosenkreuzerischen Bestrebungen politisch virulent gewordene Krise der Aufklärung in Deutschland wirkte entscheidend auf das Zeit- und Geschichtsbewußtsein führender Aufklärer ein. In einer spezifischen Weise beeinflußte die Rosenkreuzer-Bewegung die Bildung eines politischen Bewußtseins in Deutschland, wobei sie m. E. nicht ver-

wechselt werden darf mit den späteren konservativen Antworten auf die Revolution aus dem Lager der Aufklärung.

Bevor ich auf diese zweifellos interessanteren, aber möglicherweise auch kontroverseren Probleme zurückkomme, ist es erforderlich, die Entstehung, die Organisation und die Zielsetzung des Ordens zu skizzieren. Die Ziele des Ordens sind naturgemäß Wandlungen unterworfen gewesen, insofern müßte ihre Darstellung *genetisch* verfahren. Auf eine minutiöse Nachzeichnung dieses Prozesses verzichte ich aber, weil sie einerseits unter der übergeordneten Fragestellung wenig ergiebig ist und andererseits – wie es bei einer Geheimgesellschaft nicht verwunderlich ist – über weite Strecken nicht auf sicherem Grund stehen könnte und folglich spekulativ bleiben müßte. Ebenso verbietet sich hier eine *systematische* Darstellung der Ordenslehre, weil diese aufgrund ihres eklektizistischen, zuweilen wirren Charakters ein auch nur immanent sinnvolles System nicht ergibt.[1] Statt dessen nenne ich die wesentlichen Ansatzpunkte und Elemente der rosenkreuzerischen Lehre, die eine für unseren Zweck hinreichende Beurteilungsbasis bieten.

## Entstehung und Entwicklung des Ordens

Wenn auch die Rosenkreuzer des 18. Jahrhunderts die Ursprünge ihres Ordens bis in Moses Zeiten zurückdatieren[2] und die vorläufige Gestalt als Folge von Reformationen »7 Weise(r) Meister«[3] aus dem 4. bis 7. Jahrhundert ansehen, die schließlich im Hauptplan Nr. 1 (1767) die gegenwärtige – endgültige – Verfassung erlangt habe,[4] so besagt das nichts über das tatsächliche Alter des Ordens, sondern entspringt eher einem Legitimations- und Propaganda-Bedürfnis. Sachlich berechtigt sind diese Aussagen über die Ursprünge des Ordens überhaupt nur in bezug auf seine christlich-biblischen Ansatzpunkte. Die wichtigere Frage nach einer Kontinuität des Ordens aus dem 18. Jahrhundert zum tatsächlichen oder vermeintlichen Rosenkreuzer-Orden Johann Valentin Andreaes aus dem 17. Jahrhundert, der von einem Christian Rosenkreutz, der von 1388-1494 gelebt haben soll, seinen Ausgangspunkt nimmt und dessen Ordensgeheimnisse 1614 entdeckt worden sein sollen, muß ebenfalls verneint werden.[5] Jedenfalls gibt es keinerlei beweiskräftige Zeugnisse einer solchen organisatorischen Kontinuität. Ähnliches gilt für einen bisweilen behaupteten Zusammenhang mit englischen Rosenkreuzern wie Fludd und Ashmole.[6] Die erste Nachricht, die auf die Rosenkreuzer des 18. Jahrhunderts hinweisen könnte, ist eine Schrift von Sincerus Renatus (d. i. Samuel Richter) aus dem Jahre 1710, betitelt »Die wahrhaffte und vollkommene Beschreibung des philosophischen Steins der Bruderschaft aus dem Orden des Gülden- und Rosenkreutzes denen Filiis Doctrinae zum Besten publiciret von S.R.d.i. Sincerus Renatus«. Von dieser Schrift an datiert die Verbindung von Rose und Kreuz[7] mit dem Gold, die die Zweiteilung rosenkreuzerischen Wissens in Theosophie und Philosophie symbolisiert, das seine Einheit im »Stein der Weisen« hat. Während der philosophische Weg zum Eindringen in die Naturgeheimnisse und zu zeitlichem Glück führen soll, steht am Ende des theosophischen Weges der Rosenkreuzer das höchste Geheimnis der Göttlichkeit und ewiges Leben. Diese Interpretation, die in einem etwa gleichzeitigen französischen Ritual einer Rosenkreuzbruderschaft zu finden ist, verweist ebenso wie das Buch des Renatus darauf, daß sich zu Beginn des 18. Jahrhunderts eine Bruderschaft der Gold- und Rosenkreuzer neu oder auch wiederbegründet haben könnte, deren Gedankengut allerdings von den Vorstellungen Andreaes stark abweicht. Doch gibt es über dieses Buch hinaus keinerlei Anhaltspunkte für das Bestehen einer solchen Bruderschaft in Deutschland.[8] Die weiteren Schriften, die in der ersten Jahrhunderthälfte einander ausschließend vier rosenkreuzerische »Imperatoren« erwähnen, lassen ebenfalls keinerlei sichere Schlüsse auf einen tatsächlich bestehenden Orden der Gold- und Rosenkreuzer zu, d. h. also auch nicht auf eine entsprechende Kontinuität. Im ganzen ist über die Vorgeschichte des vermutlich erst seit 1757 bestehenden Ordens der Gold- und Rosenkreuzer also festzustellen, daß ein *direkter organisatorisch faßbarer und belegter Zusammenhang* zu Orden und Schriften, die vorher unter dem Namen »Rosenkreuzer« auftauchen bzw. deren Existenz behauptet worden ist, nicht bestand. Allerdings kann davon ausgegangen werden, daß der neue Orden aus diesen und anderen noch zu erwähnenden Quellen vielfältige gedankliche Anregungen und Einwirkungen erfahren hat, wobei allerdings – worauf anläßlich der späteren aufgeklärten Kritik an diesem neuen Orden noch einzugehen ist – die Gemeinsamkeit mit den Gedanken und Absichten Andreaes am geringsten zu veranschlagen ist, wenn auch Sincerus Renatus eine solche sachliche und organisatorische Tradition, die nie abgerissen sein soll, behauptet hat.[9] Die früheste Quelle, die Einblick in die neue Geheimgesellschaft gewährt, stammt von einem Mitglied der »Prager Assemblée« aus dem Jahre 1761 und trägt den Titel »Aureum Vellus seu Iunioratus Fratrum Roseae Crucis«, sie enthält Statuten, Ritual und ein Namensverzeichnis der Bruderschaft.[10] Dieser Text ist zum Teil wörtlich abgeschrieben aus der 1749 in Leipzig erschienenen Schrift eines Johann Heinrich Schmidt, der sich Hermann Fictuld nannte. In ihr ist an zwei Stellen von einer »Societät der goldenen Rosen-Kreutzer« die Rede. Es ist wahrscheinlich, daß der Autor eine wichtige Rolle bei der Gründung des Ordens gespielt hat, möglicherweise auch ihr Initiator gewesen ist.[11]

Verlassen wir die im übrigen ungeklärte Gründungsgeschichte, die auch für die erste Phase, bis ungefähr 1767, noch sehr im Dunkel liegt,[12] und beschränken uns auf die weiteren Hauptdaten. In dieser Zeit bestand der Orden aus einem Kaiser und einem Vizekaiser, deren Bedeutungen innerhalb des Lehrsystems aber unklar sind und die auch nach der Ordensreform 1767 nicht mehr auftauchen, sowie sieben Klassen bei jetzt noch unbeschränkter Mitgliederzahl. Diese Klassen und die Zahl ihrer Mitglieder sind: »1. 77 Magi, die den großen Stein und das Geheimnis aller Geheimnisse besitzen. 2. 700 Majoratsmitglieder, »Philosophi maiores primarii«. 3. 900 Philosophi maiores simpliciter taliter dicti et secundarii. 4. 3000 Philosophi minores magorum. 5. 1000 ... Adepti exemti, die in der Verbrüderung sich nicht höher zu schwingen gedenken ... 6. 1000 Jünger, die noch kein Werk ohne Unterricht der Obern vollenden. 7. »Die jüngst aufgenommenen, die sich erst durch langwierige Praxis meritiert machen müssen«.[13]

In mancher Hinsicht sind spätere Organisationsformen hier schon vorweggenommen, zum Beispiel die Einteilung der streng hierarchisch gegliederten Bruderschaft in Klassen, die ihrerseits in Zirkel oder Kreise gegliedert waren; ferner das Gebot, kein Bruder dürfe den anderen kennen, was natürlich nicht absolut durchzuführen war. In diesen Statuten wurde die Aufnahme von Deisten und Heiden verboten, während Juden in Ausnahmefällen aufgenommen werden durften, was später entschieden abgelehnt worden ist.[14] In dieser ersten Zeit hatte der Orden noch keine hervorragende Bedeutung in Mystiker- und Alchemisten-Kreisen gewonnen. Erst die Aufhebung des Prager Zirkels im Jahre 1764 machte die tatsächliche Existenz des Ordens öffentlich bekannt. In diesem Zirkel zeigte sich bereits die entscheidende Verbindung der Rosenkreuzer mit der Freimaurerei, die sich in der Bezeichnung des Prager Zirkels als »Loge zur schwarzen Rose« und in der Doppelmitgliedschaft mehrerer Mitglieder in dieser rosenkreuzerischen und in einer freimaurerischen Loge kundtat. Auch das 1766 wiederholte Aufhebungsdekret sprach von einer »sogenannten Freymaurer und Rosenkreuzerbrüderschaft«.[15] Dieses Eindringen in die Maurerei wurde außerordentlich begünstigt durch den Einfluß, den das von Frankreich her schon in der Mitte des Jahrhunderts in die deutschen Orden eindringende Hochgrad-System mehr und mehr gewonnen hatte und das den aufgeklärten Intentionen der Freimaurerei zuwiderlief.[16] Verbunden hiermit war die Ausbildung einer historischen Legende, die die Freimaurerorden als direkte Fortsetzung des auf dem Konzil zu Vienne 1311/12 auf Betreiben des französischen Königs aufgehobenen Tempelherrenordens ansah.[17] Die durch diese Legendenbildung beförderte Krise der Maurerei suchten sich die Rosenkreuzer zunutze zu machen, indem sie sich einerseits an der Legendenbildung kräftig beteiligten, andererseits ihre Mitglieder in den Freimaurer-Orden aktivierten und sich aus diesen rekrutierten.[18] Schließlich gaben die Rosenkreuzer sich selbst als höchste Stufe der Freimaurerei aus: In dem 1777 erlassenen zweiten Hauptplan heißt es: »Damit aber die Obern ihre wahren Absichten besser verbergen, und die Wißbegierde der Menschen leichter erfahren möchten, so haben sie die 3 untersten Klassen der sogenannten Freymaurerey, als eine Pflanzschule zu höhern Wissenschaften . . . errichtet; und obgleich solche durch die Länge der Zeit mit vielen eitlen und unnützen Nebendingen ganz profanirt, und fast unkennbar gemacht worden, so müssen doch . . . vom brüderlichen Rechtswegen die tauglichsten Subjecta aus ihrem Mittel geholt werden, und kann kein anderer . . . in unsern Zirkel treten . . .«[19] Indem so die Mitgliedschaft in der Freimaurerei zur Voraussetzung derjenigen im Rosenkreuzer-Orden erklärt wurde, schien die sachlich natürlich lächerliche Behauptung einer Superiorität des Ordens über die Freimaurerei bekräftigt zu werden. Zugleich war schon allein durch diese partielle Identität der Mitgliedschaft die Tendenz zu einem Orden im Orden und damit zur Unterwanderung und schließlichen Umfunktionierung der

Freimaurerei gegeben. Die Existenz des Hochgradystems erschwerte es schließlich den durch dieses strukturierten Freimaurer-Logen, den Gegenbeweis gegen die Superioritätsthese zu führen.

Die seit der Reformation von 1767 schnell zunehmende Ausbreitung und der wachsende Einfluß des Ordens, der nach der turnusmäßig 1777 erfolgenden Reformation in den achtziger Jahren seinen Höhepunkt erreichte, blieb nicht ohne Wirkung auf seine Zielsetzung, worauf ich noch zu sprechen komme. Diese Ausbreitung zeigt gewisse lokale Schwerpunkte, die allerdings zeitlich unterschiedlich akzentuiert sind, in Süddeutschland und Wien, in Sachsen, Schlesien, schließlich in Berlin und im weiteren Norddeutschland sowie in Rußland und Polen.[20] Mit dem Höhepunkt des Einflusses, mit der Herrschaft Friedrich Wilhelms II. von Preußen, der vorbereitet durch Bischoffwerder noch als Thronfolger am 8. August 1781 unter dem Ordensnamen Ormesus durch Herzog Friedrich August von Braunschweig und Wöllner in den Orden aufgenommen worden ist,[21] beginnt aber bereits der Niedergang der Rosenkreuzer, der nicht zuletzt durch die Wandlung vom mystischen zum politischen Ordenszweck mitverursacht worden ist. Die innere Kritik, die durch das Ausbleiben der versprochenen Wunder verursachten Frustrationen vieler Mitglieder und schließlich die einer Geheimgesellschaft dieser Art naturgemäß abträglichen Erklärungen von Abgefallenen[22] trugen dazu ebenfalls bei. Überdies wurde die Zeit diesem letzten Aufflackern alchemistischen Wunderglaubens vor allem auch infolge der politischen und geistigen Entwicklung zunehmend ungünstiger. Ausdruck dieses Niedergangs war das Ausbleiben der dem zehnjährigen Turnus gemäß 1787 fälligen Reformation und der für dieses Jahr angekündigten General-Konvention.[23] Hinzu kam, daß der Wilhelmsbader Konvent von 1782, der das Hochgradsystem innerhalb der Freimaurerei beseitigte, dem Versuch des Rosenkreuzer-Ordens, sich die Maurerei zu unterwerfen, einen Mißerfolg bereitete.[24] Nach dem im Jahre 1787 im Orden der Gold- und Rosenkreuzer verordneten »Silanum«, der einen einstweiligen Stillstand der Zirkelarbeit verfügte, trat der Orden nicht mehr sichtbar in Erscheinung.[25] Wenn auch noch bis Ende der neunziger Jahre hinein einzelne Rosenkreuzer an ihrem Orden festhielten,[26] so ist dies doch für einen allgemeineren historischen Zusammenhang nicht mehr von Bedeutung. Im übrigen erscheint das Ende des Ordens in ein ebensolches Dunkel gehüllt wie sein Anfang. Festzuhalten bleibt, daß der Orden seine größte Wirksamkeit nur während einer sehr kurzen Zeitspanne erreichte, daß der eigentlich politische Erfolg, der sich in Bayern durch die Auflösung des gegnerischen Illuminaten-Ordens, in Preußen in der Politik Bischoffwerders und Wöllners äußerte, diesem Höhepunkt folgte, zum Teil sogar in die Zeit nach der vermutlichen Auflösung des Ordens fiel. Es gelang also einzelnen Rosenkreuzern, ihre Anschauungen politisch durchzusetzen, ohne daß aber der Orden als Organisation daran beteiligt war, wenn auch durch deren Existenz dieser Wirkungsmöglichkeit der Weg bereitet wurde.

Ich habe vorgegriffen und komme einstweilen auf die Ziele und die Organisation des Ordens zurück, wobei ich mich auf die Zeit nach 1767, in manchen Punkten auch auf die Zeit nach 1777, dem Jahr, in dem der zweite, wahrscheinlich durch Wöllner beeinflußte Hauptplan erlassen wurde, beschränke. Einzelne Wandlungen in der exoterischen und esoterischen Lehre, die durch diesen Hauptplan deutlich werden, lasse ich, da sie nur von antiquarischem Interesse sind, außer Betracht.

## Organisation

Die Aufnahme in den Orden war, außer an die schon erwähnte Voraussetzung, Mitglied einer Freimaurer-Loge zu sein, an verschiedene Bedingungen geknüpft, die Rezeption selbst lief nach einem komplizierten Ritual ab. Über diese Riten liefern verschiedene Schriften eingehende Aufschlüsse, insbesondere das Instruktionsbuch »Von obristbrüderlicher Wahl, Macht und Gewalt bestätigter Eingang zur ersten Classe des preißwürdigsten Ordens vom Goldenen Rosen-Creutze nach der letzten Haupt- und Reformations-Convention errichtet zum guten Gebrauch aller würdigen Brüder, so andere Meister vom Schein des Lichts und dem verlohrnen Worte an- und aufzunehmen berechtigt sind. Cum Concordia Fratrum erlassen im Jahre des Herrn 1777«. Die Umständlichkeit des Titels läßt für den Inhalt manches befürchten: er ist in der Tat typisch für den Stil aller rosenkreuzerischen Schriften.

Die Voraussetzung der freimaurerischen Mitgliedschaft wird

also umschrieben als Notwendigkeit, »Meister vom Schein des Lichts und dem verlohrnen Worte«[27] zu sein, was anknüpfend an die oben erwähnte Superioritätsthese nichts anderes meint als die Behauptung, daß es in der Freimaurerei nur den Schein des Lichts zu erfahren gebe, das Licht selbst aber erst den Rosenkreuzern zugänglich sei. Der elitäre Anspruch wird dadurch unmißverständlich klargestellt. Die »Kennzeichen besonderer Tauglichkeit«, die der Kandidat mitbringen mußte, waren: »Erbarkeit, den guten Verstand, die Friedfertigkeit, nebst der Wißbegierde und dem Gehorsam«; auf letzteren, das wird sich noch zeigen, wurde außerordentlicher Wert gelegt. Desgleichen auf das Gelöbnis der Verschwiegenheit, das dem Kandidaten als erstes abgenommen wurde.[28] Danach wurde der Kandidat vor falschen Hoffnungen gewarnt, die ihm etwa eingeben könnten, er würde mit Eintritt in den Orden etwa sofort »groß und reich«. Vielmehr wurde ihm vorgestellt, daß ihn auf dem Pfad der Tugend harte Prüfungen erwarteten. War der Kandidat auch dann noch willens, sich aufnehmen zu lassen, so wurde dem Ordens-»Directori und von diesem dem Generalat nebst der Anzeige zugleich des Candidaten Stand und Name eingeschickt, damit solcher cabbalistisiret und ein Wappen geschöpfet werde«.[29] Da aber auch die Oberen immer daran interessiert waren, unter den Brüdern zahlungskräftige Mitglieder zu haben,[30] bestimmte die Instruktion, daß arme und mittellose Kandidaten zwar »gratis recipirt« werden könnten, aber nur unter der Voraussetzung, daß sie außer den üblichen Eigenschaften noch besondere Kenntnis der Naturkunde oder »geschickliche Feuerarbeiten« beherrschten. Im übrigen dürfe aber bei jedem Orden nur ein solches Mitglied aufgenommen werden und »als dienender Br. gebrauchet« werden; nach Belieben könne man ihm ein monatliches Almosen verabreichen.[31] Die Form der umständlichen Rezeptionsriten will ich hier im einzelnen nicht beschreiben,[32] sondern nur die Inhalte zusammenfassen: Dem aufgenommenen Bruder wurden die Tableaus der »Freymaurer nach dem wahren Verstande explicirt«. Hier lernte er die rosenkreuzerisch umgedeuteten Zahlen- und Zeichensymbole kennen sowie als eine der Grundlagen die Lehre von den vier Elementen.[33] Außer den Lehrinhalten wurden Versammlungsweise und -ort, das Verhalten der Brüder untereinander und innerhalb der Hierarchie genau festgelegt und die Neuaufgenommenen instruiert. Von besonderem Interesse ist der Eid, den ein Neophyt zu leisten hatte und der in der Instruktion ebenfalls wortreich erläutert wurde. Dieser Eid umfaßte sieben Punkte, die den Brüdern öfters eingeschärft werden sollten.[34] Die erste Pflicht bestand darin, sich »in der Furcht Gottes beständig zu üben«.[35] Die Erläuterungen hierzu stützten sich immer wieder auf Belegstellen aus dem Neuen Testament und zeigten eine extreme Neigung zur Askese,[36] setzten schließlich eine »*Abtödtung* unserer *Eigenheit*« als Ziel.[37] Die zweite Pflicht beinhaltetete die Nächstenliebe. Können die beiden ersten Eidespunkte noch als Zeichen einer mystisch-asketischen Sekte gelten, so zeigt sich in der dritten Pflicht ein konstitutives Element des Geheimordens, nämlich die Pflicht, »die höchste Verschwiegenheit ohnfehlbar zu halten«: »Die so feyerlich beschworne Pflicht der *höchsten Verschwiegenheit* erstreckt sich ohne Ausnahme auf alles, was den *hohen* $O^{n}$ der *R. C.* auf eine nahe oder entfernte Art angehet, oder nur einen merklichen Bezug auf selbigen hat . . .«.[38] Verbunden hiermit ist die »Unkennbarkeit der Obern«, die »von jeher ein *Fundamentalgesetz* des $O^{ns}$ gewesen« sei.[39] Nicht nur zu »Profanen« und zu »gemeinen Freimaurern«, sondern auch zu fremden Rosenkreuzern, die er durch Zufall als solche erkannte, durfte der Bruder absolut nichts über den Orden äußern, ebensowenig war es ihm erlaubt, Mitgliedern seines eigenen Zirkels einen etwaigen höheren Grad, den er innehatte, mitzuteilen.[40] Von seinen eigenen praktischen, d. h. alchymischen Arbeiten, seinen Kenntnissen der Ordenslehre durfte er ausschließlich zu seinem eigenen Zirkeldirektor sprechen.

Die vierte Pflicht beinhaltete die unverbrüchliche Treue zum Orden.[41] Der fünfte Punkt des Eides verpflichtete die Brüder, »denen Obern allen Gehorsam zu bezeigen«.[42] Der sechste Punkt schrieb dem Bruder vor, den Oberen »kein in ihr Fach einschlagendes Geheimnis« zu verschweigen,[43] der siebente stellte fest, daß der Bruder Eigentum des Schöpfers und des Ordens sei. Die fünf letzten Eidespunkte demonstrieren,[44] daß der einzelne Ordensbruder in ein perfektes Herrschaftssystem eingebunden wurde. Die Spitze dieses Systems stellten die Oberen dar, die unbekannt[45] und unfehlbar waren, denen absoluter Gehorsam entgegengebracht werden mußte und deren Stellung nicht angezweifelt werden konnte noch durfte. Diese Männer waren von so »hoher Macht und Gewalt; zu erhaben, als daß sie von Bbrn. der untersten Stufe erkannt, oder ihre wahre eigenthümliche Größe beurtheilet werden könnte«. »Die ganze herrliche Einrichtung des O$^{ns}$, die jeder unbefangener Br. so weit er sie einsieht, in Ehrfurcht bewundern muß, haben wir aus ihren Händen erhalten; die fürtreflichen Gesetze desselben sind die edlen Früchte ihrer tiefen Einsichten. Sie kennen die Natur der Seelen vollkommen, und wissen genau den Gang, welchen sie zu ihrer Ausbesserung und Erhöhung geführt werden muß, denn sie schauen hinüber in die Welt der unsichtbaren vernünftigen Wesen, und entziffern jede Stufe der Ausbildung und Auswickelung der Kräfte eines Geistes«. Diesen Obern nicht gehorchen zu wollen, sei eine Schande. »An *Ihnen* ist es also, zu *befehlen,* und an uns ist es zu *gehorchen*«.[46] Gewarnt wurde vor jedem Schatten des Mißtrauens gegen diese erhabenen Oberen; statt dessen wurde mit der rhetorischen Frage: »Ist der Nutzen auf seiten der Obern, oder auf unserer Seite?« zur freudigen Befolgung der Befehle und zur »ruhige(n) *Erwartung* der *Beförderung* zu *höhern Graden*« gemahnt,[47] etwaige Strafen, die die Oberen natürlich ungern verhängten, wurden bei Einsicht und Buße gern vergeben.[48] Der bloße Versuch, den Obern irgendwelche Geheimnisse vorenthalten zu wollen, war nicht nur sträflich, sondern auch unnütz, denn die Obern waren allwissend,[49] ihnen konnte nichts entdeckt werden, was sie nicht vorher schon wußten, gleichwohl war der einzelne Bruder zu einer Anzeige alles eigenen Wissens verpflichtet, er war genötigt, etwaige Pflichtverletzungen anderer Brüder umgehend und vollständig den Oberen mitzuteilen.[50] Das einer solchen Herrschaftsausübung notwendige Spitzel- und Denunziationswesen war also fest institutionalisiert. Die totale Öffentlichkeit, in der die Mitglieder für die Oberen standen, korrespondierte so der totalen Geheimhaltung, mit der sich die Oberen gegenüber den Mitgliedern umgaben. Der einzelne Bruder sollte willenloses Werkzeug in der Hand der gottähnlichen Ordensoberen[51] sein, die oben erwähnte »Abtödtung der Eigenheit« war also nicht nur mystisch-asketischer Natur, sondern ebenfalls ein Herrschaftsinstrument des Ordens, als dessen Eigentum sich der Bruder bekennen mußte.

Dieses Herrschaftssystem des Ordens wurde ideell abgesichert in einer Hierarchie des Wissens,[52] die vom freimaurerischen Hochgradystem beeinflußt worden war.

Die Ordensmitglieder waren eingeteilt in neun Grade, deren Mitgliederzahl im Hauptplan von 1777 genau festgelegt worden ist und die jeweils einen symbolischen Wert in der rosenkreuzerischen Zahlenmystik hatte. Die Grade entsprachen dem jeweiligen Stand in der rosenkreuzerischen Ausbildung sowie der praktischen und theoretischen Kenntnis der Ordenslehre.

Nach dem Hauptplan von 1777, der genaue Angaben über Zahl, Abzeichen, Losungsworte, Rezeptionsgebühren, Versammlungsorte, Hauptinhalte der einzelnen Klassen enthält, hatte der Orden 5856 Mitglieder,[53] die sich wie folgt auf die neun Grade verteilten: 7 Magi, denen »außer den göttlichen Kräften und Geheimnissen in der Natur nichts verborgen« ist und die vermöge dieser Kräfte wie Moses, Aaron, Hermes, Salomo und Hiram Abif Meister über alles waren. Nach den Magi waren im Hauptplan die 77 Magistri aufgeführt, die »neben den drei Hauptwissenschaften von den Naturreichen das große Universal« haben müßten, wenigstens 27 von ihnen sollten den »Stein der Weisen« haben. Als dritthöchste Stufe folgen 777 Adepti exemti, die zwar z. T. »schon Kenntnis vom großen Werke der Natur, Cabbala und Magia naturalia« haben sollten, einstweilen aber noch zu anderen Beschäftigungen bestimmt waren. Der dann genannte Grad der Majores umfaßte 788 Mitglieder, die schon »einen oder mehrere von den vier großen Partikeln Stein verfertigt« hatten. Unter diesen standen 799 Minores, von denen die meisten »die irdische philosophische Sonne vollkommen erkennen ... und auch Wunderkuren verrichten« konnten. Als unterster Grad der oberen sechs Grade wurden die 822 Philosophi genannt, von denen »einige schon die mineralischen Naturkräfte erkennen ... und die Wissenschaft mit der Tat vereinigt haben«. Es folgen 833 Practici, die zwar das »chaotische Electrum minerale bereiten« können, aber dessen wahre Bestimmung ihnen noch verborgen ist; immerhin können sie schon alle »aus ihrer Praxis den ersten Nutzen ... schöpfen«. Die 844 Theoretici »haben des Kollegiums Bücher sammt dem theoretischen Teil des Instituts zu studieren, um hierdurch zu den hermetischen Wissenschaften den nötigen Grund zu legen«. Der unterste Grad umfaßte 909 Juniores, »welche den ersten Teil des Instituts, die Ordensregeln, das Ceremonial, den Catechismus und die chymischen Zeichen recht zu erlernen sich angelegen sein lassen müssen«.[54] Später wurde als höchster Grad noch der Salomonische hinzugefügt.[55] Die im Hauptplan angegebenen Aufenthaltsorte gebe ich hier nicht wieder, nur soviel sei gesagt, daß ihm zufolge die Generaldirectori in verschiedenen europäischen und außereuropäischen Ländern lebten. Der magi magorum selbst soll demgemäß ein in Ägypten lebender Venezianer gewesen sein. Doch dienten diese Angaben wohl ausnahmslos der Verschleierung des tatsächlichen Sitzes der Oberen, der von verschiedenen Autoren in Dresden angenommen worden ist. Es ist auch nicht auszuschließen, daß Wöllner einer oder der tatsächliche Obere gewesen ist, wenn auch manches gegen diese Annahme vorgebracht worden ist.[56]

Die kleinste Einheit des Ordens stellten die Zirkel dar; diese durften nicht mehr als neun Mitglieder umfassen – die Zahl ergab sich aus der Zahlenmystik des Ordens, in der Drei eine heilige Zahl war und die Mitgliederzahl eines Zirkels sich aus der Multiplikation 3 × 3 ergab.[57] Tatsächlich ist aber die Überschaubarkeit der Zirkel für die Oberen und die Einhaltung der Geheimhaltung für die Kleinheit der Zirkel mitbestimmend gewesen. Ein austretender Bruder konnte so nicht allzuviel Schaden für den Orden verursachen.

Die Zirkel selbst sind wiederum hierarchisch gegliedert gewesen: An der Spitze stand ein Zirkeldirektor, ihm unterstanden mehrere »Beamte«: ein Senior, ein Justitiarius, ein Actuarius, ein Cassier und der einführende Bruder, Introductor genannt. Für den Fall, daß ein Zirkel vollzählig war, was nicht unbedingt erforderlich gewesen ist,[58] bestand er also zu zwei Dritteln aus Funktionsträgern. Auch diese Tatsache hat natürlich den Zusammenhalt der Mitglieder gefördert. Der Zirkeldirektor seinerseits unterstand einer Hauptdirektion, diese wiederum war von einer Oberdirektion – bestehend aus einem Triumvirat – abhängig. Über diesen standen schließlich analog zur »Strikten Observanz« in der Freimaurerei die hohen Oberen, die in ihrer Gesamtheit als Generalat bezeichnet wurden und den unteren Graden, wie gesagt, unbekannt waren: Sie waren das eigentliche Machtzentrum des Ordens.[59]

Das Verhalten der Oberen zu den einfachen Brüdern war ebenfalls genau umrissen, ebenso wie die Zeremonien, die bei Versammlungen, Conventionen genannt, befolgt werden mußten.

Die Mitgliedschaft des Ordens rekrutierte sich, abgesehen von den in diesem Fall obligaten Abenteurern und Scharlatanen, aus »Naturforschern«, Ärzten, höheren Offizieren, vor allem auch Theologen,[60] im ganzen gesehen aus höheren bürgerlichen und adligen Schichten. Dies wird bestätigt durch die Höhe der Rezeptions- und Beförderungsgebühren, von der die Rede war: Die Mitgliedschaft im Rosenkreuzer-Orden war derart kostspielig, daß sie schon deshalb für Angehörige mittlerer oder gar unterer Schichten *im allgemeinen* ausgeschlossen war. Darüber hinaus kann gesagt werden, daß die Oberen bewußt den Versuch machten, Angehörige der sozialen, politischen und finanziellen Oberschichten für sich zu gewinnen.[61] Wieweit ihnen das gelungen ist, muß aufgrund der Quellenlage offen bleiben, da brauchbare quantitative Angaben, die eine präzise Analyse der sozialen Zusammensetzung des Ordens erlauben, nicht vorliegen. Allerdings dominierte im bekannten Teil der Mitglieder der Adel, vor allem der Hochadel.[61a] Diese Zahl der bekannten Rosenkreuzer ist aber so klein, daß sich daraus abgeleitete Aussagen über das politische, soziale, geistige Verhalten der Schichten, denen sie entstammen, verbieten, zumal die Widerstände gegen rosenkreuzerischen Einfluß in Preußen von Angehörigen ebenfalls höherer Schichten ausgingen, vor allem von aufgeklärten hohen Beamten, Gelehrten, Theologen usw.

## Tradition, Lehre, Ziele

Ich hatte bemerkt, daß eine organisatorische Kontinuität des Gold- und Rosenkreuzer-Ordens zu Vorläufern, die als Rosenkreuzer firmierten, nicht beweisbar und auch nicht wahrscheinlich ist; gleichwohl bestand natürlich zu vielen Autoren und Gruppen, soweit sie tatsächlich bestanden haben und nicht nur Erfindungen der einzelnen Schriften sind, ein innerer gedanklicher Zusammenhang. Dieser besteht in dem diesen Strömungen gemeinsamen Gedankengut, das auf der Basis des Neuplatonismus vielfältige mystische Traditionen enthielt, von denen vor allem christlich-kabbalistische, theosophische, pansophische, magische und alchymische Ideen zu nennen sind. Dieses gedankliche Gemisch wurde durch die jahrhundertewährende Tradition und mannigfache Modifizierung in einzelnen Schriften und verschiedenen Epochen, schließlich durch die durchaus subjektive, zuweilen auch stark vulgarisierte Form der Rezeption bei einzelnen Anhängern zu einem Lehrsystem, das trotz der starken, immer wieder hervorgehobenen Beeinflussung etwa durch Paracelsus und Jacob Böhme nicht selten von den Ursprüngen weit entfernt und sehr heterogen war. Abgesehen von intellektueller Unzulänglichkeit, die hier oft zugrundelag, gab ein solches logisch nicht nachvollziehbares und undurchdringliches Lehrgebäude den Oberen die Möglichkeit, es nach Belieben zur Manipulation der Brüder zu benutzen oder auch nur dafür zu sorgen, daß kein Mitglied diese Lehre vollständig erfassen konnte. Die Undurchschaubarkeit der Lehre erscheint so als Pendant zu derjenigen der Hierarchie.

Sieht man einmal von diesem Aspekt ab, so bleibt festzustellen, daß das eigentliche Anliegen des Ordens und vermutlich auch dasjenige der Masse gutgläubiger Mitglieder religiöser oder doch quasi-religiöser Natur gewesen ist. Kern war hier eine pansophische Emanationslehre, der zufolge die Natur ein »Ausfluß der Schöpferkraft Gottes und somit selbst ein Stück Gottheit sei«. Dies mußte, wie Runkel schreibt, »zu der Überlegung führen, daß die Erkenntnis der Natur die Erkenntnis Gottes in sich schließe. Und so gehen fast alle rosenkreuzerischen Schriften von dem Grundgedanken aus, die Erforschung der Natur und des Schöpfungsweges sei Gottesdienst«.[62] Dieser Gedanke wurde die Lehre vom Chaos genannt, was an Paracelsus anknüpfte, aber nicht konsequent im neuplatonischen Sinne interpretiert wurde,[63] ganz abgesehen davon, daß dieser Begriff schon in der Antike mannigfache Interpretationen gefunden hatte. Immerhin wird durch diese Zusammenhänge die Verbindung des religiösen Anliegens mit dem naturforscherisch-alchymischen verständlich. Hierbei nahm man aber – wie es bei diesem Ausgangspunkt auch nicht verwunderlich ist – die Fortschritte in der zeitgenössischen Naturwissenschaft überhaupt nicht zur Kenntnis bzw. orientierte sich in bewußtem Gegensatz zu dieser an der neuplatonisch bestimmten spiritualistischen Naturbetrachtung des 16. und 17. Jahrhunderts.[64]

Dies war eine ideologische Ignoranz, die schon ein abtrünniger Rosenkreuzer, H. C. Albrecht, in seiner »Geheimen Geschichte eines Rosenkreuzers« treffend bemängelte.[65] Ein anderer Bruder, der die naturwissenschaftliche Unkenntnis eines rosenkreuzerischen Lehrvortrags kritisiert hatte, bekam die Antwort, »daß man von einem Juniori nicht Zweifel und Raisonnements, sondern Verleugnung weltlicher Wissenschaften und Verehrung der Urteil-Sprüche der weisen Meister erwarte«.[66]

Daß es sich trotz aller naturforscherischen Elemente in keinem

Fall um Wissenschaft handelte,[67] geht auch aus der Ordenssatzung von 1777 hervor, in der konstatiert wurde: Die »wahre Hauptabsicht unsers der ewigen Weisheit geheiligten Ordens (hatte) gleich vom Anfange seiner Stiftung auf die ächte Erkenntniß Gottes in den natürlichen Dingen und auf die treue Fortpflanzung derselben gezielet«. Nach der Reform sei er auf die »ächte Erbauung des Reiches Christi vorzüglich gerichtet« gewesen. Diese Reform von 1777, die die Handschrift Wöllners trägt, drückte in diesem Satze die Abwendung der bloß mystisch-religiösen Zielsetzung zugunsten einer praktisch-politischen Wirksamkeit des Ordens aus, wie sie die Rosenkreuzer in Preußen dann auch erlangt haben.[68] An dieser Wandlung des Ordens-Zwecks änderte auch die weiterhin betonte und beibehaltene frühere religiöse Ausrichtung des Ordens nichts, vielmehr wird die erstrebte »Erbauung des Reiches Christi« an die Voraussetzung geknüpft, daß »ohne die ächte Erkenntniß Gottes« diese Absicht nicht verwirklicht werden könne, da sie »nur im Lichte der Gnade und der Natur durch inbrünstiges beharrliches Beten, vieles meditiren, und durch mannichfaltige, wohl überdachte und ächt ausgeführte Versuche aus dem geoffenbarte(n) Worte Gottes, der Selbsterkenntniß und der ganzen Natur und Creatur schöpfen . . . läßt: auch zu eben diesem Ende, denen Brüdern in unsern O$^{ns}$ Stufen, solche Geheimniße nach und nach anvertraut werden, welche, so lange sie in unsern innersten O$^{n}$ verschlossen bleiben . . . von Gott nach der Fülle seiner Erbarmung zu unserm zeitlichen und ewigen Wohl bestimmt . . . sind«.[69] Ein Verrat dieser Geheimnisse habe eine greuliche Zerrüttung auf dem ganzen Erdboden und ein fürchterliches Strafgericht Gottes zur Folge.[70]

Wiederum zeigt sich hier das Bestreben der Oberen, mit der Verheißung einer späteren Einweihung in die Geheimnisse der höheren Grade einerseits[71] und der Drohung mit einem Strafgericht andererseits die Ordensbrüder streng auf dem vom Generalat gewünschten Kurs zu halten. Die Hierarchie des Wissens, die hier aufgebaut worden war und die sich in den neun Graden der Mitglieder manifestierte, entpuppte sich eindeutig als ein »Herrschaftswissen« der Oberen, gleich welchen Inhalt dieses im einzelnen hatte und unabhängig davon, ob diese Oberen selbst all das glaubten, was sie verkündeten.[72] Mithilfe dieses vermeintlich höheren Wissens wurde Macht über die Ordensmitglieder ausgeübt. Der neuplatonisch akzentuierte Erkenntnisweg verband sich folgerichtig mit dem Aufbau der esoterischen Lehre: Der nur nach und nach nicht ohne die Gnade der Oberen zu erlangende Aufstieg zu höheren Wissensgraden entsprach der streng hierarchischen Gliederung des Ordens. Die Verheißung dieses Aufstiegs in der Hierarchie und damit die wachsende Partizipation an diesem »höheren Wissen« übte ebenfalls eine integrierende Wirkung aus. Die festgefügte und reglementierte Organisation in überschaubaren Einheiten ermöglichte eine zielstrebige Steuerung des Ordens und sicherte in Verbindung mit der Einhaltung der Arkanpraxis die jeweils höheren Grade nach unten ab, wie sie diese andererseits als Amtsträger einband und ihnen ein entsprechendes Statusbewußtsein verschaffte. Alle Mitglieder aber waren überdies durch den elitären Gesamtanspruch des Ordens,[73] durch die vermeintliche Teilhabe an einem Geheimwissen,[74] die Aussicht auf den »Stein der Weisen«, an ihren Orden gefesselt, ganz abgesehen von den oben erwähnten Eiden und Strafandrohungen.[75] Nicht zuletzt trug die Sprache der rosenkreuzerischen Schriften und Verlautbarungen das ihre zur Integration bei; gerade durch ihre dunkle Weitschweifigkeit[76] und ihre altertümelnde Schwülstigkeit gewann sie einen sich vom Profanen unterscheidenden Charakter. Dieser Form entsprach als gleichsam historische Legitimation die wiederholte Betonung der langen Tradition der Rosenkreuzer, die die ständige Garnierung der Schriften mit Bibelzitaten als unangreifbarer Autorität ergänzte.

## Ursachen und Wirkungen

Diese zuweilen modern anmutenden Herrschaftstechniken,[77] die übrigens denjenigen innerhalb des Illuminatenordens in vieler Hinsicht ähnelten, wirkten schon auf einen klugen Beobachter wie H. C. Albrecht beängstigend.[78] Es ist keine Frage, daß dieser im Inneren und Äußeren auf Herrschaft abzielende Orden spezifischer Bedingungen bedurfte, um eine nennenswerte Wirkung zu erlangen. Nur die wichtigsten Faktoren dieses Ursachengeflechts können in diesem Rahmen genannt werden.

1. Die hier analysierte Binnenstruktur des Ordens wurde – wenn auch in zweckbezogen modifizierter Form – der Freimaurerei, insbesondere natürlich dem Hochgradsystem, entlehnt. Aus der Mitgliedschaft von Logen dieses Systems rekrutierten sich auch

die rosenkreuzerischen Zirkel, weshalb die soziale Zusammensetzung beider kaum differierte. Innerhalb der vorgegebenen Bauform der Logen wurden Inhalte zur Geltung gebracht, die zwar den ursprünglichen Intentionen der Freimaurerei widersprachen, denen aber infolge der Einführung der Hochgradysteme und der wachsenden Bedeutung des Arkanums der Weg bereitet worden war. Diese Inhalte ihrerseits entsprangen einer kaum abgerissenen, immer wieder aktualisierten mystisch-pansophischen Tradition, deren Höhepunkte im 17. Jahrhundert lagen, wobei diese Tatsache aber nicht organisatorische Kontinuität bedeutet.

2. Auf der Grundlage dieser formalen und inhaltlichen Voraussetzungen konnte eine soziale und geistige Institution entstehen, in der ein spezifisch mystisches Bedürfnis von Menschen artikuliert werden konnte, das einem Ungenügen am kirchlichen Christentum entstammte: Die theologische Aufklärung hatte, indem sie vor allem den Protestantismus zuweilen auf einen Deismus reduzierte, nicht wenige religiöse Menschen zu einer Reaktion gegen den theologischen Rationalismus bewegt[79] und für eine religiöse Sekte, die einer verweltlichten Kirche eine verinnerlichte Religiosität gegenüberstellen wollte, ansprechbar gemacht. Insofern gehört auch das Rosenkreuzertum zu den Versuchen, den umfassenden Prozeß der Säkularisierung zu bewältigen, in dem es Orientierung und Identifikation ermöglichte und diese autoritär-hierarchisch organisierte.[80]

3. Neben diesem religiösen Bedürfnis war aber bis in die zweite Hälfte des 18. Jahrhunderts hinein ein zu dieser Zeit wieder aktualisierter Wunderglaube und Aberglaube lebendig geblieben, den zu beseitigen die Aufklärung nicht vermocht hatte, wie das Auftreten und der Erfolg zahlreicher Scharlatane demonstriert.[81] Auch hier mag die »Entzauberung« der Welt durch die Aufklärung auf zahlreiche Menschen provokativ gewirkt haben.

4. Da die Aufklärer selbst sich der Geheimbünde[82] bedient hatten, hatten sie den Kult der Mystifikation in gewisser Weise unabsichtlich gefördert. Die Faszination des Geheimen[83] wurde im Falle der Rosenkreuzer um so größer, je undurchschaubarer es wurde. Dazu trug die aufgeklärte Diskussion und Polemik gegen den Orden, die meist die tatsächliche Macht der Rosenkreuzer weit übertrieb, nicht wenig bei: Die auf Öffentlichkeit angewiesene Entmystifikation begünstigte so paradoxerweise die »Popularität« des Nichtöffentlichen, des Arkanums.

5. Diese Voraussetzungen führen schließlich zu der über den konkreten historischen Zusammenhang hinausweisenden Frage nach den Gründen für die Entstehung von Ideologien in Krisenzeiten, da wesentliche Inhalte des Rosenkreuzertums zweifellos Merkmale einer *defensiv*-reaktionären Ideologie[84] gegen eine tiefgreifende Verunsicherung aufweisen, die Religion, Gesellschaft und Staat besonders im letzten Drittel des Jahrhunderts ergriffen hatte. Die geschilderte Animosität gegen die Erkenntnisse und Zweifel rationaler Naturwissenschaft, die permanente Behauptung einer Jahrtausende währenden Tradition des Ordens in einer Zeit, in der die Tradition als Legitimation gegenwärtiger Mächte und Werte fragwürdig geworden war und in der historische Bibelkritik die biblischen Grundlagen des Glaubens relativierte – dies sind nur einige der Charakteristika dieser defensiven Ideologie.

6. Untrennbar hiermit verbunden ist aber der *offensive* Charakter der rosenkreuzerischen Organisation und der Ziele ihrer Führer, bei denen im einzelnen durchaus zweifelhaft ist, inwiefern sie die von ihnen propagierten Inhalte nur als Mittel einsetzten, um die oben beschriebene Zielgruppe ansprechen und für Zwecke einsetzen zu können, die rationaler politischer Zielsetzung und nicht einem wie immer gearteten Irrationalismus entsprangen.

7. Diese Ziele waren ihrerseits Produkt der geistigen, politischen und sozialen Krise, die insbesondere den preußischen Staat seit den achtziger Jahren ergriff. Diese Krise hatte viele Formen, z. B. die des Generationenkonflikts, der zunehmenden Kritik an der Aufklärung auch auf literarischem und philosophischem Gebiet: Sie war aber in Preußen nicht zuletzt eine Modernisierungskrise des spät- und nachfriderizianischen Staates, in dem die aufgeklärten Reformen an eine Grenze gestoßen waren, in der wirtschaftliche, soziale, Verwaltungs- und Schulreformen überfällig waren, in der ein rapides Wachstum der Bevölkerung, das zu den Zielen der preußischen Könige seit Generationen gehört hatte, kaum noch bewältigt werden konnte.[85] Symptom für diese Modernisierungskrise sind aber auch die zahlreichen Reformbestrebungen[86] und deren Scheitern, ist auch der langwierige Kampf um die bedeutendste Frucht aufgeklärten Reformstrebens, die endgültige Fassung und die Inkraftsetzung des Allgemeinen Landrechts.

8. Die Wirkungsmöglichkeit der Rosenkreuzer war indes ein Resultat der politisch-sozialen Struktur des vorrevolutionären ab-

solutistischen Staates, für die die außerordentliche Bedeutung der Geheimgesellschaften im 18. Jahrhundert charakteristisch gewesen ist.[87] Die Geheimgesellschaften waren in dieser Zeit nicht nur eine gesellschaftliche Mode[88] – und insofern Ausdruck und Ausweis des sozialen Status ihrer Mitglieder –, sondern darüber hinaus eine zentrale und spezifische soziale Organisationsform. Das Arkanum dieser Gesellschaften korrespondierte dem Arkanum der Kabinettspolitik. Die aufgeklärt-humanitären Ziele und die soziale Integration verschiedener sozialer Schichten und Stände vor allem in den Logen standen im Widerspruch zur politischen und sozialen Realität.

Der Freiraum innerhalb des absoluten Staates wurde selbst von den regierenden Fürsten ausgenutzt, die hier wie viele andere Logenbrüder gewissermaßen eine soziale Doppelrolle[89] spielten – insofern haftete auch schon vor der Dominanz des Hochgradsystems den Logen eine Zweiteilung der Welt in eine reale und eine ideale, in gewisser Weise auch irreale, Sphäre an. Sie verstärkte sich, je deutlicher die Ohnmacht der Freimaurerei im politisch-gesellschaftlichen Bereich wurde. Zugleich ritualisierte sich die Geheimhaltung mehr und mehr, da sie als Schutzfunktion gegen staatliche Macht überflüssig war,[90] jedenfalls dort, wo die politisch und sozial führende Schicht in den Logen einen beträchtlichen Teil der Mitglieder stellte. Die Schutzfunktion der Geheimhaltung gegenüber staatlicher Macht wurde erst mit der Politisierung aufgeklärter Diskussion im letzten Jahrzehnt vor der Französischen Revolution und besonders nach 1789 wieder aktuell, sie wurde es um so mehr, als sie sich nun, insbesondere bei Illuminaten und Rosenkreuzern, aber auch bei anderen Gesellschaften wie der aufgeklärten Berliner Mittwochsgesellschaft[91] konkret auf die Politik des Staates bzw. seiner Regenten bezog und sich die defensive Funktion der Geheimhaltung mit einer offensiven verband, indem politischer Einfluß auf die Regierungen erstrebt wurde. Es ist kein Zufall, daß dieser Prozeß in eine Zeit fiel, in der sich die selbstverständliche Unterordnung der gesellschaftlichen unter die staatliche Sphäre zu einem Gegeneinander zu entwickeln begann. Die politische Verselbständigung von »Gesellschaften« innerhalb des Staates forcierte die Etablierung *einer* (wenn auch heterogenen) Gesellschaft neben, partiell gegen den Staat. Die mehrfach wiederholte Versicherung führender Rosenkreuzer, der Orden wolle nicht einen »statum in statu« errichten, vielmehr seien die Rosenkreuzer »treue und gehorsame Mitglieder des Staates«,[92] sind wie auch die entsprechenden Angriffe gegen eine solche rosenkreuzerische Absicht eines unter vielen Indizien dieses hier in seiner Komplexität nicht skizzierbaren Prozesses.[93]

Innerhalb der angedeuteten Entwicklung stellt die Politisierung des Rosenkreuzer-Ordens einen komplementären Vorgang zur Politisierung der öffentlichen Diskussion unter Gelehrten und Schriftstellern dar. Beide Vorgänge sind überdies miteinander verquickt infolge der Wandlung dieser Organisation von Privatleuten zu einer nicht nur öffentlich diskutierten, sondern einer intentional auf öffentliche Angelegenheiten bezogenen »Geheim«gesellschaft. In einer Zeit, in der die Beratung und Entscheidung dieser öffentlichen Angelegenheiten noch Monopol einer jedenfalls prinzipiell nicht-öffentlichen monarchischen Regierung gewesen ist, hatte politisches Denken und Handeln naturgemäß spezifische aus diesen Voraussetzungen resultierende Formen und Gehalte.[94] Zu den *Mitteln* der rosenkreuzerischen Politik, die im folgenden kurz zu bestimmen ist, gehörten vor allem eine ausgeprägte Personalpolitik[95] und die Bildung einer sozial integrierenden elitären Gruppe, die gezielte, wenn auch vor allem interne Agitation betrieb. Diese Organisation hatte verschiedene Funktionen: Sie diente als Rekrutierungsbasis der Personalpolitik und der Bereitstellung einer spezifischen Legitimations-Ideologie für Ziele und Aktionen; schließlich wurde die Existenz des Ordens und die Behauptung der Allmacht seiner Oberen bewußt dazu eingesetzt, den schwer zu fassenden machtvollen Verband als Druckmittel einzusetzen. Der Eindruck einer absichtlich unklar bleibenden Stärke und Ausdehnung des Ordens war nur mithilfe der Geheimhaltung zu erzielen, seine mögliche quantitative Geringfügigkeit nur durch diese zu verschleiern. Die beschriebene Politisierung auch außerhalb des Ordens – vor allem derjenigen der aufgeklärten Gegner, wozu insbesondere die Existenz des Illuminaten-Ordens zu zählen ist – lieferte eine zusätzliche Legitimation für die eigene Politisierung.

Die zentrale Rolle, die die Religion in der Politik Wöllners einnahm, weist darauf hin, daß das eigentliche Anliegen der Rosenkreuzer auch nach dieser Politisierung des Ordenszwecks religiös geblieben ist. Der Kampf gegen die Aufklärung, der den eigentlichen *Inhalt* rosenkreuzerischer Politik ausmachte, war ein Kampf gegen die der Aufklärung unterstellte Irreligiosität, ihren Deismus und vermeintlichen Naturalismus.[96] Auf diesem Gebiet liegt auch der politische Erfolg des Ordens, worauf noch einzugehen ist. In der »Abhandlung über die Religion«, die Wöllner 1785 dem preußischen Thronfolger übergab, finden sich alle Programmpunkte Wöllners für die Politik nach der Regierungsübernahme Friedrich Wilhelms. Als es Wöllner 1788 schließlich gelang, den friderizianischen Minister von Zedlitz als Chef des geistlichen Departements abzulösen, dem auch die Schulangelegenheiten unterstanden, griff er auf dieses Regierungsprogramm zurück, in dem er, wie er sagte, »alles vorbereitet« habe, »im Fall mann vor gut finden mögte, mir in dem Krieg gegen die Aufklärer das Generalkommando anzuvertrauen«.[97] In dieser Abhandlung hatte er die Herausgeber der »Berlinischen Monatsschrift« als »Apostel des Unglaubens« bezeichnet[98] und ausführlich die Bedeutung und den Nutzen der Religion für das menschliche Glück und ihren Nutzen für den Staat begründet. Er hatte beklagt, daß in diesem Jahrhundert »über alles philosophiert und nichts mehr geglaubet« werde.[99] »Sobald ... diese Menschen anfangen, ihren Gift auszubreiten, die christliche Religion öffentlich anzutasten, sich zu Volkslehrern aufzuwerfen und durch gedruckte Schriften ... ihren Mitbürger zu ärgern und seinen heiligen Glauben zu kränken, dabei er bisher so glücklich lebte: so werden alsdenn diese Menschen sehr gefährliche Mitglieder des Staates ...«. Und mit Blick auf die preußische Hauptstadt fuhr Wöllner fort: »Der öffentliche Straßenräuber wird an den lichten Galgen gehenket, der öffentliche Religionsspötter wird geduldet und bei uns in Berlin befördert, geehrt, belohnet. Dies, dies ist Mißbrauch der Toleranz«.[100] Indem er die Religionspolitik Friedrichs des Großen und seines Ministers von Zedlitz scharf angriff, kam er zu dem Schluß, einer »Rotte von Religionsspöttern« sei es gelungen, Berlin zum »Hauptsitz des Unglaubens von ganz Deutschland« zu machen.[101] Die Empfehlungen, die Wöllner gegeben hat,[102] diesem vermeintlichen »Unwesen zu steuern«, setzte er im Religionsedikt vom 9. Juli 1788 und im einige Monate danach erlassenen Zensur-Edikt in die Tat um. Das Religionsedikt untersagte im zweiten Teil Geistlichen und Lehrern im Bereich der lutherischen Landeskirche jede Abweichung von den lutherischen Bekenntnisschriften. Es sollte aber nicht unerwähnt bleiben, daß im ersten Teil des Edikts erstmals die Glaubens- und Gewissensfreiheit in Preußen rechtlich bindend verankert wurde, während sie bis dahin lediglich eine Maxime preußischer Religionspolitik gewesen war.[103] Durch die Edikte wurden deistische Pfarrer und Lehrer in ihrer materiellen Existenz betroffen, schließlich die aufgeklärte Diskussion in theologischen Fragen weitgehend unterbunden. Die Einhaltung der Edikte wurde 1791 einer »Immediat-Examinations-Kommission« anvertraut, der die beiden Rosenkreuzer Hermes und Hillmer angehörten,[104] die es schließlich erreichte, daß die beiden führenden aufgeklärten Journale – die »Berlinische Monatsschrift« und die »Allgemeine Deutsche Bibliothek« – zu einem zeitweiligen Rückzug aus Preußen gezwungen wurden und sogar Kant gemaßregelt wurde. In dieser Unterdrückung der freien Diskussion lag der eigentlich reaktionäre Kern der Wöllnerschen Politik, der sich schon in der Maxime seiner Abhandlung kundgetan hatte: »Da bisher durch gottlose und freidenkerische Schriften so viel Unheil angerichtet worden, so muß der Minister die Bücherzensur in ihr voriges Ansehen wiederherstellen . . .«.[105] Dieses Ziel hätte allerdings auch eine orthodox-religiöse Politik verfolgen können, die sich nicht des rosenkreuzerischen Obskurantismus bedient hätte. Bedenkt man, daß der erste, die Toleranz beinhaltende Teil des Religionsedikts durchaus friderizianisches Erbe fortsetzte, daß es überdies verständlich ist, wenn eine Landeskirche bei ihren Pfarrern auf die Einhaltung ihrer dogmatischen Grundlagen dringt, so bleibt als eigentlicher Punkt der Kritik die Art der Durchführung und die weite Ausdehnung der Bestimmungen auf »freidenkerische Schriften« bestehen. In anderen Bereichen der Innenpolitik[106] – z. B. bei der Diskussion des Allgemeinen Landrechts – kann von einer *Dominanz* rosenkreuzerischer Ziele nicht gesprochen werden, vielmehr gab es hier durchaus Bereiche, in denen Wöllner fast aufklärerisch zu nennende Reformen in Angriff nehmen wollte, wenn er damit auch keinen durchgreifenden Erfolg hatte. Ich nenne hier nur die Reform der Akzise-Regie und seinen Vorschlag, eine Art progressive Einkommen-Steuer einzuführen, die auch die vermögenden Schichten heranziehen sollte.[107] Auch in der Außenpolitik ist eine nennenswerte Wirkung rosenkreuzerischen Gedankenguts trotz der Stellung Bischoffwerders kaum anzutreffen. Zwar entsprach der Krieg gegen das revolutionäre Frankreich der Gegnerschaft gegen die Aufklärung im Innern, doch hatte sich Wöllner immerhin gegen diesen Krieg ausgesprochen, schließlich scherte Preußen vorzeitig aus der Front der kriegführenden Mächte aus.[108]

Überblickt man die rosenkreuzerische Politik in Preußen in ihrer Gesamtheit, so ist die Diskrepanz zwischen dem großen ideologischen und organisatorischen Aufwand und dem Ergebnis frappierend – einmal abgesehen davon, daß diese Politik nur Episode geblieben ist.[109] Dieser Orden hatte zwar eine außerordentlich wirksame, auf Herrschaft abzielende Organisationstechnik entwickelt, doch fehlte es ihm an einem über den Bereich der Religionspolitik hinausgehenden politischen Programm. Die *Ziele* Friedrich Wilhelms II. und Bischoffwerders[110] waren letztlich doch unpolitischer Natur, wenngleich sie sich politischer Mittel bedienten und politische Wirkungen erzielten. In diesen Mitteln vor allem Wöllners liegt aber trotz zeitgebundener Form der Hofintrige und des Obskurantismus ein modernes Moment:

Die Erkenntnis, daß auch das religiöse Anliegen des Ordens nur auf dem Wege politischer Herrschaft erreicht werden könne, und die daraus folgerichtig entwickelte Strategie Wöllners, seine Organisation zu diesem politischen Zweck einzusetzen, bleibt – unabhängig von ihren Inhalten, unabhängig auch von Erfolg oder Mißerfolg – eine für die Modernisierung des politischen Handelns in dieser Zeit relevante Tat. Dieser Versuch, mithilfe des Ordens Politik zu machen, ihn in gewisser Weise als politisch-religiösen Interessenverband zur Erlangung der Macht im Staate einzusetzen,[111] ging über die traditionellen Versuche der Mehrzahl der Aufklärer, durch öffentliches Raisonnement zum Ziele zu kommen, hinaus, indem es sich jedoch ursprünglich aufgeklärter Organisationsformen wie der Freimaurerei bediente. Insofern war der politisierte Rosenkreuzer-Orden ein anti-aufklärerisches Pendant zum aufgeklärten Illuminaten-Orden. Die Kurzlebigkeit beider demonstriert allerdings auch, daß die Zeit für festgefügte politische Gruppen in Deutschland noch nicht reif gewesen ist, zumal die Möglichkeiten einer solchen Politik sehr stark von zufälligen Konstellationen abhingen. Die Tatsache, daß der wundergläubige Friedrich Wilhelm König von Preußen wurde, war eine solche Zufälligkeit, nicht minder zufällig war es, daß der rosenkreuzerische Exjesuit Ignaz Frank Einfluß auf sein Beichtkind, den bayerischen Kurfürsten Karl Theodor, gewann und hierdurch die rosenkreuzerische Gegnerschaft gegen den Illuminaten-Orden wirksam ausspielen konnte.[112]

Zu den bedeutsamsten Wirkungen, die das Rosenkreuzertum

hervorgebracht hat, zählt zweifellos die Erzeugung einer heftigen Gegenwehr bei den angegriffenen Aufklärern.[113] Diese setzte schon vor dem politischen Höhepunkt des Ordens ein und zielte auf dessen Lehre und Organisation. Der zeitige Gegenschlag hatte anfangs die rosenkreuzerische Unterwanderung der Freimaurerei zum Gegenstand.[114] In diesem Bereich war der Einfluß der Rosenkreuzer für die Aufklärer auch zuerst wahrnehmbar, zumal viele von ihnen schon die »Strikte Observanz« als eine Pervertierung der Freimaurerei empfanden. Diese wurde bekämpft aufgrund ihrer auf die Spitze getriebenen Arkanpraxis und des Überwucherns der Hierarchie, wobei man nicht zuletzt jesuitischen Einfluß witterte,[115] abgesehen davon, daß für einen protestantischen Aufklärer wie Nicolai Hierarchie ohnehin gleichbedeutend mit katholischer Kirche gewesen ist. Gerade am Beispiel Wöllners und Bischoffwerders, die hohe Grade in Logen »strikter Observanz« erreicht hatten und auch zur Zeit ihrer rosenkreuzerischen Aktivitäten Freimaurer geblieben sind, war den Berliner Aufklärern die Gefahr für ihre Ideale sichtbar geworden. Selbst wenn sie die tatsächlich unerwiesene Beteiligung der Jesuiten nicht befürchtet hätten, wäre den Aufklärern das Rosenkreuzertum zutiefst zuwider gewesen, weil es allem widersprach, was sie seit Jahrzehnten propagiert hatten.[116]

Das Aufkommen der »Strikten Observanz« und des Gold- und Rosenkreuzerordens veranlaßte ihre aufgeklärten Kritiker überdies, sich einem Gebiet zuzuwenden, das bis dahin nur wenige als zentrales Thema ihrer Aufklärungsarbeit angesehen hatten, einer kritischen Geschichtsforschung. Die Tempelherren-Legende in der Freimaurerei, die Behauptung einer historischen Kontinuität der Gold- und Rosenkreuzer zu den Bestrebungen Andreaes bewirkte eine kritische Untersuchung dieser zielstrebig verbreiteten Behauptungen im einzelnen wie auch der Freimaurer-Geschichte im ganzen durch Nicolai, in denen er diese Legenden eingehend widerlegte.[117] Nicolai bestritt – wie auch Knigge in seiner Schrift »Über Jesuiten, Freymaurer und deutsche Rosencreutzer« (1781) energisch, daß der neue Orden etwas mit Andreae gemein habe, da sie viele reformerische Ideen Andreaes für die Aufklärung reklamierten, die neuen Rosenkreuzer aber als Obskuranten ansahen. Ebenso betonte Knigge, daß die Freimaurer gerade das Gegenteil der Rosenkreuzer zum Ziel hätten.[118]

Das Auftreten dieses Ordens ließ – in Verbindung mit anderen irrationalistischen Strömungen dieser Zeit – bei Aufklärern wie Biester, Gedike, Nicolai den Glauben an ein gleichmäßiges Fortschreiten der Aufklärung zutiefst fragwürdig werden. Die in der »Berlinischen Monatsschrift« vor allem zwischen Biester und Garve geführte Diskussion über die Gefährdung der Aufklärung durch den Katholizismus, die außerhalb dieses Journals in der Kontroverse zwischen Nicolai und Garve ihre Parallele hatte,[119] legt beredt davon Zeugnis ab, wobei die zuweilen pathologische Jesuitenfurcht durch eine natürlich unhaltbare Identifizierung von Katholizismus, Jesuitismus und Rosenkreuzertum mitbestimmt war. Es findet sich aber auch immer wieder der nur allzu berechtigte Hinweis auf die in Preußen nach dem Tode Friedrichs des Großen zu erwartende Machtkonstellation.

Die Rosenkreuzer schienen schließlich in der Sicht vieler Aufklärer unterschiedslos in einer Reihe mit tatsächlich sehr differenten Oppositionsbewegungen[120] gegen die Aufklärung zu stehen, zum Beispiel mit dem Sturm und Drang sowie dem philosophischen Kritizismus der Kant-Epigonen, schließlich der beginnenden Romantik. Immerhin war an dieser falschen Gleichsetzung doch soviel richtig: Alle diese Strömungen waren einem Ungenügen an der Aufklärung erwachsen, und alle enthielten formal oder inhaltlich aufgeklärtes Erbe. Ein letztes ist hier zu nennen: Nachdem der aufgeklärte Kampf gegen die Rosenkreuzer sich nicht mehr nur gegen den Orden als solchen richtete, sondern gegen die preußische Regierung, zerbrach das Bündnis der Aufklärung mit dem Absolutismus in Preußen und wurde Friedrich der Große auch von nichtpreußischen Aufklärern wie Knigge zunehmend verklärt.[121] Auch diese Vorgänge trugen zur zunehmenden Politisierung der deutschen Aufklärung schon vor der französischen Revolution bei. Andererseits bewirkten die Ereignisse in Frankreich eine heftige Reaktion der deutschen Regierungen, zum Beispiel die Verschärfung der Zensur, die die Wirkungsmöglichkeiten der Aufklärung in Deutschland außerordentlich beeinträchtigte.

Während es also den Rosenkreuzern gelungen war, zeitweilig in politische Machtzentren vorzudringen, blieb dies den an Zielen der Aufklärung orientierten Illuminaten versagt.[122] Beide Richtungen bedienten sich der Organisationsform »Geheimer Gesellschaften«. Der Mißerfolg der Illuminaten und der Erfolg der Rosenkreuzer hatte nicht zuletzt dadurch, daß er die Abwehrkräfte der Aufklärung beanspruchte, politische Wirkungen zur Folge, die der Aufklärung nicht günstig gewesen sind.

Als dann zu Beginn des 19. Jahrhunderts – zum Beispiel in den preußischen Reformen – aufgeklärtes Gedankengut erneut politische Ergebnisse zeitigte, geschah es unter sehr veränderten Bedingungen und in einer vielfach unterbrochenen Tradition.

## *Anmerkungen*

* Aus: *Geheime Gesellschaften,* hrsg. von Peter Christian Ludz (Wolfenbütteler Studien zur Aufklärung V/1), Heidelberg 1979, S. 153-202. – Mit freundlicher Genehmigung des Verfassers.
Der Text dieses an einigen Stellen geringfügig erweiterten Vortrages, der im April 1976 beim Symposion »Geheime Gesellschaften« der Lessing-Akademie Wolfenbüttel gehalten wurde, ist um die Nachweise ergänzt worden.

1 Vgl. schon das kritische Urteil des ehemaligen Rosenkreuzers H. C. Albrecht: *Geheime Geschichte eines Rosenkreuzer,* Hamburg 1972, S. 51 und die polemische Kritik in: *Der Rosenkreuzer in seiner Blösse. Zum Nutzen der Staaten hingestellt durch Zweifel wider die wahre Weisheit der so genannten ächten Freymäurer oder goldnen Rosenkreutzer des alten Systems von Magister Pianco,* Amsterdam 1781, S. 141 ff., 153 ff., 156 ff. Gegen den »Erzlügner Pianco« richtet sich die rosenkreuzerische Verteidigungsschrift: *Der im Lichte der Wahrheit strahlende Rosenkreuzer allen lieben Mitmenschen auch dem Magister Pianco zum Nutzen hingestellt* von Phoebron, Leipzig 1782.
Instruktiv für die rosenkreuzerische Lehre ist vor allem: *Der Compaß der Weisen von einem Mitverwandten der innern Verfassung der ächten und rechten Freymäurerey beschrieben;* herausgegeben von Ketmia Vere, Berlin und Leipzig 1779.

2 Vgl. etwa *Die Pflichten der G. und R. C. alten Sistems* ... von Chrysophiron, o. O. 1782, S. XIII, ebd. S. 1 ist von Moses als »unserem Bruder« die Rede. Vgl. auch H. C. Albrecht, *Geheime Geschichte,* S. 201 f., 236.

3 Chrysophiron, *Die Pflichten,* S. 6.

4 Zum Ganzen auch: *Starke Erweise aus den eigenen Schriften Des Hochheiligen Ordens Gold- und Rosenkreutzer* ... Rom 5555, S. 2 f. Diese Schrift besteht ausschließlich aus dem 1777 erlassenen *Instruktionsbuch* des Ordens und wurde mit doppeltem Titel – dem oben

angegebenen und dem offiziellen des Ordens – anonym vermutlich von J. J. Bode herausgegeben.

5 Unbelegt sind auch die Ausführungen Magister Piancos, *Der Rosenkreuzer,* S. 76 ff. Er behauptet, die goldenen Rosenkreuzer seien seit 1510 unter diesem Namen bekannt (a.a.O., S. 82). Die Kontinuität bestritten schon Adolph Freiherr von Knigge in der pseudonym hrsg. Schrift *Ueber Jesuiten, Freymaurer und deutsche Rosenkreutzer,* hrsg. von Joseph Aloisius Maier, Leipzig 1781, Neudruck, eingel. und mit Nachwort versehen von Alfred Unger, Berlin 1929, S. 120 f.

6 Vgl. zum Ganzen Arnold Marx, »Die Gold- und Rosenkreuzer. Ein Mysterienbund des ausgehenden 18. Jahrhunderts in Deutschland«, in: *Das Freimaurer-Museum* Bd. 5, Zeulenroda-Leipzig 1930, S. 6-13.

7 Zu der auf Luther zurückgehenden, von Goethe und Hegel diskutierten Verbindung von Rose und Kreuz vgl. Karl Löwith, *Von Hegel zu Nietzsche. Der revolutionäre Bruch im Denken des Neunzehnten Jahrhunderts,* 3. Aufl. Frankfurt/Main 1969, S. 28 ff.

8 A. Marx, *Die Gold- und Rosenkreuzer,* S. 13 ff.

9 Gustav Krüger, *Die Rosenkreuzer,* Berlin 1932, S. 28 f.

10 Vgl. Abafi, »Die Entstehung der neuen Rosenkreuzer«, in: *Latomia* XXIII, (1900), S. 82 ff. und A. Marx, *Die Gold- und Rosenkreuzer,* S. 17.

11 A.a.O., S. 16 f.

12 Magister Pianco, *Der Rosenkreuzer,* S. 83 beschränkt seine Darstellung auf die Zeit nach 1763. Auch A. v. Knigge, *Ueber Jesuiten,* S. 121 behandelt nur diesen Zeitraum, da er das Auftreten des Ordens auf die 60er Jahre des 18. Jahrhunderts datiert. Vgl. zum Ganzen auch Bernhard Beyer, »Das Lehrsystem des Ordens der Gold- und Rosenkreuzer«, in: *Das Freimaurer-Museum* Bd. 1, Leipzig–Berlin 1925, S. 10.

13 Zit. nach A. Marx, *Die Gold- und Rosenkreuzer,* S. 17.

14 Magister Pianco, *Der Rosenkreuzer,* S. 102 kritisiert die Ausschließung der Juden.

15 Zit. bei A. Marx, *Die Gold- und Rosenkreuzer,* S. 18 f.

16 Dazu auch H. C. Albrecht, *Geheime Geschichte,* S. 34 ff.

17 Vgl. a.a.O., S. 26 ff., 45 ff. und Magister Pianco, *Der Rosenkreuzer,* S. 56 ff., 62 f., 67 f. sowie Horst Möller, *Aufklärung in Preußen. Der Verleger, Publizist und Geschichtsschreiber Friedrich Nicolai,* Berlin 1974, S. 362 ff., 439 ff.

18 So war der Zirkeldirektor in Albrecht, *Geheime Geschichte,* zugleich Provinzial-Großmeister der vier vereinigten Hamburger Freimaurer-Logen: a.a.O., S. 274. Zu den Unterwanderungsversuchen auch a.a.O., S. 290 ff. Auch Wöllner und andere führende Rosenkreuzer

hatten hervorragende Stellungen in Freimaurer-Logen inne.
19 J. J. Bode, *Starke Erweise,* S. 3. Vgl. auch Chrysophiron, *Die Pflichten,* S. XXVI, 10 f. Die Freimaurerei sei der Vorhof des Tempels, ohne Hilfe der Rosenkreuzer könnten die Freimaurer die echten Geheimnisse nicht finden (a.a.O., S. XXVII, XXIX). S. auch Magister Pianco, *Der Rosenkreuzer,* S. 91 ff.
20 Vgl. Georg Schuster, *Die geheimen Gesellschaften, Verbindungen und Orden,* Bd. 2, Leipzig 1906, S. 118 ff. und Johannes Schultze, »Die Rosenkreuzer und Friedrich Wilhelm II.«, jetzt in: ders., *Forschungen zur brandenburgischen und preußischen Geschichte,* Berlin 1964, S. 241 ff.
21 »Quellen zur Geschichte der Rosenkreuzer des 18. Jahrhunderts. Die Berichte Hans Rudolf v. Bischoffwerders an seine Ordensvorgesetzten 1779-1781«, hrsg. von Johannes Schultze, in: *Quellen zur Geschichte der Freimaurerei* Bd. III, H. 2, Leipzig 1929, S. 51, 73. Vgl. auch Paul Schwartz, »Der Geisterspuk um Friedrich Wilhelm II.«, in: *Mitteilungen des Vereins für die Geschichte Berlins* 47. Jg., (1930), H. 2, S. 46 f. Nach J. Schultze, *Die Rosenkreuzer,* S. 254 erreichte der Kronprinz den 8. Grad.
22 Die sog. Verräterschriften gehören zu den wichtigsten Quellen für die Geschichte der Rosenkreuzer, wenn natürlich auch immer geprüft werden muß, inwieweit sie sachliche Informationen bieten oder die polemische Absicht überwiegt.
23 Vgl. auch G. Krüger, *Die Rosenkreuzer,* S. 32.
24 Vgl. H. C. Albrecht, *Geheime Geschichte,* S. 36 ff. und in Bd. V/II der Wolfenbütteler Studien Ludwig Hammermayer, *Der Wilhelmsbader Konvent 1782, ein Höhe- und Wendepunkt in der Geschichte der deutschen und europäischen Geheimgesellschaften.*
25 Vgl. G. Schuster, *Die geheimen Gesellschaften,* Bd. 1, S. 129 f. und Ferdinand Josef Schneider, *Die Freimaurerei und ihr Einfluß auf die geistige Kultur in Deutschland am Ende des 18. Jahrhunderts,* Prag 1909, S. 117.
26 In Österreich wurde der Orden 1793 verboten, in Preußen infolge des 1798 erlassenen Edikts wider die geheimen Gesellschaften im Jahre 1800. Das Edikt folgte dem Passus des Allgemeinen Landrechts für die Preußischen Staaten von 1794, II, 20, § 185: »Heimliche Verbindungen mehrerer Mitbürger des Staats müssen, wenn sie auf den Staat selbst, und dessen Sicherheit Einfluß haben könnten, von den Verbundenen, bey Vermeidung nachdrücklicher Geld- oder Leibesstrafen, der Obrigkeit zur Prüfung und Genehmigung angezeigt werden«. Vgl. auch Magister Pianco, *Der Rosenkreuzer,* S. 125 f.
27 Vgl. a.a.O., S. 117 und Chrysophiron, *Die Pflichten,* S. 11.
28 Vgl. zum Vorhergehenden J. J. Bode, *Starke Erweise,* S. 4.
29 A.a.O., S. 4 f.

30 Die Vielzahl von Gebühren, ihre z. T. außerordentliche Höhe berichten übereinstimmend die meisten Autoren; sie werden auch durch die Rechtfertigung der Erhebung von Rezeptionsgebühren etc. in rosenkreuzerischen Verteidigungsschriften und durch die Gebühren-Tabelle im Hauptplan von 1763 (s. Anm. 53) bestätigt. Vgl. u. a. die Belege bei H. C. Albrecht, *Geheime Geschichte,* S. 235, 281 ff., 291 f., auch 191, 233, 286 ff. Bei jeder Beförderung wurden neue Gebühren erhoben. Dies ergibt auch die Tabelle bei Phoebron, *Der im Lichte der Wahrheit strahlende Rosenkreuzer,* S. 150. Apologetisch Chrysophiron, *Die Pflichten,* S. 105 f. Kritisch dazu Magister Pianco, *Der Rosenkreuzer,* S. 135, 138 f., 156, 190 ff. und A. v. Knigge, *Ueber Jesuiten,* S. 126.

31 J. J. Bode, *Starke Erweise,* S. 5.

32 Vgl. dazu J. J. Bode, a.a.O. und übereinstimmend damit H. C. Albrecht, *Geheime Geschichte,* S. 226 ff. sowie Magister Pianco, *Der Rosenkreuzer,* S. 83 ff.

33 J. J. Bode, *Starke Erweise,* S. 6 ff., über die Elemente S. 12 ff. und Chrysophiron, *Die Pflichten,* S. 47 ff.

34 J. J. Bode, *Starke Erweise,* S. 43; Chrysophiron, *Die Pflichten,* S. 23 ff., zum Eid auch S. 13 f.; Magister Pianco, *Der Rosenkreuzer,* S. 88 f., 192 ff. und H. C. Albrecht, *Geheime Geschichte,* S. 231, 103.
Die Wichtigkeit der unbedingten Einhaltung des Eides schärfte Heliconus (Wöllner) bei seiner Rede zur Aufnahme des Prinzen Friedrich Wilhelm dem Rezipierten besonders ein; durch diesen Eid werde die Taufe erneuert. Eine konkrete Folgerung daraus bedeutete die Ermahnung des Prinzen zur Folgsamkeit gegenüber seinem Führer im Orden (Bischoffwerder): dessen Rat werde allemal der Rat Gottes sein (zit. bei P. Schwartz, *Der Geisterspuk,* S. 46).

35 J. J. Bode, *Starke Erweise,* S. 45 ff.

36 A.a.O., S. 46 ff. Vgl. auch den Brief Bischoffwerders an »Rufus« v. 9. 11. 1780, in: *Quellen zur Geschichte,* S. 68.

37 J. J. Bode, *Starke Erweise,* S. 49 f. Vgl. auch Chrysophiron, *Die Pflichten,* S. 184 ff. insbesondere über die Notwendigkeit der Unterwerfung.

38 J. J. Bode, *Starke Erweise,* S. 60. Vgl. auch den Brief Bischoffwerders an »Rufus« v. 4. 1. 1781, in: *Quellen zur Geschichte,* S. 71; Magister Pianco, *Der Rosenkreuzer,* S. 49. Chrysophiron, *Die Pflichten,* S. 72 ff. begründet die Autorität der Forderung nach Verschwiegenheit nicht nur mit dem Willen der Oberen, sondern auch mit den Sprüchen Salomonis. Die Geheimnisse des Ordens seien Geheimnisse Gottes, die nur bei den Frommen zu finden seien: Verrätern drohten zeitliche und ewige Strafen. Im übrigen – so betont der Verfasser – forderten auch die Freimaurer-Logen einen Verschwiegenheits-Eid.

39 J. J. Bode, *Starke Erweise,* S. 64. Auch Bischoffwerder an »Rufus«, 20. 7. 1780, in: *Quellen zur Geschichte,* S. 67 f.

40 A.a.O. und J. J. Bode, *Starke Erweise,* S. 64 ff.

41 A.a.O., S. 70 ff. Auch Chrysophiron, *Die Pflichten,* S. 13 betont die Pflicht des Ordensmitglieds, Gott und den Oberen zu eigen zu leben; vgl. auch S. 103 ff.

42 J. J. Bode, *Starke Erweise,* S. 76 ff. und Chrysophiron, *Die Pflichten,* S. 119-154.

43 A.a.O., S. 155 ff. Hierbei mußte natürlich der »Instanzenweg« streng eingehalten werden: Vgl. a.a.O., S. 159. Das Wissen der Brüder über die Freimaurerei wurde ausdrücklich in die Pflicht der Weitergabe an die Oberen einbezogen: A.a.O., S. 160 ff.

44 Speziell zum 7. Punkt vgl. oben Anm. 41 und a.a.O., S. 173 ff.

45 Außer Anm. 39 vgl. H. C. Albrecht, *Geheime Geschichte,* S. 232 und die Kritik an dem Prinzip der Unbekanntheit der Oberen: Selbst der Papst sei bekannt (S. 243). Vgl. auch die scharfe Kritik bei Magister Pianco, *Der Rosenkreuzer,* S. 118 ff.: Die Verborgenheit der Oberen diene nur dazu, besser betrügen zu können (S. 121), nach unten hin abgesichert zu sein (S. 129) und sich der Verantwortung entziehen zu können (S. 131 ff.).

46 J. J. Bode, *Starke Erweise,* S. 77 f. Vgl. auch H. C. Albrecht, *Geheime Geschichte,* S. 235 und Chrysophiron, *Die Pflichten,* S. 120 u. ö.: Die natürliche Notwendigkeit und Gottes Befehl forderten ohnehin schon Gehorsam für die Oberen.

47 J. J. Bode, *Starke Erweise,* S. 80 f. Über die Verbindung der Forderung nach unbedingter Subordination mit dem ständigen Wecken von Erwartungen vgl. schon H. C. Albrecht, *Geheime Geschichte,* S. 32 ff. Andererseits weist schon Chrysophiron, *Die Pflichten,* S. 20, vorbeugend darauf hin, daß die »Schuld offenbar an uns, lediglich an uns, und nicht an unseren Oberen« liegt, wenn wir lebenslang auf der untersten Stufe des Ordens verbleiben. In jedem Falle ist die weise Ordnung des Ordens zum Heil der Brüder eingerichtet: A.a.O., S. 81, auch S. 82, 105 f.

48 J. J. Bode, *Starke Erweise,* S. 84. Vgl. zum Ganzen auch A. v. Knigge, *Ueber Jesuiten,* S. 122 f. und Chrysophiron, *Die Pflichten,* S. 14 f.

49 A.a.O., S. 164.

50 J. J. Bode, *Starke Erweise,* S. 84 ff. Vgl. auch Bischoffwerder an »Rufus«, 24. 11. 1780, in: *Quellen zur Geschichte,* S. 69: Die Ordnung erfordere, daß »jeder Bruder seinem Oberen von Zeit zu Zeit eine Art von Beichte ableget«. Ähnlich auch H. C. Albrecht, *Geheime Geschichte,* S. 278 f.

51 So spricht Bischoffwerder in einem Brief an den »Hochwürdigen Bruder Soc.«, 4. 1. 1780, in: *Quellen zur Geschichte,* S. 56 f., von der Aufnahme in den Orden als einem »Gnadengeschenk Gottes und der

hohen Obern«. Auch Chrysophiron, *Die Pflichten,* S. 82, verwendet die oft wiederkehrende Redewendung »Gott und unsere heiligen Oberen«. An anderen Stellen ist von »Bruder Christus« die Rede. Kritisch zu dieser Anmaßung H. C. Albrecht, *Geheime Geschichte,* S. 233 f., 240 und Magister Pianco, *Der Rosenkreuzer,* S. 180 ff.

52 Magister Pianco, *Der Rosenkreuzer,* S. 40 f. sieht den Ursprung dieses Systems schon im Altertum, wobei er konstatiert, jeder Grad habe den jeweils unteren Grad betrogen. Vgl. auch S. 46.

53 Diese Zahl ist natürlich fiktiv, sie entspricht der Zahlenmystik des Ordens und sagt über die tatsächliche Mitgliederzahl nichts aus. Vgl. dazu den bei Magister Pianco, *Der Rosenkreuzer,* S. 84 f. abgedruckten Hauptplan von 1763, der gegenüber dem hier zugrundegelegten von 1777 geringfügige Veränderungen aufweist. Dort ist die Zahl 5856 als »kabbalistische Hauptzahl« bezeichnet, die erfüllt werden müsse. Vgl. auch a.a.O., S. 104 f. Magister Pianco kritisiert übrigens die z. T. falsche Schreibweise hebräischer Namen, die den Brüdern zugeteilt wurden (S. 107 ff.) und die alle drei Jahre geändert wurden (S. 123).

54 Diese Aufstellung ist dem »Haupt-Plan für das gegenwärtige Decennium nach Übereinstimmung der Brüder der goldenen Rosen-Kreuzer bey der gewöhnlichen Ordens-Reformation errichtet im Jahre des Herrn 1777« entnommen, der im Anhang zu B. Beyer, *Das Lehrsystem,* faksimiliert ist. Die Zahlen stimmen mit dem in Anm. 53 genannten Hauptplan von 1763 überein.

55 G. Schuster, *Die geheimen Gesellschaften,* Bd. 2, S. 141 f.

56 Vgl. dazu Martin Philippson, *Geschichte des preußischen Staatswesens vom Tode Friedrich des Großen bis zu den Freiheitskriegen,* 2 Bde., Leipzig 1880/1882. Hierzu Bd. 1, S. 66 ff., 74 f., 79. Neben Dresden werden hier Görlitz und Regensburg als Hauptsitz des Ordens genannt. In einem Brief an Bischoffwerder (1786) bezeichnet sich Wöllner selbst als Oberhauptdirektor des Ordens: zit. a.a.O., Bd. 1, S. 206. Auch J. Schultze, *Die Rosenkreuzer,* S. 241 ff.

57 J. J. Bode, *Starke Erweise,* S. 110. Auch H. C. Albrecht, *Geheime Geschichte,* S. 214. Ebd. S. 274 heißt es, höchstens ein überzähliger Bruder habe aufgenommen werden dürfen. Laut Albrecht tagten die Zirkel abgesehen von einer Quartalskonvention regelmäßig am 21. des Monats (S. 275 f.) über die Zirkelorganisation vgl. auch Magister Pianco, *Der Rosenkreuzer,* S. 119 ff. Ebd. S. 139 f. bezweifelt er, daß es 45 Kreise (Zirkel) des Ordens gebe, wie behauptet worden war.

58 J. J. Bode, *Starke Erweise,* S. 110. Zur Zirkelgründung wurde jeweils von den Oberen ein »Werbebruder« eingesetzt: Magister Pianco, *Der Rosenkreuzer,* S. 120.

59 Vgl. dazu auch G. Schuster, *Die geheimen Gesellschaften,* Bd. 2, S. 142 und F. J. Schneider, *Die Freimaurerei,* S. 118.

60 Vgl. die Angaben bei G. Schuster, *Die geheimen Gesellschaften,* Bd. 2, S. 124, 127.

61 M. Philippson, *Geschichte des preußischen Staatswesens,* Bd. 1, S. 63, auch S. 83, 184 ff.

61a Die in den Briefen Bischoffwerders genannten und identifizierbaren Rosenkreuzer sind ein Indiz dafür. Vgl. H. C. Albrecht, *Geheime Geschichte,* S. 38. Vgl. auch Klaus Epstein, *Die Ursprünge des Konservativismus in Deutschland,* Frankfurt/M.-Berlin-Wien 1973, S. 135.

62 Ferdinand Runkel, *Geschichte der Freimaurerei in Deutschland,* 3 Bde., Berlin o. J. (1931), Bd. 2, S. 2 f. Zum religiösen Impetus der Mitglieder, z. T. auch der führenden vgl. etwa den Brief Bischoffwerders an »Rufus« vom 4. 1. 1781, in: *Quellen zur Geschichte,* S. 71. Auch H. C. Albrecht, *Geheime Geschichte,* S. 49 f., 63 ff., 99, 100, 109 sowie Chrysophiron, *Die Pflichten,* S. 23, 87 ff., 195 ff. Carl Hubert Lobreich von Plumenoek, *Geoffenbarter Einfluß in das allgemeine Wohl der Staaten der ächten Freymäurerey . . .,* Amsterdam 1777, S. 13 nennt – wie andere rosenkreuzerische Schriften auch – 3 Hauptabsichten des Ordens: 1. Weisheit, Kunst und Tugend zu erlangen, 2. Gott zu gefallen, 3. dem Nächsten zu dienen.

63 Vgl. F. J. Schneider, *Die Freimaurerei,* S. 126 f. und zum Chaos auch H. C. Albrecht, *Geheime Geschichte,* S. 122 ff., 178 f., 180 ff.

64 F. J. Schneider, *Die Freimaurerei,* S. 120.

65 H. C. Albrecht, *Geheime Geschichte,* S. 64 ff., 172 ff., 177, 236 f. Auch Knigge übte eine ähnliche Kritik: *Ueber Jesuiten,* S. 125.

66 Zit. bei F. J. Schneider, *Die Freimaurerei,* S. 122. Auch H. C. Albrecht zit. eine rosenkreuzerische Schrift, in der spitzfindige Fragen untersagt wurden: *Geheime Geschichte,* S. 111. Gegen solche geringsten Zweifel an der Lehre der Oberen wandte sich auch Chrysophiron, *Die Pflichten,* S. 148 ff. und auch S. 126 ff., 129 ff.

67 Vgl. neben Anm. 65 und 66 auch die Kritik, die Magister Pianco, *Der Rosenkreuzer,* S. 156 ff. ähnlich wie Knigge unter Berufung auf die Naturwissenschaft seiner Zeit übt. Demgegenüber steht der sich in den Freymaurerischen *Versammlungsreden der Gold- und Rosenkreutzer des alten Systems,* Amsterdam 1779, äußernde Wunderglauben, z. B. an die Fähigkeit der Rosenkreuzer, jedes Metall in Gold verwandeln zu können. Vgl. auch C. H. L. v. Plumenoek, *Geoffenbarter Einfluß,* S. 101 ff. über die Herstellung des gegen »fast alle Krankheiten« wirksamen rosenkreuzerischen »Astralpulvers«.

68 Vgl. dazu die Bemerkungen bei Chrysophiron, *Die Pflichten,* S. 60 ff., der fordert, die Enthaltung von der Welt zurückzustellen, wenn dies erforderlich sei.

69 J. J. Bode, *Starke Erweise,* S. 103 f. Hier ist neben Gottes- und Naturerkenntnis die Selbsterkenntnis als drittes Moment dieser panso-

phischen Traditionen des 17. Jahrhunderts genannt. Zu den Rosenkreuzern des 17. Jahrhunderts vor allem: Will-Erich Peuckert, *Die Rosenkreutzer. Zur Geschichte einer Reformation*, Jena 1928, und R. Kienast, *Johann Valentin Andreae und die vier echten Rosenkreutzer-Schriften*, Leipzig 1926.

70 J. J. Bode, *Starke Erweise*, S. 104. Vgl. auch die Androhung greulicher Strafen bei Chrysophiron, *Die Pflichten*, S. 77.

71 H. C. Albrecht, *Geheime Geschichte*, S. 148, spricht treffend von den »menschenfreundlichen Institute(n), welche zur Erleuchtung ihrer Genossen den besonderen Kunstgriff anwenden – ihnen die Augen zu verbinden«. Ebd. S. 72 ff. untersucht er eines der Grundprinzipien der rosenkreuzerischen Hierarchie – »Eine Erwartung führt zu andern« – und erklärt den Erfolg der Rosenkreuzer damit, daß keine rationale Untersuchung der rosenkreuzerischen Behauptungen erfolge, solange die Phantasie mit außerordentlichen Erwartungen beschäftigt sei. Die Institutionalisierung dieses Prinzips bestand in der fortschreitenden Integration der Mitglieder durch den Aufstieg innerhalb des Ordens: vgl. Albrecht S. 286 ff. Vgl. auch oben Anm. 47.

72 Vgl. auch F. Runkel, *Geschichte der Freimaurerei*, Bd. 2, S. 22.

73 Stellvertretend für viele Äußerungen dieser Art Chrysophiron, *Die Pflichten*, S. XXXVIII ff., wo es heißt, Gott habe alle Mitglieder des heiligen Ordens der Rosenkreuzer vor Millionen Menschen für wert gehalten, am paradiesischen Segen Anteil zu nehmen. Ebd. S. 6: »Jesus Christus, unser höchster Bruder Meister«, stehe an der Spitze des Ordens.

74 Vgl. auch H. C. Albrecht, *Geheime Geschichte*, S. 84, 94 ff.

75 Die alternative Verbindung von Strafandrohungen und der Ankündigung von Belohnungen zeigt instruktiv Chrysophiron, *Die Pflichten*, S. 77-82. Immerhin hatten erstere solche Wirkung, daß selbst ein Mann wie Georg Forster, der zeitweise Rosenkreuzer gewesen war, vor der vermeintlichen Bedrohung durch den Orden 1784 von Kassel nach Wilna floh. Vgl. zur Mitgliedschaft Forsters: B. Blawis, »Einiges aus dem Leben und der Zeit zweier wenig bekannter Freimaurer des 18. Jahrhunderts«, in: *Das Freimaurer-Museum* Bd. 5, (1930), S. 169 ff.

76 Zur Undeutlichkeit der Sprache rosenkreuzerischer Schriften H. C. Albrecht, *Geheime Geschichte*, S. 82: Er spricht von der Kunst, etwas als unbegreiflich darzustellen, was unwahr sei. Über den rosenkreuzerischen Unterricht heißt es dort: Er fing treu der in allen geheimen Gesellschaften beliebten Methode an, deren erste Regel sei, die Beurteilung zu erschweren und Verwirrung zu stiften. Die Hauptsorge des »Unterrichts« sei, daß das Geheimnis nicht zu früh erraten werde (S. 178/179). Die eigentümliche Dunkelheit eines Lehrgesprächs vor

dem Rezipierten spanne die Erwartungen mehr, als sie zu befriedigen (S. 121). Vgl. auch ebd. S. 8, 12, insbes. 40-44, 94 ff., 206. Magister Pianco, *Der Rosenkreuzer*, S. 153 spricht einfach von einem »närrischen Jargon«, dessen sich die Rosenkreuzer bedienten. Kritik auch bei A. v. Knigge, *Ueber Jesuiten*, S. 98.

77 Schon Georg Simmel hat in seiner Soziologie – *Untersuchungen über die Formen der Vergesellschaftung*, 5. Aufl. Berlin 1968, in der grundlegende Einsichten in die Soziologie Geheimer Gesellschaften enthalten sind, S. 290 die Rationalität und Architektonik des Aufbaus Geheimer Gesellschaften betont, die auf ihren Machtwillen verweisen.

78 H. C. Albrecht, *Geheime Geschichte*, S. 244 bemerkte warnend in bezug auf die geschilderten Herrschaftstechniken: »Man denke sich eine Gesellschaft, die solche Grundsätze predigt, mit Gewalt in den Händen, und zittre!« In der Tat gibt es hier zahlreiche Analogien zur Herrschaftspraxis totalitärer Parteien im 20. Jahrhundert und auch zu George Orwells *1984*. Vgl. auch G. Simmel, *Soziologie*, S. 299: Jede Geheime Gesellschaft übe eine Art absolute Herrschaft über ihre Mitglieder aus, wobei der »Burgfrieden« innerhalb der Gesellschaft durch die Abschließung in formal unübertrefflicher Weise begünstigt werde. Zur ähnlichen Struktur der Illuminaten vgl. Eberhard Weis, *Montgelas 1759-1799. Zwischen Revolution und Reform*, München 1971, S. 33 ff., insbes. 35. Ludwig Hammermayer, »Das Ende des alten Bayern. Die Zeit des Kurfürsten Max III. Joseph (1745-1777) und des Kurfürsten Karl Theodor (1777-1799)«, in: *Handbuch der bayerischen Geschichte*, hrsg. von Max Spindler, 2. Bd. München 1969, S. 1027 ff. und jetzt Richard van Dülmen, *Der Geheimbund der Illuminaten. Darstellung, Analyse, Dokumentation*, Stuttgart-Bad Cannstatt 1975.

79 Vgl. stellvertretend für viele Äußerungen dieser Art Johann Joachim Spalding, *Selbstbiographie*, hrsg. von G. L. Spalding, Halle 1804 (posthum), S. 105 ff.

80 Zum Zusammenhang zwischen Freundschaft, Individualisierung, Verinnerlichung und Gruppenbildung vgl. Peter Christian Ludz, *Grundzüge einer soziologischen Analyse geheimer Gesellschaften*, in diesem Band und ders., »Ideologie, Intelligenz und Organisation. Bemerkungen über ihren Zusammenhang in der frühbürgerlichen Gesellschaft«, jetzt in: *Ideologiebegriff und marxistische Theorie. Ansätze zu einer immanenten Kritik*, Opladen 1976, S. 123-153, hier S. 129.

81 Vgl. A. v. Knigge, *Ueber Jesuiten*, S. 94 ff. und C. M. Wieland, »Ueber den Hang der Menschen an Magie und Geistererscheinungen zu glauben«, in: *Wielands Werke*, hrsg. von Heinrich Düntzer, Berlin o. J., Bd. 32, S. 351-365 und ders., »Schwärmerei und Enthusiasmus«, ebd. S. 367-371. Vgl. auch Eugen Sierke, *Schwärmerei und*

*Schwindler zu Ende des 18. Jahrhunderts,* Leipzig 1874, und vor allem Henri Brunschwig, *Gesellschaft und Romantik in Preußen im 18. Jahrhundert. Die Krise des preußischen Staates am Ende des 18. Jahrhunderts und die Entstehung der romantischen Mentalität,* dt. Frankfurt/M., Berlin, Wien 1976, S. 289 ff. Interessant auch Theodor Fontane, »Wanderungen durch die Mark Brandenburg«, 2. Band, in: *Sämtliche Werke,* hrsg. von Walter Keitel, 2. Abt., München 1967, S. 295 ff.

82 Vor allem Rudolf Vierhaus, »Aufklärung und Freimaurerei in Deutschland«, in diesem Band, S. 115 und H. Möller, *Aufklärung in Preußen,* S. 229 ff.

83 Vgl. Adolph Freiherr von Knigge, *Ueber den Umgang mit Menschen,* Hannover 1788 (Neudruck Darmstadt 1967), 2. Theil, S. 166 ff. Vgl. auch G. Simmel, *Soziologie,* S. 274: Das Geheimnis gibt der Persönlichkeit eine Ausnahmestellung.

84 G. Simmel, a.a.O., S. 283 hat zutreffend von der Doppelfunktion der Geheimhaltung gesprochen, deren sich sowohl auf- wie absteigende Mächte und Tendenzen bedienten. Dabei erscheint die Geheimverbindung als eine gesteigerte Form des soziologischen Sich-Abschließens (ebd. S. 296). Vgl. auch Burkhard Sievers, *Geheimnis und Geheimhaltung in sozialen Systemen,* Opladen 1974.

85 Diese Zusammenhänge verdeutlicht zu haben, ist das Verdienst des außerordentlich interessanten Buches von H. Brunschwig, *Gesellschaft und Romantik.*

86 Vgl. Otto Hintze, »Preußische Reformbestrebungen vor 1806«, in: ders., *Gesammelte Abhandlungen,* hrsg. von Gerhard Oestreich, Bd. 3, *Regierung und Verwaltung,* Göttingen 1967, S. 504 ff. Reinhart Koselleck, *Preußen zwischen Reform und Revolution. Allgemeines Landrecht, Verwaltung und soziale Bewegung von 1791 bis 1848,* Stuttgart 1967; Günter Birtsch, »Gesetzgebung und Repräsentation im späten Absolutismus. Die Mitwirkung der preußischen Provinzialstände bei der Entstehung des Allgemeinen Landrechts«, in: *HZ* Bd. 208, (1969), S. 265-294, und das in Anm. 109 genannte Buch von Uwe-Jens Heuer.

87 Vgl. neben Anm. 82 M. Philippson, *Geschichte des preußischen Staatswesens,* Bd. 1, S. 58 ff.; G. Simmel, *Soziologie,* S. 275 f., 283: Geheime Gesellschaften seien überall Korrelat des Despotismus, wobei die innere Hierarchie als Balance zur Außenseiterrolle in der Gesellschaft als Ganzer notwendig sei. Vgl. zu der Beziehung zwischen politisch-sozialer Struktur und der Bildung von Geheimgesellschaften P. C. Ludz, *Grundzüge,* und Eberhard Schmitt, *Elemente einer Theorie der Konspiration:* Hier sind wesentliche strukturelle Voraussetzungen für die Entstehung politischer Geheimbünde herausgearbeitet.

Zum ganzen Problemkomplex auch das Werk von Reinhart Koselleck, *Kritik und Krise. Eine Studie zur Pathogenese der bürgerlichen Welt*, 3. Aufl. Frankfurt/M. 1973, zur politischen Funktion des Logen-Geheimnisses insbes. S. 61 ff.

88 A. v. Knigge, *Ueber Jesuiten*, S. 102 und Chrysophiron, *Die Pflichten*, S. XXVI.

89 Vgl. H. Möller, *Aufklärung in Preußen*, S. 243.

90 G. Simmel, *Soziologie*, S. 283: Inhalte von positivem sozialen Wert bedürfen nach einem gewissen Stärkewachstum keiner Geheimhaltung mehr.

91 H. Möller, *Aufklärung in Preußen*, S. 230 ff.

92 C. H. L. v. Plumenoek, *Geoffenbarter Einfluß*, S. 75. Auch Magister Pianco, *Der Rosenkreuzer*, S. 202, 209 ff.

93 Vgl. dazu Wilhelm von Humboldt, *Ideen zu einem Versuch, die Grenzen der Wirksamkeit des Staates zu bestimmen*, Neudruck Stuttgart 1967; Immanuel Kant, *Metaphysik der Sitten* (1. Teil: Metaphysische Anfangsgründe der Rechtslehre). Zum Gesamtproblem: Erich Angermann, »Das ›Auseinandertreten von Staat und Gesellschaft‹ im Denken des 18. Jahrhunderts« in: *Zs. f. Politik*, NF 10. Jg., (1963), S. 89-101. Grundlegend Thomas Nipperdey, »Verein als soziale Struktur im späten 18. und frühen 19. Jahrhundert« in: *Geschichtswissenschaft und Vereinswesen im 19. Jahrhundert. Beiträge zur Geschichte historischer Forschung in Deutschland* von Hartmut Boockmann u. a., Göttingen 1972, insbes. S. 29 ff. Vgl. auch E. Schmitt, *Elemente, über die unterschiedliche Veränderungsdynamik von Teilbereichen der Gesellschaft und die Bildung von Geheimgesellschaften.*

94 Die zweifellos notwendige Begriffsbestimmung des Politischen in dieser Zeit kann in diesem Rahmen nicht geleistet werden. Vgl. dazu vor allem P. C. Ludz, *Grundzüge*, sowie H. Möller, *Aufklärung in Preußen*, S. 518 ff., 208 ff.

95 Vgl. H. C. Albrecht, *Geheime Geschichte*, S. 242, und die zahlreichen Beispiele der rosenkreuzerischen Personalpolitik Wöllners bei M. Philippson, *Geschichte des preußischen Staatswesens*, Bd. 1, S. 182 ff., 184 ff., 342 ff., Bd. 2, S. 158, und unten Anm. 111.

96 Vgl. dazu die 2. Rede des Fidelis bei Chrysophiron, *Die Pflichten*, S. 205 ff., die die »Grenzen der Vernunft« behandelt und dagegen das Vermögen des Glaubens und der Empfindung stellt. Auch ebd., S. 1 ff.

97 Zit. bei J. Schultze, *Die Rosenkreuzer*, S. 262. Die Vorträge Wöllners vor dem Kronprinzen sind in umfangreichen Auszügen abgedruckt bei J. D. E. Preuß, »Zur Beurtheilung des Staatsministers von Wöllner« in: *Zeitschrift für Preußische Geschichte und Landeskunde* 2. Jg., (1865), S. 577-604, 746-774 und 3. Jg., (1866), S. 65-95. Die »Ab-

handlung über die Religion« ist im Folgenden zit. nach dem Abdruck bei Paul Schwartz, *Der erste Kulturkampf in Preußen um Kirche und Schule (1788-1798)* (= Monumenta Germaniae Paedagogica 58), Berlin 1925, S. 72-92. Chrysophiron betont die zentrale Rolle der Erziehung a.a.O., S. 67 ff. Über die Änderungen in der Schulpolitik, z. B. die Umfunktionierung des von Zedlitz gegründeten Oberschulkollegiums vgl. M. Philippson, *Geschichte des preußischen Staatswesens*, Bd. 1, S. 210 f.

98 Wöllner, *Abhandlung*, S. 74.

99 A.a.O., S. 77. Vgl. auch Chrysophiron, *Die Pflichten*, S. 67 über die Verbreitung des Unglaubens in dieser Zeit. Interessant auch die bei H. C. Albrecht, *Geheime Geschichte*, S. 134 ff. genannte »Pflichtlektüre« für die Rosenkreuzer, in denen es u. a. um die »Wahrheit der Religion wider den Unglauben der Freygeisterey und Naturalisten« – so der Titel einer der Schriften – ging. In diesem Buch wurden, wie Albrecht bissig bemerkte, »der gereizten Wißbegrierde Einbildungen, die der Verstand nicht zu Dichtungen veredelt hat, als historische Wahrheiten« untergeschoben, a.a.O., S. 137.

100 Wöllner, *Abhandlung* S. 78.

101 A.a.O., S. 80.

102 A.a.O., S. 86 ff. Schon hier wird deutlich, daß Wöllner seine Ziele gegenüber dem König unter offenem Hinweis auf beider Mitgliedschaft im Orden der Rosenkreuzer durchzusetzen gewillt war, vgl. die bei Colmar Grünhagen, »Der Kampf gegen ›die Aufklärung‹ unter Friedrich Wilhelm II. mit besonderer Rücksicht auf Schlesien« in: *Zeitschrift des Vereins für Geschichte und Alterthum Schlesiens* 27. Bd., (1893), S. 2-27, zit. Äußerungen, ebd. S. 12.

103 Zur Kritik des Religionsediktes, gegen das alle Oberkonsistorialräte (Spalding, Büsching, Teller, Dietrich, Sack) bis auf einen (Silberschlag) protestierten, auch a.a.O., S. 14 ff. Demgegenüber stellt Otto Hintze, »Die Epochen des evangelischen Kirchenregiments in Preußen«, in: ders., *Gesammelte Abhandlungen*, Bd. III, *Regierung und Verwaltung*, hrsg. von Gerhard Oestreich, 2. Aufl. Göttingen 1967, S. 83 f. fest, das Religionsedikt sei besser als sein Ruf gewesen. Vgl. im übrigen Fritz Valjavec, »Das Woellnersche Religionsedikt und seine geschichtliche Bedeutung« in: *Historisches Jahrbuch* Bd. 72, (1953), S. 386-400.

104 Außer diesen beiden (Hermes war Pfarrer, Hillmer Gymnasiallehrer) gehörten der Kommission der Prediger Woltersdorff und der in Anm. 103 genannte Oberkonsistorialrat Silberschlag an. Die drei nicht dem Oberkonsistorium angehörenden Räte wurden durch Kabinettsordre v. 14. 5. 1791 bestimmt: Nur dadurch konnte Wöllner die ihm mißliebige Mehrheit des Oberkonsistoriums ausschalten und eine ihm gefügige Examinationskommission bilden. Vgl. dazu M.

Philippson, *Geschichte des preußischen Staatswesens*, Bd. 1, S. 43 ff. Über Hermes auch Georg Hoffmann, *Hermann Daniel Hermes, der Günstling Wöllners (1731-1807)*, Breslau 1914. Der Widerstand gegen die Wöllnersche Politik war außerordentlich stark. Vgl. dazu die Zusammenstellung der Reaktionen auf das Religionsedikt in der von Nicolai hrsg. *Allgemeinen Deutschen Bibliothek*, Bde. 114, 115 (1793) durch Philipp Konrad Henke und die Kritik von Carl Gottlieb Svarez, *Vorträge über Recht und Staat*, hrsg. von Hermann Conrad und Gerd Kleinheyer, Köln und Opladen 1960, S. 510 ff.
Insgesamt vgl. die zahlreichen Widerstände in der preußischen aufgeklärten Beamtenschaft, die M. Philippson, a.a.O., aufführt, insbes. Bd. 1, S. 218 ff., 230 ff., 239 ff., 324 ff., 335 ff., 340 ff., 348 ff., hier die Schätzung, daß fast Dreiviertel der preußischen Geistlichen Gegner der Wöllnerschen Religionspolitik waren. Vgl. auch über die Kritik am Verbot der *Allgemeinen Deutschen Bibliothek* Bd. 2, S. 44 ff. Ferner Bd. 2, S. 60 f., 152 f., 157. All diese Beispiele demonstrieren nicht nur, wie weit die preußische Bürokratie und der Klerus von aufgeklärtem Geist durchdrungen war, sondern auch eine Bereitschaft zum Widerstand gegen die Regierung, die vor dieser Zeit in diesem Ausmaß undenkbar gewesen wäre.

105 Wöllner, *Abhandlung*, S. 90. Material über die Unterdrückung der freien Diskussion enthält Woldemar Wenck, *Deutschland vor hundert Jahren*, Bd. 2, Leipzig 1890, S. 181 ff. und Otto Tschirch, *Geschichte der öffentlichen Meinung in Preußen vom Baseler Frieden bis zum Zusammenbruch des Staates* (1795-1806), 1. Bd., Weimar 1933, S. 5 f., 29 ff. u. ö.

106 Das Urteil von M. Philippson, *Geschichte des preußischen Staatswesens*, Bd. 1, S. 245, 289 f. u. ö., die Rosenkreuzer hätten die Innenpolitik Preußens vollkommen beherrscht, stimmt in dieser Allgemeinheit nicht. Zwar hatten die Rosenkreuzer die leitenden Stellungen erobert und setzten unter Führung Wöllners auch manche ihrer Ziele durch, doch gelang es ihnen nicht, die Widerstände im größten Teil der preußischen Beamtenschaft zu überwinden. Überdies muß unterschieden werden zwischen personalpolitischen Erfolgen, rosenkreuzerischer Ideologie und den jeweiligen politischen Inhalten. Vgl. auch Anm. 108.

107 Vgl. Otto Hintze, *Die Hohenzollern und ihr Werk*, 5. Aufl., Berlin 1915, S. 408 und Philippson, *Geschichte des preußischen Staatswesens*, Bd. 1, S. 458: Wöllner sei ein grundsätzlicher Gegner der Adels-Privilegien gewesen, und ebd. S. 86 f. über seine Bestrebungen zur Abschaffung der Leibeigenschaft und Besserung der Lage der Bauern. Auch ebd. S. 84 f.

108 Vgl. P. Schwartz, *Der erste Kulturkampf*, S. 46 und J. Schultze, *Die Rosenkreuzer*, S. 263 f. Das Urteil von M. Philippson, *Geschichte des*

*preußischen Staatswesens,* Bd. 1, S. 290 f. ist zwar in bezug auf den Einfluß Bischoffwerders zutreffend, doch kann deshalb noch nicht von »rosenkreuzerischer« Außenpolitik die Rede sein. Philippson erklärt die Annäherung an Österreich als Ausdruck »katholisierender« Tendenzen der Rosenkreuzer, was abgesehen von der Fragwürdigkeit der Prämisse auch als Erklärung nicht ausreicht.

109 Vgl. zum Beispiel die für die Religionspolitik wichtige Bestimmung des Allgemeinen Landrechts, II, 11, §§ 73, 74, wo über Geistliche, die die »Grundbegriffe ihrer Religionsparthey« anzweifeln, gesagt wird: »In wie fern sie, bey innerer Überzeugung von der Unrichtigkeit dieser Begriffe, ihr Amt dennoch fortsetzen können, bleibt ihrem Gewissen überlassen«. Das Verbot, diesen Grundbegriffen Widersprechendes zu äußern, bezog sich ausdrücklich auf ihre »Amtsvorträge« und den »öffentlichen Unterricht«.
Vgl. auch C. Grünhagen, *Der Kampf,* S. 23 ff., in der Provinz hatte die Wöllnersche Politik keine dauernden Wirkungen. Letztere schätzt dagegen sehr hoch ein Uwe-Jens Heuer, *Allgemeines Landrecht und Klassenkampf. Die Auseinandersetzungen um die Prinzipien des Allgemeinen Landrechts Ende des 18. Jahrhunderts als Ausdruck der Krise des Feudalsystems in Preußen,* Berlin (Ost) 1960, S. 17 f. und 174 ff., insbes. S. 180 ff. Heuer sieht die Wöllnersche Politik insgesamt als Ausdruck sich verschärfender Klassenkämpfe an. Vgl. insgesamt zur Politik der Regierung Friedrich Wilhelms II. vor allem das Werk von K. Epstein, *Die Ursprünge des Konservativismus,* S. 408-448.

110 Zu Bischoffwerder vgl. Johannes Schultze, »Hans Rudolf von Bischoffwerder«, in: *Forschungen zur brandenburgischen und preußischen Geschichte,* S. 266-286. Über ihn auch Theodor Fontane, »Wanderungen durch die Mark Brandenburg, S. 266 ff. Über Wöllner: P. Bailleu, in: *Allgemeine Deutsche Biographie,* Bd. 44, S. 146 ff. Vgl. im übrigen die Rede Wöllners an Friedrich Wilhelm II. bei dessen Beförderung im Orden, Auszug bei P. Schwartz, *Der Geisterspuk,* S. 47 sowie M. Philippson, *Geschichte des preußischen Staatswesens,* Bd. 1, S. 207 ff., wo der Brief Wöllners an den König v. 11. 4. 1788 abgedruckt ist. Philippson hält Wöllners Religiosität für pure Heuchelei.

111 Vgl. den in Anm. 110 zit. Brief Wöllners, in dem er die Ordensmitgliedschaft des Königs einzusetzen versucht, um diesen auf seinen Kurs zu bringen, siehe auch Anm. 102. – Magister Pianco, *Der Rosenkreuzer,* S. 125, wirft den rosenkreuzerischen Oberen vor, die Großen der Staaten in ihren Bund ziehen zu wollen, um dann Teil an der Regierung der Völker nehmen zu können. Aufschlußreich ist auch die Bemerkung bei H. C. Albrecht, *Geheime Geschichte,* S. 277, der berichtet, daß in seinem Zirkel für Bruder Ormesus – dessen

Identität aber unbekannt war – gebetet werden sollte, da er »dereinst zur Verbreitung des Reichs Christi und unseres Ordens ein Vieles beytragen kann«.

112 Zu Bayern Hans Grassl, *Aufbruch zur Romantik. Bayerns Beitrag zur deutschen Geistesgeschichte 1765-1785*, München 1968, S. 96-129, insbes. S. 121 ff., vgl. Ludwig Hammermayer, *Das Ende des alten Bayern*, S. 985 ff., insbes. 993 f., 1019. Im Vorstehenden erfolgte eine weitgehende Beschränkung der Darstellung auf die rosenkreuzerischen Aktivitäten in Preußen, da der Orden hier seinen bei weitem größten Einfluß erlangte.

113 A. v. Knigge, *Ueber Jesuiten*, S. 99 ff., 122 ff. bringt auf der Grundlage aufgeklärter Maximen das Mißtrauen gegen den Orden zum Ausdruck, insbes. S. 126 ff., siehe auch oben Anm. 104.

114 A. v. Knigge, *Ueber Jesuiten*, S. 125 f. und Friedrich Nicolai, *Versuch über die Beschuldigungen, welche dem Tempelherrenorden gemacht worden, und über dessen Geheimniß; Nebst einem Anhange über das Entstehen der Freymaurergesellschaft*, 2 Bde. 1. und 2. Aufl. Berlin und Stettin 1782. Vom rosenkreuzerischen Standpunkt aus beklagt Chrysophiron, *Die Pflichten*, S. XXX f. die ›Entartung‹ der Freimaurerei.

115 Eine Unterstellung struktureller Ähnlichkeit zwischen der Societas Jesu und dem Rosenkreuzer-Orden findet sich bei A. v. Knigge, *Ueber Jesuiten*, S. 31, obwohl er hier beide nicht zusammen erwähnt. H. C. Albrecht, *Geheime Geschichte*, S. 240, spricht u. a. in bezug auf die Aufforderung zum unbedingten Gehorsam von Kunstgriffen der Kirche, »jesuitischen Ränken«, überhaupt von »ganz pfäffischen« Eigenschaften der Rosenkreuzer.

116 A.a.O., S. 221 stellt H. C. Albrecht fest, aller schwärmerischen Theosophie mangele die Freiheit, sie leugne die Freiheit des Menschen und erniedrige die menschliche Natur. Über die Unzufriedenheit mit dem Wöllnerschen Regiment in Preußen siehe O. Tschirch, *Geschichte*, S. 11, 225 ff., 241 ff.

117 Vgl. H. Möller, *Aufklärung in Preußen*, S. 408 ff., inbes. 414 ff.

118 Ebd. und A. v. Knigge, *Ueber Jesuiten*, S. 93 f., 107, 118 ff., 125. S. 106 f. bemerkt Knigge, die Absicht der alten Rosenkreuzer sei edel und groß gewesen, obgleich in mystischen »dem Genius der damaligen Zeiten schmeckenden Bildern verhüllt«. Auch H. C. Albrecht, *Geheime Geschichte*, S. 45 f. übt eine ähnlich historisch ausgerichtete Kritik an den Gold- und Rosenkreuzern.

119 Die Texte Biesters und Garves sind am besten zugänglich in: *Was ist Aufklärung? Beiträge aus der Berlinischen Monatsschrift*, hrsg. von Norbert Hinske, Darmstadt 1973, vgl. auch die Einleitung N. Hinskes, S. LVIII ff., LX ff. und H. Möller, *Aufklärung in Preußen*, S. 111 ff., 507 ff.

120 A.a.O., S. 120 ff., 440 ff. und H. Brunschwig, *Gesellschaft und Romantik*, S. 172 ff., 289 ff., 344 ff.

121 Vgl. z. B. Adolph Freiherr von Knigge, *Josephs von Wurmbrand, Kaiserlich abyssinischen Ex-Ministers, jezzigen Notarii Caesarii publici in der Reichsstadt Bopfingen, politisches Glaubensbekenntniß, mit Hinsicht auf die französische Revolution und deren Folgen*, hrsg. von Gerhard Steiner, Frankfurt/Main 1968, S. 101. Besonders instruktiv ist dazu eine Schrift des Berliner Predigers Andreas Riem, der mit der Wöllnerschen Religionspolitik in Kollision geriet und schließlich 1793 aus Preußen ausgewiesen wurde. Die 1788 in Berlin anonym erschienene Schrift trug den Titel: *Ueber Aufklärung, ob sie dem Staate – der Religion – oder überhaupt gefährlich sey und seyn könne? Ein Wort zur Beherzigung für Regenten, Staatsmänner und Priester.*

122 Für die Gegnerschaft der Rosenkreuzer gegen die Illuminaten finden sich viele Belege, vgl. etwa H. C. Albrecht, *Geheime Geschichte*, S. 287 und Chrysophiron, *Die Pflichten*, S. XXX u. ö.

# Jacob Katz
# Der Orden der Asiatischen Brüder*

Unter dem Eindruck von Moses Mendelssohn wuchs eine Generation heran, die zwar sein Ideal, alle trennenden Mauern zwischen Juden und Christen einzureißen, übernahm, die jedoch nicht von seinen beiden Tugenden des Abwartens und der Mäßigung beseelt war. Seine Schüler und Nachfolger wollten im praktischen Leben das erreichen, woran man sie zu glauben gelehrt hatte, und sie waren bestrebt, den Aufnahmeprozeß in die Zellen ihrer gesellschaftlichen Umgebung voranzutreiben – und hier waren die freimaurerischen Zellen, wie man meinte, von grundlegender Bedeutung. Wenngleich diese Gruppe außer Stande war, jeglicher Opposition entgegenzutreten, so unterstützte sie doch jede Anstrengung auf seiten der Freimaurer, neue Bedingungen zu schaffen, unter denen das Prinzip der Gleichheit von Juden und Nichtjuden aufrechterhalten werden sollte. Drei oder vier derartiger Versuche zeichneten sich gegen Ende des Lebens von Moses Mendelssohn (1786) ab, als die ersten Gesetze in Kraft traten, die die bürgerlichen Benachteiligungen der Juden beseitigen sollten, und als die erste Bewegung zur Integration der Juden in die Gesellschaft stattfand. An diesen anfänglichen Versuchen entbrannte der erste Streit darüber, ob Juden in freimaurerische Logen aufgenommen werden sollten.

Mit der Gründung des Ordens der Asiatischen Brüder oder, um seinen vollen Namen zu nennen, der »Brüder St. Johannes des Evangelisten aus Asien in Europa«, wurde der früheste Versuch gemacht, einen freimaurerischen Orden mit dem ausdrücklichen Zweck, sowohl Juden wie auch Christen aufzunehmen, ins Leben zu rufen. Mit der Geschichte dieser Gesellschaft, die aufgrund der Weite ihrer Anstrengungen und ihres Einflusses von größerer Bedeutung als alle übrigen war, sind wir hinlänglich bekannt.[1] Sie wurde 1780/81 in Wien gegründet,[2] und ihr überragender Kopf und Förderer war der aus einer bayerischen Familie stammende Hans Heinrich von Ecker und Eckhoffen. Er wie auch sein jün-

* Übersetzt von Christoph Groffy.

gerer Bruder Hans Carl, von dem wir noch hören werden, war zu diesem Zeitpunkt in der Geschichte der freimaurerischen Gesellschaften in Deutschland bei weitem kein Unbekannter mehr. Die Gebrüder Ecker gehörten zu jenen Aristokraten, die ihren Besitz und die wirtschaftliche Unterstützung ihrer Schicht verloren hatten. Gleichwohl ist es ihrem illustren Namen, ihren Familienverbindungen und ihrem selbstsicheren Auftreten zuzurechnen, daß es ihnen dennoch gelang, zumindest nach außen hin ihre Verbindungen zu den herrschenden Schichten aufrechtzuerhalten. In der Wahl ihrer Berufe waren sie in der Tat nicht wählerisch, solange es ihnen dadurch ermöglicht wurde, ihre Lebensweise aufrechtzuerhalten. Eben dies ließ sich am besten durch eine enge Verbindung zu jenen bewerkstelligen, die die wirkliche Macht in den Territorien innehatten: den absoluten Fürsten und den aufstrebenden Kapitalisten, die sich deren Patronage erfreuten. Die Mitglieder freimaurerischer Gesellschaften gehörten zu gewissen Zeiten durchaus den oberen und besitzenden Schichten an. Da sie für die Organisation aber oft Personen benötigten, die lohnende und einträgliche Tätigkeiten auszuüben bereit waren, waren diese Gesellschaften ebenfalls ein Refugium für jene, die einen leicht zu verdienenden, aber nicht immer ehrlichen Lebensunterhalt suchten. Heinrich war einer davon. In Bayern und Österreich hatte er sich unter den Rosenkreuzern hervorgetan, deren alchemistische Umtriebe eine vertrauensvolle Atmosphäre schaffen sollten, um naiven und leichtsinnigen Zeitgenossen das Geld aus der Tasche zu ziehen. Dann überwarf er sich mit ihnen, löste jegliche Verbindung und veröffentlichte 1781 ein Buch, worin er die Rosenkreuzer denunzierte.[3] Zu dieser Zeit war er schon eifrig dabei, einen neuen Orden zu gründen, der später als der Orden der Asiatischen Brüder bekannt werden sollte, aber in diesem frühen Zustand den Namen »Die Ritter vom wahren Licht« trug.

Über die unmittelbaren Ursachen, die zur Gründung dieses Ordens führten, liegen mir keine direkten Quellen vor, so daß ich auf Aussagen von Mitgliedern angewiesen bin, die später aktiv hervortraten. Ihnen zufolge war es ein früherer Franziskanermönch, namens Justus, dessen bürgerlicher Name Bischoff gewesen war, dem eine herausragende Rolle bei der Gründung des Ordens zukam. Justus hatte mehrere Jahre im Orient, besonders in Jerusalem, verbracht, wo er mit jüdischen Kabbalisten in Berührung gekommen war. Er vertiefte sich in ihre Lehren und erhielt von ihnen sogar Manuskripte, auf die die theosophischen Lehren und zeremoniellen Regeln des Ordens zurückzuführen sind. Obwohl diese Details nicht im einzelnen bestätigt werden können, sind die Spuren seiner Person doch soweit nachweisbar, daß an seiner Existenz kaum, wenn überhaupt, gezweifelt werden kann.[4] Hinsichtlich einer anderen Person, namens Azariah, der angeblich Justus die Manuskripte gegeben hat, ist die Quellenlage eher zweifelhaft. Wollen wir dem Zeugnis von Ephraim Joseph Hirschfeld Glauben schenken, so gehörte Azariah einer kabbalistischen Sekte an, die anderen Quellen zufolge als ein Zweig der Sabbatai Zevi Bewegung zuzurechnen ist. Seine persönlichen Geschäfte übertrug er auf seine Söhne, um als Emissär der Sekte von Ort zu Ort reisen zu können. Obwohl an der Verbindung zwischen den Asiatischen Brüdern und der sabbatianischen Bewegung durch andere Quellen kein Zweifel besteht, so ist die Person Azariahs dennoch, wie wir gleich sehen werden, vage und unbestimmt; wir wissen über ihn nur wenig, und das Wenige ist widersprüchlich.[5] Allem Anschein nach ist er eine Erfindung der Mitglieder des Ordens, die damit der Behauptung Glauben verleihen wollten, der Orden sei orientalischen Ursprungs. Die Mitwirkung eines Dritten ist dagegen über jeden Zweifel erhaben. Es war dies Baron Thomas von Schoenfeld, ein vom Glauben abgefallener Jude, der sich als Verfasser zahlreicher Schriften einen Namen gemacht hatte.[6] Sein Mitwirken spiegelt sich in der Literatur über den Orden hinlänglich wider, und sein Anteil an dessen Gründung ist aus anderen Quellen bekannt.[7] Schoenfeld hatte viel von einem Abenteuerer, sowohl im intellektuellen wie im allgemeinen Sinne des Wortes. In Paris ist er während der französischen Revolution zu finden; während der Schreckensherrschaft wurde er hingerichtet.[8] Im Orden der Asiatischen Brüder widmete sich Schoenfeld dem Kopieren und Übersetzen jüdisch-kabbalistischer Werke. Der Geschichtsschreiber des Ordens, Franz Josef Molitor, schloß sich der Überlieferung an, wonach Schoenfeld der Enkel R. Jonathan Eybeschütz' war, dessen Sammlung sabbatianisch-kabbalistischer Werke er geerbt hatte.[9] Schoenfelds Stammbaum läßt sich allerdings inzwischen genauer angeben. Er entstammte der Familie Dobruschka aus Brünn und war mit Eybeschütz weder verwandt noch verschwägert.[10] Dennoch entbehrt diese angebliche verwandtschaftliche Verbindung nicht eines gewissen wahren Kerns, insofern Mosheh Dobruschka, alias Thomas von Schoenfeld, tatsächlich ein aktives Mitglied der sabbatianischen Bewegung gewesen war.[11] Wie wir noch sehen werden, war er es, der liberale Gedanken des Sabbatianismus in die Lehren des Ordens einfügte. Es ist unklar, ob Hans Heinrich von Ecker und Eckhoffen überhaupt in der Lage war, zwischen den verschiedenen kabbalistischen Gedankengebäuden zu unterscheiden, und es ist unwahrscheinlich, daß er besonderes Interesse daran zeigte, ob der Orden einen spezifisch sabbatianischen Zug besaß. Andererseits ist ebenso offenkundig, daß er den Orden in irgendeiner Weise an eine orientalische Tradition anbinden wollte, wie der Name, »Die Asiatischen Brüder in Europa«, deutlich beweist. Der Orden mußte notwendigerweise eine neuartige Facette besitzen, um ihn von den anderen Logen und Orden abzusetzen, und seine Neuartigkeit bestand darin, seine Abstammung auf irgendeine orientalische Quelle zurückzuführen. Indem Justus auf seine Verbindungen zum Orient hinweisen konnte und Schoenfeld kabbalistische Gedanken zusteuerte, wurden diesen Bemühungen eine gewisse Glaubwürdigkeit und Authentizität verliehen.

Andererseits bleibt ebenso unklar, ob Ecker jemals die Absicht hatte, seinen Orden zu einem gesellschaftlichen Auffangbecken von Juden und Nichtjuden zu machen. In seinem oben erwähnten Buch hatte er die Rosenkreuzer bezichtigt, sie versündigten sich gegen die Juden, weil sie sie nur dann als Mitglieder zuließen, wenn sie außerordentlich wohlhabend seien.[12] Sein ritterlicher Orden hingegen war vermutlich bereit, Juden aufzunehmen, traf allerdings keine Vorkehrung, um ihnen den Weg in den Orden zu ebnen. Die Lehren der Ritter vom wahren Licht enthielten sicherlich Elemente, die auf kabbalistische Quellen zurückgingen. In der Anfangsphase allerdings unterlagen diese Ideen offenkundig einer christlichen Interpretation, und synkretistische Tendenzen, die beiden Religionen zu vereinen, lassen sich nicht nachweisen.[13]

Ecker hatte die Absicht, sein Programm des neuen Ordens einer Versammlung aller Freimaurer vorzulegen, die 1782 in Wilhelmsbad in der Nähe von Hanau zusammenkommen sollte. Diese Versammlung war vom Führer aller deutschen Freimaurer einberufen worden, dem Herzog Friedrich von Braunschweig, um durch Verbesserungen in der geschäftlichen Führung die Bewegung zu erneuern. Bei seinen Bemühungen erhielt Ecker die Hilfe des Landgrafen Carl von Hessen, der die Provinz Schleswig seitens der dänischen Monarchie verwaltete.[14] Durch den Landgrafen Carl hoffte er einen gewissen Einfluß auf die anstehende Versammlung ausüben zu können. Zu Beginn des Jahres 1782 reiste er nach Schleswig und versuchte eine Audienz beim Landgrafen zu erhalten.[15] Was auf dieser Audienz zur Sprache kam, ist nicht bekannt. Ecker hatte jedoch mit seinem Plan keinen Erfolg, da ein führender Teil der Berliner Loge seinen Protest gegen Eckers Erscheinen in Wilhelmsbad anmeldete. Hätte Ecker zum damaligen Zeitpunkt in die Präambel seiner Ordensverfassung irgendeinen Paragraphen aufgenommen, der Juden die Gleichstellung mit christlichen Ordensmitgliedern in Aussicht gestellt hätte, so hätte er nicht darauf hoffen können, seine Verfassung von der Wilhelmsbader Versammlung insgesamt akzeptiert zu sehen. Der Tenor der Berliner Protestnote beweist zudem, daß die Frage der Mitgliedschaft von Juden kein Tagesordnungspunkt sein sollte. Hier war die Reinheit des Christentums, die die Freimaurer strengstens zu bewahren hatten, das alleinige Thema. Ecker hingegen warf man vor, er habe die Reinheit des Christentums befleckt. Dieser Vorwurf betraf nicht seinen Versuch, den geplanten Orden den Juden zu öffnen, sondern seine Vergangenheit bei den Rosenkreuzern, die man ihm immer noch entgegenhielt, und den Umstand, daß er der Magie und des Umgangs mit dunklen Kräften bezichtigt worden war.[16]

Ecker war somit nicht in der Lage, die bestehenden Logen von seinen Vorstellungen zu überzeugen, und sah sich wahrscheinlich deswegen gezwungen, von sich aus neue Logen zu gründen, wobei er mit Juden in Berührung kam, die seinem Orden beitreten wollten. Dies waren, um es in Erinnerung zu rufen, jene Jahre, da das Toleranzedikt in Kraft trat, und zwar in Böhmen im Oktober 1781 und in Österreich im Januar 1782. Auch in den anderen deutschen Fürstentümern waren die 80er Jahre die Zeit großer Hoffnungen auf eine Veränderung im politischen Status der jüdischen Gemeinden, insofern sich Juden in immer größerer Zahl von ihrem spezifischen sozialen und religiösen Milieu loslösten. Die Zeit schien in der Tat reif und geeignet, jene Barrieren niederzureißen, wodurch Juden von Nichtjuden getrennt wurden, und eine Gesellschaft zu gründen, deren Mitglieder Juden oder Christen sein konnten. Der erste Absatz der allgemeinen Verfassung der Asiatischen Brüder, die im November 1784 verabschiedet wurde, sprach sich für eine Beseitigung dieser Barrieren aus:

»Jeder Bruder, seye er welcher Religion, von welchem Stand und Sistem er immer wolle, wenn er nur sonsten ein edeldenkender, rechtschaffener und aechter Biedermann, ist, kann er in den Orden eintreten, Hauptsaechlich, weil das Wohl und die Glueckseligkeit der Menschen, der einzige Endzweck unsers Sistems, nicht von der Religion, in der wir gebohren, noch von dem Stand in dem wir erzogen worden sind, in geringsten abhaengen kann.«[17]

Diese Aufnahmebedingungen des Ordens waren allem Anschein nach auf die wohlhabenden Wiener Juden und die aufgeklärten jüdischen Gemeinden anderer Städte zugeschnitten, die an Eckers Orden aus gesellschaftlichen Gründen interessiert waren. Noch erstaunlicher ist in diesem Zusammenhang, daß Ecker angeblich einen jüdischen Kompagnon gefunden hatte, der ihn bei der Verbreitung seiner religiös-spirituellen Bemühungen unterstützte, die die Daseinsberechtigung seines Ordens darstellten.

Nach seinen Fehlschlägen in Schleswig kehrte Ecker nach Österreich zurück und richtete sich in Innsbruck ein. Bis zu seiner Rückkehr nach Wien im Jahre 1784[18] arbeitete er dort am Aufbau des Ordens und kam mit Ephraim Josef Hirschel (später Hirschfeld) in Berührung. Hirschel wurde ihm als ein recht ungewöhnlicher junger Jude vorgestellt, von guter Bildung, aber von seinen Glaubensbrüdern verfolgt aufgrund seiner Ideen.[19] Hirschfeld lebte seit 1782 in Innsbruck. Er war Buchhalter im Dienst des reichen Juden Gabriel Uffenheimer[20], der die Tiroler Salzbergwerke in Pacht hatte. Hirschfeld und Uffenheimer überwarfen sich jedoch, und nach einem Rechtsstreit erhielt Hirschfeld vom Hofe eine beträchtliche Geldsumme. Noch während des Prozesses ließ sich Hirschfeld an einer Innsbrucker Ausbildungsstätte weiterschulen und war bei den ansässigen aristokratischen Familien hin und wieder als Lehrer und Buchhalter tätig. Im Zusammenhang mit seiner Arbeit kam er auch mit dem Baron in Kontakt, der ihn den Schriftverkehr des Ordens kopieren ließ, dann aber erkennen mußte, daß der Kopist seinerseits immer mehr Interesse an den Inhalten der Schriftstücke zeigte.

Hirschfelds Herkunft und Jugend sind uns inzwischen bekannt.[21] Geboren wurde er in Karlsruhe, wo sein Vater Kantor war. Dieser Talmud-Gelehrte war der Autor eines Buches über das rabbinische Recht (Zusätze zum *Babylonischen Talmud*), er kannte sich in der kabbalistischen Literatur aus und hatte den

Genesiskommentar des Rabbi Mosheh Alshekh ins Jiddische übersetzt. Hirschfeld sen. war durchaus ehrgeizig. Mit dem örtlichen Rabbi, Nathaniel Weill, dessen Talmud-Kommentar er in seinem eigenen Werk angegriffen hatte, lebte er in Unfrieden. Schriftlichen Beistand erhielt er allerdings von bekannten Rabbinerautoritäten anderer Städte, unter ihnen befand sich auch der bekannte Rabbi Ezekiel Landau in Prag. Er hatte außerdem die erstaunliche Idee gehabt, seinem Werk eine in deutscher Sprache abgefaßte Widmung voranzustellen, die an den Markgrafen Karl Friedrich von Baden gerichtet war und worin er die Aufmerksamkeit einflußreicher Personen auf sich zu ziehen suchte. Sein Sohn Ephraim kam in den Genuß der Bemühungen seines Vaters. Johann Georg Schlosser, Goethes Schwager und einer der führenden Minister im Dienste des Markgrafen, nahm sich, möglicherweise erst nach dem Tode von Hirschfeld sen., der Erziehung des Sohnes an. Mit Schlossers Hilfe konnte Hirschfeld das örtliche Gymnasium besuchen und später an der Universität Straßburg sein Medizinstudium beginnen, das er allerdings nicht beendete. Er erwarb sich stattdessen grundlegende Kenntnisse in den Sprachen, in Philosophie und Literatur und erlangte auf dem gesellschaftlichen Parkett eine Sicherheit, die zur damaligen Zeit unter Juden ungewöhnlich war. Zusätzlich zu seinen erworbenen Fähigkeiten besaß Hirschfeld ungewöhnliche angeborene Charakterzüge: einerseits neigte er dazu, sich zurückzuziehen und für sich zu sein, während er andererseits in jeder Art von Konversation brillierte, Charme und Vertrauen ausstrahlte und seine wohlüberlegten Ansichten standhaft verteidigte. Mit dieser Mischung zog er die Aufmerksamkeit auf sich als ein origineller, wenngleich etwas merkwürdiger Kopf. Mit einem Empfehlungsschreiben seines Wohltäters Schlosser an Moses Mendelssohn in der Tasche zog Hirschfeld nach seinem Aufenthalt in Straßburg nach Berlin. Dort erhielt er im Haushalt von David Friedländer eine Anstellung als Tutor und Buchhalter. Als er zwei Jahre später Berlin wieder verließ, stellte ihm Mendelssohn ein Zeugnis aus, wonach Hirschfeld ein häufiger Besucher im Hause von Mendelssohn wie auch in anderen Häusern der ersten Familien Berlins gewesen sei.[22] Isaac Daniel Itzig, Friedländers Schwager, zufolge, fand Mendelssohn Interesse an Hirschfeld und versuchte eine Erklärung für sein seltsames Verhalten zu finden. (Er war hin und wieder, selbst in Gesellschaft, wie stumm und sprachlos, ein Verhalten, das Moses Mendelssohn seiner extremen Hypochondrie zuschrieb.) Mendelssohn nahm sich Hirschfelds in derselben Weise an, wie er anderen behilflich war, die in seinem Hause ein und ausgingen und zu seinen Bewunderern und Schülern wurden. Hirschfeld bildete hier allerdings eine Ausnahme. Selbst als er eng mit seinem Mentor verbunden war, unterschrieb er offenbar nicht dessen rationalistische Lehren und wandte sich später offen dagegen. Man kann mit Fug und Recht behaupten, daß er sich weigerte, seinen eigenen Gedanken mit diesem Kreis von Intelektuellen zu teilen, was offenbar der Grund dafür ist, daß sich in den schriftlichen Erinnerungen dieser Gruppe kein Hinweis auf Hirschfelds Aufenthalt in Berlin oder Wien finden läßt. Von Berlin ging Hirschfeld nach Innsbruck, wo er, wie wir bereits gesehen haben, die Bekanntschaft mit Ecker machte. Dort wurde er in den Orden der Asiatischen Brüder[23] und seine Welt des Spirituellen aufgenommen. Hirschfeld begleitete Ecker sehr häufig auf seinen Reisen und kam daher in Kontakt mit anderen Führern des Ordens.[24] Im Frühjahr 1785 fand er in Wien[25] zu Ecker und schloß sich seinem Hause an. Sie wurden enge Freunde und bildeten, wie einer aus dem Wiener Zirkel es nannte, »ein Paar Originale«.[26]

Hirschfeld trat dem Orden zu einem Zeitpunkt bei, da dieser sich bereits eine schriftliche Verfassung gegeben hatte, und zumindest für die Wiener Gruppe war diese Satzung gültig. Es lohnt sich durchaus, auf diese Gruppe einen Blick zu werfen und zu erfahren, wer zusätzlich zu den Gründern, die uns bereits bekannt sind, dazugehörte. Unter den nichtjüdischen Mitgliedern finden sich herausragende Persönlichkeiten. Molitor erwähnt den Herzog von Lichtenstein, den Grafen Westenburg, den Grafen Thun und den nicht namentlich genannten österreichischen Justizminister.[27]

Eine andere Quelle, die sich nur aufs Hörensagen beruft, nennt folgende Personen: Max Joseph Freiherr von Linden, Otto Freiherr von Gemmingen, Freiherr von Stubitza und andere.[28] Aus den Unterlagen, die ich besitze, lassen sich weitere Mitglieder anführen: J. B. P. Hartenfels, Franz Meltzer, Joseph von Juhász, Johann Gottlieb Walstein, Franz de Névoy, Fr. von Ost, Jacob Jg. Zuz. Von diesen Letztgenannten waren drei Offiziere des Heeres, zwei Beamte bei Hofe, und einer war Arzt; von den übrigen ist weder der Stand noch der Beruf bekannt.[29] Bedenkt man, daß diese Ordensmitglieder Christen waren, so läßt sich leicht vorstellen, daß Juden nur zu gerne mit ihnen in engeren gesellschaftlichen Kontakt treten wollten. Tatsächlich gehörten drei wohlhabende Wiener Juden dem Orden an: Arnstein, Eskeles und Hönig,[30] und es besteht kein Grund zu der Annahme, daß sie die einzigen waren. Nur durch Zufall sind uns einzelne Informationen über diesen Orden bekannt. Ein Mitgliedsregister liegt uns nicht vor, und es ist ebenfalls nicht bekannt, wann die einzelnen Mitglieder in den Orden eintraten und ob dies vor oder nach Hirschfelds Erscheinen in Wien der Fall war. Hirschfeld, soviel läßt sich jedenfalls mit Sicherheit sagen, versuchte aktiv Juden für den Orden zu gewinnen, und es ist sicher auf sein Bemühen zurückzuführen, daß die drei genannten ehrenwerten Juden in den Orden aufgenommen wurden.[31] Er unterhielt Verbindungen zu reichen Bankiers und war selbst durch die Vermittlung von Itzig in Berlin, der Arnsteins Schwager war, an Finanzgeschäften beteiligt. Diese Finanzoperationen kamen nicht allein der Ordenskasse, sondern auch seiner eigenen Tasche zugute, so daß er schließlich finanziell unabhängig wurde.[32] Zwar lebte er weiterhin in Eckers Haushalt, doch sollte man seiner eigenen Aussage, die er nach der Auflösung des Ordens machte, Glauben schenken, wonach er seinem Gastgeber mehr zukommen ließ als er von ihm erhielt.

Hirschfelds Aufgaben im Orden der Asiatischen Brüder nahmen im Laufe der Zeit zu. Die Verfassung, dies muß man einschränkend sagen, lag bereits fertig vor, als Hirschfeld in Wien eintraf, und, folgt man Molitor, der seine Kenntnisse direkt von Hirschfeld hatte, die übrigen grundlegenden Schriften des Ordens stammten nicht aus Hirschfelds, sondern aus Baron Schoenfelds Feder.[33] Andererseits blieb viel an täglicher praktischer Arbeit zu tun. Anleitungen und Handreichungen mußten verfaßt werden, um die Mitglieder in ihrem »Werk« zu leiten. Hierzu gehörten herleitende Symbolinterpretationen, Wort- und Buchstabenkombinationen und ähnliches. Ganz im Einklang mit dem Ursprung der Lehren der Asiatischen Brüder entnahm man das Material für die religiös-spirituellen Bemühungen des Ordens der kabbalistischen Literatur.[34] In der Gruppe gab es nur wenige, die mit dieser Tradition bekannt waren,[35] und so war man auf Justus und Baron Schoenfeld angewiesen. Hirschfeld behauptete zwar, er habe seine Anleitungen von Justus erhalten, der ihn in diese Tradition eingewiesen habe, aber es ist durchaus möglich, daß er die grundlegenden Kenntnisse durch seinen eigenen Vater erworben hatte. Er selbst hat jedenfalls einige Zeit später ein Buch geschrieben, in das er kabbalistische Vorstellungen einfließen ließ.[36] Man sollte jedoch nicht soweit gehen und behaupten, daß Hirschfeld die kabbalistische Lehre in ihrer ganzen Tiefe verstanden habe. Für Ecker war er andererseits eine »Entdeckung«, denn Ecker war bis dahin in jeder Hinsicht auf Schoenfeld angewiesen gewesen, der seinen Vorteil zu nutzen wußte und von Ecker dafür alles hatte fordern können. Nun aber sah sich Schoenfeld einem Konkurrenten ausgesetzt. Mit seinen Fähigkeiten konnte Hirschfeld freilich nicht den Anforderungen, die an ihn gestellt wurden, genügen, und er kam daher auf die Idee, seinen jüngeren Bruder Pascal nach Wien zu rufen. Er war dieser Aufgabe allem Anschein nach eher gewachsen,[37] da er sich in seiner Ausbildung hauptsächlich mit den schriftlichen Zeugnissen des Judentums beschäftigt hatte. (In charakterlicher und intellektueller Hinsicht war Pascal allerdings seinem Bruder unterlegen.[38]) Schoenfeld mußte aufgrund der Anwesenheit der beiden Brüder im Orden eine immer unbedeutendere Stellung einnehmen. Er wurde einige Zeit später aus der Wiener Gruppe ausgeschlossen, gab aber, wie wir noch sehen werden, seine Verbindungen zu den Mitgliedern nicht gänzlich auf.

Die beiden Brüder dienten von 1785 bis 1787 dem Orden als Sekretäre, und Ephraim Joseph erhielt den Ehrentitel *Oker Harim* (wörtlich: der Berge Versetzende). Überhaupt waren die verschiedenen Ämter mit hebräischen Ausdrücken bezeichnet, und die Mitglieder nannten sich nach aus dem Hebräischen stammenden Namen. Heinrich von Ecker nannte sich Abraham, sein Bruder Israel; Justus *Ish Zaddik* (der Gerechte) und Baron von Schoenfeld Isaac ben Joseph.[39] Das Hebräische war in diesem Zusammenhang nichts Neuartiges, denn auch unter den Freimaurern fand es bereits starke Verwendung. Während sich die Freimaurer allerdings im allgemeinen mit der Wahl biblischer Ausdrücke begnügten, gingen die Asiatischen Brüder auf das Vokabular der rabbinischen Literatur zurück, woraus der Schluß gezogen werden kann, daß hier der Einfluß der in ihrer Tradition aufgewachsenen Juden beträchtlich war.[40] Die Asiatischen Brüder unterschieden sich mit ihren fremdartigen Vorstellungen von anderen Freimaurern, deren Hinwendung zum Hebräischen lediglich ihr Freimaurertum mit der Aura des Exotischen umgeben sollte. Die Asiatischen Brüder hingegen beabsichtigten, mit der Verwendung des Hebräischen dem jüdischen Element innerhalb ihres Ordens Bedeutung und Gewicht zu verleihen. Der eigentliche Sinn dieser Vorkehrung läßt sich aus der Tatsache ablesen, daß hebräische Namen allein den christlichen Mitgliedern gegeben wurden, wohingegen Juden christliche oder christlich klingende Namen erhielten. Die Asiatischen Brüder beriefen sich mit ihrer Entscheidung, Juden zuzulassen, auf den bekannten Absatz der Verfassung der englischen Freimaurer, wonach die allen Söhnen Noahs gemeinen Glaubensgrundsätze ausreichende religiöse Zulassungsqualifikationen waren.[41] Im Gegensatz zu den englischen Logen wurden Juden und Christen durchaus im Hinblick auf ihre Glaubensüberzeugung in den Orden der Asiatischen Brüder aufgenommen. Beide Religionen wurden sehr ernst genommen, und aus beiden wurden Grundsätze entnommen, um ein gemeinsames Ideengebäude zu errichten, aus dem wiederum die Zeremonien des Ordens, in denen christliche und jüdische Symbole gleichermaßen eine Rolle spielten, entlehnt werden konnten.

Der Orden der Asiatischen Brüder war in der Theorie nicht als ein Ersatz für den Freimaurer-Orden gegründet worden, sondern sollte vielmehr eine höhere Form des vorhandenen freimaurerischen Ordens darstellen. Man ging von der Überlegung aus, daß die Mitglieder mit den drei Hauptriten des Freimaurertums bereits hinlänglich bekannt waren und daß nun ein neuer Orden geschaffen worden war, der gewissermaßen die Pforte zu neuen, zusätzlichen Mysterien darstellte. In dieser Hinsicht folgten die Asiatischen Brüder unter anderem dem Beispiel des schottischen Ritus, der ebenfalls in Überhöhung der drei ursprünglichen Hochgrade des Freimaurertums gegründet worden war. Dies ist tatsächlich die Bedeutung des eben zitierten Satzes aus dem ersten Absatz der Verfassung des Ordens der Asiatischen Brüder – Mitglieder sollten ohne Rücksicht auf ihre Religion, ihre gesellschaftliche Zugehörigkeit oder ihr »Sistem« aufgenommen werden –, wobei der Ausdruck »Sistem« sich auf die Freimaurer-Loge bezog, der der Kandidat zuvor angehört haben mußte. In Wirklichkeit war es sehr schwierig, diesen Vorkehrungen Folge zu leisten, insofern es Juden ja nicht erlaubt war, Freimaurer zu werden, weswegen sie letztlich auch keinen Zugang in den Orden der Asiatischen Brüder hätten haben können.

Allem Anschein nach hat Ecker entweder beträchtlichen Einfluß gehabt, Juden den Weg in den Freimaurerbund zu erleichtern, oder er vermittelte jüdischen Persönlichkeiten den Eindruck, seine Bemühungen könnten zu einem gewissen Erfolg führen.[42] Wer immer allerdings seinen Beteuerungen Glauben schenkte, mußte enttäuscht werden, denn die regulären Logen waren Juden immer noch verschlossen. Wenn die Führer des Ordens der Asiatischen Brüder wirklich ihrem Grundsatz folgen und nur frühere Freimaurer zulassen wollten, so mußten sie irgendeinen Ersatz finden, um den Bedürfnissen der Juden entgegenzukommen. Hier fand sich dann auch eine Lösung. Man gründete besondere »Melchisedek«-Logen, die sich namentlich von jenen Logen unterscheiden sollten, die nach Johannes dem Täufer benannt wurden. In den Unterlagen des Ordens der Asiatischen Brüder gilt der Melchisedek-Ritus als durchaus bekannt, wofür der Beweis herangezogen wird, daß »Juden, Türken, Perser, Armenier und Kopten in ihnen tätig sind.«[43] Dies war allerdings, wie wir noch sehen werden, eine reine Erfindung und Verlegenheitslösung, zeigte aber gleichzeitig, daß man sich bemühte, Juden wie Nichtjuden in den Orden aufzunehmen. Die Zulassung eines Juden zum Orden wurde allerdings zumindest in der Praxis davon abhängig gemacht, daß der Kandidat sich von jenem Judaismus lossagte, der damals vorherrschend war.

Gershom Scholem hat die Glaubensvorstellung der Asiatischen Brüder kritisch untersucht und gezeigt, daß sie in der Theorie eine Mischform darstellt, die auf christliche und jüdische Quellen zurückzuführen ist.[44] Kabbalistische und sabbatianische Ideen finden sich hier mit christlichen theosophischen Grundsätzen vermengt. Dies gilt ebenfalls für die Symbole, die Fest- und Erinnerungstage, die für die verschiedenen Grade des Ordens von grundlegender Bedeutung waren. Neben christlichen Feiertagen, wie etwa dem Weihnachtsfest, wurden auch jüdische Festtage, so die Erinnerungsfeiern an die Geburt und den Tod Moses, an den Exodus und die Übergabe der Gesetzestafeln, gefeiert.[45] Ein christliches Mitglied des Ordens der Asiatischen Brüder brauchte sich allerdings keine Gewissensbisse zu machen, da er sich durchaus in Einklang mit Glaubensartikeln des Christentums sehen konnte; ja, er konnte sich sogar in der Tradition jenes Urchristentums fühlen, das im Judaismus noch bewahrt wurde. Demgegenüber konnte sich ein Jude kaum vor der Tatsache verschließen, daß er hier die Grenzen seiner eigenen Glaubenstradition überschritt. Die Übernahme christlicher Symbole konnte auf keinen

Fall mit den Lehren des Judentums in Einklang gebracht werden. Aber auch wenn er dies noch nicht als schwerwiegendes Vergehen gegen seinen Glauben betrachtete, so erwartet man von ihm als Ordensmitglied doch, bei gewissen feierlichen Zeremonien Schweinefleisch mit Milch zu sich zu nehmen.[46] Selbst ein in rituellen Dingen wenig bewanderter Jude war sich durchaus bewußt, daß er damit gegen ein Gesetz seiner eigenen Religion verstieß. Derartig widersprüchliche Auffassungen ließen sich nur in sabbatianischen Ideen wiederfinden, und dieser Einfluß war, wie wir bereits gesehen haben, durchaus vorhanden. Moses Dobrushka-Schoenfeld, ein vom Glauben abgefallener Sabbatianer, war hier der entscheidende Vermittler, der diese Ideen auf den Orden der Asiatischen Brüder übertrug. Andere Mitglieder entstammten möglicherweise einem ähnlichen sabbatianischen Milieu, und ihre sektiererische Vergangenheit machte es ihnen vielleicht möglich, sich einer jüdisch-christlichen Gesellschaft anzuschließen, die ihre früheren Lehren und Regeln übernommen hatte.

Daß jüdische Mitglieder bereit waren, die Vorschriften ihrer eigenen Religion zu überschreiten, mag darüber hinaus noch auf eine andere Quelle zurückzuführen sein. Hirschfeld hatte sich bereits vom jüdischen Brauch entfremdet, bevor er in Berührung mit den Asiatischen Brüdern kam. Sein Kontakt mit den »aufgeklärten« Berliner Juden und seine frühere akademische Ausbildung waren mit einiger Wahrscheinlichkeit der Grund dafür, daß er sich von seiner Vergangenheit freimachte. Die übrigen Ordensmitglieder waren zuvor nicht Sabbatianer gewesen, sondern vielmehr Anhänger von Auflösungsbewegungen der Haßkala, die mehr oder weniger ausdrücklich die Legitimation darstellte, um sich vom traditionellen Judentum loszusagen. Die Geschichten der Familien Itzig und Arenstein in Berlin bzw. Wien vermitteln ein gutes Beispiel für diesen Entfremdungsprozeß, durch den die einen ihr Judentum überhaupt aufgaben und andere ihre Orientierung und ihre Verwurzelung in ihrem Milieu verloren.[47] Aus dieser Gruppe der »verlorenen Seelen« rekrutierten sich am ehesten neue Mitglieder für Orden von der Art der Asiatischen Brüder, da eine solche Gesellschaft eine neue soziale Verwurzelung jenseits der Grenzen des Judentums bot, ohne daß der neu Hinzugehörende aufgefordert wurde, seine früheren Verbindungen zu lösen und zum Christentum überzutreten. Der religiöse Synkretismus des Ordens, von dem man sagen könnte, daß er den Juden innerhalb des Christentums einen neuen Status verlieh, erwies sich weniger als eine Fessel, denn als ein besonderer Anreiz.

Die Freimaurer-Orden waren keine lokalen Organisationen, sondern standen mit zahlreichen Städten und Ländern in Verbindung. Die Gründer des Ordens der Asiatischen Brüder folgten diesem Beispiel und versuchten, den Orden über die Grenzen von Wien hinaus zu erweitern. Ecker hatte allerdings keinen Erfolg mit seinem Versuch, den Orden zu einer umfassenden Organisation für alle deutschen Freimaurer auszubauen, so daß er gezwungen war, neue Gesellschaften in verschiedenen Gemeinden und Städten zu gründen. Zwischen 1783 und 1785 bereiste er, wie bereits erwähnt, Städte in Österreich und Deutschland, um für seine Sache zu werben. Es liegen keine verläßlichen Informationen darüber vor, inwieweit er erfolgreich war, aber allem Anschein nach war sein Erfolg beträchtlich. Bis zum Ende des Jahres 1786 oder dem Anfang des Jahres 1787 blieb das Zentrum der Bewegung Wien. Dort hatte der »Sanhedrin«, der den Orden beherrschte, seinen Sitz. Dieser Rat bestand aus sieben Mitgliedern und einigen Amtsträgern und besoldeten Angestellten. Der »Sanhedrin« delegierte die Macht an die vier Gebietsvorsteher in ganz Europa, und diese Vorsteher wiederum ermächtigten die einzelnen Zellen in ihren entsprechenden Regionen.[48]

Der »Sanhedrin« sollte theoretisch die Zulassungsbestimmungen und andere Überwachungsmaßnahmen kontrollieren. Tatsächlich wurde aber bei der Zulassung neuer Mitglieder und der Errichtung neuer Logen mit größter Freizügigkeit verfahren.[49] Uns sind Asiatische Logen in Prag, Innsbruck, Berlin, Frankfurt und Hamburg bekannt. Die *Encyclopedie der Freimaurerei* aus dem Jahre 1822 erwähnt zahlreiche Anhänger des Ordens in Wetzlar und Marburg. Eine starke Loge muß es auch in Prag gegeben haben, obwohl uns darüber keine Informationen vorliegen.[50] In Innsbruck setzte sich die Gesellschaft aus der örtlichen Aristokratie zusammen.[51] Aus Berlin ist uns unmittelbar nur der Name von Itzig bekannt,[52] aber andere wichtige Quellen nennen Bischoffwerder, Wöllner und sogar den Kronprinzen, den späteren König Friedrich Wilhelm II. von Preußen.[53] Durch einen Besuch Hirschfelds in Frankfurt im Jahre 1787 ist uns die Existenz einer dortigen Loge bekannt; ihre Mitglieder wurden allerdings nicht bei ihrem wirklichen Namen benannt, sondern mit Pseudonymen, die ihnen durch die Loge gegeben worden waren.[54] Genauere Kenntnis haben wir von der Loge in Hamburg, wo der jüngere der Brüder von Ecker, Carl, lebte. Er war bereits vor der Gründung des Ordens der Asiatischen Brüder aktiver Freimaurer gewesen. In seiner Haltung gegenüber den Juden folgte er ganz dem Beispiel seines Bruders. Im Jahre 1783 gründete er eine Loge, die zwei jüdische Mitglieder aufnahm, Isaac Oppenheimer und Gottschalk Samson.[55] Diese Gesellschaft war nur von kurzer Dauer, aber zwei Jahre später gründete Carl von Ecker eine neue Loge, die im Dezember 1785 formell eingeweit wurde. Sein in Wien lebender älterer Bruder war zu dieser Zeit zufällig in Hamburg und konnte die Gruppe dazu überreden, sich dem Orden der Asiatischen Brüder anzuschließen.[56] Die Mitgliedsliste aus dem Jahre 1786[57] nennt die Namen, das Alter, den Beruf und die soziale Schicht von 24 Mitgliedern. Hier finden sich keine vornehmen Namen, denn im Gegensatz zu Wien war Hamburg nicht die Residenzstadt des Hochadels. Acht Namen sind allerdings mit einem »von« gekennzeichnet; die anderen Namen lassen aufgrund des Berufes auf wohlhabende Träger schließen: Bankiers, Kaufleute, Ärzte und sogar ein Geistlicher. Sechs von ihnen lassen sich mit Sicherheit als Juden ausmachen. Neben dem bereits erwähnten Samson finden sich Isaac Guggenheimer, Jacob Götz, Wolf Nathan Liepmann, Hirsch Wolf und Marcus Jacob Schlesinger. Zwei von ihnen waren Bankiers, zwei weitere Kaufleute, einer war Abgesandter eines Hofes, und einer Arzt. Mit Ausnahme des Arztes, Hirsch Wolf, gehörten diese Juden nicht zu den kulturell herausragenden Persönlichkeiten der Zeit.[58] Was sie zur Mitgliedschaft berechtigte, war wohl ihre Bereitschaft, den Orden finanziell zu unterstützen, und ihre Neigung, mit Nichtjuden Umgang zu haben.[59]

Aus den Quellen, die uns über die Hamburger und Wiener Logen vorliegen, kann man Rückschlüsse ziehen auf jene Städte, in denen der Orden ebenfalls vertreten war. Daß sich der Orden sehr schnell verbreitete, läßt sich als klares Indiz dafür deuten, daß eine spezifische Schicht der jüdischen Gesellschaft in Westeuropa in Auflösung begriffen war. Man muß sich zudem die Tatsache vor Augen halten, daß sich ein gewisser Teil der nichtjüdischen Gesellschaft bereit fand, mit Juden in gesellschaftlichen und religiöskulturellen Kontakt zu treten. Man sollte sich jedoch davor hüten, die Größe dieser gesellschaftlichen Gruppe, selbst für die Zeit des größten gesellschaftlichen Fortschritts, der 80er und 90er Jahre des 18. Jahrhunderts, zu überschätzen. Nach der Gründung des Ordens der Asiatischen Brüder vergingen nämlich nur wenige Jahre, bis sein ausdrückliches Vorhaben, Juden und Nichtjuden in einen einzigen sozialen Verbund einzugliedern, in Frage gestellt und bedroht wurde.

Der erste öffentliche Angriff auf dieses religiöse Gleichheitsprinzip innerhalb des Freimaurertums ging von einer acht Seiten umfassenden Broschüre in Hamburg aus. Verfaßt war sie, gemäß ihrem Titel, in der Absicht, »unpartheiische und gründliche Nachricht von der Freymäurerloge der Juden und anderen geheimen Gesellschaften in Hamburg« zu geben. Der Autor stellt es als eine ungeheuerliche Neuerung dar, daß Juden zu den örtlichen Logen zugelassen wurden. Bis zu diesem Zeitpunkt hatten sich nämlich sogar die nicht vom Obersten Rat anerkannten Logen kategorisch geweigert, Juden aufzunehmen, da man auch hier der Meinung war, es gehöre zu den Grundsätzen freimaurerischer Lehre, Jesus Christus als Eckpfeiler anzuerkennen. Nun allerdings seien gewisse Logen begierig darauf, in den Vorteil jüdischen Reichtums zu kommen, und schmeichelten sich bei Juden ein, sie könnten gegen eine Gebühr von 100 Reichstalern in die freimaurerischen Orden aufgenommen werden. Dem Autor zufolge wurde diese »Menschenjagd« im Namen eines gewissen Fürsten, eines freimaurerischen Großordensmeisters, unternommen, der festgelegt habe, Juden sollten in Zukunft aufgenommen werden, »da Duldung und Toleranz heutzutage allgemein vorherrschten«.[60] Ganz ohne Zweifel war der hier angesprochene Fürst niemand anderer als Carl von Hessen, der, worauf wir gleich zu sprechen kommen werden, der Großmeister des Ordens der Asiatischen Brüder wurde und dem man Toleranz gegenüber den Juden nachsagen konnte. Gegründet hatte jene Loge, die sich den Juden öffnete, mit Sicherheit Ecker. Die Bemerkungen des anonymen Autors stimmen wesentlich mit dem überein, was uns auch aus anderen Quellen bekannt ist. Er bezog seine Kenntnisse zweifellos aus erster Hand und hatte sogar Kenntnis davon, daß die Aufnahmezeremonie mit einem Mahl endete, bei dem Schweinefleisch gereicht wurde.[61]

Die Absicht des Autors war weniger aufzuklären als vielmehr zu verurteilen. Seine Verachtung galt den Juden, weil sie das Angebot annähmen, wie sie es früher getan hätten, ohne den Preis dafür zu entrichten. Sein stärkster Widerwille richtete sich allerdings gegen den Gründer der Loge, da er die Barrieren gegen einen Eintritt der Juden in die freimaurerische Bewegung beseitigt habe. Er wollte die Aufmerksamkeit des Hamburger Senats auf diese Vorfälle richten, damit diesem Zustand ein Ende gemacht würde.[62] Noch im selben Jahr kam es zu einer Entgegnung, in der freilich keine einzelne in der Broschüre aufgeführte Anschuldigung entkräftet wurde. Die Vorwürfe gegenüber den Juden, so hieß es dort, träfen nur auf die Juden im allgemeinen zu. Man verwies, um die Haltung der Loge zu verteidigen, auf die Traditionen der englischen Logen, in denen man niemals einen Unterschied zwischen Juden und Nichtjuden gemacht habe.[63] Es läßt sich mit Fug und Recht annehmen, daß der Autor der Entgegnung kein anderer war als Carl von Ecker selbst.

Diese kleinere Auseinandersetzung im Hamburg des Jahres 1786 war gewissermaßen der Auftakt zu einem allgemeinen Angriff, dem sich der Orden der Asiatischen Brüder ein Jahr später ausgesetzt sah. Wie bereits dargestellt, war Heinrich von Ecker von Wien nach Hamburg gekommen, um der Einführungszeremonie der Loge seines Bruders Carl beizuwohnen. Heinrich von Eckers Reise nach Norddeutschland diente einem offenkundigen und wohlüberlegten Zweck: er suchte Schutz für seinen Orden unter jenen Fürsten, die dem Freimaurertum und seinen mystischen Varianten sympathisch gegenüberstanden. Zu diesen Sympathisanten gehörten Herzog Ferdinand von Braunschweig und der Landgraf Carl von Hessen, und Heinrich versuchte sein Glück bei beiden.[64] Diesen Schutz benötigte er äußerst dringend, da nicht nur seine eigene Existenz, sondern auch die des gesamten Ordens in Wien auf dem Spiel stand. Von Anfang an hatten die Hochgrade der Freimaurer, die zu den obersten Schichten der Gesellschaft gehörten und starken Einfluß in Regierungskreisen besaßen, gegen den Orden der Asiatischen Brüder angekämpft. Gegen Ende des Jahres 1785 waren sie so weit gekommen, Kaiser Joseph II. dazu zu überreden, ein Gesetz zu erlassen, das alle freimaurerische Logen unter strikte Regierungsüberwachung gestellt hätte.[65] Ecker hatte die Absicht, diese bedrohliche Bewegung dadurch im Keim zu ersticken, daß er sich anderweitig in königlichen Schutz begab, und in Schleswig erhielt er wohlwollende

Hilfe durch den Landgrafen Carl von Hessen, mit dem es ja bereits vorher zu einem Gespräch gekommen war. Seit Jahren bemühte sich Carl von Hessen darum, den Geheimnissen der freimaurerischen Lehre auf die Spur zu kommen, und er schenkte Eckers Behauptung Glauben, diese Geheimnisse seien den Mitgliedern des Asiatischen Ordens bekannt. Er stimmte daher dem Plan zu, Ordensmeister zu werden,[66] und lud Ecker und durch ihn auch Hirschfeld ein, sich in Schleswig niederzulassen. Hirschfelds Bruder Pascal blieb zunächst in Wien.[67] Einige Zeit später antwortete auch Herzog Ferdinand von Braunschweig im gleichen Sinne, und Carl von Ecker verließ Hamburg und begab sich an den Hof des Herzogs in Braunschweig.[68]

Die Tatsache, daß das Zentrum des Ordens nach Schleswig verlegt wurde, wirkte auf die Freimaurer in der Umgebung von Hamburg alarmierend. Schleswig stand damals unter dänischer Schutzherrschaft, und Carl von Hessen übte sein Amt als Stellvertreter des dänischen Königs aus. Die Kopenhagener Freimaurer befürchteten, der Orden der Asiatischen Brüder könne in seinem Territorium Einfluß gewinnen, und entschlossen sich daher, ihn offen zu bekämpfen und in aller Öffentlichkeit bloßzustellen.[69] Dieses Vorhaben bot in der Tat keine Schwierigkeiten, denn die Mitglieder des Ordens waren bei der Aufnahme neuer Mitglieder alles andere als wählerisch gewesen. Ihre Satzung wurde infolgedessen nicht geheimgehalten, sondern wanderte von Hand zu Hand.[70] Die Kopenhagener Freimaurer beschlossen, die gesamte Satzung zusammen mit einer Einführung und kritischen Anmerkungen zu veröffentlichen, um zu belegen, wieweit der neue Orden sich bereits von den wahren Prinzipien des Freimaurertums entfernt habe. Man fand jemanden, der in der Lage war, diese Aufgabe in die Hand zu nehmen, und im Jahre 1787 erschien anonym ein Buch mit dem Titel: *Authentische Nachricht von den Ritter und Brüder-Eingeweihten aus Asien, Zur Beherzigung für Freymaurern.* Man weiß allerdings, daß der Autor, Sohn eines örtlichen protestantischen Geistlichen, der Freimaurer Friedrich Münter war, der später als Orientalist und Bischof von Kopenhagen bekannt wurde.[71]

In seiner Einführung brachte Münter den Orden der Asiatischen Brüder mit der okkulten Richtung innerhalb der Rosenkreuzer in Verbindung, der dafür berüchtigt war, Leichtgläubige um ihr Geld zu bringen und auch ansonsten Betrügereien zu verüben.

Die Mitglieder des Ordens der Asiatischen Brüder versuchten sich zwar nach außen den Anschein zu geben, sich von den Rosenkreuzern abzugrenzen; beide Bewegungen seien sich jedoch sehr ähnlich. Sie verträten geheime Pseudolehren, die die Gemüter nur verwirren und den Verstand trüben könnten. Münter dagegen sprach im Namen der Vernunft, der Wissenschaften und der gesamten Philosophie der Aufklärung, die allein die Garanten für die Freiheit, die Wahrheit und das Glück der Menschen darstellten. Hand in Hand mit diesen Lehren ging eine rationale Theologie einher, die keiner allegorischen oder mystischen Interpretation der Heiligen Schrift bedurfte und Autorität »trotz des menschlichen Verstandes« beanspruchte.[72] Münter vertrat die Position des gebildeten und aufgeklärten Christen. Erstaunlich ist dabei allerdings, daß diese Haltung, die üblicherweise der Ausgangspunkt zu einer Öffnung gegenüber den Juden gewesen war, nun zu Münters Vorwand wurde, sich gegen eine Öffnung der Logen für Juden zu richten.

Münter fügte jedem Paragraphen der Satzung des Ordens der Asiatischen Brüder seine Anmerkungen bei. Ganz besonders aber attackierte er jenen Paragraphen, der den Juden die Möglichkeit gab, in die Melchisedek-Logen aufgenommen zu werden, um in einem Folgeschritt für die Mitgliedschaft im Orden der Asiatischen Brüder wählbar zu werden. Münter zufolge konnten Juden niemals in anerkannte Logen, die in Übereinstimmung mit den Satzungen der Großloge von London geführt wurden, zugelassen werden. Die einzigen Ausnahmen waren lediglich einige wenige Logen in Holland, die allerdings in diesem Fall gegen die Vorschriften gehandelt hätten. Alle anderen Logen, die Juden aufgenommen hätten, seien nicht anerkannt worden. Er behauptete, unter allen Freimaurern, ungeachtet ihres Ritus herrsche die Regel, daß nur Christen aufgenommen werden dürften, »und die gesamte Satzung des Ordens beruht auf diesem Prinzip«. Die Melchisedek-Logen seien dagegen eine reine Erfindung des Ordens der Asiatischen Brüder. Ihre Version, wonach es derartige Logen im Orient gäbe, die »Juden, Türken, Perser, Armenier und Kopten« zu ihren Mitgliedern zählten, sei reinste Phantasie und nur zu dem Zwecke erfunden, um den Zutritt der Juden in die Freimaurer-Logen europäischer Länder legal zu ermöglichen.[73] Münter war mit dem Freimaurertum in jeder Hinsicht bekannt und zudem in historischer Kritik sehr gewandt. Mit dieser Bemerkung hatte er zweifellos die Wahrheit getroffen. Hirschfeld gestand selbst später ein, daß die Melchisedek-Logen nur in der Vorstellung von Heinrich von Ecker bestanden hätten.[74]

Münters energischer Angriff war äußerst wirksam, und die Gebrüder Ecker bezogen ihn auf sich selbst. Heinrich war von Münter ausdrücklich als derjenige erwähnt worden, der aktives Mitglied des Ordens in Wien gewesen sei und nun in Schleswig lebe.[75] Bis dahin waren die Brüder immer in einem Atemzug genannt worden, und der eine hatte für die Verfehlungen des anderen aufzukommen. Beide waren in ihrer Stellung von der Existenz des Ordens abhängig, Heinrich, weil er vom Herzog Carl von Schleswig aufgrund dessen Glaubens an die Wahrheit der asiatischen Lehren eingeladen worden war, und Carl, weil die blühende Hamburger Loge ihn unterhielt. Nun aber hatte die Schmähschrift bloßgelegt, daß die Repräsentanten des Ordens Beutelschneider seien und der Orden selbst falsche und verworrene Vorstellungen verkünde. Es erstaunt daher nicht, daß sich beide zu einer Antwort gezwungen sahen. Heinrich schrieb ein Buch von 100 Seiten zusammen, dem er seinen vollen Namen gab,[76] während Carl eine 80 Seiten umfassende Erwiderung anonym veröffentlichte.[77]

Die beiden Brüder teilten möglicherweise die Funktionen unter sich in voller Absicht auf. Jeder hätte allerdings auch für sich auf jene Anschuldigungen antworten können, die seine persönlichen Umstände betrafen. Heinrich bestritt Münters Anschuldigungen, wonach er seine Zukunft von dem Umstand abhängig gemacht habe, daß Herzog Carl an den geistig-religiösen Gewinn glaube, der in den Lehren des Ordens verborgen sei. Er gab die Existenz des Ordens offen und sogar mit großem Stolz zu. Er entwarf die Geschichte des Ordens während der letzten 25 Jahre und spielte auf einen weiter zurückliegenden Stammbaum an, auf den der Orden, so wie er nun existiere, zurückzuführen sei. Die gesamte Beweisführung sollte offensichtlich den Anspruch untermauern, daß der Orden der Asiatischen Brüder tatsächlich den Zugang zu den eigentlichen Interpretationen aller freimaurerischen Symbole habe. Derartige Entschlüsselungen bedeuteten gleichzeitig, der Natur ihre Geheimnisse zu entreißen, und wenn auch die Asiatischen Brüder keine Alchemisten seien, die Gold herstellen wollten, so seien sie dennoch »tiefschauende Naturforscher« und besäßen tiefgehende Einsichten. Der Orden der Asiatischen Brüder

». . . giebt sich fuer weiter nichts aus, als für eine Besitzerin der endlichen Aufschluesse aller maurerischen Hieroglyphen und beschaeftigt sich, als Gesellschaft, nur mit denen daraus herzuleitenden Wahrheiten und Erkenntnissen aller natuerlichen Dinge«.[78]

Dieser bescheidene Anspruch des Ordens zielte darauf ab, seine Anhänger zu beruhigen. Die Leichtgläubigkeit Herzog Carls hingegen kannte keine Grenzen. Wenn es nämlich wirklich zutraf, daß die Asiatischen Brüder Zugang zu den Geheimnissen der Welt hatten, so waren alle ihre übrigen Fehler vergleichsweise ohne Bedeutung. Heinrich von Ecker ging auf Münters andere Anschuldigungen nur sehr oberflächlich ein, wie er auch die jüdische Frage nur kurz streifte. Er stellte, wenn auch nicht sehr vehement, in Abrede, die Asiatischen Brüder hätten ihre eigenen Logen nur zu dem Zweck gegründet, Mitglieder anzuwerben. Ausdrücklich hingegen widersprach er Münters Behauptung, anerkannte Logen hätten niemals Juden aufgenommen. Er nannte die Namen dreier Juden, die in die freimaurerische Bewegung aufgenommen worden waren, einen in London, einen in Paris und einen in Gibraltar, wo viele Juden die Logen besuchen.[79]

Was für Heinrich von Ecker von untergeordneter Bedeutung war, war seinem Bruder Carl dagegen sehr wichtig. Er ging der Frage nach dem Wesen des Asiatischen Ordens kaum nach, sondern beschäftigte sich hauptsächlich mit der Überlegung, daß es tatsächlich höhere Grade gäbe als lediglich die drei grundlegenden des Freimaurertums; wer diese höheren Grade erreiche, dem würden Offenbarungen zuteil, die noch nicht einmal den höchsten Freimaurern eröffnet würden. Es sei daher durchaus möglich, daß der Orden der Asiatischen Brüder in der Tat diese höheren Grade umfasse. Voraussetzung für den Aufstieg in die höheren Grade seien allerdings die drei freimaurerischen Grade.[80] Welches aber seien die Vorbedingungen, um in die freimaurerischen Logen aufgenommen zu werden? Münter hatte behauptet, die Aufnahme hinge davon ab, ob der Kandidat dem christlichen Glauben treu sei, weswegen Juden von vornherein ausgeschlossen seien. Eben dies wollte Carl von Ecker bezweifeln, wie der Titel seiner Schrift ausdrücklich anzeigt: *Werden und können Israeliten zu Freymaurern aufgenommen werden?* Es war dies das erste Mal, daß dieses Problem in der Öffentlichkeit angeschnitten wurde, und Eckers Schrift stellte den Anfang einer ganzen Serie von Veröffentlichungen zu diesem Thema in den folgenden Jahrzehnten dar. Eckers positive Haltung zu diesem Problem resultierte aus den vorherrschenden historischen wie auch geographischen Umständen.

Carl widersprach, wie sein Bruder Heinrich, Münters Behauptung, Freimaurerlogen des englischen Ritus hätten niemals Juden aufgenommen. In England hätte man Juden die Mitgliedschaft gewährt und täte dies auch heute noch. Er verwies auf ihm persönlich bekannte Juden, deren Namen in den Veröffentlichungen englischer Logen erwähnt worden seien. Zum Beweis seiner Behauptung druckte er die Aufnahmeerklärung einer englischen Loge ab, ausgestellt auf einen Juden namens David Hertz, in London am 24. Juli 1787.[81] Jene Logen, die Juden aufgenommen hätten, stünden im Einklang mit dem ursprünglichen Ansatz der Freimaurerei, wie Carl von Ecker mit Zitaten aus den entsprechenden Paragraphen der Verfassung belegte.[82] Es treffe allerdings zu, daß die meisten Logen in Deutschland und einige Logen in Frankreich und Italien von diesem Grundsatz abgewichen seien. Die deutschen Freimaurer hätten allerdings anerkannt, daß keine Loge rechtmäßig bestehen könne, wenn sie nicht von der Großloge in London autorisiert worden sei. Man habe aber dennoch die Verfassungen den Zuständen in den einzelnen Staaten angepaßt, und diese Umstände seien verantwortlich dafür, daß Juden aus den Logen ausgeschlossen worden seien. In Deutschland würden die Juden selbst seitens der Freimaurer aus religiösem Fanatismus oder aus Frucht vor Angriffen diskriminiert. Diese Vorurteile und Diskriminierungen ließen sich wiederum auf die politische Benachteiligung der Juden zurückführen, die in den Territorien, in denen sie lebten, keine zivilen Rechte erhielten.[83]

Bis hierhin wies die Verteidigungsschrift den Gegnern der Juden die Schuld zu. Die deutschen Juden, so hieß es weiter, seien jedoch bis zu einem gewissen Grade ebenfalls schuld an dieser Entwicklung, insofern sie es ihren Glaubensbrüdern in England, Frankreich und Italien nicht gleich täten. Sie leisteten nicht dem mosaischen Gesetz Gehorsam, sondern befolgten absurde Rabbinerregeln. Carl von Ecker kritisierte auch die aufgeklärten Juden und wies darauf hin, daß sie ihre eigene Kultur in den Vordergrund stellten und gleichwohl Schwierigkeiten hätten, sich von ihrer ursprünglichen religiösen und kulturellen Haltung loszulösen. Sie zwängen sich dazu, wissenschaftliche Themen zu diskutieren, während ihre eigentliche Aufmerksamkeit um Verfallserklärungen und Schuldverschreibungen kreise. Es sei allein schon ihre singende und leiernde Sprechweise, womit sie sich von der übrigen zivilisierten Gesellschaft abgrenzten.[84]

Dieser Gedankengang ist in mehrfacher Hinsicht sehr aufschlußreich. Carl von Eckers Beschreibung ist in ihrer Emotionalität sehr heftig und enthält gleichzeitig eine Mischung aus tatsächlichen Eindrücken und stereotypen Vorstellungen. Diese Haltung findet sich sehr häufig in der zeitgenössischen Literatur, die sich ausführlich mit dem jüdischen Problem und der Möglichkeit, Juden den Eintritt in die christliche Gesellschaft zu ermöglichen, beschäftigt. Unter jenen, die sich dafür aussprachen, Juden zivile Rechte zu gewähren,[85] ging ein starkes emotionales Moment Hand in Hand mit der rationalen Überlegung, eine Veränderung sei irgendwann möglich. Diese Einstellung übernahm Carl von Ecker und er fand daher eine Legitimation, Juden die Logen zu öffnen. In beiden Religionen sei die menschliche Natur im Grunde genommen ein und dieselbe. »Daher ist der Christ und der Nichtchrist dieser Lehre gleich empfaenglich, welche an sich dasjenige enthaelt, was man gemeiniglich das von Gott in jedes Menschenherz geschriebene Gesetz der Natur nennt.« Die Christen müßten allerdings den ersten Schritt tun, da sie die Juden viele Generationen lang unterdrückt hätten. Nun müßten sie den Juden menschliche Würde und zivile Rechte wiedergeben und sie von allen Makeln freimachen, die auf ihnen aufgrund ihres Ausschlusses aus der Gesellschaft lägen. Eine besondere Verantwortung käme dabei den Freimaurern zu.

»Warum also einem Volke den Weg zur Maurerey zu verschliessen, vielleicht den einzigen Weg zur Aufklaerung, auf dem es sich am leichtesten, am beßten sich mit dem uebrigen Menschen=Geschlechte aussoehnen, seine Sitten verfeinern, seine Denkart veredlen kann?«[86]

Die Hamburger Juden, die der von Ecker angeführten Loge angehörten, könnten sich aufgrund ihrer Zugehörigkeit zu den Freimaurern auf dem Weg hin zu einer allgemeinen menschlichen Gesellschaft sehen. Und in dieser Rolle sahen sie sich damals mit Sicherheit.

Carl von Ecker wies auf den Widerspruch innerhalb der Freimaurerei hin: eben jene Logen, die keine andere freimaurerische Autorität anerkannten als jene, die sich von der Großloge in London ableitete, unterwarfen sich in Fragen des Judentums nicht den Prinzipien der Großloge.[87] Andererseits ist es nicht weniger paradox, daß die Führer des Ordens der Asiatischen Brüder, die vom Rationalismus des englischen Freimaurertums so weit entfernt waren, die Zulassung von Juden mit Hinweis auf diesen Ritus legitimierten. Wenn man bedenkt, welche Prinzipien, Strömungen, Glaubensvorstellungen und letztliche Motive ohne jedes System tatsächlich die Haltung der Freimaurer gegenüber den Juden beeinflußten, so sollte man über die Merkwürdigkeiten, Unschlüssigkeiten und Widersprüche in der Geschichte des Ordens der Asiatischen Brüder nicht erstaunt sein.

Die Führer des Ordens überstanden diese Probe offensichtlich mit Erfolg. Sie hatten öffentlich das Recht der Juden auf Zulassung zu ihrer Gesellschaft und allen freimaurerischen Logen verteidigt. Der einzige Jude in der Führung der Organisation, Ephraim Joseph Hirschfeld, behielt seine Position in Schleswig und trug dort wesentlich zur Entwicklung des Ordens bei. Auf Geheiß von Herzog Carl hatte er 1787 eine Reise für den Orden unternommen, die nach Frankfurt und von dort über Nürnberg und Regensburg nach Prag und Wien führte.[88] Nach seiner Rückkehr ließ er sich in Schleswig nieder, hielt aber weiterhin Kontakt zur Hamburger Loge.[89] Der Schwerpunkt der Bewegung lag nun in Norddeutschland: in Schleswig unter dem Patronat von Carl von Hessen und in Braunschweig unter dem Schutz von Herzog Ferdinand. Zu den aktiven Ordensmitgliedern gehörten auch höhere Beamte aus der Verwaltung von Herzog Carl, und Hirschfeld fand auch in diesem Gesellschaftskreis Freunde. Wie in Wien bestand auch in Schleswig seine Aufgabe darin, Meditationsübungen, die aus kabbalistischen Werken und Manuskripten entnommen waren, für den Orden bereitzustellen. Während er in Wien bei dieser Arbeit sehr stark von anderen abhängig war und sogar die Hilfe seines Bruders hatte annehmen müssen, war er in Schleswig, zumindest in den ersten Jahren, auf seine eigenen Quellen angewiesen. Zu diesem Zweck versorgte er sich während seines Aufenthalts in Frankfurt mit den notwendigen Texten.[90] Man kann sich kaum vorstellen, daß in Schleswig irgend jemand in der Lage war, hebräische Bücher zu lesen oder jene Texte des Ordens auszulegen, die von den Wiener Gründern auf der Grundlage kabbalistischer Schriften zusammengestellt worden waren. Die Mitglieder mußten die Ordenslehren verstehen und waren damit wie ihr Führer, Herzog Carl, auf Hirschfeld angewiesen. Nun, da er unentbehrlich war, schien seine Lage gesichert.

Ruhe und Frieden fand Hirschfeld in seiner neuen Heimat dennoch nicht. Er war offenbar in Schleswig isolierter, als er es in Wien gewesen war, denn hier war er ein Fremder, wahrscheinlich der einzige Jude in der Gruppe. Obwohl die Gebrüder Ecker das Gleichheitsprinzip innerhalb des Ordens verteidigt hatten, weigerten sich die Schleswiger Mitglieder, dies in die Tat umzusetzen. Einige waren der Meinung, man solle jüdische Mitglieder nicht des Ordens verweisen, aber andererseits neue Bewerber jüdischen Glaubens nicht in großer Zahl zulassen. Hirschfeld berichtet selbst davon, daß der Schleswiger »Sanhedrin« einen jüdischen Kandidaten aufgrund seiner Religion ablehnte; Hirschfeld verteidigte die Prinzipien des Ordens allerdings und kämpfte um deren Verwirklichung.[91]

Diese Vorgänge werden durch eine andere Quelle bestätigt, die von einem Fall aus Hamburg berichtet. Als Carl von Ecker Ferdinand von Braunschweig um freimaurerische Anerkennung seines Ordens bat, machte dieser seine Zustimmung davon abhängig, daß jüdische Mitglieder dieser Gruppe verwiesen werden sollten. Herzog Carl wollte die jüdischen Mitglieder schonen und schlug daher vor, sie sollten sich in einer eigenen Loge »Melchisedek« zusammentun, wobei die Mitgliedschaft den Juden das Recht geben sollte, christliche Logen zu besuchen. Carl erkannte damit jene Unterscheidung an, die der Orden der Asiatischen Brüder vorgenommen hatte, ohne die Juden allerdings auf eine Stufe mit den Christen zu stellen. Die jüdischen Mitglieder des Ordens, inzwischen 20 an der Zahl, verwarfen den Vorschlag und verließen den Orden.[92]

Herzog Carl versuchte, die Juden versöhnlich zu stimmen,[93] wollte aber andererseits seine Verbindung zum Christentum nicht aufgeben. Wenn er auch den Wunsch hatte, die Bedeutung der Geheimnisse des Ordens mithilfe jüdischer Quellen in Erfahrung zu bringen, so glaubte er doch, diese Offenbarungen seien im Grunde christlich.[94] Heinrich von Ecker paßte sich gleichermaßen der Atmosphäre in Schleswig an und sorgte dafür, daß man ihn sah, wie er die Heilige Schrift mit christlichem Eifer las.[95]

Angesichts dieser Umstände kann es nicht erstaunen, daß Hirschfeld sich allmählich diskriminiert fühlte. Obwohl sich gelegentlich das Gerücht verbreitete, er sei tatsächlich[96] oder angeblich konvertiert[97], hat er diesen Schritt in Wahrheit niemals getan.

Auch in seiner religiösen Haltung blieb er, worüber noch zu sprechen sein wird, eine Ausnahme. Nicht jedermann betrachtete dies als einen Fehler, und in Schleswig gab es mehrere Personen, die sich von diesem einzigartigen Menschen angezogen fühlten. Und dennoch galt auch für diese höfische Gesellschaft, daß das gesellschaftliche Ansehen eines Menschen allein von dem Umstand bestimmt war, ob er einer bestimmten Schicht oder Religion angehörte. Die Freundschaft zu Carl von Ecker war ihm von keinem Nutzen. Die Ehren, die man dem Adligen von Ecker gewährte, wurden ihm, dem Juden Hirschfeld, verweigert.[98] Diese gesellschaftliche Diskriminierung belastete ihre Beziehung und führte letztlich zu einem offenen Bruch zwischen den beiden alten Freunden.

Die genauen Einzelheiten dieser Auseinandersetzung und der folgende Rechtsstreit gehören nicht in den thematischen Bereich dieses Aufsatzes. Hirschfeld, um dies kurz zu skizzieren, verklagte Ecker auf Zahlung seiner Schulden, und Ecker wiederum beschuldigte Hirschfeld, er habe ihm in Gegenwart von Herzog Carl nach dem Leben getrachtet.[99] Im Laufe des Prozesses wurde deutlich, daß Ecker einen immer stärker werdenden Einfluß auf den Herzog und die den Prozeß führenden Beamten ausübte. Hirschfelds persönlicher Besitz und seine Manuskripte wurden gepfändet, und er selbst unter Hausarrest gestellt.[100]

Der Orden der Asiatischen Brüder wandte sich ebenfalls von eben jener Person ab, die einmal seine eigentliche geistige Säule gewesen war. Man beschloß, Hirschfeld des Ordens zu verweisen, und schickte ein Zirkular an alle Logen, in dem erklärt wurde, warum diese disziplinarische Maßnahme ergriffen worden war.[101] Der Rechtsstreit wie auch der Ausschluß aus dem Orden zeigt deutlich antijüdische Züge und sollte uns als ein Beleg dafür dienen, daß der soziale Status, den Juden selbst in einer Randgruppe wie der der Asiatischen Brüder innehatten, alles andere als gesichert war.

Im Laufe des Prozesses berichteten beide Seiten von ihrer gemeinsamen Vergangenheit und ihren gemeinsamen Bemühungen. Ecker machte genauestens deutlich, wie er sich für Hirschfeld, sogar in Innsbruck, trotz dessen jüdischen Glaubens eingesetzt habe.[102] Ecker bat Bekannte aus höchsten gesellschaftlichen Kreisen um schriftliche Zeugnisse, um Hirschfelds Behauptung, er habe ihn, Ecker, in Wien und Innsbruck finanziell unterstützt, zu widerlegen. Viele dieser Briefe lassen die Verachtung gegenüber dem Juden Hirschfeld deutlich werden und belegen ohne Zweifel, daß Ecker um Hilfe in einem Rechtsstreit gebeten hatte, in dem er sich als zu Unrecht beschuldigten Adligen und Hirschfeld als den jüdischen Wucherer ansah. Einer von Eckers Freunden in Innsbruck schrieb sogar ganz unverblümt, in seiner Stadt hätte kein Jude die Unverschämtheit besessen, einen Prozeß gegen einen Adligen von der gesellschaftlichen Bedeutung eines Carl von Ekker und Eckhoffen anzustrengen.[103]

Eine ähnliche Sprache spricht die Bekanntmachung des Ordens, mit der Hirschfeld aus dem Orden ausgeschlossen wurde. Man beschuldigt ihn unter anderem, er habe die Riten des Ordens mit jüdisch-kabbalistischen Vorstellungen durchsetzt. Die Autoren des Zirkulars erkannten zwar den Wert der Kabbala als Quelle freimaurerischer Meditation an, behaupteten aber, das Ziel dieser intellektuellen Übungen hätte darin bestehen sollen, den Christen weit über jene Grenzen hinauszuführen, die ein Jude erreichen könne.[104] Dies war jedoch noch nicht alles. Mir liegt nicht der ganze Text des Zirkulars vor, aber die übrigen Reaktionen zeigen deutlich, daß wahrscheinlich der gesamte Inhalt für die jüdischen Mitglieder des Ordens sehr verletzend gewesen sein muß.

Hirschfelds persönliche Haltung und der Standpunkt, den er einnahm, sind insofern äußerst aufschlußreich, als er sich nicht als Jude angegriffen sah, obwohl er gegenüber allem Ehrrührigen sehr sensibel war und seine Ehre sehr vehement verteidigte. Allem Anschein nach hatte er auch nicht das Gefühl, bei der Unterminierung seiner Position habe die Tatsache, daß er Jude war, irgendeine Rolle gespielt. Nachdem das Verhängnis über ihn hereingebrochen und er inhaftiert war, nahm er jede Möglichkeit wahr, um zu beweisen, er sei unschuldig und habe kein Verbrechen begangen. Und doch deutet er nirgendwo an, er müsse leiden, weil er Jude sei. Hirschfeld ist womöglich seiner eigenen Einbildung zum Opfer gefallen, aber es ist durchaus möglich, daß ihn sein starker Wunsch, sich über jede jüdisch-christliche Auseinandersetzung erhaben zu fühlen, daran gehindert hat, sein eigenes Schicksal mit dem des jüdischen Volkes gleichzusetzen. Diese eher neutrale Haltung hat sich in Hirschfeld vielleicht im Laufe der Jahre festgesetzt. In seiner Entgegnung auf den Inhalt des Zirkulars bestritt er, die Kabbala beruhe auf irgendeiner positiven Religion; jedermann, ob Katholik, Moslem oder Jude, der sich mit der Kabbala beschäftige, könne die Grenzen seiner eigenen religiösen Tradition überschreiten und »die einzige, wahre, reine und umfassende Religion« erreichen. Hier wollte er gleichzeitig Carl von Hessen, an den er seine Erwiderung gerichtet hatte, in seinem Glauben bestärken, Christen könnten in der Weisheit der Kabbala jene Wahrheiten des Christentums letztlich finden, die bislang den uneingeweihten Gläubigen verborgen gewesen seien.[105] In seiner Verzweiflung ging Hirschfeld sogar soweit, seine eigene Überzeugung zu widerrufen, die auf dem Glauben beruhte, es gäbe eine einzige mystische Weisheit, die allen Religionen gemeinsam sei.[106]

Wenn Hirschfeld die gegen ihn gerichteten Angriffe nicht mit der Tatsache in Verbindung brachte, daß er Jude war, so taten dies allerdings andere jüdische Mitglieder des Ordens. Die Reaktion eines der bedeutenderen Mitglieder, des reichen Berliner Bankiers Itzig, der, wie schon festgestellt, zu den aktiven gehörte, ist uns bekannt. Er gehörte zu jenen, an die sich Hirschfeld gewandt hatte, um ihn aus seiner aussichtslosen Lage zu befreien.[107] Aufgrund seines Einflusses am königlichen Hofe hätte Itzig eine Stellungnahme der Preußischen Regierung für Hirschfeld erhalten können, der dann diplomatische Immunität besessen hätte. Anstelle dieses übertriebenen Vorhabens versuchte Itzig einen direkteren Weg. Er richtete einen langen Brief an Carl von Hessen und bat ihn, sich für den in Not geratenen Hirschfeld zu verwenden.[108] Er lobte Hirschfelds Charakter und zitierte Moses Mendelssohn, der Hirschfeld als jungen Mann in Berlin unterstützt habe. Itzig deutete ebenfalls an, er sei bereit, irgendwelche Kosten in dieser Angelegenheit zu übernehmen, wenn es hier überhaupt um finanzielle Angelegenheiten ginge.[109]

Itzigs Bittschreiben bezog sich nicht allein auf den Fall Hirschfeld. Er verwies den Herzog auf seine eigenen Befürchtungen im Zusammenhang mit jenen antijüdischen Beschuldigungen, die in den Veröffentlichungen des Ordens über Hirschfeld zur Sprache gekommen waren. Itzig protestierte äußerst energisch gegen die Beleidigungen, die man gegen »das gesamte jüdische Volk und insbesondere die jüdischen Mitbrüder« des Ordens ausgesprochen habe. »Wie können einige Individuen die Stirn besitzen, zum zweiten Mal ein Volk zu verleumden, mit dem sie nicht bekannt sind und das auch ihnen nicht bekannt ist?« Ein derartiger Versuch war tatsächlich bereits vorher in dem billigen Pamphlet *Wer-*

*den und können Israeliten zu Freymaurern aufgenommen werden?* gemacht worden. Itzigs Bemerkungen belegen, daß Carl von Eckers negative Darstellung des jüdischen Charakters in seiner Broschüre zumindest unter den jüdischen Mitgliedern des Ordens nicht unbemerkt geblieben war. Gleichzeitig wird hier deutlich, daß in das Zirkular einige Anschuldigungen aus dem Pamphlet eingeflossen waren und daß beide aus ein und derselben Quelle stammten – aus der Feder der Gebrüder Ecker.[110] Die ganze Angelegenheit wirft ein trübes Licht auf die Art von Toleranz, die die Gebrüder Ecker und ihresgleichen übten. Sie war das Produkt kalter, intellektueller Überlegungen und sollte von den ersten emotionalen Ausbrüchen, hervorgerufen von persönlichen Erwägungen, zunichte gemacht werden.

Wir wissen nicht, ob Itzigs Protest irgendeinen Eindruck auf den Herzog gemacht hat. Hirschfeld erhielt allerdings unverhoffte Unterstützung. Bevor der Prozeß zu seinem Ende gekommen war, starb sein Gegner, Heinrich von Ecker, plötzlich im August 1791.[111] Aber schon vor diesem Ereignis erhielt Hirschfeld Hilfe durch die Veröffentlichung eines Buches mit dem Titel: *Der Asiate in seiner Blöße oder gründlicher Beweis, daß die Ritter und Brüder Eingeweihten aus Asien aechte Rosenkreuzer sind.* Mit diesem Buch begann, zumindest in dieser historischen Phase des Problems, die letzte Auseinandersetzung über die Frage, ob Juden in freimaurerische Logen aufgenommen werden sollten.

Das schmale Buch war anonym veröffentlicht und nannte keinen Druckort.[112] Der Autor greift den Orden und insbesondere die Gebrüder Ecker aufgrund neuen Materials an, das dem Autor der *Authentischen Nachrichten* nicht zugänglich gewesen war. Zahlreiche Beweise werden hier angeführt, um zu belegen, daß der Orden der Asiatischen Brüder lediglich eine neue Form der früheren Rosenkreuzer darstelle. Der Autor wendet sich wiederum der Frage zu, ob Juden die Mitgliedschaft, und zwar nicht in diesem Fall zu den Freimaurern, sondern zum Orden der Asiatischen Brüder gewährt werden könne. Er ist der Meinung, die Juden seien getäuscht worden, insofern man sie angehalten habe, Treue zu Jesus dem Erlöser und seinen Gesetzen zu schwören. Der Autor war allerdings nicht soweit gegangen, die synkretistischen Absichten des Ordens offenzulegen, und erwartete daher, irgendein Jude würde vortreten, den falschen Eid, den er gegen seinen Willen habe schwören müssen, brechen und damit die Geheimnisse des Ordens öffentlich preisgeben.[113] Der Autor, dies läßt sich mit großer Sicherheit sagen, hatte seine Gründe für die Vermutung, daß dies auch geschehen würde. Er bezog klare Position in der Auseinandersetzung zwischen Hirschfeld und Ecker und argumentierte, das gesamte Wissen des Asiatischen Ordens stamme von Marcus ben Binah, alias Hirschfeld, den eben diese Asiatischen Brüder am Ende verfolgt und inhaftiert hätten. Er rief die christlichen Freimaurer auf, dem Opfer zu Hilfe zu kommen, verwies aber gleichzeitig auf einen anderen Weg zu seiner Freilassung. Pascal, Hirschfelds Bruder, solle androhen, alle Geheimnisse des Ordens preiszugeben, falls sein Bruder nicht freigelassen würde.[114]

Mit Eckers Tod hatte auch Hirschfelds Inhaftierung ein Ende. Er konnte mit dem Herzog seinen Frieden schließen und sich später auch mit Carl von Ecker aussöhnen. Der Herzog erließ ihm den Betrag, den er Ecker geschuldet hatte, und war nach wie vor an kabbalistischen Texten interessiert, die ihm Hirschfeld gab, wie er auch seinen Rat annahm, wann er sich dem Studium dieser Schriften zuzuwenden habe. Hirschfeld konnte jedoch seine frühere Position im Orden der Asiatischen Brüder nicht mehr wiedererlangen, und der Herzog bestimmte, Hirschfeld sollte sich vom Orden fernhalten.[115] Zusätzlich zu allen früheren Verdächtigungen unterstellte man Hirschfeld nun, er habe das Exposé zu der Schrift *Der Asiate* verfaßt, aufgrund dessen der Orden bösartigen Angriffen ausgesetzt worden sei. Um sich von diesem Verdacht freizumachen, schrieb er ein Pamphlet, das alle Behauptungen der anderen Schrift zunichtemachen sollte. Mit der Arbeit an seiner Entgegnung kam er nicht weiter und mußte eine Erklärung für sein Zögern abgeben.[116] Tatsächlich hat er das Exposé wohl nicht verfaßt, sondern lediglich den Autor mit Material aus dem Besitz seines Bruders Pascal versehen, um seine Verteidigung vorzubereiten. Unter diesen Umständen erstaunt es nicht, daß der Aufenthalt in Schleswig für ihn unangenehm wurde.[117] Er hatte jedoch, wahrscheinlich infolge der Kosten des Rechtsstreits, Schulden gemacht und war daher nicht in der Lage, Schleswig zu verlassen. Er verließ sich wieder einmal auf erprobte Wege: Ein dringlicher Hilferuf erging an die früheren Gruppen in Berlin und Wien, und man eilte ihm zu Hilfe.

Im Februar 1792 tauchte in Schleswig ein gewisser I. Ben Jos auf, der von Hirschfeld als führendes Mitglied des Ordens vorgestellt wurde. Die Ordensbrüder in Schleswig, die von ihm gehört, ihn aber niemals gesehen hatten, hatten ihre Schwierigkeiten, an seine Existenz zu glauben. Dieser führende Ordensbruder zahlte 550 Taler, um Hirschfeld von seinen Schulden zu befreien, und damit gab es keinen Grund mehr, in Schleswig zu bleiben. Hirschfeld wollte die Anwesenheit seines Gastes nützen und durch ihn an Ansehen gewinnen. Unglücklicherweise hielt sich Landgraf Carl jedoch damals nicht in Schleswig auf. Hirschfeld stellte seinen Gast daher allen bedeutenden Mitgliedern des Ordens vor und reiste mit ihm dann nach Braunschweig in der Hoffnung, ihn beim Herzog Ferdinand einzuführen. In Braunschweig dinierten die beiden mit Carl von Ecker, doch während des Essens ergab sich der Eindruck, der Gast sei Jude. Obwohl dieser den Eindruck weder bestätigte noch widerlegte, war damit alle Hoffnung auf eine Audienz beim Herzog dahin. Hirschfeld und sein Ordensbruder verließen daraufhin Norddeutschland, und etwa im Mai 1792 finden wir beide in Straßburg wieder, wo sie sich trennten. Hirschfeld kehrte nach Deutschland zurück und traf Mitte Juni in Karlsruhe, seinem Geburtsort, ein. Dort wartete er, daß sein Ordensbruder sein Versprechen einlösen und zurückkehren würde.[118]

Wer war diese geheimnisvolle Person? Molitor gibt eine Antwort auf diese Frage; er berichtet, Hirschfeld habe Thomas von Schoenfeld nach Straßburg begleitet, wo beide die Bekanntschaft mit dem bekannten Spiritisten St. Martin, Autor von *Des erreurs et de la vérité,* machten.[119] Einer anderen Quelle können wir entnehmen, daß Schoenfeld im März 1793 nach Straßburg kam und von diesem Zeitpunkt an den Namen Julius Frey trug.[120] Diese Tatsachen stimmen überein und lassen keinen Zweifel zu. Man kann aus all dem schließen, daß Hirschfelds Hilferuf an die älteren Mitglieder des Ordens dazu führte, daß diese sich an den Abenteurer Thomas von Schoenfeld wandten. Von »P.« aus, also von Prag aus, reiste er über Wien, Berlin und Hamburg nach Schleswig.[121] Mit Sicherheit stammte das Geld, mit dem er Hirschfeld auslöste, nicht aus seiner eigenen Tasche. Diesen Betrag hatten die wohlhabenderen Brüder des Ordens in Wien und Berlin aufgebracht, die sich für diese Angelegenheit stark gemacht hatten und Hirschfeld zu Hilfe gekommen waren.

Schoenfeld nutzte die Gelegenheit und reiste nach Frankreich, wenn dies nicht überhaupt seine ursprüngliche Absicht gewesen ist; er fügte seinen Aufenthalt in Schleswig erst später in seine Reiseroute ein. In Paris, wo er Mitte Juni eintraf, ist Schoenfeld mit Sicherheit mit seinem Bruder und seiner Schwester zusammengekommen.[122] Hirschfeld wartete auf ihn währenddessen in Karlsruhe.[123] Als Hirschfeld später erklärte, er habe Schoenfelds schlimmen Tod in einem Traum vorhergesehen, behauptet er, Schoenfeld habe möglicherweise eine Mission für die österreichische Regierung erfüllt.[124] Diese Vermutung mag durchaus ihre Gründe gehabt haben, doch ist sie vielleicht auch nur eine Annahme im nachhinein. Eins ist ganz offenkundig: Das Ordensmitglied Schoenfeld gab seine religiös-spirituellen Ziele zugunsten des großen politischen Abenteuers, das ganz Paris ergriffen hatte, auf. Am 5. April 1793 starb er durch die Guillotine.[125]

Hirschfelds Rettung war, soweit uns bekannt ist, die letzte Handlung der jüdischen Gruppe innerhalb des Ordens der Asiatischen Brüder. Man kann zu Recht annehmen, daß immer mehr Juden den Orden verließen[126] und der Orden sich allmählich auflöste. Kurz nach Hirschfelds Abreise aus Schleswig verlor der Orden mit dem Tod Herzog Friedrichs von Braunschweig im Juli 1792 einen seiner Schutzherren. Carl von Hessen wandte sich zwar nicht von den Lehren des Ordens ab[127], fühlte sich aber von anderen Gruppen und religiösen Vorstellungen angezogen, die ihm die Geheimnisse des Freimaurertums eröffnen sollten.[128] Er blieb in losem Kontakt mit seinem geistigen Mentor Hirschfeld. Hirschfeld selbst ließ sich in Offenbach, dem Zentrum des Frankismus, nieder[129] und versuchte hin und wieder, seine Umwelt für sein geistig-religiöses System zu begeistern.[130] Dies aber betrifft schon nicht mehr die Geschichte des Ordens der Asiatischen Brüder.

## *Anmerkungen*

1 Die Entstehung und Entwicklung des Ordens der Asiatischen Brüder wird in der Literatur über die Geschichte der Freimaurerei häufig, aber wenig ausführlich erwähnt. Viele Einzelheiten finden sich in *Allgemeines Handbuch der Freimaurerei*, Leipzig 1900, und in *Latomia*, 1863, S. 18–37. Kloss hat reiches Material über die Geschichte des Ordens aus veröffentlichten Büchern und Manuskripten zusam-

mengestellt: *Beschrijving der Verzamelingen van het Groot-Oosten der Nederlanden, Handschriften der Klossianischen Bibliotheek* (im folgenden abgekürzt HKB), Den Haag 1888, XIV, 1-2. Eines dieser Manuskripte ist die Geschichte des Ordens in zwei Versionen von Franz Josef Molitor. Die kürzere Version wurde 1820 geschrieben, also nach dem Tod von Hirschfeld, mit dem sich dieser Aufsatz ausführlich befassen wird; die längere Version entstand 1824. Ich habe die kürzere Version veröffentlicht als Anhang zu: Jacob Katz, »The First Controversy over Accepting Jews as Freemasons«, in: *Zion*, Bd. 25, 1965, S. 204 f. Auf diese wird im weiteren als Molitor (a) verwiesen, auf die längere Version als Molitor (b).

2 Ecker nennt das Jahr 1780 in seinem Buch *Abfertigung an den ungenannten Verfasser* (vgl. Anmerkung 76), S. 89. Das *Allgemeine Handbuch der Freimaurerei*, Bd. 1, S. 49, zweifelt an der Korrektheit dieses Datums und gibt statt dessen das Jahr 1782 an. (Vgl. auch Gershom Scholem [im *Yearbook VII of the Leo Baeck Institute*, 1962, S. 259 f.], der die Angabe des *Handbuchs* übernimmt). Ich selbst sehe keinen Grund, das frühere Datum in Zweifel zu ziehen. In einem Manuskript (HKB, VIV, 7a, 99b) erwähnt Ecker 1781 als das Jahr, in dem es im Zusammenhang mit der Gründung des Ordens zu einer Auseinandersetzung in Wien kam. Ecker lebte 1782 bis 1783 in Innsbruck. Der Orden wurde mehrfach umgewandelt, und die unterschiedlichen Daten beziehen sich daher möglicherweise auf die einzelnen Entwicklungsphasen.

3 [Hans Heinrich von Ecker und Eckhoffen], *Der Rosenkreuzer in seiner Blösse*, Amsterdam [Nürnberg], 1781.

4 Nicht nur Molitor erwähnt Justus, der im Orden als *Ish Zaddik* (der Tugendhafte) bekannt war, in beiden Versionen, auch Hirschfeld nennt ihn in seinem Bericht, den er 1787 während seines Aufenthalts in Frankfurt verfaßte (HBK, XIV, 19h). Hirschfeld behauptet, er habe Justus persönlich gekannt und sei von ihm fünf Jahre lang unterrichtet worden. Ecker gibt in seiner *Abfertigung*, S. 85 f., an, Justus sei inzwischen verstorben, und bestätigt damit Molitors Aussage, Justus sei, kurz bevor Hirschfeld Wien verließ, gestorben. Baron Schoenfeld (vgl. weiter unten) erwähnt, der verstorbene *Ish Zaddik* habe zu Hirschfelds Erziehung beigetragen (HKB, XIV 7c, 163).

5 Molitor nennt, besonders in (b), die wichtigsten Fakten über Azariah, die er unmittelbar von Hirschfeld erhalten hatte. Vgl. Katz, »The First Controversy« S. 182, Anm. 47.

6 Bereits 1778 widmete Ignaz de Luca in seinem Werk *Das gelehrte Oesterreich. Ein Versuch* (Wien 1776-1778, Bd. 2, S. 105-107) Schoenfeld einen Artikel. Weitere Einzelheiten über ihn finden sich in: Constant von Wurzbach, *Biographisches Lexikon des Kaiserthums Oesterreich*, Wien 1856-1891, Bd. 31, S. 151 f.

7 Das *Allgemeine Handbuch der Freimaurerei* (Bd. 1, S. 50) erwähnt einen Schoenfeld unter den aktiven Mitgliedern des Ordens, und Scholem hat ihn als den Baron Thomas von Schoenfeld identifiziert: vgl. Gershom Scholem, »Ein verschollener jüdischer Mystiker der Aufklärungszeit, E. J. Hirschfeld«, in: *Yearbook VII of the Leo Baeck Institute*, 1962, S. 247-278.

8 Wurzbach, *Biographisches Lexikon*, Bd. 31, S. 151 f.

9 So in Molitor (a); Molitor (b) gibt keine Verbindung zu R. Jonathan Eybeschütz zu erkennen.

10 Vgl. M. Brunner, »Geschichte der Juden in Brünn«, in: Hugo Gold (Hrsg.), *Die Juden und Judengemeinden Maehrens in Vergangenheit und Gegenwart*, Brünn 1929, S. 150. Zu R. Jonathan Eybeschütz' angeheirateter Verwandtschaft vgl. Gutman Klemperer, *R. Jonathan Eybeschütz*, Prag 1858, S. 143-145, und B. Brilling, »Die Nachkommen des R. J. E.«, in: *Hebrew Union College Annual*, Bd. 35, 1964, S. 255-273. Nirgendwo findet sich ein Hinweis auf Verbindungen zur Familie Dobruschka.

11 V. Žáček, »Zwei Beitraege zur Geschichte des Frankismus in den boehmischen Laendern«, in: *Jahrbuch der Gesellschaft fuer Geschichte der Juden in der tschechoslowakischen Republik*, Bd. 9, 1938, S. 362.

12 *Der Rosenkreuzer*, S. 102-104.

13 W[öllner] *Signatstern*, 2 Bde., Berlin 1803, wo die Schriften der »Ritter vom wahren Licht« veröffentlicht sind.

14 Friedrich Kneisner, *Landgraf Carl zu Hessen und seine Wirksamkeit in der deutschen Freimaurerei*, Berlin 1917.

15 Dies wird durch einen Brief, geschrieben von einem Hofbeamten des Landgrafen, vom 7. Februar 1787 bestätigt. Der Brief wird zitiert von D. van Rijnberk in seinen *Episodes de la vie ésotérique, 1780-1824*, Lyon 1946, S. 104.

16 Der Briefwechsel zwischen der Berliner Loge und Ferdinand von Braunschweig ist in der Sammlung Kloss (HKB, XIV, 2) enthalten.

17 [Friedrich Münter], *Authentische Nachricht von den Ritter- und Brüder-Eingeweihten aus Asien*, [Kopenhagen] 1787, S. 1.

18 Für den Aufenthalt Eckers und seiner Frau in Innsbruck in den Jahren 1782-83 liegt uns das Zeugnis eines Innsbruckers und mehrerer Wiener vor (HKB, XIV, 7a, 56, 66). In einem Brief, geschrieben am 3. Februar 1784 in Wien, erwähnt Ecker, sein Hab und Gut und seine Schriften würden bald nach Wien geschafft (HKB, XIV, 5).

19 Vgl. HKB, XIV, 7a, 50. Ecker berichtet in diesem Dokument, das er 1790 verfaßte, als der von Hirschfeld gegen ihn angestrengte Prozeß in Schleswig noch anhängig war, wie sich ihre Bekanntschaft entwikkelte. Hirschfeld sah ihre Beziehung mit anderen Augen; vgl. HKB, XIV, 59. Beide Berichte sind in den Prozeßunterlagen enthalten, aus

denen man die Begegnung zwischen Hirschfeld und Ecker gut rekonstruieren kann.

20 Die Uffenheimers waren eine bedeutende jüdische Familie in Tirol. Vgl. Aron Taenzer, *Geschichte der Juden in Tirol und Vorarlberg,* Meran 1905. Götz Gabriel Uffenheimer zog nach Wien. Zu seiner Person vgl. Bernhard Wachstein, *Die Inschriften des alten Judenfriedhofes in Wien,* Wien 1917, Bd. 2, S. 426.

21 Die folgenden Einzelheiten habe ich bereits veröffentlicht: »Mendelssohn und E. J. Hirschfeld«, in: *Bulletin des Leo Baeck Instituts,* Bd. 7, 1964, S. 295-311.

22 Dieses Empfehlungsschreiben wie auch Itzigs Zeugnis über Hirschfelds Aufenthalt in Berlin sind ebenda abgedruckt.

23 Molitor (a). Hirschfeld behauptete im Jahr 1789, er habe in den vergangenen sieben Jahren in Eckers Dienst gestanden (HKB, XIV, 7a, 51).

24 In einem Brief vom 3. Februar 1784 nannte Ecker Hirschfeld seinen *compagnon de voyage* auf seinen Reisen nach Wien (HKB, XIV, 7a, 3). Während eines Besuchs in Frankfurt im Jahre 1787 berichtete Hirschfeld, er sei von Justus fünf Jahre lang unterwiesen worden. Diese Behauptung ergibt nur Sinn unter der Annahme, daß Hirschfeld Justus bereits in seiner Innsbrucker Zeit begegnet ist.

25 Hirschfeld erhielt ein von Graf Künigl mit Datum des 25. April 1785 verfaßtes und unterzeichnetes Empfehlungsschreiben, bevor er Innsbruck verließ (HKB, XIV, 7a, 6).

26 So in J. B. P. von Hartenfels' Brief vom 3. März 1788. Damals war die Spannung zwischen Hirschfeld und Ecker nicht mehr zu übersehen, weswegen Hartenfels, der zu beiden ein freundschaftliches Verhältnis hatte, beide davor warnte, sich nicht gegenseitig zugrunde zu richten: »Und es waere doch schade um so ein Paar Originale« (HKB, XIV, 7a, 32).

27 Molitor (b).

28 Diese Namensangaben finden sich in: »Die Asiatischen Brüder in Berlin und Wien«, in: *Latomia,* Bd. 27, 1863, S. 29. Der Artikel beruht auf den Berichten früherer Mitglieder des Ordens. Der dokumentarische Wert des Artikels liegt, wie der Autor bemerkt (vgl. S. 18), darin, daß er persönliche Erinnerungen enthält, die die Atmosphäre im Orden unverstellt wiedergeben.

29 Die ersten sechs der hier angeführten Unterzeichneten mit Angabe ihres Berufes bzw. ihrer Titel eine Ehrenerklärung für Ecker, die sie während des Prozesses Hirschfeld/Ecker von Wien nach Schleswig schickten (HKB, XIV, 7a, 65). Den ersten Unterzeichner, Hartenfels, kennen wir aus seinen Briefen an Hirschfeld (vgl. Anmerkung 26); er machte sich als Mitglied des Ordens kenntlich. Die übrigen gehörten ohne Zweifel ebenfalls zum Orden. Den zuletzt genannten Fr. von

Ost bezeichnet Hirschfeld in einem langen Brief an Ecker vom 4. September 1789 als Mitglied des Ordens in Wien (HKB, XIV, 7a, 51).

30 (HKB, XIV, 7a, 59b). Nathan Adam Arnstein (1748-1813) war ein Schwager des Berliners Isaac Daniel Itzig, der in einem Brief an Carl von Hessen aus dem Jahre 1790 (HKB, XIV, 7b, 99b) erwähnt, Arnstein stehe mit Hirschfeld in Verbindung. Bernhard Eskeles war sowohl Arnsteins wie auch Itzigs Schwager. (Zu diesen beiden vgl. Salo Baron, *Die Judenfrage auf dem Wiener Kongreß,* Wien und Berlin 1920. S. 118-123). Die Hönigs waren eine bekannte Wiener Familie. Vgl. Afred Francis Pribram, *Urkunden und Akten zur Geschichte der Juden in Wien,* Wien 1918.

31 HKB, XIV, 7a.

32 Die Anschuldigungen (HKB, XIV, 7a, 61b) werden durch Itzigs Zeugnis bestätigt (ebenda, 7b, 99b).

33 Molitor (b).

34 Ein Handbuch der Unterweisung dieser Art (Manuskript) befindet sich in der Sammlung Kloss (HKB, XIV, 1022).

35 Vgl. den 1787 in Frankfurt verfaßten Bericht (HKB, XIV, 19h).

36 E. J. und P. Hirschfeld, *Biblisches Organon,* Offenbach 1796. Den Inhalt des Buches hat Scholem kritisch untersucht: »Ein verschollener Mystiker«, S. 247-254; vgl. auch Katz, »Mendelssohn und E. J. Hirschfeld«, S. 303.

37 Pascal lebte damals in Maastricht. In einem an Pascal Hirschfeld gerichteten Brief vom 3. Februar 1784 (HKB, XIV, 7a, 3) sagte Ecker Ephraim Joseph Hirschfeld eine große Zukunft voraus, falls sich dieser mit ihm in Wien zusammentäte. Molitor (b) bestätigt Pascals jüdische Gelehrsamkeit.

38 Einige Briefe Pascals an verschiedene Adressaten sind erhalten und geben Einblick in seinen Charakter (HKB, XIV, 7a, 30b, 44).

39 Die Verwendung der Beinamen ist nicht einheitlich. Kneisner *(Landgraf Carl zu Hessen,* S. 59) nennt weitere Namen, die man den Gebrüdern Ecker gab; ihm zufolge nannte man Schoenfeld »Scharia«.

40 Scholem, »Ein verschollener Mystiker«, S. 262.

41 Münter, *Authentische Nachrichten,* S. 20-22.

42 Ecker notierte etwa 1789: »Mr. Arnsteiner, voyant que j'emploiais tous les ressort – toutes mes facultés possibles pour procurer à sa nation une liaison maçoinnique en Allemagne« (HKB, XII, 7a, 59b). Dies bestätigt auch der Autor (vgl. Anmerkung 112) von *Der Asiate in seiner Blösse:* »Auch bemühten sich die Vaeter (der Asiaten) den Israeliten Eingang in die Johannis Logen zu verschaffen. Doch damit wollte es nicht fort« (S. 22).

43 Münter, *Authentische Nachrichten,* S. 2.

44 Scholem, »Ein verschollener Mystiker«, S. 263-273. Seine kritische

Untersuchung beruht auf den Schriften des Ordens, die versammelt sind in: *Die Brüder St. Johannis des Evangelisten aus Asien in Europa* . . ., Berlin 1803. Molitor (Schluß von b) ist der Meinung, dies Buch sei aus dem literarischen Nachlaß von Itzig zusammengestellt worden.

45 Vgl. *Die Brüder St. Johannis,* S. 37 f., und Scholem, »Ein verschollener Mystiker«, S. 265 f.

46 *Die Brüder St. Johannis,* S. 38; »Ein verschollener Mystiker«, S. 266.

47 Heinrich Graetz, *Geschichte der Juden,* Leipzig 1900, S. 141-156; Salo Baron, *Die Judenfrage auf dem Wiener Kongreß,* S. 117-145; Henry Brunschwig, *La crise de l'Etat pruissien à la fin du XVIII*e siècle et la genèse de la mentalité romantique, Paris 1947, S. 36-46; Jacob Katz, *Die Entstehung der Judenassimilation in Deutschland und deren Ideologie,* Frankfurt 1935; ders., *Tradition and Crisis: Jewish Society at the End of the Middle Ages,* Glencoe, Ill. 1961, S. 245-254; Hilde Spiel, *Fanny von Arnstein oder die Emanzipation, ein Frauenleben an der Zeitwende 1758-1818,* Frankfurt 1962. Das zuletzt genannte Buch ist nicht kritisch im wissenschaftlichen Sinne, wertet aber Originalquellen aus und führt die Atmosphäre der Zeit plastisch vor Augen. Mit der Vermischung von sabbatianischen und aufklärerischen Einflüssen im Orden der Asiatischen Brüder stellt sich die Frage, in welchem Verhältnis beide Anschauungen zueinander standen. Diesem Problem widmete sich, wie bekannt, zum ersten Mal Gershom Scholem in seinem (hebräischen) Artikel »Mitzvah Habaah Ba'averah« (»Die Sünde als Erfüllung eines göttlichen Gebots«) in: *Knesset,* Bd. 2, 1937; der Komplex ist allerdings bislang noch nicht hinreichend untersucht worden.

48 Der Logenaufbau ist in der Satzung dargelegt, die Münter in *Authentische Nachrichten,* S. 8 und S. 12-24, sowie in *Die Brüder St. Johannis,* S. 1-20, zitiert. Diese Satzung sieht einen Sanhedrin von 70 Mitgliedern vor, was allerdings, wie die Beschreibung selbst belegt, reine Phantasie ist. Molitor (b) stellt ausdrücklich fest, daß die 70 imaginären Mitglieder durch sieben wirkliche Mitglieder repräsentiert wurden.

49 Dem tatsächlichen Wortlaut der Satzung zufolge sollte die Erlaubnis zur Gründung einer neuen Loge nur unter außergewöhnlichen Umständen verweigert werden (Münter, *Authentische Nachrichten,* S. 18 f.

50 Nach Molitor (b) war der Orden in Prag weit verbreitet. Hier werden verschiedene Namen genannt: z. B. Japhet (HKB, XIV, 7a, 37) und Ismael (HKB, 7b, 99); der erste ist möglicherweise, der zweite mit Sicherheit der Name einer Loge. Die Bedeutung des Schwerpunkts des Ordens in Prag wird durch den Umstand bestätigt, daß Hirsch-

feld sich dort auf seiner Werbereise für den Orden mehrere Monate aufhielt.

51 In Innsbruck beschäftigte man Hirschfeld zunächst damit, freimaurerische Unterlagen für den Orden zu transkribieren (HKB, XIV, 7a, 59c). Einige der örtlichen Mitglieder legten später Zeugnis gegen ihn ab (HKB, XIV, 7a, 66 f.).

52 Molitor (b) nennt ihn »ehemaliger asiatischer Obermeister«. In seinem Brief an Carl von Hessen (HKB, XIV, 7b, 99b) spricht er im Namen der gesamten Berliner Gruppe. Auch ihm zufolge waren die wohlhabenden Berliner Juden Säulen des Ordens.

53 Kneisner, *Landgraf Carl zu Hessen,* S. 58; *Latomia,* Bd. 22, 1863, S. 23 f.

54 HKB, XIV, 19h.

55 »Hans Carl Ecker von Eckhoffen«, HKB, XIV, 2, ein Manuskript, verfaßt von einem Zeitgenossen, der mit ihm und seinem Wirken gut vertraut war. Viele Einzelheiten werden auch durch andere Quellen bestätigt. Von der Geschichte der Hamburger Gruppe berichtet ebenfalls Manfred Steffens, *Freimaurer in Deutschland, Bilanz eines Vierteljahrtausends,* Flensburg 1964, S. 478 f. Quellenangaben finden sich in diesem Buch allerdings keine. Die Verbindung zwischen der Hamburger Gruppe und dem Orden der Asiatischen Brüder war dem Autor entweder nicht bekannt oder er hat sie bewußt außer acht gelassen.

56 HKB, XIV, 2.

57 HKB, XIV, 7a, 1.

58 Zu Wolf vgl. Salomon Wininger, *Große Jüdische Nationalbiographie,* Černauti 1925-36, Bd. 6, S. 304. Der anonyme Geschichtsschreiber der Gruppe (vgl. Anmerkung 55) bemerkt: »Wer erstaunt nicht in dem Verzeichnis den Superintendanten von Luebeck, unter einigen gar nicht gebildeten Juden zu finden.«

59 Steffens gibt in seinem Buch *Freimaurer in Deutschland* einen Teil der Äußerungen von Jacob Götz wieder, der, als die jüdischen Ordensmitglieder zum Austritt gezwungen wurden, bemerkte: »Dass die Israeliten, Mitglieder keiner anderen Loge sein wollen, als einer solchen, welche aus christlichen und juedischen Mitgliedern bestaende. – Dass Jud' mit Jude in Gesellschaft zu sein nicht begehre.«

60 *Unpartheiische und gründliche Nachricht von der Freymäurerloge der Juden und anderen geheimen Gesellschaften in Hamburg,* Hamburg 1786, S. 3 f. Dieses Pamphlet und die Entgegnung darauf (vgl. unten, Anmerkung 63) sind in Wolfstiegs Bibliographie nicht aufgeführt. Ich habe beide Schriften in der den Haager Bibliothek gefunden und besitze Photokopien. Tatsächlich ließen einige nicht anerkannte Logen Juden zu.

61 Ebenda, S. 7. Die Datumsangaben stimmen hier nicht ganz überein. Der anonyme Autor (vgl. Anmerkung 55) nennt den 7. Dezember 1785, der Berichterstatter der Logeneröffnung dagegen den »Jahresanfang«, also 1786; ihm zufolge (vgl. S. 5) nahmen an der Zeremonie neun Juden und vier Christen teil. Die mir vorliegende Aufstellung enthält die Namen von neun Mitgliedern (darunter fünf Juden), die bereits 1785 aufgenommen wurden, und von weiteren vier Mitgliedern (darunter ein Jude), deren Aufnahme 1786/87 erfolgte. In dem Bericht heißt es weiter, in jenem Jahr habe die Anzahl der erfaßten Mitglieder über 30 gelegen, wenn auch einige bereits enttäuscht gewesen seien und dem Orden den Rücken gekehrt hätten (S. 7). Die Aufstellung des Jahres 1787 umfaßt lediglich die im Orden verbliebenen Mitglieder, so daß die Angaben der beiden Quellen übereinstimmen.

62 Ebenda, S. 5 und S. 8.

63 *Ein Wort zum Nachdenken über die sogenannte Unpartheiische und gründliche Nachricht von der Freimaurer-Loge der Juden und anderen geheimen Gesellschaften in Hamburg,* Altona 1786, S. 9 und S. 12 f.; vgl. Anmerkung 60.

64 Die Quelle ist in Anmerkung 55 angegeben.

65 Molitors (b) Beschreibung der Gründe, warum der Orden der Asiatischen Brüder Wien verließ, entspricht nicht der Wirklichkeit. Ihm zufolge unterhielt Hirschfeld Beziehungen zum Kaiser, und allein politische Umstände machten diesem Einfluß ein Ende. Dies war jedoch nur in Hirschfelds Phantasie (Molitor erhielt diese Information von Hirschfeld) der Fall und wirft ein bezeichnendes Licht auf dessen Charakter. Ecker spricht (HKB, XIV, 7a, 59b) von einer Verschwörung, die von Dietrichstein und anderen Wiener Freimaurerführern angezettelt worden sei. Eine andere Quelle (*Latomia,* 1862, S. 20 f.) nennt ebenfalls diesen Umstand, weswegen der Orden Wien habe verlassen müssen. Vgl. dazu auch Kuess-Scheichelbauer, *200 Jahre Freimaurerei in Oesterreich,* Wien 1959, S. 65-71.

66 Die exakte zeitliche Abfolge läßt sich aus den vorliegenden Quellen nicht rekonstruieren. In einem Brief vom 8. August 1821 gibt Prinz Carl den 30. Dezember an; er konnte sich allerdings nicht daran erinnern, ob er 1786 oder 1787 Führer des Ordens gewesen war (HKB, XIV, 2). Soweit ich sehe, sollte man seine Aufnahme bereits auf das Jahresende 1785 datieren. Van Rijnberk nennt in seinen *Episodes de la vie ésotérique,* S. 104, ohne jede Quellenangabe das Jahr 1786. Es ist durchaus möglich, daß der Herzog zum Zeitpunkt des Beginns der Hamburger Auseinandersetzung noch nicht Führer des Ordens war, man aber seinen Namen schon angab, da der Orden mit ihm bereits in Verbindung stand.

67 Auch in diesem Punkt ist Molitors Bericht (b) ungenau. Folgt man

ihm, so verließen die Gebrüder Hirschfeld Wien gemeinsam; Pascals vorliegende Briefe stammen aber bis 1787 aus Wien (HKB, XIV, 7a, 30 f.).

68 Die Quelle ist in Anmerkung 55 angegeben.

69 Die Kritik am Orden, die uns noch beschäftigen wird, war tatsächlich das Werk eines einzigen Autors; die sich anschließenden Ereignisse belegen meines Erachtens allerdings, daß sich darin die Meinung der freimaurerischen Logen widerspiegelte.

70 Damit erklärte der Autor jenes Pamphlets, das die Auseinandersetzung beendete (vgl. Anmerkung 112), seine Kenntnisse der Vorgänge im Orden.

71 Vgl. Wolfstieg, *Bibliographie*, Nr. 42967. Die *Authentische Nachricht* wurde in Kopenhagen gedruckt. Zu Münter vgl. Ø. Andreasen, *Aus den Tagebüchern Friedrich Münters*, Kopenhagen und Leipzig 1937, und ders., *Aus dem Briefwechsel Friedrich Münters*, Kopenhagen und Leipzig 1944. Woher Wolfstieg wußte, daß Münter der Autor der *Nachricht* war, bleibt unklar.

72 Münter, *Authentische Nachricht*, S. IX und XXII f.

73 Ebenda, S. 1-4.

74 *Hirschfeld im Asiaten-Orden*, Nr. 157. HKB, XIV, 2.

75 Münter, *Authentische Nachricht*, S. XXIV. Münter war offenbar mit den Interna des Ordens vertraut, und sein Angriff resultierte daraus, daß das Zentrum des Ordens in die Nähe von Kopenhagen verlegt worden war.

76 Hans Heinrich Freyherr von Ecker und Eckhoffen, *Abfertigung an den ungenannten Verfasser der verbreiteten sogenannten: Authentischen Nachrichten von den Ritter und Brueder-Eingeweihten aus Asien*, Hamburg 1788.

77 (Carl Friedrich von Boscamp gen. Lasopolski [Hans Carl von Ekker]), *Werden und koennen Israeliten zu Freymaurern aufgenommen werden?*, Hamburg 1788.

78 *Abfertigung*, S. 59 und 77, vgl. auch S. 39.

79 Ebenda, S. 53 und 56 f. Die drei namentlich Genannten waren Wolf Hoenig aus Wien, den man in Paris aufgenommen hatte; Habakuck Barocy in Gibraltar und Jacob Baruch Sclow aus Minsk, aufgenommen in England.

80 Von Ecker, *Werden und koennen*, S. 17 f.

81 Ebenda, S. 32-35.

82 Vgl. ebenda, S. 22-24. Ecker zitierte aus der deutschen Fassung, die die Idee der »Söhne Noahs« erwähnt; vgl. ebenda S. 39 f.

83 Ebenda, S. 43-46.

84 Ebenda, S. 46-49.

85 Vgl. Jacob Katz, »The Term ›Jewish Emancipation‹: its Origin and Historical Impact«, in: A. Altmann (Hrsg.), *Studies in Nineteenth-*

*Century Jewish Intellectual History*, Cambridge, Mass., 1964, S. 12-14. Eine ähnliche Ambivalenz zwischen Emotionalität und Rationalität zeigt sich auch in Goethes berühmten Sätzen in *Dichtung und Wahrheit* über die Frankfurter Judengasse; vgl. E. Simon, »Frankfurt am Main«, (hebräisch) in: *Knesset*, Bd. 7 (1943/44), S. 134 ff.

86 Von Ecker, *Werden und koennen*, S. 41 und 51 f.

87 Ebenda, S. 44.

88 Diese Reise wird in den Quellen mehrfach genannt. Hirschfeld beschrieb seine Reiseroute ebenfalls (HKB, XIV, 7b, 90).

89 Heinrich von Ecker erwähnt in einem Brief an Hirschfeld vom 31. August 1789 dessen Absicht, sich in Hamburg zu verheiraten (HKB, XIV, 7a, 50). An anderer Stelle wird der Familienname seiner Braut, Gerson, ausdrücklich angegeben (H. Ecker an Hirschfeld, 19. Oktober 1791; HKB, XIV, 7c, 147). Es gibt in diesem Zusammenhang einen weiteren Brief ohne Jahresangabe, der von Heinrich von Eckers Frau an Hirschfeld, bei Familie Bravo, Altona, adressiert ist (HKB, XIV, 7a, 29). Aus Hamburg schrieb Hirschfeld an Ecker im September 1789 (ebenda, 51).

90 Pascal Hirschfeld schrieb am 26. Oktober 1787 an Heinrich von Ekker, sein Bruder bemühe sich um die notwendigen Bücher, doch sei derjenige, der sein Wissen für sich im Kopf habe, dem unvergleichbar überlegen, der schriftliche Zeugnisse benötige (HKB, XIV, 7a, 30b).

91 Molitor (b). Dieser Quelle zufolge entbrannte der Streit zwischen Ecker und Hirschfeld über der Frage, ob ein Jude aufgenommen werden dürfe. Aus vorliegenden Unterlagen geht dies allerdings nicht hervor. Molitors Behauptung muß deswegen jedoch nicht unwahr sein. Man kann durchaus annehmen, daß bereits zu einem früheren Zeitpunkt ein Jude nicht aufgenommen worden war und daß Hirschfeld in der Erinnerung, bzw. Molitor bei der Wiedergabe seines Berichts, die Ereignisse durcheinanderbrachte.

92 Steffens, *Freimaurer*, vgl. die Angaben in Anmerkung 55 und 59.

93 Er verhielt sich später gegenüber der Frankfurter Judenloge ebenso.

94 Seine Erwartungen lassen sich aus Hirschfelds Antworten ableiten.

95 In einem Brief vom 4. September 1789 tadelte Hirschfeld Ecker wegen seines Verhaltens (HKB, XIV, 7a, 51).

96 [Johann Christian Ehrmann], *Das Judenthum in der M[aurere]y*, Frankfurt 1816, S. 9 f. Ehrmann beschuldigte Hirschfeld, er habe jüdische Gedanken in christlicher Verbrämung in sein *Biblisches Organon* einfließen lassen. In einer polemischen Schrift, die 1835 in Frankfurt erschien, wurde Hirschfeld als abtrünniger Jude gebrandmarkt (*Darstellung der Gründe, welche die unterzeichneten vormaligen Groß-Beamten der hochwürdgen grossen Mutterloge der eklektischen*

*Brüder in Frankfurt a/Main veranlaßt haben aus derselben zu treten,* Frankfurt, 1835, S. 3.

97 Ecker beschuldigte Hirschfeld in den Unterlagen, die er dem Gericht vorlegte, er habe getan, als sei er Christ (HBK, XIV, 7a, 75).

98 Nach dem Tode seines Bruders unterstellte Carl von Ecker Hirschfeld, er habe nicht begreifen wollen, daß sein Bruder und er, Hirschfeld, keinesfalls das gleiche Ansehen in Schleswig hätten haben können (HKB, XIV, 7c, 147). Hirschfeld hatte in einem Brief vom 4. September 1790 geschrieben, durch seine Bildung sei er dem Adligen Ecker ebenbürtig (HKB, XIV, 7a, 51).

99 Die Belege sind zum größten Teil in HKB, XIV, 7b, angeführt.

100 HKB, XIV, 7b, enthält verschiedene Dolkumente, die die Ereignisse beschreiben. Die beste Darstellung findet sich in einem Brief des Landgerichtsadvocaten Jacob Hennich Medelburg an Itzig in Berlin vom 16. August 1790 (HKB, XIV, 7b, 99).

101 Das Zirkular ist bei Wolfstieg, *Bibliographie,* Nr. 42996, aufgeführt und trägt dort das Datum 28. Dezember (1749) 1789. Ich kenne das Zirkular selbst nicht und beziehe mich weiter unten auf Auszüge, die in Hirschfelds Entgegnung zitiert sind.

102 HKB, XIV, 7a, 59b.

103 HKB, XIV, 7a, 62, 66 f. Die Briefe wurden im März 1790 geschrieben. Leopold Graf von Künigl, der Hirschfeld ein offizielles Empfehlungsschreiben ausgestellt hatte, als dieser Innsbruck verließ (ebenda, S. 6), äußerte sich nun so: »Der Jude Hirschel hat sich meines Wissens nur einmal bey mir eingefunden wie ich denn vermoege meiner Charge niemanden den Zutritt in Geschaeften versagen konnte. Sollte sich selber hingegen einer Vertraulichkeit von was immer einer Art zu ruehmen erkuehnen, so muesste ich dieser dreisten Unwahrheit auf das Feierlichste widersprechen mit dem Beisatze, daß er es in Innsbruck schwerlich gewagt haben wuerde wider einen Freyherrn von Eckhoffen aufzutreten.«

104 HKB, 7c, 151.

105 »Da aber auch nur in den Grundsaetzen der wahren Cabbalistic die einzige reine wahre und allgemeine Religion liegt, so ist auch nichts Natuerlicher, als daß sich hier (im Orden) all nur moegliche Religionsverwandte vereinigen. Der orthodoxe Jude, Mohametan und der Christ lernten z. B. hier das heilige *drei-eins* und den wahren Glauben der unverfaelschten *Lehre Christi* kennen, von den die beiden ersten nichts wissen duerfen und der dritte glatterdings nichts weiss, oder wenigstens davon so viel weiss wie er im Grunde von den uebrigen heiligen Sacramenten z. B. von der H. Taufe oder vom H. Abendmahle ausser dem O[rden] je wissen kann.«

106 Dies war zutiefst seine Überzeugung, wie ich in »Mendelssohn und Hirschfeld« gezeigt habe.

107 Medelburg hatte seinen Brief (vgl. Anmerkung 100) auf Hirschfelds Betreiben geschrieben.

108 HKB, XIV, 7b, 99b.

109 Einen Auszug aus diesem Brief habe ich in »Mendelssohn und Hirschfeld« veröffentlicht.

110 Itzig schrieb die Veröffentlichung den beiden Brüdern zu und hatte mit seiner Vermutung höchstwahrscheinlich recht.

111 In einem Brief vom 26. August 1790 heißt es, Ecker sei kurz zuvor gestorben (HKB, XIV, 102). In Lennings *Encyclopädie* wird als Todestag der 14. August genannt.

112 Wolfstieg, *Bibliographie,* Nr. 42969 gibt als Publikationsort Leipzig an, merkt aber an, daß Kloss in seiner Bibliographie, Nr. 2711, Bremen verzeichnet. Da das Buch in Schleswig sehr dringend benötigt wurde, klingt ein nahegelegener Druckort durchaus plausibel.

113 *Der Asiate,* S. 20-24.

114 Der Autor nennt Hirschfeld und Ecker allein bei ihren Logennamen – Marcus ben Binah (Hirschfeld) und Abraham (Ecker) (S. 76 f.). Auch andere Mitglieder, wie Carl von Ecker, tauchen hier nur unter ihrem Logennamen auf; der Autor drohte an, er werde die Identität der Mitglieder preisgeben, falls sie sich nicht zurückhielten.

115 HKB, XIV, 7c, 150, 160. Molitor (b) zufolge einigte man sich darauf, Hirschfeld solle sich von allen freimaurerischen Tätigkeiten fernhalten.

116 HKB, XIV, 7c, 125, 126, 128. Nr. 130 ist offenbar der Entwurf einer Erwiderung, umfaßt aber nur zwei Seiten.

117 Er erklärte seinen Wunsch, nach Frankfurt oder in die Nähe Frankfurts überzusiedeln, damit, daß die Lebenskosten dort niedriger seien (HKB, XIV, 7c, 152); überzeugend klingt dies jedoch nicht.

118 Der Gang der Ereignisse wird in einem Brief von Meier, einem der Vertrauten des Landgrafen, vom 18. Februar 1792 zusammengefaßt (HKB, XIV, 7c, 160), worin Hirschfelds bevorstehende Reise nach Schleswig angesprochen wird. Vgl. auch Hirschfelds Brief an Carl von Hessen vom 14. Juni 1792 (ebenda, 161) und I. Ben Jos.' Brief, der das gleiche Datum trägt (ebenda, 163).

119 Molitor (a und b). Aus der zweiten Version geht hervor, daß Hirschfeld Schoenfeld nach Darmstadt »zu den Prinzen Friedrich und Christian« begleitet hat, bevor dieser nach Frankreich reiste. Schoenfeld führte dort in Gegenwart der Prinzen ein magisches Experiment durch. Vom Ablauf der Ereignisse her gesehen ist die Reise nach Darmstadt durchaus denkbar.

120 L. Kahn, *Les Juifs de Paris pendant la Revolution*, Paris 1898, S. 249 f. Mitte Mai erklärte Schoenfeld, er lebe nun bereits vier Monate im »Land der Freiheit«.

121 Vgl. seinen in Anmerkung 118 erwähnten Brief an Hirschfeld.

122 Kahn, *Les Juifs de Paris,* S. 250-252. Kahn ist der Meinung, sie seien gemeinsam gereist, doch die mir zugänglichen Quellen zeigen, daß Schoenfeld für sich reiste, während seine Familie offenbar eine andere Route verfolgte.

123 In einem Brief an Carl von Hessen hatte Hirschfeld geschrieben, I. ben Jos., alias Schoenfeld, habe sich von Straßburg aus auf den Weg in die Schweiz gemacht. Schoenfelds Reiseziel Paris offen anzugeben, war allem Anschein nach nicht ratsam.

124 Molitor (a und b).

125 Kahn, *Les Juifs de Paris,* S. 261-266. In seinem Buch *Major Trends in Jewish Mysticism* (New York 1954, S. 421) hat Gershom Scholem bemerkt, eine Monographie über Schoenfeld sei ein Desiderat der Forschung. Mein Aufsatz versteht sich als ein Beitrag dazu.

126 Die Toleranzloge wurde 1790 unter Mitwirkung von Itzig in Berlin gegründet. Diese Loge, zu der Juden ausdrücklich zugelassen wurden, scheint die Nachfolge des Ordens der Asiatischen Brüder angetreten zu haben.

127 Daß Carl auch weiterhin Verbindung zum Orden unterhielt, läßt sich aus Auszügen von Briefen der zwanziger Jahre schließen, die Kloss gesammelt hat (HKB, XIV, 2 – *Hirschfeld in Asiaten Orden*).

128 Kneisner, *Landgraf Carl zu Hessen,* S. 110-114.

129 Molitor bezeugt seine Verbindung zum Frankismus.

130 Vgl. Katz, »Mendelssohn und Hirschfeld«.

Norbert Schindler

# Der Geheimbund der Illuminaten – Aufklärung, Geheimnis und Politik

»Das offenbarste und dennoch geheimste Geheimnis der Freimaurer ist, daß sie sind und daß sie fortdauern.«[1] Mit dieser prägnanten Formulierung umriß Fichte ein Strukturproblem, dessen vor allem politisch ungemein folgenreiche Irritation selbst heute noch nicht vollständig überwunden scheint: Aufklärung und Geheimnis markieren einen Widerspruch, der das ebensooft überwie unterschätzte Wirken der Geheimgesellschaften des 18. Jahrhunderts durchzieht und die Untersuchung ihrer historisch-politischen Rolle im Übergangsprozeß von der feudalabsolutistischen zur bürgerlichen Gesellschaft zusätzlich erschwert. Aufklärung oder vielmehr dasjenige, was von ihr dem modernen Bewußtsein assimiliert werden konnte, bleibt für uns an die Vorstellung rational artikulierter, öffentlicher Argumentation gebunden – eine Konnotation, die Habermas' Öffentlichkeits-Modell illustriert.[2] Demzufolge können wir zunächst nur wenig mit jenen gesellschaftlichen Zusammenschlüssen anfangen, die ihren aufklärerisch-universalistischen Anspruch in geheime und symbolisch kodierte Organisationsformen hüllten und damit, wie es scheint, in paradoxer Weise konterkarierten. Und dennoch lassen sich die Geheimgesellschaften nicht aus der Gesamtbewegung der Aufklärung eliminieren; die Tatsachen sprechen eine allzu deutliche Sprache, so etwa wenn Knigge 1788 berichtet: »man wird heut zu Tage in allen Ständen wenig Menschen antreffen, die nicht ... wenigstens eine Zeitlang Mitglieder einer solchen geheimen Verbrüderung gewesen wären.«[3] Die geheimen Assoziationen und insbesondere die Freimaurer, die sich im Laufe des 18. Jahrhunderts mit einem dichten Netz von mehreren hundert Logen über ganz Deutschland verbreiteten, stellten wesentliche Bestandteile des sozialen Substrats der Aufklärungsbewegung[4], und die von ihnen ausgehende Faszination ließ dementsprechend bis in die Revolutionszeit hinein nicht nach.

Man hat infolgedessen versucht, das paradoxe Verhältnis von Aufklärung und Arkanum, von Öffentlichkeit und geheimer Organisation aus seinem Bezug auf den absolutistischen Staat und die von ihm weitgehend monopolisierte Sphäre der Politik zu erklären[5] – ein Ansatz, der durch die Selbstzeugnisse der Epoche freilich nur partiell abgedeckt wird und der vor allem den intern generierten Entwicklungsstrukturen der Aufklärung als gesellschaftlichem Prozeß ein zu geringes Gewicht beimißt. Wenn diese auch gerade in Deutschland mit dem staatlichen Bereich eng verklammert war und blieb, so wäre doch gegen Koselleck einzuwenden, daß die Spezifika der deutschen Aufklärung weniger aus ihrem abstrakten (Un-)Verhältnis zum absolutistischen Staat als aus ihren eigenen sozialgeschichtlichen Entwicklungsbedingungen zu erklären sind. Anders ausgedrückt: die Thematisierung der inneren Krise des spätabsolutistischen Systems auf der Ebene der Ausbildung inkompatibler Anspruchsniveaus zwischen Staat und Gesellschaft kann, sowenig deren Virulenz damit geleugnet werden soll, eine Sozialgeschichte der Aufklärung und ihrer protobürgerlichen Trägerschichten nicht ersetzen. Wie sehr letztere jedoch noch immer in den Anfängen steckt, haben erst kürzlich wieder die Beiträge von Kopitzsch[6] und Schlumbohm[7] deutlich gemacht. Dies gilt stärker noch für unser Thema, die Geheimgesellschaften des 18. Jahrhunderts, wo – um nur das Wichtigste zu nennen – eine heutigen wissenschaftlichen Kriterien genügende Geschichte der Freimaurerei nach wie vor aussteht.[8] Einzig im Fall des Illuminatenordens sicherte uns dessen Verfolgung durch die staatlichen Obrigkeiten ausreichende Quellenbestände, deren Analyse und Dokumentation[9] sich zu einem einigermaßen überschaubaren Bild rundet und daher für strukturgeschichtliche Betrachtungen in besonderem Maße geeignet erscheint. Dies umso mehr, als es gerade die Illuminaten gewesen sind, bei denen der Widerspruch von aufklärerischer Intention und geheimer Organisation eine Radikalität erlangte, die in der Geschichte der deutschen Aufklärung nicht ihresgleichen hat. Auch wenn ihre Kurzlebigkeit und regionale Bedingtheit zu gewissen Abstrichen nötigen, bleiben die Illuminaten ein exemplarischer Fall, der Gelegenheit gibt, den Widerspruch von Aufklärung und Geheimnis auf relativ gesicherter empirischer Grundlage näher zu untersuchen. Zur Rekonstruktion der Funktion des Geheimnisses erscheint mir eine Kombination historischer und soziologischer Fragestellungen besonders geeignet, denn der Soziologie kommt nicht nur das Verdienst zu, durch Georg Simmel[10], Ernst Manheim[11] und Burkhard Sievers[12] Geheimnis bzw. geheime Gesellschaften erstmals systematischen Analysen unterzogen zu haben; sie könnte – gerade auch aufgrund ihres in letzter Zeit wieder angewachsenen Interesses an diesem Thema[13] – zur Formulierung allgemeiner Strukturhypothesen beitragen. Die historische Arbeit sollte sich m. E. nicht damit begnügen, solche Hypothesen auf ihren empirischen Gehalt zu überprüfen, sondern ihr Interesse darüberhinaus auch auf die methodische Frage der historischen Angemessenheit soziologischer Kategorien richten. Solange eine historische Soziologie, die sich mit dieser Problematik befaßt, nicht in Sicht ist, wird es sich dabei jedoch allenfalls um erste experimentelle Schritte einer interdisziplinären Annäherung handeln. Ihr Sinn könnte darin bestehen, der – bislang vorwiegend als geistesgeschichtlicher Wirkungszusammenhang beschriebenen – Anspruchsebene aufklärerischen Selbstverständnisses die soziale Ebene der Selbstorganisation der Aufklärer als Korrektiv gegenüberzustellen, um die Frage der Organisationsfähigkeit und des Wirkungsgrads aufklärerischer Interessen operationalisierbar zu machen und der komplexen Funktion der geheimen Gesellschaften in der entstehenden bürgerlichen Gesellschaft gerechter zu werden. Letzteres gilt besonders für die umstrittene Einschätzung ihrer politischen Rolle, die – wie gerade auch das Beispiel des Illuminatenordens zeigt – lange durch mehr oder minder elaborierte verschwörungstheoretische Versionen verstellt worden ist.[14]

Die Grundzüge der Geschichte des Illuminatenbundes sind bekannt[15]: Im Jahre 1776 durch den Ingolstädter Kirchenrechts- und Philosophieprofessor Adam Weishaupt (1748-1840), einen Schüler des Aufklärers und Universitätsreformers Ickstatt, ins Leben gerufen, war er zunächst kaum mehr als ein lokaler Studentenorden und fristete bis 1778 eine eher kümmerliche Existenz. Nur schrittweise – nach der ersten größeren Eintrittswelle zählte er 1779 ca. 50-60 Mitglieder – gelang es ihm, in Bayern Fuß zu fassen; neben Ingolstadt bildeten Freising, Eichstätt und die Residenzstadt München erste Zentren der Rekrutierung. Durch den Beitritt zahlreicher bürgerlicher und adliger Hofbeamter, Offiziere, Lehrer und des für die bayerische Aufklärung nicht untypischen Weltgeistlichenelements verlagerte sich der Ordensschwerpunkt immer mehr nach München, und mit diesen Verschiebungen in seiner Mitgliederstruktur begann sich auch sein Charakter allmählich zu verändern. Jedoch erst der 1780 erfolgte Eintritt des Freiherrn Adolf von Knigge (›Philo‹, 1752-96), der bei der Ausarbeitung der Pläne bald gleichberechtigt an Weishaupts Seite rückte und aufgrund seiner weitläufigen Verbindungen dem Orden als Organisator und Mitgliederwerber unschätzbare Dienste erwies[16], bescherte ihm eine ebenso rapide wie überraschende überregionale Verbreitung, die sich über Bayern und Österreich hinaus weit in den norddeutschen Raum erstreckte. Neue Schwerpunkte bildeten sich in erster Linie in den Städten des Rheinlandes (Mainz, Bonn, Aachen, Neuwied), wo die konfliktträchtige Konstellation von Aufklärung, Absolutismus und katholischer Orthodoxie dem Illuminatenkonzept günstige Angriffsflächen bot. Schwächer und unübersichtlicher hingegen blieben die Konturen im protestantischen Mittel- und Norddeutschland: hier sind, von Quellenproblemen ganz abgesehen, klare Trennungsstriche zwischen illuminatischen und reformfreimaurerischen Aktivitäten oft nur schwer zu ziehen – ein Forschungsproblem, das sich schon an den führenden Ordenspersönlichkeiten aufzeigen läßt. Bode wie Ditfurth, der Mitbegründer des ›Eklektischen Bundes‹, und mit Abstrichen wohl auch Knigge selbst standen als führende Vertreter der Illuminaten gleichzeitig auch an der Spitze der nach dem Wilhelmsbader Konvent (1782) hervortretenden innerfreimaurerischen Reformbewegungen.

Getragen wurde der Illuminatenorden nicht etwa von marginalisierten Gruppen[17], sondern von einer etablierten und gebildeten Schicht von Staatsbediensteten im weitesten Sinne, die im Zuge des Ausbaus der staatlichen Verwaltungen stark an Bedeutung gewonnen hatte, aber dennoch auf die Politik ihres absolutistischen Souveräns keinen direkten Einfluß zu nehmen vermochte, und die schon aufgrund ihres beruflichen Erfahrungshorizonts der Propagierung der ›Aufklärung von oben‹ ebenso verpflichtet wie republikanischen Volkssouveränitätsideen gegenüber verschlossen blieb. In den Mitgliederverzeichnissen sucht man beinahe vergeblich nach den großen, mit der Epoche verbundenen Namen: lediglich Sonnenfels, Montgelas und der spätere Fürstprimas Karl Theodor von Dalberg wären zu nennen, während Jacobi, Nicolai und die Pädagogen Salzmann und Pestalozzi eher Randfiguren der Illuminatenszenerie blieben und die federführenden Publizisten der radikalen Spätaufklärung bezeichnenderweise ganz fehlten. Die Gesamtzahl der Mitglieder ist schon aufgrund der diffusen Abgrenzung zur Freimaurerei schwer anzugeben; van Dülmens vorsichtige Schätzung beläuft sich auf 600-700.[18] Bedenkt man den elitären Anspruch, den die Organisation an ihre Mitglieder stellte, so erscheint diese Zahl dennoch schon sehr hoch, mit Sicherheit aber zu hoch für Weishaupts minuziöse und zudem erst ansatzweise ausgearbeitete Operationspläne. Dieser sprunghaften Expansion war der Orden, dessen Zenit Ende 1783 schon überschritten war, sowohl organisatorisch als auch von seiner programmatischen Struktur her nicht gewachsen.[19] Die um 1784/85 seitens der staatlichen Obrigkeiten vor allem in Bayern und Österreich einsetzenden Verbots- und Verfolgungsmaßnahmen kamen seiner inneren Selbstauflösung zuvor; sie rückten ihn im Zuge der politischen Polarisierung der Revolutionszeit in das Zwielicht einer staatsfeindlich-kryptorevolutionären Verschwörung, dem er seinen Nimbus für lange Zeit verdanken sollte.

Worin aber, so ist zu fragen, bestanden nun eigentlich die Grundlagen, die den Illuminatenorden zu einem prototypischen Beweisfall der Verschwörungslegende[20] zu stilisieren erlaubten? Auf den ersten Blick jedenfalls erscheinen weder seine Organisationsstruktur noch seine inhaltlichen Zielvorstellungen sonderlich originell: lehnte sich die – in sich abermals unterteilte, häufig modifizierte und zudem niemals gänzlich realisierte – strukturelle Dreigliederung des Ordens in Pflanzschule, Minervalklasse und leitende Mysterienklasse insgesamt stark an das Vorbild der klassischen Freimaurerei an, so stand sein intendierter »Endzweck«, »reine Wahrheit auszubreiten« und »Tugend siegend zu machen«[21], voll und ganz in der Tradition des aufklärerischen Selbstverständnisses. Epsteins These, daß »die Furcht vor den Illuminaten ... eher durch ihre Organisation als durch ihr Programm hervorgerufen (wurde)«[22], ist wirkungsgeschichtlich nicht zu bestreiten, aber sie läßt doch den hier interessierenden Sachverhalt außer acht, daß gerade im Falle der Illuminaten Aufklärung und Geheimorganisation konstitutiv zusammengehören.

Eben dieser Nexus ist charakteristisch für eine spätaufklärerische Geheimgesellschaft, die angesichts der Krise des aufgeklärten Absolutismus den naiven evolutionären Optimismus der frühen Aufklärer nicht mehr zu teilen vermochte, sondern die Widerstände, denen die Durchsetzung der Aufklärung ausgesetzt war, als strukturelle Schranken erkannte und ihnen durch ein ausgefeiltes Organisationsprogramm systematisch zu begegnen trachtete. Mit der bewußten Funktionalisierung der zunächst traditionalistisch anmutenden Organisationsform eines geheimen Ordens für den Zweck, externe und interne Störfaktoren aufklärerischer Tätigkeit institutionell zu antizipieren und zu überwinden, trat im Illuminatenorden Aufklärung in ein zwar noch nicht subjektvermitteltes, aber doch zumindest organisatorisch reflektiertes Verhältnis zu sich selbst und den Bedingungen ihrer Realisierung. Im Entwurf des ›Regentengrades‹ heißt es etwa: »Bey Gründung des äußern Ordens nützten sie das Studium der Mängel und Vorzüge aller bisherigen Anstalten von der Art . . ., und verbanden dieß mit philosophischem Scharfsinn, Überlieferungen, Wärme für das allgemeine Wohl und Uneigennützigkeit, theils aus Bescheidenheit, theils um sich gegen ihre eignen Leidenschaften sicher zu stellen . . .«[23]. Weishaupt begriff seine Geheimorganisation, die auf einer eigenartigen Synthese jesuitischer Erziehungspraktiken, radikalisierter maurerischer Ideale und mechanistischer Herrschaftstechniken beruhte, als geschichtsphilosophisch legitimiertes Mittel, um den Hindernissen, die dem Selbstbildungsprozeß der Ordensmitglieder zur individuellen Autonomie im Wege stehen, durch ein ineinandergreifendes System organisatorischer Präventivmaßnahmen gegenzusteuern und sie langfristig außer Kraft zu setzen.[24] Indem der Illuminat die Stufen seiner Organisation durchlief, sollte er in einem kunstvoll virtualisierten, von äußeren Handlungszwängen befreiten experimentellen Rahmen, der korrigierende Eingriffe permanent zuließ, den Emanzipationsprozeß des Sichhindurcharbeitens durch die Heteronomie zur freien Selbstbestimmung gleichsam noch einmal kontrolliert an sich selbst vollziehen. Die geheime Organisation wurde so zum sozialen Vehikel individueller Selbstbildung, deren Gelingen die moralische ›Freisprechung‹ vom Orden entsprechen sollte.[25] Anders als in der Freimaurerei, der das Geheimnis stets unmittelbar als Zweck galt und die deshalb über seine symbolhafte Deutung nie hinausgelangen konnte, wurde das Geheimnis im Illuminatenorden als bildungsorganisatorisches Mittel zur intentionalen Beförderung von Aufklärung und Tugend reflexiv.

Wir sind damit an einem Punkt angelangt, an dem sich die Frage nach dem Charakter bürgerlicher Emanzipation unter den noch weitgehend vorbürgerlichen gesellschaftlichen Verhältnissen des deutschen 18. Jahrhunderts stellt. M. E. deckt Habermas' Modell einer Öffentlichkeit, in der sich das räsonierende Publikum zu einem qualitativ neuen sozialen Machtfaktor zusammenfindet[26], das vorhandene Problemfeld keineswegs vollständig ab. Es scheint vielmehr so, als kämen den Geheimgesellschaften zumindest für den Zeitraum, in dem sich eine liberal-diskursive Öffentlichkeit noch nicht endgültig herausgebildet hatte, wesentliche innovatorische Funktionen zu.[27] Damit soll freilich nicht einem simplifizierenden zweistufigen Entwicklungsschema das Wort geredet werden, zumal die Wurzeln der öffentlichen Meinung in Deutschland bis tief ins 17. Jahrhundert zurückreichen.[28] Wäre also zunächst eher von Parallelentwicklungen und deren Wechselwirkung auszugehen, so erscheint es mir doch andererseits wichtig darauf hinzuweisen, daß die geheimen Assoziationen im Unterschied zum proklamatorischen Charakter der räsonierenden Öffentlichkeit eine kommunikative Handlungspraxis antizipierten, die aufgeklärt-bürgerliche Ansprüche wie Gleichheit, Brüderlichkeit und die Achtung der Persönlichkeit in soziale Erfahrungskontexte umzusetzen und mit lebensweltlicher Plastizität auszustatten erlaubte. Die Freimaurerei schuf durch ihr Logengeheimnis einen sozial exklusiven, zwischen öffentlicher und privater Sphäre angesiedelten Freiraum, in dem egalitär, handlungsentlastet und unter Einbeziehung vorhandener Geselligkeitsbedürfnisse neue bürgerliche Tugend- und Verhaltensmuster sukzessive eingeübt und stabilisiert werden konnten. Das Geheimnis, gerade in seiner mystizistisch anmutenden Undechiffrierbarkeit eine sinnhafte Chiffre für die Freiheit der Selbstverwirklichung, für den autonomen Charakter der sozialen Konstruktion einer neuen Subjektvität, hielt das janusköpfige Erscheinungsbild der Freimaurerei integrationswirksam zusammen: ermöglichte es durch die betonte Ausklammerung von Religion und Politik nach außen die reibungsarme Einfügung der Organisation in die repräsentative Öffentlichkeit der Ständegesellschaft, so brach es nach innen einer Konfessions-, Stände- und Ländergrenzen transzendierenden weltbürgerlichen Kryptoöffentlichkeit Bahn, die indirekt Aufklärung und bürgerlicher Emanzipation einen durchaus beachtlichen Spielraum verschaffte. Im Gegensatz zum lauten, urteilenden, positionierenden, jedenfalls immer auf seine Außenwirkung bedachten Argumentationsstil der Aufklärungspublizistik wählte der Geheimbund der Freimaurer, geprägt vom Geist neuplatonischer Weltenharmonie, den stillen Weg der Emanzipation: nicht das Katheder und die Pose der Belehrung, sondern die brüderliche Übereinkunft im kleinen Kreis, die Vernunft nicht als Richterstuhl, sondern als Praxis menschlichen Zusammenlebens, nicht das Imponiergehabe, sondern der Alltag und das geduldige Vertrauen in seine pädagogische Kraft.

Dennoch bleibt mit Nachdruck daran zu erinnern, daß die Freimaurerei nicht pauschal mit Aufklärung identifiziert werden kann.[29] Vor allem beinhaltete der extensive Symbolismus ihrer Kultformen keine direkten Handlungsanweisungen; zu analysieren wären jedoch gerade die latenten Transformationspotentiale, die die ›vorrationale‹ rituelle Symbolik der Freimaurerkulte im Hinblick auf die praktische Konstitution bürgerlich-rationaler Verhaltensmuster enthielt.[30]

Manheim[31] hat – meines Wissens zum ersten Mal – auf den engen Zusammenhang hingewiesen, der in der freimaurerischen Kulthandlung zwischen strenger äußerer Handlungsnormierung und intendierter innerer Autonomie besteht: Die Weisheit der Logenvereinigungen, »esoterischer Bünde par excellence«[32], ist kein intellektuelles Wissen, sondern gelebte Tugend, und sie kann dementsprechend »erworben, erschaut und geübt, aber nicht gelehrt und übertragen werden. Ihr Inhalt ist nicht fixierbar; denn das Wissen vom menschlichen Sein ist . . . im perennierenden Fluß. Das Element der Personalität ist das Werden. Sie ist mit den Gestalten ihrer Vergegenständlichung niemals identisch . . .«[33] Dieser libertäre Selbstentwicklungsprozeß des Menschen, der »nur als Möglichkeit intendiert«[34], nicht aber inhaltlich festgeschrieben werden kann, bedarf jedoch zu seiner experimentellen Realisierung eines Rahmens eindeutig standardisierter Kommunikations- und Interaktionsformen, die ihn zwar handlungsorientierend flankieren, seiner nichtdogmatischen Grundausrichtung aber nicht in den Weg treten dürfen. Die durchgängige Ritualisierung der logeninternen Interaktion fängt einerseits das von den gesellschaftlichen Zwängen freigesetzte subjektive Verhalten stabilisierend auf, während sie sich andererseits gerade durch ihren extrem formalisierten, zeremoniellen Zuschnitt normativ neutralisiert und der individuellen Selbstentfaltung als ihrem eigentlichen Inhalt freien Raum schafft. Als gemeinschaftsstiftendes und Erfahrung homogenisierendes Regulativ tritt die praktizierte Symbolik des Rituals neben den individuellen Selbstfindungsprozeß, für den sie Garant, unverzichtbare Bedingung seiner Möglichkeit ist, ohne ihn – im Idealfall – inhaltlich zu präjudizieren. »Gemäß dieser Maxime der Selbsttätigkeit enthält der Kodex der Freimaurerei, die sogenannte Konstitution, keine ausformulierten Lehrsätze. Der verpflichtende Inhalt des maurerischen Einverständnisses ist keine unterscheidende Willensmeinung, sondern die gleichsam rein instrumentale Gesinnung der Duldung und die Aufnahmebereitschaft zur Bildung überhaupt.«[35] Entscheidende Voraussetzung dieses – für die klassische Freimaurerei konstitutiven – esoterischen Balanceakts zwischen kultischer Hingabe und autonomer Selbstbildung aber bleibt die durch das Geheimnis vorgenommene Ausgrenzung eines realitätsentlasteten Verständigungs- und Begegnungsraums, innerhalb dessen die Entfaltung individueller Eigenarten und die Pflege gegenseitiger Achtung und Toleranz jenseits der gesellschaftlich bezogenen Schranken in gleichsam spielerisch-entrückter Manier erfahren und eingeübt werden können.

Stellt man den artifiziellen und zugleich konstruktivistischen Charakter des freimaurerischen Geheimnisses und seiner gesellschaftlichen Funktion gebührend in Rechnung, so kann es nicht verwundern, daß er nicht konsequent aufrechterhalten werden konnte. Der in der zweiten Hälfte des 18. Jahrhunderts einsetzende ›Niedergang‹ der Maurerei, sei es durch das Eindringen der französischen Hochgradsysteme, durch obskurantistische Kurzschließungen oder eine wachsende Refeudalisierung des Ordens, die zuweilen operettenhafte Züge annahm, fand seinen Abschluß mit dem Zusammenbruch des Systems der ›Strikten Observanz‹ und seiner abstrusen Tempelritterlegende auf dem Wilhelmsbader Konvent von 1782. In das hieraus entstandene Vakuum stieß der Illuminatenorden hinein[36] – eine sicher nicht unwesentliche Erklärung für seine Ausbreitung vor allem im norddeutschen Bereich; ferner kam ihm der Umstand zugute, daß die aufgeklärte Intelligenz nach dem Abklingen der ersten Reformphase des aufgeklärten Absolutismus ihrer fast ausschließlichen Bindung an den Staat zunehmend als einer Restriktion gewahr wurde[37] – ein Umstand, der sich jedoch weniger in Staatsverdrossenheit oder gar revolutionärer Gesinnung als in einem rapide ansteigenden Bedürfnis nach intersubjektiv-geselliger Kommunikation niederschlug, wie die Entstehung des literarischen Marktes und die Welle der Gesellschaftsgründungen in den 70er und 80er

Jahren eindrucksvoll bezeugen.[38] Der Illuminatenorden partizipierte zweifellos an dieser Entwicklung; was ihn aber aus der Unzahl der aus dem Boden schießenden Sozietäten heraushob, war die Radikalität, mit der er aus ihr die Konsequenzen zog. Er setzte sein Vertrauen nicht länger in das Laissez-faire des freimaurerischen Arkanum, sondern gab dem Geheimnis eine funktionale Wendung im Aufbau einer außerstaatlichen Tugend- und Bildungsinstitution, deren Pointe gerade darin bestand, mit Hilfe einer strategisch darauf abgestellten Organisationsstruktur Tugend systematisch zu befördern und Leidenschaft und Laster, so sie sich schon nicht ausrotten lassen, »auf edle Zwecke zu leiten«.[39]

Die Verwirklichung dieses Vorhabens, Aufklärung nicht mehr nur durch Wort und Schrift zu verbreiten, sondern ihre Durchsetzung unter Einbeziehung der ihr entgegenstehenden Hindernisse auf organisatorischem Wege zu planen, versprach sich Weishaupt von einem rational durchkomponierten und hierarchisch gestaffelten Ordenssystem, dessen Klassen, obwohl kunstvoll gegeneinander abgeschottet, dennoch insgesamt wie die Räder einer »Maschine« ineinandergreifen sollten. Der Weg vom Noviziat zur höchsten Weisheit der oberen Mysterienklassen, von der Subordination zur Freiheit, den der Illuminat zurückzulegen hatte, sollte ihn – gemäß dem Wahlspruch »Nosce te ipsum et ex te alios«[40] – Stufe um Stufe dem Ideal vollständiger sittlich-moralischer Selbst- und Welterkenntnis näherbringen und zugleich die indirekte Kontrolle und Lenkung dieses Lernprozesses durch die jeweils über ihm rangierenden Ordensmitglieder ermöglichen. Nicht zuletzt deshalb ist der Illuminatenorden als Ganzes relativ schwer zu beschreiben, weil sein innerer Aufbau diesen individuellen Lernprozeß durch ein System institutionalisierter Blickveränderungen präformierte: dem Novizen, dem er neben der Anknüpfung gesellschaftlicher Kontakte[41] vor allem eine faszinierende Welt ungeahnter Fähigkeiten und Möglichkeiten zu erschließen versprach[42], stellte er sich anders dar als den Eingeweihten höherer Grade, und diesen wiederum anders als etwa dem Ordensgründer Weishaupt – ganz abgesehen davon, daß von dessen Planspielereien nur ein Bruchteil in die Tat umgesetzt werden konnte.

Das Geheimnis war für die Organisation und Zielsetzung des Ordens von strukturtragender Bedeutung, denn »der Orden will überhaupt, so viel möglich, verborgen bleiben«[43]. Geheim waren nicht nur die Organisationsstruktur – »höhere Grade müssen den untern allezeit verschwiegen bleiben«[44] –, Alter und Herkunft des Bundes sowie die Namen der leitenden Oberen; die Einführung von Decknamen und einer eigenen Zeitrechnung, die Übernahme maurerischer Rituale und liturgischer Zeremonien[45] sowie eine bewußt intransparent gehaltene Ordenspolitik[46] sollten gezielt eine Atmosphäre des kontinuierlichen Wirkens in Stille und Verschwiegenheit produzieren. Die unbedingte Schweigepflicht der Mitglieder in allen Ordensangelegenheiten diente nicht nur der Aufrechterhaltung der Einheitlichkeit und Disziplin der Organisation, denn »dem Ehrgeitze und den Factionen wird durch Verborgenheit vorgebaut«[47], sie darf wohl als allgemein üblicher Garant der Exklusivität bildungsaristokratischer Zirkel im 18. Jahrhundert angesehen werden.

Fragt man nach der systematischen Funktion des Geheimnisses, so liefert Weishaupt selbst einen ersten Ansatzpunkt: »Der Orden hat ein doppeltes Geheimnis zu beobachten; ein *äußeres,* wodurch den Profanen nicht nur unser Zweck, Operationen und Personale, sondern auch sogar unser Daseyn unbekannt bleiben soll; . . . ein *inneres,* wodurch einem jeden Mitgliede gerade so viel von Ordenssachen und Personen eröfnet wird, als der Grad seiner Zuverlässigkeit, die Ausdehnung seines Wirkungskreises, die Erhaltung seines Zutrauens und Eifers fordert.«[48] Das organisatorisch funktionalisierte Geheimnis zerfällt also in zwei Bestandteile: garantierte es als Abgrenzungsinstrument nach außen die ungestörte, unerwünschter Fremdeinwirkung und obrigkeitlicher Repression entzogene Tätigkeit der Mitglieder, um »frei von Furcht und Angst für die Ideale der Aufklärung zu wirken«[49], so diente es im Innern der Integration, Kontrolle, Identitätssicherung und Selbststeuerung[50] des Ordenssystems. Dabei liegt jedoch das Schwergewicht nicht, wie etwa Kosellecks Interpretation vermuten ließe, auf dem ersten, sondern fast durchgängig auf dem zweiten Moment, d. h. auf der binnenorganisatorischen Funktion des Geheimnisses. Generell erscheint es mir für eine differenzierte Einschätzung der historischen Bedeutung des Illuminatenordens angebracht, zumindest drei Ebenen seiner Betätigung analytisch zu unterscheiden: zunächst die Ebene organisierter Selbstbildung, sodann die sich abzeichnenden Umrisse einer ›kollektiven‹ Wissenschafts- und Bildungsorganisation und schließlich das Problem der Außenwirkung des Ordens und ihrer nichtintendierten oder doch zumindest in einem intentionalen Handlungsbegriff nicht adäquat beschreibbaren Folgen. Diese drei Punkte möchte ich im folgenden kurz ausführen.

1. Weishaupts Geschichtsdenken[51], von der Philosophie des französischen Materialismus beeinflußt, kristallisierte sich um den traditionellen, nun aber zivilisationskritisch gewendeten Topos der Geschichts-Triade, für den die unaufhaltsame Evolution der menschlichen Gattung die »stuffenweise Entwickelung eines unendlichen Plans«[52] der Natur darstellt, die vom paradiesischen Urzustand über den denaturierten, in Despotismus und Knechtschaft zerrissenen Zustand der Gegenwart zur Resurrektion der gefallenen Menschennatur im Vernunft- und Sittenregiment kosmopolitischer Freiheit und Gleictheit hinaufführt.[53] »Die Freyheit hat den Despotismus zur Welt gebracht, und der Despotismus führt wieder zur Freyheit.«[54] Diese teleologische Geschichtskonstruktion weist den Geheimgesellschaften eine geradezu welthistorische Funktion zu: da die bestehende Gesellschaft auf der Entzweiung beruht und die Vervollkommnung des Menschengeschlechts aus eigener Kraft nicht bewerkstelligen kann, treten »geheime Weisheitsschulen«[55] als Archive und Werkzeuge der Natur auf den Plan, die nicht durch Gewalt und Revolution, sondern ausschließlich durch die systematische und stille Beförderung von Tugend und Moral das Werk der Geschichte vollstrecken. Weil Laster und Verderbnis unter den herrschenden Umständen reale, nicht negierbare Größen darstellen, muß ein Aufklärungsinstitut nicht nur deren Abschaffung wollen, sondern selbst in seinem Innern so strukturiert sein, daß es, die Schwächen der menschlichen Triebnatur miteinkalkulierend, deren allmähliche emanzipatorische Umstrukturierung in Szene setzen kann. »(Wir müssen) die Maschine also anlegen, daß unsre eigenen Fehler und Leidenschaften, die gute Sache nicht entweyhen können.«[56] Nicht politische Heimtücke oder ein willkürliches Herrschaftsbedürfnis der Ordensoberen, sondern die tugend- und bildungsorganisatorisch ausgelegte Gegensteuerung gegen die bestehende amoralische Depravierung der Menschheit ist der Kern des illuminatorischen Selbstverständnisses. »Das Lehren und Predigen hilft hier nichts, sonst hätte es längst geholfen . . . Es müßen kräftigere Mittel als das bloße Lehren angewendet werden, der

Tugend äußern Reiz für den sinnlichen Menschen zu geben.«[57] Wo die gesellschaftliche Entzweiung die menschlichen Eigenschaften immer wieder ins Negative verkehrt, schafft nur die durch das Geheimnis vollzogene Separation von der Gesellschaft einen autonom steuerbaren Wirkungsraum, in dem Aufklärung durch ein gezieltes Gratifikationssystem der Tugend und durch die systematische Umlenkung und Veredelung der menschlichen Triebnatur evolutionär planbar wird. Der gesamte Aufbau des Illuminatenordens stand im Dienste dieses Zwecks einer stufenweisen moralischen Läuterung und Selbstbefreiung des Menschen aus der Heteronomie zur freien sittlichen Selbstbestimmung. Das illuminatische Geheimnis, das mit all seinen organisatorischen Konsequenzen einer komplizierten Ordenshierarchie und ausgeklügelter Informations- und Kontrollmechanismen die Freiheit der Ordensmitglieder rigoros beschnitt, sollte diese bei der Überwindung ihrer Leidenschaften unmerklich, aber tatkräftig unterstützen. Als aufeinander abgestimmtes System sozialer Anreize und Lernmotive intendierte es den Weg des Illuminaten, wie von unsichtbarer Hand geführt, mit gleichsam magnetischer Kraft ins Reich der Tugend und Selbstvervollkommnung zu lenken. »Bey uns sey eine Schul vom Unterricht, die ersten Grade seyen Vorbereitungen und häufige Uebungen, bis der Candidat, ohne es zu merken, nach und nach hinkommt, wo man ihn erwartet.«[58] Wenn der Kandidat diesen verdeckt institutionalisierten Lernprozeß durchläuft, dann verändert er damit in einer hinter seinem Rücken ablaufenden Strategie der kontrollierten kleinen Schritte[59] nicht nur seine Selbst-, sondern auch seine Außenwahrnehmung, nicht nur seine Optik auf den Orden, sondern auch die des Ordens auf ihn und damit in letzter Instanz auch den Orden selbst. Die Konzeption des Illuminatenordens weist ihn als ein System indirekter, dem Endzweck der Autonomie seiner Mitglieder verpflichteter Geheimpädagogik aus, als Arkanschule einer neuen Subjektivität. In ihrem Zentrum stand die Paradoxie eines unsichtbar gelenkten Selbsterziehungsprozesses zum sittlich vollkommenen Menschen, der die Domestizierung der menschlichen Schwächen und Leidenschaften durch die organisierte Prämierung der Tugend lancieren wollte, »denn es gehört riesenmäßige Seelenstärke dazu, etwas auch gegen sein Interesse wahr zu finden«[60]. Ausgehend von der Charakterbildung des einzelnen im Orden, entwarf Weishaupt den Organisationsplan einer intersubjektiven Kettenreaktion der

Aufklärung[61], die, durch die leistungsorientierte[62] Bildungspyramide des Ordens[63] gesteuert, jene ihrer Verwirklichung in einer herrschaftslosen, nur auf innerer Überzeugung beruhenden Sittenherrschaft näherbringen sollte: »man muß ein allgemeines Sittenregiment einführen, eine Regierungsform, die allgemein über die ganze Welt sich erstreckt, ohne die bürgerlichen Bande aufzulösen, in welcher alle übrigen Regierungen ihren Gang fortgehen, und alles thun können, nur nicht den großen Zweck vereiteln, das Gute wieder über das Böse siegend zu machen.«[64]

2. Ein zweiter Aspekt ist noch, so sehr er eigentlich ins Auge fallen müßte, in der Forschungsliteratur stark unterrepräsentiert[65] und von der dominierenden Frage nach der politischen Funktion des Illuminatenordens nahezu vollständig verdeckt: Der soeben beschriebene organisatorisch flankierte Selbsterziehungsprozeß der Ordensmitglieder sollte sich im Rahmen einer ›kollektiven‹ aufklärerischen Bildungs- und Wissenschaftsorganisation vollziehen, zu der sich das Ordensgefüge hinter dem Rücken seiner Mitglieder, aber auf der Grundlage ihrer Forschungsarbeiten zusammenschloß. Weishaupt hob diese Funktion des Geheimnisses schon 1778 hervor: »*Als Nebenzweck* betrachte ich unsern Schutz, Macht, sichern Rücken von Unglücksfällen, Erleichterung der Mittel zur Erkanntnuß und Wissenschaft zu gelangen. *Am meisten* suche ich diejenigen Wissenschaften zu betreiben, die auf unsre allgemeine, oder Ordens Glückseligkeit, oder auch privat Angelegenheiten Einfluß haben, und die entgegengesetzten aus dem Weg zu räumen.«[66] In »einer Art von gelehrter Academie«[67] muß bereits »jeder Zögling sich zu einem scientifischen Fache einschreiben lassen und demselben seine Kräfte widmen, ... sammlen und forschen«[68]. Im Mittelpunkt dieser Tätigkeiten stand die systematische Schulung eines empirischen »Beobachtungsgeistes«[69], der, an Lavaters Physiognomik erinnernd, von äußeren zu inneren Merkmalen fortschritt, anhand von tabellarischen Personenbeschreibungen und anderen konkreten Untersuchungsaufgaben sukzessive eingeübt wurde und »nach und nach eine sichre Semiotic der Seele ausarbeiten«[70] sollte. Ihn sollte man nicht nur unter dem Gesichtspunkt wechselseitiger Kontrolle und allgegenwärtiger Überwachung zur Kenntnis nehmen, sondern auch als Ansatz eines neuen Wissenschaftsverständnisses würdigen, das durch selbständiges Denken und Schließen[71] induktiv von

der kontrollierten Einzelbeobachtung zum Allgemeinen aufsteigt und so grundlegend neue Formen von Menschen- und Gegenstandserkenntnis erschließen hilft. Überdies war der von den offiziellen Bildungsinstitutionen repräsentierte Bildungsstandard der Staatsbediensteten trotz zahlreicher Reformansätze noch während des gesamten 18. Jahrhunderts so eklatant unzureichend[72], daß die landesherrlichen Obrigkeiten wohl insgesamt wenig Veranlassung hatten, den ihrem Nutzenkalkül durchaus entgegenkommenden Selbstbildungsbestrebungen ihres administrativen Personals mit prinzipiellen Erwägungen in den Weg zu treten. Selbst Montgelas, der dem Illuminatenorden von 1779 bis zu dessen Auflösung unter dem Namen ›Musäus‹ angehört hatte, sich dann jedoch immer stärker von ihm distanzierte und während seiner Tätigkeit als Reformminister schließlich zur Unterdrükkung der geheimen Gesellschaften in Bayern wesentlich beitrug, fand auch im Alter noch für die Bildungsabsichten des Ordens nur lobende Worte: »Der Minervalgrad des Illuminaten-Ordens ... war der Inbegriff der menschlichen Tugend! Es gibt nichts Edleres, nichts Erhabeneres, als das, was man da von den Menschen verlangte«[73]. Vor allem in der Minervalklasse, dem »Fundament des Ordens«[74], in der er »nur als eine gelehrte Gesellschaft betrachtet zu werden«[75] verlangte, wurde diese Bildungskonzeption realisiert. Die Leitung und Kontrolle der Arbeiten, zu denen man schon die Minervalen anhielt und die von Grad zu Grad präzisiert und intensiviert wurden, sollten vom Priestergrad wahrgenommen werden, den Weishaupt für ungleich wichtiger hielt als den mit der äußeren Organisation befaßten Regentengrad.[76] Der – im übrigen nicht verwirklichte – Entwurf des Priestergrades enthält auch einen detaillierten, fakultativ aufgegliederten Plan der illuminatischen Wissenschaftsorganisation, der Physik, Medizin, Mathematik, Politik, schöne Künste und Geheimwissenschaften umfaßte[77] und dessen Forschungsergebnisse, »allgemeine Regeln und Maximen zur Menschenkenntnis«[78], im Realkatalog des Ordens archiviert werden sollten. »Und so werden denn alle Erfindungen, die sonst ein Werk des Zufalls waren, aus der Natur selbst auf sichern Wegen entlehnt, durch die Weisheit erfahrner Männer berichtigt, und zum Nutzen des Menschengeschlechts in jedem Zeitalter so allgemein gemacht, als nach der Lage der Sache und dem Grade der Kultur möglich ist.«[79]

Das Geheimnis, in das Weishaupt die wissenschaftsorganisatorische Ausrichtung des Ordens hüllte, erfüllte wiederum eine doppelte Funktion: nach außen hin strategisches Mittel einer gegen die Zensur und den jesuitischen Einfluß auf das Erziehungswesen gerichteten Bildungspolitik[80], diente die kunstvolle Isolierung der Mitglieder intern der Ausschaltung von Gelehrtenstreit und Meinungskonkurrenz, dem Aufbau eines verdeckten Beziehungsnetzes wissenschaftlicher Kooperation und der Stiftung und Vereinheitlichung eines ausbaufähigen und jederzeit abrufbaren aufklärerischen Traditionszusammenhangs. »... und hierinn (bestand) eigentlich die Größe des Ordens ..., daß Leute, die im bürgerlichen Leben sich gar nicht würden bey Einem Werke vertragen haben, hier, ohne es zu wissen, an dem nemlichen Seile zogen, gemeinschaftlich zum Guten würkten, vielleicht gar sich einander Dienstleistungen erwiesen, weil alles durch die dritte Hand ging.«[81]

3. Der aufklärerische Universalismus dachte auch dort, wo er ihre gegenwärtige Trennung beklagte, Theorie und Praxis stets noch zusammen. Weishaupt ging daher wie selbstverständlich daran, die Verwirklichung seiner Idee eines indirekten Sittenregiments nicht nur durch die Unterwanderung des bestehenden Logenwesens, sondern auch durch eine systematische personelle Rekrutierungs- und Protektionspolitik in Adel, Geistlichkeit und Beamtenschaft, im Schulwesen und am Hofe voranzutreiben; ja er machte es sich, seiner evolutionistischen Geschichtsauffassung entsprechend, zum Prinzip, nicht von außen her auf die Gesellschaft, sondern aus deren etablierten Institutionen heraus für ihre Verbesserung zu wirken. Im Unterschied zum freimaurerischen Logenwesen, dessen latente politische Funktion allenfalls darin bestand, Sammelbecken der aufstrebenden bürgerlichen Kräfte und Übungsfeld neuer Interaktionsformen zu sein, begnügten sich Weishaupts Illuminaten also nicht mit der Errichtung eines sozialen Freiraumes, sondern suchten die bestehenden Verhältnisse und Organisationen bewußt für ihre eigenen Zwecke auszunützen und langfristig in ihrem Sinne zu verändern. Sowohl der innere Aufbau als auch die faktische Rekrutierungspolitik des Ordens waren auf dieses Ziel hin zugeschnitten: Die Wendung von innen nach außen, von der Tugendanstalt zur gesellschaftspraktisch wirksamen Reformtätigkeit sollte von Grad zu Grad stärker

zum Tragen kommen, und die Mitgliederauswahl orientierte sich in erster Linie am Kriterium ihrer beruflichen und sozialen Stellung und den damit verknüpften Einflußmöglichkeiten des Ordens auf politisch-administrative Entscheidungsabläufe. In letzter Instanz lief Weishaupts Illuminaten-Konzeption darauf hinaus, eine »Elite der Tugendhaften«[82] zu formen, die, verbunden durch das innere Band des in der Ordensarbeit erworbenen gemeinsamen aufklärerischen Wissens- und Gesinnungsniveaus, im Rahmen des aufgeklärten Absolutismus Reformen zur Durchsetzung von Moral und Aufklärung vorantreiben sollte. So fragte Weishaupt 1782 unverblümt: »Warum sollte es nicht erlaubt seyn, sich durch redliche und sanfte Mittel so fest zu sezzen, daß man Einfluß auf Regierungen bekäme?«[83], und Knigge versuchte die personelle Selektionspolitik des Ordens nachträglich folgendermaßen zu rechtfertigen: »Da wir nun hier die treuesten Gemälde von allen äussern und innern Eigenschaften der Mitglieder des Ordens vor uns liegen hatten; so wussten wir, wozu Jeder im Staate taugte. Wir hätten also, statt etwa den Regierungen auf Unkosten der Gerechtigkeit, unsre Lieblinge aufzudringen, nur die Würdigsten empfohlen, folglich die Pflichten treuer Bürger erfüllt, Jeden an seinen Platz gestellt, und geleistet, was kein Monarch leisten kann.«[84] Wenn allerdings der Endzweck in der Gründung einer Gesellschaft bestand, »welche im Stillen den Misbrauch der obersten Gewalt hindert«[85], und wenn der Orden sich das Ziel gesteckt hatte, »den Beförderern des Unwesens unmerklich die Hände (zu) binden, sie (zu) regieren, ohne sie zu beherrschen«[86] und »um die Mächtigen der Erde her eine Legion von Männern (zu) versammlen, die unermüdet sind, alles zu dem großen Plan, zum Besten der Menschheit zu leiten, und das ganze Land umzustimmen«[87] – dann verlieh er damit dem funktional umgelegten Geheimnis eine neuerliche Außenwendung und wagte sich in Grenzbereiche vor, in denen ihm die Politizität seines sittlich-moralischen Reformanspruchs unterstellt werden konnte. Politische Brisanz gewann der Illuminatenorden freilich nicht als konspirative Umsturzpartei – eine Zwecklegende, die die antiaufklärerische Fronde sorgsam pflegte und die auch in der Forschungsliteratur noch erstaunlich lange nachwirkte –, sondern durch das Konfliktpotential, das die Unvereinbarkeit seines radikalisierten aufklärerischen Anspruchs mit den bestehenden politischen Verfassungen freilegte. Daß durch die Universalisierung der Moral die Grenzziehung zur Politik an Trennschärfe verliert, ist ein Signum bürgerlicher Emanzipation im 18. Jahrhundert.[88] Weishaupt, der, fortgerissen vom missionarischen Elan seiner eigenen Pläne, diesen Rubikon überschritt und zuweilen im Stile der traditionellen Sozialutopien die Errichtung des Sittenregiments mit der gewaltlosen Aufhebung der Fürstenherrschaften und Staatsverfassungen in eins setzte[89], ist einer ihrer zwiespältigen Repräsentanten. In seiner Person und seiner Ordenskonzeption gingen traditionelle und zukunftsweisende Elemente eine eigentümliche Synthese ein. Wie sich die für einen bayrischen Kirchenrechtsprofessor keineswegs alltägliche Rezeption der französischen Materialisten in ihren religions- und kirchenkritischen Gehalten erstaunlich reibungslos mit einem zwar lebensweltlich verständlichen, insgesamt aber doch eher provinziellen Antijesuitismus vereinbaren ließ, so verband sich bei ihm generell ein ausgeprägter nüchtern-konstruktiver Rationalismus mit kleinlicher Pedanterie und bisweilen grotesk anmutender Selbstüberschätzung. Unschwer läßt sich an ihm die von Foucault als »dunkle Kehrseite«[90] des Aufklärungsprozesses beschriebene Faszination der ›Mikrophysik der Macht‹ ausmachen, jene zweifelhafte Freude am ausgeklügelten Raffinement der perfektionierten Überwachung, in deren technologisch-anonymer Verselbständigung sich die neue Qualität der sozialen Kontrolle des heraufziehenden Zeitalters bereits abzeichnete.[91] Auch in die bildungspolitische Konzeption des Illuminatenordens, Aufklärung und Tugend gegen weltlichen und geistlichen Despotismus durchzusetzen, mischten sich utopisch-weltreformerische Traumbilder: » . . . Fürsten und Nationen werden ohne Gewaltthätigkeit von der Erde verschwinden, das Menschen Geschlecht wird dereinst eine Familie, und die Welt der Aufenthalt vernünftiger Menschen werden. Die Moral allein wird diese Veränderungen unmerkbar herbeyführen.«[92] Wir begegnen hier dem für die Anfänge der bürgerlichen Emanzipation nicht untypischen Sachverhalt, daß antifeudale Machtphantasien und die Utopie des friedlichen weltbürgerlichen Paradieses ineinanderflossen. Die Unausgegorenheit von Weishaupts Zielvorstellungen erklärt sich wohl am ehesten aus der insgesamt noch ungefestigten Situation der Aufklärung in Bayern und speziell aus Weishaupts umstrittener und isolierter Stellung an der Ingolstädter Universität.[93] Von einer Erfahrungswelt ausgehend, in der die Aufklärung lebenspraktisch noch kaum Wurzeln geschlagen hatte, blieb er insofern ein Kind seiner jesuitischen Erziehung, als er den Königsweg zur Durchsetzung aufgeklärter Moralität in einer letztlich objektivistisch bleibenden Geheimpädagogik erblickte. Es machte die grundsätzliche Schwäche von Weishaupts »Maschine« aus, daß die Reflexivität des Geheimnisses organisatorisch-funktional beschränkt blieb und nicht direkt auf die Ordensmitglieder und deren Bewußtseinsentwicklung übergreifen konnte. Wir stoßen hier auf die prinzipielle Schranke des Illuminatengeheimnisses. Es war der Fehler in Weishaupts Rechnung, nicht begreifen zu können, daß das, was seine ›Maschine‹ produzierte, schließlich deren eigene Konstruktion außer Kraft setzen mußte; ein Fehler allerdings, der weniger dem Kalkulierenden als der Logik seines Kalküls zuzuschreiben ist. Weishaupt verfolgte bürgerliche Ziele mit vorbürgerlichen Mitteln; seine Illuminatenpläne blieben gerade in ihrem utopisch-mechanistischen Bemühen, den Prozeß der Aufklärung von oben steuern und dessen Armaturen gegenüber ihren Trägern und Adressaten hermetisch abschotten zu wollen, dem reglementierenden Machtkalkül des absolutistischen Obrigkeitsstaates verpflichtet. Verweist dies pauschal auf die Schwäche des entstehenden deutschen Bürgertums als einer sozialen Bewegung, so erscheint dabei in Bayern noch in utopischem Gewand, was in Preußen nach dem Tod Friedrichs II. bereits Gestalt anzunehmen beginnt. Dem zeitgenössischen, auf jeweils unterschiedlichen Entwicklungsbedingungen beruhenden Trend, in dem der Herrscher tendenziell seiner eigenen Bürokratie erlag[94], durchaus entsprechend, blieb die Idee des Illuminatenordens letztlich eine administrativ-elitäre Utopie des in den Vorzimmern der Macht versammelten Beamtenstandes. Sie wollte die Organisation der Aufklärung in ein neues Verhältnis zu ihrem Ziel, der Mündigkeit des Menschen, setzen, ohne jedoch schon präzise den Punkt angeben zu können, an dem Mittel und Zweck koinzidieren und der Emanzipationsprozeß frei von arkanpolitischer Bevormundung vonstatten gehen könnte. Daß bürgerliche Emanzipation neue soziale Interaktionsqualitäten erfordert und daß Aufklärung für sie erst als Selbstaufklärung, d. h. als lebensweltlich fundierter, herrschaftsfreier Kommunikationsprozeß auf der Grundlage wechselseitiger Anerkennung zu einer gesellschaftlich relevanten Veranstaltung werden kann, ließ sich mit Weishaupts Konzeption nicht vereinbaren.

Die andauernden Auseinandersetzungen zwischen Weishaupt

einerseits und dem Führungsgremium des Areopag bzw. Knigge andererseits, die die kurze Geschichte des Ordens durchziehen, dürften in diesem Strukturproblem ihre tiefere Ursache gehabt haben. Hatte der Hochschullehrer Weishaupt zunächst auf die Rekrutierung junger, leicht beeinflußbarer Mitglieder gesetzt, so begann ihm die unvermutet rasche Ausbreitung des Ordens seit 1779 bald über den Kopf zu wachsen und die in Anspruch genommene alleinige Leitung der Ordensgeschicke mehr und mehr aus den Händen zu gleiten. Die Einrichtung des Münchner Areopag (1779) stellte einen, wenngleich von Weishaupt nur widerwillig geschlossenen, Kompromiß mit dieser Entwicklung dar, der die ›monarchische‹ Führung in eine ›aristokratische‹ umwandelte. Wohl noch stärker in freimaurerisch-libertärer Tradition stehend und überwiegend mit gleichaltrigen, akademisch gebildeten und z. T. schon arrivierten Hofbeamten besetzt, verstand sich der Areopag eher als ein Führungsgremium von Gleichberechtigten denn als ausführendes Organ, verweigerte sich hartnäckig Weishaupts autoritärem Dirigismus, beanstandete vor allem dessen utopisch-rigide Tendenzen und die »gar zu übertriebenen Vorschriften zur Beobachtung«[95] und wurde so zum Gegenstand unablässiger Lamentos des Ordensgründers.[96] In dieselbe Richtung, daß sich nämlich mit steigenden Mitgliederzahlen die Ordenswirklichkeit immer weiter von Weishaupts Plänen entfernte, weist auch der Konflikt mit Knigge, der schließlich 1784 zu dessen Austritt aus dem Orden führte. Den Stein des Anstoßes bildete in erster Linie Weishaupts striktes Subordinationsprinzip, dem Knigge sich auf Dauer nicht zu beugen vermochte.[97] Knigges Intention richtete sich von Anfang an auf eine aufklärerische Reform der Freimaurerei[98] und ließ ihn in der hinter dem Illuminatengeheimnis verborgenen Bildungsorganisation vornehmlich ein geeignetes Mittel zur internen Selektion von echter und unechter Freimaurerei erblicken, während Weishaupt das bestehende Logenwesen lediglich als Operations- und Rekrutierungsfeld für seine weitergespannten Pläne in Betracht zog.[99] Die Zusammenarbeit der beiden führenden Illuminaten konnte daher nicht mehr sein als ein Bündnis auf Zeit, das zerbrechen mußte, als die unterschiedlichen Motivationen und ihre Folgen zutage traten. Dabei handelte es sich keineswegs nur um persönliche und Standesunterschiede[100] zwischen dem weltgewandten Aristokraten und dem oft bis zur Weltfremdheit eigenwilligen bürgerlichen Gelehrten, sondern schließlich auch um die Inkongruenz des damaligen Entwicklungsstandes von nord- und süddeutscher Gesellschaftskultur: »Die Local-Umstände sind verschieden. Was sich bey uns drucken läßt, dürfte vielleicht in Erzerum [Eichstätt] kaum in das Ohr gesprochen werden.«[101] Knigge, der den Typus des vom Hofe emanzipierten Weltmannes verkörperte, war der Repräsentant einer norddeutschen Kultur, in der die Aufklärung durchaus schon über eine gewisse öffentliche Verankerung verfügte und in der daher Weishaupts Geheimpläne zusehends an Attraktivität einbüßten. Weishaupts Illuminaten-Konzept dagegen bleibt weitgehend ein – allerdings brillant durchkonstruierter – Reflex auf die politischen und kulturellen Verhältnisse im Bayern des ausgehenden 18. Jahrhunderts. Es erhielt sein spezifisches Gepräge durch den unverminderten Aufprall eines radikalisierten Aufklärungsanspruchs auf die noch relativ starre, nach wie vor in feste traditionelle Fronten gefügte Herrschafts- und Sozialordnung Bayerns und ihren dementsprechend restringierten sozialen Erfahrungshorizont. Eine Geheimorganisation aber, die Aufklärung über die Köpfe ihrer Mitglieder hinweg durchsetzen wollte und auf dem paradoxen Bildungsprogramm nicht-autonom herbeigeführter Autonomie beruhte[102], mußte letztlich von der sich im Medium diskursiver Öffentlichkeit anbahnenden bürgerlich-demokratischen Entwicklung historisch überholt werden. Bezeichnend für diesen Strukturwandel der politischen Landschaft ist zunächst die tiefgreifende Ernüchterung über das Wesen geheimer Gesellschaften, die die Aufdeckung des Ordens in weiten Kreisen der aufgeklärten deutschen Intelligenz, vor allem aber auch bei den Ordensmitgliedern selbst auslöste[103]; nicht minder bedeutsam erscheint in diesem Zusammenhang, daß die führenden Illuminaten während ihrer Verfolgung Zuflucht und Rechtfertigung in Öffentlichkeit und öffentlicher Meinung suchten.[104] Nicht zuletzt trug auch der paradoxe Schritt der Obrigkeit an die Öffentlichkeit, nämlich den Illuminatenorden mit seinen eigenen Waffen, d. h. durch die Publikation seiner beschlagnahmten Schriften zu bekämpfen, wesentlich dazu bei, die öffentliche Diskussion über Sinn und Zweck geheimer Assoziationen zu beleben und damit die politische Auseinandersetzung zwischen Anhängern und Gegnern der Aufklärung auf eine neue Stufe zu heben.[105] Von den Gegnern sehr viel mehr als von den Protagonisten ist in der Folgezeit das Geheimnis als Medium der (Selbst-)Aufklärung diskreditiert worden; von ihnen stammt auch jene plumpe verschwörungstheoretische Version, die in der Komplexität arkaner Organisationsformen nichts anderes mehr als den konspirativen Willen zum politischen Umsturz entdecken zu können meint. In der politischen Polarisierung der Revolutionszeit[106] endete die paradoxe Geschichte eines Geheimnisses, das praktizierte Aufklärung zu seinem Inhalt hatte. Sein vorpolitisch-universalistischer Entwurf einer weltbürgerlich herstellbaren Harmonie begann einer Wirklichkeit zu weichen, in der neue politische Fronten, Parteiungen und Interessengruppen zunehmend den Ton angaben und man die Existenzberechtigung partikularer Interessen nicht mehr zu bestreiten wagte. Unter dieser neuen gesellschaftlichen Konstellation veränderte sich langfristig sowohl die innere als auch die äußere Funktion des Arkanums: mit der ›Entauratisierung‹ des Geheimnisses, wie sie sich z. B. in den Geheimbünden des 19. Jahrhunderts dokumentiert, vollendete sich der schon am Vergleich von Freimaurern und Illuminaten sichtbar gewordene Prozeß der Freisetzung strategischen Handelns[107]; wo man aber an der alten Konzeption festzuhalten versuchte, verfiel »die Praxis der geheimen Gesellschaften ... der eigenen Ideologie«[108] und handelte sich den illusionären Anstrich einer Privatutopie ein, deren realer öffentlicher Kern einzig in ihrer Entstehungsgeschichte lag.

Ich konnte im vorgegebenen Rahmen nur einige mir wesentlich erscheinende Punkte des komplexen Verhältnisses von Aufklärung und geheimer Organisation andeuten. Die Untersuchung der Geheimgesellschaften des 18. Jahrhunderts wird auf die Unterscheidung von Realität und Fiktionalität ihres Gegenstandes in besonderem Maße bedacht sein müssen. Das beinhaltet zunächst für die Sozialgeschichte die prosaische Aufgabe, die Vielfalt der normativen Überschußpotentiale, wie sie sich in den Selbstthematisierungsformen der Aufklärungszeit, in ihren ideologischen Stilisierungen, Selbstverdeckungen und Legendenbildungen immer wieder findet, auf den harten Boden sozialer Tatsachen zurückzuholen. Es hieße jedoch die Funktion der Sozialgeschichte vulgärsoziologisch zu verkennen, wenn man sie auf diese – für die empirische Bestandsaufnahme unentbehrliche – ideologiekritische Dekodierungsarbeit reduzieren wollte, denn letzten Endes interessiert am Phänomen der geheimen Gesellschaften weniger seine unmittelbare politisch-faktische Wirksamkeit als der eigentümliche schwebende Realitätsgehalt seiner Fiktionalität. Er verschließt sich dem ereignisgeschichtlich orientierten Zugriff ebenso wie der bloß quantifizierenden Analyse, und ihm ist mit einem aus dem Interessenzusammenhang der entwickelten bürgerlichen Gesellschaftsordnung extrapolierten Begriff des strategischen bzw. intentionalen Handelns nicht beizukommen. Es sollte insbesondere zu denken geben, daß diese, unserem geläufigen Begriffsapparat so sperrig erscheinende Autonomisierung realer Fiktionen und fiktiver Realitäten nicht nur in intellektuellen Ansprüchen abstrakt festgehalten wurde, sondern offensichtlich mit einem relativ hohen Maß an Selbstverständlichkeit organisiert und gelebt werden konnte. In der Praxis der geheimen Gesellschaften, so wird man vermuten dürfen, vollzog sich die strukturelle Entgrenzung dessen, was der Sozialhistoriker gemeinhin als ›Realität‹ vergeblich festzuschreiben versucht; hier wurde ein Prozeß der kunstvollen Virtualisierung sozialer Wirklichkeiten eingeleitet, dem das Utopische immer weniger utopisch und zugleich das Wirkliche immer weniger realitätshaltig geriet und in dem sich – gleichsam in einem ›trial and error‹-Verfahren – aus der allmählichen Entschränkung und Neukonstellierung beider Bereiche langfristig jener spezifisch bürgerliche Habitus entwickeln konnte, der die Gestaltung der Zukunft als das bewußte Werk moralisch gefestigter Individuen begreift. Es erscheint geradezu charakteristisch für die Funktion des Geheimnisses in der Aufklärungsepoche, daß in ihm die Entschränkung ›harter‹ sozialer Realitäten und der stufenweise Aufbau neuer normativer Strukturen prozessual verkoppelt und in einen organisatorischen Rahmen eingebracht wurden, der, wenngleich noch stark auf traditionale Elemente gestützt, die Neugestaltung dieses Verhältnisses individuellen bzw. kollektiven Lernprozessen zur Disposition stellte. Im virtuellen Freiraum des Geheimnisses kündigte sich in spezifischen Variationen die Konstruktion einer neuen Subjektivität der Bürger als Menschen an. Nach innen Symbol einer handlungs- und vorurteilsentlasteten brüderlichen Begegnung der Menschen und damit Kristallisationskern einer neuen intersubjektiven Lebenspraxis, nach außen Ersatzöffentlichkeit und Öffentlichkeitsersatz zugleich, bezeichnete das Geheimnis soziale Möglichkeitsräume praktizierter Aufklärung, die auf das Arkanum als auf eine mystifizierte Chiffre ihrer Autonomie solange angewiesen blieb, wie die gesellschaftlichen Bedingungen ihrer öffentlichen Durchsetzung noch nicht vollständig gegeben waren. Auch der Illuminatenorden fügte sich in seiner Idee und erst recht in seiner rudimentär gebliebenen Realisierung über weite Strecken diesem ›Jahrhundertentwurf‹; und selbst dort, wo er sich bewußt davon loszulösen trachtete, blieb er noch an dessen innere Logik gebunden. Er hat seinen Platz daher weit mehr in der Kommunikations- und Bildungsgeschichte[109] als in einer Geschichte staatsgefährdender Umtriebe. Der absichtsvoll zurechtgelegte Zusammenhang, der seinen Nachruhm begründete, trägt zu seiner Erklärung nicht sehr viel bei, denn die Emanzipation des Bürgertums in Deutschland war zumindest in ihren Anfängen primär eine »Revolution des Geistes«[110] – und das spricht im Vergleich zu anderen europäischen Nationen letztlich eher für ihre Beschränktheit als für ihre Dignität.

## *Anmerkungen*

Der Beitrag stellt die 1979 nochmals überarbeitete und erweiterte Fassung eines Referats dar, das im Rahmen des Wolfenbütteler Arbeitsgesprächs ›Geheime Gesellschaften im 18. Jahrhundert‹ (6.-8. Juni 1977) gehalten wurde (vgl. P. Chr. Ludz, (Hrsg.), *Geheime Gesellschaften* (=Wolfenbütteler Studien zur Aufklärung, Bd. V/1), Heidelberg 1979, S. 203-229).

1 J. G. Fichte, »Vorlesungen über die Freimaurerei«, in: Z. Batscha/R. Saage (Hrsg.), *J. G. Fichte. Ausgewählte Politische Schriften* (= stw 201), Frankfurt/M. 1977, S. 173.

2 J. Habermas, *Strukturwandel der Öffentlichkeit. Untersuchungen zu einer Kategorie der bürgerlichen Gesellschaft* (= sammlung luchterhand 25), Neuwied/Berlin 1962.

3 A. Freiherr von Knigge, *Über den Umgang mit Menschen*, Teil II, Darmstadt 1967 (Nachdruck), S. 166.

4 Problemorientierte Überblicke über die Aufklärungsgesellschaften des 18. Jahrhunderts vermitteln: Th. Nipperdey, »Verein als soziale Struktur in Deutschland im späten 18. und frühen 19. Jahrhundert. Eine Fallstudie zur Modernisierung I«, in: ders., *Gesellschaft, Kultur, Theorie. Gesammelte Aufsätze zur neueren Geschichte*, Göttingen 1976, S. 174-205; O. Dann, »Die Anfänge politischer Vereinsbildung in Deutschland«, in: *Festschr. f. W. Conze* (=Industrielle Welt, Sonderband: Soziale Bewegung und politische Verfassung), Stuttgart

1976, S. 197-232; R. van Dülmen, »Die Aufklärungsgesellschaften als Forschungsproblem«, in: *Francia. Forschungen zur westeurop. Gesch.* 5, (1977), S. 251-275.

5 R. Koselleck, *Kritik und Krise. Eine Studie zur Pathogenese der bürgerlichen Welt* (= stw 36), Frankfurt/M. 1973 (Erstausgabe: Freiburg/München 1959); F. Schneider, *Pressefreiheit und politische Öffentlichkeit. Studien zur politischen Geschichte Deutschlands bis 1848* (= Politica 24), Neuwied/Berlin 1966, bes. S. 55-100; L. Hölscher, *Öffentlichkeit und Geheimnis. Eine begriffsgeschichtliche Untersuchung zur Entstehung der Öffentlichkeit in der frühen Neuzeit* (= Sprache und Geschichte, Bd. 4), Stuttgart 1979.

6 F. Kopitzsch (Hrsg.), *Aufklärung, Absolutismus und Bürgertum in Deutschland. Zwölf Aufsätze* (= nymphenburger texte zur wiss. 24), München 1976, S. 11-169.

7 J. Schlumbohm, *Freiheit – Die Anfänge der bürgerlichen Emanzipationsbewegung in Deutschland im Spiegel ihres Leitwortes (ca. 1760-ca. 1800)* (= Geschichte und Gesellschaft. Bochumer Hist. Studien 12), Düsseldorf 1975, insbes. S. 21-42 und 164-171.

8 Einen ersten Forschungsaufriß gibt: L. Hammermayer, »Zur Geschichte der europäischen Freimaurerei und Geheimgesellschaften im Achtzehnten Jahrhundert – Genese, Historiographie, Forschungsprobleme«, in: *Eleusis. Organ d. Deutschen Obersten Rates d. Freimaurer des Alten und Angen. Schott. Ritus,* 31. Jg. Nr. 6, (1976), S. 367-388; als weiterführende Problemskizze: R. Vierhaus, »Aufklärung und Freimaurerei in Deutschland«, in: *Das Vergangene und die Geschichte, Festschr. f. R. Wittram,* Göttingen 1973, S. 24-41, in diesem Band, S. 115; W. Dotzauer, Freimaurergesellschaften am Rhein. Aufgeklärte Sozietäten auf dem linken Rheinufer vom Ausgang des Ancien Régime bis zum Ende der Napoleonischen Herrschaft (= Geschichtl. Landeskunde XVI), Wiesbaden 1977. Neuerdings: L. Hammermayer, »Illuminaten in Bayern. Zu Geschichte, Fortwirken und Legende des Geheimbunds«, in: *Krone und Verfassung. König Max I. Joseph und der neue Staat* (= Ausstellungskatalog ›Wittelsbach und Bayern‹, Bd. III/1), München/Zürich 1980, S. 146-173.

9 R. van Dülmen, *Der Geheimbund der Illuminaten – Darstellung, Analyse, Dokumentation,* Stuttgart – Bad Cannstatt 1975 (1977²) (im folgenden zitiert als: van Dülmen). An älteren Darstellungen aufgrund der Verwendung mittlerweile verschollener Quellen immer noch wichtig: L. Engel, *Geschichte des Illuminaten-Ordens,* Berlin 1906; R. Le Forestier, *Les Illuminés de Bavière et la Franc-Maçonnerie allemande,* Paris 1914. Allgemein zur Quellenlage vgl. auch: E. Weis, *Montgelas 1759-1799. Zwischen Revolution und Reform,* München 1971, S. 36 ff.

10 G. Simmel, »Das Geheimnis und die geheime Gesellschaft«, in: ders., *Soziologie. Untersuchungen über die Formen der Vergesellschaftung*, München/Leipzig 1922², S. 256-304.

11 E. Manheim, *Aufklärung und öffentliche Meinung. Studien zur Soziologie der Öffentlichkeit im 18. Jahrhundert*, hrsg. und eingeleitet v. N. Schindler (= Kultur und Gesellschaft 4), Stuttgart-Bad Cannstatt 1979 (Erstausgabe 1933); ders., »The Communicator and his Audience: Liberals and Traditionalists in Eighteenth-century Germany«, Hrsg., in: W. J. Cahnman (Hrsg.), *Sociology and History*, London 1964, S. 503-515.

12 B. Sievers, *Geheimnis und Geheimhaltung in sozialen Systemen* (= Studien zur Sozialwiss. 23), Opladen 1974.

13 P. Chr. Ludz (Hrsg.), *Geheime Gesellschaften* (= Wolfenbütteler Studien zur Aufklärung V/1), Heidelberg 1979; ders., »Ideologieforschung – eine Rückbesinnung und ein Neubeginn«, in: *Kölner Zeitschr. f. Soziologie und Sozialpsychologie*, Heft 1, (1977), S. 1-31, bes. S. 17-21.

14 Nachhaltigen Einfluß auf die wissenschaftliche Erforschung der geheimen Gesellschaften konnten diese zeitgebundenen Polemiken in Deutschland vor allem deshalb erringen, weil sie einem konservativen, seine etatistische Optik zum ›deutschen Sonderweg‹ stilisierenden Geschichtsbild entgegenkamen, das die Emanzipation der bürgerlichen Gesellschaft fast ausschließlich unter dem – letztlich negativ bewerteten – Aspekt ihrer Loslösung vom Staat betrachtete, sie jedenfalls nicht als eigenständige ›gesellschaftliche Konstruktion der Wirklichkeit‹ (Berger/Luckmann) begriff. Nachwirkungen dieser Tradition lassen sich bis in die jüngste Forschung hinein verfolgen, so etwa auch in die als theoretische Ansätze ausgewiesenen Beiträge des von P. Chr. Ludz edierten Sammelbandes (vgl. Anm. 13): während M. Agethens ideengeschichtlicher Vergleich der Illuminatenideologie mit dem spätmittelalterlichen Sektentypus die sozialen und politischen Formierungsprozesse der frühneuzeitlichen Gesellschaft zu wenig berücksichtigt, auf denen auch die Konstruktion des Illuminatenordens beruht,« geht E. Schmitt von komparativen, im einzelnen durchaus weiterführenden Überlegungen zur Struktur des aufgeklärten Absolutismus aus, die er dann jedoch auf den entschieden zu kurz greifenden Nenner einer ›Theorie der politischen Konspiration‹ zu bringen versucht (M. Agethen, »Mittelalterlicher Sektentypus und Illuminatenideologie. Ein Versuch zur geistesgeschichtlich-soziologischen Einordnung des Illuminatenbundes«, in: P. Chr. Ludz (Hrsg.), *Geheime Gesellschaften*, S. 121-150; E. Schmitt, »Elemente einer Theorie der politischen Konspiration im 18. Jahrhundert. Einige typologische Bemerkungen«, in: ebd., S. 65-88).

15 Vgl. van Dülmen, S. 23-105; L. Hammermayer, »Das Ende des Alten

Bayern, 1745-99«, in: M. Spindler (Hrsg.), *Handbuch der Bayerischen Geschichte*, Bd. II, München 1969, S. 985-1103, bes. S. 1027-1033; ders., »Der Geheimbund der Illuminaten und Regensburg«, in: *Verhandl. d. Hist. Vereins f. Oberpfalz u. Regensburg* 110, (1970), S. 61-92.

16 R. Le Forestier, *Les Illuminés*, S. 343 ff.

17 So P. Chr. Ludz (»Überlegungen zu einer soziologischen Analyse geheimer Gesellschaften des späten 18. und frühen 19. Jahrhunderts«, in: ders. (Hrsg.), *Geheime Gesellschaften*, S. 99) im Anschluß an die von J. Frese hauptsächlich anhand von Materialien des 19. und 20. Jahrhunderts formulierten Hypothesen (vgl. J. Frese, *Beschreibungsdimensionen ideologisch bestimmter Gruppenprozesse in bürgerlichen Gesellschaften. Historische, soziologische und methodologische Überlegungen zur Abgrenzung utopisch orientierter Geheimbünde von anderen, insbesondere von theoriebildenden Gruppen*, Unveröff. Manuskript 1977).

18 Van Dülmen, S. 73.

19 Knigge berichtete rückblickend: »Jeder glaubte im Orden zu finden, was er begehrte . . . Jeder warb seine besten Freunde an, die Sache griff unbeschreiblich schnell um sich. Ich konnte den Strom nicht mehr aufhalten, und die kleinen Details nicht mehr übersehen. Es wurden auf dringendes, wiederholtes Bitten viele aufgenommen, die gar keine Subjecte für eine solche Verbindung waren. Bald hatte ich es mit mehreren hundert Menschen zu thun, die Alle von mir forderten, durch mich befriedigt und belehrt seyn, durch mich alles erlangen wollten, was nur ihr Herz wünschte . . .« (*Philos endliche Erklärung und Antwort, auf verschiedene Anforderungen und Fragen, die an ihn ergangen, seine Verbindung mit dem Orden der Illuminaten betreffend*, Hannover 1788, S. 52).

20 Vgl. dazu: K. Epstein, *Die Ursprünge des Konservativismus in Deutschland. Der Ausgangspunkt: Die Herausforderung durch die Französische Revolution 1770-1806*, Frankfurt/M./Berlin/Wien 1973, bes. S. 583 ff.; J. Rogalla von Bieberstein, *Die These von der Verschwörung 1776-1945* (= Europäische Hochschulschriften III, 63), Bern/Frankfurt/M. 1976.

21 Van Dülmen, S. 211.

22 K. Epstein, Ursprünge des Konservativismus, S. 112.

23 *Die neuesten Arbeiten des Spartacus [Weishaupt] und Philo [Knigge] in dem Illuminatenorden* . . ., Frankfurt/M. 1793, S. 143.

24 Vgl. etwa: A. Weishaupt, *Das verbesserte System der Illuminaten mit allen seinen Einrichtungen und Graden*, Frankfurt/Leipzig [Nürnberg] 1787, S. 26-52.

25 *Philo's endliche Erklärung* (abgedruckt bei: van Dülmen, S. 358).

26 J. Habermas, *Strukturwandel*, S. 28 ff.

27 Habermas (*Strukturwandel*, S. 51) formulierte zwar die These, daß »die für Logen typische, aber auch bei anderen Bünden und Tischgesellschaften verbreitete Arkanpraxis der Aufklärung ... dialektischen Charakters (ist)«, ohne jedoch näher darauf einzugehen.

28 J. J. Berns, »›Parteylichkeit‹ und Zeitungswesen. Zur Rekonstruktion einer medienpolitischen Diskussion an der Wende vom 17. zum 18. Jahrhundert«, in: W. F. Haug (Hrsg.), *Argument*, Sonderband 10, »Massen-Medien-Politik«, Karlsruhe 1976, S. 202-233; E. Blühm, »Zeitung und literarisches Leben im 17. Jahrhundert«, in: A. Schöne (Hrsg.), *Stadt–Schule–Universität–Buchwesen und die deutsche Literatur im 17. Jahrhundert*, München 1976, S. 492-505; E. Blühm/E. Bogel, *Die deutschen Zeitungen des 17. Jahrhunderts. Ein Bestandsverzeichnis mit hist. u. bibliogr. Angaben*, 2 Bde (= Stud. z. Publizistik, Bremer Reihe 17), Bremen 1971.

29 Vgl. R. Vierhaus, »Aufklärung und Freimaurerei« (Anm. 8).

30 Vgl. N. Schindler, »Freimaurerkultur im 18. Jahrhundert. Zur sozialen Funktion des Geheimnisses in der entstehenden bürgerlichen Gesellschaft«, in: R. Berdahl u. a., *Klassen und Kultur. Sozialanthropologische Perspektiven in der Geschichtsschreibung*, Frankfurt/M. 1982, S. 205-262.

31 E. Manheim, *Aufklärung und öffentliche Meinung*, (Anm. 11), S. 89-98.

32 Ebd., S. 95.

33 Ebd., S. 91.

34 Ebd.

35 Ebd., S. 93.

36 »Alle jedenfalls, für die die Jesuiten nicht der natürliche Feind und eine Exjesuitenverschwörung nicht glaubhaft war, lehnten die radikal aufklärerischen wie politischen Ziele des Ordens ab und erblickten in ihm nur eine andere, attraktivere Form der Freimaurerei.« (van Dülmen, S. 128). Im Eid des Schottenritter-Grades hieß es: »Ich verbinde mich zur Aufrechterhaltung der alten Freymaurerey, gegen die After Systeme, nach meinen Kräften zu wirken.« (I. Engel, *Illuminaten-Orden*, S. 364.) Vgl. auch: C. Werner, *Die französische und deutsche Freimaurerei des 18. Jahrhunderts und ihr Verhältnis zur Aufklärung*, Diss. masch. Berlin/DDR 1966, S. 105 ff. Siehe jetzt auch: L. Hammermayer, *Der Wilhelmsbader Freimaurer-Konvent von 1782. Ein Höhe- und Wendepunkt in der Geschichte der deutschen und europäischen Geheimgesellschaften* (= Wolfenbütteler Studien zur Aufklärung, Bd. V/2), Heidelberg 1980.

37 Vgl. die Überlegungen bei: E. Schmitt, »Elemente einer Theorie der politischen Konspiration«, in: P. Chr. Ludz (Hrsg.), *Geheime Gesellschaften*, S. 72-75 u. 81.

38 Vgl. dazu allgemein Anm. 4 und: H. Kiesel/P. Münch, *Gesellschaft*

*und Literatur im 18. Jahrhundert. Voraussetzungen und Entstehung des literarischen Markts in Deutschland,* München 1977. Zu den Lesegesellschaften: M. Prüsener, »Lesegesellschaften im 18. Jahrhundert. Ein Beitrag zur Lesergeschichte«, in: *Börsenblatt f. d. Deutschen Buchhandel.* Frankf. Ausg., 28. Jg., Heft 10, (1972), S. 189-301; K. Gerteis, »Bildung und Revolution. Die deutschen Lesegesellschaften am Ende des 18. Jahrhunderts«, in: *Archiv f. Kulturgesch.* 23, (1971), S. 127-139; R. Engelsing, *Der Bürger als Leser, Lesergeschichte in Deutschland 1500-1800,* Stuttgart 1974, bes. S. 182 ff.; H. Göpfert, »Lesegesellschaften im 18. Jahrhundert«, in: ders., *Vom Autor zum Leser. Beiträge zur Geschichte des Buchwesens,* München 1977, S. 76-85; O. Dann (Hrsg.), *Lesegesellschaften und bürgerliche Emanzipation. Ein europäischer Vergleich,* München 1981.

39 Van Dülmen, S. 212. »Der ganze Plan des Ordens beruht darauf, die Menschen zu bilden, aber nicht durch Declamationen, sondern durch Begünstigung und Belohnung der Tugend.« (ebd.)

40 L. Wolfram, *Die Illuminaten in Bayern und ihre Verfolgung,* I. Teil, Erlangen 1899, S. 22.

41 So etwa der junge Montgelas, der sich 1779 in München dem Orden anschloß, u. a. um seine Isolation zu überwinden und die für eine Beamtenkarriere erforderlichen gesellschaftlichen Beziehungen anzuknüpfen. (E. Weis, *Montgelas,* S. 38 ff.)

42 So etwa C. v. Neumayr, dessen Autobiographie instruktive Einblicke in die Alltagsinterna des Ordens gewährt, über seine Eindrücke bei der Aufnahme: »Eine unsichtbare Welt! Ein geheimer Bund der Weisesten, und Besten! Dieser Bund im Besitze wunderbarer Geheimnisse, und Mysterien aus uralten Ueberlieferungen einer vollkommneren Vorwelt, vielleicht der Gottheit selbst! Dieser Bund nach Gefallen spendend aus dem verwahrten Schatze an die Weisern, und Bessern der sichtbaren Welt, und so die sichtbare Welt im Verborgenen hebend, und leitend! All' dieses Walten gehüllt in undurchdringliches Dunkel! . . . Meine jugendliche Phantasie wurde von all diesem Wundersamen wundersam aufgeregt und bewegt . . . Ich schnappte nach Luft; die Sehnsucht nach dieser neuen besten Welt, so nah mir vor die Augen gerückt, beklemmte mir die Brust . . . Mir war bey dieser Eröffnung ganz schauerlich zumuthe: ich fühlte mich, neben, und unter mir, wie von einer unsichtbaren Geisterwelt umgeben.« (H. Schmidt [Hrsg.], »Ein bayerisches Beamtenleben zwischen Aufklärung und Romantik. Die Autobiographie des Staatsrats Clemens von Neumayr«, in: *Zeitschrift f. bayer. Landesgesch.* 35/2, (1972), S. 591-690, hier: S. 631 ff.). Sehr viel nüchterner und skeptischer dagegen die Schilderung des 1782 in Eichstätt geworbenen späteren Schriftstellers Bronner (O. Lang [Hrsg.], *Franz Xaver Bronner. Ein Mönchsleben aus der empfindsamen Zeit, von ihm selbst erzählt,*

Bd. 1, Stuttgart 1912, S. 267 ff.)
43 Van Dülmen, S. 157.
44 Ebd., S. 198.
45 Ebd., S. 228.
46 Ebd., S. 195 f. u. 264.
47 Ebd., S. 207.
48 A. Weishaupt, *Das verbesserte System der Illuminaten,* S. 296.
49 Van Dülmen, S. 117.
50 »... das Werk beruht nicht auf uns, sondern auf sich selbst.« (Ebd., S. 313). »Die Machine muß so einfach werden, daß sie ein Kind dirigiren, und in Bewegung setzen kann.« (Ebd., S. 267)
51 R. Koselleck, »Adam Weishaupt und die Anfänge bürgerlicher Geschichtsphilosophie in Deutschland«, in: *Tijdschrift voor de Studie van de Verlichting,* 4. Jg., Nr. 3-4, Brüssel 1976, S. 317-327.
52 Van Dülmen, S. 169.
53 Vgl. ebd., S. 107-112 u. 166 ff.
54 Ebd., S. 172.
55 Ebd., S. 179.
56 Ebd., S. 313.
57 Ebd., S. 211 f.
58 Ebd., S. 230.
59 »Wer auf einmahl alles thun will, thut nichts. – Große Anstalten werden durch unendlich kleine Veränderungen herbeygeführt.« (»Instruction für den Obern der Minervalkirche«, in: Th. Frhr. v. Bassus, *Vorstellungen denen hohen Standeshäuptern der Erlauchten Republik Graubünden, in Ansehung des Illuminaten Ordens auf hohen Befehl,* Nürnberg 1788, S. 106-172, hier: S. 118.)
60 Van Dülmen, S. 181.
61 »Der Weg, die Aufklärung allgemein zu machen, ist nicht mit der ganzen Welt auf einmal anzufangen: fang erst mit dir an, dann wende dich an deinen Nächsten, und ihr beyde klärt einen Dritten und Vierten auf, die sich so lang weiter verbreiten werden, bis die Zahl und Stärke die Macht geben.« (Ebd., S. 184, vgl. auch S. 259 sowie: H. Graßl, *Aufbruch zur Romantik. Bayerns Beitrag zur deutschen Geistesgeschichte 1765-1785,* München 1968, S. 206 f.)
62 »Sie müssen lernen, was wahrer Adel ist und sichs gefallen lassen, einen Mann weit über sich stehen zu lassen, der nach ihrer Meinung in der bürgerlichen Welt tief unter ihnen ist.« (Van Dülmen, S. 120 f.)
63 Ebd., S. 258.
64 Ebd., S. 212.
65 Vgl. dazu: Ebd., S. 134 f.
66 Ebd., S. 222.
67 Ebd., »Der Endzweck von allem schien mir zu seyn, die Moral ins

praktische Leben einzuführen ..., eine continuirliche wissenschaftliche Akademie herzustellen, in der keine Kenntniß verloren gehen kann, worin die Nachkommenschaft geschehene Arbeit findet.« (Ebd., S. 135)

68 Ebd., S. 357.

69 »Vor allem, forscht den Menschen nicht aus Büchern so sehr, als euch selbst aus der Betrachtung anderer und aus Schlüssen von ähnlichen Umständen auf andere abgezogen.« (»Statuten für die Minervalen«, in: *Der ächte Illuminat oder die wahren, unverbesserten Rituale der Illuminaten,* Edessa [Frankfurt] 1788, S. 44-51, hier: S. 50 f.). Vgl. auch: Die neuesten Arbeiten, S. 96 u. 99.

70 *Philo's endliche Erklärung* (vgl. van Dülmen, S. 350).

71 Die Betonung der Selbständigkeit des Denkens und Beobachtens der Mitglieder in ihren Arbeiten zieht sich programmatisch durch sämtliche Ordensstatuten und -instruktionen (vgl. etwa van Dülmen, S. 148, 155 f.; oder: *Die neuesten Arbeiten,* S. 100 u. 115). In der »Instruction für den ganzen Regentengrad«, der die politisch-administrative Spitze der Organisation bilden sollte, heißt es charakteristischerweise: » ... man hat es mit freywillig gehorchenden Menschen zu thun, die nicht nur ihr Joch nicht fühlen, sondern überhaupt kein Joch tragen müssen. Man will die Menschen an der Hand ihrer eigenen Vernunft zu ihrem Besten leiten.« (Van Dülmen, S. 194.)

72 Nur um ein Schlaglicht auf den Wissensstand der damaligen bayrischen Lehrbücher zu werfen, hier eine uns heute eher komisch berührende Äußerung Neumayrs zur Einführung der ›vaterländischen Geographie‹: »Ich gestehe es offenherzig, daß ich die Frage in unserm P. Weitenauer (Jesuitenlehrbuch – Anm. d. Verf.): ›Welcher ist der höchste Berg in der Welt?‹ Antwort: ›Der Pico auf der Insel Tenerifa‹, oder die Frage: ›Welcher ist der gröste Fluß?‹ Antwort: ›Der Amazonenfluß in Süd-Amerika‹ – interessanter und zweckmäßiger für Knaben finde, als die Frage in einem unserer neuen Lehrbücher: ›Wo ißt man in Bayern die besten Krebse?‹ Antwort: ›In der Altmühl unweit Kellheim‹.« (H. Schmitt [Hrsg.], *Ein bayerisches Beamtenleben,* S. 624.)

73 Zit. nach: E. Weis, *Montgelas,* S. 40.

74 »Instruction für den Obern der Minervalkirche«, in: Th. Frhr. v. Bassus, *Vorstellungen,* S. 160.

75 »Statuten für die Minervalen«, in: *Der ächte Illuminat,* S. 50.

76 Van Dülmen, S. 317.

77 *Die neuesten Arbeiten,* S. 96-99. Weitere bildungsorganisatorische Pläne Weishaupts sind aufgeführt bei: H. Graßl, *Aufbruch zur Romantik,* S. 207-211.

78 *Die neuesten Arbeiten,* S. 111.

79 Ebd., S. 117.

80 Vgl. Zwacks Schilderung der von Weishaupt mit der Ordensgründung verfolgten Zielsetzung: »Er bestimmte also dem neuen Orden den einzigen Zweck: Sammlung und geheimen Unterricht in wissenschaftlichen Kenntnissen, daß er eine geheime Weisheitsschule seyn solle, in welcher der Stifter nur junge Akademiker aufnehmen und diesen ungestört dasjenige lehren wollte, was Dummheit und Pfaffen-Eigennutz von dem öffentlichen Katheder verbannt hatte.« (Van Dülmen, S. 330.)

81 Ebd., S. 341.

82 L. Hammermayer, *Der Geheimbund der Illuminaten,* S. 65. »Den Illuminaten ging es vor allem um die aufstrebende bürgerliche Intelligenz und um deren Gesinnungsfreunde im Hof- und Beamtenadel und im staatskirchlich-josephinistisch gesinnten Teil des Klerus. Man wollte jene dynamische Elite gewinnen, die damals eine Zentralisierung und Intensivierung der staatlichen Herrschaftsordnung erstrebte und grundlegende Reformen in der Wirtschaft, im Bildungswesen und im religiös-kirchenpolitischen Bereich in Gang bringen wollte.« (Ebd., S. 66 f.)

83 Van Dülmen, S. 213.

84 *Philo's endliche Erklärung* (abgedruckt bei: van Dülmen, S. 350).

85 *Die neuesten Arbeiten,* S. 133.

86 Van Dülmen, S. 212.

87 Ebd., S. 213.

88 Dies am schärfsten herausgearbeitet durch: R. Koselleck, *Kritik und Krise,* wenngleich man seinen – an Carl Schmitt erinnernden – Staats-Begriff und die kulturpessimistischen Implikate seiner Rekonstruktion nicht unbedingt teilen muß.

89 Vgl. van Dülmen, S. 133-140, 179, 213.

90 M. Foucault, *Überwachen und Strafen. Die Geburt des Gefängnisses* (= stw 184), Frankfurt/M. 1977, S. 285, allgem.: S. 173 ff. Manche Passagen lesen sich wie eine Beschreibung der Illuminatenkonzeption: » . . . die Überwachung beruht zwar auf Individuen, doch wirkt sie wie ein Beziehungsnetz von oben nach unten und bis zu einem gewissen Grade auch von unten nach oben und nach den Seiten. Dieses Netz ›hält‹ das Ganze und durchsetzt es mit Machtwirkungen, die sich gegenseitig stützen: pausenlos überwachte Überwacher. In der hierarchisierten Überwachung der Disziplinen ist die Macht keine Sache, die man innehat, kein Eigentum, das man überträgt; sondern eine Maschinerie, die funktioniert.« (Ebd., S. 228 f.)

91 Foucaults historisch-theoretische Leistung besteht darin, die technologische Perfektionierung einer zwar domestizierten, aber gerade deshalb die Individuen um so wirkungsvoller erfassenden Machtpraxis, die man bisher meist an Einzelfällen – wie u. a. dem Illuminatenorden – beobachtet hatte, als durchgängigen Zug bürgerlicher Eman-

zipation herausgearbeitet zu haben: »Die ›Aufklärung‹, welche die Freiheiten entdeckt hat, hat auch die Disziplinen erfunden.« (Ebd., S. 285.) Die damit angesprochene Dialektik dieses Verhältnisses wird allerdings durch seine Annahme eines universellen Verkerkerungsprozesses der Moderne eher verdeckt als ausgetragen.

92 Van Dülmen, S. 179.

93 Vgl. dazu: L. Hammermayer, »Die letzte Epoche der Universität Ingolstadt. Reformer, Jesuiten, Illuminaten (1746-1800)«, in: *Ingolstadt. Die Herzogsstadt – die Universitätsstadt – die Festung*, Ingolstadt 1973, S. 299-357; L. Engel, *Illuminaten-Orden*, S. 16-54. Der provinzielle Zuschnitt der Stadt, die noch um 1780 keine Buchhandlung besaß (J. Pezzl, *Reise durch den Baierischen Kreis*, (1784), Neuausgabe: München 1973, S. 74), ließ eine kulturelle Integration des akademischen Lebens offensichtlich niemals zu (vgl. H. Freilinger, »Ingolstadt als Universitätsstadt. Das Verhältnis von Bürgertum und Universität«, in: K. Bosl (Hrsg.), *Die mittelalterliche Stadt in Bayern*, München 1974 [= *Zeitschr. f. bayer. Landesgesch.*, Beiheft 6, Reihe B], S. 143-162).

94 Durch die Fiktion einer einheitlichen ›Staatsmaschine‹ verstellte sich die ältere Absolutismusforschung weitgehend den Blick für die Handlungs- und Entscheidungsspielräume der Bürokratie in absolutistischen Systemen. Weder gehorchte die Behördenorganisation eindeutig Weberschen Zweckrationalitätskriterien, noch wurde das Verhältnis der Administration zum Souverän ausschließlich von der postulierten Loyalität und Subordination geprägt. Bürokratiegeschichtliche Untersuchungen nichtinstitutionalistischer Couleur, die Entscheidungsprozesse auf der Handlungsebene der Verwaltungsträger verfolgen und Bedeutung und Umfang strukturell abweichenden Beamtenverhaltens, sei es gezielte Insubordination oder auch nur Verschleppung bzw. aktive Uminterpretation von Anordnungen, analysieren, existieren bisher kaum. Zur Interpretation solcher latenten Konflikte in ihrem sozialen Kontext immer noch anregend: H. Rosenberg, *Bureaucracy, Aristocracy and Autocracy. The Prussian Experience 1660-1815*, Cambridge/Mass. 1958, bes. S. 175 ff. (Deutsch: K. O. Frhr. v. Aretin (Hrsg.), *Der Aufgeklärte Absolutismus* (= Neue Wiss. Bibl. 67), Köln 1974, S. 182 ff.) Zur Autonomisierungstendenz spätabsolutistischer Bürokratien: E. Weis, »Absolute Monarchie und Reform im Deutschland des späten 18. und des frühen 19. Jahrhunderts«, in: F. Prinz u. a. (Hrsg.), *Geschichte in der Gesellschaft. Festschr. f. K. Bosl*, Stuttgart 1974, S. 436 ff., bes. S. 459 ff.; G. Niedhart, »Aufgeklärter Absolutismus oder Rationalisierung der Herrschaft«, in: *Zeitschr. f. hist. Forschung* 6/2, (1979), S. 199 ff., bes. S. 208 ff.

95 Van Dülmen, S. 162.

96 Ebd., S. 237 ff., 246, 250 ff., 264-269. Vgl. auch Hertels »Uebersicht des Ganzen« (1787), ebd., S. 405 ff.

97 Ebd., S. 70 ff. u. 288 ff.

98 Dies verdeutlicht Knigges Brief an Weishaupt vom 23. 11. 1780 (ebd., S. 240 ff. u. 280). Vgl. auch: H. Boos, *Geschichte der Freimaurerei. Ein Beitrag zur Kultur- und Literaturgesch. d. 18. Jahrhunderts,* Wiesbaden 1969 (Erstausgabe: Aarau 1906), S. 287.

99 Dies ist, einige kurzfristige Unsicherheiten Weishaupts nach Knigges Eintritt ausgenommen (vgl. van Dülmen, S. 248), die durchgängige Tendenz (ebd., S. 125 ff., 198, 243, 257, 267, 283, 285 f.), die durch Utzschneiders Bericht (ebd., S. 393 ff.) auch von der Gegenseite belegt ist. Über die Münchner Loge ›Sankt Theodor vom guten Rat‹ vgl.: B. Beyer, *Freimaurerei in München und Altbaiern. Geschichte der Münchener Freimaurerei des 18. Jahrhunderts,* Hamburg 1973, S. 81 ff.

100 »Der Briefwechsel zwischen Philo und ihm, während ihrer Zwistigkeiten, zeigt die Ueberlegenheit des Spartacus. Philo ist rasend, daß ein elender Professor sich untersteht, einen Edelmann, einen Mann von seinem Range, und der ihm noch dazu so wichtige Dienste geleistet, so geringschätzig zu behandeln.« (J. Robison. *Ueber geheime Gesellschaften und deren Gefährlichkeit für Staat und Religion,* Königslutter 1800, S. 201.)

101 Knigge an Zwack am 20. 1. 1783, abgedruckt bei: van Dülmen, S. 293.

102 Vornehmlich an diesem Widerspruch machte sich die Kritik der liberalen Geschichtsschreibung des 19. Jahrhunderts am Illuminatenorden fest. So stellte etwa B. Bauer den autoritär-despotischen Charakter des Ordenssystems und dessen »Herabsetzung des Menschen zu einem bloß psychologischen Object« heraus (B. Bauer, *Freimaurer, Jesuiten und Illuminaten in ihrem geschichtlichen Zusammenhange,* Berlin 1863, S. 119).

103 Charakteristisch der Brief des inhaftierten Meggenhofen an Weishaupt vom 29. 11. 1785: »Hätten Sie es je, mein Lehrer, vor einigen Jahren vermuten können, da wir uns, so unter uns, über die Fortschritte unseres Instituts, und über den Riesenschritt, den eben unser Vaterland in Aufklärung und Kultur machte, so inniglich erfreuten, hätten Sie es damals geglaubt, dass das einst der Lohn unserer Bemühungen sein würde, dass Sie mit Weib und Kindern im Auslande verbant, und ich in ein Kloster gesperrt würde, zur Strafe, dass wir unsre Landsleute aufklären und einen so nötigen Dam dem zu stark einreissenden Strome des geistlichen Despotismus sezzen wolten.« (abgedruckt bei: L. Engel, *Illuminaten-Orden,* S. 307)

104 Vgl. van Dülmen, S. 328 f. Zwacks Rehabilitierungsversuche sind ausführlich beschrieben bei: R. Du Moulin Eckart, »Aus den Papie-

ren eines Illuminaten«, in: *Forschungen zur Kultur- z. Literaturgesch. Bayerns* 3, (1895), S. 186-239, bes. S. 192-200 u. 207-213. Allen nach der Ordensaufhebung verfaßten Abhandlungen ehemals führender Illuminaten eignete mehr oder weniger stark der Charakter öffentlicher Rechtfertigungsschriften. Auf diese für die Beurteilung des Illuminatenbundes zentrale Differenz zwischen ›authentischen‹, d. h. vor den Verboten abgefaßten, und nachträglich-rechtfertigenden Schriften hingewiesen hat: L. Hammermayer, *Der Geheimbund der Illuminaten,* S. 80 (Anm. 84).

105 Diesen Hinweis verdanke ich dem Wolfenbütteler Korreferat von H. Möller (München).

106 Vgl. K. Epstein, *Ursprünge des Konservativismus;* J. Rogalla von Bieberstein, *Die These von der Verschwörung;* F. Valjavec, *Die Entstehung der politischen Strömungen in Deutschland,* München 1951.

107 Einige bemerkenswerte Aspekte zum Funktionswandel geheimer Gesellschaften vom esoterischen Bund zur strategischen Organisation im frühen 19. Jahrhundert bei: O. Dann, »Geheime Organisierung und politisches Engagement im deutschen Bürgertum des frühen 19. Jahrhunderts. Der Tugendbund-Streit in Preußen«, in: P. Chr. Ludz (Hrsg.), *Geheime Gesellschaften,* S. 399 ff., während der von J. Rogalla von Bieberstein (ebd., S. 429 ff.) hergestellte Zusammenhang der Geheimgesellschaften als ›Vorläufer politischer Parteien‹ etwas zu unvermittelt erscheint. Allgemein: E. Hobsbawm, *Sozialrebellen* (= Soziologische Texte 14), Neuwied 1962, S. 197 ff.; E. Lennhoff/W. Gebühr, *Politische Geheimbünde,* München/Wien 1968[3], S. 65 ff. Zu den Carbonari: R. J. Rath, »The Carbonari: Their Origins, Initiation Rites and Aims«, in: *American Hist. Review* 64, (1964), S. 353-370.

108 J. Habermas, *Strukturwandel,* S. 51.

109 Zur Konzeptualisierung bildungsgeschichtlicher Forschung im Rahmen einer historischen Sozialwissenschaft: P. Lundgreen, »Historische Bildungsforschung«, in: R. Rürup (Hrsg.), *Historische Sozialwissenschaft. Beiträge zur Einführung in die Forschungspraxis* (= Kleine Vandenhoeck-Reihe 1431), Göttingen 1976, S. 96-125. Lundgreens Beitrag ist allerdings noch nicht frei von jener aus der Pädagogikhistorie stammenden institutionallistischen Verengung der Bildungsgeschichte, die die kommunikations- und bewußtseinsgeschichtliche Tragweite des Bildungs-Begriffs, zumal im 18. Jahrhundert, kaum angemessen zu diskutieren erlaubt.

110 »Teutschland ist unter allen übrigen europäischen Staaten am meisten zu Revolution des Geistes, am wenigsten zu politischen aufgelegt.« (C. L. Reinhold, *Briefe über die kantische Philosophie* I, Leipzig 1790, S. 16.)

# Günter Mühlpfordt
# Europarepublik im Duodezformat
## *Die internationale Geheimgesellschaft »Union« – Ein radikalaufklärerischer Bund der Intelligenz (1786-1796)*

»Die Union als freie Republik« korrespondiert »durch ganz Europa«.
(Geheimzirkular und »Geheimer Plan«, 1788)

Aufklärung und geheime Verbindungen sind die beiden merkwürdigen Steckenpferde ... unserer Zeit. (1788.)[1]

Unter der Herrschaft der Gewalt ... sterben die geheimen Gesellschaften niemals aus. (1848.)[2]

Im Spätsommer und Herbst 1787 ging vielen deutschen Intellektuellen ein anonymer Aufruf »An die Freunde der Vernunft« zu. Darin wurden sie aufgefordert, einer geheimen »Verbrüderung« zum Schutze der Aufklärung beizutreten. Die Aufklärung sei von Anschlägen ihrer Feinde bedroht, hieß es in dem gedruckten Zirkular. »Die Begünstiger der Schwärmerei und des Aberglaubens« hätten sich zur »Unterjochung der Vernunft und Verhinderung der Aufklärung« verschworen. Hiergegen gelte es sich zu wappnen, »damit die Menschheit nicht von neuem zur Barbarei herabsinke« (FV, Abs. 1, 4, 11).

Wer diese Kassandrarufe las, erriet leicht, worauf sie zielten. Seit 1784 gingen aufklärungsfeindliche Regime verschärft gegen kritische Aufklärer vor. In Württemberg wurde 1784 die Freimaurerei verboten. Vom gleichen Jahr an verfolgte man in Bayern und anderwärts die Illuminaten.[3] Am besorgniserregendsten aber war für die Aufklärer der Thron- und Kurswechsel von 1786 in Preußen. Mit Friedrich Wilhelm II. und seinen Günstlingen Wöllner und Bischoffwerder gelangte dort die Gegenaufklärung zur Macht. Die von diesem Triumvirat eingeleiteten restriktiven und repressiven Maßregeln legten der Aufklärung Fesseln an.

Da der Erbe Friedrichs II. und seine Favoriten führend im Rosenkreuzerorden neuerer Art tätig waren, gehörte ihre Knebelung der Aufklärung zugleich in den Rahmen der Auseinandersetzung des Rosenkreuzertums mit dem Rationalismus.[4] Der Antagonismus zwischen der Aufklärung und ihren Bestreitern wurde auch in der Sphäre der Geheimbünde ausgetragen. Wie die Gegner der Aufklärung sich deren Denkmethode aneigneten, um im Kampf der Meinungen zu bestehen, so übernahmen sie ihre Organisationsformen, darunter die bündischen – beides in der Absicht, die Aufklärung mit ihren eigenen Waffen zu schlagen. Das regierende Berliner Rosenkreuzertrio war aber insofern ein Novum, als damit ein Gremium antiaufklärerischer Geheimbündler an die Spitze einer Großmacht trat.

Weil das preußische Rosenkreuzerregime sich massiv-autoritativ als Exekutive der Orthodoxie aufführte, erregte es den Verdacht eines überstaatlichen Bündnisses zwischen unaufgeklärtem Absolutismus, unduldsamem Dogmatismus und antirationalistischen Geheimgesellschaften zur Vernichtung der Aufklärung. Ein Instrument dieser Koalition wider den Fortschritt wurde der Deutsche Fürstenbund. 1785 gegen Josef II. gegründet, unter eifriger Beteiligung des damaligen Kronprinzen Friedrich Wilhelm II., diente er in dem Maße, wie er von den neuen Herren in Berlin und Potsdam kontrolliert wurde, aufklärungsfeindlichen Zwecken. Die Wöllner-Kamarilla übte Druck auf die Regierungen abhängiger und verbündeter Klein- und Mittelstaaten aus. Im September 1787 fielen auf Befehl Friedrich Wilhelms II. preußische Truppen in die Niederlande ein und nötigten ihnen eine Restauration auf.

So ergaben Freimaurerverbot, Illuminatenjagd, Rosenkreuzerei, Wöllnerische Reaktion und von ihr gelenkter antijosefinischer Fürstenbund das Gesamtbild einer allgemeinen Tripelallianz von Polizeistaat, Intoleranz und Mystizismus zur Ausrottung der Aufklärung. Aus diesem Kesseltreiben folgerte der Aufruf, daß »der große Haufe unsrer Antipoden mit vereinigten Kräften gemeinschaftlich für die Unterjochung der Vernunft und Verhinderung der Aufklärung wirkt«. Daher signalisierte er die Gefahr, daß »durch Übermacht des Glaubenszwangs die Vernunft ... unterjocht werde« (Abs. 4). Das Menetekel eines Rückfalls in »Aberglauben« und »Barbarei«, das er an die Wand malte, war aufgebauscht, aber kein Hirngespinst. In seiner dramatisierenden

Tendenz stellte dieses Manifest eine aufklärerische Komplotthese über eine Verschwörung der Dunkelmänner dar. Wie bei seinem obskurantischen Pendant während der Französischen Revolution[5] war es auch hier darauf abgesehen, das eigene Lager aufzurütteln. Je alarmierender das geschah, desto überzeugender klang der Appell, viribus unitis den Machenschaften der »vereinigten« Verfolger die Stirn zu bieten.

Wider die »Übermacht« der »gemeinschaftlich« operierenden »Begünstiger . . . des Aberglaubens« gebe es nur ein »Mittel«: den korporativen Zusammenschluß der Aufklärer. Es sei hoch an der Zeit, daß »unter uns . . . endlich auch eine Verbindung« zustande komme, um die gefährdete Aufklärung zu retten. Gemeinsam angegriffen, müßten die »Freunde des Guten« sich gemeinsam zur Wehr setzen. Daher sei »Einheit« das Gebot der Stunde. Mit äußerer Geschlossenheit war es allerdings nicht getan. Da der feudalabsolutistische Machtapparat jede offene Opposition unterband, erwies sich »Verborgenheit im allerhöchsten Grade unvermeidlich«. Infolgedessen betonte der Aufruf, »wie wichtig es ist, daß auf der einen Seite die zu errichtende Verbrüderung Einheit bekomme und daß sie auf der andern Seite« durch strenge Diskretion vor »einer auf ihre Zerstörung abzweckenden Kabale gesichert werde«.

Aufgabe »einer solchen Verbindung« sei es, »wo nicht Sieg, doch wenigstens Gleichgewicht zu erringen«. Damit man den Finsterlingen en bloc entgegenzutreten und zum Gegenangriff übergehen (eine »starke Gegenwirkung hervorbringen«) könne, stehe der Beitritt »Menschen – aus allen Ständen – welche die Aufklärung lieben«, offen (Abs. 4 f., 8, 11). »Nur keinen Fürsten und Ministern«, schränkte das angekündigte Programm ein (Plan I, Abs. 3).

Zu der großen Aufklärerunion sei bereits der Grund gelegt, versicherte der Aufruf. Es gebe einen Plan für ihren Auf- und Ausbau. »22 . . . Personen« hätten sich zusammengetan und einem »seit anderthalb Jahren« unterbreiteten Plan zugestimmt, der »ein untrügliches und durch keine menschliche Macht zu hinderndes Mittel enthält, die Aufklärung . . . zu fördern und alle bisherigen Hindernisse derselben nach und nach zu zerstören« (Abs. 6). Die Unterstellung, daß »keine menschliche Macht« etwas gegen jenes Mittel vermöge, und die vielversprechende Ankündigung, daß man »alle« Widerstände »zerstören« werde, mußten aufhorchen lassen. Ein Spitzel versah diese revolutionär klingende Stelle mit dem provozierenden Kommentar: »Was sagen die Regenten hierzu?« Derselbe Renegat las aus dem Aufruf ein Pronunziamiento heraus – die Absicht, »die Menschen ... zu jakobinisieren« (H9).

An den Empfängern des Rundschreibens sei es nun, fuhr dieses fort, die so erwünschte »Verbrüderung« Wirklichkeit werden zu lassen. Als erstes sollten sie über eine Deckadresse deren Programm anfordern. Danach stehe es in »der freien Wahl eines jeden, ... ein bloßer Freund derselben oder ihr Mitglied« zu werden (Abs. 8).

So zeugt das versandte Manifest von dem Vorhaben, eine geheime Einheitsfront der Aufklärer zu schmieden. Verbal ging es wider die Dreiheit von »Glaubenszwang«, »Schwärmerei und Aberglauben«, faktisch gegen die Triarchie von suppressiver Fürstengewalt, engstirnigem Doktrinarismus und magisch-spiritistischem Irrationalismus (Rosenkreuzertum).

Demnach ist jene »Verbrüderung« im Spektrum der Geheimgesellschaften weder bei der vorherrschenden gemäßigt-aufklärerischen Grundrichtung noch bei der gegenaufklärerischen Abart anzusiedeln, sondern bei der radikal-aufklärerischen Seitenströmung. Wenn der Kern der Freimaurerei als »Mitte« aufgefaßt wird, die para-maurerischen Rosenkreuzer als »rechter Flügel« und die para-maurerischen Illuminaten als »linker Flügel«, dann stand dieser freisinnig-republikanische Bund noch »links« von den Illuminaten. In seinem Gründungsaufruf wird die dreifache Zielsetzung erkennbar, das Erbe der Illuminaten anzutreten, Kräfte aus dem gemäßigten Gros der Logen sich herüberzuziehen und ein Gegengewicht zu den Rosenkreuzern zu bilden. Insbesondere spiegelt diese vertrauliche Proklamation die Polarisierung radikal-rationalistischer und mystizistisch-irrationalistischer Bünde in der vorrevolutionären Situation der 1770er und 1780er Jahre. Das entsprach einer allgemeinen Erfahrung, die den Rang einer Gesetzmäßigkeit hat: »Bei allen grundlegenden Umwandlungen in der Geschichte der Menschheit ... machen die radikalen Richtungen ... den Versuch, die Führung an sich zu reißen ... So ... meldeten sich jetzt die beiden Bewegungen ... an der Peripherie der Freimaurerei ... die ... Rosenkreuzer rechts und die Illuminaten links.«[6] Die propagierte geheime Aufklärerunion gehörte zum illuminatischen Typus.

Über die mysteriösen »22« Urheber jenes Sendschreibens an die Aufklärer setzte ein Rätselraten ein. »Aus der Schreibart, ja sogar aus einigen Ausdrücken« wurde auf den radikalen Aufklärer Karl Friedrich Bahrdt (1741-92) als Verfasser geschlossen (P 29). In der Tat verrät der rhetorische Stil, mit bestimmten charakteristischen Wörtern, die Feder dieses umstrittenen Freigeistes und Demokraten.

Bahrdt war eine der auffallendsten und zwielichtigsten Gestalten jener Periode. Man hat ihn zum Enfant terrible der deutschen Aufklärung, zu ihrem Thersites gestempelt. Soche Etiketts werden dem vielseitigen Gelehrten und Erzieher, Publizisten und Schriftsteller nicht gerecht. Ein echtes Kind seiner an Projektemachern und Abenteurern reichen Zeit, dabei von überquellender Produktivität und Ideenfülle, steckte dieser einfallsreiche Kopf voller Pläne. Er setzte manche neue, oft ungenügend vorbereitete Unternehmung ins Werk. Seine weitgreifendste Initiative aber war der 1785-87 von ihm gestiftete Geheimbund Deutsche Union, für den der analysierte Rundbrief warb.

Die radikale Aufklärung brachte konsequente Rationalisten hervor, Popularphilosophen und Freigeister, Philantropen und Philanthropisten, Sozialutopisten und Sozialrebellen, Ideologen einer Totalreform und Geheimbündler, Demokraten und Revolutionäre. Bahrdt war alles in einer Person. Der Freigeist der ausgehenden 60er und frühen 70er Jahre reifte ab Mitte der 70er Jahre zum radikalen Demokraten – zum markantesten deutschen »Präjakobiner«.[7]

Bahrdt zählte zu jener Avantgarde deutscher Aufklärer, deren Auffassungen sich seit den 60er Jahren radikalisiert hatten. Die verheerenden Auswirkungen des Siebenjährigen Krieges, die Mißernten und anschließenden Hungersnöte um 1770, das durch diese und andere Übelstände hervorgerufene wirtschaftliche und soziale Elend, dem die Adels- und Fürstenregime sich nicht gewachsen zeigten – das alles war der ökonomische, soziale und politische Hintergrund dieser Radikalisierung.

Seit 1775 trug Bahrdt sich mit radikalen Weltverbesserungsplänen im republikanischen Geist der Freiheit, Gleichheit und Brüderlichkeit. In jenem und im folgenden Jahr wirkte er in der Alpenrepublik Graubünden, wo die Bauern ein politisches Mitspracherecht auf den Landtagen besaßen. Die politische Aktivität und Beschlagenheit der »Bündner Bauern« sagte ihm sehr zu. Bahrdt fand in Graubünden den ihn selbst erfüllenden »Geist der Freiheit«, ein »freies Volk«. Vor allem gefiel ihm die staatsbürgerliche Gleichheit der »Bünder«. Der »ärmste Bauer« habe dort die »gleichen« Rechte »wie der vornehmste Edelmann«.[8] Das wünschte Bahrdt überall.

Dem Einschwenken Bahrdts auf diese radikaldemokratische Linie gingen revolutionäre Ereignisse voraus: die 1773/74 ausgebrochene republikanische Revolution in Amerika, der aufsehenerregende Bauernkrieg unter Pugačëv in Rußland 1773-75 und der tschechisch-deutsche Bauernaufstand von 1775 in Böhmen. Der nordamerikanische Unabhängigkeitskrieg hat Bahrdt außerordentlich beeindruckt. Er schrieb an George Washington und bot ihm seine Dienste an. In der »*Amerikanischen* Revolution« sah Bahrdt den Auftakt einer »Epoche der Völkergärungen«.[9] Die Revolution der nordamerikanischen Kolonien wurde von Geheimbünden und Korrespondenzausschüssen vorbereitet – Bahrdts Deutsche Union war eine Kombination von beidem. Der ungarische Jakobiner Martinovics sprach nach ihrer Aufdeckung von einer »Amerikanisch-Französisch-Deutschen Union«.[10]

Seit 1775/76 erstrebte Bahrdt eine »völlige Reform«, eine »gänzliche Reform« in einer »freien Republik«.[11] Erfüllt von Neuerungsdrang, träumte er davon, »Reformator Deutschlands«, Totalreformer zu werden. Nachdem sein Bemühen von 1775-79, dies mittels des Philanthropismus zu erreichen, fehlgeschlagen war, verlegte sich sein »Reformationstrieb« (»Reformationsgeist«) auf das Geheimbundwesen. Als Adept der Freimaurerei, namentlich als Esoteriker der Reformfreimaurerei und des Illuminatentums vertraute er fortan darauf, daß »durch eine geheime Gesellschaft . . . eine so große Revolution bewirkt« werden könne, wie sie ihm vorschwebte. Die Idee der »großen Revolution . . . bemächtigte sich ganz seiner Seele« (P 10 f., 14).

Mit diesem Fernziel gründete Bahrdt 1785 in Halle eine Loge, die er 1787/88 zu einer weltbürgerlich-aufklärerischen Korrespondenzgesellschaft von europäischen Dimensionen erweiterte.

Es begann damit, daß Bahrdt 1777 auf einer Englandreise in London Freimaurer wurde. Er blieb danach in Kontakt zu englischen Logen (B 2 f., 7 f.; P 13). Dadurch bekam er Einblick in das Logenwesen im Mutterland der Freimaurerei.

In Rituale und Reformen der deutschen Freimaurerei wie auch in die Bestrebungen der Illuminaten weihte ihn seit 1781

»H. v. D. . . . zu W . . .« ein. Bahrdt erkannte an, wieviel er als Geheimbundorganisator »Herrn v. D. zu verdanken hatte.« Hinter diesen Initialen verbirgt sich der Illuminat und Reformfreimaurer Franz von Ditfurth in Wetzlar. Bahrdt erhielt von Ditfurth viele »maurerische Urkunden«, die seine »Kenntnisse außerordentlich bereicherten. Und was ich in der Folge über den Wilhelms . . . Konvent erhielt, war schier ebenso vollständig, als wenn ich selbst dabei zugegen gewesen wäre« (B 4 f., 9).

Der damit gemeinte Freimaurerkonvent von 1782 in Wilhelmsbad bei Hanau tagte unter maßgeblicher Mitwirkung der Illuminaten Bode, Ditfurth und Knigge[12]. Von diesem Reformkonvent an datierte später das abgefallene Unionsmitglied Leopold A. Hoffmann die ›Illuminatisierung‹ der Freimaurerei und die Entstehung der Deutschen Union. In Wilhelmsbad habe jene internationale Illuminatenverschwörung zur Revolutionierung Europas eingesetzt, aus der angeblich die Französische Revolution hervorging (H 154-159, 165-167). Wenn das auch eine zweckbestimmte Fiktion war, um Illuminaten und Freimaurer anzuschwärzen, so lassen die Reformbeschlüsse von Wilhelmsbad doch erkennen, daß der »Geist der französischen Revolution . . . zur Zeit des Wilhelmsbader Konvents schon . . . verbreitet war.«[13] Der Wilhelmsbader Abschied vom 1. September 1782 erklärte »Wohltätigkeit«, »Bruderliebe«, »Freiheit« und »völlige Gleichheit« für Grundsätze der zu verbessernden Freimaurerei. Die in Wilhelmsbad Versammelten verpflichteten sich, für die »unterdrückte . . . leidende Menschheit« einzutreten.[14] Darüber bezog Bahrdt von Ditfurth Nachrichten aus erster Hand, und das war auch der Grundtenor seiner Unionsprogramme.

Als ungemein rascher Denker vermochte Bahrdt neue Entwicklungstendenzen sofort aufzugreifen und schöpferisch zu verarbeiten. Dabei entstand meist etwas Originäres, nur ihm Eigentümliches, das aber zugleich sehr zeitgemäß war. So ließ er sich auch von Wilhelmsbad inspirieren: Kaum waren dort die letzten Hammerschläge verklungen, da präsentierte Bahrdt bereits ein eigenes Unionsprojekt. Schon im selben Monat September bestätigte Ditfurth den Erhalt von Bahrdts »Unionsplan«. Er fand das »M[anu]sc[rip]t wegen der Union . . . vortrefflich.« Nur sei die »Union« schwer so zu verwirklichen. Bahrdt möge noch die Wilhelmsbader Akten und Starcks Freimaurerschriften studieren (P III, 47, 56; P 14). Beides tat Bahrdt.

Den Namen »Union« hat er folglich bereits 1782 gewählt. Da er mit Ditfurth überzeugt war, daß »die Maurerei ein herrliches Vehikel« der Aufklärung sei, wollte er seine projektierte Union in freimaurerische Form gießen (P III, 187).

So führte die Briefbekanntschaft mit Ditfurth zu einer neuen Etappe in Bahrdts Wirken, jene »Epoche meines Lebens« ab 1781, wie er sie nannte, in der er, von »Enthusiasmus« für eine geläuterte »Maurerei« ergriffen, seine Weltverbesserungspläne mit Hilfe eines Geheimbunds zu verwirklichen hoffte (B 4 f.). Eifriger Geheimbündler wie Ditfurth, erwies sich Bahrdt doch wesentlich unternehmender und aktiver, aber auch verwegener und unvorsichtiger als dieser. Ditfurth stiftete 1783 ein maurerisches Reformsystem, das sich über Deutschland, Polen, Italien und Dänemark verbreitete.[15] Bahrdt gegenüber bekannte sich Ditfurth, der einem »reinen Deismus« anhing, 1786 als Feind des »Despotismus« (P III, 186-188). Darin stimmte er mit einem Hauptprogrammpunkt der Deutschen Union überein. Doch blieb er, durch die Illuminatenverfolgung gewarnt und für seinen Eklektischen Bund engagiert, der Bahrdtschen Union fern. Anders als Bahrdt war Ditfurth kein Volksaufklärer und Demokrat. Dessenungeachtet verdient er als illuminatischer Informator Bahrdts Beachtung.[16]

Geringer war die Wirkung des von Ditfurth empfohlenen August Starck auf Bahrdt. Starck erdachte ein Hochgradsystem, das Klerikat, und stiftete den geheimen Bund der Sieben.[17] Mit Bahrdt verband ihn zeitweilig eine Gesinnungsfreundschaft. Als Parteigänger Bahrdts organisierte Starck 1779 in Kurland eine Hilfsaktion für den vom Reichshofrat Geächteten (P II, 64, 73, 82, 114). Das Gradsystem der Union zeigt Anklänge an Ideen Starcks.

Von Ditfurth, Starck und weiteren Freimaurer- und Illuminatenschriften angeregt, legte Bahrdt 1785 den Grundstein zu seiner Geheimgesellschaft. In diesem Jahr gründete er eine hallesche Reformloge. Sie sollte der Anfang einer *»veredelten Maurerei«* sein und wurde zur organisatorischen »Grundlage« seiner *»deutschen Union«* (B 16). Diese Keimzelle bestand aus »ungefähr sechzehn jungen Leuten« (»Studierenden«) und »fünf bis sechs meiner ältern Freunde, welche sämtlich in Ämtern standen«. Demnach bezifferte Bahrdt die Mitgliederzahl auf 21-22. Da einer der »alten Freunde« sich ängstlich zurückzog, als die Sache durchsickerte, verblieben, Bahrdt mitgerechnet, 22 Personen (B 10-14, 26). Diese

Zahl erinnert an das im Aufruf genannte angebliche Gründergremium: »eine Gesellschaft von 22, teils Staatsmännern, teils öffentlichen Lehrern, teils Privatpersonen« (FV, Abs. 6). Diese 22 sind in der Literatur für eine Erfindung Bahrdts gehalten worden.[18] Sie entsprechen aber der Mitgliederzahl der halleschen Mutterloge. Darauf lassen sich die Namen »Union der 22er« und »Plan der 22er« zurückführen. Auch der Ausdruck »Staatsmänner« erscheint vertretbar, weil damals der Beamte im Staatsdienst als »Staatsmann« galt. In die Bezeichnung »22er« flossen außerdem zwei Traditionsströme ein: die Bedeutung der 22 in der Zahlensymbolik[19] und der Brauch der deutschen demokratischen Bewegung seit dem Spätmittelalter (und bis zur Revolution von 1848/49), Bauern- und Bürgerausschüsse nach der Zahl ihrer Mitglieder zu benennen, z. B. die 48er an der Spitze der Dithmarscher Bauernrepublik ab 1447 und oppositionelle Bürgerschaftsvertretungen in Hansestädten (12er, 24er, 60er).

Alleiniger Urheber und spiritus rector war indes Bahrdt. Seine Mitarbeiter fungierten als ausführende Organe seiner Ideen. »Nun war meine Seele voll von deutscher Union«, schrieb Bahrdt im Rückblick auf seine Tätigkeit ab 1785. Um unauffällig »die D. U. ausbreiten und ... meine hiesigen Mitverbündeten ... verbergen« zu können, sowie aus gesundheitlichen Gründen kaufte Bahrdt einen »Weinberg ... außer der Stadt«, wo er fortan die »stillen Zusammenkünfte« seiner »maurerischen Verbindung« hielt (B 16 f., 22, 25).

Die »neue Loge« erregte jedoch den geharnischten Protest der alten. Bahrdts Betriebsamkeit, besonders seine Werbetätigkeit unter den ihn vergötternden Studenten gruben der regulären Freimaurerei und den Studentenorden das Wasser ab. Daher erlitt schon die hallesche Mutterloge das Schicksal, das sich später bei der DU im großen wiederholte: Sie wurde von anderen Geheimbünden als lästige Konkurrenz wütend bekämpft. Bahrdt erhielt einen anonymen Drohbrief (B 13, 10; P 16). Man zieh ihn der »Verführung junger Leute« und »naturalistischer Proselytenmacherei«.[20] Bahrdt verdarb es dadurch auch mit seinem alten Freund Reinhold Forster (dem Vater Georg Forsters), der führender Freimaurer war und bei Bahrdts Aufnahme in London für ihn gebürgt hatte. Als im September 1787 eine Universitätsintrige gegen Bahrdt eingefädelt wurde, um ihm die Venia legendi zu entziehen, d. h. den unbequemen Freigeist und Satiriker aus dem

Lehrkörper auszustoßen, erhob man auch Anklage auf Geheimbündelei. 1788 wurde Bahrdt aus dem Vorlesungsverzeichnis gestrichen.[21]

Hören wir Bahrdt selbst: »Es war am Ende des Sommers 1787, da ich mich entschloß . . . die Deutsche Union durch meine . . . Maurer zu verbreiten.« Doch die Sache ward ruchbar, woraufhin ein »mir sehr verehrungswürdiger Mann [R. Forster] . . . mich ernstlich warnte und ermahnte, die ganze Sache sogleich aufzugeben.« Eine Loge außerhalb der »privilegierten« sei »nicht gestattet«. Bahrdt zog sich durch formale Auflösung seiner halleschen Loge aus der Affäre (B 26) – ein Rezept, das dann auch bei der Union praktiziert wurde: Um die Verfolger zu täuschen, sprengte man aus, »die Union sei eines frühen Todes gestorben«; sie habe als »geheime Gesellschaft« aufgehört zu bestehen (GO, Abs. 4 u. Nachschrift 5; üA, Anh., Abs. 3, 12).

Echt Bahrdtisch aber war, daß er eine Flucht nach vorn antrat, indem er von lokaler Logentätigkeit im kleinen Kreis zu weiträumiger Werbung großen Stils überging: »Nun fing ich an, mit Zuratziehung meiner ältern Freunde, die D. U. bloß *auswärts* durch Korrespondenz zu verbreiten« (B 27). Das war der Auftakt seiner weltbürgerlichen Aufklärerunion als Korrespondenzgesellschaft zu Sommersende 1787.

Der zweite Schritt hierzu, nach dem Gründungsmanifest, war die Versendung eines Programms (»Plan der 22er«, »Plan der Deutschen Union«) an Interessenten. Darin wurde »die Deutsche Union« als »republikanischer« Geheimbund zur »Aufklärung der Menschheit« angekündigt (Plan I, Abs. 1 u. 12). Falls die Angabe im Aufruf zutrifft, daß dieser Plan »seit anderthalb Jahren« dem Gründerkreis vorgelegen hatte, stammte er von Anfang 1786, als Bahrdts Reformloge bereits aktiv war (FV, Abs. 6). »Gegen Ende . . . 1787« wurde er durch einen »verbesserten« ersetzt, den »Vorläufigen Plan der Deutschen Union« (»Verbesserter Plan der Deutschen Union«, Plan II). Zu diesem Zeitpunkt besaß »die Union . . . über 200 . . . beeidigte Mitglieder« (P 24 u. H 46). Im September 1788 folgte der »Geheime Plan der Deutschen Union« (Plan III), den nur die Leiter der Provinzialverbände erhielten und über den sie die Mitglieder lediglich »mündlich« informieren sollten. Dies war das ausführlichste Programm, das den Aufbau im einzelnen regelte und den Charakter eines provisorischen Status trug.[22] Der strenger sekretierte letzte (22.) Abschnitt wurde als

»Geheimster Operationsplan« (Plan IV) abgesondert. Er war ausschließlich für die Provinzvorsteher bestimmt.

Zu diesen vier »Plänen« und weiteren Rundschreiben kam die Programmschrift »Über Aufklärung«, die im Herbst 1788 von Bahrdt, dem Hauptverfasser, unter Mitarbeit des Arztes Prof. Gottlieb Weber (Halle/Bützow) und des Verlegers Degenhard Pott (Leipzig) abgeschlossen wurde. Bahrdt und seine Mitarbeiter präzisierten darin »den so schwankenden Begriff des Worts Aufklärung ... und ... das Wesen der Aufklärung«, um »einen bestimmten und genau begrenzten Begriff« festzulegen. Aufklärung sei »eigenes« klares (»deutliches«), begründetes und »geprüftes« Vernunftdenken zur Erlangung irdischer »Glückseligkeit«. Sie wurde als Gegenbegriff zu »Aberglauben« (Dogmatismus) und »Fanatismus« (Intoleranz) aufgefaßt. Ihr Reich beginne dort, wo das »des Aberglaubens und des Fanatismus« aufhöre. Ein Einfluß Kants, mit dem Bahrdt Briefe wechselte, ist hier spürbar. Die Programmschrift wollte vor allem Mittel zur Förderung der Aufklärung aufzeigen (üA, N, Abs. 2; üA, Anh., Abs. 6).

Programme, Rundschreiben und Schriften des Bundes und seiner Akteure zeigen, daß er von Ideen der radikalen Aufklärung – hauptsächlich der deutschen und französischen – inspiriert war. Insbesondere übernahm er freimaurerische und paramaurerische Organisationsformen und Bestrebungen. Bahrdt täuschte sogar die Absicht vor, »die ganze Union in Maurerei zu verwandeln (GO, Abs. 2). Er gab die Union aus zwei Gründen für einen Logenverband aus, zur Werbung und zur Absicherung: um Freimaurer und auf Mysterien Versessene anzulocken und weil »Maurerei an sich eine im Staat geduldete Sache« war. Damit konnte man sich »bei jeder Entdeckung schützen« (B 11). Da die Freimaurerei von den meisten Regierungen zugelassen war – nach Aufhebung des Verbots von 1764 auch im Österreichischen – und da Fürsten einigen Logen als Meister vom Stuhl präsidierten, noch dazu den Generalgroßmeister Ferdinand von Braunschweig stellten, bekam die Union so den Anschein der Legalität. Tatsächlich diente der vermeintlich freimaurerische Charakter der Union 1789 dem preußischen Kammergericht als formale Begründung, um Bahrdt von der Anklage staatsgefährlicher Geheimbündelei freizusprechen. Das Gericht gelangte – um nicht gegen zahlreiche preußische Beamte, die der Union angehörten, Verfahren einleiten zu müssen – im Bahrdt-Prozeß zu dem Schluß, daß »die

Union ... eine Art freimaurerische Verbindung« darstelle, eine »Freimaurergesellschaft ... neuer« Prägung, der die gleiche »Duldung zukomme«, die in Preußen den »Freimäurern aller Systeme« gewährt werde.[23] Statt wegen der Union wurde Bahrdt wegen »Majestätsschändung« zu Festungshaft verurteilt.

In Freimaurerei und Studentenorden war der Begriff »Union« gebräuchlich. Es gab mehrere Logen dieses Namens. Darin drückte sich das Bedürfnis der bürgerlich-emanzipatorischen Opposition nach Zusammenfassung der Kräfte und geschlossenem Auftreten aus, das im Gründungsaufruf angesprochen wurde. So nannte sich die Provinzialloge von Frankfurt am Main »Unionsloge«.[24] Eine weitere Unionsloge bestand in Pest. In beiden Städten gewann die Union Anhänger.

Entsprechend dem überkonfessionellen und überstaatlichen Charakter der Deutschen Union verschmolzen in ihrem Namen mit der maurerischen Komponente kirchengeschichtliches, staatsrechtliches und nationalgeschichtliches Erbe (katholisch-orthodoxe Kirchenunionen, protestantische und gesamtchristliche Kirchenunionsbestrebungen; Staatenunionen Dänemark-Norwegen, Polen-Litauen, England-Schottland u. a.; protestantische »Union« von Fürsten und Freien Städten vor dem 30jährigen Krieg, antihabsburgische Fürsten-»Unionen« von 1744 und 1785).

Für den Theologen Bahrdt, der sich auch an aufgeklärte Geistliche wandte, war der Gedanke der (protestantischen und gesamtkirchlichen) Union zum einen eine religionspolitische Größe. Diese Idee übte eine starke Anziehungskraft auf christlich gesinnte Aufklärer aus. Das wurde von Bahrdt bei der zugleich abschirmenden Betonung der Christlichkeit seiner Gründung einkalkuliert. So setzte Bahrdt mit dem Namen Union und mit seinen Unionsprogrammen auf einen toleranten christlichen Ökumenismus, der auch dem bloßen Deisten oder reinen Atheisten Duldung verhieß. Die Präambel zu Plan I erklärte, daß man dem »Stifter des Christentums« nachfolgen wolle. Das provisorische Statut untersagte »Spott über Christus und Christentum«. Gleichzeitig sicherte es »rechtschaffnen Naturalisten [Deisten] und Atheisten« Duldung und Anerkennung zu (GP, § 4 Abs. 4).

Zum anderen wurde die Idee einer spezifisch deutschen Union von Bahrdt zur nationalpolitischen Losung erhoben. Auf die politisch zerrissenen Deutschen mit ihrer Sehnsucht nach nationaler Einheit wirkte der Name Deutsche Union wie ein Zauberwort. Je mehr eine einheitliche und geistig-kulturell vereinheitlichende deutsche Aufklärung erstarkte, um so fühlbarer wurde das Verlangen, eine nationale Sammlungsbewegung zu organisieren. Für stark nationalbewußte Aufklärer war diese Selbstzweck, für menschheitlich eingestellte stand sie als Gliederungsprinzip im Rahmen ideologischer Weltbürgerlichkeit. Daher wurden Bahrdts Unionsprogramme von beiden Richtungen positiv aufgenommen. Einen konträren politischen Anstoß gab der Deutsche Fürstenbund,[25] in dessen Gründungsjahr Bahrdts deutscher Bürgerbund seinen Anfang nahm. Wie jener kurz »Union« genannt wurde,[26] so erhielt seine republikanische Gegengründung den Namen »Deutsche Union«. Diesen führte Bahrdt 1786/87 ein (erstmals im Plan I, Abs. 12).

Für Freimaurer drückte der Name Deutsche Union keine nationale Begrenzung aus, da es üblich war, maurerische und paramaurerische Systeme nach einem bestimmten Volk oder Land zu benennen. So gab es vor und neben der Deutschen Union übernationale Logenverbände nach »schottischem«, »schwedischem«, »englischem«, »französischem«, »asiatischem«, »afrikanischem«, ägyptischem« und »amerikanischem« Ritus. Diese Nomenklatur entsprang meist mehr oder minder erfundenen Herkunftslegenden. Sie hatte wenig mit ethnischer Eigenart und nichts mit nationaler Absonderung zu tun. Infolgedessen war es aus maurerischer und weltbürgerlich-aufgeklärter Sicht kein Widerspruch, daß Bahrdt den Briefwechsel der Union bewußt auf »ganz Europa« ausdehnte und dies als Grundsatz im Statut verankerte (GP, § 1, Abs. 4). Folgerichtig sind ihr auch Nichtdeutsche beigetreten.

Allerdings blieb die Bezeichung Union nicht unwidersprochen. »Einigen war der Name lieb. Aber manchen gefiel er ... nicht: weil der Name Union« die Erinnerung an Zwist wachrufe, »weil man dabei an dreißigjährigen Krieg, an Ligue denke« oder weil es »Anlaß zum Spott gäbe, daß Privatpersonen ein Wort brauchten, welches Fürsten gebraucht« (P 230). Manche faßten ihn als Erfüllung ihres Wunsches nach deutscher Einheit auf. Ein Kasseler Patriot schwärmte für »echtdeutsche Redlichkeit ... Deswegen gefiel mir auch der Name D. U. Diese Benennung flößte mir ... Ehrfurcht ein« (P 202). Dagegen fühlten sich aufgeklärte Katholiken unliebsam an die antikatholische »Union« vom Vorabend des Dreißigjährigen Krieges erinnert. Mehr noch störte Josefiner die Namensverwandtschaft mit der antijosefinischen Fürstenunion unter preußischer Führung. Daher kam aus Wien der Einwand, daß »die Benennung ... Union ... in manchen Gegenden der guten Sache schade« (P 173). So bedeutete diese Denomination den einen eine nationale Hoffnung, anderen aber eine unangenehme Reminiszenz an nationalen Zwiespalt, an Sonderbünde. Bahrdts Mitarbeiter Degenhard Pott teilte die Bedenken (P 230). Im ganzen überwog indes die Zustimmung.

In der weiteren Geschichte der bürgerlichen Emanzipation hat der Terminus Union als Inbegriff korporativer Aktionseinheit Schule gemacht. Eine 1790 gegründete kurländische Nachfolgeorganisation der DU nannte sich »bürgerliche« oder »Bürgerunion«. So hätte schon die Muttergesellschaft heißen können. Doch stießen zu dieser auch fortschrittliche Adlige, wie die radikalen Aufklärer von Knigge, von Knoblauch und von Leipziger.

Hauptsächlich diente die freimaurerisch anmutende Benennung und Gestaltung des Bahrdtschen Bundes der Werbung. Viele der zum Beitritt Eingeladenen waren »alte und erfahrne Freimaurer«, »alte Maurer«, mehrere »M[ei]st[e]r vom Stuhl« oder »Logen-Chef« (P 287, 206, 192, 194, 208). Die Freimaurerei war ja die Hauptorganisation des aufgeklärten Bürgertums und Reformadels. Aber sie befand sich in einem unbefriedigenden Zustand. Die Klagen darüber nahmen kein Ende. Dieses starke Bedürfnis nach einer Logenreform ließ nicht wenige voll Erwartung auf die von Bahrdt verheißene »bessere Art von Maurerei« blicken (B 13). Darum verschaffte die maurerische Aufmachung der Union leichteren Zugang in Freimaurerkreise. So kam ein Großteil ihrer »Brüder« aus den Logen. Von den drei Grundrichtungen der Freimaurerei – der vorherrschenden gemäßigt-aufklärerischen, der radikal-aufklärerischen und der gesellschaftlich konservativen – zeigte naturgemäß die radikale die größte Aufnahmebereitschaft für Bahrdts Unionsidee.

Im Geheimsten Operationsplan hat Bahrdt ausgeplaudert, daß alles freimaurerische »Ritual« mit seinen Symbolen (»Zeichen«) ihm »nur ... Spielwerk« und Mittel der »Täuschung« war. Er wollte die »maurerische Formalität nur für Lehrlinge«, »für untere Brüder« (GO, Abs. 3 u. 3. Grad). Bei aller Geringschätzung von Zeremonien und Mummenschanz teilten er und seine Mitorganisatoren jedoch die humanitären Ideale der Freimaurerei: Brüderlichkeit und Wohltätigkeit, Gleichheit und Freiheit. Das zeigen sowohl die Unionsprogramme als auch Schriften von Unionsmitgliedern.

Eine echte Nachfolge lag gegenüber den Illuminaten vor. Die Ähnlichkeit war so auffallend, daß die Union als verlängerter Arm der Illuminaten galt. So schrieb Pott: »Manchen ... erscheint die Deutsche Union ... als ein fortgesetzter Illuminaten-Orden« (P 5). Sie schlossen aus den Unionsprogrammen, daß die »T[eutsche] U[nion] wie die Illum[inaten] sich -- des Staats [...] bemächtigen wolle« (P 184).

Die Obskuranten stempelten die Illuminaten gar zu Vätern der Französischen Revolution und die Deutsche Union zu einem besonders gefährlichen Zweig dieses Ordens. Der Haupturheber der obskurantischen Komplotthese, das abtrünnige Unionsmitglied Leopold A. Hoffmann, veröffentlichte 1796 ein Buch von 300 Seiten über die »Deutsche Union und ihre Verbindung mit den Illuminaten«, um »zu beweisen, inwieweit sie mit dem Illuminaten-Orden zusammenhängt.« Für diesen Renegaten war die DU eine Filiation aus der »Mutterschule des Illuminatismus«, aufgebaut »wie der Illuminatenorden«, ja, »das große Arsenal des Illuminaten-Ordens«. Die Unions-»Korrespondenz durch ganz Europa« erweise die »in *alle Welt* sich erstreckende« großangelegte »Konjuration« der Illuminaten zur Revolutionierung der Menschheit (H 1, 13, 105, 179). »Die neuen Logen der unter illuminatischer Direktion stehenden deutschen Union« waren in den Augen des Apostaten Aufmarschbataillone der deutschen Revolution (H 272). Doch stecken in der Verschwörungstheorie des ausgezeichnet informierten Hoffmann mehr Elemente der Wirklichkeit, als manche Historiker annahmen. Hoffmann kombinierte willkürlich. Er schuf ein Phantasiegebäude, aber er errichtete es aus realen Bausteinen. Es war ebenso zweckbestimmt wie die nicht minder durchsichtigen Bagatellisierungsversuche und Schutzlügen von Geheimbündlern und Aufklärern.

Neben den Papieren des Illuminaten Ditfurth wirkten auf Bahrdt und seine Union Schriften der Illuminaten Weishaupt, Bode, Knigge, Mauvillon, Leuchsenring. Unter den aktiven Mitgliedern und den Korrespondenten der Union begegnen führende und tätige Illuminaten wie Knigge, Mieg, Salzmann. Der Arzt Christian Ehrmann (Frankfurt/Main) führte in der Union weiter seinen illuminatischen Decknamen.[27] Doch war trotz solcher Doppelmitgliedschaften die personelle Kontinuität geringer als die ideelle, weil Bahrdt wegen der Illuminatenverfolgung Bayern ausklammerte und weil mancher ehemalige Illuminat aus Furcht vor Verhaftung nicht beitrat. Einige Übereinstimmungen im Programm erklären sich allerdings als Parallelen im Rahmen der radikalen Aufklärung – auf Grund analoger Grundeinstellung und Ausgangssituation oder gleicher maurerischer Vorbilder. Dem Zug der Zeit am Vorabend der Französischen Revolution gemäß stellte die DU aber keine bloße Neuauflage oder Ersatzorganisation des Illuminatenordens dar, sondern eine weitere Radikalisierung.[28]

Den Illuminatenbund hatte Bahrdt auch vor Augen, als er den altjüdischen Essenerorden schilderte. Daher nehmen sich die Essener bei ihm wie Illuminaten des Altertums aus. Auf den Essenern fußte seine Herleitung des Christentums aus einem Geheimbund, die an vorangegangene rationalistische Hypothesen von der Genesis der mosaischen und christlichen Religion aus Geheimgesellschaften anknüpfte. Der freigeistige Berliner Hugenotte Veyssière La Croze hatte Jesus für einen Essener gehalten.[29] Entsprechend behauptete der Leipziger radikale Aufklärer Ernst Wünsch in einem 1783 an Bahrdts Wohnsitz gedruckten Buch, ein ägyptischer Priester-Geheimbund habe Moses in seine Arkana eingeweiht. Auf die gleiche Quelle führte Wünsch Messiasidee und christliche Trinitätslehre zurück.[30] So leitete die kritische Religionsgeschichte des Rationalismus den Monotheismus von Geheimgesellschaften her. Bahrdt verband diese Thesen zu seiner Essenertheorie vom Urchristentum. Auch er suchte die Erklärung für die Wunder und Heilerfolge der Religionsstifter darin, daß sie Adepten von Geheimbünden waren, die ihnen ihre magischen Künste mitteilten. Jesus sei ein essenischer Esoteriker gewesen: von Essenern erzogen und in ihre geheimen Künste eingeführt. Er habe seine Anhänger in einem Geheimbund gesammelt.[31] Damit rechtfertigte Bahrdt zugleich seinen eigenen Bund, der dem »großen Zweck« Jesu diene: der »Aufklärung der Menschheit« (Plan I, Abs. 1).

Im ganzen war die Bahrdtsche Union freimaurerisch in der Form und radikal-illuminatisch in der Sache. Prof. Baldinger, ihr eifrigster Mitorganisator nächst G. Ph. Wucherer in Wien, nannte deshalb »die T[eutsche] U[nion] . . . eine Mixtura« aus beidem:

»halb M[aure]i, halb Illum[inatenorden]« (P 187). Bahrdt verfolgte bei ihr »unter der Maske« der Freimaurerei die Ziele der Illuminaten.[32] Martinovics stufte 1794 »die Union« zwischen Illuminaten und Jakobinern ein: Am Anfang seiner Genealogie der aufklärungszeitlichen Geheimorden steht die »Freimaurerei« samt ihren Sonderformen und Abarten. Von ihr führte der Weg über »die Illuminaten, die Union, die Jakobiner ... zum Siege der Freiheit und Gleichheit ... Eine *Union* in ganz Europa ..., um ... die ... Regierungen übern Haufen zu werfen,« habe, als gemeinsames Werk von »Illuminaten« und »Jakobinern«, bereits »Wurzeln in Deutschland, Polen« geschlagen, sei aber an der Wachsamkeit der Regierungen gescheitert.[33] Das war zwar eine Variante der Komplottheorie, mit einer revolutionär-illuminatischen »Amerikanisch-Französisch-Deutschen Union« auf österreichischem Boden im Mittelpunkt, der historische Ort der Union des Präjakobiners Bahrdt zwischen Illuminatentum und mitteleuropäischem Jakobinismus ist damit jedoch richtig erfaßt.

Ein Schweizer Unionsmitglied führte die Ahnenreihe der DU über »Massonei« und »Hansa« bis zum Gelehrtenbund der Pythagoreer, der ersten vereinigten »Freunde der Aufklärung«, zurück (P 65). Das diente der historischen Legimitation.

Für die Marschroute der Union kennzeichnende zeitgenössische »Autoritäten waren Lessing und Rousseau. So berief sich Prof. Dapping, Vorsteher der Unionsprovinz Nassau, auf Lessings »Ideal von Maurerei« als Modell (P 304). Der Leiter des Provinzialverbands Kursachsen, Prof. Erhard, erklärte: »Mein Wahlspruch ist der Rousseauische, ›Das Leben für die Wahrheit!‹« (P 38). Auch Erhards freigeistiger Schüler Pott bekannte sich zu diesem Hauptideologen der Französischen Revolution.[34] Die Leipziger Rousseauaner bildeten eine Kerngruppe der Union.

Entsprechend dem Doppelcharakter der Union – teils Geheimbund, teils literarische Gesellschaft – war sie auch von der öffentlichen Gesellschaftsbewegung der Aufklärung angeregt. Der Eifer der Aufklärer, sich mit Gleichgesinnten zur »Vervollkommnung der Menschheit« zusammenzutun, äußerte sich öffentlich in gemeinnützigen Vereinigungen. In der Bahrdtschen Gründung liefen zwei Entwicklungslinien zusammen: die geheim-bündische (Freimaurerei, Rosenkreuzer, Illuminaten) und die öffentliche, literarisch-wissenschaftlich-pädagogische (Sprach- und Deutsche Gesellschaften, literarische und Lesegesellschaften, Patriotische und ökonomische Gesellschaften, gelehrte Sozietäten, Volksbildungs- und Wohlfahrtseinrichtungen, Schul- und Gelehrtenverlage, Philanthropine). In der Geschichte der gesamtnationalen Organisationen des deutschen Bürgertums steht die Bahrdtsche Union so zwischen den Deutschen Gesellschaften der Gottschedianer in der Hochaufklärung und den vielen gesamtdeutschen Berufs- und Interessenverbänden des 19. Jh. (Sänger, Turner usw.), mit Bennigsens Nationalverein von 1859 als bedeutendstem.

Während im Gründungsaufruf nur von einer Geheimorganisation die Rede war (»Verbrüderung« in der »Verborgenheit«; Abs. 11), hieß es in Plan I, die Union solle teilweise »sichtbar werden« und »in dieser Gestalt vor der Welt erscheinen«. Als ihre »Außenseite« wurde eine »literarische Gesellschaft« angekündigt (Abs. 9 u. 12). »Vorderhand muß das Publikum uns bloß als eine literarische Gesellschaft betrachten« (Missiv in: H 22). Besonders als im Herbst 1788 Gerüchte über eine »bedenkliche Geheimgesellschaft« umliefen, wurde diese »Außenseite« herausgestellt, und es erfolgte eine Öffentlichkeitserklärung, die den Verdächtigungen den Boden entziehen sollte (ZB, Abs. 7; üA, Anh., Abs. 2-3, 12).

Diese »sichtbare« Seite – mit Selbstverlag der Verfasser, eigener Zeitung, genossenschaftlichem Buchhandel, Lesezirkel und -kabinetten (Leihbüchereien) – knüpfte an zahlreiche Vorbilder an. Der Gedanke einer Gelehrtenrepublik, schon in Antike und Renaissance lebendig, dann von der Aufklärung weiterentwickelt, war durch Klopstocks Entwurf (1774), den Bahrdt subskribierte, besonders aktuell geworden.[35] Auch der Mitgliedschaft stand »Klopstocks Gelehrten-Republik« vor Augen (P 225). Schul- und Autorenverlage, mit denen Bahrdt zusammenarbeitete, wie Bodes und Lessings Hamburger Unternehmen, Reichs philanthropistische Dessauer Gelehrtenbuchhandlung, an der er 1780/81 selbst beteiligt war, und Campes philanthropistische Braunschweiger Schulbuchhandlung, bei der er veröffentlichte, wiesen den Weg. So suchte Bahrdt in den öffentlichen Einrichtungen der Union sein Ideal einer »Freien Gelehrten-Republik« zu verwirklichen. Er hat sowohl seinen Heidesheimer Selbstverlag (die »philanthropische Buchhandlung«) wie den projektierten Unionsverlag eine »Gelehrten-Republik« oder »Republik der deutschen Gelehrten« genannt.[36] Besonders angetan war Bahrdt von den Lesegesellschaften, in denen er ein Medium sah, sich und anderen radikalen Aufklärern ein breites Leserpublikum zu gewinnen.

So verband Bahrdts Bund die Merkmale einer Geheimorganisation mit denen einer kulturellen Vereinigung. Eine solche Kombination von »stiller Verbrüderung« und »literarischer Gesellschaft« lief Gefahr, ein schwächliches Zwitterwesen zu werden. Doch war diese ›Methode des Eisbergs‹ geeignet, den ›unterirdischen‹ Teil, die Geheimbundtätigkeit, unverfänglicher zu machen und einen konspirativen Untergrund zu verdecken.

Am Geheimbund hat Bahrdt trotz aller Metamorphosen und Mimikry bis 1790 festgehalten. Nur ersetzte er das Argwohn erweckende Wort geheim durch das harmlos klingende »still«: Der Bund wolle für das »Wohl der Menschheit im stillen . . . wirken,« durch eine »stille Verbrüderung« der Aufklärer (FV, Abs. 5; Plan I, Abs. 1). Die Union sei »eine stille Verbindung des schreibenden und lesenden Publikums«, d. h. ein geheimer Autoren- und Leseverband (GP § 1, Abs. 1).

Ein Teil der zum Beitritt Eingeladenen billigte diese Konzeption. Dem Weimarer Verleger Bertuch sagte zu, daß die Union »ihren Zweck öffentlich aufstellt und nur aus ihren Mitteln dazu ihr Geheimnis macht« (P 46). Manchen gefiel aber der Januskopf nicht. Radikale Stimmen akzentuierten die verhüllte, latent revolutionäre Seite. So hielt Dapping in Herborn eine Erklärung zur öffentlichen Gesellschaft für verfrüht: »Geheime Gesellschaft müßte die Union . . . bleiben« (P 303 f.). Auch ein Thüringer fand »höchst gut«, daß man vorerst in tiefster Stille bleibe« (P 133).

Dagegen legten vorsichtige und ängstliche Gemüter, denen nach der Illuminatenverfolgung in einem Geheimbund nicht ganz geheuer war – vestigia terrent – stärker oder ausschließlich Wert auf eine Privatgesellschaft, die an die Öffentlichkeit trat. Aus Wien kam der Vorschlag, statt einer politisch verdächtigen geheimen »Verbrüderung« eine »bloß literarische . . . Gesellschaft« zu schaffen, aus Leipzig die entsprechende Benennung »Literarische Union« (P 172 f.). Der Vorsteher der Provinz Thüringen plädierte für eine Art populärwissenschaftliche Vereinigung, unter dem Gemeinplatz »Sozietät für Aufklärung«, und fand damit Potts Beifall (P 230). Nachträglich – nach dem Schiffbruch der Union, nach Gefängnis- und Festungshaft – bekehrte sich 1791 auch Bahrdt selbst zu der Konzeption, die Aufklärung durch einen in der Öffentlichkeit tätigen Bund »aller aufgeklärten Männer« durchzusetzen.[37]

Renegat Hoffmann wertete die sichtbare Seite der Union als bloßes Täuschungsmanöver. Die »von den geheimen Cliquen der aufklärenden Sanscülotten« gezeigte »*Außenseite*« sei »Maske und Lüge«. Bei der »*inneren* Seite der *geheimen* Sache« handle es sich um »völlige französische Sanscülotten-Aufklärung«. Die Außenseite sei für »die Regierungen« und für Arglose bestimmt, die man zu »düpieren« suche. Man wolle damit »die Regierungen ... an der Nase herumführen«. Auf diese Weise bekomme die »deutsche Union ... hinter dem öffentlich ausgehängten Schilde erst die allerfreiesten Hände zu Betreibung ihrer geheimsten Zwecke«. Diese stellte der Judas als anarchistisch hin: »Die Union will ... alle [bisherige] religiöse ... politische und moralische [geistige] Autorität vertilgen« (H 73, 76 f., 79-81, 86).

Als »Außenseite« propagierten die Unionsschriften ein legales in aller Öffentlichkeit vertretbares System der Bildungsarbeit und Wohltätigkeit von großer Werbekraft. Das allgemeine Mittel zum Zweck hieß »Erhebung der Vernunft auf den Richterstuhl« der Welt, damit »Vernunft alles in allem« sei, d. h. Totalreform des menschlichen Denkens und Lebens nach den Grundsätzen des Rationalismus (GO, 3. Grad). Hilfsmittel zur Aufklärung sollten Lesegesellschaften, Zeitung, Verlag und Buchhandel der Union sein.

Besonders wichtig an der »Außenseite« waren für die Bildungs- und Breitenarbeit die Lesegesellschaften, die Bahrdt sehr am Herzen lagen, zumal sie seinem schriftstellerischen Ehrgeiz und dem Absatz seiner und anderer radikal-aufklärerischer Schriften ein weites Feld eröffneten. Die Absicht, Deutschland mit einem Netz dem Geheimbund angegliederter Lesegesellschaften zu überziehen, findet sich in allen vier Unionsprogrammen Bahrdts.[38] In Halle bot die Lesegesellschaft von Bahrdts Verleger und Freund Bispink einen Ansatz (B II, 147).

Das Vorhaben, einen unionseigenen Verlag, Buch- und Zeitungsvertrieb aufzubauen – für Unionsblatt, Arbeiten von UM, Übersetzungen und Neuausgaben, mit eigener Druckerei – brachte der Union zusätzlich zur Rivalität von Logen und älteren Lesegesellschaften die Konkurrenzfurcht von Verlegern und Buchhändlern ein (GP, §§ 4-6, 10-11, 16). Nur jene unter ihnen stimmten zu, die mit ins Geschäft einsteigen wollten. Die anderen befürchteten Schädigung und legten ihre Gegenminen.

Einem genossenschaftlichen Selbstverlag der Autoren eröffneten sich günstige Aussichten dadurch, daß es Bahrdt für kurze Zeit gelang, in der Deutschen Union eine geistige Elite der Nation zu vereinen, namentlich Gelehrte und Schriftsteller. Welch bedeutenden Anteil Unionsmitglieder und -korrespondenten am Geistesleben der deutschen Aufklärung hatten, wird dadurch erhellt, daß nach meinen Ermittlungen von ihnen nicht weniger als 62 Zeitschriften herausgegeben oder verlegt wurden. Auf 10 Mitglieder entfiel eine Zeitschrift – darunter nahezu die Hälfte der führenden deutschen Aufklärungsjournale im ausgehenden 18. Jh. Das ist ein Gradmesser sowohl für die Zeitschriftenfreudigkeit der deutschen Aufklärung, die an quantitativer Bildungsarbeit jede andere übertraf, als auch für das hohe intellektuelle Niveau des Bundes.

Auch an seinen Ideen einer radikal-aufklärerischen Erziehungsreform hielt Bahrdt im Rahmen der Union fest: Der philanthropistischen Losung der Nationalerziehung gemäß nahm die Satzung ein »Nationalerziehungshaus« der Union in Aussicht (GP, § 13, Punkt 3).

Noch deutlicher zeugte von radikal-aufklärerischer Haltung das Bekenntnis der Unionsleitung zur »Volksaufklärung« (üA, Anh., Abs. 7). Zwei Unionsprogramme Bahrdts betonten die Absicht, »Aufklärung bis in die Hütten des Volks zu verbreiten« (Plan I, Abs. 11; GP, § 4, Abs. 2).

Darin unterschieden sich der Demokrat Bahrdt und seine Mitarbeiter von gemäßigt-aufklärerischen Vertretern des Reformadels, die gegen Priester- und Fürstenherrschaft waren, aber dem Volk fernstanden, wie von Ditfurth und von Irwing. Ditfurth hielt es für geboten, mit der »Aufklärung . . . von oben . . ., bei den . . . Großen« zu beginnen und erst danach sie »bei dem Volke« heimisch zu machen (P III, 187). Irwing plädierte für bloße Aufklärung der Gebildeten (»aller gelehrten Stände«). »Dann wird sich gewiß der gemeine Mann auch wohl dabei befinden« (P 135).

Volksverbundenheit spricht auch aus Bahrdts Fürsorgeprogramm, das ihn als Vorläufer der Sozialversicherung ausweist. 100 Jahre vor der Einführung der Invaliden- und Altersversicherung im Deutschen Reich (1889) wollte Bahrdt Kranken- und Hinterbliebenenversorgung einführen. Die Union wurde als »wohltätiges Institut« zur Durchführung umfassender Sozialmaßnahmen angekündigt (FV, Abs. 6). Neben karitativen Einrichtungen (Unterstützung für Bedürftige, Gebrechliche, Greise, Witwen und Waisen) waren Begabtenförderung und »Verteilung nützlicher Volksbücher unter die Armen« vorgesehen. Gewinne aus Buch- und Zeitungsvertrieb sowie Spenden der Mitglieder sollten dafür die Mittel liefern, waren aber keine ausreichenden Einnahmequellen (GP §§ 15-17).

Gemessen an so weitreichenden Vorhaben, blieb die Organisation dilettantisches Stückwerk. Bahrdt hatte viele Ideen, aber ein umsichtiger, vorausschauender Organisator war er nicht. Aus Mangel an zuverlässigen Mitarbeitern wuchs ihm die rasch anschwellende Unionskorrespondenz bald über den Kopf. Bei seiner flüchtigen Arbeitsweise ließ er sich Nachlässigkeiten zuschulden kommen und verwickelte sich in Widersprüche, die befremdeten. Die Mystifikation von prominenten Stiftern erweckte zunächst hohe Erwartungen, dann ungeduldige Neugier und schließlich Mißtrauen. Baldinger in Marburg und Knigge in Hannover, die später für »Mitväter« ausgegeben oder gehalten wurden, sind erst nachträglich eingeweiht worden, Knigge im Juli 1788.[39] Aber obwohl Knigge nach seinen Erfahrungen als Illuminat in seinem »Umgang mit Menschen« ($^{1}$1788) allen Geheimbünden abgeschworen hatte, war er sofort wieder Feuer und Flamme. Ja, er versprach, »der Union ... eine Legion ... anzuwerben« (P 163).

Neben Knigge besaß die Union eine Reihe weiterer eifriger Werber, die den aktiven Kern der Mitgliedschaft bildeten. Einige Begeisterte warben unermüdlich. Baldinger, ein bedeutender Arzt mit europaweiten Verbindungen, dehnte seine erfolgreichen Werbungen bis Petersburg aus (P 357). Der Buchhändler »Wucherer in Wien warb allein 111 Mitglieder« (P 181).

Die »erste Epoche« der Union wurde von Bahrdt zur Werbeära erklärt (Zeit der »Werbung und Ausbreitung«; GP, § 21). Darauf konzentrierte er zunächst sein Hauptaugenmerk, und darauf orientierte er auch die Mitgliedschaft. Jeder »Bruder« sollte mindestens zwei Novizen »anwerben und zum Fortwerben verpflichten« (GO, Nachschrift 1 a). Wenn »zehn Freunde 20, zwanzig 40, usw.« gewannen, vervielfachte sich die Mitgliederzahl in geometrischer Progression (Plan I, Abs. 4).Anfangs ging diese Rechnung auf – die Kettenmethode erwies sich als überaus effektiv. »Da jeder Angeworbene« einen Anreiz bekam, »Freunde anzuwerben, und diese wieder andere, so mußte sich die Union in kurzem außerordentlich ausbreiten« (P 229 f.). Binnen weniger Monate faßte sie weithin in Europa Fuß.

Geworben wurde brieflich und mündlich. Den Schriftverkehr wickelte Bahrdt über Mittelsmänner als Deckadressen ab. Für die schriftliche Werbung war man auf den Postweg angewiesen. Eine überstaatliche Korrespondenzgesellschaft wie diese – mit eigenem Verlag, Buchvertrieb und Intelligenzblatt – hing auch bei ihrem Schriftenversand von der Post ab. Ein Bund von der oppositionellen Gesinnungsrichtung der DU war um so mehr auf ein gutes Verhältnis zur Post bedacht, als er vor amtlichen und privaten Schnüfflern auf der Hut sein mußte. Er brauchte eine reibungslose »schnelle ... unentdeckbare Korrespondenz«, unter Umgehung der Briefzensur, geschützt vor Ausspionierung und Beschlagnahme (VP, Abs. 5). Daher schärfte sowohl der erste wie der geheimste Plan ein, vorrangig »Postmeister und Postsekretäre zu gewinnen, zu Erleichterung der Korrespondenz und Verhütung zu besorgender Kabalen der unserer Korrespondenz nachstellenden Gegenpartei« (Plan I,, Abs. 3) Auch die Provinzoberen der Union sollten »insonderheit ... Postmeister und Postsekretärs ... an uns ziehen« (GO, Nachschrift 1 b). 7 Posthalter und -angestellte traten bei. Weitere standen als Deckanschriften zur Verfügung (P 186, 212).

Der zweite Weg war die mündliche Werbung unter Bekannten und durch Beauftragte der Unionsleitung. Missive, geheimer und geheimster Plan sahen »Reisende« als ständige Einrichtung der Union vor (H 22). Laut Geheimem Plan überbrachten solche »mit Reisepässen« der Zentrale ausgestattete Kuriere deren Mitteilungen und Weisungen. Sie stellten persönliche Kontakte her (§ 4, Abs. 6; üA, Anh., Abs. 9). Gemäß Geheimstem Operationsplan hatten Sendboten die Mitgliedschaft über die Beschlüsse des Unionsparlaments zu unterrichten (GO, Abs. 2, 4-7).

Tatsächlich waren hallesche Studenten mit Aufträgen Bahrdts in Unionsangelegenheiten unterwegs (P 286, 335). Nach Wechsel der Universität oder Studienabschluß verbreiteten Studenten die Union in andere Gegenden (B 11; P 180). Manches Mitglied besprach sich mit Bahrdt in Halle oder zur Leipziger Messe, die eine wichtige Kontaktstelle der Union war (P 47, 51; B 28 f; H 40). Als Indiskretionen, Bespitzelung und Verrat, gestützt auf gedruckte und schriftliche Unterlagen, Bahrdt ins Gefängnis und die Unionszentrale zum Erliegen gebracht hatten, faßte er sogar den Vorsatz, sich künftig auf die mündliche Konspiration zu beschränken. Aus der Festung informierte er 1790 einen Vertrauten: »Ich setze die Union jetzt fort unter einer ganz herrlichen Maske . . . alles eigentlich Geheime wird . . . nicht mehr geschrieben, sondern . . . mündlich fortgepflanzt, damit kein Verräter mit Beweisen mehr möglich sei.«[40]

Das organisatorische Gerüst der Union bestand aus der zentralen Leitung (»Zentrum«), der »Provinz« oder »Diözese«, unter einem »Diözesan«, auf der mittleren Ebene und dem Ortszirkel, unter einem »Vorsteher«, auf der unteren. Dem Theologen, Latinisten und gebürtigen Sachsen Bahrdt war das Wort Diözese, das in Kursachsen auch als administrativer Terminus diente, dreifach vertraut. Die Gliederung in Diözesen entsprach der des Römischen Reiches, nur daß dort die Diözese eine Unterabteilung der Provinz darstellte (Bezirk), während in der Union beide gleichbedeutend waren. Bahrdt teilte »den mit uns verbrüderten Teil der Nation in Provinzen oder Diözesen« ein. Fürs erste wurden »zehn bis zwölf« veranschlagt (Plan I, Abs. 6). Aus dem sprunghaften Zuwachs ergab sich bis Herbst 1788 eine Verdopplung auf »24 Diözesanschaften« innerhalb von »Deutschland«, die außerdeutschen nicht berücksichtigt (P 284). So wurde »die Union als freie Republik in Diözesanschaften« untergliedert (ZB, Abs. 1).

»Die Häupter der Union« in den Provinzen waren die jährlich zu wählenden Diözesane (B 15; GP, § 3, Abs. 3-5; ZB, Abs. 2). Beschlußfassendes parlamentarisches Organ der Provinz war die Diözesanversammlung (Provinzialtag). Sie erkor den Diözesan. Solche Konvente tagten Ende 1788 in Mainz und Anfang 1789 für die Pfalz in Worms (P 291, 295). Die Einteilung in Diözesen lag auch der – modern anmutenden – vorgesehenen Personenkennzahl der Mitglieder zugrunde. Diese setzte sich aus der römischen Ziffer der Provinz, dem Buchstaben des Ortszirkels und der laufenden Nummer zusammen (GP, § 4, Abs. 8).

Dem Ausbau einer Korrespondenzgesellschaft waren keine Grenzen gesetzt, soweit die Postlinien gingen. Der engere »Wirkungskreis« der Union hieß »ganz Deutschland« (B II, 165; GO, Abs. 7; u. a.). Den Aktionsradius ihrer Korrespondenz erstreckte sie auf »ganz Europa« (GP, § 1, Abs. 4). Letztes Zielobjekt war die gesamte »Menschheit«. Daß es der Union um »das Wohl der

Menschheit«, um »das Beste der Menschheit« zu tun sei, daß sie »die Menschheit ... beglücken« wolle, versicherten, der weltbürgerlichen Phraseologie der Aufklärung gemäß, ihre Verlautbarungen vom Gründungsaufruf an (FV, Abs. 1, 5-7).

Der vorgegebene Ausstrahlungsraum war der Geltungsbereich der deutschen Aufklärung. Demgemäß überwand die Union die einzelstaatlichen Barrieren. In der Aufgabenstellung, Stützpunktnetz und Schriftenvertrieb »über alle Orte Deutschland« auszudehnen und »an allen Orten Deutschlands« eigene Lesegesellschaften zu errichten, bekundete sich zugleich ein Protest gegen die feudale Zerrissenheit mit ihren Territorial- und Duodezfürsten (VP, Abs. 6 u. 10; GP, § 6, Abs. 5 u. § 7, Abs. 3).

Tatsächlich gewann der Bund Anhänger in fast sämtlichen Landschaften des deutschen Reiches. Seine »Brüder«, wie sie sich nach dem Vorbild der Freimaurerei anredeten – in seinen Schriften auch »Verbrüderte«, »Verbündete«, »Mitverbündete« oder »Mitgenossen« genannt – verteilten sich auf die Großmächte Österreich und Preußen, auf die Mittelstaaten Kursachsen, Württemberg, Hannover, beide Hessen, auf weltliche und geistliche Kleinstaaten und auf Freie Reichsstädte. Die Verbreitung in den einzelnen Gegenden hing von den politischen Verhältnissen, vom Grad der Aufklärung und von persönlichen Faktoren ab. Betriebsame Werber brachten einen zahlreichen Anhang zusammen.

Über die Reichsgrenzen hinaus griff die Union im Norden auf Skandinavien über, im Nordosten auf Polen, Ostpreußen, Preußisch-Litauen, Kurland und Rußland, im Südosten auf die transleithanische Donaumonarchie, im Süden auf die Schweiz, mit Kontakten zu Italien, im Westen auf Frankreich, im Nordwesten auf die Niederlande, mit Verbindungen zu England.

In den »k. k. Staaten« gehörten der Union rund 150 Personen an: Jedes vierte Mitglied war Untertan Josefs II. Die Union besaß »Verbündete« in Niederösterreich, Siebenbürgen, Steiermark, den böhmischen Ländern, in Ungarn mit der Slowakei, Kärnten, Galizien, im Banat. Sie hatte Beziehungen zu Oberösterreich, Tirol, Krain, Kroatien/Slawonien und Serbien. Auf die Gewinnung von Mitgliedern in den ungarischen Ländern legte Bahrdt großen Wert (H 20). »In Ungarn haben wir bereits viele«, stellte er Ende 1788 erfreut fest (P 284). Für Böhmen, wohin Bahrdt dies als Ansporn mitteilte, wurde gemäß dem böhmischen Staatsrecht eine selbständige Diözese mit dem Sitz in Prag errichtet (P 222). Hauptsächlich dank dem Buchhändler Ph. »Wucherer in Wien ... verbreitete sich der Ruf der Deutschen Union durch Ungarn, Siebenbürgen und ... Illyrien, wo Diözesanschaften errichtet wurden« (P 181). Mit »Illyrien« war Südslawien gemeint, wohin die Union von Wien, Ungarn und Siebenbürgen aus gelangte. Über die »Verbrüderten« in der Habsburgermonarchie schwieg man sich nach Josefs II. und Leopolds II. Tod aus. Um sie nicht der franziszeischen Reaktion in die Hände zu spielen, durfte man »von den in den kaiserlichen Landen befindlichen Teilnehmern der D. Union« »nichts erwähnen« (P 181, 285). In nahezu allen selbständigen Staaten Europas, den peninsularen Süden ausgenommen (Balkan, Apenninen- und Pyrenäenhalbinsel), besaß die Union Anhänger. Es fehlten lediglich das Osmanenreich, Italien, Spanien und Portugal, zu denen sich aber ebenfalls Berührungen ergaben, besonders zu Italien (Toskana, Lombardei).

Von Paris bis Petersburg und von Skandinavien bis zur türkischen Grenze reichte die Aktionssphäre der Union. Äußerste Punkte des Verbreitungsgebietes waren im Nordosten die russische Hauptstadt, in Polen Warschau und Krakau, in Siebenbürgen Kronstadt (Braşov) – Anrainer der rumänischen Staaten Walachei und Moldau – weiter balkanwärts Beba im Banat und Neusatz (Novisad) in der Batschka. Die Unionsmitglieder im den Osmanen entrissenen heutigen Westrumänien wurden erst 1795/96 während der Jakobinerverfolgungen, von der Polizei entdeckt.[41] Eckpfeiler im Süden, Westen und Norden waren Graz, Klagenfurt, Zürich, Buchsweiler (Elsaß), Den Haag, Kopenhagen. Eine Kette von Unionsstützpunkten zog sich so in weitem Umkreis rings durch Europa. Damit berührte die Union, obschon in sehr unterschiedlicher Intensität, alle Kernländer der europäischen Aufklärung. Es war das erstemal in der Geschichte, daß eine Organisation sich derart schnell über einen so riesigen Raum ausbreitete, und das mit der Postkutsche als einzigem Verkehrsmittel.

Ballungsgebiete waren Mitteldeutschland – die Saalegegend (Halle und Umgebung), Thüringen, Nordsachsen, Harz und Vorharz – Niederösterreich, Niederschlesien, Siebenbürgen, Innerösterreich (Steiermark), Kurpfalz, Hessen und Nassau, Böhmen, Kurmainz, das preußische Herzogtum Kleve am Niederrhein, Ostschwaben, das nordöstliche Ostpreußen, Hinterpommern, Teile Niedersachsens (mit Ostfriesland) und der Mark. Daß

Schlesier von Anbeginn hervortraten, erscheint nicht ungewöhnlich, da »die Anzahl der Maurer und Mitglieder geheimer Gesellschaften in dieser Provinz stets groß war.«[42] Schwerpunktbereiche außerhalb des Reiches waren Siebenbürgen, Kurland, die ostpreußische Küste, Kleinlitauen (an der Memel), Südholland, die Westslowakei, Mittelungarn und eine hessische Exklave im Elsaß.

Die beiden östlichen Hauptsitze Siebenbürgen und Kurland waren Außenposten der deutschen Aufklärung mit progressiven Entwicklungstendenzen. Eine Geheimbundtradition brechend nahm Bahrdt auf Vorschlag des Mitauer Mitglieds Prof. Tiling die kurländische Dichterin Elisa von der Recke, eine Streiterin für die Aufklärung, auf (P 90, 351). Dies rief in der Mitgliedschaft Beifall und Proteste hervor: Verfechter und Gegner der Frauenemanzipation traten sich gegenüber. Von Tilings in Bahrdts persönliche Erziehung nach Halle gegebenen Söhnen diente einer der DU als Kurier (P 286). Der starke Widerhall Bahrdts und des Unionsgedankens in Kurland war dadurch begünstigt, daß der aufklärungsfreundliche Hof sich gegen eine frondierende Ritterschaft auf das Bürgertum zu stützen suchte. Bei der Zuspitzung der inneren Konflikte seit 1789 wirkten im Verein mit den Ideen der Französischen Revolution Bahrdt und die Union dort revolutionierend. Während die kurländische »Bürgerunion« (ab 1790) den Unionsnamen ständisch zugespitzt weiterführte, trat Tiling als Ideologe des »Mülleraufstands« von 1792 auf.[43] Diese kurländische Volkserhebung wurde so durchgeführt, wie Bahrdt es in seiner revolutionären Satire »Rindvigius«, die 1791 in Kurland erschien, vorgezeichnet hatte.[44]

Auch in Siebenbürgen war die Ausbreitung der Union unter Josef II. durch einen aufklärungsfreundlichen Regierungskurs begünstigt. Wucherer warb dort mit Erfolg. In Hermannstadt (Sibiu) nahm der Siebenbürger Diözesan Wüstefeld »etliche und 20« Mitglieder auf.[45] Hermannstädter »Brüder« der Union gründeten zwei aktive Lesegesellschaften. Von Siebenbürgen verzweigte sich die Union ins Banat. Weil das Banater Mitglied Pirker »für einen Jakobiner gehalten wurde«,[46] kam es 1795/96 im Zuge der Jakobinerverfolgungen zu langwierigen polizeilichen Verfahren gegen Siebenbürger und Banater UM. Aber die Verhörten gaben die Namen ihrer Mitverschworenen nicht preis, so daß die Mehrzahl unentdeckt blieb.

Selbst in Agrarländern wie Siebenbürgen und Kurland wurden ausschließlich Städter zur Union gezogen. Hermannstadt, Mitau und weitere Orte erlangten ihre Bedeutung für die Union als Verwaltungszentren und Schulstädte. Josefinische Gubernialbeamte und Schulleute verkörperten den Stamm der Union in Hermannstadt, Juristen und Akademieprofessoren in Mitau (Jelgavā).

Allgemein konzentrierte sich die Mitgliedschaft in Universitäts- und Behördenstädten. Städte mit Universitäten – Halle, Leipzig, Wien und Marburg – bildeten die Brennpunkte der Union. In diesen vier und weiteren Hochschulstädten (Prag, Mainz, Herborn, Heidelberg) hatten Diözesane ihren Sitz. Ein Großteil der Mitglieder lebte im Umkreis von 26 Universitäten: in Wien und seinen Vororten, Halle, Graz, Leipzig, Göttingen, Marburg, Mainz, Erfurt, Jena, Pest, Prag, Helmstedt, Wittenberg, Heidelberg, Herborn, Erlangen, Kiel, Krakau, Bützow, Gießen, Rinteln, Duisburg, Würzburg, Altdorf, Kopenhagen und bei Frankfurt/Oder.

Auch einige Hauptstädte und Verwaltungssitze ohne Universität ragten hervor. Hermannstadt stand der Zahl der Mitglieder nach an dritter Stelle hinter Wien und Halle. In den Niederlanden war Den Haag der Sammelpunkt, in der Schweiz das geistig führende Zürich. Die zweite ungarische Kapitale Preßburg (Bratislava) war ebenso vertreten wie die alte und neue Metropole Ofen (Buda) und der von dieser noch getrennte Universitätssitz Pest, desgleichen Polens Hauptstadt Warschau neben seiner älteren Residenz- und Universitätsstadt Krakau. Administrative Mittelpunkte von Kurfürstentümern dienten mit oder ohne Universität als Domizile (ohne Hochschule Hannover und Dresden). Trotz Fehlens einer Universität spielten kleine Residenzen in der Union eine Rolle, so Gotha und Weimar mit ihren »Illuminatenhöfen«. Dort und in Jena befanden sich unter den Mitgliedern Freunde des Illuminaten Goethe (Wieland u. a.). Weishaupts Exil Gotha war Diözesansitz und ein Knotenpunkt des Unionsbriefwechsels. Unter den preußischen und österreichischen Verwaltungssitzen ohne Universität übertraf Kleve das von Wöllner regierte Berlin, ferner Minden, Magdeburg, Stettin, Klagenfurt.

Besonders charakteristische Kristallisationspunkte der Union stellten Städte dar, die sowohl Hochschulen als auch Zentralbehörden besaßen. Die starke Unionsrepräsentanz dieses ›kombinierten‹ Typus ist augenfällig: Aus dem Zusammenleben von

Akademikern und aufgeklärten Beamten an einem Ort hatten sich Herde der Aufklärung entwickelt, die aufnahmebereit für die Unionsidee waren. Gelehrte und Staatsdiener trafen dort zusammen. Theorie cum praxi erwies sich auch für Geheimbünde als günstig. Das Musterbeispiel bot Wien, die Stadt mit den meisten Unionsmitgliedern. Diesen Vorrang verdankte Wien weniger seiner Universität als seinem vierfachen Verwaltungskopf (Gesamtstaat, Reich, Land und Stadt), d. h. es stellte der Union mehr Beamte als Professoren. In der steirischen Universitäts- und Gubernialstadt hielten sich demgegenüber Beamte und Professoren die Waage. Auf Graz mit seinen 14 Mitgliedern folgte die königliche Haupt- und Universitätsstadt Prag mit 10. Die Doppelstadt Ofen-Pest brachte es auf 5. Den gleichen Typus wie Graz, Prag und Ofen-Pest (Universitätsstadt mit Landes- oder Provinzbehörden) verkörperte Königsberg. Die Königsberger in der Union verteilten sich auf Ämter, Universität, Schulen und Garnison. Schließlich sind Behördensitze mit universitätsartigen Hochschulen oder Akademien als Bildungsherde zu nennen, so neben Mitau mit seiner Lehrakademie, und Zürich Mährens zweite Hauptstadt Olmütz (Olomouc), Kassel, Stuttgart, die Akademiestädte Berlin und Petersburg. Aber so zahlreich die Wiener Josefiner beitraten, so wenig war unter Wöllner das aufgeklärte Berlin präsent.

Reichs-, Handels- und Messestädte, diese Kommunikationszentren mit wirtschaftlicher und z. T. politischer Bewegungsfreiheit, erlangten auch als Begegnungsorte Bedeutung. Neben den Diözesansitzen Leipzig und Naumburg/Saale sind für diesen Typ die Freie Reichsstadt Augsburg als schwäbisch-süddeutscher und die Freie Reichsstadt Worms als rheinischer Mittelpunkt der Union hervorzuheben. Frankfurt/Main, Aachen, Nürnberg, Mühlhausen, Schwäbisch-Hall unter denReichsstädten, Breslau und Amsterdam bei den sonstigen Handelsstädten runden das Bild ab. Sonstige regionale Unionsmittelpunkte stellten dar: Glogau für Westschlesien, Öls für Mittelschlesien, Hirschberg für die schlesischen Gebirge, Treptow/Rega für Hinterpommern, Labiau für Ostpreußen, Ragnit/Memel für Preußisch-Litauen, Seehausen für die Altmark, Friedeberg für die Neumark und Buchsweiler für das Elsaß.

So zeigt der Überblick über die Sitze der Union, wie diese im Zeichen ihrer weltbürgerlichen Orientierung europäisch wurde, wenn auch das Schwergewicht eindeutig auf deutschem Boden lag. Der übernationale Horizont der deutschen Aufklärung, ihre Ausstrahlung in andere Länder und ihre zahllosen intereuropäischen Verbindungen ließen den Bund schnell alle kontinentalen Schranken mit Ausnahme der Türkenbarriere und der Pyrenäen überwinden. Bahrdts weitgespannter Briefwechsel hatte das angebahnt, und die Ausrichtung der Unionsprogramme auf »die Menschheit« leitet es ein. Der Grundsatz, eine »Korrespondenz durch ganz Europa« zu führen, legte den gesamteuropäischen Charakter des Bundes fest (GP, § 1, Abs. 4). Demgemäß gingen Unionsschriften in weite Ferne. Auch aus der Mitgliedschaft kam die Mahnung, an »ganz Europa« zu denken (P 197).

Nationale Abschließung gab es dabei nicht. Daher traten auch einzelne Schweizer, Niederländer, Franzosen – überwiegend Hugenotten –, Polen, Tschechen, Ungarn, Dänen, Schweden, Serben, Kroaten, Engländer und Italiener bei. So wurde der Bund, seiner menschheitlichen Zielsetzung gemäß, zu einer Gemeinschaft aus Angehörigen von 13 Nationen.

Höchst aufschlußreich ist die gesellschaftliche Zusammensetzung der Mitgliedschaft. Darüber wurde eine Berufs- und Sozialstatistik erarbeitet. Bei 542 der 574 Erfaßten ließ sich der Beruf ermitteln.

Das größte Kontingent stellten die Verwaltungsbeamten (95) und -angestellten (44, zusammen also 139, einschl. der 7 Postbediensteten; das sind 25,6%). Dieser starke Block ist vor allem auf die aufgeklärte Beamtenschaft Österreichs und Preußen zurückzuführen. Nach vier verlustreichen Kriegen zwischen beiden Mächten 1740-79 waren hier Österreicher und Preußen »Verbündete«, obwohl in der Regierungspolitik preußisch geführter Fürstenbund und habsburgfreundliche Staatengruppe sich bis 1789 noch immer feindselig gegenüberstanden. Wenn auf die Verwaltungskräfte ein Viertel der Mitgliedschaft entfiel, ungefähr ebensoviel wie auf die Donaumonarchie, so waren beide Viertel daher teilweise identisch: Beide bestanden z. T. aus österreichischen Staatsdienern (32, mit Beamten in Schuldienst und -verwaltung 40). Auch in Logen u. a. Geheimbünden der Zeit trifft man viele Beamte (und Offiziere): Die rigorose absolutistische Subordination erzeugte ein um so stärkeres kompensatorisches Bedürfnis sich in einem Freiraum ungebundener auszuleben.

An zweiter Stelle rangierten, mit weitem Abstand, die Wissenschaftler (77; 14,4%). Ihr Gros bildeten 61 Professoren. Jedes neunte Mitglied war ein Professor (einige wissenschaftlich tätige Gymnasialprofessoren mitgerechnet). 16 waren Privatgelehrte und angehende Professoren.

Dichtauf an dritter Stelle folgten 73 Geistliche (13,6%; ohne Theologieprofessoren). Unter aufgeklärten Pfarrern besaß der Theologe Bahrdt viele Anhänger und Bekannte. Alle Konfessionen waren in der Union entsprechend der ökumenisch-toleranten Einstellung Bahrdts gleichermaßen willkommen. So fanden sich in ihr Lutheraner und Reformierte, Protestanten und Katholiken, aber auch Deisten und Atheisten zusammen. 30 Jahre vor der protestantischen Union von 1817 verbrüderten sich hier reformierte Prediger mit lutherischen Pastoren und beide mit aufgeklärten Mönchen und Weltpriestern.

Den vierten Platz nahmen die Erzieher ein (49 oder 9,1%). Die beachtliche Repräsentanz der Pädagogen – fast jedes zehnte Unionsmitglied ein Schulmann oder Hauslehrer – ist charakteristisch für den reformpädagogischen Grundzug der deutschen Aufklärung.

In fünfter Position figurierten Studenten und Kandidaten, mit 47 oder 8,7%, plus einer schwer abschätzbaren Dunkelziffer; denn »Bahrdt hatte eine Menge junger Freunde, die in Halle studiert hatten ... Diese nahmen sich der Deutschen Union ... aufs tätigste an«, wie erwähnt (P 180). Studenten, Absolventen und junge Gelehrte – namentlich unabhängige Privatgelehrte – hatten stärkeren Anteil am Wachstum des Bundes, als in ihrer Anzahl zum Ausdruck kommt.

Auf Rang 6 erscheinen die Mediziner, 40 an der Zahl (7,4%; davon 35 Ärzte und 5 Apotheker). Rechnet man die 25 Professoren medizinischer Fächer hinzu – die medizinisch-naturwissenschaftlichen Fakultäten waren traditionell die freisinnigsten – erhöht sich die Präsenz der im Gesundheitswesen Tätigen auf 65 (12,1%). Ein Medizinprofessor und drei Ärzte gehörten zu den aktivsten Organisatoren. Auch drei der bedeutendsten deutschen Chemiker traten bei.

Überdurchschnittlich waren, siebentens, ferner die Juristen repräsentiert, von denen sich 39 der Union anschlossen (7,3%). Bei ihnen zeigten sich, theoretisch vom Naturrecht her, ebenfalls freiheitliche Tendenzen, die sich in Energien für die Union umsetzten.

Den 22 Offizieren in der »Union der 22er«, mit ihren nur 4,1%, kam größeres Gewicht zu. Sobald eine revolutionäre Situation eintrat, fiel dem Heer und seinem Offizierskorps eine Schlüsselrolle zu. Für eine solche Eventualität war es wichtig, daß die Union einen kleinen militärischen Führungskader besaß, mit so radikalen Leuten wie Leutnant von Leipziger in Glogau.

Relativ schwach war der Stamm von 15 Kaufleuten (z. T. Unternehmer) und 4 Fabrikanten (zusammen 3,4%). Das erklärt sich aus der Entstehung des Bundes auf wissenschaftlich-literarischem Wege, durch Bekanntschaften unter Autoren. Zur Wirtschaft besaßen diese Intellektuellen weniger Kontakt.

Dagegen repräsentierten die mindestens 15 Buchhändler, Verleger und Drucker (2,8%) ihren Berufsstand wiederum überproportional. Der verlegerische, buchhändlerische und publizistische Ehrgeiz der Union versprach den daran Partizipierenden viel.

Ganz ungenügend vertreten waren aber die Landbewohner, die große Mehrheit der Bevölkerung, durch 8 Landwirte (1,5%). Kleinbauern und Landarbeiter fehlten völlig. Die Mitgliederwerbung war fast ausschließlich auf die Städte konzentriert (GO, Nachschrift 1a). Das flache Land wurde vernachlässigt, obwohl Bahrdt auch Leseklubs der Union »in Flecken und Dörfern« vorsah (GP, § 10, Abs. 1).

Es folgen 6 Künstler (1,0%), darunter 5 Leipziger und Prager Schauspieler, von denen ein Theaterdirektor und ein Hofschauspieler auf der gesellschaftlichen Stufenleiter über den verachteten »Komödianten« ihrer Zeit standen.

Sehr schlecht war es um die »Rezeption« (GP, § 21) der »Professionisten« bestellt. Durch 5 Handwerksmeister (0,9%) waren Handwerk und Gewerbe unzulänglich repräsentiert. Bedenkt man die herausragende Rolle der Zünfte in der städtischen Opposition seit dem Mittelalter, dann war das äußerst wenig. Die Gesellen, die so oft rebellierten, waren gänzlich absent. 4 Berufsschriftsteller bilden den Abschluß (0,7%; Schriftsteller mit anderem Beruf sind bei diesem gezählt).

So ergibt sich eine eklatante Unterrepräsentanz der breiten Schichten und des niederen Bürgertums. Die unterbäuerlich-plebejischen Volksmassen in Stadt und Land blieben ganz und gar außerhalb.

Die DU war somit – in dem Entwicklungsgrad, den sie bis zu ihrer Zerstörung durch Regierungen und feindliche Geheimbünde erreichte – im Kern ein Verband der Intelligenz. Die 95

Beamten sind unter den Bildungsverhältnissen der Spätaufklärung der Intelligenz zuzurechnen (genauer gesagt: der größte Teil der Beamten und einige Angestellte). Von den 25,6% in der Verwaltung zählten hiernach reichlich zwei Drittel zu den Gebildeten (17,5% des Gesamtquotienten). Vier Fünftel der Mitglieder (81,1%) waren demzufolge Intellektuelle. Das zahlenmäßige Übergewicht der Akademiker, der »Literaten« wie man seinerzeit sagte, ist somit unverkennbar. Unter ihnen befanden sich viele städtische Honoratioren. Akademiker aller Art prägten demgemäß das Gesicht des Bundes: Professoren und Privatgelehrte, höhere und mittlere Beamte, Ärzte, Pfarrer, Juristen, Buchhändler und Erzieher. Ein starker Impuls ging von der jungen Intelligenz aus. »Eine Elite von Menschen« wünschte die Programmschrift in der Union vereint zu sehen, und das geschah auch (üA,Anh., Abs. 9). Dies war die soziale Grundlage der Verwandtschaft mit den Illuminaten.[47] Eine geistige Elite hat sich in beiden Bünden zusammengeschlossen. Darin lag deren Stärke und ihre Schwäche.

Die meisten waren »Schriftsteller« im damaligen weiten Sinn, d. h. Autoren. Als einen Schriftsteller- und Leserverband (»eine stille Verbindung des schreibenden und lesenden Publikums«) hat Bahrdt die Union gekennzeichnet (GP, § 1, Abs. 1). Er gedachte »zuvörderst alle ... aufgeklärten Schriftsteller in unsere Verbindung zu ziehen« (Plan I, Abs. 3; GO, Nachschrift 1b). Aufklärend-gemeinnützige »Gelehrte«, »Schriftsteller« und »Volkslehrer« – drei für Aufklärer weitgehend identische Begriffe, die aufgeklärte Pfarrer einschlossen – bildeten in der Tat das Rückgrat der Union.

Noch erdrückender als bei der prozentualen Aufschlüsselung erweist sich das Übergewicht der Akademiker in der Führung. Die ›Unions-Hierarchie‹ (»Zentrum«, Diözesane und aktivste Werber) rekrutierte sich beinahe ausschließlich aus ihnen. Sie war ein Akademikergremium. Der aktive Kern von Organisatoren und Werbern bestand aus fortschrittlichen, in der Folge z. T. revolutionären Professoren und Privatgelehrten, freigeistig-sozialkritischen Ärzten und Verlagsbuchhändlern, aufgeklärten Beamten, Pfarrern und Juristen, einzelnen radikalen Schulleuten und Offizieren sowie einem Schauspieler.

Namentlich fällt die dominierende Rolle der Wissenschaftler ins Auge (11 Professoren und 3 Privatgelehrte im Führungskreis).

Darin war die Union ein Auftakt. Die führende Funktion von Professoren bei der Auflehnung gegen scholastische Stagnation, gegen Fürsten- und Adelsherrschaft zeichnete sich in ihr deutlich ab. Ein Vorzeichen dafür gaben bereits die Illuminaten um Weishaupt. Diese Entwicklung führte zu Georg Forster – der an Bahrdts Aufnahme in die Freimaurerei beteiligt war, dem Bahrdt als erster eine Professur antrug und der im Unionsgründungsjahr in Halle promovierte – an der Spitze der Mainzer Republik. Sie führte weiter zu den Professoren Fichte, Arndt, Schleiermacher, Steffens, Reil usw. als Sprechern der antinapoleonischen Befreiungsbewegung, dann zur liberalen und demokratischen Opposition im Vormärz unter Professoren und Dozenten wie Luden, Schlosser, Ruge, Hagen, den Göttinger Sieben, um im »Professorenparlament« von 1848/49 zu gipfeln. Sie mündete aus in die »Professorenopposition« der Virchow, Mommsen u. a. gegen Bismarck.

Verblüffend ist die Ähnlichkeit mit der Frankfurter Nationalversammlung von 1848. In dieser saßen die Professoren Zimmermann und Hagen als Radikaldemokraten sogar auf der äußersten Linken – ähnlich wie Professoren der Union beim radikalen Flügel der Aufklärung standen. Frappant besonders die Analogie in der Sozialstruktur zwischen Deutscher Union und »Deutschlands großer Hoffnung« (F. Eyck) 60 Jahre danach. »Das Frankfurter Parlament war eine Honoratiorenversammlung, in der die untere Bevölkerungsschicht völlig unzureichend vertreten war«[48] – beides ganz wie bei der Union. In der Paulskirche saßen 569 Akademiker, die auch dort das Gros darstellten. Darunter befanden sich 106 Professoren und Lehrkräfte entsprechender Tätigkeit. Sie machten die Paulskirche zu einer Tribüne des politischen Professorentums. Die Lehrer, angesehener und zahlreicher als die Schulmeister des 18. Jh., hatten zugenommen. Den 139 Verwaltungsleuten in der Union entsprachen 138 höhere Beamte in der Paulskirche: Den Beamten zog es im Zeichen des Liberalismus ebenso zur Politik wie unter dem aufgeklärten Absolutismus zu den Geheimbünden. Sprunghaft stieg die Zahl der Juristen (von 39 auf 223), denen als berufsmäßigen Rednern das parlamentarische Forum besonders lag. Verdreifacht hatte sich, der fortgeschritteneren kapitalistischen Entwicklung gemäß, die der Kaufleute (46 statt 15). 60 gegenüber 8 Landwirten erhärteten die Vernachlässigung des ländlichen Sektors in der Union. Verringert hatte sich dagegen 1848 im Vergleich zur Union der Anteil der Geistlichen (von 73 auf 33) und der Ärzte (von 40 auf 18). Beide wandten sich in der Aufklärung mehr als zu anderen Zeiten über ihre berufliche Tätigkeit hinaus der Allgemeinheit zu. Die Zahl der Offiziere nahm von 22 auf 16 ab – der Typ des unpolitischen Offiziers war im Kommen. Die Buchhändler, die in der Union als Autoren- und Leserverband ein spezifisches Tätigkeitsfeld fanden, gingen von 15 auf 6 zurück. Gleichermaßen bedenklich niedrig wie 1788 war 1848 der Anteil der Handwerker und beidemal fast bedeutungslos jener der Bauern (4 Handwerksmeister und 1 Bauer in der Paulskirche). Hier wie dort scheiterte eine geistige Elite in der Politik an ihren politischen Mängeln, vor allem an fehlender Verbindung zum Volk.

Dabei war Bahrdt in seinen Schriften durchaus ein Mann des Volkes. Die Beschränkung auf die Gebildeten lag keineswegs in seiner Absicht. Vielmehr bekundeten die Programme, wie erwähnt, den Vorsatz, »Menschen – aus allen Ständen – welche die Aufklärung lieben«, »zur Union zu ziehen« (FV, Abs. 8; Plan I, Abs. 3; VP, Abs. 6; GP, § 3, Abs. 1; GO, Nachschrift 1b; üA,Anh., Abs. 9). Im Statutenentwurf steht, daß »der Kaufmann, der Soldat – so gut wie der Gelehrte« willkommen seien (GP, § 19, Abs. 3). Dort sagte Bahrdt, daß nächst »Gelehrten und Künstlern« vor allem »Kaufleute, Soldaten, Handwerker« gewonnen werden sollten, d. h. das gesamte Bürgertum wie auch einfache Soldaten und Handwerksgesellen aus Bauernschaft, Dorf- und Stadtarmut (GP, § 3, Abs. 2e; VP, Abs. 3 u. 5). Selbst die gewünschte »Elite« stellte man sich als eine Auslese »aus allen Ständen« vor. Ihre Organisierung sollte nicht Isolierung vom Volk bewirken, sondern »Volksaufklärung« durch sie (üA,Anh., Abs. 5 u. 7). So war an eine Massenorganisation des gesamten Bürgertums und der breiten Schichten gedacht. Der Fehler lag mithin nicht in der Konzeption.

Es ergab sich aber aus den Entstehungsbedingungen einer Korrespondenzgesellschaft, aus den persönlichen Verbindungen von Gelehrten und Autoren, daß der projektierte Bund der Aufklärer aller Stände sich zunächst zu einem Verband der Intelligenz entwickelte. Verfolgung und Bahrdts Verhaftung verhinderten, daß er sein Vorhaben eines radikal-aufklärerischen Allständebundes ohne und gegen die Spitzen der Feudalstaaten verwirklichen konnte. Bei ungestörter Weiterentwicklung hätte die Kettenmethode auch ins Volk geführt. So aber wurde das Fehlen einer Massenbasis der Union zum Verhängnis.

Das gewaltsame Einschreiten der Regierungen wurde im Herbst 1788 von Josef II. eingeleitet. Seine Polizei ging gegen den »Haupt-Diözesan der k. k. Staaten« Wucherer vor und legte damit die Zentrale des größten Zweigverbands der Union lahm (ZW; H 63 f., 66). Vernichtend aber wurde der Schlag, den Friedrich Wilhelm II. und Wöllner im April 1789 gegen Bahrdt führten. Seine Einkerkerung beraubte die Union ihres Hauptes. Kursachsen, damals im Schlepptau der preußischen Politik, wurde veranlaßt, sich den Verfolgungsmaßnahmen anzuschließen. Die sächsische Aktion zerschlug die Leipziger Nebenzentrale. Austritte und Absagen folgten. Der überregionale Zusammenhalt löste sich. Ortszirkel und einzelne Regionalverbände aber bestanden fort.

Fünf Gegner haben der Union den Untergang bereitet: Der Absolutismus, die Rosenkreuzer, die »Zionswächter«, wie Bahrdt verfolgungssüchtige Orthodoxe ironisch schalt, konkurrierende Freimaurer und geschäftliche Schädigung befürchtende Buchhändler. Die Feindschaft der drei ersten war unvermeidlich, die von Logen und Verlagsbuchhandel aber hatte sich die Union selbst zuzuschreiben. So fanden sich in der gegnerischen Front neben notorischen Widersachern aus dem Lager der Gegenaufklärung auch bedeutende gemäßigte Aufklärer.

Bahrdt selbst hat der Gegenseite durch eigene Fehler und Versäumnisse das Spiel leicht gemacht. Seine Unvorsichtigkeiten, Inkonsequenzen und Nachlässigkeiten, die Widersprüche, in die er sich verwickelte, ungenügende Sicherung gegen Indiskretion und mangelnde persönliche Verschwiegenheit machten nicht allein die Regierungen hellhörig und boten nicht nur den publizistischen Gegnern Stoff, sie erweckten auch unter den Mitgliedern Unsicherheit und Mißtrauen. Vor allem fehlte es Bahrdt an einem zuverlässigen Mitarbeiterapparat. Infolgedessen wuchsen ihm die riesige Korrespondenz und die organisatorischen Probleme über den Kopf. Ein schwerwiegender Verstoß waren zudem wahllose Aufnahmen, um mit hohen Mitgliederzahlen und angesehenen Namen aufwarten zu können (auch um Beitrittsgebühren und Beiträge einzuheimsen). Dadurch konnten sich Horcher und Spitzel einschleichen, sogar ein Intimus Wöllners. Einige Korrespondenten drückten dann auch ihr Befremden aus, wie wenig die

Böcke von den Schafen geschieden seien. Einer entdeckte »Namen auf der Liste, wobei ich hätte fragen mögen: Wie kommt denn Saul unter die Propheten?« (P 135). Bahrdt vermeinte irrig, erst in der »zweiten Epoche«, wenn die Union »Konsistenz« erlangt hatte, sich von »falschen Brüdern« trennen zu müssen (GP, § 21, Abs. 2; GO, Nachschrift 5). Aber da war es bereits zu spät. Die Mißgriffe der Anfangszeit waren nicht wiedergutzumachen. Die Blößen, die Bahrdt sich gab, ermöglichten es dem Widerpart, die Union durch Enthüllungs- und Schmähschriften in den Augen der Öffentlichkeit zu diskreditieren. Die Regierungen erfuhren aus Gegenschriften, durch Indiskretionen und Denunziationen mehr als durch die »Spionerien«, über die Bahrdt klagte (B 32, 40 ff.). So kühlte die anfängliche Begeisterung bald ab. Ernüchterung und Enttäuschung traten ein. Einige prominente Vertreter der deutschen Aufklärung distanzierten sich. Abfall in den eigenen Reihen kam hinzu. Die allzu forcierte Ausdehnung war auf Kosten der Festigkeit gegangen.

Es kam, wie Baldinger, der scharfblickendste unter den Organisatoren, vorausgesehen hatte. Er warnte 1788, daß die Union sich durch ihr Programm drei Arten von Feinden schaffe, deren Interessen sie bedrohte: »1) Fürsten und Minister. 2) Alle Buchhändler. 3) Alle Maurerlogen« (P 185). Baldinger erkannte richtig, daß die Nichtzulassung der Fürsten und Minister, die Aufmachung als verbessertes Logensystem und das ausposaunte Projekt eines Unionsverlags und -buchhandels böses Blut machen mußten.

Für den Historiker aber ist die kategorische Ausschließung sämtlicher Fürsten und ihrer Minister gerade ein Beweis der antimonarchistischen Grundhaltung Bahrdts. Sie war ein revolutionärer Akt, der über die Freimaurerei mit ihren fürstlichen Meistern vom Stuhl und über die Illuminaten mit ihren Herzögen von Weimar und Gotha hinausführte. Als von mehreren Seiten dagegen Sturm gelaufen wurde, besonders aus Gotha (P 230-232), hat Bahrdt diese Bestimmung gestrichen, aber dennoch keinen Fürsten oder Minister aufgenommen.

Der Ausschluß der Fürsten war ein Ausdruck jenes demokratischen Republikanismus, der in den Programmen auch sonst durchschimmert. Vom ersten bis zum letzten Plan kehrt bei der Umschreibung des Hauptziels das Fahnenwort »Dethronisierung« oder »Entthronung des ... Despotismus« wieder. Im Geheimsten Operationsplan wird diese Losung als »Entfesselung der

Menschheit« verdeutlicht (Plan I, Abs. 1; VP, Abs. 1; GO, 3. Grad, Abs. 2). Wer zwischen den Zeilen zu lesen verstand, begriff, daß Bahrdt den Sturz der Fürsten betreiben wollte. Hoffmann sprach es aus, daß die Vokabel »Entthronung« auf die umzustoßenden »Throne der Fürsten« zielte (H 48). Und was mit den »großen bevorstehenden Revolutionen« gemeint war, die der Geheimste Operationsplan 1788 ankündigte, Revolutionen, die dazu bestimmt seien, »der Menschheit eine neue Gestalt zu geben«, darüber konnte sich jeder seine eigenen Gedanken machen (GO, Abs. 4). Auch aus dem sibyllinischen Schluß des Geheimen Plans, das Endziel sei »Freiheit ... brüderliche Eintracht ... und zuletzt vielleicht --- « (nach Bahrdts Denkweise etwa: Volle Gleichheit unter den Menschen) ließ sich mancherlei herauslesen (GP, § 20). Hoffmann hatte dafür nur zwei Wörter: »Frankreich!!! Amerika!!!« – Revolutionen nach dem Muster der französischen und amerikanischen (H 249). Es war auch sonst ein Kunstgriff Bahrdts, seine revolutionär-demokratischen Ziele unauffällig einzustreuen, in einen rhetorischen Wortschwall verpackt, in unverfängliche Wendungen eingekleidet.

Der radikale Teil der Mitgliedschaft durchschaute die »Maske«, die Bahrdt nach seinen eigenen Worten aufsetzte, um Zensur und Verfolgern keine Handhaben zu bieten (Anm. 40). Er interpretierte die Rundschreiben und Programmentwürfe als Aufrufe zu entschiedener Opposition gegen die herrschende Ideologie und Staatsform. In einigen Antwortbriefen wird ziemlich unverblümt gesagt, worum es ging. So bekannte sich der revolutionäre nassauische Freidenker Karl von Knoblauch als »Feind des Fürstendespotismus, wie Sie« (P 158).

Prof. Dapping von der dortigen Universität Herborn umriß die Aufgabenstellung der Union in offen revolutionärer Auslegung der Bahrdtschen Formulierungen. Der Bund solle Bannerträger des geistigen und gesellschaftlichen Fortschritts sein. »Ausbreitung und Erweiterung jeder Wissenschaft« und freie Bahn dem Tüchtigen seien anzustreben. Als Voraussetzung dafür müsse man »Freiheit im Reden und Denken . . . fordern«. Für die politische Befreiung sei es wichtig, der Allgemeinheit »Kenntnisse von Rechten der . . . Bürger«, von den »Menschenrechten« zu vermitteln, um ihr eine Waffe in die Hand zu geben, mit der das »Menschengeschlecht« seinen Anspruch auf »Freiheit« legitimieren konnte. Das diene dem Kampf gegen den »Despotism«. Dieser Terminus war für radikale Aufklärer wie Bahrdt und Dapping der Inbegriff ihres Feindbildes – der zu bekämpfenden alten, überholten Denkart und Herrschaftsordnung mit ihrer Suppressions-, Ausbeutungs- und Verfolgungsmaschinerie. Darum erklärte Dapping, es komme darauf an, »dem Despotism, unter welcher Gestalt dieses Ungeheuer erscheinen mag, entgegenzuarbeiten«. So dürfe nicht länger hingenommen werden, daß die »Despoten ... knechtische Unterwürfigkeit verlangten und den Bürger zur Erreichung niedriger Absichten gebrauchten«. Man müsse »die Mächtigen« vielmehr verhindern, »ihre Macht zu vergrößern«. Mehr noch, es gelte, »die Mächtigen ... untüchtig [unfähig] zu machen, ihre Gewalt zur Unterdrückung der ... Menschenrechte anzuwenden«. Sie seien zu entmachten, besagte das, weil sie ihre Macht mißbrauchten. Nur so schien es möglich, der Menschheit nach den Postulaten »der Vernunft zu den ihr von Natur bestimmten Rechten zu verhelfen« (P 169). Das war Propagierung der von den Herrschenden mißachteten Menschenrechte, gestützt auf ein revolutionäres Naturrecht. Als Hauptaufgabe der Union wurde damit die Verwirklichung der allgemeinen Menschen- und besonderen Bürgerrechte herausgestellt.

Dieser Brief, geschrieben am 10. August 1788 – ein Jahr vor der Pariser Erklärung der Menschen- und Bürgerrechte – ist einer der frühesten Belege für das derzeit noch ungebräuchliche Wort »Menschenrechte«, um dessen Einbürgerung sich namentlich Bahrdt verdient machte. Bis dahin benutzte die Opposition statt dieses kompakten Kompositums minder schlagkräftige analytische Ausdrücke (»Rechte der Menschheit«, »menschliche Rechte«, »Rechte des« oder »der Menschen«, »natürliche Rechte«).

Auf Dappings Brief hin berief Bahrdt den Herborner Gelehrten zum Diözesan für Nassau (P 302, 338). Das war eine indirekte Solidarisierung mit dessen revolutionären Anschauungen. Der Professor jener Universität, an der Althus die neuzeitliche Form der Lehre von der Volkssouveränität begründet hatte, sprach das Grundziel Bahrdts aus: die volle Durchsetzung der Menschenrechte. Die Menschenrechte als Gesamtbegriff für die politischen Forderungen der radikal-aufklärerischen Oppotition implizierten alle politisch-sozialen Einzelziele.

Derartige radikale und revolutionäre Äußerungen kamen auch aus anderen Gegenden – aus Schlesien, Kur- und Niedersachsen, dem Rheinland, der Pfalz, Thüringen, Hessen, der Mark und Schwaben. Diese Stimmen zeugten vom Aufbegehren eines streitbaren Aufklärertums wider scholastische Stagnation und unduldsame Orthodoxie, gegen Fürsten-, Priester- und Adelsherrschaft, gegen den Feudalstaat und eine mit ihm verquickte Machtkirche. Die radikalen Aufklärer unter den Mitgliedern bekundeten damit ihre Verwerfung der überkommenen Herrschaftsstrukturen und der sie mittragenden Ideologien. Sie demonstrierten ihr Verlangen nach einer republikanischen Ordnung, die ihr demokratischer Flügel sich als Volkssouveränität vorstellte.

Die radikal-aufklärerische Haltung der Avantgarde des Bundes überdauerte dessen Untergang. Sie lebte fort in Nachfolgeorganisationen der 90er Jahre, die das Ideenerbe der Union und verwandtes Gedankengut weiterentwickelten, so in Kurland, in Sachsen, in West- und Südwestdeutschland, in Halle selbst, in Österreich und Ungarn, in Schlesien und Polen. Auch im späteren Wirken zahlreicher einzelner Unionsmitglieder fand sie ihren Niederschlag. So manchen von ihnen trifft man unter den Freunden und Streitern der Französischen Revolution wieder, unter ihren Parteigängern jakobinischer, girondistischer oder feuillantischer Prägung.

So bleibt die Bahrdtsche Union trotz ihres Scheiterns und bei all ihren Unzulänglichkeiten ein denkwürdiger Organisationsversuch der radikalen Aufklärung – ein Ansatz zur bürgerlichen Emanzipation am Vorabend der Französischen Revolution.[49]

## *Abkürzungen*

| | |
|---|---|
| AV | Allgemeines Verwaltungsarchiv (Wien) |
| B | Karl Friedrich Bahrdt, Geschichte und Tagebuch meines Gefängnisses, nebst geheimen Urkunden und Aufschlüssen über Deutsche Union, Berlin/Frankfurt am Main/Wien 1790 |
| B II | (dasselbe), Anhang (= 2. Paginierung) |
| DU | Deutsche Union |
| FV | An die Freunde der Vernunft, Wahrheit und Tugend (Halle 1787; in: P, S. 17-20; H, S. 6-14) |

| | |
|---|---|
| GO | Geheimster Operationsplan (Halle 1788; in: B II, S. 175-186; P, S. 274-283; H, S. 251-271) |
| GP | Geheimer Plan der Deutschen Union (Halle 1788; in: B II, S. 55-89; P, S. 245-273; H, S. 178-250) |
| H | Leopold Alois (eigentlich Franz Leopold) Hoffmann, Aktenmäßige Darstellung der Deutschen Union und ihrer Verbindung mit dem Illuminaten-, Freimaurer- und Rosenkreuzerorden, Wien 1796 |
| HHS | Haus-, Hof- und Staatsarchiv (Wien) |
| P | (Degenhart Pott), Geschichte der Deutschen Union [...] nebst dem vorzüglichsten Briefwechsel derselben, Leipzig 1798 (= Briefe angesehener Gelehrten, Staatsmänner und anderer an den berühmten Märtyrer Karl Friedrich Bahrdt [...] bis zu seiner Gefangenschaft 1789. Nebst einigen Urkunden, Band 5) |
| P II, III, IV | Briefe [...] an [...] K. F. Bahrdt, hg. D. Pott, Band 2, 3, 4, Leipzig 1798 |
| Plan I | Plan der Zweiundzwanziger (Plan der Deutschen Union [1786]; Halle 1787, in: P, S. 21-24; H, S. 26-35) |
| üA | (K. F. Bahrdt/A. G. Weber), Über Aufklärung und deren Beförderungsmittel, Leipzig (Ende 1788/Anfang) 1789 (mehrere Auflagen) |
| üA,Anh. | (D. Pott), Anhang zur Schrift Über Aufklärung [...], (Leipzig) Dezember 1788 (in: H. S. 76-88) |
| üA,N | Nachricht. [Ankündigung der Schrift:] »Über die Aufklärung und ihre Beförderungsmittel« (Halle 1788; in: H, S. 36-46) |
| UM | Unionsmitglied(er), Mitglied(er) der Deutschen Union |
| VP | Vorläufiger Plan der Deutschen Union (Verbesserter Plan der Deutschen Union, Halle [Ende] 1787; in: P, S. 24-28; H, S. 48-61) |
| ZB | Zirkular Bartes, Halle, [14.] November 1788 (in: P, S. 234-236, H, S. 67-75) |
| ZW | Zirkular Wucherer, Wien, 12. Dezember 1788 (in: H, S. 62-66) |
| ZSM | Zentrales Staatsarchiv der DDR, Abteilung Merseburg (ehemaliges Preußisches Geheimes Staatsarchiv) |

1 (A. G. Weber in:) *Über Aufklärung*, Leipzig (1788/) 1789, S. 249 (Programmschrift der DU). »Merkwürdig« hat hier die alte Bedeutung ›denkwürdig‹ (memorabilis).

2 *Volkstümliches Handbuch der Staatswissenschaften und Politik. Ein Staatslexikon für das Volk*, Band 1, hg. von R. Blum, Leipzig 1848, 390 f.; Neudruck Leipzig 1973.

3 Vgl. R. van Dülmen, *Der Geheimbund der Illuminaten*, Stuttgart 1975; L. Hammermayer, »Geheimgesellschaften im 18. Jh.«, in: *Beförderer der Aufklärung. Freimaurer, Gesellschaften, Clubs*, Hg. É. H. Balázs/L. Hammermayer/ H. Wagner/ J. Wojtowicz, Berlin 1979 (Studien zur Geschichte der Kulturbeziehungen in Mittel- und Osteuropa, Hg. H. Ischreyt, 5); R. van Dülmen, *Der Geheimbund der Illuminaten*, [2]Stuttgart 1977; M. Agethen, »Illuminatenideologie«, in: *Geheime Gesellschaften*, Hg. P. C. Ludz, Heidelberg 1979 (Wolfenbütteler Studien zur Aufklärung 5/1); E. Fehn, *Illuminatenorden*, ebd.; H. Grassl, *Illuminatistisch-jakobinische Propaganda*, ebd.; *Die Illuminaten*. Quellen und Texte, Hg. J. Rachold, Berlin 1983.

4 Vgl. K. R. H. Frick, *Die Erleuchteten*, Graz 1973; ders., *Rosenkreuzerische Geheimgesellschaften*, Graz 1973; H. Möller, »Die Gold- und Rosenkreuzer«, in: *Geheime Gesellschaften*, Heidelberg 1979.

5 Vgl. J. Rogalla von Bieberstein im vorliegenden Band, S. 85.

6 F. Runkel, *Geschichte der Freimaurerei in Deutschland 1*, Berlin 1932, S. 400.

7 Vgl. G. Mühlpfordt, »Bahrdt und die radikale Aufklärung«, in: *Jahrbuch des Instituts für Deutsche Geschichte der Universität Tel-Aviv*, Band 5, (1976), S. 49-100 (mit Literatur); ders., »Bahrdt als radikaler Aufklärer«, in: *Jahrbuch für Geschichte des Feudalismus*, Band 1, (1977), S. 401-440 (mit Lit.); ders. [Anm. 44]; ders., »Von der freiheitlichen Tradition deutscher Wissenschaft. Halle als Zentrum der radikalen Aufklärung«, in: *Hochschulwesen*, Jahrgang 4, (1956), Heft 2, S. 13-18. (Weitere Arbeiten des Verf. über Bahrdt und die DU im Druck.).

8 *Bahrdts Geschichte seines Lebens*, Band 2, Berlin/Frankfurt(Main)/Wien 1790 und 1791, S. 329 f. (Neuausgabe in Vorbereitung).

9 Bahrdt, *Würdigung der Menschenrechte*, Halle 1791 (Anfang 1792), 236.

10 K. Benda (Hg.), *A Magyar Jakobinusok Iratai* (Schriften ungarischer Jakobiner), Band 1, Budapest 1957, S. 703 ff. und 793 f. (aus HHS).

11 Bahrdt, *Philanthropinischer Erziehungsplan*, Frankfurt (Main) 1776,

S. 18, 298, 397 passim; [2]Frankenthal 1777, S. 14, 212 passim.

12 (A. von Knigge in:) *Nachtrag von Originalschriften der Illuminatensekte*, 1. Abt., München 1787, 199 ff.; vgl. H. 158 f.

13 Runkel, *Freimaurerei* [Anm. 6], Band 1, S. 400; vgl. S. 386-408.

14 HHS, Kabinettskanzlei, Vertrauliche Akten, Fasz. 67; Abschied vom 1. 9. 1782, §§ 3-8 und 12, besonders § 5, gedruckt bei Runkel 1, S. 387-400, bes. 392; vgl. W. Markov, »I giacobini dei paesi absburgici«, in: *Studi storici* 3, (1962), S. 500.

15 W. Keller, *Geschichte des Eklektischen Freimaurerbundes*, Gießen 1857.

16 Vgl. A. Kobuch, »Die Deutsche Union. Radikale Spätaufklärung, Freimaurerei und Illuminatismus«, in: *Beiträge zur Archivwissenschaft und Geschichtsforschung*, hg. von R. Groß/M. Kobuch, Weimar 1977, S. 287-289; dazu G. Mühlpfordt in: *Deutsche Literaturzeitung für Kritik der Wissenschaft* 100, April/Mai 1979, S. 249.

17 Vgl. G. Krüger, *J. A. Starck und der Bund der Sieben*, Darmstadt 1931.

18 Vgl. zu der Auffassung, die 22 Gründer seien »frei erfunden«, zuletzt die tüchtige Arbeit von B. Schyra, *Carl Friedrich Bahrdt. Sein Leben und Werk*, masch. Diss. Leipzig 1962, S. 350, 352.

19 Z. B. »22 Jahre« und »22 Städte« im AT (6 Stellen); »22 Monate« bis zum Jüngsten Tag in der Täuferprophetie (P. Wappler [Hg.], *Die Täuferbewegung in Thüringen*, Jena 1913, S. 244).

20 B 25. »Naturalismus« = natürliche Religion, Moral- oder Vernunftreligion, Deismus.

21 Universitätsarchiv Halle, Bahrdt, Weinberg, Bl. 1-16; Vorlesungsverzeichnis der Universität Halle, Sommersemester 1788; vgl. Schyra [Anm. 18], S. 343-345, 381, 468.

22 Da der Geheime Plan Erfahrungen, Ergänzungs- und Abänderungsvorschläge von 1788 berücksichtigt, kann er Bahrdt nicht bereits 1784 von mysteriösen Unbekannten übermittelt worden sein, wie dieser behauptete (B 6). Bahrdt wollte damit von sich als Urheber ablenken und der Union den Anstrich des Geheimnisvollen geben.

23 Urteil des Kammergerichts Berlin gegen Bahrdt 1789 (B II, S. 166 f.).

24 Unionsloge Frankfurt/Main an Loge Regensburg 1768, gedruckt bei Runkel 1, S. 221 f. und 225; A. von Knigge 28. 3. 1783, ebd. 2, (1932), S. 310.

25 C. W. Dohm (UM), *Über den deutschen Fürstenbund*, Berlin 1785 (französisch Köln 1794); Johannes Müller, *Teutschlands Erwartungen vom Fürstenbund*, 1787; vgl. K. O. von Aretin, »Höhepunkt und Krise des Deutschen Fürstenbundes«, in: *Historische Zeitschrift 196*, (1963), S. 36-73; U. Crämer, *Carl August von Weimar und der Fürstenbund*, Wiesbaden 1961; Quellen in: F. Facius (Hg.), *Geistiger*

*Umgang mit der Vergangenheit*, Stuttgart 1962.

26 So von Papst Pius VI. und Karl August (vgl. Aretin [Anm. 25], S. 61, 71.).

27 P 302; vgl. R. van Dülmen, *Illuminaten*, Stuttgart 1875, S. 73, 442, 446.

28 Vgl. A. Kobuch, »Deutsche Union« [Anm. 16], besonders S. 290 f.

29 M. Veyssière La Croze, *Abrégé de l'histoire*, Gotha 1755. Der Gothaer Verleger französischer Literatur Ettinger war UM.

30 (C. E. Wünsch), Horus, Ebenezer (Halle) 1783. In Leipzig öffentlich verbrannt.

31 (Bahrdt), *Briefe über die Bibel im Volkston*, 2 Bände, Halle 1782/83; [2]Frankfurt/Main 1786; niederländisch Haag 1783; Bahrdt, *Ausführung des Plans und Zweckes Jesu*, 8 Bände, Berlin 1784/85; Nachdruck in 10 Bänden, Berlin 1784-86; P 14.

32 B. Schyra, Bahrdt, masch. Diss. Leipzig 1962, S. 346.

33 HHS, Vertrauliche Akten, Denkschrift Martinovics (21.) 9. 1794: »De Propaganda Revolutione Democratica«, in: K. Benda (Hg.), *A Magyar Jakobinusok Iratai* 2, Budapest 1952, S. 202 ff.

34 D. Pott, *Bahrdts Leben*, Band 1 (einziger; Leipzig) 1790, S. V, vgl. III.

35 F. G. Klopstock, »Die deutsche Gelehrtenrepublik«, in: *Werke*, Bd. 7, Berlin 1975; ders., *Aufklärung. Erläuterungen zur deutschen Literatur*, [4]Berlin 1974, S. 464.

36 Bahrdt, *Philanthropinischer Erziehungsplan*, [2]Frankenthal 1777, S. 300 f.; *Bahrdts Leben, von ihm selbst*, 4, Berlin u. a. 1791, S. 104; vgl. B. Schyra, *Bahrdt*, masch. Diss. Leipzig 1962, S. 346, 526.

37 *Intelligenzblatt der Allgemeinen Literaturzeitung* 26. 11. 1791 (Nr. 139; ALZ 1791, Bd. 4).

38 Vgl. G. Mühlpfordt, »Bahrdts DU als überstaatlicher Leserverband. Ein Organisationsversuch der radikalen Aufklärung«, in: O. Dann (Hg.), *Lesegesellschaften und bürgerliche Emanzipation*, München 1981.

39 P 161, 184, 186; vgl. »Ob Baron Knigge auch wirklich tot ist?« Wolfenbüttel 1977, S. 93.

40 Bei K. G. Lenz, »Bahrdt«, in: *Schlichtegrolls Nekrolog*, Supplementband für 1790-93, Abt. 2, S. 110.

41 AV, Ältere Polizei-Hofakten, K 25, II/2, H 82-90. (Die Union in Siebenbürgen und im Banat behandelt eine gesonderte Arbeit nach Wiener Polizeiakten.)

42 HHS, Vertrauliche Akten, Fasz. 40: J. von Wallis an Kaiser Franz 12. 4. 1808.

43 J. N. Tiling, *Über die sog. bürgerliche Union in Kurland*, 2 Bände, Riga 1792/93; vgl. E. Donnert, »Der Mitauer Volksaufstand vom Jahre 1792«, in: *Zeitschrift für Slawistik* 23, (1978/5), S. 703 f.

44 Vgl. G. Mühlpfordt, »Bahrdts baltische Schriften. Zum literarischen Exil eines radikalen Aufklärers«, in: *Jahrbuch für Geschichte der sozialistischen Länder Europas* [Fortsetzung des 1956 von mir gegründeten Jahrbuchs für Geschichte Ost- und Mitteleuropas], Band 20/2, (1976), S. 92 (Festgabe E. Winter). – Bahrdts Publikationen im Baltikum bestehen aus den freigeistigen Frühschriften von 1771-75 und den revolutionären Spätschriften von 1790-98 (ebd., S. 77-95.).

45 AV, Ältere Polizei-Hofakten, K 25, II/2 – H 99: Verhörsprotokoll Wüstefeld 29. 2. 1796.

46 AV, Ältere Polizei-Hofakten, K 25, II/2 – H 90: Sitzungsprotokoll 23. 1. 1796.

47 Vgl. R. van Dülmen, *Illuminaten*, Stuttgart 1975, S. 95.

48 V. Valentin, *Geschichte der deutschen Revolution 1848/49*, Bd. 2, Berlin 1931 u. ö., S. 11.

49 Vgl. J. Rogalla v. Bieberstein, »Geheime Gesellschaften als Vorläufer politischer Parteien«, in: *Geheime Gesellschaften*, Heidelberg 1979. Vom Verf. erschien noch über Bahrdt (vgl. Anm. 13/14) sowie über Mitglieder und Korrespondenten von dessen »Union« oder wurde zum Druck eingereicht:
»Radikale Aufklärung und nationale Leseorganisation. Die Deutsche Union«, in: *Lesegesellschaften und bürgerliche Emanzipation*, Hg. O. Dann, München 1981; »Lesegesellschaften und bürgerliche Umgestaltung. Ein Organisationsversuch Bahrdts«, in: *Zeitschrift für Geschichtswissenschaft*, 28 (1980) Heft 8;
»Deutsche Präjakobiner«, ebd., H. 10; »Bahrdt und die beiden Forster« [nach Akten des Universitätsarchivs Halle], in: *Georg Forster*, Hg. H. Hübner, Halle 1981 (Beiträge der Universität Halle 1981/42, T 42); »Bahrdts Weg zum revolutionären Demokratismus«, in: *ZfG* 29 (1981) H. 11; »Bahrdt. Die Genese seiner Lehre vom Staat des Volkswohls 1786-1791«, in: *Jahrbuch des Instituts für Deutsche Geschichte* 10 (1981);
»Ein radikaler Geheimbund vor der Französischen Revolution«, in: *Jahrbuch für Geschichte des Feudalismus* 5 (1981);
Vorboten der Mainzer Republik – Das vorrevolutionäre Mainz als Zentrum radikalaufklärerischer Bestrebungen 1787-92 (Mainzer Präjakobinismus), mit dem Abschnitt: »Der Präjakobiner Bahrdt und sein Geheimbund [auch über den Mainzer Konvent der Deutschen Union im Dezember 1788]«, in: *Deutsche Jakobiner* 1, Mainz 1981;
»Oberlausitzer Aufklärer als Wegbereiter und Vorkämpfer der bürgerlichen Emanzipation«, in: *Die Oberlausitz*, Hg. J. Irmscher/E. Lemper/G. Mühlpfordt, Görlitz 1981 (Schriftenreihe des Ratsarchivs Görlitz 10); »Die Oberlausitz und die Akademien. Sozietäten der Aufklärung«, in: *Die Oberlausitzische Gesellschaft der Wissenschaf-*

*ten*, Hg. E. Lemper/G. Mühlpfordt, Görlitz 1983/84 (ebd., 11/1-2);
*Radikale Bünde im östlichen Europa um 1789* (Vortrag auf internationaler Tagung in Bautzen über Osteuropa im Zeitalter der Französischen Revolution 1978) [Weiterführung einer Gastvorlesung von 1956 an der Universität Göttingen: Geheimbünde der Aufklärungszeit und ihre Verbindungen zu Osteuropa];
*Geheimbünde in Goethes Umwelt* (Vorträge in der Goethe-Gesellschaft, Halle und Leipzig 1979/80); *Freimaurerlogen und »Jakobinerklub« in Halle* (Vortrag vor der Goethe-Gesellschaft, Halle 1981);
*Sendschreiben und Geheimkorrespondenz eines radikalen Aufklärers.* »Der Brief als Kommunikations-, Stil- und Kampfmittel bei Bahrdt«, in: *Kulturbeziehungen in Mittel- und Osteuropa im 18. und 19. Jh., Festschrift H. Ischreyt*, Hg. W. Kessler/H. Rietz/G. Robel, Berlin 1982 (Studien zur Geschichte der Kulturbeziehungen 9);
»A. J. Penzel – Aufklärer, Geheimbündler, Historiker, Sprachgenie und Weltwanderer. Kulturbriefe eines ›gelehrten Sanscülotten‹«, in: *Brief und Briefwechsel im 18. und 19. Jh. als Quellen der Kulturbeziehungsforschung*, Berlin (Studien ... 7, angekündigt für 1983); A. J. Penzel, *Der stürmische Lebensweg eines radikalen Aufklärers, Freimaurers und Geheimbündlers der Goethezeit*, Leipzig, Reclam [Biographie];
»Die Oderuniversität Frankfurt. Eine deutsche Hochschule in der Geschichte Brandenburg-Preußens und der europäischen Wissenschaft«, Frankfurt (Oder) 1981 (Frankfurter Beiträge zur Geschichte 9); leicht gekürzt als Hauptbeitrag in: *Die Oder-Universität Frankfurt*, Weimar 1983;
»Völkergeschichte statt Fürstenhistorie. Schlözer als Begründer der kritisch-ethnischen Geschichtsforschung«, in: *Jahrbuch für Geschichte* 25 (1982); »Schlözer und die ›wahre Demokratie‹. Geschichts- und Obrigkeitskritik eines Anwalts der Unterdrückten«, in: *Jahrbuch des Instituts für Deutsche Geschichte* 12 (1983); »Schlözer«, in: *Wegbereiter deutsch-slawischer Wechselseitigkeit*, Hg. E. Winter, Berlin 1983;
»Hellas als Wegweiser zur Demokratie. Griechenmodell und Griechenkritik radikaler Aufklärer – Antikerezeption im Dienst der bürgerlichen Umgestaltung«, in: *Festschrift J. Irmscher*, Hg. J. Herrmann, Berlin, Akademie-Verlag;
»Zum Stand der Geheimbundforschung im 18. Jh., (demnächst in: *Zeitschrift für Geschichtswissenschaft*).
Vgl. H. Reinalter, »Geheimgesellschaften und Freimaurerei im 18. Jh.«, in: *Aufklärung – Vormärz – Revolution* 2 (1982).

# Auswahlbibliographie



## I. Bibliographien:

(Anonym), *Alphabetisches Verzeichnis der in Kloß' Bibliographie der Freimaurerei und Tautes Maurerischer Bücherkunde angeführten anonymen Schriften mit Hinweisung auf die laufenden Nummern in beiden Werken*, München 1898.

Baertson, A. P., *Bibliographie occultiste et maçonnique Repertoire d'ouvrages imprimés et manuscrits relatifs à la Franc-Maçonnerie, les Rose-Croix, les Templièrs, les Illuminés, les Carbonari, les Sociétés Secrètes, la Magie, les Mesmérisme etc.*, 2 Bde., Paris 1930.

Beyer, B., *Bibliographie der freimaurerischen Literatur* (Ergänzungsband und 4. Bd. zur Bibliographie von A. Wolfstieg), Leipzig 1926 (Nachdruck Hildesheim 1964).

Bourichkine, P., *Bibliographie sur la Franc-Maçonnerie en Russie. Com-*

*pletée et mise au point par Tatjana Bakounine*, Paris–Den Haag 1967.
Byryškin, P. A., *Bibliographie sur la franc-maçonnerie en Russie* (Études sur l'histoire, l'économie et la sociologie des pays slaves 11), Paris 1967.
Caillet, A. L., *Manuel bibliographique des sciences psychiques ou occultes*, 3 Bde., Paris 1912 (Nachdruck 1964).
Dalliez, L., *Bibliographie du Temple*, Paris 1972.
Doré, A., »Essai d'une bibliographie des loges militaires françaises au 18e et 19e siècle«, in: *Revue d'Études Maçonniques*, Paris 1976.
Doré, A., »Essai bibliographique des Periodiques Maçonniques et antimaçonniques, de langue francaise«, in: *Revue d' Études Maçonniques*, Paris 1977.
Ferrer Benimeli, J. A., *Bibliografia de la masoneria. Introdución historico-critica*, Zaragoza-Caracas 1974.
Ferrer Benimeli, J. A., *Masoneria, Iglesia et Illstración. La otra cara del conflicto. Conclusiones y bibliografia*, Madrid 1977, S. 274 ff.
Fesch, P., – Denais, J. – Lay, J., *Bibliographie de la Franc-Maçonnerie et des sociétés secrètes, imprimés et manuscrits*, Paris 1910 (neue vervollständigte und überarbeitete Edition v. G. A. Derry, Bruxelles 1976).
Grolig, M., *Die »Freimaurer-Bibliothek« in der Mährischen Landesbibliothek in Brünn*, Wien 1908.
Heitzmann, M. A., »Essai de bibliographie régionale de l'histoire de la franc-maçonnerie (1945-1965)«, in: *Annales historiques de la Révolution française* 197, (1969), S. 541 ff.
Jouin, E. – Descreux, V., Bibliographie occultiste et maçonnique (Revue Internationale des Sociétés Secrètes), Paris 1930.
Kloß, Georg, *Bibliographie der Freimaurerei und der mit ihr in Verbindung stehenden geheimen Gesellschaften*, Frankfurt/M. 1844 (Nachdruck Graz 1970).
Lantoine, A., *Les Francs-Maçons au theatre avec un Essai de bibliographie du theatre maçonnique*, Paris 1919.
Lattanzi, A., *Bibliografia della Massoneria Italiana e di Cagliostro* (Biblioteca di bibliografia italiana 75), Firenze 1974.
Laurens, J. L., *Vocabulaire des Francs-Maçons*, Paris 1808.
Nobile, A., *Opere di bibliografia Massonica*, Palermo 1976.
Schamphelaire, H. de – Witte, E. – Borne, F., *Essai bibliographique relatif à l'histoire de la Franc-Maçonnerie belge*, 1798-1855, Liège 1972.
Schneider, H., *Deutsche Freimaurer-Bibliothek. Verzeichnis der Bibliothek des Deutschen Freimaurer-Museums Bayreuth*, Hamburg 1977.
Sjellung, G., *Litterature for Frimurere*, Kopenhagen 1934.
Solf, H. H., »A bibliographical Essay on Recent French Masonic Literature«, in: *Ars Quatuor Coronatorum* 91, (1979), 101 ff.
Taute, R., *Maurerische Bücherkunde. Ein Wegweiser durch die Literatur der Freimaurerei mit literarisch-kritischen Notizen und zugleich ein*

*Supplement zu Kloß' Bibliographie*, Leipzig 1866 (Nachdruck Graz 1971).
Taute, R., *Ordens- und Bundesromane. Ein Beitrag zur Bibliographie der Freimaurerei*, Berlin 1917 (Nachdruck Graz 1977).
Winkelmüller, O., *Bibliographie über die deutschen Bauhütten des Mittelalters, über Steinmetzzeichen und dazugehörige Themen*, Hannover 1969.
Wolfstieg, A., *Bibliographie der freimaurerischen Literatur*, 3 Bde., Burg-Leipzig 1911-1913 (Nachdruck Hildesheim 1964).

## II. Enzyklopädien und Handbücher:

Alting, A. S. C., *Woordenboek voor Vrijmetselaren*, Haarlem 1884 (Nachdruck 1976).
Bayard, J.-P., *Thesaurus Latomorum*, 2 Bde., Paris 1974-75.
Bazot, E. F., *Manuel du Franc-Maçon*, Paris 1811 (2 Bde., Paris – Rio de Janeiro 1835).
Beha, E., *A comprehensive Dictionary of Freemasonry*, London 1962.
Boos, H., *Handbuch der Freimaurerei*, Bern 1894 (franz. Übersetzung: *Manuel de la Franc-Maçonnerie*, Bern 1894).
Boos, H., *Geschichte der Freimaurerei*, Aarau 1894 (Nachdruck Wiesbaden 1969).
Boucher, J., *La symbolique maçonnique ou l'art royal remis en lumière et restitué selon les règles de la symbolique ésoterique et traditionelle*, Paris 1848 ($^{3}$1974).
Chemin-Dupontès, J. B., *Encyclopédie maçonnique*, 4 Bde., Paris 1819-25.
Chevalier, J. – Gheerbrant, A. – Berlewi, M., *Dictionnaire des Symboles*, Paris 1969.
Coil, H. W., *Coil's Masonic Encyclopedia*, New York 1961.
Denslow, R. V., *A templar encyclopedia*, o. O. 1951.
Denslow, R. V., *An encyclopedia of symbolic freemasonry*, o. O. 1951.
Frau, L. – Arus, R., *Diccionario enciclopédico de la Masoneria*, 3 Bde., Havanna 1883 (Buenos Aires $^{2}$1962).
Gaedicke, J. Ch., *Freimaurer-Lexikon*, Berlin 1818 ($^{2}$1831).
*Geheimgesellschaften und Geheimbünde* (Moderne Universalgeschichte der Geheimwissenschaften 3), Düsseldorf–Wien 1979.
Hall, M. P., *An Encyclopedic Outline of Masonic, Hermetic, Quabbalistic and Rosicrucian*, San Francisco 1928.
Hawkins, E. L. A., *A concise Cyclopedia of Freemasonry, or Handbook of*

*Masonic, compiled from various Sources*, London 1947.
Iman, H., *Masonic Problems and Queries*, London 1964.
Jones, B. E., *Freemason's Guide and Compendium*, London 1950 ($^2$1956, davon 11. Nachdruck 1977).
Kohlschmidt, W., »Freimaurer, Geheime Gesellschaften«, in: *Reallexikon der deutschen Literaturgeschichte*, 1. Bd., hrsg. von W. Kohlschmidt und W. Mohr, Berlin 1958, S. 482 ff.
Lennhoff, E. – Posner, O., *Internationales Freimaurerlexikon*, Wien–München 1932 (Nachdruck Graz 1965, Wien 1973).
Lenning (= Hesse), C., *Enzyklopädie der Freimaurerei*, 3 Bde., Leipzig 1822-28 (bearb. von Friedrich Moßdorf).
Lenning (= Hesse), C., *Allgemeines Handbuch der Freimaurerei*, 4 Bde., bearb. von H. T. Schlatter und M. A. Zille, Leipzig 1863-79 (verb. Neuedition in 2 Bden, bearb. von R. Fischer, Leipzig 1900-1901).
Ligou, D. u. a. (Hrsg.), *Le dictionnaire universal de la franc-maçonnerie*, 2 Bde., Paris 1974.
Mackey, A. G., *A Lexicon of Freemasonry*, New York 1845 (London $^2$1884).
Mackey, A. G., *An Encyclopaedia of Freemasonry*, New York 1874 (erw. und überarb. Neuedition von W. J. Hughan und E. L. Hawkins, 2 Bde., Chicago 1924, Chicago-New York-London $^2$1927).
Mackey, A. G., *An Encyclopaedia of Freemasonry*, neu bearb. von A. Haywood, 3 Bde., Chicago 1946, New York $^6$1966).
Mariel, P., *Dictionnaire des Sociétés Secrètes en Occident*, Paris 1971.
Martin, G., *Manuel d'Histoire de la Maçonnerie française*, Paris 1929 ($^3$1943).
Mellor, A., *Logen, Rituale, Hochgrade. Handbuch der Freimaurerei*, Graz 1967 (franz. Original: *La franc-maçonnerie à l'heure du choix*, Paris 1963).
Mellor, A., *Unsere getrennten Brüder – die Freimaurer*, Graz 1964.
Mellor, A., *Dictionnaire de la franc-maçonnerie et des francs-maçons*, Paris 1971.
Miers, H. E., *Lexikon des Geheimwissens*, Freiburg 1970.
Pick, F. N., *The Pocket History of Freemasonry*, New York 1953 (neu bearb. von G. N. Knight und F. Smyth, New York–London $^5$1973).
Preuss, A., *A dictionary of secret and other societies*, St. Louis–London 1924.
Quantin, J., *Dictionnaire maçonnique*, Paris 1825.
Ridel, C. J. H., *Versuch eines alphabetischen Verzeichnisses der wichtigeren Nachrichten zur Kenntnis und Geschichte der Freimaurerei (Repertorium zu F. L. Schröders »Materialien«)*, Jena 1817.
Schauberg, J., *Vergleichendes Handbuch der Symbolik der Freimaurerei, mit bes. Rücksicht auf die Mythologien und Mysterien des Altertums*, 3 Bde., Schaffhausen 1861-63 (Nachdruck 1974).

Smitt, W., *Handbuch der Freimaurerei*, Leipzig [3]1910.
Waite, A. E., *A New Encyclopaedia of Freemasonry and of cognate instituted Mysteries: their Rites, Literature and History*, 2 Bde., London 1921 (ungek. Neuedition in einem Band, New York 1970).
Whalen, W. J., *Handbook of secret organizations*, Milwaukee 1967.
Ward, J., *The masonic Handbook Series*, 5 Bde., London 1966.

## III. Einführungen, Forschungs- und Literaturberichte:

Dülmen, R. van, »Die Aufklärungsgesellschaften in Deutschland als Forschungsproblem«, in: *Francia* 5, (1977), S. 251 ff.
Hammermayer, L., »Zur Geschichte der europäischen Freimaurerei und der Geheimgesellschaften im 18. Jahrhundert. Genese – Historiographie – Forschungsprobleme«, in: *Beförderer der Aufklärung in Mittel- und Osteuropa. Freimaurer, Gesellschaften, Clubs*, hrsg. von É. H. Balázs, L. Hammermayer, H. Wagner und J. Wojtowicz (Studien zur Geschichte der Kulturbeziehungen in Mittel- und Osteuropa 5), Berlin 1979, S. 9 ff. (Vorabdruck in: *Eleusis* 31, (1976), S. 367 ff.).
Jacq, Chr., *La franc-maçonnerie, histoire et initiation*, Paris 1975.
Knoop, D. – Jones, G. P., *An Introduction to Freemasonry*, Manchester 1937.
Ligou, D., »La Franc-Maçonnerie française au XVIII^e^ siècle. Position des problèmes et état des questions«, in: *L'information historique*, Paris 1964, S. 98 ff.
Ligou, D., »Sur l'histoire de la Franc-Maçonnerie. Une maçonologie scientifique est-elle possible?« in: *Dix-Huitième siècle* 4, (1972), S. 61 ff.
Reinalter, H., »Aufklärung, Bürgertum und Revolution. Versuch eines Literaturüberblicks in historischer Absicht«, in: *Innsbrucker Historische Studien* 1, (1978), S. 291 ff.
Reinalter, H., *Der Jakobinismus in Mitteleuropa. Eine Einführung* (Urban 326), Stuttgart–Berlin–Köln–Mainz 1981.
Reinalter, H., »Geheimgesellschaften und Freimaurerei im 18. Jahrhundert«, in: *Aufklärung – Vormärz – Revolution* 2 (1982), S. 27 ff.

## IV. Historisch-systematische Darstellungen

### *1. Allgemeine Arbeiten:*

Appel, R., *Die Entwicklung der Freimaurerei* (»Die Blaue Reihe« 23), Hamburg 1974.

Berteloot, J., *Les franc-maçons devant l'histoire. Origine et diversité*, Lausanne–Paris–Brüssel 1949.

Bokor, Ch. v., *Winkelmaß und Zirkel. Die Geschichte der Freimaurer*, Wien 1980.

Deiters, H.-G., *Die Freimaurer. Geheimnis und Enthüllung*, München 1964.

Denslow, R. V., *Freemasonry in the Western Hemisphäre*, o. O., 1953.

Denslow, R. V., *Freemasonry in the Eastern Hemisphäre*, Trenton 1954.

Dierickx, M., *Freimaurerei – die große Unbekannte*, Hamburg $^{3}$1975.

Findel, J. G., *Geschichte der Freimaurerei*, Leipzig 1861 ($^{7}$1900).

Fleck, A. F., *Das Freimaurertum. Sein Wesen – seine Geschichte*, Hamburg 1950 (Erg.-Bd. 1971).

Gould, R. F., *History of Freemasonry*, 4 Bde., London–Chicago $^{3}$1968.

Guichard, A., *Les francs-maçons*, Paris 1969.

Hutin, S., *Les francs-maçons (Le temps qui court)*, Paris 1960 ($^{2}$1962).

Keller, L., *Die Freimaurerei. Eine Einführung in ihre Anschauungswelt und in ihre Geschichte* (Aus Natur und Geisteswelt 463), Leipzig–Berlin $^{2}$1918.

Ligou, D., *La Franc-Maçonnerie* (Documents histoire 19), Paris 1977.

Lennhoff, E., *Die Freimaurer. Geschichte, Wesen, Wirken und Geheimnis der Königlichen Kunst*, Zürich–Leipzig–Wien 1932.

Merhart, U. v., *Weltfreimaurerei. Ein Überblick von ihrem Beginn bis zur Gegenwart*, Hamburg 1969.

Naudon, P., *La franc-maçonnerie (Que sais-je)*, Paris 1963 ($^{2}$1971).

Naudon, P., *Geschichte der Freimaurerei*, aus dem Französischen übers. von Hans-Heinrich Solf, Frankfurt/M.–Berlin–Wien 1982.

Palou, J., *La franc-maçonnerie*, Paris 1964.

Priouret, R., *La franc-maçonnerie sous les lys*, Paris $^{2}$1956.

Saunier, J., *Les francs-maçons*, Paris 1972.

Serbanesco, G., *Histoire de la Franc-Maçonnerie*, 3 Bde., Paris 1963 ff.

Tourret, A., *La franc-maçonnerie* (collection »Clefs«), Paris 1975.

## 2. *Frankreich:*

Agulhon, M., *Pénitents et franc-maçons de l'ancienne Provence*, Paris 1968.

Amiable, L., *La R. Loge »Les Neuf Soeurs«*, Paris 1897.

Batham, C. N., »A famous French Lodge: Les Neuf Soeurs«, in: *Ars Quatuor Coronatorum* 86, (1973), S. 312 ff.

Bihan, A. de, *Francs-maçons Parisiens et la Grande Loge de France au XVIII^e^ siècle*, (Commission d'histoire économique et sociale de la Révolution française. Mémoires et documents 19), Paris 1966.

Bihan, A. de, *Loges et chapitres de la Grande Loge et du Grand Orient de France, 1750-1800* (Commission d'histoire économique et sociale de la Révolution française. Mémoires et documents 20), Paris 1967.

Bihan, A. de, *Francs-maçons et ateliers parisiens de la Grande Loge de France au XVIII^e^ siècle (1760-1795)* (Commission d'histoire économique et sociale de la Révolution française. Mémoires et documents 28), Paris 1973.

Bihan, A. de, »La franc-maçonnerie dans les colonies françaises du XVIII^e^ siècle«, in: *Annales historiques de la Révolution française* 195, (1974), S. 39 ff.

Boisson, J., *Napoléon était-il franc-maçon?* Paris 1967.

Brassel, R., *Franc-maçonnerie de Strasbourg, legs Paul Gerschel*, Strasbourg 1976.

Chevallier, P., *Histoire de la franc-maçonnerie française*, 3 Bde., Paris 1974-75.

Donton, A., *Les franc-maçons manceaux et la Révolution française (1741-1815)*, Les Mans 1958.

»Deuxième centenaire du Grand Orient de France«, in: *Annales historiques de la Révolution française* 215, (1974).

Faucher, J. A., – Ricker, A., *Histoire de la franc-maçonnerie en France*, Paris 1967.

Faucher, J.-C., *Histoire des Francs-Maçons dans le département des Deux-Sèvres (1783-1945)*, Poitiers 1977.

Gayot, G., »Les franc-maçons ardennais à l'époque du Consulat et de l'Empire«, in: *Revue du Nord* 1970, S. 339 ff.

Grégoire, J., *Histoire régionale de la Franc-Maçonnerie (1764-1940)*, Paris 1971.

Hans, N. A., »Unesco of the 18^th^ Century. La loge des Neuf Soeurs and its Venerable Master Benjamin Franklin«, in: *Proceedings of the American Philosophical Society* 97, (1953), S. 513 ff.

Headings, M. J., *French freemasonry under the third republic* (Johns Hopkins Univ. Studies in Historical and Political Science 66/1), Baltimore 1949.

Kloß, G., *Geschichte der Freimaurerei in Frankreich, aus ächten Urkun-*

*den dargestellt (1725-1830),* 2 Bde., Darmstadt 1852-53 (Nachdruck Graz 1971).
Ladret, A., *Le grand siècle de la franc-maçonnerie. La franc-maçonnerie lyonnaise au 18. siècle,* Paris 1976.
Lamarque, P., *Essai sur topographie du Paris maçonnique,* Paris 1974.
Lantoine, A., *Histoire de la Maçonnerie française,* 3 Bde., Paris 1925 bis 1935.
Lesueur, E., *La franc-maçonnerie artésienne au XVIIIe siècle,* Paris 1914.
Ligou, D., »Les Bonapartes et la franc-maçonnerie«, in: *Problèmes d'histoire de la Corse,* Paris 1971, S. 233 ff.
Ligou, D., »La sécularisation de la maçonnerie française de 1772 à 1887 d'après les rituels«, in: *Klasse en ideologie in de vrijmetselarij* 2, *Tijdschrift voor de studie van de verlichting* 5, Brüssel 1977, S. 26 ff.
Ligou, D., *Histoire des Franc-maçons en France,* Toulouse 1981.
Luquet, G. H., *La franc-maçonnerie et l'État en France au XVIIIe siècle,* Paris 1963.
Luquet, G. H., »La franc-maçonnerie et l'Eglise en France au XVIIIe siècle«, in: *Revue Grand Collège des Rites,* Bulletin 43, Paris 1955, S. 33 ff.
Marcy, H. F., *Essai sur l'origine de la franc-maçonnerie et l'histoire du Grand Orient de France,* 2 Bde., Paris 1949/1956.
Martin, G., *Manuel d'histoire de la Maçonnerie française,* Paris 1929 ($^3$1934).
Mellor, A., *La vie quotidienne de la franc-maçonnerie française du XVIIIe siècle à nos jours,* Paris 1973.
Molet, L., »La Franc-Maçonnerie Française«, in: *Revue d'Histoire et de Philosophie Religieuse* 56, (1976), S. 405 ff.
Moravia, S., *Il tramonto dell'illuminismo. Filosofia e politica nella società francese 1770-1810,* Bari 1968.
Tuckett, J. E. S., »Napoleon I. and Freemasonry«, in: *Ars Quatuor Coronatorum* 27, (1914), S. 96 ff.
Vénier, R., *Mirabeau franc-maçon,* Marseille 1951.
Weil, F., »La Franc-Maçonnerie en France jusqu'en 1755«, in: *Studies on Voltaire and the 18th Century,* Bd. 27, hrsg. von Th. Besterman, Genf 1963, 1787 ff.
Wussow, W. J., *French freemasonry and the threat of war,* 1917-1939. Diss., Boulder/Col. 1966.

### *3. Schweiz:*

Bessler, H. (u. a.): *Die Freimaurerei in der Schweiz,* Bern 1944.
Breßler, H. G., »Aarau als Vorort der Schweizerischen Großloge »Al-

pina« 1886-1871«, in: *Quatuor Coronati Jahrbuch* 16, (1979), S. 157 ff.

Böni, J., *Die Freimaurerei in der Schweiz. Hundert Jahre Großloge Alpina*, Bern 1946.

Estoppey, L., *Notice Historique publiée à l'occasion du Centenaire de la loge »Expérance & Cordialité« i. Or. Lausanne 1822-1922*, Lausanne 1922.

Häberlin, H., *Die Gründung der Schweiz. Großloge Alpina*, o. O. 1900.

His, E., *Die Vereinsfreiheit und die sogenannten Geheimen Gesellschaften in der Schweiz*, Basel o. J.

Imhof, G., *Aus der Gründungszeit der Freimaurerei in Basel*, o. O. 1952.

Ley, R. (u. a.), *200 Jahre Freimaurerloge »Modestia cum Libertate« im Orient von Zürich 1771-1971*, Zürich 1971.

Loosli, C. A., *Die Geheimen Gesellschaften und die Schweizerische Demokratie*, Bern 1935.

Poltéra, G., *Freimaurerei in der Schweiz*, Bern 1976.

Tschopp-Brewer, A., *Geschichte der Loge zur Brudertreue in Aarau 1811-1911*, Aarau 1911.

Tschumi, H., *Die Loge zur Hoffnung in Bern 1803-1903*, Bern 1903.

Zander, A., *Freimaurerei in der Schweiz*, Zürich 1937.

Zschokke, Th., »Umrisse der Geschichte der Freimaurerei in der Schweiz im 19. Jahrhundert«, in: *Asträa* 15, (1850).

Zuber, O., *Stammbuch der Schweizerischen Freimaurerei*, Zürich 1971.

Zuber, O., »Quatuor Coronati in der Schweiz«, in: *Quatuor Coronati Jahrbuch* 14, (1977), S. 29 ff.

### *4. Großbritannien und Irland:*

Batham, C. N., »Chevalier Ramsay. A New Appreciation«, in: *Ars Quatuor Coronatorum* 81, (1968), S. 280 ff.

Begemann, W., *Vorgeschichte und Anfänge der Freimaurerei in England*, 2 Bde., Berlin 1909-10.

Begemann, W., *Vorgeschichte und Anfänge der Freimaurerei in Irland*, Berlin 1911.

Berry, H. F., »Episodes in Irish Freemasonry, 1790-1830«, in: *Ars Quatuor Coronatorum* 26, (1913).

Brault, E., *Le Mystère du Chevalier Ramsay*, Paris 1978.

Calvert, A., *The Grand Lodge of England 1717-1917, being an Account of 200 Years of English Freemasonry*, London 1917.

Clarke, J. R., »John Locke and Freemasonry«, in: *Ars Quatuor Coronatorum* 78, (1966).

Clarke, J. R., »The Royal Society and Early Grand Lodge Freemasonry«, in: *Ars Quatuor Coronatorum* 80, (1967).
Clarke, J. R., *A history of Britannia Lodge*, Sheffield 1961.
Draffen, G. S., *Freemasonry in Scotland in 1717*, London 1971.
Georghean, W., *The History and Antiquities of the first Volunteer Masonic Lodge of Ireland, 1783-1820*, Dublin 1921.
Grand Lodge, 1717-1967, printed for the Grand Lodge of England at the University Press, Oxford 1967.
Kloß, G., *Die Geschichte der Freimaurerei in England, Irland und Schottland aus den ächten Urkunden dargestellt (1685-1784), nebst einer Abhandlung über die Ancient Masons*, Leipzig 1848 (Neudruck Graz 1971).
Knoop, D. – Jones, G. P., *The London Mason World in the seventeenth Century*, London 1935.
Knoop, D. – Jones, G. P., *The Scottish Mason and the Mason World*, London 1938.
Lindsay, R. S.: *The Scottish Rite for Scotland*, Edinburgh 1957.
Möller, D., *Die Londoner Großloge von 1717. Vorgeschichte und Geschichte ihrer Gründung*, Maschingeschr. o. O. u. O. J.
Rowbottom, M. E., »J. Th. Desaguliers«, in: *Proceedings of the Huguenot Society of London* 21, (1968), S. 196 ff.
Sohie, J., »J. Th. Desaguliers o le origini intellettuale della Massoneria«, in: *Rivista Massonica* 67, (1976), S. 393 ff.
Vibert, L., »Freemasonry in the Two Kingdoms England and Scotland«, in: *Ars Quatuor Coronatorum* 85, (1972).

### *5. Schweden:*

Dahlgren, C., *Frimureriet med tillämpning pa Sverige*, Stockholm 1842.
Jacobs, B., »Scandinavian Freemasonry«, in: *Ars Quatuor Coronatorum* 72, (1959).
Karling, T., *Göteborgs Frimurare – Samhälles Ordenshus*, Göteborg 1918.
Lindberg, H., *Göta Provinsial Loge 1788-1938*, Göteborg 1938.
Ramm, A., *Andreae Logen »De tre förenade Kronoi i Göteborg 1777-1927*, Göteborg 1927.
Rudbeck, J., *Karl Friedrich Eckleff, Begründer des Schwedischen Freimaurersystems*, Berlin 1931 (orig. schwedisch).
Selter, G. E., »Die Quelle des Meister-Rituals des schwedischen Systems der Freimaurerei. Eine Konkordanz«, in: *Quatuor Coronati* Jahrbuch 12, (1975), S. 41 ff.
Thulstrup, C. L. H., *Anteckningar till Svenska frimureriets historia, Meddelanden fran Svenska stora landlogens arkiv och bibliotek*, 2 Bde., Stockholm 1892-98.

## *6. Belgien und Niederlande:*


Appel, W., *Geschichte der Feldloge »Stern von Brabant« im Orient Brüssel*, Oranienburg 1931.

Bartier, J., »Régards sur la Franc-Maçonnerie Belge du 18e siècle«, in: *Annales historiques de la Révolution française* 41, (1969), S. 469 ff.

Berghe, Y. van den, *Jacobijnen en Traditionalisten. De reacties van de Bruggelingen in de Revolutietijd*, 2 Bde., Brüssel 1972.

Boerenbeke, E. A., »The Relation between Dutch and English Freemasonry, 1734/71«, in: *Ars Quatuor Coronatorum* 83, (1970).

Boerenbeke, E. A., »The Quatuor Coronati in the Netherlands«, in: *Ars Quator Coronatorum* 79, (1966).

Clement, F., *Contribution à l'étude des hauts grades de la franc-maçonnerie et particulièrement à l'histoire du Rite Écossais Ancien et Accepté en Belgique*, Brüssel 1937.

Clement, F., *Histoire de franc-maçonnerie belge au XIXe siècle*, 2 Bde., Brüssel 1948-49.

*De achtbare Loge La Vertu in het Oosten, Leiden 1757-1957*, Den Haag 1957.

Duchaine, P., *La franc-maçonnerie belge au XVIIIe siècle*, Brüssel 1911.

Hanrath, J. – Pott, P. – Croiset van Uchelen, B., *De Beoefening der koninklijke kunst in Nederland*, s'Gravenhage (Den Haag) 1971.

*Honderd vijf-en-zwenzig jaren Nederlandsche Vrijmetselarij*, Amsterdam 1931.

Loo, P. J. van, *Inleiding tot de geschiedenis van de Vrijmetselarij*, Den Haag 1948.

Loo, P. J. van, *Geschiedenis van het Hoofdkapittel der Hoge Graden in Nederland*, Den Haag 1964.

Loo, P. J. van, *Geschiedenis van de Orde van Vrijmetselaren onder het Grootoosten der Nederlanden*, Voorburg 1967.

Lowensteijn, G. F. E. W., *Lijst van Logen welke onder het Grootoosten der Nederlandse Grootmachten op Nederlands Gebied werken of gewerkt hebben*, o. O. 1961.

Schampheleire, H. de, *De Antwerpse vrijmetselaars in de 18e eeuw* (Studiereeks Dialoog 2), Antwerpen 1969.

Schelden, B. van der, *La Franc-Maçonnerie Belge sous le Régime Autrichien 1721-1794*, Louvain 1923.

Spaan, J. G., *Vrijmetselarij*, Den Haag 1968.

*Vrijmetselarij, 1756-1956. Uitg. in opdracht van het Hoofdbestuur der Orde van Vrijmetselaren onder het Grootoosten d. Nederlanden ter gelegenheid van het 200-jarig bestaan dier orde op 26dec. 1956*, Bussum 1957.

Witte, E. – Borne, V. F., *Documents relatifs à la franc-maçonnerie belge*

*du XIX^e siècle (1830-1855)*, Paris-Louvain 1973.
Witte, E., »Les loges belges vers le milieu du XIX^e siècle: lieux de rencontre d'anticléricalisme engagé et de progressisme social modéré«, in: *Klasse en ideologie in de vrijmetselarij.* »Classes et ideologies dans la franc-maçonnerie«, in: *Tijdschrift voor de studie van de verlichting* 4/3-4, (1976), S. 493 ff.
Zeevalking, H. J., *Vrijmetselarij, een Westeuropees culturverschijnsel*, s'Gravenhage (Den Haag) 1965 (²1970).
Zeevalking, H. J., *De Maconnieke Werkplaats*, s'Gravenhage (Den Haag) 1971.

## *7. Spanien und Italien:*

Almeiras, H. d', *Cagliostro, la franc-maçonnerie et l'occultisme au XVIII^e siècle*, Paris 1904.
Ambesi, C., *Storia della Massoneria*, Milano 1971.
Bacci, U., *Il libro del massone italiano*, Bologna 1972.
Bistoni, U. – Monacchia, P., *Due secoli di massoneria a Perugia e in Umbria (1775-1975)*, Perugia 1975.
Chetteoui, W.-R., *Cagliostro et Catherine II.*, Paris 1947.
Felice, R. de, *Note e ricerche sugli »Illuminati« e il misticismo rivoluzionario (1789-1800)*, Roma 1960.
Ferrer Benimeli, J. A., *El Conde de Aranda y su defensa de España*, Madrid-Zaragoza 1972.
Ferrer Benimeli, J. A., »La franc-maçonnerie espagnole au XVIII^e siècle«, in: *Revue Travaux de Villard de Honnecourt* 8, Paris 1972, S. 115 ff.
Ferrer Benimeli, J. A., *Masoneria e Inquisición en Latinoamérica durante el siglo XVIII.*, Caracas 1973.
Ferrer Benimeli, J. A., *Historia de la Masoneria expañola en el siglo XVIII: Carlos III y la Masoneria*, Madrid 1974.
Ferrer Benimeli, J. A., *Masoneria, Iglesia e Illustración* (Publicaciones de la Fundacion Universitaria Española – Monografias 17), 4 Bde., Madrid 1976-77.
Ferrer Benimeli, J. A., »La Masoneria bonapartista en Cataluna. La Logia »Napoleon le Grand« de Gerona 1812/13«, in: *Estudios en Homenaja al Dr. Frutos*, Faculdad de Filosofia y Letras, Zaragoza 1977, S. 119 ff.
Francovich, C., *Albori socialisti nel Risorgimento. Contributo allo studio delle società segrete 1776-1835* (Università die Siena, Facoltà di giurisprudenza. Collana di studi »Pietro Rossi«, N.S. vol. III), Firenze 1962.
Francovich, C., *Storia della Massoneria in Italia dalle origini alla Rivoluzione Francese* (Biblioteca di Storia 11), Firenze 1974.
Gamberini, G., *Mille volti di Massoni*, Roma 1975.

Gamberini, G., »Massoneria Italiana. Storia e storiografia«, in: *Rivista Massonica*, Roma 1975, S. 1 ff.
Garrone, A. G., *Le origini del radicalismo in Italia*, Turin 1970.
Gentile, G., *Il misterio di Cagliostro e il sistema egiziano*, Livorno 1973.
Gervaso, R., *Cagliostro*, Milano 1974.
Haven, M., *Le Maître inconnu, Cagliostro*, Paris ²1966.
Leti, G., *Carboneria et massoneria nel Risorgimento italiano. Saggi di critica storica*, Bologna 1966.
*Luzio,* A., *La Massoneria e il Risorgimento italiano, Saggio storico-critico,* 2 vol., Bologna 1966.
Marcolongo, B., »La Massoneria nel secolo XVIII.«, in: *Studi Storici* 19, Pavia 1910, S. 406 ff.
Mariel, P., *Les Carbonari. Idéalisme et révolution permanente*, Paris 1971.
Maruzzi, P., »Notizie e documenti sui liberi muratori in Torino nel secolo XVIII.«, in: *Bolletino storico-bibliografico subalpino* 30, Turin 1928, S. 115 ff., 397 ff.; ebd. 32, (1930), S. 33 ff., 214 ff.
Mola, A. A., *Storia della massoneria italiana dall'unità alla repubblica. A. cura di Ugoberto Alfassio Grimaldi* (Saggi Bompiani 20), Milano 1977.
Montanelli, I., *L'italia giacobina e carbonara, 1789-1831,* Milano 1971.
Moramarco, M., *La Massoneria ieri e oggi,* Milano 1977.
Matteini, N., *Il »conte« di Cagliostro*, Bologna 1969.
Nicholas, H., »The Masonic Lodge in Florence in 18th Century«, in: *Ars Quatuor Coronatorum* 71, (1958).
Photiades, C., *Les vie du Comte de Cagliostro*, Paris 1932.
Porciatti, U. G., *Simbologia Massonica – Gradi Scozzesi*, Milano 1948.
Porciatti, U. G., *Simbologie Massonica – Massoneria Azzurra*, Milano 1968.
Ribadeau-Dumas, F., *Cagliostro*, Paris 1966.
Righi, A., »Una loggia massonica a Verona nel 1792«, in: *Atti e memorie dell'accademia d'agricoltura, scienze e lettere di Verona*, Pavia 1913, S. 1 ff.
Soriga, R., »Settecento massonizzante e massonismo napoleonico nel primo Risorgimento italiano«, in: *Bolletino della Società pavese di Storia patria* 1920, S. 23 ff.
Venturi, F. (Hrsg.), *Illuministi italiani*, Bd. 5, Milano–Napoli 1961.
Venturi, F. – Giarrizo, G. – Torcellan, G. (Hrsg.), *Illuministi italiani: Riformatori delle antiche repubbliche, dei ducati, dello Stato pontificio e delle isole*, Milano–Napoli 1965.
Zieger, A., *I franchi muratori del Trentino*, Trento 1925.
Zieger, A., *Il tramonto della massoneria e la propaganda segreta nel Trentino (1814-1831)*, Trento 1926.

Zieger, A., *Bagliori unitari ed aspirazione nazionali (1751-1797)*, Milano 1933.
Zieger, A., »Penombre massoniche settecentesche«, in: *Archivio per l'Alto Adige* 12, (1934), S. 316 ff.

## 8. Deutschland, DDR und Österreich:

Abafi, L. (Aigner), *Geschichte der Freimaurerei in Österreich-Ungarn*, 5 Bde., Budapest 1890 ff.
Bach, E., »Der Freimaurer Aloys Blumauer«, in: *Quatuor-Coronati-Berichte* 6, (1977), S. 17 ff.
Beck, A., *Der Einfluß der Freimaurer auf die kirchlichen Reformen Josefs II.* Maschingeschr. Diss., Wien 1935.
Bernhart, B., »Freemasonry in Austria«, in: *Ars Quatuor Coronatorum* 76, (1963).
Beyer, B., *Geschichte der Großloge »Zur Sonne« in Bayreuth*, 3 Bde., Frankfurt/M. 1954-55.
Beyer, B., *Geschichte der Münchener Freimaurerei des 18. Jahrhunderts. Ein Beitrag zur Geschichte Altbaierns*, Hamburg 1973.
Bodi, L., *Tauwetter in Wien. Zur Prosa der österreichischen Aufklärung 1781-1795*, Frankfurt/M. 1977.
Böttner, F. J., *Zersplitterung und Einigung. 225 Jahre Geschichte der deutschen Freimaurer*, Hamburg 1962.
Brabbée, G., »War Kaiser Leopold II. Freimaurer?« in: *Allgemeine österreichische Freimaurerzeitung* 2, (1875), S. 101 ff.
Brabbée, G., *Sub Rosa. Vertrauliche Mittheilungen aus dem maurerischen Leben unserer Großväter*, Wien 1879.
Cefarin, R., *Kärnten und die Freimaurerei*, Wien 1932.
Demeter, K., *Die Frankfurter Loge zur Einigkeit 1742-1966*, Frankfurt/M. 1967.
Deutsch, O. E., »Kaiser Josef und die Freimaurer«, in: *Wiener Geschichtsblätter* 20/4, (1965), S. 488 ff.
*Die Freimaurer Österreich-Ungarns. Zwölf Vorträge*, Wien 1897.
*Die Gegenwartsmaurerei. Gesicht – Geist – Arbeit. Festschrift der Großloge von Wien anläßlich des zehnjährigen Jubiläums am 8. Dezember 1928*, hrsg. von E. Lennhoff, Wien 1928.
*Die Großloge von Wien für Österreich. Zum dreißigjährigen Bestand 1949*, Wien 1949.
Einleger, B., *Die Freimaurerei als Faktor der Aufklärung in Österreich von Maria Theresia bis Franz II.* Maschingeschr. Diss., Wien 1930.
Dotzauer, W., *Freimaurergesellschaften am Rhein. Aufgeklärte Sozietäten auf dem linken Rheinufer vom Ausgang des Ancien Régime bis zum*

*Ende der Napoleonischen Herrschaft* (Geschichtliche Landeskunde 16), Wiesbaden 1977.

Dotzauer, W., »Bonner aufgeklärte Gesellschaften und geheime Sozietäten bis zum Jahr 1815, unter bes. Berücksichtigung des Mitgliederbestandes der Freimaurerloge »Frères courageux« in der napoleonischen Zeit«, in: *Bonner Geschichtsblätter* 24, (1971), S. 78 ff.

Dotzauer, W., »Die Städte Landau, Zweibrücken und Speyer und ihre aufgeklärten Gesellschaften vom Ende des Ancien Régime bis zum Ende des napoleonischen Zeitalters, unter bes. Berücksichtigung der Freimaurerlogen«, in: *Zeitschrift für die Geschichte des Oberrheins* 120, (1972), S. 303 ff.

Dotzauer, W., »Mainzer Illuminaten und Freimaurer vom Ende der kurfürstlichen Zeit bis zu den Freiheitskriegen«, in: *Nassauische Annalen* 83, (1972), S. 120 ff.

Dotzauer, W., »Die Mitglieder der Kölner Freimaurerlogen, insbesondere der Loge Le Secret des trois Rois vom Ende des Alten Reiches bis zu den Freiheitskriegen«, in: *Jahrbuch des Kölnischen Geschichtsvereins* 34, (1973), S. 214 ff.

Dotzauer, W., »Das aufgeklärte Trier. Freimaurergesellschaften und Lesegesellschaften bis zum Ende der napoleonischen Zeit«, in: *Geschichtliche Landeskunde* 9, (1973), S. 214 ff.

Dotzauer, W., »Frankenthal und die Freimaurerloge »La Franchise du Rhin bis zum Ende der napoleonischen Zeit«, in: *Jahrbuch für Westdeutsche Landesgeschichte* 1, (1975), S. 259 ff.

Epstein, K., *Die Ursprünge des Konservativismus in Deutschland. Der Ausgangspunkt: Die Herausforderung durch die Französische Revolution 1770-1806,* Frankfurt/M.–Berlin 1973.

Ferrer Benimeli, J. A., »Rom und die Verfolgung der Freimaurer in Österreich (1743-1744)«, in: *Beförderer der Aufklärung in Mittel- und Osteuropa. Freimaurer, Gesellschaften, Clubs*, hrsg. von É. H. Balázs, L. Hammermayer, H. Wagner und J. Wojtowicz (Studien zur Geschichte der Kulturbeziehungen in Mittel- und Osteuropa 5), Berlin 1979, S. 87 ff.

Fluhrer, W., *Kronprinz und Kaiser Friedrich III. als Freimaurer*, Leipzig 1931.

Franc, L., *Die Wiener Realzeitung. Ein Beitrag zur Publizistik der theresianisch-josefinischen Epoche*. Maschingeschr. Diss., Wien 1952.

Fried, J., *Leopold Alois Hoffmann (1760-1806).* Maschingeschr. Diss., Wien 1930.

Fuchs, I., *Leopold Alois Hoffmann 1760-1806. Seine Ideen und seine Bedeutung als Konfident Leopold II.*, Maschingeschr. Diss., Wien 1963.

Geppert, E.-G., *Die Freimaurer-Logen Deutschlands 1737 bis 1972*, Hamburg 1974.

Geppert, E.-G., *Die Herkunft, die Gründung, die Namen der Freimau-*

*rerlogen in Deutschland seit 1737*, Hamburg 1976.
Giese, A., Das »Journal für Freimaurer«, in: *Festschrift der Großloge von Österreich zum 250. Jahrestag der Gründung der englischen Großloge*, Wien 1967, S. 34 ff.
Haberzettl, H., *Die Stellung der Exjesuiten in Politik und Kulturleben Österreichs zu Ende des 18. Jahrhunderts* (Dissertationen der Univ. Wien 94), Wien 1973.
Haderer, F., *Martin Joseph Prandstetter (1760-1798). Magistratsrat, Freimaurer, Dichter und Jakobiner*, Maschingeschr. Diss., Wien 1968.
Haubelt, J., »Studi o Ignaci Bornovi«, in: *Acta Universitatis Carlinae Philosophica et Historica* 39, Prag 1971.
Hofer, P., *Ignaz von Born. Leben – Leistung – Wirkung*. Maschingeschr. Diss., Wien 1955.
Hubbertz, E., *Zwei Jahrhunderte Freimaurerei am Niederrhein. Geschichte der Freimaurerloge Pax Inimica Malis in Emmerich* (Emmericher Forschungen 1), Kleve 1979.
Junaschek, G., *Die publizistische Tätigkeit der Freimaurer zur Zeit Joseph II. in Wien*. Maschingeschr. Diss., Wien 1964.
Kallweit, A., *Die Freimaurerei in Hessen-Kassel. Königliche Kunst durch zwei Jahrhunderte*, Baden-Baden 1966.
Kneisner, F., *Geschichte der deutschen Freimaurerei*, Berlin 1912.
Kneisner, F., *Landgraf Carl von Hessen und seine Wirksamkeit in der deutschen Freimaurerei*, Berlin 1917.
Kneisner, F., *Die Niederschriften der »Loge d'Hambourg« von 1737 bis 1741*, Berlin 1920.
Kaforka, E., *Der Kampf zwischen Aufklärern und Obscuranten in Wien*. Maschingeschr. Diss., Wien 1931.
Keil, R., *Wiener Freunde 1784-1808*, Wien 1883.
Kovács, E., »Zur Geschichte der Freimaurer in Österreich«, in: *Religion, Wissenschaft, Kultur. Jahrbuch der Wiener Katholischen Akademie* 25/2, (1976/77), S. 111 ff.
Krivanec, E., »Die Loge »Aux trois canons« in Wien, 1742/43«, in: *Quatuor-Coronati-Berichte* 12, (1975), S. 95 ff.
Krivanec, E., »Die Loge ›Aux trois coeurs‹ in Wien«, in: *Quatuor Coronati Jahrbuch* 13, (1976), S. 19 ff.
Krivanec, E., »Die Loge ›Aux Sept Cieux‹, später ›Zur Beständigkeit‹«, in: *Quatuor-Coronati-Berichte* 3, (1976), S. 5 ff.
Krivanec, E., »Die Freimaurer in Vorderösterreich«, in: *Quatuor-Coronati-Berichte* 3, (1976), S. 75 ff.
Krivanec, E., »Geschichte der Freimaurerei in den österreichischen Niederlanden«, in: *Quatuor-Coronati-Berichte* 4, (1976), S. 43 ff.
Krivanec, E., »200 Jahre Freimaurerei in Tirol«, in: *Quatuor-Coronati-Berichte* 5, (1977).
Krivanec, E., *Die Freimaurerei in der Theresianischen Epoche*, in: Maria

Theresia und ihre Zeit, hrsg. von W. Koschatzky, Salzburg–Wien 1980, S. 197 ff.
Krivanec, E. – Akermann, A., »Die Loge ›Die Freigebigen‹, Wien 1763«, in: *Quatuor-Coronati-Berichte* 4, (1976), S. 29 ff.
Kuéss, G. – Scheichelbauer, B., *200 Jahre Freimaurerei in Österreich*, Wien 1959.
Leonhardt, H. H., *Die Großloge von Hannover und ihr Großmeister König Georg V. Ein Beitrag zur Geschichte der Freimaurerei in Niedersachsen*, Hannover 1964.
Markov, W., »1789: Bürger zwischen Aufklärung und Revolution«, in: *Fürst, Bürger, Mensch* (Wiener Beiträge zur Geschichte der Neuzeit 2), Wien 1975, S. 215 ff.
Mensing, W., *Der Freimaurer-Konvent von Wilhelmsbad*, Bayreuth 1974.
Möller, H., *Aufklärung in Preußen. Der Verleger, Publizist und Geschichtsschreiber Friedrich Nicolai* (Einzelveröffentlichungen der Historischen Kommission zu Berlin 15), Berlin 1974.
Newole, K. E., »Die Offizin Kleinmayr in Klagenfurt bis zur Gründung der Zeitschrift ›Carinthia‹«, in: *Carinthia* I 144, (1954), S. 417 ff.
Nußbaumer, E., *Geistiges Kärnten*, Klagenfurt 1956.
Obrecht, H., *Der Kampf um die staatliche Anerkennung der Freimaurerei in Österreich und die katholische Öffentlichkeit.* Maschingeschr. Diss., Wien 1950.
Pauls, A., *Geschichte der Aachener Freimaurerei*, Bd. 1, Clausthal-Zellerfeld 1928.
Pauls, A., *Düsseldorfer Freimaurerei im 18. Jahrhundert*, Clausthal-Zellerfeld 1929.
Pollak, G., »Die Freimaurerei in der Steiermark«, in: *Quatuor-Coronati-Berichte* 1, (1974), S. 87 ff.
Rapp, L., *Freimaurer in Tirol*, Innsbruck 1867.
Reinalter, H., *Aufklärung-Absolutismus-Reaktion. Die Geschichte Tirols in der 2. Hälfte des 18. Jahrhunderts*, Wien 1974.
Reinalter, H., »Freimaurer in Tirol«, in: *Das Fenster* 12, (1973), S. 1169 ff.
Reinalter, H., »Franz von Gumer – ein Tiroler Freimaurer«, in: *Alpenregion und Österreich. Festschrift für Hans Kramer*, Innsbruck 1976, S. 117 ff.
Reinalter, H., »Joseph von Sonnenfels und die Französische Revolution«, in: *Innsbrucker Historische Studien* 1, (1978), S. 77 ff.
Reinalter, H., »Joseph II. und die Freimaurerei im Lichte zeitgenössischer Broschüren«, in: *Unsere Heimat* 51/3, (1980), S. 193 ff.
Reinalter, H., *Aufgeklärter Absolutismus und Revolution. Zur Geschichte des Jakobinertums und der frühdemokratischen Bestrebungen in der Habsburgermonarchie* (Veröffentlichungen der Kommission für Neu-

ere Geschichte Österreichs 68), Wien 1980.
Reinalter, H., »Freimaurerische Reformprojekte unter Kaiser Leopold II.«, in: *Quatuor-Coronati-Berichte* 9 (1982/83), S. 8 ff.
Reinalter, H., *Josephinismus, Geheimgesellschaften und Jakobinismus.* Zur radikalen Spätaufklärung in der Habsburgermonarchie, in: Ungarn und Österreich unter Maria Theresia und Joseph II., hrsg. von M. Drabek, R. Plaschka und A. Wandruszka, Wien 1982, S. 55 ff.
Reinalter, H., *Geheimbünde in Tirol. Von der Aufklärung bis zur Französischen Revolution* (Schriftenreihe des Südtiroler Kulturinstituts 9), Bozen 1982.
Reiss, J., *Die österreichischen Freimaurer*, Wien–Leipzig 1932.
Rosenstrauch-Königsberg, E., *Freimaurerei im josephinischen Wien. Aloys Blumauers Weg vom Jesuiten zum Jakobiner* (Wiener Arbeiten zur deutschen Literatur 6), Wien 1975.
Rosenstrauch-Königsberg, E., »Aloys Blumauer – Jesuit, Freimaurer, Jakobiner«, in: *Jakobiner in Mitteleuropa*, hrsg. von H. Reinalter, Innsbruck 1977, S. 363 ff.
Runkel, F., *Geschichte der Freimaurerei in Deutschland*, 3 Bde., Berlin 1931-32.
Schott, O., *Die Geschichte der Freimaurer in Wien von den Anfängen bis zur Gegenwart.* Maschingeschr. Diss., Wien 1939.
Schwarz, E., *Die Freimaurer in Österreich, vor allem in Wien, unter Kaiser Franz II. 1792-1809.* Maschingeschr. Diss., Wien 1940.
Smyth, F., »Br. Mozart of Vienna«, in: *Ars Quatuor Coronatorum* 87, (1974), S. 37 ff.
Sommer, F., *Die Wiener Zeitschrift (1792-1793). Die Geschichte eines antirevolutionären Journals* (Das Freimaurermuseum 7), Zeulenroda–Leipzig 1932.
Stănescu, H., »Ignaz von Born«, in: *Österreich in Geschichte und Literatur* 14/7, (1970), S. 369 ff.
Steffens, M., *Freimaurer in Deutschland. Bilanz eines Vierteljahrtausends*, Flensburg 1964 (Frankfurt/M. $^{2}$1966).
Sturmberger, H., »Die Anfänge der Freimaurerei in Linz«, in: *Jahrbuch der Stadt Linz* 1955, S. 99 ff.
Taute, R., *Der Wilhelmsbader Konvent und der Zusammenbruch der Strikten Observanz* (Bücherei für Freimaurer 18/19), Berlin 1909.
Taute, R., *Der Freimaurer-Konvent zu Altenberge*, Leipzig 1914.
Teich, M., »Ignaz von Born als Organisator wissenschaftlicher Bestrebungen in der Habsburger Monarchie«, in: *Wissenschaftspolitik in Mittel- und Osteuropa*, hrsg. von E. Amburger, M. Cieśla und L. Sziklay (Studien zur Geschichte der Kulturbeziehungen in Mittel- und Osteuropa 3), Berlin 1976, S. 195 ff.
Teufel, W., *Geschichte der Freimaurerei in den Gebieten des heutigen Saarlandes und in den angrenzenden Ländern*, Baden-Baden 1964.

Tschurtschenthaler, U. v., *Die Publizistik im josephinischen Wien und ihr Beitrag zur Aufklärung*. Maschingeschr. Diss., Wien 1957.

Vávra, J., »Ignaz von Born als führende Persönlichkeit der Aufklärungsepoche in Böhmen«, in: *Beförderer der Aufklärung in Mittel- und Osteuropa. Freimaurer, Gesellschaften, Clubs*, hrsg. von É. H. Balázs, L. Hammermayer, H. Wagner und J. Wojtowicz (Studien zur Geschichte der Kulturbeziehungen in Mittel- und Osteuropa 5), Berlin 1979, S. 141 ff.

Vierhaus, R., »Aufklärung und Freimaurerei in Deutschland«, in: *Das Vergangene und die Geschichte. Festschrift für Reinhard Wittram*, Göttingen 1973, S. 23 ff.

Wagner, H., »Die Loge ›Zur wahren Eintracht‹ 1781-1785. Das Ende der österreichischen Freimaurerei im 18. Jahrhundert«, in: *Festschrift »Fünf Jahre Libertas«*, Wien 1965, S. 24 ff.

Wagner, H., »Die Wirkungen der Französischen Revolution in der Habsburgermonarchie und die Freimaurer«, in: *Quatuor-Coronati-Berichte* 3, (1976), S. 55 ff.

Wagner, H., »Die Freimaurer und die Reformen Kaiser Josephs II.«, in: *Quatuor Coronati Jahrbuch* 14, (1977), S. 55 ff.

Wagner, H., »Die Lombardei und das Freimaurerpatent Josephs II. von 1785«, in: *MÖStA* 31, (1978), S. 136 ff.

Wandruszka, A., *Leopold II.*, 2 Bde., Wien–München 1963-65.

Wangermann, E., *The Austrian Achievement in the Age of Enlightenment*, London 1972.

Wehrl, F., »Der ›Neue Geist‹. Eine Untersuchung der Geistesrichtungen des Klerus in Wien von 1750-1790«, in: *MÖStA* 20, (1967), S. 36 ff.

Weinzierl, M., »Die Loge ›Zur Hoffnung‹ in Wien 1770-1776«, in: *Quatuor-Coronati-Berichte* 6, (1977), S. 5 ff.

Weis, E., *Montgelas 1759-1799. Zwischen Revolution und Reform*, München 1971, S. 33 ff.

Winter, E., *Der Josefinismus. Die Geschichte des österreichischen Reformkatholizismus 1740-1848*, Berlin/DDR 1962.

Winterburgh, E., »Prague, a Centre of Freemasonry«, in: *Ars Quatuor Coronatorum* 77, (1964).

Zellweker, E., *Ignaz von Born. Das Urbild des Sarastro*, Bad Kissingen 1956.

### *9. Ungarn und Siebenbürgen (Rumänien):*

Abafi, L., *A szabadkömüvesség története Magyarországon*, Budapest 1900.

Balázs, É. H., »Freimaurer, Reformpolitiker, Girondisten«, in: *Beförderer der Aufklärung in Mittel- und Osteuropa. Freimaurer, Gesellschaf-*

*ten, Clubs*, hrsg. von É. H. Balázs, L. Hammermayer, H. Wagner und J. Wojtowicz (Studien zur Geschichte der Kulturbeziehungen in Mittel- und Osteuropa 5), Berlin 1979, S. 127 ff.

Berindei, D., »Geheimgesellschaften und die Befreiungsbewegung der rumänischen Nation«, in: *Beförderer der Aufklärung in Mittel- und Osteuropa. Freimaurer, Gesellschaften, Clubs*, hrsg. von É. H. Balázs, L. Hammermayer, H. Wagner und J. Wojtowicz (Studien zur Geschichte der Kulturbeziehungen in Mittel- und Osteuropa 5), Berlin 1979, S. 161 ff.

Göllner, C., »Aspekte der Aufklärung in Siebenbürgen im 18. Jahrhundert«, in: *Beförderer der Aufklärung in Mittel- und Osteuropa. Freimaurer, Gesellschaften, Clubs*, hrsg. von É. H. Balázs, L. Hammermayer, H. Wagner und J. Wojtowicz (Studien zur Geschichte der Kulturbeziehungen in Mittel- und Osteuropa 5), Berlin 1979, S. 153 ff.

Haffner, S., *Geschichte der rumänischen Freimaurerei*, Tel Aviv 1966.

Jancsó, E., *A magyar szabadkömüvesség indalmi és müvelödés-történeti szerepe a 18-ik században*, Cluj 1936.

Kajtár, M., »German Illuminati in Hungary«, in: *Studies in eighteenth Century Literature*, hrsg. von M. J. Szenczi und L. Ferenczi, Budapest 1974, S. 325 ff.

Kostić, St., »Serbische Freimaurer am Ende des 18. Jahrhunderts und ihre wissenschaftliche und literarische Tätigkeit«, in: *Beförderer der Aufklärung in Mittel- und Osteuropa. Freimaurer, Gesellschaften, Clubs*, hrsg. von É. H. Balázs, L. Hammermayer, H. Wagner und J. Wojtowicz (Studien zur Geschichte der Kulturbeziehungen in Mittel- und Osteuropa 5), Berlin 1979, S. 147 ff.

Krivanec, E., »Freimaurerei in Siebenbürgen«, in: *Quatuor-Coronati-Berichte* 7, (1978).

Laxa, E. – Read, W., »The Drašcovic Observance: Eighteenth Century Freemasonry in Croatia«, in: *Ars Quatuor Coronatorum* 90, (1977), S. 1 ff.

*Les Lumières en Hongrie, en Europe centrale et en Europe orientale*, Actes du Deuxième Colloque de Mátrafüred, hrsg. von É. Bene und I. Kovács, Budapest 1975.

Malczovic, L. de, »Freemasonry in Austria and Hungary«, in: *Ars Quatuor Coronatorum* 4-9, (1881-95).

Silagi, D., *Ungarn und der geheime Mitarbeiterkreis Kaiser Leopolds II.* (Südosteuropäische Arbeiten 57), München 1961.

Stănescu, H., »Deutschsprachige wissenschaftliche Lesegesellschaften der achtziger Jahre des 18. Jahrhunderts in Siebenbürgen und im Banat«, in: *Wissenschaftspolitik in Mittel- und Osteuropa. Wissenschaftliche Gesellschaften, Akademien und Hochschulen im 18. und beginnenden 19. Jahrhundert*, hrsg. von E. Amburger, M. Cieśla und L. Sziklay (Studien zur Geschichte der Kulturbeziehungen in Mittel- und Osteuropa 3),

Berlin 1976, S. 187 ff.
Wagner, H., »Die ungarische Freimaurerei der Freiheit«, in: *Festschrift »Zehn Jahre Libertas«*, Wien 1969, S. 41 ff.
Zieglauer, F. v., *Geschichte der Loge »St. Andreas zu den drei Seeblättern« in Hermannstadt 1767-1795*, Hermannstadt 1876.

## *10. Polen und Rußland:*

Bakunina, T., *Znamenitye russkie masony*, Paris 1935.
Bakunina, T., *Le répertoire biographique des francs-maçons russes*, Bruxelles 1940 (Nachdruck Paris 1967).
Barskov, J. L., *Perepiska moskovskich masonov XVIII go věka 1780-1792*, Petrograd 1915.
Cross, A. G., *British Freemasons in Russia during the Reign of Catherine the Great* (Oxford Slavonic Papers N. S. 4), Oxford 1971, auch in: *Ars Quatuor Coronatorum* 84, (1971).
Fischer, R., *Geschichte der Johannesloge zu den drei Kronen in Königsberg 1760-1910*, Königsberg 1910.
Fabre, J., *Stanislaus-Auguste Poniatowski et l'Europe de lumières*, Paris 1952.
Friedrichs, E., *Die Freimaurerei in Rußland und Polen* (Bücherei für Freimaurer 4), Berlin 1907 (dt. Bern 1908).
Geppert, E.-G., »Zu den Beziehungen zwischen den deutschen und den polnischen Freimaurerlogen«, in: *Beförderer der Aufklärung in Mittel- und Osteuropa. Freimaurer, Gesellschaften, Clubs*, hrsg. von É. H. Balázs, L. Hammermayer, H. Wagner und J. Wojtowicz (Studien zur Geschichte der Kulturbeziehungen in Mittel- und Osteuropa 5), Berlin 1979, S. 185 ff.
Hass, L., »Ze studiów nad wolnomularstwem polskim ostatniej ćwierci XVIII w.«, in: *Kwartalnik Historyczny* 80, Warschau 1973, S. 587 ff.
Hass, L., »Loze wolnomularskie i pokrewne organizacje na zachodnich ziemiach Rzeczypospolitej 1721-1938«, in: *Studia i Materiały do dziejów Wielkopolski i Pomorza* 21, Poznań 1974, S. 89 ff.
Ischreyt, H., »Streiflichter über die Freimaurerei in Kurland«, in: *Beförderer der Aufklärung in Mittel- und Osteuropa. Freimaurer, Gesellschaften, Clubs*, hrsg. von É. H. Balázs, L. Hammermayer, H. Wagner und J. Wojtowicz (Studien zur Geschichte der Kulturbeziehungen in Mittel- und Osteuropa 5), Berlin 1979, S. 225 ff.
Ischreyt, H., »Die Königsberger Freimaurerloge und die Anfänge des modernen Verlagswesens in Rußland 1760/63«, in: *Rußland und Deutschland. Festschrift f. Georg v. Rauch* (Kieler Historische Studien 10), Stuttgart 1974, S. 108 ff.
Ivanov, V. F., *Ot Petra Pervago do našich dnej. Russkaja intelligencija i*

*masonstvo*, Charbin 1934.
Jones, R. E., *The Emancipation of the Russian Nobility, 1762-1785*, Princeton 1973.
Kipa, E., »Note sur l'histoire de la franc-maçonnerie polonaise«, in: *Bulletin de l'Académie Polonaise des Sciences et Lettres*, Krakau 1929.
Kozielek, G., *Das dramatische Werk Zacharias Werners* (Veröffentlichungen der Wissenschaftlichen Gesellschaft zu Wroclaw. S. A/120), Wroclaw 1967.
Kwaśny, Z., *Rozwój pzemyslu w majatkach Schaffgotschów w latach 1750-1850*, Wroclaw 1966.
Labry, R., »I. G. Schwarz, rose-croix, professeur à l'université de Moscou et son influence«, in: *Mélange en honneur de J. Legres*, Paris 1939, S. 189 ff.
Lésnodorski, B., *Les jacobins Polonais*, Paris 1965.
Malachowski-Lempicki, S., »Rózokrzyowcy polscy XVIII go wieku«, in: *Przeglad Powszechny* 1-3, Warschau 1930.
Mnemon, St., *La Franc-Maçonnerie et Stanislas Poniatowski*, Krakau 1909.
Myl'nikow, A. S., »Die Rolle nichtoffizieller Vereinigungen im geistigen Leben und in den internationalen Beziehungen Rußlands während der Aufklärungsepoche«, in: *Beförderer der Aufklärung in Mittel- und Osteuropa. Freimaurer, Gesellschaften, Clubs*, hrsg. von É. H. Balázs, L. Hammermayer, H. Wagner und J. Wojtowicz (Studien zur Geschichte der Kulturbeziehungen in Mittel- und Osteuropa 5), Berlin 1979, S. 197 ff.
Raeff, M., *Origins of the Russian Intelligentsia: The 18th Century*, New York 1966.
Rauch, G. v., »Johann Georg Schwarz und die Freimaurer in Moskau«, in: *Beförderer der Aufklärung in Mittel- und Osteuropa. Freimaurer, Gesellschaften, Clubs*, hrsg. von É. H. Balázs, L. Hammermayer, H. Wagner und J. Wojtowicz (Studien zur Geschichte der Kulturbeziehungen in Mittel- und Osteuropa 5), Berlin 1979, S. 212 ff.
Rogalla v. Bieberstein, J., »Die Bedeutung der Freimaurerei für nationalemanzipatorische Gesellschaften in Polen und Rußland 1815-1825«, in: *Zeitschrift für Ostforschung* 29/4 (1980), S. 639 ff.
Ryu, In-H. L., »Moscow Freemasons and the Rosicrucian Order. A Study in Organization and Control«, in: *The Eighteenth Century in Russia*, hrsg. von G. Garrard, Oxford 1973, 198 ff.
Stone, D. Z., *Polish Politics and national Reform, 1775-1788*, Ann Arbor/Mich. 1972.
Telepnev, B., »Polish Freemasonry«, in: *Ars Quatuor Coronatorum* 44, (1931), 59, (1946).
Telepnev, B., »Freemasonry in Russia«, in: *Ars Quatuor Coronatorum* 35, (1922), S. 252 ff.

Telepnev, B., »Some Aspects of Russian Freemasonry during the Reign of the Emperor Alexander I.«, in: *Ars Quatuor Coronatorum* 38, (1925), S. 6 ff.
Telepnev, B., »A few Pages from the history of the Swedish Freemasonry in Russia«, in: *Ars Quatuor Coronatorum* 39, (1926), S. 174 ff.
Telepnev, B., »Johann August Starck and his Rite of Spiritual Masonry«, in: *Ars Quatuor Coronatorum* 41, (1929), S. 238 ff.
Telepnev, B., »A few leaves from the history of Polish freemasonry«, in: *Ars Quatuor Coronatorum* 44, (1931), S. 179 ff.
Telepnev, B., *Rosicrusians in Russia*, London 1923.
Venturi, F., »La Russie et les lumières«, in: *Europa des Lumières* (Civilisations et Sociétiés 23), Paris 1971.
Vernadskij, G. V., »Beiträge zur Geschichte der Freimaurerei und des Mystizismus in Rußland«, in: *Zeitschrift für Slawische Philologie* 4, (1927), S. 164 ff.
Vernadskij, G. V., *Russkoe Masonstvo v carstvovanie Ekateriny II.*, Petrograd 1917.
Wilkoszewski, W., *Rys historyczno-chronologiczny Towarzystwa Wolnego Mularstwa w Polsce*, London 1968.
Wojtowicz, J., »Die polnische Freimaurerei im öffentlichen Leben der Aufklärungsperiode«, in: *Beförderer der Aufklärung in Mittel- und Osteuropa. Freimaurer, Gesellschaften, Clubs*, hrsg. von É. H. Balázs, L. Hammermayer, H. Wagner und J. Wojtowicz (Studien zur Geschichte der Kulturbeziehungen in Mittel- und Osteuropa 5), Berlin 1979, S. 174 ff.
Zaleski, St., *O masonerii w Polsce. Od roku 1738 do 1822*, 2 Bde., Krakau 1908.

## V. Einzelaspekte und Forschungsprobleme:

### *1. Entstehung und Expansion:*

Begemann, W., *Die Tempelherren und die Freimaurer*, Berlin 1906.
Begemann, W., *Die angeblichen »rektifizierten Ritterorden«*, Berlin 1907.
Beyer, B., *Das Testament der Freimaurerei. Geschichtliche und textkritische Betrachtungen zu den »Alten Pflichten«*, Krefeld 1947.
Beyer, B., *Das Fundament der Freimaurerei. Eine Studie über die »Alten Pflichten«* (Die »Blaue Reihe« 8/9), Hamburg ²1957.
Carr, H., »Three Phases of Masonic History«, in: *Ars Quatuor Coronatorum* 77, (1964).

Demeter, K., *Die Legende von den »Vier Gekrönten« (Quatuor Coronati)*, Hamburg 1961.
*Die Entwicklung der Freimaurerei. Vorläufer und Gründung* (Die »Blaue Reihe« 23), Hamburg 1974.
Guenon, R., *Études sur la Franc-Maçonnerie et la Compagnonnage*, 2 T., Paris 1964.
Hammermayer, L., *Der Wilhelmsbader Freimaurer-Konvent von 1782. Ein Höhe- und Wendepunkt in der Geschichte der europäischen Geheimgesellschaften* (Wolfenbütteler Studien zur Aufklärung V/2), Heidelberg 1980.
Katsch, F., *Die Entstehung und der wahre Endzweck der Freimaurerei*, Berlin 1897.
Keller, L., *Zur Geschichte der Bauhütten und Hüttengeheimnisse*, Leipzig 1889.
Keller, L., *Die italienischen Akademien des 17. Jahrhunderts und die Anfänge des Maurerbundes in den romanischen und nordischen Ländern*, Berlin 1906.
Kloß, G., *Die Freimaurerei in ihrer wahren Bedeutung, aus alten und ächten Urkunden der Steinmetzen, Masonen und Freimaurern nachgewiesen*, Frankfurt/M. 1845.
Knoop, D. – Jones, G. P., *The Genesis of Freemasonry* (Publications of the University of Manchester 299), Manchester [2]1949 (dt. Übersetzung von Fritz Blum und Dieter Möller, Bayreuth 1968).
Kuéss, G. R., *Die Vorgeschichte der Freimaurerei im Lichte der englischen Forschung* (Die »Blaue Reihe« 11), Hamburg 1960.
Mellor, A., *Die unbekannte Grundurkunde der christlichen Freimaurerei*, Uetersen/Holstein 1968.
Schmidt, J. N. J., *Wurzeln der freimaurerischen Gemeinschaft* (Lehre und Symbol 14), Zürich 1961.
Tuckett, J. E. S., »Early Masonry in France«, in: *Ars Quatuor Coronatorum* 31, (1918).
Wein, B., *Die Bauhütten und ihre Entwicklung zur Freimaurerei*, Hamburg 1977.
Winkelmüller, O., *Les Compagnonnages. Eine Wurzel der Freimaurerei. Die französischen Gesellenbruderschaften, ihr Beitrag zur Geschichte der Freimaurerei und der Hiramlegende* (Aus freimaurerischer Forschung 1), Frankfurt/M.–Hamburg 1967.
Wolfstieg, A., *Ursprung und Entwicklung der Freimaurerei*, 3 Bde., Berlin 1920.
Wulf, A., *Geheimbünde in alter und neuer Zeit. Quellen zum Ursprung der Freimaurerei*, 2 Bde., Villingen 1959-60.

### *2. Freimaurerische Historiographie und Methodenfragen:*


Bolle, F., »Forscher und Freimaurer. Über die Möglichkeiten der Zusammenarbeit von Wissenschaft und Freimaurerei«, in: *Geheime Gesellschaften*, hrsg. von P. Chr. Ludz (Wolfenbütteler Studien zur Aufklärung V/1), Heidelberg 1979, S. 25 ff.

Francovich, C., »Il problemi della massoneria settecentesca«, in: *Rivista Storica Italiana* 91/2-3, (1979), S. 470 ff.

Franz, G., »Zur Geschichte der Freimaurerei. Ein Forschungsbericht«, in: *Die Welt als Geschichte* 1943, S 89 ff.

Hammermayer, L., »Zur Geschichte der europäischen Freimaurerei und Geheimgesellschaften im 18. Jahrhundert. Genese, Historiographie, Forschungsprobleme«, in: *Eleusis* 31, (1976), S. 367 ff.

Hammermayer, L., »Zur Geschichte und Historiographie der deutschen Freimaurerei vom 18. bis 20. Jahrhundert«, in: *Kulturbeziehungen in Mittel- und Osteuropa im 18. und 19. Jahrhundert. Festschrift Heinz Ischreyt zum 65. Geb.* (Studien zur Geschichte der Kulturbeziehungen in Mittel- und Osteuropa 9), Berlin 1982, S. 81 ff.

Horn, R., *Zur freimaurerischen Historiographie des frühen 18. Jahrhunderts: C. C. F. W. Frhr. v. Nettelbladt.* Maschingeschr. Magisterarbeit, München 1978.

Horn, R., *Studien zur deutschen freimaurerischen Histiriographie des 19. Jahrhunderts: F. L. V. Schröder, K. C. F. Krause, C. C. F. W. Frhr. von Nettelbladt und J. G. B. F. Kloß*, Maschingeschr. Diss., München 1980.

Horn, R., »Karl Christian Friedrich Krause«, in: *Eleusis* 3 (1981), S. 218 ff.; ebd., 4 (1981), S. 331 ff.; ebd., 5 (1981), S. 396 ff.; ebd., 6 (1981), S. 464 ff.

Knoop, D. – Jones, G. P., »Begemann's History«, in: *Ars Quatuor Coronatorum* 44, (1941).

Kopitzsch, F., »Die Sozialgeschichte der deutschen Aufklärung als Forschungsaufgabe«, in: *Aufklärung, Absolutismus und Bürgertum in Deutschland*, hrsg. von Franklin Kopitzsch (Nymphenburger Texte zur Wissenschaft 24), München 1976, S. 11 ff., bes. 67 f.

Kuéss, G. R., *Die großen deutschen Historiker der Freimaurerei* (Die »Blauen Hefte« 7), Hamburg 1956.

Ludz, P. Chr., »Überlegungen zu einer soziologischen Analyse geheimer Gesellschaften des späten 18. und frühen 19. Jahrhunderts«, in: *Geheime Gesellschaften*, hrsg. von P. Chr. Ludz (Wolfenbütteler Studien zur Aufklärung V/1), Heidelberg 1979, S. 89 ff.

Roberts, J. M., »Freemasonry: possibilities of a neglected topic«, in: *The English Historical Review* 84, (1969), S. 323 ff.

Wagner, F., »Europa im Zeitalter des Absolutismus und der Aufklärung. Die Einheit der Epoche«, in: *Handbuch der europäischen Geschichte*,

hrsg. von Theodor Schieder, Bd. 4, Stuttgart 1968, S. 1 ff.
Wagner, H., »Aufgaben der freimaurerischen Forschung in Österreich«, in: *Quatuor-Coronati-Berichte* 1, (1974), S. 5 ff.
Weis, E., »Frankreich von 1661 bis 1789«, in: *Handbuch der europäischen Geschichte*, hrsg. von Theodor Schieder, Bd. 4, Stuttgart 1968, S. 166 ff.

### *3. Ideologie, Systeme und Hochgrade:*

Agethen, M., »Mittelalterlicher Sektentypus und Illuminatenideologie. Ein Versuch zur geistesgeschichtlich-soziologischen Einordnung des Illuminatenbundes«, in: *Geheime Gesellschaften*, hrsg. von P. Chr. Ludz (Wolfenbütteler Studien zur Aufklärung V/1), Heidelberg 1979, S. 121 ff.
Amadou, R., *Trésor martiniste*, Paris 1969.
Amadou, R., »Le martinisme et l'illuminisme au XVIIIe siècle«, in: *Actes de II. simposio sobre el P. Fejoo y su siglo*, Oviedo 1976.
Ambesi, C., *I Rosacroce*, Milano 1976.
Arnold, P., *Histoire des Rose-Croix et les origines de la franc-maçonnerie*, Paris 1955.
Baylot, J., *Dossier français de la franc-maçonnerie régulière*, Paris 1965.
Becque, A. – Chaquin, N., »Un philosophe toujours inconnu: Louis-Claude de Saint-Martin«, in: *Dixhuitième Siècle* 4, Paris 1972, S. 169 ff.
Beyer, B., *Das Lehrsystem der Gold- und Rosenkreuzer* (Das Freimaurermuseum 1), Leipzig–Berlin 1925.
Bischoff, D., *Die Religion der Freimaurer*, Gotha 1922.
Brodbeck, K., *Freimaurerlogen. Die verschiedenen Systeme und ähnliche Organisationen*, Bern 1948.
Carr, H. (Hrsg.) *The Collected »Prestanian Lectures 1925-1960«*, London 1965.
Chevalier, C. H., »Maçons écossais au XVIIIe siècle«, in: *Annales historiques de la Révolution française* 196, (1969), S. 393 ff.
Clarke, J. R., »The Change from Christianity to Deism in Freemasonry«, in: *Ars Quatuor Coronatorum* 78, (1966).
Darnton, R., *Mesmerism and the End of the Enlightenment in France*, Cambridge/Mass. 1968.
Dethier, H., »Franc-Maçonnerie, démocratie, marxisme«, in: *Klasse en ideologie in de vrijmetselarij.* Classes et ideologies dans la franc-maçonnerie, in: *Tijdschrift voor de studie van de verlichting* 4/3-4, (1976), S. 410 ff.
Endres, F. C., »Vom Wesen der Hochgrade«, in: *Die Großloge von Wien*

*für Österreich. Zum dreißigjährigen Bestand 1949*, Wien 1949, S. 16 ff.
Faivre, A., *L'Ésoterisme au XVIII^e siècle en France et en Allemagne*, Paris 1973.
Faivre, A., *Les conférences des élucohens de Lyon (1774/76) aux sources du Rite Écossais Rectifié* (Bibliothèque internationale d'études maçonniques 2), Braine-le-Comte 1975.
Faivre, A., »Rose-Croix et Rose-Croix d'Or en Allemagne de 1600 à 1786«, in: *Revue de l'histoire des Religions*, 1972.
Faivre, A., »Rosicruciana«, in: *Revue de l'histoire des Religions*, 1976, S. 73 ff., ebd., 1977, S. 157 ff.
Faivre, A., *Mystiques, theosophes et illuminés au siècle des lumières*, Hildesheim 1976.
Forestier, R. le, *La franc-maçonnerie templière et occultiste aux XVIII^e et XIX^e siècle*, ed. A. Faivre, Paris–Louvain 1970.
Forestier, R. le, *L'occultisme et la franc-maçonnerie écossaise*, Paris 1928.
Freschi, M., *Dall'occultismo alla politica. L'itinerario illuministico di Knigge (1752-1796)* (Quaderni di studi tedeschi 14), Napoli 1979.
Frick, K. R. H., *Die Erleuchteten. Gnostisch-theosophische und alchemistisch-rosenkreuzerische Geheimgesellschaften bis zum Ende des 18. Jahrhunderts – ein Beitrag zur Geistesgeschichte der Neuzeit*, Graz 1973.
Frick, K. R. H., *Licht und Finsternis. Gnostisch-theosophische und freimaurerisch-okkulte Geheimgesellschaften bis an die Wende zum 20. Jahrhundert*, 2 T., Graz 1975-78.
Fröhlich, F. L., »Der Orden der Ritter und Brüder St. Johannes des Evangelisten aus Asien in Europa«, in: *Quatuor-Coronati-Berichte* 2, (1975), S. 5 ff.
Goldschmidt, A., *Der deutsche Distrikt des Ordens Bne Briss*, Berlin 1923.
Hammermayer, L., *Der Wilhelmsbader Freimaurer-Konvent von 1782. Ein Höhe- und Wendepunkt in der Geschichte der deutschen und europäischen Geheimgesellschaften* (Wolfenbütteler Studien zur Aufklärung V/2), Heidelberg 1980.
Horn, R., »Georg Kloß als Schotte«, in: *Eleusis* 6 (1980), S. 466 ff.
Horn, R., »Georg Kloß als Grand-Profès-Ritter«, in: *Eleusis* 2 (1982), S. 147 ff.
Jennings, H., *Die Rosenkreuzer. Ihre Gebräuche und Mysterien*, Nachdruck d. Ausgabe Berlin 1912, Schwarzenburg 1979.
Jones, B., *Freemasons' Book of the Royal Arch*, neu hrsg. von H. Carr und A. Hewitt, London 1976.
Kessler, H., *Die Symbole des Lichts – Ursprung und Gegenwart* (Die »Blaue Reihe« 26), Hamburg 1977.

Keuleers, S., »Vrijmetselarij en revolutie: ideologie van de mislukking of mislukking van een ideologie. Stellingen voor een model ter herkenning en appreciatie van het maconnieke in de vrijmetselarij«, in: *Tijdschrift voor de studie van de verlichting* 4, (1976), S. 296 ff.

Krivanec, E., »Das Clermont-System in Österreich«, in: *Quatuor-Coronati-Berichte* 4, (1976), S. 5 ff.

Krüger, G., *J. A. Starck und der Bund der Sieben*, Darmstadt 1931

Lachmann, H. – Schiffmann, G. A., *Hochgrade der Freimaurerei*, Graz 1974.

Luquet, G. H., *Quelques précisions d'histoire maçonnique (Le Symbolisme)*, Paris 1950.

Mariel, P., *Die wahren Söhne des Lichts. Das Zeugnis eines Hochgradfreimaurers* (Lehre und Symbol 16), Zürich 1963.

Martin, G., *Essai d'une interprétation symbolique des grandes intermédiaires entre Maître et Rose-Croix*, Toulouse 1932.

Mellor, A., *Les mythes maçonniques. Essai maçonnologique*, Paris 1974.

Mellor, A., *La franc-maçonnerie à l'heure du choix*, Tours 1963.

Müller, K., »Die Strikte Observanz«, in: *Quatuor-Coronati-Hefte* 11, (1974), S. 21 ff.

Naudon, P., *Histoire et rituels des Hauts Grades maçonniques. Le Rite Écossais Ancien et Accepté*, Paris [2]1972.

Naudon, P., *La franc-maçonnerie chrétienne: la tradition opérative. L'Arche Royale de Jerusalem. Le Rite Écossais Rectifié*, Paris 1970.

Naudon, P., *Les origines religieuses et corporatives de la franc-maçonnerie*, Paris 1953.

Naudon, P., *Les loges de Saint-Jean et la philosophie ésoterique de la connaissance*, Paris 1957.

Palou, J., *Histoire et symbolisme des Hautes Grades de l'écossisme*, Paris 1966.

Scheichelbauer, B., *Die Johannisfreimaurerei*, Wien 1953.

Schick, H., *Das ältere Rosenkreuzertum. Ein Beitrag zur Entstehungsgeschichte der Freimaurerei*, Berlin 1942.

Schiffmann, G. A., *Die Entstehung der Rittergrade in der Freimaurerei um die Mitte des 18. Jahrhunderts*, Leipzig 1882.

Schultze, J., *Quellen zur Geschichte der Rosenkreuzer des 18. Jahrhunderts* (Quellen zur Geschichte der Freimaurerei 3), Leipzig 1929.

Tourniac, J., *Symbolisme maçonnique et tradition chrétienne*, Paris 1965.

Tourniac, J., *Les traces de lumière. Symbolisme et connaissance*, Paris 1976.

Tourniac, J., *De la chevalerie au secrèt du Temple*, Paris 1975.

Yates, F. A., *Aufklärung im Zeichen des Rosenkreuzes* (Edition Alpha), Stuttgart 1975.

Tuckett, J. E. S., »Savalette de Langes: Les Philaletes and the Convent de

Wilhelmsbad«, in: *Ars Quatuor Coronatorum* 30, (1917), S. 131 ff.
Wolfstieg, A., *Die Philosophie der Freimaurerei*, bearb. von A. Dirksen, 2 Bde., Berlin 1922.

## 4. *Freimaurerei, Geheimgesellschaften und Politik:*

Amadou, R., »Liberté, égalité, fraternité: la devise republicain et la franc-maçonnerie«, in: *Renaissance traditionelle*, Paris 1974, S. 2 ff., ebd., 1975, S. 23 ff.

Barton, P. F., *Ignatius Aurelius Fessler. Vom Barockkatholizismus zur Erweckungsbewegung*, Wien–Köln–Graz 1969.

Barton, P. F., *Erzieher, Erzähler, Evergeten. Ein Beitrag zur politischen Geschichte, Geistes- und Kirchengeschichte Schlesiens und Preußens 1786/88 bis 1796. Fessler in Schlesien* (Studien und Texte zur Kirchengeschichte und Geschichte 2/V/1), Wien–Köln–Graz 1980.

Benda, K., »Die ungarischen Jakobiner«, in: *Maximilien Robespierre 1758-1794*, hrsg. von W. Markov, Berlin/DDR 1961, S. 401 ff.

Benda, K., »Probleme des Josephinismus und des Jakobinertums in der Habsburgischen Monarchie«, in: *Südostforschungen* 25, (1966), S. 38 ff.

Bernard, P. P., *Jesuits and Jacobins. Enlightenment and Enlightened Despotism in Austria*, Urbana–Chicago–London 1971.

Berteloot, J., *La franc-maçonnerie et l'Église catholique*, 2 Bde., Lausanne–Paris–Brüssel 1947.

Berteloot, J., *Jesuite et franc-maçon*, Paris 1952.

Dann, O., »Geheime Organisation und staatsbürgerliche Loyalität: der Tugendbundstreit in Preußen«, in: *Geheime Gesellschaften*, hrsg. von P. Chr. Ludz (Wolfenbütteler Studien zur Aufklärung V/1), Heidelberg 1979, S. 399 ff.

Dülmen, R. van, »Der Geheimbund der Illuminaten«, in: *Zeitschrift für bayerische Landesgeschichte* 36/3, (1973), S. 793 ff.

Dülmen, R. van, *Der Geheimbund der Illuminaten. Darstellung–Analyse–Dokumentation*, Stuttgart-Bad Cannstatt 1975.

Dülmen, R. van, *Die Utopie einer christlichen Gesellschaft. Johann Valentin Andreae (1586-1654)*, 1. T. (Kultur und Gesellschaft 2/1), Stuttgart-Bad Cannstatt 1978.

Engel, L., *Geschichte des Illuminaten-Orden*, Berlin 1906.

Esposito, R. F., *Le buone opere dei laicisti, degli anticlericali o dei framassoni*, Roma 1970.

Fehn, E.-O., »Zur Wiederentdeckung des Illuminatenordens. Ergänzende Bemerkungen zu Richard van Dülmens Buch«, in: *Geheime Gesellschaften*, hrsg. von P. Chr. Ludz (Wolfenbütteler Studien zur Aufklä-

rung V/1), Heidelberg 1979, S. 231 ff.
Fehn, E.-O., »Knigges »Manifest«. Geheimbundpläne im Zeichen der Französischen Revolution«, in: *Geheime Gesellschaften*, hrsg. von P. Chr. Ludz (Wolfenbütteler Studien zur Aufklärung V/1), Heidelberg 1979, S. 369 ff.
Fischer, M. W., *Die Aufklärung und ihr Gegenteil. Die Rolle der Geheimbünde in Wissenschaft und Politik* (Schriften zur Rechtstheorie 97), Berlin 1982.
Forestier, R. de, *Les Illuminés de Bavière et la Franc Maçonnerie Allemande*, Paris 1915.
Führer, E., *Jakobiner in der Steiermark*. Maschingeschr. Diss., Wien 1965.
Grab, W., *Demokratische Strömungen in Hamburg und Schleswig-Holstein zur Zeit der ersten französischen Republik* (Veröffentlichungen des Vereins für Hamburgische Geschichte 21), Hamburg 1966.
Grab, W., *Leben und Werke norddeutscher Jakobiner* (Deutsche revolutionäre Demokraten 5), Stuttgart 1973.
Grab, W., »Deutsche revolutionäre Demokraten«, in: *Jakobiner in Mitteleuropa*, hrsg. von H. Reinalter, Innsbruck 1977, S. 47 ff.
Grab, W., »Demokratische Freiheitskämpfer Österreichs im Zeitalter der Französischen Revolution«, in: *Wien und Europa zwischen den Revolutionen (1789-1848)* (Wiener Schriften 39), Wien–München 1978, S. 54 ff.
Graßl, H., *Aufbruch zur Romantik. Bayerns Beitrag zur deutschen Geistesgeschichte 1765-1785*, München 1968.
Gürtler, H., *Deutsche Freimaurer im Dienste napoleonischer Politik* (Quellen und Darstellungen zur Freimaurerfrage 3), Berlin 1942.
Hammermayer, L., »Das Ende des Alten Bayern 1745-1799«, in: *Handbuch der bayerischen Geschichte*, hrsg. von M. Spindler, Bd. 2, München 1969, S. 985 ff.
Hammermayer, L., »Der Geheimbund der Illuminaten und Regensburg«, in: *Verhandlungen des Historischen Vereins für Oberpfalz und Regensburg* 110, (1970), S. 69 ff.
Hammermayer, L., »Illuminaten in Bayern. Zu Geschichte, Fortwirken und Legende des Geheimbundes«, in: *Krone und Verfassung. König Max I. Joseph und der neue Staat. Beiträge zur Bayerischen Geschichte und Kunst 1799-1825*, hrsg. von Hubert Glaser (Wittelsbach und Bayern III/1), München–Zürich 1980, S. 146 ff.
Heyer, K., *Geschichtsimpulse des Rosenkreuzertums*, Breslau 1938.
Heindel, M., *Freimaurerei und Katholizismus*, Darmstadt 1965.
Hofter, W., *Das System des Illuminatenordens und seine soziologische Bedeutung*. Maschingeschr. Diss., Köln 1956.
Kobuch, A., »Die Deutsche Union. Radikale Spätaufklärung, Freimaurerei und Illuminatismus am Vorabend der Französischen Revolution«,

in: *Beiträge zur Archivwissenschaft und Geschichtsforschung* 10, (1977), S. 278 ff.

Körner, A., *Andreas Riedel. Ein politisches Schicksal im Zeitalter der Französischen Revolution.* Maschingeschr. Diss., Köln 1969.

Körner, A., »Andreas Riedel (1748-1837). Zur Lebensgeschichte eines Wiener Demokraten«, in: *Jahrbuch des Vereins für Geschichte der Stadt Wien* 27, (1971), S. 83 ff.

Körner, A., »Der österreichische Jakobiner Franz Hebenstreit von Streitenfeld«, in: *Jahrbuch des Instituts für Deutsche Geschichte an der Univ. Tel-Aviv* 3, (1974), S. 73 ff.

Körner, A., *Die Wiener Jakobiner* (Deutsche revolutionäre Demokraten 3), Stuttgart 1972.

Koselleck, R., *Kritik und Krise. Zur Pathogenese der bürgerlichen Welt* (suhrkamp taschenbuch wissenschaft 36), Frankfurt/M. ²1976.

Koselleck, R., »Adam Weishaupt und die Anfänge der bürgerlichen Geschichtsphilosophie in Deutschland«, in: *Tijdschrift voor de studie van de verlichting* 4, (1976), S. 317 ff.

Krüger, G., ... *gründeten auch unsere Freiheit. Spätaufklärung, Freimaurerei, preußisch-deutsche Reform, der Kampf Theodor v. Schöns gegen die Reaktion*, Hamburg 1978.

Lennhoff, E., *Politische Geheimbünde*, neu bearb. von W. Gebühr, München–Wien 1968.

Ligou, D., *Les francs-maçons de Macon à la veille de la Révolution* (Actes du congrès de l'association bourguignonne des Societiés Savantes), Macon 1963.

Ligou, D., »Structures et symbolisme maçonniques sous la Révolution«, in: *Annales historiques de la Révolution française* 197, (1969), S. 511 ff.

MacKenzie, N. (Hrsg.), *Geheimgesellschaften*, Genf 1974.

Marx, A., *Die Gold- und Rosenkreuzer. Ein Mysterienbund des ausgehenden 18. Jahrhunderts in Deutschland* (Das Freimaurermuseum 5), Zeulenroda–Leipzig 1929.

Marx, A., »Die Rosenkreuzer und Friedrich Wilhelm II.«, in: *Mitteilungen des Vereins für Geschichte Berlins* 46, (1929), 41 ff.

Markov, W., »Jakobiner in der Habsburger-Monarchie«, in: *Jakobiner in Mitteleuropa*, hrsg. von H. Reinalter, Innsbruck 1977, S. 291 ff.

Mensing, W., »Der Illuminatismus auf dem Freimaurer-Konvent in Wilhelmsbad vom 14. 7. bis zum 1. 9. 1782«, in: *Zeitschrift für bayerische Landesgeschichte* 41/1, (1978), S. 271 ff.

Möller, H., »Die Gold- und Rosenkreuzer. Struktur, Zielsetzung und Wirkung einer aufklärerischen Geheimgesellschaft«, in: *Geheime Gesellschaften*, hrsg. von P. Chr. Ludz (Wolfenbütteler Studien zur Aufklärung V/1), Heidelberg 1979, S. 153 ff.

Morberger-Thom, G. K., *Geheimbünde. Unterirdische Geheimorganisa-*

*tionen*, Berlin–Düsseldorf 1956.
Mühlpfordt, G., »K. F. Bahrdt und die radikale Aufklärung«, in: *Jahrbuch des Instituts für Deutsche Geschichte an der Univ. Tel-Aviv* 5, (1976), S. 49 ff.
Mühlpfordt, G., »Karl F. Bahrdt als radikaler Aufklärer«, in: *Jahrbuch für Geschichte des Feudalismus* 1, Berlin 1977, S. 402 ff.
Mühlpfordt, G., »Deutsche Präjakobiner. Karl Friedrich Bahrdt und die beiden Forster«, in: *Zeitschrift für Geschichtswissenschaft* 28 (1980), S. 970 ff.
Mühlpfordt, G., »Karl Friedrich Bahrdts Weg zum Radikaldemokraten«, in: *Jahrbuch des Instituts für Deutsche Geschichte an der Universität Tel-Aviv* 10 (1981), S. 29 ff.
Peuckert, W.-E., *Das Rosenkreutz*, Berlin ²1973.
Poncins, L. de, *Christianisme et franc-maçonnerie*, Chiré-en-Montreuil 1975.
Poncins, L. de, *Freemasonry and the Vatican*, London 1968.
Rath, D. R., »The Carbonari. Their Origins«, in: *Annales historiques de la Révolution française* 69, (1964), S. 174 ff.
Reinalter, H., »Aufklärung, Freimaurerei und Jakobinertum in der Habsburgermonarchie«, in: *Jakobiner in Mitteleuropa*, hrsg. von H. Reinalter, Innsbruck 1977, S. 243 ff.
Reinalter, H., »Freimaurerei und Jakobinismus im Einflußfeld der Französischen Revolution in Österreich«, in: *Studi Tedeschi* 21/3, (1978), S. 125 ff.
Reinalter, H. (Hrsg.), *Jakobiner in Mitteleuropa*, Innsbruck 1977.
Reinalter, H., *Der Jakobinismus in Mitteleuropa. Eine Einführung* (Urban 326), Stuttgart–Berlin–Köln–Mainz 1981.
Reinalter, H., »Das Weltall als Wirkung einer »höchsten Ursache«. Zur Geschichtsphilosophie und Struktur des Illuminatenordens«, in: *Tradition und Entwicklung. Festschrift Eugen Thurnher zum 60. Geb.* (Innsbrucker Beiträge zur Kulturwissenschaft 14), Innsbruck 1982, S. 291 ff.
Riegelmann, H., *Die europäischen Dynastien in ihrem Verhältnis zur Freimaurerei* (Quellen und Darstellungen zur Freimaurerfrage 4), Berlin 1943.
Roberts, J. M., »Liberté, égalite, fraternité: sources and development of a slogan«, in: *Klasse en ideologie in de vrijmetselarij.* Classes et ideologies dans la franc-maçonnerie, *Tijdschrift voor de studie van de verlichting* 4/3-4, (1976), S. 329 ff.
Rogalla v. Bieberstein, J., »Geheime Gesellschaften als Vorläufer politischer Parteien«, in: *Geheime Gesellschaften*, hrsg. von P. Chr. Ludz (Wolfenbütteler Studien zur Aufklärung V/1), Heidelberg 1979, S. 429 ff.
Rosenstrauch, E., »Radikalaufklärerische Geheimbünde in der Habsbur-

germonarchie zur Zeit der Französischen Revolution (1785-1795)«, in: *Die demokratische Bewegung in Mitteleuropa im ausgehenden 18. und frühen 19. Jahrhundert,* hrsg. von O. Büsch und W. Grab (Einzelveröffentlichungen der Historischen Kommission zu Berlin 29), Berlin 1980, S. 180 ff.

Roßberg, A., *Freimaurerei und Politik im Zeitalter der Französischen Revolution* (Quellen und Darstellungen zur Freimaurerfrage 2), Berlin 1942.

Schenkel, G., *Die Freimaurerei im Lichte der Religions- und Kirchengeschichte*, Gotha 1926.

Schindler, N., »Aufklärung und Geheimnis im Illuminatenorden«, in: *Geheime Gesellschaften*, hrsg. von P. Chr. Ludz (Wolfenbütteler Studien zur Aufklärung V/1), Heidelberg 1979, S. 203 ff.

Schuh, Fj., »Franz Hebenstreit. Jakobiner und Kommunist (1747-1795)«, in: *Studien zu Jakobinismus und Sozialismus*, hrsg. von H. Pelger (Internationale Bibliothek 75), Berlin–Bonn-Bad Godesberg 1974, S. 103 ff.

Schyra, B., *C. F. Bahrdt. Ein Beitrag zur Kulturgeschichte.* Maschingeschr. Diss., Leipzig 1962.

Siebertz, P., *Freimaurer im Kampf um die Macht*, Hamburg 1938.

Silagi, D., *Jakobiner in der Habsburger-Monarchie* (Wiener Historische Studien 6), Wien–München 1962.

Silagi, D., »Aktenstücke zur Geschichte des Ignaz von Martinovics«, in: *Jakobiner in Mitteleuropa*, hrsg. von H. Reinalter, Innsbruck 1977, S. 405 ff.

Taute, R., *Die katholische Geistlichkeit und die Freimaurerei*, Berlin ³1909.

Valjavec, F., *Die Entstehung der politischen Strömungen in Deutschland 1770-1815*, München 1951 (Neudruck Kronberg/Ts. 1978).

Valjavec, F., »Die Anfänge des österreichischen Konservativismus. Leopold Alois Hoffmann«, in: *Festschrift Karl Eder zum 70. Geb.*, Innsbruck 1959, S. 169 ff.

Wangermann, E., *Von Joseph II. zu den Jakobinerprozessen* (Geist und Gesellschaft), Wien–Frankfurt/M.–Zürich 1966.

Wangermann, E., »Josephiner, Leopoldiner und Jakobiner«, in: *Jakobiner in Mitteleuropa*, hrsg. von H. Reinalter, Innsbruck 1977, S. 231 ff.

Zwitter-Tehovnik, D., *Wirkungen der Französischen Revolution in Krain* (Veröffentlichungen des Historischen Instituts der Univ. Salzburg 12), Wien–Salzburg 1975.

## *5. Verschwörungstheorie:*


Cochin, A., *La Révolution et la libre pensée*, Paris 1924.

Cochin, A., *Les sociétés de pensée et la Révolution en Bretagne*, 2 Bde., Paris 1925.

Droz, J., »La légende du complot illuministe et les origines du romantisme politique en Allemagne«, in: *Revue Historique* 226, (1961), S. 313 ff.

Fay, B., *La franc-maçonnerie et la révolution intellectuelle du XVIII^e^ siècle*, Paris 1961.

Fay, B., *La révolution intellectuelle de XVIII^e^ siècle*, Paris ³1961.

Godechot, J., *La Contre-Révolution*, Paris 1961.

Katz, J., *Jews and Freemasons in Europe*, 1723-1939, Cambridge/Mass. 1970.

Katz, J., »Echte und imaginäre Beziehungen zwischen Freimaurerei und Judentum«, in: *Geheime Gesellschaften*, hrsg. von P. Chr. Ludz (Wolfenbütteler Studien zur Aufklärung V/1), Heidelberg 1979, S. 51 ff.

Martin, G., *La franc-maçonnerie française et la préparation de la Révolution de 1789*, Paris ²1926.

Mornet, D., *Les origines intellectuelles de la Révolution française*, Paris ⁶1967.

Neuberger, H., *Freimaurerei und Nationalsozialismus. Die Verfolgung der deutschen Freimaurerei durch völkische Bewegung und Nationalsozialismus 1918 bis 1945*. Maschingeschr. Diss., München 1977.

Neuberger, H., *Freimaurerei und Nationalsozialismus*, 2 Bde., Hamburg 1980.

Roberts, J. M., *The Mythology of the Secret Societies*, London 1972.

Roberts, J. M., »The Origins of a Mythology: Freemasons, Protestants and the French Revolution«, in: *Bulletin of the Institute of Historical Research* 44, (1971), S. 78 ff.

Rogalla v. Bieberstein, J., *Die These von der Verschwörung 1776-1945. Philosophen, Freimaurer, Juden, Liberale und Sozialisten als Verschwörer gegen die Sozialordnung* (Europäische Hochschulschriften III/63), Bern–Frankfurt/M. 1976 (²1978).

Rogalla v. Bieberstein, J., »Die These von der jüdisch-freimaurerischen Weltverschwörung 1776 bis 1945«, in: *Aus Politik und Zeitgeschichte. Beilage »Das Parlament«* 1977, S. 25 ff.

Rogalla v. Bieberstein, J., »Aufklärung, Freimaurerei, Menschenrechte und Judenemanzipation in der Sicht des Nationalsozialismus«, in: *Jahrbuch des Instituts für Deutsche Geschichte an der Univ. Tel-Aviv* 7, (1978), S. 339 ff.

Schmitt, E., »Elemente einer Theorie der politischen Konspiration im 18. Jahrhundert. Einige typologische Bemerkungen«, in: *Geheime Gesellschaften*, hrsg. von P. Chr. Ludz (Wolfenbütteler Studien zur Aufklärung V/1), Heidelberg 1979, S. 65 ff.

Soboul, A., »La franc-maçonnerie et la Révolution française«, in: *Annales historiques de la Révolution française* 215, (1974), S. 28 ff.

## 6. *Soziale Schichtung und gesellschaftliche Wirkung:*

Bihan, A. de, »Personalité et milieux sociaux des maîtres de la Grande Loge de France«, in: *Annales historiques de la Révolution française* 196, (1969), S. 415 ff.

Bossu, J., »Une loge d'etudiants en Medicine: La Parfaite Union, Orient de Montpellier«, in: *Travaux de Villard de Honnecourt* 8, (1972), S. 13 ff.

Clarke, J. R., »The Royal Society and Early Grand Lodge Freemasonry«, in: *Ars Quatuor Coronatorum* 80, (1967).

Fenton, S. J., »Military Services and Freemasonry«, in: *Ars Quatuor Coronatorum* 60, (1947).

Ferrer Benimeli, J. A., »Le clergé franc-maçon pendant le XVIIIe siècle«, in: *Klasse en ideologie in de vrijmetselarij* 2, *Tijdschrift voor de studie van de verlichting* 5, Brüssel 1977, S. 6 ff.

Francke, K. H., »Militär- und Feldlogen des 18, 19, und 20. Jahrhunderts«, in: *Quatuor Coronati Jahrbuch* 13, (1976), S. 87 ff.

Gayot, G., »Les problèmes de la double-appartenance: protestants et franc-maçons à Sedan au XVIIIe siècle«, in: *Revue d'histoire moderne et contemporaine* 11, (1971), S. 415 ff.

Gayot, G., »A propos d'un exemple régional: Discours maçonnique et classes sociales au XVIIIe siècle«, in: *Klasse en ideologie in de vrijmetselarij.* Classes et ideologies dans le franc-maçonnerie, in: *Tijdschrift voor de studie van de verlichting* 4/3-4, (1976), S. 371 ff.

Hölscher, L., *Öffentlichkeit und Geheimnis* (Sprache und Geschichte 4), Stuttgart 1979.

Junod, L., »Notes sur les loges militaires dans les régiments suisses au service de la France sous l'Ancien Régime«, in: *Revue d'histoire Suisse* 29, (1949), S. 494 ff.

Ladret, A., *Le grand siècle de la franc-maçonnerie. La franc-maçonnerie lyonnaise au XVIIIe siècle*, Paris 1976.

Ludz, P. Chr., »Ideologie, Intelligenz und Organisation. Bemerkungen über ihren Zusammenhang in der frühbürgerlichen Gesellschaft«, in: *Ideologiebegriff und marxistische Theorie*, Opladen 1976, S. 123 ff.

Ludz, P. Chr., »Ideologieforschung. Eine Rückbesinnung und ein Neubeginn«, in: *Kölner Zeitschrift für Soziologie und Sozialpsychologie* 29, (1976), S. 1 ff.

Ludz, P. Chr., »Überlegungen zu einer soziologischen Analyse geheimer Gesellschaften des späten 18. und frühen 19. Jahrhunderts« in: *Geheime*

*Gesellschaften*, hrsg. von P. Chr. Ludz (Wolfenbütteler Studien zur Aufklärung V/1), Heidelberg 1979, S. 89 ff.

Luquet, G. H., »L'Encyclopédie fut-elle une entreprise maçonnique?«, in: *Revue d'histoire littéraire de la France* LXIV, (1954), S. 23 ff.

Maître L., »La Franc-Maçonnerie à Rennes au XVIII$^{e}$ siècle«, in: *Acacia* 12, (1913), S. 241 ff.

Manheim, E., *Aufklärung und öffentliche Meinung. Studien zur Soziologie der Öffentlichkeit im 18. Jahrhundert*, hrsg. und eingel. von N. Schindler (Kultur und Gesellschaft 4), Stuttgart-Bad Cannstatt 1979.

Manheim, E., »The Communicator and his Audience: Liberals and Traditionalists in eighteenth Century Germany«, in: *Sociology and Research*, hrsg. von W. J. Cahnman und A. Boskoff, New York 1964, S. 503 ff.

Martin, G., *La maçonnerie bretonne à la veille de la Révolution*, Paris 1925.

Pope, S., »Some Military Lodges in East Kent in the 18th Century«, in: *Ars Quatuor Coronatorum* 61, (1948).

Reinalter, H., »Die gesellschaftspolitischen Vorstellungen der österreichischen Jakobiner«, in: *Jahrbuch des Instituts für Deutsche Geschichte an der Univ. Tel-Aviv* 6, (1977), S. 41 ff.

Roche, D., »Milieux académique provinciaux et société des lumières«, in: *Livre et Société dans la France du XVIII$^{e}$ siècle*, Bd. 1, Paris–Den Haag 1965, S. 93 ff.

Schamphelaeire, H. de, »L'egalitarisme maçonnique et la hiérarchie sociale dans les Pays-Bas autrichiens«, in: *Klasse en ideologie in de vrijmetselarij.* Classes et ideologies dans la franc-maçonnerie, *Tijdschrift voor de studie van de verlichting* 4/3-4, (1976), S. 433 ff.

Simmel, G., »Das Geheimnis und die geheime Gesellschaft«, in: *Soziologie*, Leipzig 1908, S. 373 ff.

Sievers, B., *Geheimnis und Geheimhaltung in sozialen Systemen* (Studien zur Sozialwissenschaft 23), Opladen 1974.

Simpson, J. D., »Some Old London Taverns and Masonry«, in: *Ars Quatuor Coronatorum* 20, (1907).

### *7. Aufklärung, Kultur- und Geistesleben:*

Antoni, O., *Der Wortschatz der deutschen Freimaurer-Lyrik des 18. Jahrhunderts in seiner geistesgeschichtlichen Bedeutung*, München 1968.

Bolle, F., »Auf der Suche nach alten Ritualen«, in: *Eleusis* 31, (1976), S. 178 ff.

Brengues, J., »Pour une linguistique maçonnique au XVIII$^{e}$ siècle«, in: *Annales historiques de la Révolution française* 215, (1974), S. 53 ff.

Buddeke, A., *Was verdankt Deutschland der Freimaurerei?* Ein geschichtlich-kultureller Nachweis, Leipzig 1930.
Contiades, I. (Hrsg.), *Gotthold Ephraim Lessing »Ernst und Falk«, Mit den Fortsetzungen Johann Gottfried Herders und Friedrich Schlegels* (Sammlung Insel 35), Frankfurt/M. 1968.
Cotté, R., »De la musique des loges maçonniques à cette des Fêtes Révolutionnaires«, in: *Annales historiques de la Franc-Maçonnerie* 14, (1975), S. 9 ff.
Deile, G., »Wieland als Freimaurer«, in: *Jahrbücher der kgl. Akademie gemeinnütziger Wissenschaften zu Erfurt* N.F. 36, (1910).
Deile, G., *Goethe als Freimaurer*, Berlin 1908.
Deutsch, O. E., *Mozart und die Wiener Logen*, Wien 1932.
Dyer, C., *Symbolism in Craft Freemasonry*, London 1976.
Endres, F. C., *Die Symbole der Freimaurerei*, Leipzig 1929 (Hamburg ²1977).
Faivre, A., »Friedrich Tieman und seine deutschen und russischen Freunde«, in: *Beförderer der Aufklärung in Mittel- und Osteuropa. Freimaurer, Gesellschaften, Clubs*, hrsg. von Éva H. Balázs, L. Hammermayer, Hans Wagner und Jerzy Wojtowicz (Studien zur Geschichte der Kulturbeziehungen in Mittel- und Osteuropa 5), Berlin 1979, S. 292 ff.
Gayot, G., »Discours fraternel et discours polemique. Les francs-maçons de province et le Grand-Orient de France au XVIIIᵉ siècle«, in: *Histoire et Linguistique*, hrsg. von R. Robin, Paris 1973, S. 229 ff.
Gayot, G. – Pecheux, M., »Recherches sur le discours illuministe au XVIIIᵉ siècle«, in: *Annales* 23, (1971), S. 681 ff.
Geppert, E.-G., »Frm. Medaillen, Plaketten, Kacheln 1945-1976«, in: *Quatuor Coronati Jahrbuch* 13, (1976), S. 143 ff.
Graßl, H., »Hölderlin und die Illuminaten, in: Sprache und Bekenntnis – Hermann Kunisch zum 70. Geb.«, in: *Literaturwissenschaftliches Jahrbuch*, Sonderbd., Berlin 1972, S. 137 ff.
Graßl, H., »Tragende Ideen der illuminatistisch-jakobinischen Propaganda und ihre Nachwirkungen in der deutschen Literatur«, in: *Geheime Gesellschaften*, hrsg. von P. Chr. Ludz (Wolfenbütteler Studien zur Aufklärung V/1), Heidelberg 1979, S. 335 ff.
Großegger, E., *Freimaurerei und Theater 1770-1800*. Freimaurerdramen an den k.k. privilegierten Theatern in Wien (Maske und Kothurn Beil. 4), Wien–Köln–Graz 1981.
Guinet, L., *Zacharias Werner et l'ésoterisme maçonnique*, Paris 1963.
Guy, R., *Goethe, franc-maçon*, Paris 1974.
Haas, R., *Die Turmgesellschaft in Wilhelm Meisters Lehrjahren. Zur Geschichte des Geheimbundromans und der Romantheorie im 18. Jahrhundert* (Regensburger Beiträge zur Deutschen Sprach- und Literaturwissenschaft R.B./7), Bern–Frankfurt 1975.

Haas, R., »Die Anfänge des deutschen Geheimbundromans«, in: *Geheime Gesellschaften*, hrsg. von P. Chr. Ludz (Wolfenbütteler Studien zur Aufklärung V/1), Heidelberg 1979, S. 267 ff.

Harder, H.-B., »Nikolaj Karamzin und die philosophisch-literarischen Kreise in Königsberg, Berlin, Weimar und Zürich«, in: *Beförderer der Aufklärung in Mittel- und Osteuropa. Freimaurer, Gesellschaften, Clubs*, hrsg. von É. H. Balázs, L. Hammermayer, H. Wagner und J. Wojtowicz (Studien zur Geschichte der Kulturbeziehungen in Mittel- und Osteuropa 5), Berlin 1979, S. 304 ff.

Heinrichen, O., *Die Grundgedanken der Freimaurerei im Lichte der Philosophie*, Berlin 1912.

Horneffer, A., *Das Brauchtum der Freimaurer. Die Loge und ihr symbolischer Hausrat. Loge, Bauhütte, Tempel*, neu überarbeitet von R. Appel (Die »Blaue Reihe« 2), Hamburg 1970.

Jan, E. v., *Freimaurerische Dichtung in der französischen Literatur des 18. Jahrhunderts*. Maschingeschr. Diss., Würzburg 1922.

Jan, E. v., »Der französische Freimaurerroman im 18. Jahrhundert«, in: *Germanisch-Romanische Monatsschrift* 13, (1925), S. 391 ff.

Keller, L., *Die geistigen Grundlagen der Freimaurerei und dás öffentliche Leben*, Berlin 1911.

Kann, R. A., *Kanzel und Katheder. Studien zur österreichischen Geistesgeschichte vom Spätbarock zur Frühromantik*, Wien–Freiburg–Basel 1962.

Köpcke, W., »Jean Pauls »Unsichtbare Loge«. Die Aufklärung des Lesers durch den ›Anti-Roman‹«, in: *Jahrbuch der Jean-Paul-Gesellschaft* 10, (1975), S. 49 ff.

Krasnobaev, B. I., »Eine Gesellschaft gelehrter Freunde am Ende des 18. Jahrhunderts. ›Družeskoe učenoe obščestvo‹«, in: *Beförderer der Aufklärung in Mittel- und Osteuropa. Freimaurer, Gesellschaften, Clubs*, hrsg. von É. H. Balázs, L. Hammermayer, H. Wagner und J. Wojtowicz (Studien zur Geschichte der Kulturbeziehungen in Mittel- und Osteuropa 5), Berlin 1979, S. 257 ff.

Lauer, R., »Russische Freimaurerdichtung im 18. Jahrhundert«, in: *Beförderer der Aufklärung in Mittel- und Osteuropa. Freimaurer, Gesellschaften, Clubs*, hrsg. von É. H. Balázs, L. Hammermayer, H. Wagner und J. Wojtowicz (Studien zur Geschichte der Kulturbeziehungen in Mittel- und Osteuropa 5), Berlin 1979, S. 271 ff.

Lepinte, Ch., *Goethe et l'occulte* (Publications de la faculté des lettres de l'université de Strasbourg 134), Straßburg 1957.

Ligou, D., *Chansons maçonniques des XVIII^e siècle*, Paris 1970.

Lindner, E. J., *Königliche Kunst im Bild. Beiträge zur Ikonographie der Freimaurerei*, Graz 1976.

Lindner, E. J., *Verzeichnis Sammlung Kupferstiche und Bücher des 18. Jahrhunderts*, Hannover 1968.

Lindner, E. J., *Freimaurerisches Brauchtum in Bildern 1730-1840* (Quellenkundliche Arbeit 3), Bayreuth 1969.

Martens, W., »Der Hochgeehrte Herr Freymäurer. Über Freimaurer und moralische Wochenschriften«, in: *Euphorion* 56 (1962), S. 279 ff.

Martens, W., »Geheimnis und Logenwesen als Elemente des Betrugs in Goethes Lustspiel ›Der Großcophta‹«, in: *Geheime Gesellschaften*, hrsg. von P. Chr. Ludz (Wolfenbütteler Studien zur Aufklärung V/1), Heidelberg 1979, S. 325 ff.

Martini, F., »Wieland, Napoleon und die Illuminaten. Zu einem bisher unbekannten Brief«, in: *Un dialogue des nations. Albert Fuchs zum 70. Geb.*, München–Paris 1967, S. 65 ff.

Michelsen, P., »Die ›wahren Taten‹ der Freimaurer. Lessings Ernst und Falk«, in: *Geheime Gesellschaften*, hrsg. von P. Chr. Ludz (Wolfenbütteler Studien zur Aufklärung V/1), Heidelberg 1979, S. 293 ff.

Mirgeler, A., »Die Freimaurerei. Eine geistesgeschichtliche Untersuchung«, in: *Hochland* 55, (1963), S. 430 ff.

Müller, P., *Untersuchungen zum Problem der Freimaurerei bei Lessing, Herder und Fichte* (Sprache und Dichtung N. F. 12), Bern 1965.

Poole, H., »Masonic Song and Verse of the 18th Century«, in: *Ars Quatuor Coronatorum* 40, (1927).

Posner, O., *Bilder zur Geschichte der Freimaurerei*, Reichenberg 1927.

Robin, R. (Hrsg.), *Histoire et Linguistique*, Paris 1973.

Rosenstrauch-Königsberg, E., »Eine freimaurerische Akademie der Wissenschaften in Wien«, in: *Revolution und Demokratie in Geschichte und Literatur. Zum 60. Geburtstag von Walter Grab*, hrsg. von J. H. Schoeps und I. Geiss (Duisburger Hochschulbeiträge 12), Duisburg 1979, S. 151 ff.

Rosenstrauch-Königsberg, E., »Ausstrahlungen des ›Journals für Freimaurer‹«, in: *Beförderer der Aufklärung in Mittel- und Osteuropa. Freimaurer, Gesellschaften, Clubs*, hrsg. von É. H. Balázs, L. Hammermayer, H. Wagner und J. Wojtowicz (Studien zur Geschichte der Kulturbeziehungen in Mittel- und Osteuropa 5), Berlin 1979, S. 103 ff.

Sablik, K.- »Neustädter, Mohrenheim und Plenciz. Drei Mediziner unter den Freimaurern der Aufklärungszeit«, in: *Beförderer der Aufklärung in Mittel- und Osteuropa. Freimaurer, Gesellschaften, Clubs*, hrsg. von É. H. Balázs, L. Hammermayer, H. Wagner und J. Wojtowicz (Studien zur Geschichte der Kulturbeziehungen in Mittel- und Osteuropa 5), Berlin 1979, S. 118 ff.

Schmidt, A., *Die Religionsphilosophie des Zeitalters der Aufklärung als Quelle freimaurerischer Religiosität* (forum massonicum), Bonn 1981.

Schneider, F. J., *Die Freimaurerei und ihr Einfluß auf die geistige Kultur in Deutschland am Ende des 18. Jahrhunderts*, Prag 1909.

Schneider, H., *The Quest for Mysteries. The Masonic Background for Literature in eighteenth Century Germany*, Ithaca-New York 1947.

Schyra, B., »Goethes Verhältnis zu Bahrdt«, in: *Jahrbuch der Goethegesellschaft* N. F. 27, (1965), S. 193 ff.
Servier, J., »Utopie et franc-maçonnerie au XVIIIe siècle«, in: *Annales historiques de la Révolution française* 196, (1969), S. 409 ff.
Shackleton, R., »The Encyclopedie and Freemasonry«, in: *The Age of the Enlightenment. Studies presented to Theodore Besterman*, Edinburgh–London 1967, S. 223 ff.
Sharp, A., »Masonic Songs and Song Books of the late 18th Century«, in: *Ars Quatuor Coronatorum* 65, (1952).
Silber, G. R., »Poèmes et chansons maçonniques du XVIIIe siècle, un aspect peu connu de la Franc-Maçonnerie«, in: *Revue des Sciences Humaines* 146, (1972), S. 167 ff.
Stephan, I., *Literarischer Jakobinismus in Deutschland (1789-1806)* (Sammlung Metzler 150), Stuttgart 1976.
Thalmann, M., *Der Trivialroman des 18. Jahrhunderts und der romantische Roman. Ein Beitrag zur Entwicklung der Geheimbundmystik* (Germanistische Studien 24), Berlin 1923.
Treusch v. Buttlar-Brandenfels, A. v., *Der englische Landsitz 1715-1760 als Symbol eines liberalen Weltentwurfs.* Maschingeschr. Diss., München 1977.
Wagner, H., »Die politische und kulturelle Bedeutung der Freimaurer im 18. Jahrhundert«, in: *Beförderer der Aufklärung in Mittel- und Osteuropa. Freimaurer, Gesellschaften, Clubs*, hrsg. von É. H. Balázs, L. Hammermayer, H. Wagner und J. Wojtowicz (Studien zur Geschichte der Kulturbeziehungen in Mittel- und Osteuropa 5), Berlin 1979, S. 69 ff.
Ward, J., *An Interpretation of masonic Symbols*, London 1956.
Werner, C., *Die französische und deutsche Freimaurerei und ihr Verhältnis zur Aufklärung.* Maschingeschr. Diss., Berlin/DDR 1966.
Worts, F. R., »Development of the Content of Masonry during the 18th Century«, in: *Ars Quatuor Coronatorum* 78, (1965).

## *Alphabetisches Verzeichnis der suhrkamp taschenbücher wissenschaft*